Accedi ai **servizi riservati**

COLLEGATI AL SITO **EDISES.IT**

ACCEDI AL **MATERIALE DIDATTICO**

SEGUI LE **ISTRUZIONI**

Utilizza il codice personale contenuto nel riquadro per registrarti al sito **edises.it** e accedere ai **servizi** e **contenuti riservati**.

Scopri il tuo **codice personale** grattando delicatamente la superficie

Il volume NON può essere venduto, né restituito, se il codice personale risulta visibile.
L'**accesso ai servizi riservati** ha la durata di **un anno** dall'attivazione del codice e viene garantito esclusivamente sulle edizioni in corso.

Per attivare i **servizi riservati**, collegati al sito **edises.it** e segui queste semplici istruzioni

Se sei registrato al sito

- clicca su *Accedi al materiale didattico*
- inserisci email e password
- inserisci le ultime 4 cifre del codice ISBN, riportato in basso a destra sul retro di copertina
- inserisci il tuo **codice personale** per essere reindirizzato automaticamente all'area riservata

Se non sei già registrato al sito

- clicca su *Accedi al materiale didattico*
- registrati al sito o autenticati tramite facebook
- attendi l'email di conferma per perfezionare la registrazione
- torna sul sito **edises.it** e segui la procedura già descritta per *utenti registrati*

EdiSES

Concorso Regione Campania

Materie professionali della prova preselettiva comuni a tutti i profili

Manuale di **preparazione**, test di **verifica**
e simulazione delle **prove**

EdiSES

Concorso Regione Campania – Materie professionali della prova preselettiva comuni a tutti i profili
I Edizione, Luglio 2019

9 8 7 6 5 4 3 2 1 0
2023 2022 2021 2020 2019

Le cifre sulla destra indicano il numero e l'anno dell'ultima ristampa effettuata

Progetto grafico: ProMedia Studio di A. Leano – Napoli
Grafica di copertina e fotocomposizione: curvilinee
Stampato presso: Petruzzi s.r.l. – Via Venturelli, 7/B – Città di Castello (PG)
Per conto della EdiSES – Piazza Dante 89 – Napoli

ISBN 978 88 9362 354 4

www.edises.it
info@edises.it

I curatori, l'editore e tutti coloro in qualche modo coinvolti nella preparazione o pubblicazione di quest'opera hanno posto il massimo impegno per garantire che le informazioni ivi contenute siano corrette, compatibilmente con le conoscenze disponibili al momento della stampa; essi, tuttavia, non possono essere ritenuti responsabili dei risultati dell'utilizzo di tali informazioni e restano a disposizione per integrare la citazione delle fonti, qualora incompleta o imprecisa.

Realizzare un libro è un'operazione complessa e nonostante la cura e l'attenzione poste dagli autori e da tutti gli addetti coinvolti nella lavorazione dei testi, l'esperienza ci insegna che è praticamente impossibile pubblicare un volume privo di imprecisioni. Saremo grati ai lettori che vorranno inviarci le loro segnalazioni e/o suggerimenti migliorativi all'indirizzo *redazione@edises.it*

Sommario

Libro I
Diritto costituzionale ed elementi di diritto regionale

Libro II
Diritto amministrativo

Libro III
Attività amministrativa, procedimento e tutela della privacy

Libro IV
Ordinamento istituzionale e funzioni degli enti locali

Libro V
Il lavoro alle dipendenze degli enti locali

Libro VI
Trasparenza e misure anticorruzione

Appendice
La Regione Campania

Premessa

Questo volume è rivolto ai partecipanti ai concorsi per complessivi **2175 posti presso vari enti della Regione Campania** (*G.U. 9 luglio 2019, n. 54*) e riporta le materie comuni a tutti i profili professionali che formano oggetto della **prova preselettiva**. Le procedure di selezione sono gestite dal RIPAM.

La **prova preselettiva**, infatti, prevede la somministrazione di un test con **80 quesiti** a risposta multipla, di cui 50 attitudinali (consistenti in una serie di quesiti a risposta multipla per la verifica della capacità logico-deduttiva, di ragionamento logico-matematico e critico-verbale) e 30 diretti a verificare la conoscenza delle seguenti materie: *diritto costituzionale con particolare riferimento al Titolo V della Costituzione; diritto amministrativo con particolare riferimento alla normativa in materia di accesso, trasparenza e anticorruzione, disciplina del lavoro pubblico; diritto regionale e degli enti locali e con particolare riferimento a statuto e ordinamento della Regione Campania; geografia politica ed economica della Regione Campania.* Questo testo, formato da una **parte manualistica** cui seguono **test di verifica a risposta multipla**, consente un'efficace preparazione alle domande di tipo professionale previste dalla prova preselettiva.

Ulteriori strumenti sono disponibili online. Il **software** per effettuare infinite **simulazioni delle prove di selezione**.

Ulteriori materiali didattici sono disponibili nell'area riservata a cui si accede mediante la registrazione al sito *edises.it* secondo la procedura indicata nel frontespizio del volume.
Altri aggiornamenti sulle procedure concorsuali saranno disponibili sui nostri profili social.

Facebook.com/infoconcorsi
Clicca su (**Facebook**) per ricevere gli aggiornamenti
blog.edises.it

Indice

Libro I
Diritto costituzionale ed elementi di diritto regionale

Capitolo 4 Gli organi costituzionali

Capitolo 7 Le Regioni e i rapporti con lo Stato e gli altri enti territoriali

Capitolo 8 Le fonti del diritto

Libro II
Diritto amministrativo

Libro III
Attività amministrativa, procedimento e tutela della privacy

Capitolo 2 I documenti amministrativi: dal cartaceo al digitale

Capitolo 3 Il procedimento amministrativo

Libro IV
Ordinamento istituzionale e funzioni degli enti locali

Libro V
Il lavoro alle dipendenze degli enti locali

Capitolo 7 La sicurezza sui luoghi di lavoro

Libro VI
Trasparenza e misure anticorruzione

Capitolo 1 Gli obblighi di trasparenza e le misure per prevenire la corruzione

Appendice
La Regione Campania

Libro I

Diritto costituzionale ed elementi di diritto regionale

SOMMARIO

Capitolo 1
L'ordinamento giuridico e i soggetti del diritto

1.1 L'origine e la funzione del diritto

L'esigenza che i gruppi sociali hanno di darsi regole di comportamento è connaturale alla loro stessa esistenza. Se gli appartenenti alla specie umana tendono per naturale inclinazione ad aggregarsi in gruppi stabili e organizzati, piuttosto che vivere isolatamente dai propri simili, la convivenza, vantaggiosa da un lato, comporta dall'altro lato delle necessarie limitazioni, perché l'esigenza di soddisfazione dei bisogni particolari di ciascuno non può spingersi al punto di sacrificare gli interessi degli altri, né quelli della collettività globalmente considerata.

Ogni volta che degli individui si consociano per costituire, entro confini territorialmente demarcati, una comunità istituzionalmente strutturata e saldamente radicata, il carattere organizzato di questa aggregazione si esprime in un sistema di regole vincolanti, dette **norme**, concepite per disciplinare sia i rapporti fra i consociati, sia quelli fra i singoli e la comunità. Non è difficile comprendere la ragione per cui l'osservanza di queste norme si impone come necessaria a tutti gli appartenenti al corpo sociale: si tratta di regole pensate e applicate per evitare che i contrasti sociali siano risolti attraverso il ricorso alla violenza. Esse mirano cioè a garantire la pacifica convivenza fra i consociati e il benessere collettivo.

L'insieme delle norme costituisce il **diritto od ordinamento giuridico**. Si può affermare che il diritto, e precisamente l'esistenza di un sistema di norme, è elemento caratterizzante e imprescindibile di qualsiasi organizzazione sociale (*ubi societas, ibi ius*).

Il termine latino «*ius*», nella sua accezione soggettiva, indicava la facoltà di agire in forza di una determinata norma (dal latino «*norma agèndi*»), espressione utilizzata per indicare il complesso delle norme imposte da un'autorità per disciplinare i rapporti tra i consociati (**diritto oggettivo**), che si distingueva dalla «*facùltas agèndi*», ovvero il potere attribuito ad un soggetto di agire per soddisfare un proprio interesse (**diritto soggettivo**). Il *ius* (il diritto) veniva distinto dagli antichi romani tanto dalla «*lex*», ovvero dalla fonte formale del diritto, quanto dal «*fas*», inteso come complesso di norme di origine etico-religiosa.

1.2 L'ordinamento giuridico

Si è detto che l'ordinamento giuridico è l'insieme delle norme che regolano i rapporti fra i consociati e fra questi e il corpo sociale unitariamente considerato. Non tutte le norme fanno parte dell'ordinamento giuridico. Restano escluse, infatti, le regole morali, religiose, di costume, che pure influenzano i nostri comportamenti. Come si dirà più avanti, sono regole giuridiche soltanto quelle che presentano i caratteri dell'*obbligatorietà* e della *coercibilità*.

La dottrina giuspubblicistica classica ha evidenziato l'esistenza di una **pluralità di ordinamenti giuridici**. Questa teoria la si deve soprattutto al giurista Santi Romano

(1875-1947), secondo il quale il diritto «*prima di essere norma, prima di contenere un semplice rapporto o una serie di rapporti sociali, è organizzazione, struttura, posizione della stessa società in cui si svolge e che esso costituisce come unità per sé stante*».
Dalla definizione che si è fornita di ordinamento giuridico discende che devono ricorrere i seguenti elementi perché l'ordinamento stesso possa configurarsi:

- una **pluralità di soggetti** che compongono il corpo sociale, che persegue determinati obiettivi;
- un'**organizzazione**, consistente in strutture e attività funzionali al perseguimento degli obiettivi prefissi e capace di garantire il funzionamento di strutture anche complesse;
- un **sistema di norme** che definisce l'organizzazione dell'ordinamento e i rapporti dei vari soggetti.

La Costituzione italiana disegna un ordinamento pluralista. In particolare, l'art. 2 prevede il cosiddetto **pluralismo sociale** che, all'interno delle diverse tipologie di formazioni sociali che compongono la popolazione, riconosce il momento primario dello svolgimento della personalità umana.
Proprio perché espressioni della socialità dell'uomo, le formazioni sociali hanno un substrato costituito da una pluralità di soggetti che persegue un fine comune (art. 18 Cost.). La Costituzione riconosce loro il diritto di organizzarsi in base a norme da esse stesse prodotte, che sono rilevanti – ossia invocabili in giudizio – in quanto non contrastino con l'ordinamento giuridico italiano. Sono formazioni sociali la famiglia e le unioni civili, i partiti politici, i sindacati, le associazioni, la scuola, le confessioni religiose, ecc.
I rapporti tra gli ordinamenti possono essere di equi-ordinazione o di subordinazione. Sono da considerarsi di **equi-ordinazione**, per esempio, i rapporti fra gli Stati, mentre sono da intendersi **subordinati**, ad esempio, i rapporti fra l'ordinamento statale e quello sindacale.

1.3 La norma giuridica

1.3.1 Norme sociali e norme giuridiche

Le **norme sociali** sono regole di condotta che disciplinano le relazioni tra persone appartenenti ad una determinata collettività di riferimento senza essere assistite da un obbligo di rispetto. Le **norme giuridiche**, invece, sono quelle che regolano in modo vincolante le azioni e i comportamenti delle persone in quanto appartenenti ad una determinata comunità così assicurando una convivenza ordinata.
I consociati riconoscono alle norme giuridiche l'attitudine a regolare i loro rapporti e la violazione di tali norme provoca una sanzione nei confronti del trasgressore. La norma giuridica differisce anche dalla **norma religiosa** che attiene ad una intima convinzione della persona e che non è idonea a vincolare oggettivamente i comportamenti dei consociati.
La norma giuridica, pertanto, presenta le seguenti **caratteristiche**:

- *generalità*, si riferisce alla generalità dei cittadini;
- *astrattezza*, si applica a comportamenti replicabili nel tempo e nello spazio;

- *coercibilità*, può essere attuata ed imposta anche andando contro la volontà di chi dovrebbe spontaneamente osservarla, e ciò a maggior ragione quando la sua applicazione coatta è necessaria per ripristinare l'ordine violato;
- *novità*, introduce sempre elementi di novità nell'ordinamento giuridico;
- *intersoggettività*, disciplina sempre le relazioni fra cittadini e fra i cittadini e lo Stato;
- *positività*, è posta dallo Stato, o dagli organi da esso delegati.

Un complesso ordinato di norme giuridiche forma l'*ordinamento giuridico*. Ogni Stato ha un ordinamento giuridico, il cosiddetto **diritto oggettivo**.
Esistono diversi modi di qualificare e distinguere tra loro le norme giuridiche; ad esempio si distingue tra norme cogenti e norme dispositive, tra norme precettive e norme proibitive, tra norme di diritto privato e norme di diritto pubblico, norme confermative e norme classificatorie, norme definitorie e norme organizzatorie e così via.

Il diritto è un complesso di norme che rispondono alle fondamentali esigenze di giustizia proprie di tutti gli uomini; il **diritto naturale**, invece, corrisponde a ciò che è oggettivamente buono e giusto. Tale formulazione, e la stessa esistenza di un diritto naturale, sono state oggetto sia di adesione sia di critica e a vario titolo nel corso dei secoli (la dottrina del diritto naturale e non scritto risale all'antica Grecia). Il **diritto positivo** è, invece, il complesso di norme giuridiche che in un determinato periodo storico sono state poste dallo Stato e vigono per la collettività di riferimento. Mentre il diritto naturale non muta nel tempo, essendo tendenzialmente permanente, il diritto positivo è mutevole perché su di esso si riverberano i cambiamenti ideologici, storici, sociali, culturali.

1.3.2 La classificazione delle norme giuridiche

Secondo la loro efficacia, le norme giuridiche possono essere classificate in **norme derogabili** (o **dispositive**) e **inderogabili** (o **imperative**). Sono derogabili le norme contenenti regole di condotta che i destinatari possono anche non osservare, disciplinando in modo diverso i rapporti giuridici che li riguardano. Per esempio, è derogabile la norma che prevede l'obbligo di pagare gli interessi nel prestito di una somma di denaro, in quanto le parti possono anche concordare un prestito gratuito.
Sono, invece, inderogabili le norme che impongono regole di condotta anche contro la volontà dei destinatari, i quali sono obbligati a osservarle, non essendo loro consentito di disciplinare diversamente i loro rapporti giuridici. Per esempio, la norma che consente il divorzio dei coniugi solamente dopo sei mesi dalla separazione consensuale è inderogabile in quanto, anche se i coniugi sono d'accordo nello sciogliere subito il matrimonio, il giudice non può pronunciare il divorzio prima che sia trascorso il termine previsto dalla legge. Più in generale, sono inderogabili tutte le norme poste a tutela di interessi pubblici (es. sicurezza interna ed esterna dello Stato, incolumità pubblica e privata ecc.).
Classificazione ulteriore è quella basata su elementi di carattere strutturale. La norma si compone di due elementi: il precetto, cioè il comando di tenere o meno un determinato comportamento, e la sanzione, cioè la minaccia di una punizione (o comunque di conseguenze sfavorevoli) nel caso di inosservanza o violazione del precetto. Si definiscono, pertanto, **perfette** le norme che presentano sia il precetto che la

sanzione, e **imperfette** quelle prive di sanzione: è il caso delle *norme permissive*, la cui funzione è soltanto quella di autorizzare determinati comportamenti, e delle *norme definitorie*, quelle che definiscono concetti o istituti giuridici, senza alcuna prescrizione di carattere impositivo.

Caratteristiche particolari presentano le **norme cosiddette di principio** e le **norme programmatiche**. Quelle di principio sono una categoria di norme presenti soprattutto nei testi costituzionali. Si tratta di **norme senza fattispecie normativa predeterminata e a prescrizione generica**, come per esempio l'art. 2 Cost. che, nel riconoscere l'inviolabilità dei diritti fondamentali della persona, non precisa quali conseguenze discenderanno dalla loro violazione, né tantomeno indica al verificarsi di quali fatti o circostanze tali conseguenze si produrranno. Quelle programmatiche, invece, sono **norme la cui applicazione è condizionata all'emanazione di altre norme** che diano attuazione ai programmi fissati da quelle. Si tratta in particolare di alcune norme costituzionali che inizialmente non erano considerate dalla dottrina, e dalla stessa giurisprudenza, come immediatamente vincolanti, in quanto rivolte al solo legislatore ordinario.

1.3.3 L'efficacia delle norme giuridiche nello spazio e nel tempo

Gli atti normativi, una volta formati, entrano in vigore a partire dal quindicesimo giorno successivo a quello della loro **pubblicazione nella Gazzetta ufficiale**. Dal momento in cui la norma entra in vigore, nessuno può più sottrarsi alla sua osservanza: ciò significa che **non è ammessa l'ignoranza della legge** come giustificazione del mancato rispetto della stessa.
Le norme giuridiche hanno un **campo spaziale** di applicazione che è costituito, generalmente, dal territorio dello Stato del cui ordinamento giuridico esse fanno parte (**territorialità del diritto**). La Costituzione, le leggi costituzionali, le leggi ordinarie e gli atti aventi forza di legge del nostro ordinamento si applicano nello spazio costituito dal territorio italiano.

Alcune norme, tuttavia, hanno una **portata spaziale limitata**: in circostanze particolari, per esempio, le leggi ordinarie possono prevedere determinati benefici per gli abitanti delle zone colpite da un terremoto; le leggi regionali, nelle materie di competenza delle Regioni, dettano norme applicabili soltanto nelle Regioni che le hanno emanate e non nelle altre.

L'efficacia delle norme è anche da considerare in una **dimensione temporale**, poiché l'ordinamento giuridico subisce continue modifiche nel tempo, per l'emanazione di norme nuove e il venir meno di altre (per effetto della loro abrogazione, vale a dire della loro eliminazione).
Ora, siccome le norme cambiano continuamente, può accadere che chi è chiamato a giudicare sia nel dubbio riguardo a quale norma applicare in una fattispecie concreta: la nuova o la vecchia? Vale, nel nostro ordinamento, il **principio dell'irretroattività**: stabilisce, infatti, l'art. 11 delle disposizioni sulla legge in generale (cosiddette *preleggi*) che la legge non dispone che per l'avvenire e, quindi, non ha effetto retroattivo. Ciò significa che la legge deve essere applicata alle situazioni che si verificheranno successivamente alla sua entrata in vigore, mentre non ha effetto per quanto è accaduto prima.

Il principio di irretroattività della norma ammette delle **eccezioni**. In alcuni casi, infatti, la norma è **retroattiva**, cioè può essere applicata a fatti accaduti prima della sua entrata in vigore. Ciò si verifica solo se la nuova norma dichiara espressamente la propria retroattività, se interpreta una legge precedente, o se, trattandosi di norma penale, introduce un trattamento sanzionatorio più favorevole al reo.

La retroattività è vietata per le **leggi penali che introducono nuovi reati**. Questo divieto è talmente pregnante da essere stato inserito nella Carta costituzionale: l'art. 25 Cost., infatti, recita che nessuno può essere punito se non in forza di una legge che sia entrata in vigore prima del fatto commesso. Si tratta di un logico corollario del più generale principio di legalità, che assolve una fondamentale funzione di garanzia per il cittadino, che altrimenti sarebbe esposto al rischio di abusi e ingiustizie da parte del potere giudiziario.

La norma giuridica vive finché non interviene un nuovo atto normativo che disciplina diversamente i rapporti da essa regolati (**abrogazione implicita**) oppure quando all'interno di disposizioni di legge sia contenuta una norma che espunga espressamente una norma precedente dall'ordinamento (**abrogazione espressa**). Dunque, le leggi sono «*abrogate da leggi posteriori per dichiarazione espressa del legislatore, o per incompatibilità tra le nuove disposizioni e le precedenti, o perché la nuova legge regola l'intera materia già regolata dalla legge anteriore*» (art. 15 disp. prel. cod. civ.). Sia nell'una che nell'altra ipotesi, l'abrogazione può essere **totale** (se la nuova norma toglie del tutto efficacia alla preesistente o la elimina per intero) o **parziale** (se la perdita di efficacia o la eliminazione non investe la vecchia regola nella sua interezza, ma solo alcune delle disposizioni in essa contenute, con la conseguenza che le disposizioni non eliminate continuano a produrre i loro effetti).
L'abrogazione di una norma può essere anche conseguenza di un *referendum abrogativo* o della *dichiarazione d'incostituzionalità* da parte della Corte costituzionale.

Il **referendum abrogativo** è previsto dall'art. 75 Cost., il quale stabilisce che è indetto referendum popolare, per deliberare in merito all'**abrogazione totale o parziale di una legge o di un atto avente forza di legge**, quando ne facciano richiesta cinquecentomila elettori o cinque Consigli regionali.
Sono escluse dalla sottoposizione a referendum abrogativo *ex* art. 75 Cost. le *leggi di bilancio*, le *leggi di amnistia e indulto*, le *leggi di ratifica dei trattati internazionali* e le *leggi tributarie*, poiché considerate di un'importanza politica e finanziaria tale da essere sottratte alla volontà del popolo.
La **dichiarazione d'incostituzionalità**, invece, è la pronuncia con cui la Corte costituzionale dichiara formalmente che una legge o un atto ad essa equiparata (decreto legge o decreto legislativo) contrasta con norme di rango costituzionale. La norma dichiarata incostituzionale cessa di avere efficacia dal giorno successivo alla pubblicazione della sentenza e, da quel momento, non può essere applicata.

1.3.4 L'interpretazione delle norme giuridiche

L'interpretazione è l'attività mediante la quale si procede a fornire di significato una o più disposizioni normative estrapolando da esse la regola (norma) da applicare concretamente (art. 12 disp. prel. cod. civ.).

Secondo la tecnica impiegata, l'interpretazione può essere:

- **letterale** (anche detta "grammaticale" o "testuale"), quando alle parole della legge è attribuito lo stesso significato che hanno nella lingua in cui sono scritte, senza necessità di ricorrere ad altri criteri;
- **logica**, quando alle parole della legge è attribuito il significato che dipende dal loro senso complessivo, scoprendo così la reale *voluntas legis*, ovvero ciò che il legislatore ha voluto realmente intendere al di là del dato testuale;
- **sistematica**, quando non basta il criterio logico per scoprire la precisa volontà del legislatore, ma il significato della regola giuridica viene chiarito collegandola ad altre regole affini, che operano nella stessa materia, e così ricercando il principio generale alla base di tutte.

Si parla poi di **interpretazione autentica** per indicare l'attività interpretativa di una disposizione già vigente, effettuata con legge direttamente dal legislatore (la legge di interpretazione autentica è, dunque, una legge con cui il legislatore indica il significato di disposizioni legislative precedenti); di **interpretazione ufficiale**, quando è effettuata da organi dello Stato; di **interpretazione giudiziale**, quando è operata dal giudice; di **interpretazione dottrinale**, quando è operata da accademici e studiosi; di **interpretazione adeguatrice**, quando è diretta a conformare il significato di una disposizione a norme di rango superiore; di **interpretazione evolutiva**, quando è frutto di un necessario adeguamento della norma alle condizioni sociali del momento.

Secondo i risultati cui porta, l'interpretazione può essere: **restrittiva**, se riduce la portata effettiva della norma giuridica rispetto a quella, apparente, che risulta dalla sua prima lettura; **estensiva**, se applica questa portata al di là di quella formalmente delineata dal testo della norma.

Se, anche dando alle norme esistenti la più dilatata interpretazione estensiva, il giudice non riesce a farvi rientrare una certa fattispecie concreta perché il legislatore non l'ha in alcun modo prevista, si può colmare la lacuna ricorrendo all'**analogia**, mediante la quale il giudice applica al caso che resterebbe privo di giuridica regolazione la norma stabilita per un caso diverso, ma analogo al primo (cosiddetta *analogia legis*).

Se non esistono nemmeno norme che regolano casi o materie simili, il giudice potrà ricorrere ai **principi generali dell'ordinamento** (cosiddetta *analogia iuris*). Se, infatti, il giudice dichiarasse di non potersi pronunciare per l'impossibilità di attribuire un significato giuridico ai fatti, questa decisione contrasterebbe con il **principio di completezza dell'ordinamento giuridico**, in base al quale si presume che l'ordinamento copra ogni situazione concreta della vita sociale, da cui derivino diritti e obblighi per le persone.

Ciò nondimeno l'art. 14 delle preleggi esclude il ricorso al procedimento analogico per le **leggi penali** («*...le leggi penali e quelle che fanno eccezione a regole generali o ad altre leggi non si applicano oltre i casi e i tempi in essi considerati*»). La dottrina prevalente, però, supportata dalla giurisprudenza, ammette in materia penale la cosiddetta **analogia *in bonam partem***, ovvero quella favorevole al reo, purché la norma suscettibile di applicazione analogica sia in linea con il principio di tassatività e non abbia carattere eccezionale.

1.4 Le fonti normative

1.4.1 Profili definitori

Si definisce fonte del diritto il **fatto** o l'**atto** che l'ordinamento giuridico riconosce come idoneo a fissare una nuova regola, alla quale viene riconosciuta l'attitudine di modificare l'ordinamento stesso e che diviene vincolante per tutti gli appartenenti ad un determinato gruppo di individui.
Le fonti si distinguono in **fonti di produzione**, ovvero creative di diritto, come le norme giuridiche, e **fonti di cognizione**, che indicano il mezzo attraverso il quale è possibile venire a conoscenza delle norme (ad esempio, la Gazzetta Ufficiale della Repubblica Italiana).

1.4.2 Fonti di produzione

Sono fonti di produzione le **norme**, i **precetti** e le **regole** che si ricavano da un testo normativo o da un comportamento o un accadimento.
Più in generale sono quegli *atti* o *fatti* cui l'ordinamento giuridico riconosce l'idoneità a produrre norme di diritto. Alla luce di ciò si può operare una distinzione tra **fonti atto** e **fonti fatto**. Le prime indicano gli atti posti in essere *volontariamente* da *soggetti qualificati*, primo tra tutti il Parlamento, cui l'ordinamento attribuisce il potere di emanare atti normativi. Le seconde, invece, sono comportamenti che si consolidano in una determinata collettività sociale e che, per la loro *costante e uniforme ripetizione* nel tempo, vengono riconosciuti *oggettivamente idonei* a creare regole di diritto.
All'interno di uno Stato hanno carattere giuridico, e quindi **efficacia obbligatoria**, solo le norme che lo Stato pone, e quelle che, pur provenendo da altra fonte, vengano fatte proprie dallo Stato. Da qui discende il carattere statuale del diritto.

1.4.3 Fonti atto e fonti fatto

Le **fonti atto** si concretizzano in atti scritti, dai quali è possibile desumere la volontà di un soggetto al quale l'ordinamento riconosce il potere di produrre delle norme giuridiche.
Gli ordinamenti giuridici caratterizzati da fonti atto sono detti **codificati**, ovvero le norme sono desumibili da *documenti* ai quali è riconosciuta la qualità di fonti di produzione del diritto.
La **disposizione** è la proposizione normativa inserita nel testo di legge o di regolamento, ovvero nel documento al quale la collettività riconosce forza normativa. teoria
La **norma**, invece, è il risultato del processo interpretativo della disposizione medesima e detta la regola che deve essere rispettata. pratica
A differenza delle fonti atto, i **fatti normativi** (o **fonti fatto**) sono caratterizzati dalla diretta produttività delle norme (senza la mediazione cioè delle proposizioni normative che compongono nel loro insieme il testo dell'atto nel quale si concretizza la potestà normativa di cui è investito un determinato soggetto od organo).

Sono fonti fatto:

- la **consuetudine**, vale a dire la ripetizione costante e uniforme di una determinata condotta accompagnata dalla convinzione che tale condotta sia obbligatoria perché conforme ad una norma giuridica.
  La consuetudine (o uso) costituisce la principale fonte non scritta di diritto. Perché essa venga a esistenza è necessario il concorso di un elemento oggettivo (o materiale) e di un elemento soggettivo (o psicologico).
  L'*elemento oggettivo* consiste in una pratica uniforme e costante tenuta per un tempo relativamente lungo dalla generalità dei consociati (*diuturnitas*). Non è necessario che la pratica risalga ad un tempo immemorabile, ma è sufficiente che essa si sia consolidata nei rapporti sociali.
  L'*elemento soggettivo*, invece, altro non è che la convinzione di ubbidire ad una regola giuridica (*opinio iuris ac necessitatis*). Se manca questa convinzione si ha soltanto la formazione di una prassi sociale, non certo di un uso inteso come fonte di produzione del diritto.
  Nella gerarchia delle fonti, il ruolo della consuetudine è ridotto. In nessun caso, infatti, gli usi possono modificare o abrogare una fonte di rango superiore (*contra legem*), mentre nelle materie regolate dalle leggi e dai regolamenti, hanno efficacia solo in quanto da essi richiamati (*consuetudo secundum legem*): per esempio, l'art. 892 c.c., in materia di rapporti di vicinato tra fondi limitrofi, richiama gli usi locali per determinare le distanze che devono essere osservate da chi intenda piantare alberi in prossimità del confine;
- le **convenzioni costituzionali**, come per esempio le consultazioni del Capo dello Stato per la scelta del soggetto al quale affidare l'incarico di formare il Governo;
- la **necessità**, la quale si riferisce a situazioni che impediscono concretamente l'attuazione delle norme vigenti al momento della loro insorgenza, determinando comportamenti *extra ordinem* (es. stato di guerra, stato d'assedio, calamità naturali, stato di pericolo ecc., dove la necessità opera come fonte del diritto per forza propria). Previsioni legislative che danno alla necessità la forza di derogare rispetto alla norma che disciplina la materia sono, ad esempio, rinvenibili nel settore del diritto amministrativo che affida al Sindaco l'adozione di ordinanze di necessità e consente alla Giunta le delibere per variazioni urgenti di bilancio; nelle norme costituzionali che ammettono la decretazione d'urgenza;
- l'**equità**, allor quando il diritto positivo in alcuni casi rinvia all'equo giudizio del giudice o di altro organo pubblico.

1.4.4 Fonti atipiche e fonti rinforzate

Sono **fonti atipiche** quelle che hanno una forza attiva e passiva diversa dal tipo cui appartengono (sono fonti atipiche le leggi di autorizzazione alla ratifica dei trattati internazionali *ex* art. 80 Cost., che si limitano a recepire nell'ordinamento accordi adottati dalla comunità internazionale).

Sono **fonti rinforzate** quelle che presentano varianti di procedimento o di forma rispetto al tipo cui appartengono. Ad es.: le leggi che disciplinano i rapporti con le organizzazioni religiose *ex* art. 8 Cost. (sulla base di intese) oppure le leggi costituzionali per fondere più Regioni o istituirne di nuove *ex* art. 132 (devono richiederle almeno 1/3 della popolazione interessata e la proposta deve essere approvata con referendum dalla stessa).

1.4.5 Esistenza, validità ed efficacia delle fonti e delle norme

La **validità** della norma è quel carattere che identifica la norma stessa come parte dell'ordinamento giuridico, poiché essa rispetta tutte le regole procedimentali e sostanziali di produzione delle norme.
L'**efficacia**, invece, è l'idoneità della norma di produrre i propri effetti giuridici.
Le *antinomie normative*, ovvero gli eventuali contrasti tra diverse norme, si risolvono mediante i seguenti criteri:

- **criterio cronologico**, si applica a fonti dello stesso tipo e fa prevalere la norma di più recente emanazione. Non trova applicazione se la legge precedente ha carattere speciale o eccezionale;
- **criterio gerarchico**, vede prevalere le fonti di grado più elevato (ad esempio le norme contenute in una legge, fonte di rango primario, prevalgono sulle norme contenute in un regolamento, fonte di rango secondario);
- **criterio della competenza**, vede prevalere le norme che dispongono specificatamente su di una particolare materia rispetto a norme che si applicano ad una più ampia generalità dei casi.

1.5 Le fonti dell'ordinamento italiano. Rinvio

L'ordinamento giuridico nazionale è costituito da fonti primarie e fonti secondarie. Le prime si pongono al vertice della scala gerarchica mentre le seconde sono definite come atti o fatti normativi subordinati alle norme di grado primario e prive di efficacia legislativa.
Sono **fonti primarie**:

- la Costituzione, le leggi costituzionali e le leggi di revisione costituzionale;
- le fonti europee, costituite dai trattati istitutivi e dagli atti approvati dalle istituzioni europee (in particolare regolamenti, direttive e decisioni), che occupano una posizione di preminenza rispetto alla legislazione statale e regionale;
- le fonti dell'ordinamento statale, vale a dire le leggi ordinarie e gli atti aventi forza di legge (decreti legge e decreti legislativi), il referendum abrogativo e i regolamenti interni degli organi costituzionali;
- le fonti regionali, costituite dagli statuti delle Regioni e dalle leggi regionali;
- le fonti locali, costituite essenzialmente dagli statuti.

Sono **fonti secondarie** gli atti normativi adottati dalle Pubbliche Amministrazioni, centrali o periferiche, nell'esercizio del potere di autonomia normativa loro riconosciuto, con lo scopo di disciplinare settori di propria competenza. Il principale atto che rientra in tale categoria è il regolamento (da non confondersi con l'omonimo atto di derivazione europea).
Si approfondirà la trattazione delle fonti normative e dei loro criteri di classificazione, nel **Capitolo 8** di questa stessa Parte.

1.6 I soggetti del diritto e le situazioni giuridiche soggettive

Sono soggetti del diritto le persone fisiche e gli enti giuridici. È **persona fisica** ogni essere umano partorito vivo. Al momento della nascita, ogni persona fisica acquista la capacità giuridica e cioè l'**attitudine a essere titolare di diritti e doveri**. La vita di un solo istante è sufficiente perché l'individuo possa considerarsi venuto a esistenza e acquistare diritti che con la morte si trasmettono ad altre persone. Il fenomeno della successione, disciplinato dal Libro II del codice civile, ha rilevanza costituzionale. Perfino al nascituro concepito sono riconosciuti diritti, seppur subordinati all'evento della nascita: la legge, infatti, prevede che il concepito possa ricevere per successione a causa di morte e donazione, alla condizione che successivamente nasca vivo.
Quanto agli **enti giuridici**, si tratta di strutture organizzative costituite per il perseguimento di scopi di carattere collettivo. Il fenomeno trova il suo fondamento nell'art. 2 Cost., che tutela le **formazioni sociali** dove si svolge e sviluppa la personalità dell'individuo: il concetto stesso di «*ente*» deriva dall'esigenza di permettere una migliore realizzazione di fini che soltanto la forza unitaria del gruppo può effettivamente perseguire, attraverso un'organizzazione stabile di uomini e mezzi, dotata di una propria individualità e in grado di svolgere un'attività ben distinta da quella delle singole persone fisiche. Al pari di queste, gli enti sono dotati di capacità giuridica e, quindi, possono essere titolari in proprio di diritti e doveri.
Ai soggetti di diritto possono essere imputate situazioni giuridiche favorevoli o sfavorevoli. Appartengono alla tipologia delle situazioni favorevoli i **poteri** (astratta possibilità di ottenere determinati effetti giuridici con il loro esercizio), i **diritti soggettivi** (situazione attiva, concreta e attuale di vantaggio che fa riferimento a un bene particolare, per esempio il diritto di proprietà, il diritto alla protezione dei dati personali ecc.) e gli **interessi legittimi** (situazione attiva, attuale e concreta, concernente nella legittima pretesa da parte del cittadino a che la Pubblica Amministrazione operi secondo canoni e criteri previsti dalle norme costituzionali e ordinarie).
Sono invece situazioni giuridiche sfavorevoli gli **obblighi** (comportamenti da tenere necessariamente per il rispetto di un diritto altrui), i **doveri** (comportamenti pur necessari ma che prescindono dalla sussistenza di un correlativo diritto altrui, per esempio i doveri costituzionali a tutela di un interesse generale) e le **soggezioni** (comportamenti propri di chi è soggetto ad un potere, per esempio dei figli minori verso i genitori).
La Costituzione riconosce il diritto a tutelare i propri diritti soggettivi e gli interessi legittimi agendo in giudizio (art. 24, co. 1, Cost.).

Capitolo 2
Lo Stato

2.1 La nozione di Stato

Lo Stato può definirsi come una **comunità di individui stanziata su d'un territorio e organizzata in base ad un ordinamento giuridico** originario e sovrano.
Attualmente il termine «Stato» può essere declinato in diversi modi:

- come **Stato-ordinamento**, ovvero come ordinamento giuridico comprensivo dei suoi elementi costitutivi. La Costituzione usa spesso il termine **Repubblica** per indicare tale accezione di Stato;
- come **Stato-persona**, ovvero come complesso organizzativo cui viene riconosciuta la personalità giuridica di diritto pubblico dello Stato;
- come **Stato-apparato**, o Stato-ente, per indicare l'apparato burocratico rappresentato dalla Pubblica Amministrazione centrale (Governo) e dagli enti territoriali (es. Comuni) e funzionali (es. Istituto Nazionale per la Previdenza Sociale) che perseguono e curano i pubblici interessi; è preminente in questa concezione di Stato l'elemento del *potere esecutivo*;
- come **Stato-comunità**, per designare l'insieme degli elementi sociali (persone, formazioni sociali, autonomie locali e funzionali); è accentuato nello Stato-comunità l'elemento del *popolo*.

Uno Stato può nascere in conseguenza di eventi *pacifici* (es. scelta di più Stati di creare una confederazione), *bellici* (es. creazione della Germania dell'Est, dopo la seconda guerra mondiale) o *rivoluzionari* (es. secessione) e vedere, nel tempo, crescere o diminuire la propria estensione territoriale, in conseguenza di annessioni o cessioni di territorio. Gli Stati possono anche estinguersi, ciò che può avvenire a seguito di una **guerra** (*debellatio*), per **frazionamento** del territorio in più parti, ciascuna delle quali diventa Stato a sé o è annessa ad altro Stato o, ancora, per **fusione** con altro Stato o, infine, per **incorporazione** in un altro Stato preesistente.

2.2 Gli elementi costitutivi dello Stato

2.2.1 Il popolo

Se lo Stato identifica una collettività di persone stabilmente stanziata su d'un territorio e soggetta a un potere pubblico originario, finalizzato al raggiungimento di fini generali, ne deriva che sono elementi essenziali dello Stato: il **popolo**, il **territorio** e la **sovranità**.
Il popolo è costituito dall'**insieme degli individui ai quali è attribuito dall'ordinamento lo *status* di cittadino**. Tali soggetti sono legati da un rapporto speciale con lo

Stato, dal quale scaturiscono sia diritti (come quello di votare) che doveri (di solidarietà economica, sociale, politica).

Il popolo si distingue così dalla **popolazione**, che identifica più genericamente coloro che risiedono, anche temporaneamente, in un determinato territorio. Ancora diverso è il concetto di **Nazione**, che identifica una comunità caratterizzata dalla comunanza di lingua, razza, costumi e religione.

Ogni Stato fissa i criteri di attribuzione della propria **cittadinanza**. In Italia le modalità di acquisto della cittadinanza sono disciplinate dalla L. 5-2-1992, n. 91, in base alla quale è cittadino italiano chi nasce da genitori italiani, ovunque la sua nascita avvenga (*ius sanguinis*) o, ancora, chi nasce nel territorio della Repubblica se entrambi i genitori sono ignoti o apolidi o il figlio non segue la cittadinanza dei genitori secondo la legge dello Stato al quale questi appartengono (*ius soli*); è altresì cittadino italiano il figlio di ignoti trovato nel territorio della Repubblica, salvo che sia provato il possesso di altra cittadinanza. Sono comunque previste delle ipotesi in cui la cittadinanza può essere acquisita anche per concessione dello Stato o per estensione, a seguito del verificarsi di determinati eventi (L. 91/1992). La stessa legge disciplina i casi di revoca e di riacquisto della cittadinanza.

L'art. 20 del Trattato sul funzionamento dell'Unione europea (TFUE) introduce, accanto alla cittadinanza nazionale, propria degli Stati membri, la **cittadinanza europea**: sono cittadini europei tutti coloro che hanno la cittadinanza di uno degli Stati membri dell'Unione europea. Ai cittadini si contrappongono gli **apolidi** (che non hanno cittadinanza in alcuno Stato).

Al popolo appartiene originariamente il potere costituente (può modificare il proprio ordinamento giuridico).

2.2.2 Il territorio

Il territorio è quella parte della **superficie terrestre su cui il popolo è stabilmente stanziato e sulla quale lo Stato esercita il suo potere di imperio**; esso è delimitato dai suoi **confini** che risultano da un atto di riconoscimento degli Stati confinanti o da un lungo e incontestato possesso. Talora i confini coincidono con divisioni naturali tra due o più parti della superficie terrestre (fiumi, catene di montagne).

La **stabilità territoriale** di una comunità è condizione necessaria per la nascita e la sopravvivenza dello Stato. Il territorio italiano comprende:

- la **terraferma**, delimitata da confini naturali o artificiali;
- il **mare territoriale**, vale a dire la zona di mare dell'estensione di dodici miglia marine lungo le coste della penisola e delle isole (art. 2 cod. nav.);
- la **zona economica esclusiva**, vale a dire la zona al di là del mare territoriale e ad esso adiacente, in cui lo Stato ha diritti di esplorazione, di sfruttamento, di gestione delle risorse (art. 56, Convenzione internazionale di Montego Bay del 1982);
- la **piattaforma continentale**, comprensiva del fondo e il sottosuolo delle aree sottomarine, su cui lo Stato costiero esercita diritti sovrani allo scopo di esplorarla e sfruttarne le risorse naturali (art. 76, Convenzione di Montego Bay del 1982);
- lo **spazio aereo** che sovrasta il territorio della Repubblica ed il relativo mare territoriale, che è soggetto alla sovranità dello Stato fatta eccezione per lo spazio extra-atmosferico (art. 3 cod. nav.);

- il **sottosuolo**, che è soggetto alla sovranità dello Stato;
- le navi italiane in alto mare e gli aeromobili italiani in luogo o spazio non soggetto alla sovranità di alcuno Stato, che sono considerati come territorio italiano (**territorio fluttuante**).

Lo Stato italiano, per norma consuetudinaria di diritto internazionale, rinuncia invece alla sovranità sulle sedi e rappresentanze diplomatiche di altri Stati in Italia (**immunità territoriale**).

2.2.3 La sovranità

La sovranità è la **potestà di governo suprema, esclusiva ed originaria** esercitata su un determinato territorio. Per «potestà di governo suprema» si intende, in ultima analisi, la possibilità di far valere i propri comandi in forma coattiva, attraverso il *monopolio dell'uso della forza*. In tale accezione si parla di **sovranità interna**, esercitata nei confronti di coloro che sono stanziati su quel territorio. Tale potere è *esclusivo*, in quanto esclude ogni altra potestà su quel territorio, e *originario*, poiché non trova il suo fondamento in altro potere ad esso sovraordinato. In quanto autonomo ed indipendente da altri poteri, lo Stato esercita anche una **sovranità esterna**. Ogni altra potestà di governo esercitata su quel territorio è, quindi, *derivata* dall'ordinamento statale.
La sovranità è un attributo dello Stato, ma nel corso dei secoli si è molto discusso su chi fosse il titolare di tale potestà suprema. Nelle Costituzioni del secondo dopoguerra la sovranità è attribuita al **popolo**, che la esercita però, non attraverso le forme della **democrazia diretta**, auspicata dal filosofo politico francese Rousseau, o almeno non soltanto in tale modo.
La sovranità popolare non è assoluta e illimitata, ma si esercita nelle forme e nei limiti indicati da un testo fondamentale, la Costituzione, che non può essere modificato con semplici leggi ordinarie, ma richiede un procedimento aggravato non disponibile dalle maggioranze parlamentari (**Costituzione rigida**). In questo modo si innestano le istituzioni rappresentative proprie dei regimi liberali in realtà compiutamente democratiche (**democrazia rappresentativa**).

2.3 Le funzioni dello Stato

Lo Stato persegue finalità di interesse generale (o, meglio, di "interesse pubblico" poiché specificate in fonti del diritto), attraverso l'esercizio dell'attività legislativa (imponendo, cioè, norme) e che riguardano, in particolare, la **difesa dello Stato e dei suoi cittadini**, il mantenimento dell'**ordine interno** e, secondo una più moderna concezione di Stato, anche la garanzia di un livello adeguato di benessere sociale (cosiddetto *welfare*).
Per il conseguimento di suddetti fini, l'attività dello Stato si esplica attraverso un insieme di **funzioni** o **poteri**.
Secondo la teoria elaborata dal filosofo francese Montesquieu (1689-1755), ma anticipata dall'inglese John Locke (1632-1704), l'operato dello Stato deve svolgersi secondo una **divisione dei poteri** in legislativo, esecutivo e giudiziario.

Nel dettaglio:

- l'esercizio del **potere legislativo o normativo** è relativo all'emanazione delle leggi ed è attribuito al *Parlamento* (art. 70 Cost.) al *Governo* (art. 76 Cost.) – su delega del Parlamento o in particolari situazioni di necessità e urgenza – e alle *Regioni* (art. 121 Cost.);
- l'esercizio del **potere esecutivo o amministrativo** è attuativo delle leggi ed è affidato al *Governo* che lo esercita attraverso le Amministrazioni centrali e locali;
- l'esercizio del **potere giurisdizionale** è relativo all'applicazione del diritto a fattispecie concrete per risolvere controversie tra cittadini e tra cittadini e Stato, con lo scopo di tutelare l'integrità dell'ordinamento giuridico; il potere giurisdizionale è attribuito alla *magistratura* (artt. 101-113 Cost.).

2.4 Forme di Stato e forme di governo

È possibile distinguere tra diverse tipologie di Stato sulla base di particolari criteri, a seconda del parametro di giudizio che si adotta.
In funzione dell'esercizio dei poteri da parte dei supremi organi dello Stato, è possibile distinguere tra:

- **Stati assoluti**, in cui il potere è esercitato da una sola persona o da un collegio di persone;
- **Stati costituzionali**, in cui la sovranità è esercitata da più organi le cui funzioni sono soggette alla disciplina di una Carta costituzionale.

In relazione alla *forma di governo* lo Stato può essere:

- a **governo presidenziale** (es. la Francia, gli Stati Uniti), in cui il Capo dello Stato è eletto direttamente dal popolo e perciò è anche Capo dell'esecutivo, con effettivi poteri decisionali;
- a **governo parlamentare** (es. l'Italia), in cui il Parlamento decide la sorte del Governo con il quale instaura un rapporto di tipo fiduciario.

In relazione allo *stato giuridico dei cittadini* possono riscontrarsi tipi di Stato:

- **patrimoniale**, in cui il monarca assoluto considera come sua proprietà privata sia gli uomini sia le cose sia il territorio. Questa forma di Stato si è affermata tra il Cinquecento e il Settecento. Gli istituti e gli aspetti dello Stato sono disciplinati dal diritto privato: la persona fisica del monarca non è distinta dalla persona giuridica-Stato; i sudditi sono legati al sovrano da un vincolo contrattuale; bilancio patrimoniale del re e bilancio dello Stato coincidono;
- **di polizia** (affermatosi nel Settecento), in cui i cittadini sono *sudditi* e lo Stato interviene nei più disparati settori (economia, costume, sanità) pur di assicurare ai sudditi sicurezza e benessere (nella concezione politica settecentesca, infatti, il termine «*polizia*» è spesso adoperato come sinonimo di «*amministrazione interna*» ed è perciò riferito a qualsiasi attività di governo);
- **di diritto o liberale** (affermatosi nell'Ottocento), in cui il popolo non è patrimonio né suddito, bensì elemento costitutivo dello Stato. Non vi è divisione per classi sociali dei cittadini; ogni rapporto sociale è potenzialmente disciplinato da una norma giuridica. Il cittadino partecipa alla vita dello Stato e gli è riconosciuta una sfera

di diritti privati e pubblici. È prevista la **divisione dei poteri**: legislativo, esecutivo/amministrativo, giudiziario. Il potere esecutivo è sottoposto alla legge e al controllo dei giudici. Industria, agricoltura e commercio sono lasciati alla libera iniziativa privata;

> **sociale** (affermatosi tra la fine dell'Ottocento e l'inizio del secolo successivo), in cui si assiste all'intervento pubblico nell'economia e nei diversi settori della vita sociale – sanità, scuola, assistenza, lavoro, protezione sociale – per realizzare l'uguaglianza sostanziale tra i cittadini. Lo Stato sociale riconosce diritti e doveri dei cittadini. È uno *Stato solidale*.

Sotto il profilo dell'architettura *strutturale dello Stato* è possibile distinguere tra:

> **Stati unitari**, che constano di un unico popolo stanziato in un unico territorio;
> **Stati composti o federali**, che risultano dall'unione stabile di più Stati. Figura tipica è lo stato federale come per esempio gli Stati Uniti e la Germania).

In ragione della *posizione dello Stato nella comunità internazionale* si possono identificare:

> **Stati sovrani**: nell'ambito dei rapporti internazionali, godono di pienezza di diritto e non sono soggetti ad alcuna interferenza da parte di altri soggetti di diritto internazionale;
> **Stati semi-sovrani**: nei rapporti internazionali si trovano in situazione di soggezione rispetto a un altro soggetto di diritto internazionale, oppure perché un altro Stato esercita su esso una forma di tutela che ne menoma la libertà di azione. Il caso più caratteristico è quello del **protettorato**.

2.5 Lo Stato italiano alla luce della sua Costituzione

Lo Stato italiano, alla luce dei principi e delle disposizioni contenuti nella Costituzione della Repubblica italiana, è un tipo di Stato:

> **repubblicano**: il Capo dello Stato è persona eletta periodicamente e la forma repubblicana è immodificabile (art. 139 Cost.);
> **democratico**: la sovranità appartiene al popolo; i cittadini hanno diritti civili e politici e godono di libertà per lo sviluppo della persona;
> **regionale**: pur nella sua unitarietà, la Repubblica è costituita da più soggetti, anzitutto dalle Regioni che sono enti pubblici elettivi con autonomia e poteri legislativi, dalle Province, dalle Città metropolitane e dai Comuni (art. 114 Cost.);
> **pluralista**: lo Stato italiano tutela non solo i cittadini come singoli, ma anche le **formazioni sociali** (come la famiglia e le unioni civili, i partiti politici, i sindacati, le associazioni ecc.) costituite per lo sviluppo della loro personalità. Tanto dispone l'art. 2 Cost.: «*La Repubblica riconosce e garantisce i diritti inviolabili dell'uomo, sia come singolo, sia nelle formazioni sociali ove si svolge la sua personalità*»;
> **sociale**: lo Stato pone l'uguaglianza sostanziale a base del proprio ordinamento, imponendosi il dovere di «*rimuovere gli ostacoli di ordine economico e sociale, che… impediscono il pieno sviluppo della persona umana e l'effettiva partecipazione di tutti i lavoratori all'organizzazione politica, economica e sociale del Paese*» (art. 3, co. 2, Cost.), e vincola i cittadini all'osservanza dei «*doveri inderogabili di solidarietà politica economica e sociale*» (art. 2 Cost.).

2.6 Rapporti con gli altri ordinamenti

2.6.1 La Costituzione e i rapporti internazionali

L'art. 11 Cost. afferma il rifiuto radicale, da parte dello Stato italiano, della guerra «*come strumento di offesa alla libertà degli altri popoli e come mezzo di risoluzione delle controversie internazionali*».
Per prevenire ogni situazione di potenziale pericolo di guerra e per realizzare obiettivi di pace e di concordia con gli altri popoli, lo Stato italiano «*consente, in condizioni di parità con gli altri Stati, alle limitazioni di sovranità*» e promuove le **organizzazioni internazionali** rivolte a tali obiettivi. Ovviamente è fatto salvo il principio di legittima difesa come *diritto naturale degli Stati* per far fronte ad aggressioni.
Le **limitazioni di sovranità**, finalizzate alla creazione di un ordinamento più giusto e di pace a livello internazionale, furono previste dai Costituenti del 1947 per consentire all'Italia l'adesione all'Organizzazione delle Nazioni Unite e per stringere rapporti con gli altri Stati al fine di dare vita a nuove organizzazioni internazionali.
La norma è tuttavia servita per legittimare le limitazioni di sovranità necessarie per aderire alle Comunità europee, istituite nel 1951 e nel 1957.

2.6.2 L'adesione all'Organizzazione delle Nazioni Unite (ONU)

L'adesione all'ONU mira a realizzare in via permanente una coesistenza pacifica internazionale. L'Italia è membro delle Nazioni Unite dal 1955. L'ONU si fonda sull'**uguaglianza dei popoli e delle nazioni** e sui principi etico-sociali dei **diritti inviolabili dell'uomo** e del **rispetto della dignità umana**.
I fini che le Nazioni Unite perseguono sono dichiarati nel preambolo e in particolare nell'art. 2 della *Carta delle Nazioni unite*, firmata da 51 membri originari ed adottata per acclamazione a San Francisco il 26 giugno 1945. L'adesione all'ONU è stata ratificata dall'Italia con la L. 848/1957.

2.7 L'Unione europea

2.7.1 Cenni sul processo d'integrazione europeo

Con il **Trattato di Parigi** del 18 aprile 1951 è stata istituita la *Comunità europea del carbone e dell'acciaio* (CECA); con i **Trattati di Roma** del 25 marzo 1957 sono state istituite la *Comunità economica europea* (CEE) e la *Comunità europea per l'energia atomica* (EURATOM).
Con la ratifica dei Trattati è nato un nuovo organismo giuridico di diritto internazionale, con un proprio ordinamento (cd. comunitario) che si caratterizza per la sua capacità di imporsi direttamente ai singoli Stati membri.
Il 7 febbraio 1992 è stato firmato il **Trattato sull'Unione europea**, a Maastricht. L'Unione europea è un'organizzazione internazionale che persegue finalità generali (e ha assorbito la CEE, mentre il Trattato CECA è giunto a scadenza il 23 luglio 2002 e la Comunità europea dell'energia atomica mantiene una personalità giuridica separata, pur condividendo le stesse istituzioni), e non più settoriali, offrendo ai suoi cittadini "*uno spazio di libertà, sicurezza e giustizia senza frontiere interne*" e un mercato unico nel quale la concorrenza è libera e non è falsata, adoperandosi "*per lo sviluppo sostenibile*

dell'Europa, basato su una crescita economica equilibrata e sulla stabilità dei prezzi, su un'economia sociale di mercato fortemente competitiva, che mira alla piena occupazione e al progresso sociale, e su un elevato livello di tutela e di miglioramento della qualità dell'ambiente" e promuovendo, infine, "*la coesione economica, sociale e territoriale, e la solidarietà tra gli Stati membri*".

La delimitazione delle competenze dell'Unione si fonda sul **principio di attribuzione**. In virtù di tale principio l'Unione agisce esclusivamente nei limiti delle competenze che le sono attribuite dagli Stati membri nei trattati per realizzare gli obiettivi da questi stabiliti.

Il **principio di sussidiarietà**, invece, prevede che nei settori non di sua competenza esclusiva l'Unione interviene soltanto se e in quanto gli obiettivi dell'azione prevista non possono essere conseguiti in misura sufficiente dagli Stati membri, né a livello centrale né a livello regionale e locale, ma possono, a motivo della portata o degli effetti dell'azione in questione, essere conseguiti meglio a livello di Unione. Conformemente al **principio di proporzionalità**, il contenuto e la forma dell'azione dell'Unione si limitano a quanto necessario per il conseguimento degli obiettivi dei trattati.

Nel 2000 è stata proclamata a Nizza la *Carta dei diritti fondamentali dell'Unione europea*.

Nel 2002 è stata introdotta la **moneta unica**, l'euro, esito finale di un processo di convergenza economica e monetaria degli Stati membri, avviato negli anni '90. Nel 2007 è stato firmato il **Trattato di Lisbona**, in vigore dal 1° dicembre 2009, che integra ulteriormente e in via definitiva le Comunità europee nell'Unione, delineando i principi fondamentali su cui questa si fonda, rafforzando la partecipazione democratica dei singoli Stati, riconoscendo poteri di iniziativa legislativa direttamente ai cittadini.

2.7.2 Le istituzioni dell'Unione europea

I Trattati istitutivi e modificativi dell'Unione europea hanno previsto un complesso di istituzioni inclusive di *organi sovranazionali*, i quali rappresentano gli interessi dell'Unione, ed *organi intergovernativi*, che pure perseguono obiettivi comuni.

Le istituzioni dell'UE sono: il Parlamento, il Consiglio europeo, il Consiglio dell'Unione europea, la Commissione, la Corte di giustizia, la Corte dei conti, la Banca centrale (BCE).

Il **Parlamento europeo** dal 1979 è eletto a suffragio universale ogni 5 anni. Esso ha funzioni di:

- controllo politico sulla Commissione (che può essere sfiduciata e obbligata a dimettersi);
- partecipazione al processo legislativo, normalmente esercitato in *codecisione* con il Consiglio dell'Unione europea;
- adozione del bilancio dell'Unione, sempre congiuntamente al Consiglio.

Il **Consiglio europeo**, composto dai capi di Stato o di governo dei Paesi membri, è stato creato nel 1974 come sede informale di discussione tra i leader dell'UE, ben presto divenendo l'organo che stabilisce gli obiettivi e le priorità dell'Unione. Nel 2009 è diventato una delle istituzioni ufficiali dell'organizzazione. Svolge una duplice funzione:

- definire gli orientamenti e le priorità politiche generali dell'UE;
- gestire questioni politiche complesse o delicate che non possono essere risolte a livello di cooperazione intergovernativa.

In quanto sede di accordi politici generali, il Consiglio europeo non può approvare atti legislativi.

Il **Consiglio dell'Unione europea** è composto dai ministri degli Stati membri che hanno competenza per una specifica materia. Ne esistono quindi più formazioni: il Consiglio dell'istruzione, il Consiglio degli affari economici e finanziari (Ecofin), il Consiglio degli affari esteri ecc. Il Consiglio:

- esercita la competenza legislativa (cioè di approvazione degli atti giuridici dell'Unione) congiuntamente al Parlamento europeo;
- coordina le politiche economiche generali dei Paesi membri;
- firma accordi fra l'Unione e i Paesi terzi;
- approva il bilancio annuale dell'organizzazione;
- elabora la politica estera e di difesa dell'UE.

La **Commissione europea** rappresenta e tutela gli interessi dell'UE nel suo insieme: in questo senso si distingue dal Consiglio dell'Unione che, invece, rappresenta gli Stati membri. Ha la prerogativa dell'iniziativa legislativa: propone cioè atti legislativi al Parlamento e al Consiglio, che hanno la competenza dell'approvazione. La Commissione esercita il potere esecutivo: risponde quindi dell'attuazione delle politiche e della legislazione dell'Unione. Tale istituzione, inoltre, predispone e gestisce il bilancio dell'UE e attribuisce i finanziamenti; vigila sull'applicazione del diritto dell'UE (congiuntamente alla Corte di giustizia); rappresenta l'Unione europea a livello internazionale. Il Trattato di Lisbona ha istituito la figura dell'**Alto rappresentante dell'Unione per gli affari esteri e la politica di sicurezza**, che opera in qualità di mandatario del Consiglio e ricopre nel contempo l'ufficio di *vicepresidente della Commissione*, incaricato di tenere le relazioni esterne e di coordinare gli altri aspetti dell'azione esterna dell'Unione.

La **Corte di giustizia** ha il compito di assicurare l'osservanza del diritto dell'Unione attraverso il controllo giurisdizionale sugli atti e sui comportamenti delle istituzioni, nonché fornendo l'interpretazione formale del diritto dell'UE perché esso venga applicato allo stesso modo in tutti i paesi dell'Unione. La Corte ha, inoltre, competenza giurisdizionale in ordine alle controversie tra i Governi dei Paesi membri e le istituzioni europee e in ordine alle controversie di privati cittadini, imprese o altre organizzazioni nei confronti di istituzioni dell'Unione che abbiano leso i loro diritti. La Corte di giustizia è costituita da un giudice per ciascuno Stato membro e si avvale di undici avvocati generali.

La **Corte dei conti europea**, istituita nel 1975, è organo di controllo giuridico-contabile. Essa sovrintende alle disponibilità finanziarie dell'UE, esaminando i conti di tutte le entrate e le spese. La Corte può sottoporre a controllo (cd. "*audit*") qualsiasi persona od organizzazione che gestisca i fondi comunitari; presenta al Parlamento europeo e al Consiglio una relazione annuale sull'esercizio precedente (il cd. "discarico annuale"). Il Parlamento esamina dettagliatamente la relazione della Corte prima di decidere se approvare o meno la gestione del bilancio fatta dalla Commissione. La Corte esprime anche dei pareri sulla legislazione finanziaria dell'UE e sulle norme in materia di lotta antifrode.

La **Banca centrale europea** (BCE) è dotata di personalità giuridica, partecipa alla gestione della politica monetaria e garantisce la stabilità dei prezzi nell'UE. Obiettivi della BCE sono: mantenere la stabilità dei prezzi (tenendo sotto controllo l'inflazione) e mantenere stabile il sistema finanziario.

Capitolo 3
La Costituzione italiana

3.1 Dallo Statuto albertino alla Costituzione repubblicana

Nel 1848, il Regno sardo-piemontese adottò lo **Statuto del Regno**, noto come **Statuto albertino**, dal nome del Re Carlo Alberto di Savoia che lo promulgò. Con la formazione del Regno d'Italia, nel 1861, lo Statuto albertino divenne la Carta costituzionale della nuova Italia unita e rimase formalmente tale, pur con modifiche fino al biennio 1944-1946 quando, con successivi decreti legislativi, fu adottato un regime costituzionale transitorio.
Sono ben note le vicende storiche che, passando per il ventennio fascista (1922-1943) e il secondo conflitto mondiale (1939-1945), condussero alla consultazione del **2 giugno del 1946**, con cui il popolo italiano fu chiamato a determinare – votando per la prima volta a *suffragio universale* – la forma istituzionale dello Stato, scegliendo fra repubblica e monarchia. Il referendum decretò la vittoria della repubblica, per la quale furono espressi 12.717.923 voti contro i 10.719.284 voti dati per la monarchia.
L'Assemblea costituente – eletta per mezzo di un sistema elettorale proporzionale – approvò il **22 dicembre 1947** la Costituzione della neonata Repubblica, che entrò in vigore il **1° gennaio 1948**.
Rispetto allo Statuto albertino è da rilevare – nella Costituzione repubblicana – la presenza di elementi di forte innovazione, come l'istituzione delle Regioni, la promozione delle autonomie locali, il principio del decentramento legislativo e amministrativo. Il testo originario si componeva di 139 *articoli* e 18 *disposizioni transitorie e finali*. Nel corso del tempo sono stati abrogati cinque articoli (115, 124, 128, 129, 130).
Si tratta di una Costituzione *rigida*, modificabile soltanto attraverso una *procedura legislativa aggravata*: le leggi che la revisionano e le altre leggi costituzionali devono essere adottate da ciascuna Camera con due successive deliberazioni a intervallo non minore di tre mesi e a maggioranza assoluta dei suoi componenti nella seconda votazione (art. 138 Cost.). In ogni caso, **non può essere oggetto di revisione la forma repubblicana dello Stato** (art. 139 Cost.).

3.2 I principi fondamentali

Nel preambolo intitolato «*Principi fondamentali*», composto di 12 articoli, la Costituzione repubblicana enuncia le statuizioni basilari dell'ordinamento giuridico italiano. Altri principi sono deducibili dalle norme contenute nella Parte prima, dedicata ai diritti e ai doveri dei cittadini, per quanto riguarda la loro partecipazione ai **rapporti civili**, **etico-sociali**, **economici e politici**.

Si possono quindi enucleare i seguenti principi fondamentali:

- il **principio democratico**, sancito dall'art. 1, in base al quale il governo della Repubblica deve essere ricondotto alla volontà dei cittadini che possono prendere decisioni direttamente (*democrazia diretta*) o indirettamente delegando l'esercizio della sovranità a rappresentanti (*democrazia indiretta*);
- il **principio di sovranità popolare**, per cui l'origine e il fondamento di ogni potere pubblico è il popolo, che è anche il destinatario delle attività dei pubblici poteri (art. 1);
- l'**uguaglianza formale e sostanziale** di tutti i cittadini i quali, senza distinzione di sesso, di razza, di lingua, di religione, di opinioni politiche, di condizioni sociali e personali, hanno diritto ad un trattamento paritario davanti alla legge (art. 3, co. 1) e di essere messi nella condizione di poter sviluppare pienamente la loro personalità (art. 3, co. 2);
- il **pluralismo** delle formazioni sociali (art. 2), degli enti politici territoriali (art. 5), delle minoranze linguistiche (art. 6), delle confessioni religiose (art. 8), delle associazioni (art. 18), di idee ed espressioni (art. 21), della cultura (art. 33, co. 1), delle scuole (art. 33, co. 3), delle istituzioni universitarie e di alta cultura (art. 33, co. 6), dei sindacati (art. 39) e dei partiti politici (art. 49);
- la **tutela del lavoro**, posto alla base della Repubblica (art. 1) come elemento di crescita per la persona e per la comunità (art. 4, co. 2) costituendo all'insieme diritto e dovere per ogni cittadino;
- la **solidarietà politica**, **economica e sociale** (artt. 2 e 3) o principio di Stato sociale;
- il **ripudio della guerra** come strumento di offesa e come mezzo di risoluzione delle controversie internazionali (art. 11).

3.3 I diritti e le libertà costituzionali

3.3.1 Le tutele nelle Costituzioni moderne

I diritti e le libertà fondamentali hanno trovato un primo riconoscimento nelle Carte costituzionali e nelle Dichiarazioni dei diritti dell'uomo redatte tra il XVII e XVIII secolo, in concomitanza con le rivoluzioni borghesi.

Con tali atti – *Petition of Rights* del 1628 (Inghilterra), primi 10 *emendamenti alla Costituzione degli Stati Uniti* approvati tra il 1789 e il 1791, *Dichiarazione dei diritti dell'uomo e del cittadino* del 1789 inserita nella Costituzione francese il 3 settembre 1791 – furono riconosciuti al popolo diritti che prima di allora non avevano goduto di alcuna espressa tutela giuridica.

Si è anche affermata, in tutte le Dichiarazioni, la stretta connessione esistente tra la Costituzione e i diritti fondamentali dell'uomo, al punto di ritenere che non può esistere una Carta costituzionale se in essa non è contenuta una effettiva garanzia dei diritti umani. È quanto afferma l'art. 16 della Dichiarazione dei diritti dell'uomo e del cittadino del 1789: «*Ogni società nella quale la garanzia dei diritti non è assicurata, né la separazione dei poteri fissata, non ha una Costituzione*».

A seconda del periodo storico di affermazione, i diritti sono raggruppati in generazioni.

I **diritti di prima generazione** ricomprendono:

- le *libertà individuali* come il diritto alla vita e all'integrità fisica e la libertà personale, di pensiero, di religione, di circolazione. Le Costituzioni scritte dei secoli XVII e XVIII miravano, infatti, a tutelare soprattutto l'individuo dai possibili abusi dei pubblici poteri, così frequenti nell'età dell'assolutismo;
- le *libertà economiche*, ovvero la libertà di iniziativa economica e il diritto di proprietà. La borghesia in ascesa intendeva ottenere il riconoscimento espresso della proprietà individuale e l'esclusione dello Stato dai rapporti economici;
- i *diritti politici*, ovvero il diritto di voto e di accesso alle cariche elettive, attraverso i quali la nuova classe dei possidenti rivendicava la possibilità di partecipare alla vita politica.

I **diritti di seconda generazione** si sono affermati dopo gli orrori della guerra e delle dittature in Europa, allorquando ha preso piede la convinzione che non esiste riconoscimento effettivo delle libertà se non si *superano gli ostacoli* che impediscono alla maggior parte delle persone di partecipare alla vita politica, economica e sociale del proprio Paese; e che la persona umana non è una monade isolata, ma è in continua relazione con gli altri.
Pertanto il riconoscimento dei diritti di seconda generazione determina:

- la tutela dei *diritti sociali* (diritto al lavoro, alla salute, all'istruzione, all'assistenza e alla previdenza), funzionali al raggiungimento di condizioni di vita che assicurino un'*eguaglianza sostanziale* fra gli uomini;
- il riconoscimento dei *diritti associativi*, come il diritto di riunione, di associazione, di costituzione e di adesione ai partiti politici, che esprimono una dimensione relazionale della persona umana;
- l'*estensione dei diritti politici* al maggior numero di persone, con il graduale superamento dei limiti di ricchezza e di istruzione originariamente posti al loro esercizio;
- il *declassamento delle libertà economiche*, non più considerate come diritti inviolabili dell'uomo, e il riconoscimento di *diritti economici*, come quello allo sciopero e alla tutela sindacale, che spesso si pongono in conflitto proprio con tali libertà.

I **diritti di terza generazione** trovano il loro riconoscimento soprattutto nei trattati internazionali ed esprimono aspirazioni di collettività o interi popoli. Rientrano in tale categoria il *diritto alla pace*, all'*autodeterminazione*, ad uno *sviluppo sostenibile*, al *controllo delle risorse nazionali*, alla *salvaguardia dell'identità culturale*.

I **diritti di quarta generazione**, di più recente formulazione e non ancora riconosciuti in modo generalizzato, mirano a tutelare gli individui dalle minacce presenti nello sviluppo scientifico e tecnologico, relative alle *manipolazioni genetiche*, alla *bioetica*, alle *nuove tecnologie di comunicazione*. Non sempre questi diritti trovano una formulazione ufficiale in documenti nazionali o internazionali, e i loro confini sono pertanto ancora molto incerti.

3.3.2 I diritti e le libertà fondamentali nella Costituzione italiana

L'art. 2 Cost. stabilisce che *la Repubblica riconosce e garantisce i diritti inviolabili dell'uomo, sia come singolo sia nelle formazioni sociali ove si svolge la sua personalità.*

I diritti inviolabili sono quelli intimamente correlati ad una adeguata garanzia della dignità della persona e ad essi è orientata l'azione dello Stato. Il loro riconoscimento comporta il dovere da parte degli organi della Repubblica di assicurarne la tutela attraverso appositi strumenti giuridici:

- la **riserva di legge**, vale a dire l'obbligo di disciplinare una determinata materia con fonti di rango primario;
- la **riserva di giurisdizione** e il **principio del giudice naturale precostituito per legge** che implica l'obbligo di predeterminare gli ambiti giurisdizionali e gli organi competenti per giudicare;
- il **diritto ad agire** in ogni ordine e grado di giudizio;
- il **diritto alla difesa** e la **presunzione di innocenza**.

L'elenco delle libertà e dei diritti del cittadino presenti in Costituzione non è da ritenersi definitivo né ricognitivo di tutte le libertà e diritti esistenti. Il progresso sociale genera nuove richieste di libertà e quindi un ampliamento di quell'elenco: si pensi, a titolo di esempio, alla tutela dei dati personali o diritto alla privacy, alla tutela del consumatore, al diritto all'ambiente, al diritto all'identità personale ecc.
Peraltro, non basta dichiarare l'esistenza di queste nuove libertà, ma occorre trovare delle soluzioni che ne rendano effettiva la realizzazione. Né i diritti inviolabili possono essere oggetto di revisione costituzionale peggiorativa.

3.4 L'uguaglianza formale e sostanziale quale cardine dell'apparato costituzionale

L'eguaglianza è attuata quando i diritti di tutti gli uomini sono uguali. Questo principio sta alla base di tutte le Costituzioni democratiche moderne e nella nostra Costituzione è sancito dall'art. 3, il cui co. 1 afferma che tutti i cittadini «*hanno pari dignità sociale e sono eguali davanti alla legge, senza distinzione di sesso, di razza, di lingua, di religione, di opinioni politiche, di condizioni personali e sociali*». In questa ottica il principio viene definito di **uguaglianza formale**.
L'uguaglianza formale è, dunque, il parametro su cui orientare tutta l'attività legislativa e di governo ed è presupposto per la realizzazione della giustizia sociale, compito primario dello stato moderno.
Se, peraltro, le Costituzioni liberali si limitavano ad affermare l'eguaglianza civile, assegnando allo Stato il compito di tutelare la libertà dei cittadini, la nostra Costituzione enuncia al co. 2 dello stesso art. 3 il **principio di eguaglianza sostanziale** nelle due forme dell'eguaglianza sociale e, entro certi limiti, dell'eguaglianza economica.
La Repubblica, quindi, ha il compito di «*rimuovere gli ostacoli di ordine economico e sociale che, limitando di fatto la libertà e l'eguaglianza dei cittadini, impediscono il pieno sviluppo della persona umana e l'effettiva partecipazione di tutti i lavoratori all'organizzazione politica, economica e sociale del Paese*».
Si assegna, così, allo Stato la funzione di promuovere una maggiore giustizia sociale in favore delle classi più svantaggiate, al fine di consentire a tutti i cittadini di partecipare alla vita associata in condizioni di parità.
L'uguaglianza sostanziale è alla base della pretesa della persona a vedere rimossi gli ostacoli di ordine economico e sociale che le impediscono la piena realizzazione

umana; il principio segna anche il passaggio dallo **Stato liberale** allo **Stato interventista e sociale**, impegnato a creare le condizioni per la fruizione da parte di tutti di utilità sociali come la salute, il lavoro, la previdenza e l'istruzione.

3.5 I rapporti civili

3.5.1 Libertà personale (art. 13 Cost.)

Ai sensi del precetto costituzionale, la libertà personale è inviolabile. Ne consegue che nessuno può essere sottoposto ad **ispezioni**, **perquisizioni** o **provvedimenti restrittivi** (es. arresto o carcerazione preventiva) se non in forza di un provvedimento motivato dell'autorità giudiziaria e nei soli casi e modi stabiliti dalla legge.
Il diritto di libertà è riconosciuto come diritto naturale di ciascun individuo ed è tutelato anche nei confronti dei pubblici poteri: la Costituzione, infatti, memore delle persecuzioni perpetrate durante il periodo fascista, ha voluto a chiare lettere scongiurare il pericolo di arresti arbitrari o di abusi da parte dello Stato.
Solo in **casi eccezionali di necessità e urgenza**, indicati tassativamente dalla legge, l'autorità di pubblica sicurezza può adottare provvedimenti provvisori restrittivi della libertà personale, da comunicare entro 48 ore all'autorità giudiziaria: se questa non li convalida nelle successive 48 ore, si intendono revocati e restano privi di ogni effetto.

3.5.2 Libertà di domicilio (art. 14 Cost.)

La norma sancisce l'inviolabilità della **dimora abituale**, incluso il luogo di lavoro. Il sistema di tutela riproduce fedelmente quello previsto per la libertà personale, di cui la libertà di domicilio è espressione: non possono essere eseguite ispezioni o perquisizioni o sequestri se non nei casi e modi stabiliti dalla legge e secondo le garanzie prescritte per la tutela della libertà personale.
Limitazioni alla libertà di domicilio (accertamenti e ispezioni) sono possibili per motivi di sanità e di incolumità pubblica o per fini economici e fiscali, secondo la disciplina di leggi speciali.

3.5.3 Libertà e segretezza della corrispondenza (art. 15 Cost.)

Tale prerogativa attiene non solo alla corrispondenza cartacea ma a **tutte le forme di comunicazione**, per esempio telefonica e telematica (chat tra due soggetti, posta elettronica ad un destinatario o ad una *mailing list* chiusa, videoconferenza *one-to-one*) e ha la funzione di assicurare a ciascun cittadino la libertà e la segretezza dei suoi contatti con gli altri membri della collettività sociale.
Limitazioni sono ammesse soltanto per atto motivato dell'autorità giudiziaria con le garanzie stabilite dalla legge. Le intercettazioni sono consentite solo per talune categorie di reato (art. 266 c.p.p.).

3.5.4 Libertà di circolazione, di soggiorno nel territorio nazionale, di espatrio e di emigrazione (artt. 16 e 35 Cost.)

Si tratta di prerogative che non ammettono restrizioni per ragioni politiche. Eventuali limitazioni stabilite dalla legge dovranno riguardare motivi di sanità o di sicurezza. L'intento è quello di scongiurare abusi come quelli perpetrati dal regime fascista in danno degli oppositori politici, spesso sottoposti a misure di prevenzione personale (come il **confino**) anche sulla base di indizi o semplici sospetti. L'unica eccezione era rappresentata dalla XIII disposizione transitoria e finale della stessa Costituzione, che vietava l'ingresso e il soggiorno in Italia agli ex regnanti di Casa Savoia e ai loro discendenti maschi: la L. cost. 23-10-2002, n. 1 ha posto fine a questo divieto.
La tutela della libertà di circolazione e di soggiorno nel contesto europeo è sancita dall'art. 45 della Carta dei diritti fondamentali dell'Unione europea oltre che dall'art. 35 Cost. nel quadro della tutela del lavoro italiano all'estero.

3.5.5 Libertà di riunione (art. 17 Cost.)

È una prerogativa garantita a tutti i cittadini purché il diritto sia esercitato pacificamente e senza uso di armi. Infatti, presupposto necessario di qualsiasi confronto è che lo scambio di opinioni avvenga in maniera democratica.
La Costituzione distingue tra **riunioni in luogo aperto al pubblico** (es. un teatro), per le quali non occorre preavviso alle autorità di pubblica sicurezza, e **riunioni in luogo pubblico** (es. una piazza) per il cui svolgimento occorre dare preavviso alle autorità di pubblica sicurezza.
La riunione può essere vietata soltanto per comprovati motivi di sicurezza o di incolumità pubblica.

3.5.6 Libertà di associazione (art. 18 Cost.)

È il diritto dei cittadini di associarsi liberamente, senza autorizzazione, per fini non vietati dalla legge penale. Tale diritto consente lo svolgimento di determinate attività, da parte di più persone, per realizzare i più diversi obiettivi, dando luogo nel caso anche a **formazioni sociali** (*ex* art. 2 Cost.).
Le principali forme di associazionismo ammesse nel nostro Paese sono l'**associazionismo sindacale** (art. 39 Cost.) e l'**associazionismo partitico** (art. 49 Cost.).
Per la costituzione di partiti politici non è previsto alcun limite di natura ideologica: unico requisito imposto dalla Costituzione è che, indipendentemente dai fini perseguiti, l'attività istituzionale del partito sia rispettosa del «metodo democratico», ovvero di quelle regole che disciplinano il funzionamento di qualsiasi formazione a base democratica, mentre l'unica eccezione alla libertà d'associazione politica è quella rappresentata dal divieto di ricostituire, sotto qualsiasi forma, il partito fascista.
Sono proibite, invece, le **associazioni segrete** e quelle che perseguono, anche indirettamente, scopi politici mediante **organizzazioni di carattere militare o paramilitare**.
Le prime sono quelle che occultano la propria esistenza, rendendo sconosciuti i nomi dei loro affiliati, il luogo dove si svolgono le riunioni e gli scopi che perseguono, al fine di interferire sull'esercizio delle funzioni degli organi costituzionali (celebre

il caso della loggia massonica P2, coinvolta in attività mirate a sovvertire l'ordine costituito).
Le associazioni di carattere militare sono costituite mediante l'inquadramento di associati in reparti o nuclei, con disciplina e ordinamento gerarchico interno analoghi a quelli militari.

3.5.7 Libertà di religione (art. 19 Cost.)

I cittadini hanno diritto di professare liberamente la propria fede religiosa in qualsiasi forma, individuale o associata, di farne propaganda, vale a dire **attività di proselitismo religioso**, e di esercitarne in privato o in pubblico il culto, purché non si tratti di riti religiosi contrari al buon costume; la professione della fede in **forma associata** implica la possibilità di costituire, modificare o estinguere associazioni religiose. Anche il rifiuto di qualsiasi ideologia religiosa, il cosiddetto **ateismo**, è adeguatamente tutelato.
Il carattere ecclesiastico e il fine di religione o di culto di un'associazione o istituzione non possono essere causa di trattamenti sfavorevoli o discriminatori da parte del legislatore (art. 20 Cost.): per esempio la L. 300/1970 vieta ogni indagine sulle opinioni religiose del lavoratore, ai fini dell'assunzione e durante lo svolgimento del rapporto di lavoro.

3.5.8 Libertà di manifestazione del pensiero (art. 21 Cost.)

È il diritto di manifestare liberamente il proprio pensiero con la parola, lo scritto e ogni altro mezzo di diffusione. Per la **stampa** esiste una *riserva di legge*, disciplinandosi nel testo costituzionale soltanto le modalità d'intervento dell'autorità giudiziaria: pertanto, essa non può essere soggetta ad autorizzazioni o censure.
Nei **casi di assoluta urgenza**, e se non sia possibile il tempestivo intervento dell'autorità giudiziaria, il **sequestro della stampa periodica** può essere eseguito da ufficiali di polizia giudiziaria, che devono immediatamente, e mai oltre le 24 ore, fare denunzia all'autorità giudiziaria. Se questa non convalida l'intervento nelle 24 ore successive, il sequestro si intende revocato e privo d'ogni effetto.
Limitazioni alle pubblicazioni provengono dalla loro **contrarietà al buon costume**.
La libertà di manifestazione del pensiero è tutelata anche negli artt. 10 e 11 della Carta dei diritti fondamentali dell'Unione europea.

3.5.9 Diritto alla tutela giurisdizionale e alla difesa in giudizio: rinvio (art. 24 Cost.)

La Costituzione sancisce il principio di inviolabilità del **diritto di difesa** in qualsiasi stato e grado del procedimento, riconoscendo a tutti indistintamente (cittadini e non) la possibilità di agire in giudizio per la tutela dei propri diritti e interessi legittimi. I mezzi per agire e difendersi davanti ad ogni giurisdizione sono assicurati anche a quanto non potrebbero permettersi i costi di una difesa tecnica. Al legislatore ordinario, peraltro, è demandata la determinazione delle condizioni e dei modi per la riparazione degli **errori giudiziari**.
Si rinvia al **Capitolo 5** di questo Libro I (par. 5.6.3 e 5.6.4).

3.5.10 Diritto a essere estradati nel rispetto delle convenzioni internazionali (art. 26 Cost.)

L'**estradizione** consiste nella consegna di una persona alle autorità di uno Stato nel cui territorio abbia commesso un crimine per il quale deve venire processato o, se già condannato, deve scontare una pena.
La consegna non è permessa se non nei casi in cui l'estradizione è espressamente prevista dalle convenzioni internazionali. Si vuole così garantire la cosiddetta **reciprocità** e cioè l'identità di trattamento fra cittadini appartenenti a Stati diversi, in forza di accordi bilaterali.
È in ogni caso esclusa l'estradizione per **reati politici**. Il divieto è assoluto e ciò per evitare atteggiamenti persecutori nei confronti di chi si sia opposto a regimi illiberali per affermare diritti di libertà il cui esercizio era negato.

3.5.11 Le prerogative in materia penale (artt. 25 e 27 Cost.)

Se all'art. 13 Cost. si afferma che la libertà personale può essere limitata solo per atto motivato dell'autorità giudiziaria e nei soli casi e modi previsti dalla legge, al comma 2 dell'art. 25 si afferma che nessuno può essere sottoposto a sanzione penale se non in forza di una legge che sia entrata in vigore prima del fatto commesso.

Il **principio di legalità delle pene** si estrinseca in tre importanti affermazioni:
- il principio della *riserva di legge*, in virtù della quale solo il legislatore ordinario può stabilire se un comportamento debba venire qualificato come reato;
- il principio di *tassatività e determinatezza*, il quale esige che l'individuazione delle condotte penalmente perseguibili venga fatta in maniera dettagliata e puntuale, così che siano chiari a tutti quei comportamenti cui la legge ricollega l'irrogazione di una pena;
- il principio di *irretroattività*, in virtù del quale è fatto divieto di applicare la legge penale a fatti commessi prima della sua entrata in vigore, e questo anche per tutelare la buona fede del cittadino, che altrimenti si vedrebbe perseguito penalmente per fatti che, al momento della loro commissione, non costituivano reato.

La riserva di legge è estesa dall'ultimo comma dell'art. 25 anche alle **misure di sicurezza**, provvedimenti restrittivi di natura detentiva, non detentiva o patrimoniale, che vengono applicati dal giudice ad un soggetto ritenuto socialmente pericoloso.
Cardine ulteriore del nostro ordinamento è il **principio di personalità della responsabilità penale**, in base al quale nessuno può essere punito per un reato commesso da altri soggetti. Il precetto costituzionale va inteso anche nel senso che l'autore del fatto criminoso non può essere sottoposto a pena se non è imputabile perché incapace di intendere e di volere.
Segue, infine, l'affermazione di altri due principi fondamentali: quello della **presunzione di innocenza** fino alla condanna definitiva e quello della **funzione rieducativa della pena**. Quest'ultimo principio comporta il ripudio di qualsiasi trattamento contrario al senso d'umanità, come la pena di morte e la tortura.

3.6 I rapporti etico-sociali

3.6.1 Diritto e dovere dei genitori di mantenere, istruire ed educare i figli anche se nati fuori dal matrimonio (artt. 29 e 30 Cost.)

La famiglia costituisce la principale formazione sociale. L'art. 29 Cost. riconosce i diritti della famiglia come *società naturale* fondata sul matrimonio. I diritti familiari non hanno un contenuto patrimoniale, anche se possono ricollegarsi a prestazioni di carattere economico (es. il diritto agli alimenti), ma sono **diritti di natura strettamente personale**, perché sottendono interessi morali e materiali della persona.
Il matrimonio è fondato sull'uguaglianza morale e giuridica dei coniugi, con i limiti stabiliti dalla legge a garanzia dell'unità familiare. Il precetto ha trovato piena applicazione nella L. 151/1975, che ha improntato il regime giuridico della famiglia al principio secondo cui entrambi i coniugi devono collaborare al mantenimento e alla gestione del nucleo familiare, esercitando di comune accordo la potestà (oggi «*responsabilità genitoriale*») sui figli.
I genitori hanno il dovere e il diritto di **mantenere, istruire ed educare i figli**, anche se nati fuori del matrimonio (art. 30 Cost.). Si tratta di uno dei casi in cui la Costituzione lega in maniera sinallagmatica l'esercizio di un diritto alla correlata attuazione di un dovere. Il precetto costituzionale pone il principio della **parità giuridica dei coniugi**, che si esplica:

- nel diritto-dovere di mantenere, istruire ed educare i figli (art. 147 c.c.);
- nella responsabilità genitoriale (artt. 316 ss. c.c.);
- nella rappresentanza legale del minore, con amministrazione e usufrutto legale dei suoi beni (artt. 320 ss. c.c.).

La Repubblica si impegna, dal canto suo, ad agevolare con misure economiche ed altre provvidenze la formazione della famiglia (art. 31): una particolare attenzione è dedicata alle **famiglie numerose**, per le quali sono previste importanti agevolazioni, nel più ampio quadro di un'azione mirata all'assistenza sociale.

Dopo un dibattito durato diversi anni e facendo seguito a sentenze di condanna della Corte europea dei diritti umani, nonché pronunce della Corte costituzionale, che invitavano il Parlamento a legiferare in materia, anche in Italia si è giunti, con la L. 20-5-2016, n. 76 (cd. legge Cirinnà), alla disciplina delle **unioni civili**, intese come specifiche *formazioni sociali costituite da persone maggiorenni dello stesso sesso*, nonché delle **famiglie di fatto (convivenze)** intese come unioni di due persone che, pur non avendo contratto matrimonio, convivono *more uxorio*, ovvero come se fossero sposate.

3.6.2 Diritto alla salute (art. 32 Cost.)

È il diritto di accedere alla prevenzione sanitaria e di ottenere cure mediche ed è anche tutelato dall'art. 35 della Carta dei diritti fondamentali dell'Unione europea. Nessun altro diritto è qualificato come fondamentale, preferendovi l'aggettivo inviolabile: forse perché il diritto alla salute, cioè al benessere psico-fisico e relazionale, è fondativo di tutti gli altri diritti sanciti dalla Costituzione.

Il diritto alla salute può richiedere, se necessario, l'intervento pubblico per attivare i presìdi di assistenza sanitaria, a cui possono provvedere anche soggetti privati.
È tutelato anche l'opposto **diritto di rifiutare le terapie**: «*nessuno può essere obbligato a un determinato trattamento sanitario se non per disposizione di legge*» (art. 32, co. 2). Il bilanciamento tra la tutela della vita e l'autodeterminazione individuale si risolve a vantaggio di quest'ultima da esprimersi, però, da parte della persona, nel momento del pieno possesso delle facoltà mentali e in condizioni di capacità giuridica (cosiddette **disposizioni anticipate di trattamento - DAT**, come previsto dalla L. 219/2017).

3.6.3 Libertà di insegnamento e della scienza (art. 33 Cost.)

La Repubblica promuove la cultura e garantisce la più ampia libertà d'insegnamento. Si afferma così il principio che vieta la nascita e lo sviluppo di un'arte e di una scienza di Stato.
La libertà di insegnamento e della scienza si sostanzia in un insieme di libertà e diritti corollari:

- il diritto/dovere dello Stato di dettare le «*norme generali sull'istruzione*» e istituire «*scuole statali per tutti gli ordini e gradi*», nonché di disciplinare la parità scolastica;
- la **libertà della scuola o pluralismo scolastico**, consistente nel diritto dei soggetti privati di «*istituire scuole ed istituti di educazione, senza oneri per lo Stato*»;
- il diritto degli studenti che frequentano le **scuole paritarie** ad un «*trattamento scolastico equipollente a quello degli alunni di scuole statali*»;
- la **libertà d'insegnamento dei docenti** secondo il metodo didattico da loro ritenuto più confacente alla natura della materia insegnata ed ai principi pedagogici seguiti, nel rispetto della libertà di opinione dello studente.

3.6.4 Libertà o diritto all'istruzione (art. 34 Cost.)

Il grado d'istruzione rappresenta senza dubbio un fattore determinante dell'uguaglianza, perché le persone senza istruzione sono svantaggiate rispetto a quelle istruite, che possono meglio sviluppare la propria personalità e adempiere coscientemente i compiti sociali.

Il diritto all'istruzione si articola:

- nel **diritto di iscrizione a qualsiasi scuola**, avendone i requisiti di età e di studio («*la scuola è aperta a tutti*»: art. 34, co. 1, Cost.);
- nel **diritto-dovere all'istruzione obbligatoria**, che nella Carta costituzionale è indicata nella durata di almeno 8 anni mentre la L. 296/2006 ha esteso tale periodo a 10 anni;
- nel **diritto ad avanzare negli studi** se «*capaci e meritevoli*», pur in mancanza di mezzi economici; la Repubblica rende effettivo questo diritto con borse di studio, assegni alle famiglie ed altre provvidenze, da attribuire per concorso.

Il diritto è garantito anche in sede sovranazionale dall'art. 14, co. 1-2, della Carta dei diritti fondamentali dell'Unione europea: «*Ogni persona ha diritto all'istruzione e all'accesso alla formazione professionale e continua. Questo diritto comporta la facoltà di accedere gratuitamente all'istruzione obbligatoria*».

3.7 I rapporti economici

3.7.1 Diritto al lavoro (art. 4, co. 1, e art. 46 Cost.)

Il lavoro non è tutelato come diritto soggettivo perfetto, perché limiterebbe la libertà e l'iniziativa della persona: lo Stato non ha pertanto l'obbligo di fornire un lavoro al cittadino, ma piuttosto l'obbligo di *«promuovere le condizioni che rendano effettivo questo diritto»*.

Il diritto al lavoro consiste nella **libera scelta dell'attività lavorativa** e, dove possibile, nella **scelta delle modalità di esercizio** del lavoro prescelto. Il diritto al lavoro e all'esercizio di una professione trova tutela sovranazionale nell'art. 15 della Carta dei diritti fondamentali dell'Unione europea; il diritto è di ogni cittadino europeo e pertanto è garantita la libera circolazione dei lavoratori sul territorio dell'Unione.

A tale diritto corrisponde il **dovere di concorrere al progresso materiale e spirituale della società** (il lavoro non è quindi solo il mezzo per la sopravvivenza individuale).

3.7.2 Diritto del lavoratore ad una retribuzione proporzionata alla quantità e qualità del suo lavoro (art. 36, co. 1, Cost.)

La retribuzione deve essere sufficiente ad assicurare a sé e alla **famiglia un'esistenza libera e dignitosa**; lo stesso diritto spetta alla donna lavoratrice (art. 37, co. 1, Cost.).

Il precetto costituzionale è la base su cui poggia l'elaborazione giurisprudenziale del principio dell'efficacia *erga omnes* (cioè efficacia non solo verso gli iscritti ma anche verso i non iscritti) dei contratti collettivi di lavoro pur in assenza di attuazione dell'art. 39 Cost.

3.7.3 Diritto del lavoratore al riposo settimanale e alle ferie annuali (art. 36, co. 3, e art. 37, co. 1, Cost.)

Il **riposo** e le **ferie** hanno lo scopo di permettere al lavoratore e alla lavoratrice di ritemprare le energie psico-fisiche, consentendogli di soddisfare esigenze ricreative, culturali, affettive e familiari.

Queste forme di tutela sono volte ad assicurare adeguata protezione al lavoratore che altrimenti sarebbe esposto al pericolo di soprusi da parte del datore di lavoro: si tratta di **diritti indisponibili e irrinunciabili** (con conseguente nullità di qualsiasi pattuizione derogatrice), che la previsione stessa di una riserva di legge mira a sottrarre al maggiore potere contrattuale dei datori di lavoro.

3.7.4 Diritto al mantenimento, all'assistenza e alla previdenza sociale (art. 38, co. 1 e 2, Cost.)

L'art. 38 co. 1 Cost. riferisce tale diritto ai **cittadini inabili al lavoro e sprovvisti dei mezzi necessari per vivere**. L'assistenza sociale ha oggi assunto **carattere di universalità**, avendo il fine di tutelare la dignità della persona nelle situazioni di bisogno e di garantire a tutti i cittadini, lavoratori e no, i mezzi per un'esistenza dignitosa.

La materia è regolata dalla L. 328/2000, tesa a realizzare un sistema integrato di interventi e di servizi sociali.

L'assistenza si distingue dalla **previdenza sociale**, che riguarda ogni predisposizione organizzata di aiuti, in previsione di bisogni futuri (co. 2). Gli strumenti previdenziali, a differenza di quelli assistenziali, si rivolgono ai soli lavoratori (e familiari a loro carico) e consistono in prestazioni economiche e sanitarie rese possibili da un sistema di assicurazioni sociali obbligatorie.
La previdenza sociale opera come prevenzione obbligatoria contro rischi di varia natura che influiscono negativamente sulla capacità lavorativa del soggetto: infortuni sul lavoro; malattia; invalidità e vecchiaia; disoccupazione involontaria.
I principali enti pubblici previdenziali sono l'**Istituto Nazionale per la Previdenza Sociale** (INPS) e l'**Istituto Nazionale per l'Assicurazione contro gli Infortuni sul Lavoro** (INAIL).

3.7.5 Diritto all'educazione e all'avviamento professionale per gli inabili e i minorati (art. 38, co. 3, Cost.)

A questi soggetti è garantita una **posizione di vantaggio nell'avviamento al lavoro**, beneficiando essi di un collocamento obbligatorio che prevede una riserva di posti presso le aziende, e ciò anche per favorirne un inserimento ottimale nella vita produttiva nazionale.
Sotto quest'aspetto, l'art. 38, co. 3, impegna la società civile a tutelare i suoi cittadini più svantaggiati, garantendo loro la dignità del lavoro, inteso sia come diritto su cui si fonda la Costituzione stessa della Repubblica sia come strumento per relazionarsi con gli altri.

3.7.6 Libertà sindacale (art. 39 Cost.)

La libertà sindacale – riconosciuta sia ai **lavoratori autonomi** che a quelli **subordinati** – costituisce una delle principali manifestazioni della libertà di associazione, sancita in via generale dall'art. 18 Cost. Si è così inteso riconoscere ai cittadini il diritto di associarsi liberamente per la tutela degli interessi comuni legati allo svolgimento dell'attività di lavoro.
Le associazioni sindacali, dal canto loro, hanno il diritto di svolgere liberamente e senza controlli la loro attività, purché si dotino di un ordinamento interno a base democratica e siano registrati presso i competenti uffici delle Amministrazioni locali o dell'Amministrazione centrale, a seconda che la loro attività abbia rilevanza locale o nazionale.
I **sindacati registrati** hanno **personalità giuridica**. Possono, rappresentati unitariamente in proporzione dei loro iscritti, stipulare contratti **collettivi di lavoro con efficacia obbligatoria** per tutti gli appartenenti alle categorie alle quali il contratto si riferisce. È noto tuttavia che le associazioni sindacali sono tuttora organismi non riconosciuti perché l'art. 39 non è mai stato attuato.

3.7.7 Libertà di sciopero (art. 40 Cost.)

Lo sciopero consiste nell'**astensione dal lavoro** e si esercita nell'ambito delle leggi che lo regolano. Esso costituisce il più immediato ed efficace strumento di rivendica-

zione di cui i lavoratori e le associazioni sindacali dispongano, compatibilmente con i principi generali dell'ordinamento democratico.
Il precetto costituzionale demanda al legislatore ordinario il compito di stabilire i limiti entro i quali ne possa essere consentito l'esercizio.
La L. 146/1990 – la prima a regolamentare il diritto di sciopero nel nostro Paese – ha introdotto il principio della limitazione «regolamentata» del diritto di sciopero, in base al quale sono legittime tutte le forme di astensione collettiva dal lavoro, purché rispettose dei principi fondamentali dell'ordinamento e purché si garantisca la continuità dei **servizi pubblici essenziali** (es. comunicazioni, trasporti, strutture sanitarie, servizi di pubblica sicurezza, igiene pubblica ecc.).
In caso di violazione, il Governo può disporre che i lavoratori prestino ugualmente la propria opera nonostante sia stato proclamato lo sciopero (cosiddetto **ordine di precettazione**).

3.7.8 Libertà d'impresa (art. 41 Cost.)

La Costituzione riconosce, all'art. 41, la **libertà dell'iniziativa economica privata**, ma pone subito il limite dell'**interesse collettivo**, in quanto nessuna attività d'impresa può svolgersi in contrasto con l'utilità sociale o in modo da recare danno alla sicurezza, alla libertà o alla dignità umana.
Alla legge ordinaria è affidato il compito di determinare i programmi e i controlli opportuni perché l'attività economica pubblica e privata possa essere indirizzata e coordinata a fini sociali.
La Costituzione riconosce in modo paritario sia le imprese private che pubbliche, le quali sono legate maggiormente agli indirizzi di politica economica del Parlamento e del Governo dovendo sviluppare le scelte aziendali nel rispetto delle direttive emanate dalle autorità politiche.
L'**intervento pubblico nell'economia** si può manifestare in *forma diretta,* attraverso l'esercizio di attività economiche da parte di enti, di aziende, o società a prevalente capitale pubblico, o in *forma indiretta,* a mezzo di incentivi, sovvenzioni, atti di programmazione e di controlli.

3.7.9 Diritto alla proprietà (artt. 42-44 Cost.)

L'art. 42 Cost. contiene le norme fondamentali in tema di proprietà, della quale riconosce la **funzione sociale** e sancisce la **libera accessibilità**, affermata in via generale e ulteriormente precisata con riferimento alla proprietà terriera, alla proprietà azionaria e a quella dell'abitazione.
La disposizione, in realtà, soprattutto se letta insieme ad altre norme costituzionali, sottintende una varietà di forme di proprietà e quindi di discipline. Innanzitutto, la proprietà può essere **pubblica, privata o collettiva** (art. 43 Cost.). Inoltre, è la legge a fissarne i modi di acquisto, di godimento e i limiti, che potranno essere opportunamente differenziati.
Il sacrificio maggiore imposto alla proprietà privata è l'**espropriazione** per motivi di interesse generale, nei casi previsti dalla legge e salvo indennizzo.

3.7.10 Diritto alla tutela della cooperazione e dell'artigianato (art. 45 Cost.)

La Costituzione riconosce la funzione sociale della **cooperazione**, basata sul carattere mutualistico e sull'assenza di speculazione privata: la cooperazione, infatti, da un lato è vista come strumento di crescita della produzione, e dall'altro come realtà economica idonea a realizzare una migliore distribuzione dei beni e dei servizi e ad offrire occasioni di lavoro a condizioni più convenienti di quelle reperibili sul mercato. A livello legislativo, quest'atteggiamento di favore si concretizza in benefici fiscali e agevolazioni tributarie.
L'**artigianato**, invece, è considerato meritevole di tutela e sviluppo in quanto la produzione artigiana è prevalentemente manuale e, avendo peraltro ad oggetto beni non standardizzati, è notevolmente svantaggiata rispetto alle industrie.

3.7.11 Diritto alla tutela del risparmio (artt. 47 Cost.)

La Repubblica favorisce il **risparmio in tutte le sue forme**: la ricchezza non destinata al consumo deve essere preservata da fenomeni inflazionistici e inoltre ne deve essere incoraggiato l'accumulo, che è il presupposto del credito, esercitato soprattutto dalle banche. La rilevanza assunta dall'attività bancaria rende necessario l'assoggettamento del settore creditizio ad un efficace sistema di controlli politico-amministrativi.
Con particolare favore è visto il **risparmio popolare**, stante la sua funzione di risorsa economica destinata all'acquisto di beni strumentali (es. la casa). È tutelato anche l'**azionariato popolare**, consistente in partecipazioni societarie acquistate al solo scopo di godere gli utili, indipendentemente dagli aspetti gestionali.

3.8 I rapporti politici

3.8.1 Diritto di elettorato: rinvio (art. 48 Cost.)

Le democrazie moderne sono di tipo rappresentativo: a questa regola non sfugge il sistema costituzionale italiano, nel quale i cittadini godono dell'**elettorato attivo** – ovverosia della capacità di votare e, quindi, principalmente, del diritto di eleggere i componenti delle assemblee parlamentari –, nonché dell'**elettorato passivo**, che consiste nella capacità di ricoprire cariche elettive.
Come si dirà nel *Capitolo 4 (par. 4.2)*, il diritto di elettorato attivo, fatte salve le limitazioni previste dalla stessa Costituzione e dalla legge ordinaria, spetta a tutti i cittadini, sia maschi che femminile, in possesso dei prescritti requisiti anagrafici; e, come principio generale, chi può eleggere può anche essere eletto.

3.8.2 Diritto di concorrere alla determinazione della politica nazionale e i partiti politici (art. 49 Cost.)

Negli Stati contemporanei un ruolo fondamentale di **intermediazione fra il popolo, titolare della sovranità, e i suoi rappresentanti, ai quali è concretamente delegato l'esercizio dei poteri sovrani**, è svolto dai *partiti politici*.

La disposizione di maggior rilievo, sotto quest'aspetto, è sicuramente l'art. 49 Cost., il quale afferma laconicamente che «*tutti i cittadini hanno diritto di associarsi liberamente in partiti per concorrere con metodo democratico a determinare la politica nazionale*».
L'espressione «*con metodo democratico*» significa che la **competizione fra i partiti deve essere libera**, avvenire, cioè, in forme non violente e garantendo parità di punti di partenza a tutti i competitori. D'altro canto, però, l'espressione non è stata interpretata nel senso di imporre un'**effettiva democrazia all'interno del singolo partito**.
Negli ultimi tempi, tuttavia, la distanza sempre più ampia fra elettori e partiti ha messo al centro dell'attenzione la questione della democraticità interna di questi ultimi, soprattutto per quanto concerne la **selezione delle candidature** sia ai vertici del partito che alle maggiori cariche elettive. In tale contesto si colloca l'esperienza delle **primarie**, ossia delle competizioni aperte ai soli iscritti ai partiti o anche a esterni, volte alla selezione delle candidature.

3.8.3 Diritto di petizione al Parlamento (art. 50 Cost.)

La petizione popolare, invece, è lo strumento attraverso il quale i cittadini si rivolgono alle Camere per chiedere provvedimenti legislativi o esporre comuni necessità.
Il diritto di petizione è un potere di stimolo che può essere esercitato, senza particolari formalità, da ogni cittadino, anche non elettore, che intenda sottoporre al Parlamento l'esigenza di provvedere riguardo a situazioni d'interesse generale (non sono ammesse petizioni su casi o problemi personali) o comunque d'interessarsi a quella situazione. Spetta, in ogni caso, alle Camere pronunciarsi sul punto.
Insieme all'iniziativa legislativa popolare (*vedi Cap. 8, par. 8.5.1*) e al referendum (*vedi Cap. 8, par. 8.12*) è uno degli **istituti di democrazia diretta** previsti dal nostro ordinamento, vale a dire meccanismi che consentono allo stesso popolo, senza intermediari, di esercitare la sovranità, attraverso scelte di indirizzo politico che correggono o orientano l'attività degli organi costituzionali, in particolare del Parlamento.

3.8.4 Diritto di accesso ai pubblici uffici e alle cariche elettive (art. 51 Cost.)

L'accessibilità agli uffici pubblici e alle cariche elettive è garantita dalla Costituzione, in condizioni di eguaglianza, a tutti i cittadini dell'uno o dell'altro sesso, secondo i requisiti stabiliti dalla legge.
Ai cittadini la legge può parificare gli italiani non appartenenti alla Repubblica. In particolare, per quanto riguarda la possibilità di accesso ai pubblici uffici, la posizione dei cittadini dell'Unione europea è assimilata a quella degli italiani, anche se gli stranieri sono esclusi dai posti di lavoro che implicano esercizio, anche indiretto, di pubblici poteri o che attengano alla tutela dell'interesse nazionale.
Chiunque sia chiamato a svolgere funzioni pubbliche elettive ha il diritto di disporre del tempo necessario al loro adempimento e di conservare il suo posto di lavoro.

3.9 I doveri costituzionali

3.9.1 Concetti generali

L'art. 2 Cost., pur riconoscendo i diritti inviolabili della persona, contestualmente *richiede l'adempimento dei doveri inderogabili di solidarietà politica, economica e sociale.* I doveri inderogabili sono quelli scaturenti dal **principio di solidarietà** da cui nessun cittadino può esentarsi né essere esentato.

I doveri, quindi, sono situazioni giuridiche di obbligo che perseguono una pluralità di fini:

> consentire la più ampia partecipazione possibile dei cittadini alla vita economica, sociale e politica del Paese per un pieno esercizio dei diritti civili e politici;

> permettere che ognuno contribuisca concretamente alla crescita e allo sviluppo della collettività nazionale;

> fare in modo che i cittadini siano solidali e solleciti ai bisogni degli altri (**principio di fraternità**) per il mantenimento dello *stato sociale*.

I doveri inderogabili possono raggrupparsi, secondo il loro contenuto, in **doveri politici**, **economici** e **sociali**.

3.9.2 I doveri politici

Al novero dei doveri politici appartengono il dovere di difesa della Patria, il dovere del voto, il dovere di fedeltà alla Repubblica e il dovere di adempiere con disciplina e onore le funzioni pubbliche.

Il **dovere di difesa della Patria** (art. 52 Cost.) si realizza con la prestazione del servizio militare obbligatorio, ora limitato ai due casi eccezionali previsti dall'art. 1929 del D.Lgs. 66/2010: la **deliberazione dello stato di guerra** e la **grave crisi internazionale**. Il servizio obbligatorio di leva è stato sospeso dal 1° gennaio 2005 (art. 7 D.Lgs. 215/2001, in attuazione dell'art. 3 della L. 331/2000).

Già la Corte costituzionale aveva chiarito con sentenza n. 164/1985 come il dovere di difesa fosse suscettibile di adempimento anche attraverso la prestazione di adeguati comportamenti non armati. Adeguandosi alla posizione espressa dalla Consulta, l'**obiezione di coscienza alle armi è stata riconosciuta anche in sede legislativa** (L. 772/1972 e L. 230/1988), garantendosi ai cittadini obiettori la possibilità di non essere arruolati nei corpi armati e svolgere il servizio civile sostitutivo.

Il 1° gennaio 2005 (con L. 64/2001 e D.Lgs. 77/2002) fu istituito il servizio civile nazionale che è stato successivamente sostituito dal **servizio civile universale** (L. 106/2016 e D.Lgs. 40/2017), finalizzato, ai sensi degli artt. 52, co. 1, e 11 Cost., alla difesa non armata e non violenta della Patria, all'educazione, alla pace tra i popoli, nonché alla promozione dei valori fondativi della Repubblica, anche con riferimento agli artt. 2 e 4, co. 2, della stessa Carta costituzionale.

Il **voto** è un dovere civico proprio dei cittadini, residenti in Italia e all'estero, che hanno raggiunto la maggiore età (art. 48, co. 2, Cost.), ma è anche un diritto che non può essere limitato se non per incapacità civile o per effetto di sentenza penale irrevocabile o nei casi di indegnità morale indicati dalla legge (artt. 19, 28, 29, c.p.; artt. 648 e 662, c.p.p.).

Il **dovere di fedeltà alla Repubblica e di osservanza della Costituzione e delle leggi** (art. 54, co. 1, Cost.) implica l'accettazione dei valori fondamentali dell'ordinamento democratico e si connota come "dovere strutturale" alla conservazione dell'ordinamento giuridico e democratico del Paese, la cui violazione ha rilievo penale: infatti, chiunque *«con atti violenti, commette un fatto diretto e idoneo a mutare la Costituzione, è punito con la reclusione non inferiore a cinque anni»* (art. 283, c.p.).
Il **dovere di adempiere le funzioni pubbliche con disciplina e onore** (art. 54 co. 2, Cost.) è specifico di coloro che esercitano una funzione pubblica prestando anche giuramento se richiesto dalla legge: e questo in aggiunta al più generale dovere di fedeltà che grava su tutti i cittadini.

3.9.3 I doveri di solidarietà economica e sociale

I doveri di solidarietà economica e sociale includono:

- il **dovere di contribuire alle spese pubbliche** (art. 53, co. 1, Cost.), che deve essere adempiuto secondo i principi di *proporzionalità*, cioè della capacità contributiva di ciascuno, e di *progressività*, incrementando il carico tributario in ragione dell'aumento della capacità contributiva;
- il **dovere del lavoro** (art. 4, co. 2, Cost.), inteso come dovere etico di solidarietà, per cui ogni cittadino deve svolgere, secondo le proprie possibilità e la propria scelta, un'attività o una funzione;
- il **dovere di mantenere, istruire ed educare i figli, anche se nati fuori del matrimonio** (art. 30, co. 1, Cost.), che grava solidalmente su entrambi i genitori;
- il **dovere di sottoporsi a trattamenti sanitari obbligatori previsti dalla legge** (art. 32, co. 2, Cost.), in presenza di un interesse della collettività, come nel caso delle epidemie o delle malattie che espongono a grave rischio la pubblica incolumità, e nel rispetto della dignità umana.

3.10 La tutela internazionale dei diritti dell'uomo

Al termine della Seconda guerra mondiale, la comunità internazionale prese atto della necessità di assicurare una protezione sovranazionale alla dignità umana e alle libertà fondamentali.
Il primo passo fu realizzato con la **Dichiarazione universale dei diritti umani**, approvata il 10 dicembre 1948 dall'Organizzazione delle Nazioni Unite (ONU), che *promuoveva soprattutto le libertà fondamentali e i diritti politici* piuttosto che i diritti sociali, economici e culturali. La Dichiarazione, pur priva di efficacia giuridica vincolante, ha rappresentato il modello di tutti i trattati internazionali successivi.
Il 4 novembre 1950, in seno al Consiglio d'Europa, fu firmata a Roma la **Convenzione europea per la salvaguardia dei diritti umani** (CEDU). La Convenzione, entrata in vigore il 3 settembre 1953, e integrata da successivi Protocolli, prevede l'istituzione di una **Corte europea dei diritti umani**, che può essere adita da ciascuno Stato contraente e da qualsiasi persona sottoposta alla giurisdizione degli Stati contraenti. I diritti fondamentali, come garantiti dalla CEDU e quali risultanti dalle tradizioni costituzionali comuni degli Stati membri, sono stati riconosciuti dal Trattato di Maastricht quali **principi fondamentali del diritto europeo**.

Il passaggio successivo è la proclamazione, il 7 dicembre 2000, di una **Carta dei diritti fondamentali dell'Unione europea**, priva di efficacia vincolante diretta, ma riconosciuta nel 2007, in seno al Trattato di Lisbona, come avente lo stesso valore giuridico dei Trattati, quindi quale *parametro di validità* degli atti dell'Unione e di quelli statali di attuazione delle norme europee.

3.11 La condizione giuridica dello straniero in Italia

Nell'ordinamento italiano, la condizione giuridica dello straniero è tutelata da una **riserva rafforzata di legge**, in virtù della quale può essere determinata soltanto dalla legge e in conformità alle norme ed ai trattati internazionali (art. 10, co. 2, Cost.). Il trattamento giuridico dello straniero è dunque demandato al legislatore ordinario, che non può dettare norme meno favorevoli di quelle previste dal diritto internazionale (consuetudinario o pattizio).

La legge italiana distingue la condizione degli **stranieri appartenenti agli Stati membri dell'Unione europea** da quella degli **stranieri extracomunitari**. Ai primi, è riconosciuta la cittadinanza europea e la titolarità di alcuni importanti diritti (es. libertà di circolazione e soggiorno in tutti gli Stati membri dell'Unione, il diritto di elettorato attivo e passivo nello Stato di residenza etc.), mentre ai secondi è applicato un trattamento giuridico differenziato che individua tassativamente i motivi per i quali è possibile entrare in Italia e le condizioni che devono essere soddisfatte per poter ottenere il permesso di soggiornare.

La normativa relativa all'ingresso e al soggiorno degli stranieri extracomunitari e degli apolidi (senza cittadinanza) è contenuta nel D.Lgs. 25-7-1998, n. 286, recante il *Testo unico delle disposizioni in materia di immigrazione e condizione giuridica dello straniero.*

Lo straniero, peraltro, ha **diritto all'asilo** nel nostro Paese, alle condizioni determinate dalla legge, quando in quello di appartenenza gli sia impedito l'effettivo esercizio delle libertà democratiche garantite dalla Costituzione italiana. Allo stesso modo, **non può essere estradato per reati politici**.

Capitolo 4
Gli organi costituzionali

4.1 Organi costituzionali e a rilevanza costituzionale

Sono **organi costituzionali** quelli che, oltre ad essere necessari all'assetto istituzionale dello Stato e a godere di una posizione di supremazia tale da non riconoscere autorità superiori, partecipano in vario modo alla funzione politica, concorrendo a determinare i fini generali dello Stato.
Nel nostro ordinamento sono organi costituzionali:
- il Parlamento;
- il Governo;
- il Presidente della Repubblica;
- la Corte costituzionale.

Sono **organi di rilievo costituzionale**, invece, quelli che, pur essendo previsti dalla Costituzione, non sono essenziali all'assetto istituzionale dello Stato e non partecipano all'esercizio della funzione politica. Essi sono:
- il Consiglio superiore della magistratura (CSM);
- il Consiglio di Stato;
- la Corte dei conti;
- il Consiglio Nazionale dell'Economia e del Lavoro (CNEL);
- il Consiglio Supremo di Difesa (CSD).

4.2 Il corpo elettorale

4.2.1 Elettorato attivo e passivo

Il corpo elettorale è l'insieme dei cittadini cui spetta l'**elettorato attivo**, vale a dire il diritto di eleggere i loro rappresentanti politici: non solo i membri del Parlamento, nazionale ed europeo, ma anche quelli dei Consigli regionali e comunali.
Il diritto di elettorato attivo spetta a tutti i cittadini italiani (uomini e donne) che abbiano compiuto il **diciottesimo anno d'età** (per l'elezione dei senatori, tale limite è elevato a 25 anni) e può essere limitato solo per *incapacità civile* (es. non possono votare le persone incapaci d'intendere e di volere), per effetto di *sentenza penale irrevocabile* (es. non possono votare i condannati all'ergastolo) o nei casi di *indegnità morale* indicati dalla legge.
Al legislatore ordinario è demandato il compito di stabilire i requisiti e le modalità per l'esercizio del diritto di voto da parte dei cittadini residenti all'estero.
Il voto è **personale** e **uguale**, **libero** e **segreto**. Ciascun elettore deve esprimere personalmente la propria scelta, non essendo ammessa la possibilità di votare per procura,

e deve poter esprimere il suo voto nella più assoluta libertà e segretezza. Tutti i voti hanno pari peso: non sono ammessi voti plurimi (elettori che votino più volte), né voti multipli (elettori che votino in più circoscrizioni).
La Costituzione regola anche **elettorato passivo**, che consiste nella capacità di ricoprire cariche elettive. Ai sensi dell'art. 51 Cost., tutti i cittadini (uomini e donne) possono accedere a cariche elettive e, come principio generale, chi può eleggere può anche essere eletto. Requisiti particolari, tuttavia, sono previsti per l'eleggibilità a membro del Parlamento: l'età, infatti, non può essere inferiore a 25 anni per la Camera dei deputati e a 40 anni per il Senato.
L'esercizio del voto non costituisce un obbligo, ma è solo un dovere civico: nessuna sanzione è prevista per chi si astenga dal votare.

4.2.2 I sistemi elettorali

Sistemi maggioritari, proporzionali e misti
I sistemi elettorali individuano i metodi e i criteri per tradurre in seggi i voti espressi dagli elettori.
In primo luogo, esistono i **collegi elettorali**, ovvero suddivisioni territoriali al cui interno gli elettori possono eleggere un solo rappresentante (**collegi uninominali**) o più di un rappresentante (**collegi plurinominali**).
Le formule elettorali permettono, anche con mezzi matematici, di effettuare la concreta distribuzione dei seggi sulla base dei voti ottenuti.
I sistemi elettorali possono essere principalmente di due tipi: maggioritari e proporzionali.
I **sistemi maggioritari** attribuiscono i seggi, o il maggior numero dei seggi, ai candidati che hanno ottenuto la maggioranza dei voti. Essi tengono conto della volontà espressa dalla maggioranza degli elettori su base locale, in modo che tutto il potere sia attribuito a chi abbia ottenuto il maggior numero di voti.
I sistemi maggioritari consentono di avere in Parlamento uno schieramento politico omogeneo e un Governo più stabile. Se i partiti sono più di due, e nessuno raggiunge la maggioranza, si procede generalmente ad una seconda elezione o *ballottaggio*, con cui vengono riproposti all'elettorato solo i candidati che hanno ottenuto il maggior numero di voti alla prima elezione.
I **sistemi proporzionali**, diversamente dai maggioritari, garantiscono un'adeguata rappresentanza anche alle minoranze. A ciascuna forza politica, infatti, è attribuito un numero di seggi proporzionali al numero di voti ottenuto. I sistemi proporzionali, perciò, assicurano il pluralismo partitico, dando luogo alla formazione di coalizioni fra più partiti.
La dialettica politica ha peraltro reso spesso necessario contemperare questi due sistemi, per rispondere all'esigenza di **sistemi misti** in cui l'attribuzione dei seggi avviene in parte con metodo maggioritario e in parte con metodo proporzionale.

Il sistema elettorale italiano
La disciplina del sistema elettorale adottato per la Camera e per il Senato è contenuta, rispettivamente, nel **D.P.R. 30-3-1957, n. 361** (*Testo unico delle leggi recanti norme per l'elezione della Camera dei deputati*) e nel **D.Lgs. 20-12-1993, n. 533** (*Testo unico delle leggi recanti norme per l'elezione del Senato della Repubblica*), due provvedimenti più volte

modificati negli anni e sui quali è da ultimo intervenuta la L. 165/2017, con la quale è stato adottato un sistema elettorale misto, che riunisce una **componente maggioritaria uninominale** e una **proporzionale plurinominale**.
I principali elementi qualificanti del sistema elettorale attualmente vigente per i due rami del Parlamento sono:

- l'assegnazione di 232 seggi alla Camera e di 116 seggi al Senato è effettuata in **collegi uninominali**, in cui è proclamato eletto il candidato più votato, a prescindere dal numero di voti effettivamente riportati. La componente uninominale porta all'attribuzione del 36,8 per cento dei seggi;
- gli altri seggi (386 alla Camera e 193 al Senato), invece, sono attribuiti in **collegi plurinominali**, con metodo proporzionale tra le liste e le coalizioni di liste che abbiano superato le soglie di sbarramento (3 per cento per la singola lista e 10 per cento per le coalizioni), nel qual caso sono proclamati eletti i candidati della lista del collegio plurinominale secondo l'ordine di presentazione, nel limite dei seggi cui la lista abbia diritto;
- i 12 seggi mancanti alla Camera per arrivare al numero di 630 e i 6 mancanti al Senato per raggiungere il numero di 315 sono riservati agli **elettori italiani residenti all'estero**, che li eleggono nella **circoscrizione Estero**.

4.3 Il Parlamento

4.3.1 Concetti generali

Il Parlamento è l'assemblea dei rappresentanti del popolo, dal quale è eletto a *suffragio universale* e del quale rappresenta, più di qualsiasi altro organo costituzionale, la volontà politica.
Si comprende, perciò, come il Parlamento ricopra nel sistema costituzionale un ruolo di assoluta «centralità», esercitando, nel nome del popolo, la **funzione legislativa**, la **funzione di indirizzo politico** e quella di **controllo sull'attività di governo**, e altre funzioni ancora, considerate di secondo piano rispetto alle prime due, ma non per questo prive di rilevanza: particolarmente delicata, fra queste, è la funzione «**giurisdizionale**» che il Parlamento è chiamato, nel nostro ordinamento, a svolgere nei casi di messa in stato d'accusa del Presidente della Repubblica, per i reati di alto tradimento e attentato alla Costituzione.
Si dirà, nei paragrafi che seguono, della struttura e dell'organizzazione interna del Parlamento, delle sue funzioni e delle prerogative dei suoi membri.

4.3.2 Il bicameralismo perfetto

Strutturalmente il Parlamento può essere formato da due Camere (sistema bicamerale) o da un'unica Camera (sistema monocamerale). I Costituenti italiani scelsero la forma del **bicameralismo perfetto**, attribuendo a entrambe le assemblee – **Camera dei deputati** e **Senato della Repubblica** – le medesime funzioni (art. 55 Cost.).
Sicché esse sono in **posizione di parità**, differendo solamente in ciò:

- la *Camera dei deputati* è eletta dai cittadini che abbiano raggiunto la maggiore età ed è composta da 630 deputati di età non inferiore a 25 anni;

> il *Senato della Repubblica* è eletto dai cittadini che abbiano raggiunto i 25 anni d'età ed è composto da 315 senatori di età non inferiore a 40 anni.

Le due assemblee sono **elette per cinque anni**, allo scadere dei quali è necessario indire nuove elezioni. Ciò nondimeno il loro scioglimento può essere anticipato nei casi in cui esse, per una qualsiasi ragione, non siano più rappresentative delle forze politiche del Paese oppure quando, a causa del deterioramento del rapporto di fiducia tra Governo e Parlamento, quest'ultimo non riesca più a garantire una maggioranza che appoggi il Governo (**crisi di Governo**).
Ai sensi dell'art. 67 Cost., ogni membro del Parlamento rappresenta la nazione ed esercita le sue funzioni senza vincolo di mandato. Questa norma sancisce il cosiddetto **divieto del mandato imperativo**, in virtù del quale i parlamentari sono formalmente svincolati da qualsiasi direttiva e responsabilità nei riguardi dei propri elettori e devono poter operare nella più assoluta libertà. Ciò non esclude una **responsabilità politica**: se da un lato i parlamentari operano in piena autonomia, dall'altro essi sono politicamente responsabili nei confronti degli schieramenti nei quali sono stati eletti e degli stessi elettori.
La sede del Parlamento italiano è a Roma: la Camera dei deputati a Palazzo Montecitorio e quella del Senato a Palazzo Madama.

4.3.3 La Camera dei deputati

La Camera dei deputati è eletta a **suffragio universale e diretto** (art. 56, co. 1, Cost.).
Il numero dei deputati è 630, il doppio del numero dei senatori, di cui 12 eletti nella circoscrizione Estero (art. 56, co. 2, Cost.).
Sono eleggibili a deputati tutti gli elettori che nel giorno delle elezioni hanno compiuto i 25 anni di età (art. 56, co. 3, Cost.).
La ripartizione dei seggi tra le circoscrizioni nazionali, fatto salvo il numero dei seggi assegnati alla circoscrizione Estero, si effettua dividendo il numero degli abitanti della Repubblica, quale risulta dall'ultimo censimento generale della popolazione, per *seicentodiciotto* e distribuendo i seggi in proporzione alla popolazione di ogni circoscrizione, sulla base dei quozienti interi e dei più alti resti (art. 56, co. 4, Cost.).

4.3.4 Il Senato della Repubblica

Il Senato della Repubblica è **eletto su base regionale**, salvi i seggi assegnati alla circoscrizione Estero (art. 57, co. 1, Cost.).
Il numero dei senatori elettivi è di 315, di cui 6 eletti nella circoscrizione Estero (art. 57, co. 2, Cost.).
La ripartizione dei seggi tra le diverse Regioni avviene con un procedimento analogo a quello per l'elezione della Camera (art. 57, co. 4, Cost.).
I senatori sono eletti a suffragio universale e diretto dagli elettori che hanno superato il venticinquesimo anno di età (art. 58, co. 1, Cost.).
Sono eleggibili a senatori gli elettori che hanno compiuto il quarantesimo anno (art. 58, co. 2, Cost.).
Chi è stato Presidente della Repubblica è **senatore di diritto e a vita**, salvo rinunzia (art. 59, co. 1, Cost.).

Il Presidente della Repubblica può nominare **senatori a vita** cinque cittadini che hanno illustrato la Patria per altissimi meriti nel campo sociale, scientifico, artistico e letterario (art. 59, co. 2, Cost.).

4.3.5 L'organizzazione interna e il funzionamento del Parlamento

Il Parlamento adotta regolamenti per disciplinare la propria organizzazione e il proprio funzionamento interni. Il potere di autoregolamentazione attribuito alle Camere garantisce l'indipendenza del Parlamento dagli altri poteri dello Stato. Ciascuna Camera approva il proprio regolamento a maggioranza assoluta dei suoi membri per garantirne la relativa stabilità (art. 64 Cost.).

Le Camere sono organizzate su base assembleare. Quando si riuniscono per la prima volta in assemblea eleggono i loro organi interni, indispensabili per lo svolgimento dell'attività parlamentare.

Il **Presidente dell'assemblea**, rispettivamente della Camera dei deputati o del Senato della Repubblica, è eletto da ciascuna assemblea a maggioranza qualificata e deve assicurare il buon andamento dei lavori parlamentari, garantendo l'osservanza del regolamento. Il Presidente dirige e modera la discussione, stabilisce l'ordine delle votazioni e partecipa alla programmazione dei lavori. Mentre il Presidente della Camera presiede il Parlamento in *seduta comune*, il Presidente del Senato supplisce il Capo dello Stato in ipotesi di impedimento.

L'**Ufficio di presidenza**, composto da rappresentanti di tutti i **Gruppi parlamentari**, coadiuva il Presidente nella programmazione dei lavori. I Gruppi, ciascuno dei quali elegge il proprio Presidente, sono la proiezione dei partiti politici in Parlamento e svolgono un ruolo fondamentale nell'organizzazione di ciascuna Camera. Entro pochi giorni dalla prima seduta, i deputati e i senatori devono dichiarare a quale gruppo appartengono. Se tale scelta non viene effettuata, si confluisce in un unico **Gruppo misto**. I Presidenti dei gruppi formano la **Conferenza dei Presidenti dei gruppi parlamentari** che ha poteri fondamentali sull'organizzazione dei lavori dell'assemblea, approvandone il relativo programma. I Presidenti delle Camere vengono ascoltati dal Presidente della Repubblica nel corso delle consultazioni per la risoluzione di una crisi di Governo.

La soluzione delle questioni di carattere tecnico è affidata alle **Giunte**. La *Giunta per il regolamento*, ad esempio, ha il compito di proporre modifiche ai regolamenti interni delle Camere ed esprimere pareri in merito a una questione di interpretazione delle disposizioni ivi contenute. La *Giunta per le elezioni* ha il compito di verificare la correttezza della procedura di elezione di ciascun parlamentare mentre la *Giunta per le autorizzazioni* ha il compito di esaminare le richieste del magistrato di arresto o limitazione della libertà personale di un parlamentare (al Senato le ultime due Giunte sono riunite in un unico organismo, la *Giunta delle elezioni e delle immunità parlamentari*).

L'attività parlamentare è organizzata per **Commissioni**, che sono organi specializzati in determinate materie, composti da deputati e senatori in modo da rispecchiare proporzionalmente le forze politiche presenti. Le Commissioni possono essere costituite occasionalmente da ciascuna Camera per risolvere questioni di pubblico interesse (**Commissioni straordinarie**) come, ad esempio, le Commissioni d'inchiesta (es. Commissione stragi, Commissione antimafia, Commissione per il caso «Ustica») ovvero essere istituite permanentemente. Le **Commissioni permanenti** sono organi stabili e necessari di ciascuna Camera e hanno competenza ciascuna per una specifica materia. Esempi sono la Commissione affari costituzionali e la Commissione del bilancio, tesoro e programmazione che hanno funzioni consultive particolari nei rispettivi procedimenti legislativi. Si possono anche costituire (in via straordinaria o permanente) **Commissioni bicamerali miste** (formate da deputati e senatori), con il compito di affrontare questioni particolarmente delicate (es. controlli sui servizi radiotelevisivi, sui servizi d'informazione e sicurezza ecc.).

La **convocazione delle Camere** spetta al Presidente di ciascuna assemblea, ad un terzo dei membri di ciascuna Camera e al Presidente della Repubblica. La prima riunione delle Camere è prevista entro il 20° giorno dalle elezioni.

Le riunioni delle assemblee (**sedute**) sono pubbliche e aperte a qualsiasi mezzo di comunicazione, anche se ciascuna Camera e il Parlamento a Camere riunite possono deliberare di adunarsi in seduta segreta, per sottrarsi alle pressioni dell'opinione pubblica.

Il periodo continuativo di lavoro compreso fra una convocazione e l'aggiornamento dei lavori è detto **sessione**.

All'interno di ciascuna Camera, il lavoro dell'assemblea è svolto in base a un programma, preparato dal Presidente, discusso e approvato all'unanimità dalla **Conferenza dei capigruppo parlamentari**. Viene altresì formato un *calendario dei lavori* con gli argomenti da trattare, il numero e le date delle singole sedute dell'assemblea.

4.3.6 Le deliberazioni parlamentari

Le deliberazioni sono adottate mediante votazioni. Per la loro validità sono previsti dei *quorum* sia strutturali che funzionali.

Quorum strutturale	per la validità delle sedute è richiesta una maggioranza dei componenti. Il numero legale è raggiunto quando partecipano alla seduta la metà più uno dei deputati o senatori. Il numero legale richiesto si presume esistente fino a che non ne venga richiesta la relativa verifica
Quorum funzionale	per la validità della deliberazione è richiesta la maggioranza dei presenti, a meno che non sia diversamente stabilito

In linea generale vige il principio di **pubblicità** non solo dei lavori assembleari ma anche delle votazioni. Solo in casi eccezionali sono previste **sedute segrete** onde garantire, viceversa, l'autonomia del Parlamento, come ad esempio per l'approvazione del bilancio interno di ciascuna Camera.

Le votazioni avvengono a *scrutinio palese*, salvi i casi in cui sia espressamente prevista la possibilità di richiedere lo *scrutinio segreto* (es. in tema di diritti di libertà, di famiglia, di modifiche al regolamento di ciascuna Camera). Lo scrutinio segreto dà luogo, di fatto, al fenomeno dei "franchi tiratori", cioè parlamentari, che pur avendo votato la fiducia al Governo, gli negano il consenso sui singoli progetti di legge.

Il parlamentare ha diritto di **astenersi dal voto**. Gli astenuti sono computati ai fini del numero legale, ma sono considerati come non presenti nel computo della maggioranza richiesta per la deliberazione.

4.3.7 Il Parlamento in seduta comune

Le due assemblee lavorano autonomamente, ma per alcune situazioni o deliberazioni, la Costituzione richiede che le Camere si riuniscano in **seduta comune**. Ciò avviene nei casi di:

- elezione del Presidente della Repubblica (art. 83 Cost.);
- giuramento di fedeltà alla Repubblica e di osservanza della Costituzione da parte del Presidente della Repubblica (art. 91 Cost.);
- messa in stato d'accusa del Presidente della Repubblica, per alto tradimento o per attentato alla Costituzione (art. 90 Cost.);
- elezione di un terzo dei giudici della Corte costituzionale (art. 135 Cost.);
- elezione di un terzo dei membri del Consiglio superiore della magistratura (art. 104 Cost.);
- compilazione dell'elenco dei cittadini tra cui devono essere sorteggiati i sedici membri chiamati ad integrare la composizione della Corte costituzionale nei giudizi d'accusa contro il Presidente della Repubblica (art. 135 Cost.).

Quando il Parlamento si riunisce in seduta comune, la direzione dei lavori è affidata al Presidente della Camera dei deputati e al suo ufficio di presidenza.

4.3.8 Legislatura, proroga e *prorogatio*

Il periodo di durata di ciascuna Camera si chiama **legislatura** ed è normalmente di cinque anni, salva l'ipotesi dello scioglimento anticipato.
Vi sono dei casi eccezionali in cui la stessa Costituzione prevede una **proroga** delle funzioni delle due assemblee (es. in caso di guerra, *ex* art. 60 Cost.). Diversa dalla proroga prevista per legge è l'istituto della ***prorogatio***, per cui l'organo scaduto continua ad esercitare le sue funzioni sino al suo rinnovo. La stessa Costituzione prevede che i poteri delle Camere sono prorogati finché non siano riunite le nuove Camere. La *prorogatio* è espressione del più generale principio di continuità degli organi costituzionali teso ad evitare periodi vacanti nell'attività dello Stato durante il tempo necessario al relativo rinnovo.

4.3.9 Le prerogative parlamentari

Le prerogative parlamentari sono istituti che tendono a salvaguardare il libero esercizio delle funzioni parlamentari. Occorre evidenziare che non si tratta di privilegi dei singoli bensì di garanzie dell'indipendenza del Parlamento ed è per questo che sono irrinunciabili e indisponibili.
Per essere eletto come parlamentare non ci si deve trovare in condizioni di ineleggibilità o incompatibilità (art. 65 Cost.).
Una volta eletto il parlamentare gode di talune prerogative funzionali alla carica che ricopre (art. 68 Cost.).
La prima è l'**insindacabilità delle opinioni espresse**. I parlamentari, in sede penale, civile e amministrativa, non possono essere perseguiti per le opinioni espresse o i voti dati.

L'insindacabilità si limita soltanto ai casi in cui il parlamentare si ritrovi nell'espletamento delle proprie funzioni, essendo finalizzata a garantire l'ordinario e, soprattutto, libero esercizio delle stesse. Tale prerogativa non può spingersi oltre, nel senso che non si estende ai casi di affermazioni rese come un qualsiasi privato cittadino non riconducibili funzionalmente alla carica ricoperta.
L'insindacabilità vale anche dopo la cessazione della carica.
La seconda prerogativa è l'**immunità penale**: senza l'autorizzazione della Camera cui appartengono, i membri del Parlamento non possono essere sottoposti a procedimento penale, né a misure restrittive della propria libertà personale o domiciliare. Ciò nondimeno, per espressa previsione della norma costituzionale, si può procedere – senza che occorra l'autorizzazione della Camera di appartenenza – contro il parlamentare nei cui confronti sia divenuta irrevocabile una sentenza di condanna o che sia colto nell'atto di commettere un delitto per il quale è previsto l'arresto obbligatorio in flagranza.
L'immunità penale è temporalmente legata all'esercizio delle funzioni parlamentari e, dunque, limitata alla circostanza che il parlamentare sia ancora in carica.
Per lo svolgimento dei loro compiti, i parlamentari ricevono un'**indennità** stabilita dalla legge.

4.3.10 La funzione legislativa

Quella legislativa è indubbiamente la principale funzione svolta dal Parlamento e si sostanzia nell'attività di **preparazione, esame e approvazione delle leggi, in particolare le leggi ordinarie**. Queste ultime sono approvate mediante il cosiddetto *procedimento legislativo*, vale a dire l'insieme delle fasi, tra loro collegate, previste dalla Costituzione per emanare una legge (che saranno esaminate nel Cap. 8).
Tra gli altri atti legislativi approvati dal Parlamento, che comunque si possono ricollegare all'esercizio della funzione legislativa, vanno menzionate le **leggi costituzionali e di revisione della Costituzione** nonché le **leggi di conversione dei decreti-legge**.
In questa sede è da ricordare che per alcune leggi di particolare rilevanza (quelle indicate nell'art. 72 Cost.: in materia costituzionale ed elettorale, di delegazione legislativa, di autorizzazione a ratificare trattati internazionali, di approvazione di bilanci e consuntivi) la *procedura deve necessariamente essere quella ordinaria* che presuppone un voto da parte dell'Aula nel suo complesso, non potendosi delegare tale funzione alle Commissioni parlamentari (la cosiddetta **riserva di Assemblea**).
In alcuni casi la funzione legislativa esercitata dal Parlamento in realtà include anche una funzione di **controllo sull'operato del Governo**. Si tratta di quei casi in cui l'iniziativa legislativa è esercitabile esclusivamente dall'Esecutivo e il Parlamento non può modificare in modo sostanziale il contenuto proposto, trattandosi di atti predeterminati nei contenuti (si pensi alle leggi di bilancio) o concordati con soggetti terzi rispetto all'ordinamento interno (si pensi alle leggi di ratifica dei trattati oppure a quelle che approvano le intese con le varie confessioni religiose). In questi casi il Parlamento può solo approvare l'operato del Governo, emanando la legge, o bocciarlo, non emanando la legge.

4.3.11 La funzione di indirizzo politico e di controllo

La funzione di indirizzo politico è **finalizzata alla determinazione degli obiettivi di politica nazionale e alla scelta degli strumenti per conseguirli**. All'attività di indirizzo politico concorrono sia i **partiti politici** sia il **corpo elettorale**. Gli elettori, scegliendo i loro rappresentanti in Parlamento, partecipano alla linea politica che il futuro Governo intraprenderà; sia evidentemente lo stesso Parlamento la cui funzione di indirizzo politico si manifesta tramite le leggi dallo stesso poste in essere.

Nella funzione di indirizzo politico rientrano i seguenti atti:

- la **mozione**, atto ad iniziativa non individuale (sono necessari un presidente di gruppo parlamentare o dieci deputati alla Camera e otto senatori al Senato) che attiva un procedimento che si conclude con una votazione in Assemblea. Di norma la mozione definisce indirizzi al Governo. Le più importanti sono le **mozioni di fiducia** e di **sfiducia** con le quali si concede e si revoca la fiducia al Governo;
- la **risoluzione**, atto ad iniziativa individuale che chiude un dibattito aperto in precedenza da altri atti, definendo un indirizzo da far valere nei confronti del Governo.

La **funzione di controllo**, invece, è diretta a far valere la responsabilità politica del Governo nei confronti del Parlamento attraverso gli istituti dell'interrogazione, dell'interpellanza e delle inchieste parlamentari.

L'**interrogazione** è la domanda scritta che un membro della Camera rivolge al Governo allo scopo di conoscere la veridicità o meno di uno specifico fatto. Il Governo può dichiarare di non poter rispondere, esponendone i motivi, oppure differire la risposta indicando una data precisa. Ci sono però casi urgenti in cui è richiesta una risposta immediata (es. per una questione di particolare attualità e rilevanza generale); in questi casi sono predeterminati dai regolamenti parlamentari i tempi per il contraddittorio (il cosiddetto *question time*).

L'**interpellanza** è una domanda scritta sui motivi e gli intendimenti del Governo relativamente a determinate circostanze o a specifiche fattispecie. In questi casi il Parlamento formula per iscritto domande al Governo non su fatti, ma sui motivi della sua condotta in relazione a fenomeni che investono la sua politica. Anche in tali casi i regolamenti delle Camere prevedono l'ipotesi di un'**interpellanza urgente** che può essere richiesta dal presidente di un gruppo parlamentare o da un certo numero di deputati.

Le **inchieste parlamentari** sono svolte da Commissioni istituite per far acquisire alle Camere elementi utili a giudicare la condotta del Governo. Le Commissioni di inchiesta possono essere istituite presso ciascuna Camera ma è prassi che siano bicamerali e istituite con legge; esse operano con poteri di indagine e di ricerca della prova, ma devono garantire agli indagati tutti i diritti processuali (*in primis*, il diritto di difesa).

4.4 Il Governo

4.4.1 Concetti generali

Il Governo è l'organo costituzionale in cui si accentra la **direzione politica dello Stato**. In quanto tale, il Governo è composto dai soggetti che esercitano collegialmente il potere esecutivo, ovvero il **Presidente del Consiglio** e i **Ministri**, che insieme costituiscono il **Consiglio dei Ministri**.

La forma di governo prevista dalla Costituzione è di tipo parlamentare, essendo il Governo diretta emanazione del Parlamento, dal quale deve ottenere la **fiducia**. L'estrazione politica del Governo può essere – e generalmente lo è – di tipo multipartitico, perché espressione di una maggioranza parlamentare basata sulla coalizione di diverse compagini politiche.
Il Governo estrinseca la sua attività nella funzione di direzione politica dello Stato da attuare:

- attraverso il perseguimento del proprio **programma di governo**, con la presentazione in Parlamento di *disegni di legge*, con l'adozione, nei casi di necessità ed urgenza, dei **decreti-legge** e con l'adozione dei **decreti legislativi** nel caso di delega del Parlamento all'esercizio di funzioni legislative;
- con l'esercizio delle **funzioni amministrative** mediante le quali la Pubblica Amministrazione, nel rispetto delle autonomie, garantisce l'applicazione.

L'ordinamento della **Presidenza del Consiglio** – struttura amministrativa di supporto al Presidente e al Consiglio dei Ministri – e la determinazione del numero, delle attribuzioni e dell'organizzazione dei **Ministeri** sono materie coperte da riserva (relativa) di legge.

4.4.2 La formazione del Governo

La Costituzione prevede che il Presidente della Repubblica nomini il Presidente del Consiglio dei Ministri e, su proposta di questo, i Ministri.
Il Presidente del Consiglio dei Ministri e i Ministri, prima di assumere le funzioni, prestano **giuramento** nelle mani del Presidente della Repubblica.
Il procedimento per giungere alla formazione del Governo consta delle seguenti fasi:

- consultazioni;
- incarico;
- nomina e giuramento;
- elaborazione del programma di governo;
- voto di fiducia.

Il Presidente della Repubblica avvia le **consultazioni preliminari** prima di conferire l'incarico: incontra i rappresentanti dei gruppi parlamentari, i Presidenti delle Camere e gli *ex* Presidenti della Repubblica.
Terminate le consultazioni, conferisce l'*incarico* di Presidente del Consiglio al soggetto prescelto, il quale *accetta con riserva* (ovvero subordina l'investitura alla verifica con le parti politiche circa l'appoggio al costituendo Governo).
Il Presidente incaricato *scioglie la riserva* nel momento in cui è in grado di assicurare un nuovo esecutivo e di poter ottenere la *fiducia* in Parlamento.
Il Presidente della Repubblica, con proprio decreto, nomina il Presidente del Consiglio e, su proposta di questi, i singoli Ministri. Tutti devono, quindi, prestare **giuramento** nelle mani del Presidente della Repubblica. Il programma di governo è predisposto dal nuovo Presidente del Consiglio e presentato al Parlamento per il necessario **voto di fiducia** sia della Camera sia del Senato, dopo dibattito tra le forze politiche. Quindi, ciascuna Camera «*accorda o revoca la fiducia mediante mozione motivata e votata per appello nominale*» (art. 94 Cost.).

Si ha **crisi di Governo** in tutti i casi in cui l'Esecutivo è obbligato a dimettersi a causa della rottura del rapporto di fiducia con il Parlamento.
Si distingue tra crisi parlamentari ed extraparlamentari.
Si parla di **crisi parlamentari** quando una Camera o entrambe negano la fiducia al Governo. A prescindere dalla fiducia iniziale, ciò accade quando le Camere approvano una mozione di sfiducia o quando è il Governo stesso a porre la questione di fiducia su un proprio provvedimento che ritenga particolarmente qualificante per la sua linea politica e questa gli venga negata.
Si parla di **crisi extraparlamentari**, invece, quando le dimissioni dell'Esecutivo sono causate da situazioni di crisi politica: si pensi, per esempio, alla decisione di un partito di ritirarsi dalla coalizione di Governo.

4.4.3 Il Presidente del Consiglio dei Ministri

Al Presidente del Consiglio spetta il compito di coordinare e dirigere l'attività di Governo, al fine di mantenerne l'unità d'indirizzo politico e amministrativo. Egli promuove e coordina l'attività dei Ministri, nei cui confronti non è gerarchicamente sovraordinato, ma *primus inter pares* ("primo tra i pari").
Egli:

- rappresenta il Governo nei rapporti con gli altri organi costituzionali;
- convoca, presiede e dirige i lavori del Consiglio dei Ministri;
- presiede il Consiglio di Gabinetto e i Comitati interministeriali;
- presiede gli organi di raccordo tra lo Stato e le autonomie territoriali;
- controfirma le leggi e gli atti aventi forza di legge e dal 1999 è titolare egli stesso di poteri normativi (potendo emettere appositi decreti).

Per lo svolgimento delle sue funzioni, il Presidente del Consiglio dispone del supporto di una struttura amministrativa, la **Presidenza del Consiglio dei Ministri**, che svolge anche funzioni di amministrazione attiva in materia di politiche per la famiglia, gioventù, informazione ed editoria, politiche di contrasto all'uso di droghe, sviluppo delle economie territoriali, pari opportunità, politiche europee. Presso la Presidenza del Consiglio dei Ministri operano il *Dipartimento di Informazione per la Sicurezza della Repubblica* (DIS) e il *Dipartimento della Protezione Civile.*
Il Presidente del Consiglio può essere coadiuvato da un comitato che prende il nome di **Consiglio di Gabinetto**, composto di Ministri da lui designati: il Consiglio di Gabinetto non ha funzioni deliberative, ma soltanto istruttorie (es. discute preventivamente gli schemi dei disegni di legge d'iniziativa governativa ed esamina preventivamente gli aspetti di maggior rilievo della politica del Governo).
Nel caso di assenza o impedimento temporaneo del Presidente, la supplenza spetta al **Vicepresidente del Consiglio** più anziano: non è una figura prevista dalla Costituzione, ma introdotta dalla L. 400/1988, che ha attribuito al Presidente del Consiglio il potere di proporre al Consiglio dei Ministri l'attribuzione delle funzioni di vice ad uno o più ministri. Il vicepresidente più anziano, tuttavia, può occuparsi, nel caso d'impedimento del Presidente, dei soli affari urgenti e non procrastinabili senza grave danno pubblico.

4.4.4 Il Consiglio dei Ministri

Convocato dal suo Presidente, sulla base di un ordine del giorno, è **costituito dal Presidente del Consiglio, che lo presiede, e dall'insieme dei Ministri**. Alle sedute non possono partecipare i sottosegretari, a eccezione del sottosegretario alla presidenza del Consiglio, che esercita le funzioni di segretario del collegio.
Il numero dei Ministri non è fisso: può corrispondere o meno ai vari ministeri; può essere inferiore quando un Ministro ha la responsabilità di più di un ministero (anche se ciò accade in via provvisoria, *ad interim*); o superiore quando ci sono i Ministri senza portafoglio che non hanno la responsabilità politica di un ministero ma che partecipano al Consiglio dei Ministri.
Le attribuzioni del Consiglio dei Ministri sono stabilite dall'art. 2 della L. 400/1988. In particolare:

- determina la politica generale del Governo e l'indirizzo generale dell'azione amministrativa;
- delibera su ogni questione relativa all'indirizzo politico fissato dal rapporto fiduciario con le Camere;
- dirime i conflitti di attribuzione tra i Ministri;
- delibera i disegni di legge e le proposte di ritiro dei disegni di legge già presentati al Parlamento;
- delibera i decreti aventi valore o forza di legge e i regolamenti da emanare con decreto del Presidente della Repubblica previo parere del Consiglio di Stato;
- delibera lo scioglimento di un Consiglio regionale o la rimozione del Presidente di una Giunta disposti con decreto motivato;
- approva le linee di indirizzo in tema di politica internazionale ed europea nonché i progetti dei trattati e degli accordi internazionali, comunque denominati, di natura politica o militare.

All'interno del Consiglio dei Ministri esistono organi collegiali più ristretti, composti da più Ministri. Si tratta dei **Comitati Interministeriali**, non previsti dalla Costituzione, ma con funzioni di grande importanza. Sono organi di raccordo dell'attività di più Ministri, stabilmente costituiti con finalità di cooperazione e coordinamento, per la regolamentazione di materie che coinvolgono le competenze tecniche di più Ministeri.

Il più importante è il **Comitato Interministeriale per la Programmazione Economica** (CIPE), istituito con il compito di definire gli indirizzi generali della politica economica nazionale, rideterminandone periodicamente gli obiettivi e le linee. Assai importanti sono anche le funzioni del **Comitato Interministeriale per il Credito e il Risparmio** (CICR), che esercita l'alta vigilanza in materia di tutela del risparmio, di esercizio del credito e in materia valutaria, e il **Comitato interministeriale per gli affari europei**: (CIAE) che provvede al coordinamento delle linee politiche del Governo nei rapporti con l'Unione europea.
Altri comitati di particolare rilevanza sono il Comitato interministeriale per la sicurezza della Repubblica (CISR) e il Comitato interministeriale per la cooperazione allo sviluppo (CICS).

4.4.5 I Ministri

Ai Ministri è affidato il compito di dirigere singoli rami della Pubblica Amministrazione: per assolvere tale funzione, essi sono posti a capo di strutture denominate **Ministeri**, ma ci sono anche Ministri cosiddetta *senza portafoglio*, che svolgono incarichi speciali, senza avere la diretta responsabilità di un Ministero.
Nell'ambito delle funzioni costituzionali spettanti ai Ministri, fondamentale è il diritto-dovere di prendere parte alle riunioni e all'attività del Governo, attraverso la partecipazione alle delibere del Consiglio dei Ministri.
In particolare, i Ministri:

- coadiuvano il Presidente del Consiglio nell'elaborazione del programma di Governo da presentare alle Camere;
- svolgono le funzioni di indirizzo politico-amministrativo necessarie per attuare il programma di Governo nell'ambito della Pubblica Amministrazione;
- definiscono gli obiettivi e i programmi da realizzare per il ramo dell'Amministrazione assegnata alla loro responsabilità;
- svolgono una funzione di controllo sulla congruenza tra i risultati della gestione amministrativa e le direttive generali impartite;
- adempiono alle funzioni amministrative di propria competenza attraverso l'adozione di atti e provvedimenti amministrativi (decreti, ordinanze, direttive generali, atti di indirizzo, circolari ecc.).

Ai sensi dell'art. 95 Cost., i Ministri sono responsabili **collegialmente** degli atti del Consiglio dei Ministri e **individualmente** degli atti dei loro dicasteri. Questa forma di responsabilità (politica) discende dalla mancata osservanza delle direttive politiche del Parlamento e del Presidente del Consiglio, mentre è giuridica la responsabilità che sorge dalla violazione di norme del codice civile o delle leggi penali.
Si definiscono **reati ministeriali** quegli illeciti penali che i Ministri commettono, nell'esercizio delle loro funzioni, abusando dei loro poteri o violando i doveri inerenti alla carica pubblica che ricoprono. Su questa tipologia di reati giudicano i tribunali ordinari, competenti anche in merito ai cosiddetti **reati comuni** commessi dai Ministri (quei reati che tutti possono astrattamente commettere, indipendentemente dalla qualifica posseduta). Per i reati comuni, tuttavia, vigono le stesse prerogative spettanti ai membri delle due Camere se il Ministro è nello stesso tempo anche parlamentare.

4.4.6 I Ministeri

L'art. 95, co. 3, Cost. attribuisce alla legge ordinaria il compito di determinare missione e organizzazione dei Ministeri.
Il Ministero è la ripartizione fondamentale dell'Amministrazione pubblica centrale. Attraverso i Ministeri, e con l'eccezione degli enti strumentali, lo Stato esercita le sue funzioni amministrative.
Per il proprio funzionamento i Ministeri sono dotati di risorse umane, finanziarie e strumentali. Al loro interno si articolano due macro-strutture amministrative: i dipartimenti e le direzioni generali. Nei Ministeri organizzati per direzioni generali, in genere, è presente la figura del **Segretario generale** che assicura il coordinamento

dell'azione amministrativa, provvede all'istruttoria per l'elaborazione degli indirizzi e dei programmi del Ministro e coordina gli uffici e le attività del Ministero. Il Segretario generale è una sorta di interposizione tra il vertice politico (Ministro) e quello amministrativo (dirigenti generali).
Per l'esercizio delle funzioni il Ministro si avvale di uffici di diretta collaborazione ("di staff"), che svolgono competenze di supporto e di raccordo con l'Amministrazione. Gli uffici di diretta collaborazione, disciplinati con decreti del Presidente della Repubblica sono: l'*Ufficio di Gabinetto*; la *Segreteria*; il *Segretario particolare*; l'*Ufficio legislativo*, che provvede allo studio e alla definizione della attività normativa nelle materie di competenza del Ministero; l'*Ufficio stampa*; l'*Organismo indipendente di valutazione* (OIV); la *Segreteria tecnica*; le *segreterie dei Sottosegretari di Stato*.

4.4.7 Attività e funzioni del Governo

Il Governo è posto al vertice dell'organizzazione amministrativa statale: esso definisce fini, obiettivi e strumenti della politica generale dello Stato, rispondendone di fronte al Parlamento.
La linea politica del Governo è convenzionalmente riassunta nelle **dichiarazioni programmatiche** che il Presidente del Consiglio espone al Parlamento nel momento in cui si presenta davanti alle Camere, per ottenerne la fiducia.
Le **funzioni di indirizzo politico** si concretizzano in diverse attività quali: *attività di impulso e attuazione* delle dichiarazioni su cui il Governo ha ottenuto fiducia; *attività legislativa* del Governo, tramite l'emanazione di decreti legge e decreti legislativi; *attività politico-finanziaria*, servendosi di strumenti quali il bilancio; *attività di politica estera*, di cui il Governo è tenuto ad informare il Parlamento per le scelte generali.
Le **funzioni amministrative**, invece, consistono nell'adozione dei provvedimenti amministrativi di maggiore rilievo: nella nomina dei più alti funzionari e nell'annullamento di atti amministrativi. Le funzioni amministrative più importanti sono svolte dai singoli ministeri che sono i principali organi amministrativi dello Stato con strutture molto complesse.

4.5 Il Presidente della Repubblica

4.5.1 Il Capo dello Stato nella Costituzione

Il ruolo del Capo dello Stato differisce a seconda della forma di governo, potendo egli assumere un ruolo di organo di garanzia costituzionale oppure di organo governante. Quale **organo di garanzia costituzionale**, il Presidente della Repubblica dovrebbe restare estraneo alle scelte che riguardano l'indirizzo politico del Paese e garantire esclusivamente il corretto funzionamento del sistema costituzionale. Diverso è se il Presidente della Repubblica sia **organo governante**, perché in questo caso egli gode di una sfera di intervento molto più ampia: ogni qualvolta sorgano dei problemi di grande rilievo il Capo dello Stato assumerà il ruolo di decisore politico di ultima istanza.
Nell'ordinamento italiano il Presidente della Repubblica è l'organo preminente per dignità formale. All'indomani del referendum istituzionale del 2 giugno 1946, che sancì la vittoria della forma repubblicana, i padri costituenti gli riservarono la funzio-

ne di garante della Costituzione e di rappresentante dell'unità nazionale. La scelta fondamentale da loro compiuta, coerentemente con il carattere parlamentare della Repubblica, fu di demandarne l'elezione al Parlamento.

4.5.2 Requisiti di eleggibilità, elezione, durata e cessazione del mandato

Può essere eletto Presidente della Repubblica qualsiasi cittadino che abbia compiuto i 50 anni d'età e che goda dei diritti civili e politici (art. 84, co. 1, Cost.).
L'ufficio di Presidente della Repubblica è **incompatibile con qualsiasi altra carica**, ed è prassi che, appena eletto, il Presidente si dimetta anche dalle cariche che eventualmente ricopre all'interno di uno schieramento politico.
L'elezione è fatta dal Parlamento in seduta comune dei suoi membri (art. 83, co. 1, e art. 55, co. 2, Cost.) per *scrutinio segreto* a *maggioranza dei due terzi* dell'assemblea. La **maggioranza qualificata** è richiesta per evitare che il Presidente sia espressione della sola maggioranza politica. Il limite dei tre scrutini, invece, è necessario a evitare un prolungamento eccessivo dei tempi di votazione. Ciò nondimeno, dopo il terzo scrutinio è sufficiente per l'elezione la maggioranza assoluta (art. 83, co. 3, Cost.). La segretezza dello scrutinio è garanzia di indipendenza del Presidente.
All'elezione partecipano **tre delegati per ogni Regione** eletti dal Consiglio regionale; la Valle d'Aosta ha un solo delegato (art. 83, co. 2, Cost.).
La Costituzione disciplina espressamente le modalità di elezione del nuovo Presidente. Trenta giorni prima che scada il mandato, il Presidente della Camera dei deputati convoca in seduta comune il Parlamento e i delegati regionali, per eleggere il nuovo Capo dello Stato. Qualora le Camere siano sciolte o manchino meno di tre mesi alla loro cessazione, l'elezione avviene entro 15 giorni dalla riunione delle nuove Camere: le Camere sciolte o prossime allo scioglimento, infatti, non hanno il potere di eleggere il nuovo Capo dello Stato, perché s'è voluto evitare che una scelta così delicata e importante per la vita del Paese sia compiuta da soggetti politici che stanno per riporre il loro mandato. Nel frattempo sono prorogati i poteri del Presidente in carica (***prorogatio***): si tratta di una specificazione del più generale principio di continuità degli organi costituzionali.
In caso di **impedimento permanente** o di **morte** o di **dimissioni**, l'elezione del nuovo Presidente è indetta dal Presidente della Camera entro 15 giorni, salvo il maggior termine previsto se le Camere sono sciolte o mancano meno di 3 mesi alla loro cessazione.
Il primo atto del Presidente eletto è quello di prestare **giuramento di fedeltà** alla Repubblica e di osservanza della Costituzione dinanzi al Parlamento in seduta comune delineando i principi a cui intende ispirarsi nell'espletamento delle sue funzioni (art. 91 Cost.). Il **mandato presidenziale** decorre dal momento in cui egli presta il giuramento.
Il Presidente della Repubblica è eletto per **sette anni** e il suo ufficio è incompatibile con qualsiasi altra carica (art. 84, co. 2, Cost.). La lunghezza del mandato è necessaria per svincolare lo stesso dalla maggioranza politica che lo ha eletto.
La **cessazione** della carica presidenziale può avvenire per:

- morte;
- scadenza del mandato;

- dimissioni;
- impedimento permanente;
- decadenza (dovuta al venir meno di uno dei requisiti di eleggibilità);
- destituzione (a seguito di condanna per alto tradimento o per attentato alla Costituzione).

4.5.3 Gli atti del Presidente della Repubblica

Gli atti presidenziali si dividono in due categorie: **atti presidenziali** e **atti di partecipazione all'esercizio di altri poteri**.
Fanno parte degli *atti presidenziali* i seguenti:

- l'**invio di messaggi alle Camere** (art. 87, co. 2, e art. 74 Cost.). Il messaggio è atto tipico del Presidente della Repubblica con cui egli esercita il cosiddetto **potere di esternazione** dei propri intendimenti. I messaggi possono essere *informali* o *formali*: per questi ultimi esiste il vincolo di controfirma del Presidente del Consiglio o di almeno un Ministro. Il messaggio formale ha il valore del controllo di legittimità, come nel caso del messaggio motivato alle Camere per chiedere una nuova deliberazione del testo legislativo approvato (art. 74 Cost.);
- la **nomina di 5 senatori a vita** (art. 59, co. 2, Cost.);
- la **nomina del Presidente del Consiglio** (art. 92, co. 2, Cost.);
- la **nomina di 5 giudici della Corte costituzionale** (art. 135, co. 1, Cost.);
- la **nomina, su proposta del Presidente del Consiglio, dei Ministri e dei sottosegretari di Stato** (art. 92, co. 2, Cost. e L. 400/1988).

Sono *atti di partecipazione ad altri poteri* tutti quegli atti che il Presidente della Repubblica compie negli ambiti legislativo, esecutivo o giudiziario in forza del suo ruolo di garante della Costituzione.

Partecipazione all'esercizio del potere legislativo
Il Presidente:

- indice le elezioni delle Camere e ne fissa la prima riunione (art. 87, co. 3, Cost.);
- scioglie le Camere, o anche una sola di esse, dopo aver sentito i loro Presidenti, ma non può esercitare tale potere negli ultimi sei mesi del suo mandato (cosiddetto **semestre bianco**), salvo che coincidano in tutto o in parte con gli ultimi sei mesi della legislatura (art. 88, co. 1, Cost.);
- convoca in via straordinaria le Camere (art. 62, co. 2, Cost.);
- promulga le leggi (art. 87, co. 5, Cost.);
- emana i decreti aventi valore di legge e i regolamenti (art. 87, co. 5, Cost.);
- autorizza a presentare i disegni di legge governativi (art. 87, co. 4, Cost.);
- ratifica i trattati internazionali (art. 87 co. 8 Cost.) che sono accordi tra Stati resi operanti al loro interno per effetto di una legge: questa ne accetta il contenuto e ne autorizza la ratifica. Con la ratifica lo Stato dichiara solennemente che intende aderire al trattato;
- indice il *referendum* popolare nei casi previsti dalla Costituzione (art. 87, co. 6, Cost.).

Partecipazione all'esercizio del potere esecutivo
Il Presidente:

- ha il comando delle Forze armate (art. 87, co. 9, Cost.);

- presiede il **Consiglio supremo di difesa** (art. 87, co. 9, Cost.), composto dal Presidente della Repubblica, dal Presidente del Consiglio dei Ministri, dai Ministri degli Esteri, dell'Interno, dell'Economia e delle Finanze, della Difesa e delle Attività produttive (ora Sviluppo economico), nonché dal Capo di Stato Maggiore della Difesa;
- dichiara lo *stato di guerra* deliberato dalle Camere (art. 87, co. 9, Cost.);
- nei casi indicati dalla legge nomina i *funzionari dello Stato* di più alto grado (art. 87, co. 7, Cost.), come il Presidente e i consiglieri della Corte dei conti, il Presidente del Consiglio di Stato, i presidenti o i direttori generali di enti pubblici (la deliberazione spetta ovviamente al Governo);
- può conferire la **cittadinanza italiana** nei casi previsti dall'art. 9 L. 91/1992;
- conferisce le *onorificenze* della Repubblica (art. 87, co. 12, Cost.);
- accredita e riceve i *rappresentanti diplomatici* (art. 87, co. 8, Cost.). L'accreditamento è la procedura stabilita dalle norme internazionali per l'acquisto della qualità di diplomatico: il Presidente riceve gli agenti diplomatici stranieri accreditati presso il nostro Paese;
- può sciogliere i **Consigli comunali**, **provinciali e regionali** per i *gravi motivi* di cui all'art. 126, co. 1, Cost. e al D.Lgs. 267/2000.

Partecipazione all'esercizio del potere giudiziario

Il Presidente:

- presiede il **Consiglio superiore della magistratura**;
- può concedere la *grazia* e *commutare le pene* (art. 87, co. 11, Cost.). La **grazia** è un atto di clemenza individuale di esclusiva prerogativa del Presidente; la **commutazione** è il potere presidenziale di trasformare una pena detentiva in un'altra meno afflittiva.

4.5.4 Responsabilità e irresponsabilità del Presidente

Il Presidente della Repubblica non è responsabile degli atti compiuti nell'esercizio delle sue funzioni, tranne che per **alto tradimento** o **attentato alla Costituzione**.
Sono le due uniche ipotesi delittuose per le quali il Capo dello Stato è responsabile degli atti compiuti nell'esercizio delle sue funzioni. In tali casi è **messo in stato di accusa** dal Parlamento in seduta comune, a maggioranza assoluta dei suoi membri.
Nessun atto del Presidente della Repubblica è valido se non è controfirmato dai Ministri proponenti, che ne assumono la responsabilità (politica). La ragione di tale irresponsabilità risiede nella delicatezza dei compiti spettanti al Capo dello Stato, che deve perciò poter operare in posizione di indipendenza dagli altri poteri statali.
Gli atti che hanno valore legislativo e gli altri indicati dalla legge sono controfirmati anche dal Presidente del Consiglio dei Ministri (art. 89, co. 1, Cost.).
L'**istituto della controfirma** è un residuo del periodo monarchico: serviva allora per lasciare indenne il re dalla responsabilità degli atti di Governo.
Gli atti che necessitano di controfirma sono di due tipi:

- gli *atti governativi*, predisposti dal Governo o dai singoli Ministri: la controfirma assolve una forma di controllo di legittimità costituzionale;
- gli *atti presidenziali* o *atti propri*, cioè spettanti al solo Presidente (es. nomina dei senatori a vita): per questi atti la controfirma assolve la funzione di accertamento

della costituzionalità formale dell'azione del Presidente e di autenticazione della sua firma.

Permangono la responsabilità penale e civile del Presidente su atti e comportamenti non riconducibili all'esercizio delle funzioni presidenziali.

4.5.5 Impedimento e supplenza

Le funzioni del Presidente della Repubblica possono trovare un limite in impedimenti temporanei o permanenti.
Si ha **impedimento temporaneo** nel caso di:

- sospensione della carica disposta dalla Corte costituzionale in pendenza di giudizio d'accusa per alto tradimento o attentato alla Costituzione;
- malattia di non breve durata;
- assenza dal territorio nazionale.

Si ha **impedimento permanente** nel caso di:

- morte;
- decadimento dalla carica per sentenza di condanna della Corte costituzionale per alto tradimento o attentato alla Costituzione (art. 90, co. 1, Cost.);
- dimissioni, atto personale e irrevocabile del Presidente, oggetto di presa d'atto;
- infermità irreversibile e perciò permanente;
- perdita del godimento dei diritti civili e politici.

In caso di impedimento temporaneo le funzioni del Presidente della Repubblica sono assunte, per supplenza, dal **Presidente del Senato** (art. 86 Cost.).
Nel caso di viaggi all'estero, invece, è invalsa la prassi di affidare al supplente soltanto le funzioni da esercitare nel territorio nazionale.
Cessato l'impedimento, ogni funzione è riassunta dal suo titolare, salvo che si tratti di un impedimento permanente (es. malattia irreversibile, perdita del godimento dei diritti civili e politici o destituzione a seguito di condanna per alto tradimento o attentato alla Costituzione): in questo caso, infatti, è necessario convocare le camere in seduta comune perché eleggano un nuovo Presidente.

4.6 La Corte costituzionale

4.6.1 Il ruolo della Corte

La Costituzione italiana, per il fatto di essere una Costituzione *rigida*, ovvero non modificabile con legge ordinaria, impone la presenza necessaria di un organo giurisdizionale che ne garantisca il pieno rispetto, quale legge fondamentale dello Stato collocata al primo posto nella gerarchia delle fonti.
L'Assemblea costituente decise di affidare questo compito ad apposito giudice delle leggi, che si occupasse di verificare, ogni qualvolta fosse chiamato a farlo, la conformità degli atti normativi ordinari al dettato della Costituzione. Sicché l'art. 134 Cost. affida alla Corte costituzionale il giudizio sulle **controversie relative alla legittimità**

costituzionale delle leggi e degli atti che hanno forza di legge dello Stato e delle Regioni.
Il giudizio della Corte è di *tipo successivo*: i giudici costituzionali, infatti, giudicano di leggi e atti normativi successivamente alla loro entrata in vigore. Il sistema di giustizia, inoltre, è di *tipo indiretto*, in quanto non è data la possibilità ai cittadini di ricorrere direttamente alla Corte, che può essere chiamata in causa esclusivamente dal giudice dinanzi al quale sia sollevata questione di incostituzionalità. L'unico caso di giudizio in via diretta è quello riservato allo Stato quando impugna una legge regionale e alla Regione quando impugna una legge dello Stato o di altra Regione.
Gli atti dichiarati *incostituzionali*, perché contrastanti con il dettato della Costituzione, non possono più essere applicati, né dagli altri giudici, né da qualsiasi altra autorità.
Si dirà, nei paragrafi che seguono, anche delle altre attribuzione della Corte costituzionale nel nostro ordinamento.

4.6.2 Competenze della Corte

Alla Corte costituzionale compete il giudizio:
- sulle controversie relative alla legittimità costituzionale delle leggi e degli atti che hanno forza di legge dello Stato e delle Regioni (art. 134 Cost.);
- sui conflitti di attribuzione tra i poteri dello Stato, tra lo Stato e le Regioni e tra le Regioni (art. 134 Cost.);
- sulle accuse promosse contro il Presidente della Repubblica, a norma della Costituzione (art. 134 Cost.);
- sull'ammissibilità delle richieste di referendum abrogativo (art. 2 L. cost. 1/1953; art. 33 L. 352/1970).

Le condizioni, le forme, i termini di proponibilità dei giudizi di legittimità costituzionale sono stabiliti da apposita legge costituzionale (art. 137, co. 1, Cost.). La disciplina della Corte costituzionale è coperta, infatti, da **riserva assoluta di legge**.

4.6.3 Composizione della Corte

Data la delicatezza delle funzioni che è chiamata a svolgere, la Corte costituzionale deve garantire una **neutralità** e un'**imparzialità** particolari che richiedono la presenza di soggetti che abbiano degli elevati requisiti tecnici (art. 134 Cost.).
Il numero dei **giudici ordinari** è fissato in 15. Essi sono scelti fra magistrati (anche se a riposo) delle giurisdizioni superiori ordinaria e amministrativa (Corte di Cassazione, Consiglio di Stato e Corte dei conti), professori ordinari di università in materie giuridiche e avvocati che esercitino la professione da più di 20 anni: si tratta, in ogni caso, di giuristi, ossia di persone che si occupano professionalmente dell'insegnamento, dello studio e dell'applicazione del diritto.
Al procedimento di nomina partecipano diversi poteri dello Stato:

- **cinque** giudici sono eletti dal **Parlamento in seduta comune** tramite votazione a scrutinio segreto e con la maggioranza dei due terzi dei componenti l'assemblea; dopo il terzo scrutinio è sufficiente la maggioranza dei tre quinti;

- **cinque** giudici sono nominati dal **Presidente della Repubblica** quale potere sostanzialmente e formalmente presidenziale in quanto non vi è alcuna proposta da parte del Governo;
- **cinque** giudici sono nominati dalle **supreme magistrature ordinarie e amministrativa.** Tre sono eletti dai magistrati di Cassazione, uno dai magistrati del Consiglio di Stato e uno tra quelli della Corte dei conti.

Nei giudizi di accusa contro il Presidente della Repubblica, oltre ai 15 giudici ordinari si aggiungono altri 16 membri, tratti a sorte da un elenco di 45 cittadini aventi i requisiti per l'eleggibilità a senatore, che il Parlamento redige ogni nove anni.
I giudici della Corte costituzionale, comunque nominati, rimangono in carica **nove anni**, e non possono essere nuovamente nominati.
La Corte è presieduta da un **Presidente**, che essa stessa elegge fra i suoi componenti: il Presidente rimane in carica per un triennio ed è rieleggibile (nei limiti temporali del novennato).
Per l'ufficio di giudice costituzionale non è ammessa la *prorogatio* dei poteri, prevista, invece, per il Parlamento ed il Presidente della Repubblica.

4.6.4 *Status* del giudice costituzionale

L'ufficio di giudice costituzionale è incompatibile con quello di membro del Parlamento o di consigliere regionale, con l'esercizio della professione di avvocato, con l'esercizio di qualsiasi ufficio o impiego pubblico o privato e di qualsiasi attività professionale, commerciale e industriale, con l'esercizio di funzioni di amministratore o di sindaco, con la candidatura in elezioni amministrative o politiche, più in generale, con ogni altra carica o ufficio indicati dalla legge (art. 135, co. 6, Cost.).
Il giudice costituzionale ha proprie garanzie di indipendenza, stabilite con legge costituzionale (art. 137, co. 1, Cost.). Esso, inoltre, gode delle seguenti prerogative:

- **immunità penale**, come per i membri del Parlamento, per poter decidere senza condizionamenti; insindacabilità, per la quale i giudici non possono essere perseguiti per le opinioni espresse né per i voti dati nell'esercizio delle loro funzioni;
- **inamovibilità**, per cui la rimozione o la sospensione di un giudice costituzionale può essere deliberata dalla sola Corte costituzionale (L. cost. 1/1948);
- **retribuzione** equivalente a quella del primo Presidente della Corte di Cassazione.

La verifica dei requisiti di ammissione dei componenti ordinari e di quelli aggregati è riservata alla Corte medesima (L. cost. 2/1967).

4.6.5 Il sindacato di costituzionalità delle leggi e degli atti aventi forza di legge

Possono essere sottoposti al giudizio della Corte tutte le leggi e gli atti aventi forza di legge dello Stato e delle Regioni.
Il sindacato di costituzionalità, pertanto, può avere ad oggetto le seguenti categorie di atti normativi:

- le leggi costituzionali e di revisione della Costituzione;
- le leggi ordinarie dello Stato;
- i decreti-legge e i decreti legislativi (atti aventi forza di legge);

- le leggi regionali comprese quelle delle Province autonome di Trento e Bolzano;
- gli statuti regionali e i decreti attuativi degli statuti delle Regioni ad autonomia speciale;
- il referendum abrogativo (in questo caso, il sindacato si esercita sul decreto presidenziale che proclama l'abrogazione).

La questione di costituzionalità può essere *incidentalmente sollevata* (**ricorso in via incidentale o di eccezione**), nel corso di un processo, da una delle parti o dal giudice: in entrambe le ipotesi, il giudice, ove ritenga la questione rilevante ai fini della controversia che deve risolvere e non manifestamente infondata, trasmette gli atti alla Corte costituzionale e sospende il processo, che riprenderà soltanto dopo la pronuncia della Corte.
Il requisito della **non manifesta infondatezza** della questione implica che il giudice non deve formulare un giudizio in merito alla presunta incostituzionalità della norma impugnata, ma soltanto accertare la sussistenza di un ragionevole dubbio sulla sua legittimità costituzionale. Il requisito della **rilevanza**, invece, sta a significare che la norma sospettata d'incostituzionalità deve essere suscettibile di concreta applicazione ai fini della risoluzione della controversia pendente dinanzi al giudice.
Al di fuori del processo, il dubbio di costituzionalità di una norma può essere sollevato, *direttamente* (**ricorso in via principale o di azione**) dallo **Stato** o da una **Regione**: questo procedimento consente allo Stato di portare direttamente dinanzi alla Corte la questione di legittimità di una legge regionale, e alle Regioni di fare altrettanto con la presunta incostituzionalità di una legge dello Stato o di un'altra Regione. In questo caso l'eccezione di incostituzionalità dev'essere sollevata entro 60 giorni dalla pubblicazione dell'atto impugnato (art. 127 Cost.).
La norma dichiarata incostituzionale cessa di avere efficacia dal giorno successivo alla pubblicazione della sentenza e, da quel momento, non può essere applicata.

4.6.6 Tipologia delle decisioni della Corte

La Corte costituzionale giudica in *via definitiva* con **sentenza**; gli altri provvedimenti di sua competenza sono adottati con **ordinanza** (cfr. art. 18 della L. 87/1953).
Le sentenze possono essere di **accoglimento** o di **rigetto**:

- quelle di *accoglimento* dichiarano l'illegittimità della norma impugnata, che cessa di avere efficacia dal giorno successivo alla pubblicazione della sentenza (art. 136, co. 1, Cost.);
- quelle di *rigetto* dichiarano che la norma impugnata è conforme alla Costituzione.

La prassi della Corte è andata oltre alla scelta netta tra riconoscimento e rigetto, individuando nuove tipologie di sentenze in cui è determinante l'*attività interpretativa*.
Le **sentenze interpretative** di *accoglimento* o di *rigetto* offrono un'interpretazione della norma diversa da quella fornita dalle parti.
Le **sentenze parziali di accoglimento**, che censurano solo in parte il testo legislativo, sono distinte in:

- *sentenze additive*, con le quali la Corte dichiara l'illegittimità di un testo normativo nella parte in cui manca di disciplinare ciò che invece avrebbe dovuto perché insito nella materia;

> *sentenze riduttive*, con le quali la Corte dichiara l'illegittimità costituzionale di un testo legislativo nella parte in cui contiene una disciplina non conforme alla Costituzione;
> *sentenze sostitutive*, con le quali la Corte sostituisce una parte del testo legislativo con statuizioni desumibili in via interpretativa dello stesso dettato normativo.

Le **sentenze monito** sono simili a quelle di accoglimento parziale e dettano al legislatore i criteri cui deve uniformarsi.
La Corte, infine, può emettere ordinanze che contengono:

> **pronunce interlocutorie** come i *provvedimenti istruttori*;
> **pronunce definitive**, tra cui le *ordinanze di manifesta infondatezza, di manifesta inammissibilità* e *di restituzione degli atti* al giudice che ha sollevato o davanti al quale è stata sollevata la questione d'incostituzionalità.

Contro le decisioni non è ammessa alcuna impugnazione (art. 137 comma 3 Cost.): le sentenze, cioè, sono **inappellabili**.

4.6.7 La risoluzione dei conflitti di attribuzione

I conflitti di attribuzione possono sorgere tra i poteri dello Stato, tra Stato e Regione o tra Regioni.
Quanto al concetto di **potere dello Stato**, ai fini del dettato costituzionale, è tale ogni organo statale posto strutturalmente al vertice di una funzione (cd. *organi supremi*): per esempio, il Governo è posto al vertice della funzione esecutiva o amministrativa, il Parlamento al vertice di quella legislativa e via dicendo.
Il conflitto scaturisce da una supposta **usurpazione di potere**. Un soggetto svolge un'attribuzione propria di un altro soggetto: entrambi rivendicano a sé l'esercizio del potere/attribuzione (cosiddetta *vindicatio potestatis*).
Il conflitto può nascere anche dal legittimo esercizio di un potere che tuttavia determina una menomazione nella sfera delle attribuzioni proprie di un altro soggetto: un organo intralcia l'ordinario esercizio delle competenze di altri.
Non c'è, in tal caso, rivendicazione di potere ma contestazione delle modalità di esercizio del potere legittimo (cosiddetto *conflitto da menomazione o interferenza*).
Sono esclusi dal giudizio della Corte i conflitti che insorgono fra organi dello stesso potere, per esempio tra Ministri, e i conflitti di giurisdizione.
La problematica dei soggetti legittimati a sollevare un conflitto di attribuzione è stata più volte esaminata dalla Corte costituzionale. Attraverso le proprie statuizioni la **Consulta ha da tempo ampliato in modo considerevole il ventaglio degli organi legittimati**, escludendo che la nozione di *potere dello Stato* riportata nell'art. 37 L. 87/1953 possa individuare un *numerus clausus* di soggetti. In particolare, secondo il giudice costituzionale, sono qualificabili come poteri dello Stato gli organi che presentano le seguenti caratteristiche (Ruggeri-Spadaro): sono per lo meno *previsti in Costituzione* e, quindi, hanno rilevanza costituzionale, godono di una seppur parziale *sfera di attribuzioni costituzionali*, hanno la capacità di *compiere atti in posizione di autonomia e indipendenza* e pongono in essere *atti imputabili allo Stato*.
Il **conflitto tra Stato e Regioni e tra Regioni** si presenta se l'ente regionale invade con un suo atto la sfera di competenza assegnata dalla Costituzione allo Stato ovvero ad

un'altra Regione. In questi casi, lo Stato o la Regione rispettivamente interessata possono proporre ricorso alla Corte costituzionale per il regolamento di competenza. Del pari può produrre ricorso la Regione la cui sfera di competenza costituzionale sia invasa da un atto dello Stato.
Il termine per produrre ricorso è di 60 giorni a decorrere dalla notificazione o pubblicazione ovvero dall'avvenuta conoscenza dell'atto impugnato. Il ricorso è proposto per lo Stato dal Presidente del Consiglio dei Ministri o da un Ministro da lui delegato e per la Regione dal Presidente della Giunta regionale in seguito a deliberazione della Giunta stessa.
Il ricorso per regolamento di competenza deve indicare come sorge il conflitto di attribuzione e specificare l'atto dal quale sarebbe stata invasa la sfera di competenza, nonché le disposizioni della Costituzione e delle leggi costituzionali che si ritengono violate.

4.6.8 Giudizio sulle accuse al Presidente della Repubblica

La Corte costituzionale, in forza degli artt. 90 e 134 Cost., ha il potere di giudicare il Presidente della Repubblica per i reati di **alto tradimento** e di **attentato alla Costituzione** qualora questi venga posto in stato di accusa dal Parlamento in seduta comune. La deliberazione deve essere approvata a scrutinio segreto dalla maggioranza assoluta dei membri del Parlamento; deve contenere l'indicazione degli addebiti delle prove, e deve essere trasmessa alla Corte costituzionale insieme alle eventuali relazioni di minoranza. Contestualmente il Parlamento deve procedere alla nomina di uno o più commissari per sostenere l'accusa dinanzi al giudice costituzionale. In questo caso, la Corte agisce come organo di giustizia politica in composizione **integrata da 16 membri**. La presenza di giudici aggregati ha la funzione di accentuare il carattere politico del giudizio d'accusa contro il Capo dello Stato.
Il procedimento di messa in stato di accusa si svolge in due fasi:

- la prima **dinanzi al Parlamento** in seduta comune per deliberare la messa in stato di accusa, preceduta da una attività di indagine svolta per acquisire materiali probatori;
- la seconda, laddove si approvi la messa in stato di accusa, si svolge **dinanzi alla Corte costituzionale** in composizione integrata.

4.6.9 Giudizio di ammissibilità sulle richieste di referendum

Questo giudizio è espressione di una funzione attribuita alla Corte costituzionale, in quanto organo *super partes*, non dalla Costituzione ma dall'art. 2 L. cost. 1/1953. La Corte costituzionale, ricevuta dall'Ufficio centrale della Corte di Cassazione l'ordinanza relativa alla richiesta di *referendum*, decide con sentenza la sua ammissibilità o meno, nei termini fissati dall'art. 33 L. 352/1970. Ricevuta comunicazione della sentenza della Corte costituzionale, il Presidente della Repubblica, su deliberazione del Consiglio dei Ministri, indice con decreto il *referendum*, fissando la data di convocazione degli elettori in una domenica compresa tra il 15 aprile ed il 15 giugno.
Si riteneva in passato che la competenza della Corte fosse limitata alla verifica dell'oggetto del *referendum*: che non rientrasse tra le materie escluse espressamente dalla Costituzione ovvero nelle ipotesi di leggi tributarie e di bilancio, di amnistia

e di indulto, di autorizzazione a ratificare i trattati internazionali. Ma il massiccio ricorso all'istituto del *referendum* abrogativo ha indotto la Corte ad ampliare l'ambito della propria competenza anche a ipotesi che hanno a oggetto *disposizioni legislative a contenuto costituzionalmente vincolato*, formulate attraverso quesiti eterogenei che si propongono di abrogare norme di rango costituzionale o che intendono abrogare disposizioni strettamente collegate alle leggi di cui all'art. 75, co. 2, Cost.

Capitolo 5
La magistratura

5.1 Il potere giudiziario e i fini della giurisdizione

Negli Stati democratici, la **funzione giurisdizionale**, che si realizza nella potestà di dare pratica attuazione alle norme di diritto, è attribuita ad un potere indipendente e autonomo rispetto a quello legislativo ed esecutivo: il potere giudiziario, formato dall'insieme dei giudici, ossia dalla magistratura.

La separazione del giudice dalle influenze del legislatore e da quelle del potere esecutivo è propria degli Stati democratici (**principio della separazione dei poteri**) e trova la sua ragion d'essere nella diffidenza verso qualsiasi forma di accentramento dei poteri statali, a garanzia delle libertà dei cittadini. In altri termini, il Parlamento fa le leggi, l'esecutivo si occupa della loro attuazione, la magistratura le applica, o meglio le fa rispettare, laddove esse siano violate.

Nell'ordinamento giuridico italiano, *i giudici sono soggetti soltanto alla legge* e, coerentemente con il principio della sovranità popolare, *amministrano la giustizia in nome del popolo* (art. 101 Cost.). La soggezione alla legge va intesa nel senso che il giudice ha il dovere di applicare la legge, con autonomia e imparzialità, senza subire condizionamenti da parte di nessuno.

Il fine della giurisdizione (dal latino *ius dicere, iuris dictio*) è dichiarare il diritto applicabile nelle situazioni controverse e costringere i destinatari ad assoggettarsi alla decisione emessa. Il provvedimento applicativo non può che avere ad oggetto i precetti generali e astratti dettati dal potere legislativo.

In linea di principio, si distingue tra:

- **giurisdizione ordinaria**, che ha *carattere generale* ed è esercitata da magistrati ordinari appartenenti all'*ordine giudiziario*;
- **giurisdizioni speciali**, che sono esercitate da organi non appartenenti alla magistratura ordinaria, poiché si esplicano in ambiti che richiedono competenze specialistiche (ne sono esempi la Corte dei conti e il Consiglio di Stato).

In relazione ai diversi ambiti di tutela, in cui la funzione giurisdizionale si esplica, è possibile operare un'ulteriore distinzione tra:

- **giurisdizione civile**, attribuita a *giudici ordinari* e destinata a tutelare i diritti soggettivi dei privati e degli enti pubblici quando operano come soggetti di diritto privato;
- **giurisdizione penale**, attribuita a *giudici ordinari* e destinata a sanzionare, attraverso l'applicazione di pene criminali, le violazioni della legge penale;
- **giurisdizione amministrativa**, attribuita a *giudici speciali*, i giudici amministrativi, e destinata a tutelare gli interessi legittimi dei privati.

L'insieme delle norme che disciplinano l'organizzazione degli apparati e delle persone preposti al funzionamento della giustizia si definisce **Ordinamento giudiziario**.

Le nomine dei magistrati hanno luogo per pubblico concorso (art. 106 Cost.). Una volta nominati e insediatisi nella sede loro assegnata, i magistrati godono della **inamovibilità**: non possono essere dispensati o sospesi dal servizio, né destinati ad altre sedi o funzioni se non in seguito a decisione del Consiglio superiore della magistratura (CSM), o per i motivi e con le garanzie di difesa stabilite dall'ordinamento giudiziario o con il loro consenso (art. 107 Cost.). Ciò significa che i giudici non possono, senza o contro la loro volontà, essere estromessi dall'ordine giudiziario (**inamovibilità dalla funzione**), né possono, senza il loro consenso, essere trasferiti da una sede ad un'altra (**inamovibilità dalla sede**). I casi in cui è possibile derogare a tale prerogativa sono tassativamente stabiliti dalla legge (es. incompatibilità, soppressione dell'ufficio, assegnazione a nuove funzioni per promozione, sanzione disciplinare accessoria).

5.2 Giurisdizione ordinaria e giurisdizione speciale

5.2.1 Inquadramento generale

La **giurisdizione ordinaria** è esercitata da magistrati ordinari, soggetti amministrativamente al Consiglio superiore della Magistratura (art. 102, co. 1, Cost.). La magistratura ordinaria è costituita dai giudici istituiti e disciplinati dalle norme sull'ordinamento giudiziario, contenuto nel R.D. 30-1-1941, n. 12.
Esercitano la giurisdizione ordinaria civile e penale:

- il Giudice di Pace;
- il Tribunale;
- il Tribunale per i Minorenni;
- il Tribunale di Sorveglianza;
- la Corte d'Appello;
- la Corte d'Appello per i Minorenni;
- la Corte d'Assise;
- la Corte d'Assise d'Appello;
- la Corte di Cassazione.

La **giurisdizione speciale**, invece, è quella cui sono affidate *solo singole materie*, caratterizzate da un elevato grado di tecnicità, tassativamente indicate dalla legge.
Sono giudici speciali:

- i Tribunali militari;
- i Tribunali amministrativi regionali (TAR);
- le sezioni giurisdizionali del Consiglio di Stato e della Corte dei conti;
- il Tribunale Superiore della Acque Pubbliche;
- le Commissioni tributarie.

È vietata l'istituzione di **giudici straordinari**, mentre è consentito costituire presso gli organi giurisdizionali ordinari **Sezioni specializzate**, cui possono accedere esperti estranei alla magistratura, per giudicare in merito a materie di elevata tecnicità.

5.2.2 La giurisdizione penale

La giurisdizione penale è competente per le violazioni delle norme contenute nel *codice penale*. Attraverso il **processo penale** essa è volta ad accertare la responsabilità della persona accusata di un reato e a comminare le pene previste dalla legge.

La giurisdizione penale è esercitata: in primo grado dal *Giudice di Pace*, limitatamente alla competenza stabilita dal D.Lgs. 274/2000, dal *Tribunale* e dalla *Corte d'Assise*; in secondo grado, dalla *Corte d'Appello* e dalla *Corte d'Assise d'Appello*.
L'**azione penale** è sempre promossa dal **pubblico ministero**, organo requirente istituito presso i Tribunali ordinari e per i Minorenni, le Corti d'Appello e la Corte di Cassazione. L'esercizio dell'azione costituisce un obbligo (art. 112 Cost.) posto a garanzia dell'uguaglianza di tutti i cittadini di fronte alla legge. Se così non fosse, la repressione dei reati sarebbe rimessa alla discrezionalità dello Stato, con grave pregiudizio per l'ordine pubblico violato, perché lo Stato si troverebbe nella libertà di scegliere quali condotte illecite perseguire e quali no. Tuttavia in casi espressamente previsti dalla legge l'azione penale può essere esercitata soltanto se la persona offesa dal reato manifesta, con un atto chiamato *querela*, la volontà che si proceda a carico del colpevole.
Nel nostro ordinamento giuridico vige la **presunzione di non colpevolezza fino alla condanna definitiva** (art. 27, co. 2, Cost.): nessuno può essere considerato colpevole, né essere assoggettato a pena, finché la sua responsabilità non sia definitivamente accertata attraverso un processo. Non equivale a condanna il fatto che una persona sia sottoposta ad indagine o a misure preventive (come la custodia cautelare).
Alla pena è stata attribuita una **funzione rieducativa**: la Costituzione, infatti, ripudia la pena di morte e qualsiasi trattamento contrario al senso d'umanità.
Il processo penale è ispirato ai principi del **sistema accusatorio**: la verità emerge dal confronto diretto tra pubblico ministero, che svolge le indagini preliminari che non hanno valore di prova, e difesa.
Le formule consentite per l'assoluzione sono indicate nell'art. 530, co. 1, c.p.p.:

- perché il fatto non sussiste;
- perché esso, pur sussistendo, non costituisce reato;
- perché l'imputato non lo ha commesso;
- perché il reato è stato commesso da persona non imputabile o non punibile per altre ragioni.

5.2.3 La giurisdizione civile

La giurisdizione civile è competente per la tutela dei **diritti soggettivi** che traggano origine sia da *rapporti di diritto privato* che da *rapporti di diritto pubblico*.
Essa può essere esercitata mediante i seguenti tipi di attività:

- **giurisdizione di cognizione**, con cui il giudice conferisce certezza a una situazione giuridica controversa, affermando o negando, attraverso la pronuncia dei necessari provvedimenti di giustizia, l'esistenza di un diritto;
- **giurisdizione esecutiva**, grazie alla quale il destinatario di una pronuncia a sé favorevole, all'esito del giudizio di cognizione, può ottenere l'esecuzione coattiva dei propri diritti, qualora l'obbligato – ossia colui che, nel precedente giudizio di cognizione, è risultato essere soccombente – non adempia spontaneamente a quanto disposto dal provvedimento di giustizia emesso dal giudice;
- **giurisdizione cautelare**, il cui scopo è conservare immutata, per il tempo necessario a definire il giudizio, la situazione di fatto oggetto della controversia, in vista del futuro accertamento del diritto, ovvero anticipare gli effetti della decisione finale

attraverso la provvisoria concessione di provvedimenti che, se fossero dati in un momento successivo, arriverebbero tardivamente;
- **giurisdizione volontaria**, il cui scopo è modificare o dare pratica attuazione a situazioni giuridiche che, per la loro rilevanza pubblicistica, sono sottratte alla libera disponibilità dei privati e necessitano di un controllo da parte della giurisdizione statale (si pensi, per esempio, alla separazione consensuale dei coniugi): compito del giudice, dunque, è amministrare gli interessi privati coinvolti in tali situazioni in modo da assicurarne il migliore soddisfacimento.

Il processo civile, a differenza di quello penale, è a impulso di parte. Ciò si evince a chiare lettere dall'art. 99 c.p.c., ai sensi del quale *chiunque voglia far valere un diritto in giudizio deve proporre domanda al giudice competente.*
Il **principio della domanda** implica, dunque, che il giudice possa pronunciarsi soltanto a seguito di una richiesta di tutela giurisdizionale e – precisa l'art. 112 c.p.c. – senza andare oltre i limiti di tale richiesta.
Il diritto di provocare l'esercizio della funzione giurisdizionale, attraverso la proposizione della domanda, prende il nome di *diritto d'azione* e *attore* è chiamato colui che agisce. Chi, invece, resiste alla domanda è chiamato *convenuto.*

5.3 Gli organi della giurisdizione ordinaria

5.3.1 Giudice di Pace

Giudice monocratico istituito con L. 21-11-1991, n. 374, in sostituzione del *Giudice conciliatore,* il Giudice di Pace è un magistrato onorario assunto attraverso una selezione per titoli e nominato per 4 anni. Ha competenza in *materia civile* per un'ampia serie di cause, in particolare quelle *relative a beni mobili di valore non superiore a 5.000 euro quando dalla legge non sono attribuite alla competenza di altro giudice* (art. 7, co. 1, c.p.c.).
In *materia penale* il Giudice di Pace è competente per diversi reati (D.Lgs. 274/2000), tra cui i seguenti: diffamazione (art. 595, co. 1 e 2, c.p.); furto punibile a querela (art. 626 c.p.); inosservanza dell'obbligo di istruzione di minori (art. 731 c.p.); invasione terreni o edifici (art. 633, co. 1, c.p.); lesione personale punibile a querela (art. 582, co. 2, c.p.); lesioni personali punibili a querela con esclusione di colpa professionale o infortuni sul lavoro con durata superiore a 20 giorni (art. 590 c.p.); minaccia (art. 612, co. 1, c.p.); percosse (art. 581, co. 1, c.p.).

5.3.2 Tribunale ordinario

Il Tribunale ordinario è competente in materia sia civile che penale per un ambito territoriale detto *circondario.*
Abolita dal D.Lgs. 51/1998 la figura del *pretore,* il Tribunale è divenuto *Giudice unico di primo grado,* salvo le competenze minori del Giudice di Pace, sulle cui pronunce, peraltro, il tribunale ordinario giudica come giudice di secondo grado.
Il tribunale può giudicare in *composizione monocratica* (un solo giudice) o – in casi tassativamente previsti dall'ordinamento giudiziario – in *composizione collegiale* (tre giudici).
Il tribunale ordinario esercita anche le funzioni di **Giudice tutelare**.

5.3.3 Corte d'Appello

Le sentenze del Tribunale ordinario sono impugnabili davanti alla Corte d'Appello per motivi di legittimità (es. errata qualificazione giuridica dei fatti, errata applicazione delle norme di legge ecc.) o di merito (es. travisamento o errata ricostruzione di fatti rilevanti ai fini della decisione).
La Corte d'Appello è **giudice collegiale di secondo grado**.

5.3.4 Corte di Cassazione

La Corte di Cassazione è collocata al vertice della giurisdizione ordinaria e rappresenta il supremo giudice di legittimità. Tra le sue principali funzioni v'è quella di assicurare l'**esatta osservanza** e l'**uniforme interpretazione** della legge (nomofiliachia), l'unità del diritto oggettivo nazionale, il rispetto dei limiti delle diverse giurisdizioni e la **certezza** nell'interpretazione della legge.
Il ricorso in Cassazione può essere presentato contro i provvedimenti emessi dai giudici ordinari nel grado di appello o nel grado unico. I motivi esposti per sostenere il ricorso possono riguardare, in materia civile, la **violazione del diritto materiale** (*errores in iudicando*) o **procedurale** (*errores in procedendo*), la motivazione (mancanza, insufficienza o contraddizione) della sentenza impugnata o, ancora, la giurisdizione.
Se la Corte rileva l'effettiva sussistenza dei vizi lamentati, essa ha il potere-dovere non soltanto di *cassare* la decisione del giudice del grado inferiore, ma anche di **enunciare il principio di diritto** che il provvedimento impugnato dovrà osservare: principio cui anche il giudice chiamato a emettere la nuova decisione non potrà fare a meno di conformarsi quando procederà al riesame dei fatti relativi alla causa.
Il ricorso per **violazione di legge** è sempre ammesso contro le sentenze e gli altri provvedimenti dell'autorità giudiziaria che limitino la *libertà personale.*
Alla Corte è anche attribuito il compito di statuire:

- sulla *giurisdizione*, quando insorgono conflitti tra giudici speciali e tra questi e i giudici ordinari;
- sulla *competenza*, quando insorgono conflitti tra giudici di merito per ragione di materia o per territorio;
- sui *conflitti* (negativi) *di attribuzione* tra la Pubblica Amministrazione e il giudice ordinario.

5.3.5 Tribunale per i Minorenni

È un organo giudiziario ordinario integrato da cittadini estranei alla magistratura in possesso di particolari requisiti e competenze. È composto da **due giudici togati** e da **due magistrati onorari**, esperti in psicologia, individuati su proposta del Ministro della Giustizia, previa deliberazione del Consiglio superiore della magistratura.
Il Tribunale per i Minorenni ha competenze civili, amministrative e penali.
In **campo civile** al Tribunale dei Minorenni è affidata la tutela dei minori in potenziale situazione di pregiudizio o di abbandono. I provvedimenti conseguenti l'accertamento di tali situazioni possono decretare limitazioni all'esercizio della potestà genitoriale, disporre l'affidamento del minore o dichiararne l'adozione.

Ancora in questo campo il Tribunale verifica la sussistenza dei requisiti di una coppia che si dichiara disponibile all'adozione e convalida i provvedimenti di adozione emessi da autorità straniere.
In **campo amministrativo**, il Tribunale per i Minorenni ha potere di adottare:

- misure a carattere rieducativo nei confronti di minori che manifestano atteggiamenti devianti;
- provvedimenti di tutela a favore dei minori che esercitano la prostituzione o che risultano vittime di reati a carattere sessuale.

In **campo penale**, il Tribunale per il Minorenni è competente a giudicare dei reati commessi dai *minori di anni diciotto*, anche se in concorso con maggiorenni. È composto, oltre che da un *consigliere di Corte d'Appello* (con funzioni di presidente) e da un *magistrato di Tribunale*, da due cittadini (un uomo e una donna) scelti fra *esperti di discipline psicologiche, psichiatriche, sociologiche, antropologiche* ecc.

5.3.6 Tribunale di Sorveglianza

Il Tribunale di Sorveglianza è competente a vigilare sull'*organizzazione degli istituti di prevenzione e pena* e sulla stessa *esecuzione della pena*, al fine di renderne effettiva la finalità rieducativa sancita dalla Costituzione.
Si occupa della concessione e della revoca delle **misure alternative alla detenzione** (affidamento in prova, semilibertà, liberazione anticipata, detenzione domiciliare, liberazione condizionale, differimento della esecuzione delle pene).
È un *organo giudiziario collegiale*, composto da due magistrati ordinari e da due esperti non togati specialisti in psicologia, psichiatria e criminologia clinica ecc.

5.3.7 Corte d'Assise

In ogni distretto di Corte d'Appello sono istituite:

- una o più Corti d'Assise, ciascuna competente per una circoscrizione che può coincidere con il distretto o essere una parte di esso;
- una o più Corti d'Assise d'Appello, che giudicano sugli appelli proposti contro le sentenze e gli altri provvedimenti emessi dalle Corti d'Assise.

La Corte d'Assise, chiamata a giudicare i reati più gravi e di maggior allarme sociale (es. omicidio volontario, strage ecc.), è composta da un **consigliere di Corte d'Appello**, con funzioni di *presidente*, da un **magistrato di tribunale** e da **sei giudici popolari**, estratti a sorte per rendere effettiva la partecipazione del popolo all'amministrazione della giustizia, secondo quanto previsto dall'art. 101 Cost., tra i cittadini italiani iscritti in un apposito albo, senza alcuna distinzione di sesso, di età compresa tra i 30 e i 65 anni, in possesso del diploma di licenza media inferiore per la Corte d'Assise, e del diploma di licenza media superiore per la Corte d'Assise d'Appello.
Giudici togati e popolari formano un unico collegio e deliberano congiuntamente, in camera di consiglio, sia sulle questioni di fatto che sulle questioni di diritto, partecipando alla formazione della sentenza con parità di voto.

5.4 Le giurisdizioni speciali

5.4.1 La giurisdizione amministrativa

Il principio di *giustizialità* degli atti amministrativi è affermato dall'art. 113, co. 1 e 2, Cost., in base al quale «*contro gli atti della Pubblica Amministrazione è sempre ammessa la tutela giurisdizionale*», tutela che «*non può essere esclusa o limitata a particolari mezzi di impugnazione o per determinate categorie di atti*».
La **tutela giurisdizionale** contro gli atti della Pubblica Amministrazione è ammessa «*dinanzi agli organi della giurisdizione ordinaria o amministrativa*».
Nell'ordinamento italiano vigeva sino a pochi anni or sono un sistema di *giustizia amministrativa ripartita* (o di doppia giurisdizione) basato sulla regola generale che distingue tra **diritti soggettivi** e **interessi legittimi**:

> il **giudice ordinario** giudicava le controversie tra soggetto privato e Pubblica Amministrazione quando avevano ad oggetto un diritto soggettivo;
> il **giudice amministrativo** giudicava le controversie che avevano come oggetto un interesse legittimo.

Con l'approvazione del *codice del processo amministrativo* (D.Lgs. 2-7-2010, n. 104) è stata riconosciuta al giudice amministrativo, recependo un costante orientamento della giurisprudenza, la giurisdizione in materia di diritti soggettivi nelle controversie e nelle particolari materie legislativamente indicate e concernenti l'esercizio o il mancato esercizio del potere amministrativo. Nelle materie di **giurisdizione esclusiva**, indicate dalla legge e dall'art. 133 del Codice, il giudice amministrativo conosce, pure ai fini risarcitori, anche delle controversie nelle quali si faccia questione di diritti soggettivi.

Si definisce «legittimo» l'interesse a che la Pubblica Amministrazione operi nel rispetto della «legalità», ossia di quelle regole giuridiche e tecniche che governano il corretto esercizio del potere pubblico. Diversamente dal diritto soggettivo, l'interesse legittimo non gode di una tutela diretta e immediata, ma è protetto soltanto in via indiretta e immediata, in quanto coincidente con l'interesse pubblico. Per esempio, il partecipante ad un pubblico concorso può impugnare gli atti della procedura concorsuale sulla base della coincidenza tra il suo personale interesse e il superiore interesse pubblico al regolare svolgimento delle procedure di selezione.
La **risarcibilità dei danni per lesione di interessi legittimi** è stato riconosciuto dalla Corte di Cassazione con la storica sentenza 22 luglio 1999, n. 500. Peraltro, secondo la Suprema Corte, la lesione dell'interesse legittimo sarebbe condizione necessaria, ma non sufficiente, per accedere alla tutela risarcitoria prevista dall'art. 2043 c.c.; infatti è necessario che l'attività illegittima (e colpevole) dell'Amministrazione abbia leso l'interesse al bene della vita al quale l'interesse legittimo si correla e che lo stesso interesse sia meritevole di tutela secondo l'ordinamento.

La giustizia amministrativa è organizzata nei seguenti termini:

> l'autorità giudiziaria ordinaria (Giudici di Pace, Tribunali e Corti d'Appello) decide in materia di diritti soggettivi in ordine ai quali non è in discussione un erroneo esercizio del potere autoritativo da parte della Pubblica Amministrazione, e ha soltanto il potere di **disapplicare** l'atto amministrativo illegittimo e disporre un'eventuale risarcimento per un danno accertato;

- l'autorità giudiziaria amministrativa (TAR e Consiglio di Stato) giudica delle violazioni degli interessi legittimi e dei diritti soggettivi secondo la ripartizione di giurisdizione disposta dal Codice del processo amministrativo;
- i **conflitti di giurisdizione** sono risolti dalle sezioni unite della Corte di Cassazione.

L'espressione sintetica «*giudice amministrativo*» indica l'insieme dei Tribunali Amministrativi Regionali (TAR), quali giudici di primo grado, e il Consiglio di Stato, quale giudice di appello.
Il complesso di tali organi è individuato direttamente dalla Costituzione (art. 100, co. 1, e art. 125, co. 2).

5.4.2 La giurisdizione contabile

La giurisdizione contabile è esercitata dalla Corte dei conti, organo «*indipendente di fronte al Governo*» (art. 100, co. 3, Cost.) con funzioni di giurisdizione nelle materie di contabilità pubblica (art. 103, co. 2, Cost.).
La Corte dei conti è la suprema magistratura di controllo, con compiti anche di consulenza; agisce come giudice, in un certo senso, specializzato per materia, in relazione a tutto ciò che abbia a che fare con la gestione del patrimonio pubblico.
La funzione giurisdizionale della Corte dei conti è ora disciplinata dal D.Lgs. 26-8-2016, n. 174 con il quale è stato approvato il Codice di giustizia contabile. Ai sensi dell'art. 1 di tale provvedimento la Corte ha giurisdizione:

- nei giudizi di conto, di responsabilità amministrativa per danno all'erario e negli altri giudizi in materia di contabilità pubblica;
- nei giudizi in materia pensionistica, i giudizi aventi per oggetto l'irrogazione di sanzioni pecuniarie e gli altri giudizi nelle materie specificate dalla legge.

Contro le sentenze d'appello è possibile il ricorso alla Corte di Cassazione, ma solo per ragioni di giurisdizione.

5.4.3 La giurisdizione militare

I Tribunali militari in tempo di guerra hanno la giurisdizione stabilita dalla legge. In tempo di pace hanno giurisdizione soltanto per i reati militari commessi da appartenenti alle Forze armate (art. 103, co. 3, Cost.).
Nell'ordinamento italiano sono previsti il **Tribunale militare di primo grado**, una **Corte d'Appello** e un **Tribunale militare di Sorveglianza** per la vigilanza sull'esecuzione delle pene.
La giurisdizione militare è di *natura solo penale* e conosce solo i reati commessi da soggetti appartenenti alle Forze armate.

5.5 Il Consiglio superiore della magistratura (CSM)

Il Consiglio superiore della magistratura (CSM) è l'**organo di governo della magistratura ordinaria**. Esso ha essenzialmente il compito di rendere effettiva l'indipendenza dei giudici, che costituiscono nel loro insieme un ordine autonomo e, appunto, indipendente da ogni altro potere (art. 104 co. 1 Cost.).
Il Consiglio superiore della magistratura è formato da:

- **tre membri di diritto**, che sono il Presidente della Repubblica, che lo presiede (art. 87, co. 10, Cost.), il primo Presidente della Corte di Cassazione e il Procuratore generale della stessa Corte (art. 104, co. 3, Cost.);
- **sedici membri togati**, eletti tra i magistrati ordinari, ai quali spettano i due terzi del Collegio;
- **otto membri laici**, eletti dal Parlamento in seduta comune tra professori ordinari di Università in materie giuridiche e avvocati che esercitano la professione da almeno quindici anni (art. 104, co. 4, Cost.).

Tra i membri designati dal Parlamento il Consiglio elegge un **Vicepresidente** (art. 104, co. 5, Cost.).
Al Consiglio superiore della magistratura compete qualsiasi potestà deliberativa in merito alla carriera e alle funzioni dei magistrati: segnatamente, spettano al Consiglio, secondo le norme dell'ordinamento giudiziario, le decisioni in merito alle *assunzioni*, alle *assegnazioni*, ai *trasferimenti*, alle *promozioni* dei magistrati e ai *provvedimenti disciplinari* che li riguardano (art. 105 Cost.).
La promozione dell'azione disciplinare spetta al Ministro della Giustizia (art. 107, co. 2 Cost.) e al procuratore generale presso la Corte di Cassazione.

5.6 I principi costituzionali sull'ordinamento giurisdizionale

5.6.1 La ragione giustificatrice dei principi

L'esercizio della giurisdizione, particolarmente in ambito penale, può comportare gravi limitazioni della libertà personale. Perciò la Costituzione stabilisce una serie di principi e vincoli volti ad assicurare che la funzione giurisdizionale sia espletata con **correttezza e imparzialità**.
Questi principi, come pure i vincoli, sono enucleabili principalmente dagli artt. 101-113, anche se non mancano altri precetti rilevanti in materia, come gli artt. 24-25). Essi sono:

- il principio del giudice naturale;
- il principio del divieto di istituzione di giudici speciali o straordinari;
- il diritto alla tutela giurisdizionale;
- il diritto di difesa;
- il principio di contraddittorio;
- il principio del giusto processo e quello della sua ragionevole durata;
- l'obbligo di motivazione dei provvedimenti giurisdizionali.

5.6.2 Il giudice naturale

Il principio, sancito dall'art. 25 Cost., comporta che sia la legge – sulla base dei criteri certi e oggettivi di competenza territoriale, di valore o di materia – a **predeterminare l'organo giurisdizionale competente a giudicare** su una determinata questione.
La disposizione intende annullare la discrezionalità del capo dell'ufficio giudiziario nell'assegnare gli incarichi: lo scopo è quello di garantire l'imparzialità all'indagine ed al giudizio.

Il principio è derogato ogni qualvolta il giudice non appaia credibile nell'esercizio della sua funzione giurisdizionale perché è minacciata la garanzia di imparzialità e terzietà del giudizio: i rimedi previsti per questo caso sono concessi alla parte su sua richiesta (astensione, ricusazione, spostamento).

5.6.3 Il divieto di istituzione di giudici speciali o straordinari

L'art. 102, co. 1, Cost. vieta l'istituzione di **giudici straordinari**, mentre permette di costituire presso gli organi giurisdizionali ordinari **sezioni specializzate** per giudicare in merito a materie di elevata tecnicità (questo spiega perché a tali sezioni possono accedere esperti estranei alla magistratura).
Il divieto di istituire giudici straordinari trova la sua ragion d'essere nell'art. 25 Cost., ai sensi del quale *nessuno può essere distolto dal giudice naturale precostituito per legge*. L'individuazione di tale giudice è fatta una volta per tutte con una legge del Parlamento, e vale perciò per tutte le controversie che dovessero successivamente insorgere.

5.6.4 Il diritto alla tutela giurisdizionale

In ossequio al principio di uguaglianza, l'art. 24, co. 1, Cost. riconosce a tutti, e quindi anche agli stranieri e agli apolidi, il **diritto di agire in giudizio** per la tutela dei propri diritti e interessi legittimi. Il diritto di adire le vie giudiziarie è reso effettivo anche per i non abbienti, che non potrebbero permettersi i costi di una difesa tecnica (patrocinio a spese dello Stato o **gratuito patrocinio**).
Il diritto alla tutela giurisdizionale, da annoverare fra i diritti inviolabili dell'uomo, costituisce una fondamentale garanzia di civiltà, poiché è connaturale allo stesso principio di democrazia l'assicurare a tutti e sempre, per qualsiasi controversia, un giudice e un giudizio.
Tale diritto si specifica nel:

- *diritto a ottenere una decisione di merito*;
- *diritto alla prova* e dunque nel potere di concorrere, attraverso la produzione di elementi probatori, alla formazione del convincimento del giudice circa la sussistenza dei presupposti del provvedimento da emanare;
- *diritto alla tempestività del processo.*

Negli ordinamenti moderni, la domanda di giustizia che il processo tende a soddisfare obbliga a considerare anche la possibilità che la sentenza sia *errata* o comunque *ingiusta*. Per ovviare a tale eventualità, il legislatore attribuisce alle parti, e in casi eccezionali anche ai terzi estranei al processo, la **facoltà di impugnare** la sentenza emessa dal giudice di primo grado, e di chiedere un nuovo giudizio al fine di correggere la pronuncia precedente ove questa sia viziata da errori procedimentali o di valutazione.
Il giudizio di primo grado è però rinnovabile una sola volta (**principio del doppio grado di giurisdizione**). Concluso anche il secondo grado di giudizio, alle parti è consentito richiedere solo un controllo di legalità delle prime due fasi, tramite il *ricorso alla Corte di Cassazione.*

5.6.5 Il diritto di difesa

L'art. 24, co. 2, Cost. sancisce l'*inviolabilità* del diritto di difesa in qualsiasi stato e grado del procedimento.
Il diritto di difesa si specifica nel:

- diritto ad avvalersi della cosiddetta **difesa tecnica** (quella prestata da un avvocato);
- diritto di **effettiva partecipazione al processo**, ossia di essere informati delle vicende processuali e di far valere innanzi al giudice le proprie ragioni.

Il comma 4 dell'art. 24 demanda al legislatore ordinario il compito di determinare le condizioni e i modi per la **riparazione degli errori giudiziari**, nel caso che una condanna penale irrevocabile, venga poi riconosciuta come ingiusta e posta nel nulla da un giudizio di revisione: generalmente la riparazione è assicurata attraverso la corresponsione di una somma di denaro, in un'unica soluzione, o di una rendita vitalizia, il cui importo è commisurato alla durata della pena espiata o alle precedenti condizioni personali.

5.6.6 Il principio del contraddittorio

Fondamento del diritto di difesa, il principio del contraddittorio ha lo scopo di assicurare alle parti in giudizio, di fornire al giudice ogni elemento ritenuto necessario per la difesa della propria posizione.
L'art. 111 Cost., infatti, recita al comma 2 che «*ogni processo si svolge nel contraddittorio tra le parti, in condizioni di parità*» e al comma 4 che «*il processo penale è regolato dal principio del contraddittorio nella formazione della prova*».

5.6.7 Il principio del *favor rei* e del *favor libertatis*

Il **principio del *favor rei*** permea di sé l'intero sistema penale e l'intero ordinamento giuridico: la prevalenza dell'interesse dell'imputato (o reo) rispetto al potere sanzionatorio dello Stato è una scelta di politica criminale determinata dalla volontà legislativa di assicurare all'imputato, fra più trattamenti possibili, quello che gli è più favorevole.
Il principio, la cui applicazione è estesa anche ad altri ambiti (es. in materia tributaria), comporta per prima cosa che, in virtù della presunzione d'innocenza, l'onere di provare la colpevolezza dell'imputato è sopportato per intero dal pubblico ministero: spetta all'ufficio dell'accusa provare la responsabilità penale dell'accusato.
Sull'altro fronte, la difesa non ha l'obbligo, ma la mera facoltà di produrre le prove a discarico: ma può anche non produrre alcuna prova. Non per questo l'accusato sarà condannato: il necessario presupposto della pronuncia di condanna è la dimostrazione per opera del pubblico ministero che l'accusato è colpevole. Non c'è condanna se la responsabilità penale dell'imputato non è provata.
Ciò trova conferma nella norma per la quale l'imputato è mandato assolto non solo quando risulta provata la sua innocenza, ma anche quando la prova della sua colpevolezza sia insufficiente o contraddittoria oppure manchi del tutto.
Più attinente alla libertà personale del reo, in senso stretto, è invece il **principio del *favor libertatis***, che assicura al cittadino il trattamento penale più mite fra quello pre-

visto dalla legge penale vigente all'epoca della commissione del reato e quello previsto da una legge successiva, purché entrambe le leggi siano antecedenti al passaggio in giudicato della sentenza di condanna. Costituisce applicazioni di tale principio per es. il criterio per cui la **custodia cautelare in carcere** può essere disposta soltanto come misura estrema e cioè quando ogni altra misura risulti inadeguata.

5.6.8 Il giusto processo

La L. cost. 23-11-1999, n. 2 ha aggiunto i primi cinque commi all'art. 111 Cost., «costituzionalizzando» i principi del giusto processo, secondo cui:

- il processo deve svolgersi nel **contraddittorio tra le parti**, in condizioni di parità, davanti al **giudice terzo e imparziale**, e deve esserne assicurata la **ragionevole durata**;
- la persona accusata di un reato:
  - deve essere, nel più breve tempo possibile, informata riservatamente della natura e dei motivi dell'accusa elevata a suo carico;
  - deve disporre del tempo e delle condizioni necessari per preparare la sua difesa;
  - deve disporre della facoltà, davanti al giudice, di interrogare o di far interrogare le persone che rendono dichiarazioni a suo carico;
  - deve poter ottenere la convocazione e l'interrogatorio di persone a sua difesa nelle stesse condizioni dell'accusa;
  - deve poter ottenere l'acquisizione di ogni altro mezzo di prova a suo favore;
  - deve essere assistito da un interprete se non comprende o non parla la lingua impiegata nel processo;
- il processo è regolato dal principio del contraddittorio nella formazione della prova;
- la colpevolezza dell'imputato non può essere provata sulla base di dichiarazioni rese da chi, per libera scelta, si è sempre volontariamente sottratto all'interrogatorio da parte dell'imputato o del suo difensore.

Tre, dunque, sono le caratteristiche essenziali del giusto processo: parità fra accusa e difesa; terzietà e imparzialità del giudice; formazione della prova in dibattimento e in contraddittorio.

La rinnovata formulazione dell'art. 111 impone al legislatore di uniformare la **disciplina della prova** al principio del contraddittorio: la raccolta degli elementi probatori, cioè, deve avvenire secondo regole che garantiscano l'intervento delle parti (imputato, difensore, pubblico ministero) nella sede in cui la prova è acquisita.

La responsabilità dell'imputato, perciò, non può essere provata sulla base di dichiarazioni rese da chi s'è sottratto all'esame da parte dell'imputato o del difensore.

Alla legge spetta il compito di regolare i casi in cui la formazione della prova non ha luogo in contraddittorio per consenso dell'imputato o per accertata impossibilità di natura oggettiva o per effetto di provata condotta illecita.

5.6.9 L'obbligo di motivazione dei provvedimenti giurisdizionali

Dispone l'art. 111, co. 7, Cost. che tutti i provvedimenti giurisdizionali – qualunque sia la loro forma (sentenza, decreto, ordinanza) – devono essere motivati.

L'obbligo della motivazione costituisce una fondamentale garanzia per il cittadino, che altrimenti sarebbe esposto al pericolo di abusi da parte dei poteri statali e si troverebbe nell'impossibilità di impugnare i provvedimenti a lui sfavorevoli.
Nella motivazione, infatti, il giudice espone l'*iter logico* che ha seguito per giungere alla decisione, rendendo note le *ragioni di fatto e di diritto* che l'hanno determinata.
La motivazione, perciò, rende trasparente l'azione giudiziaria e costituisce uno strumento di difesa strutturale per le parti in causa nel processo, nel senso che queste possono chiedere il riesame del provvedimento giurisdizionale ad un giudice di grado superiore.

Capitolo 6
Gli organi ausiliari

6.1 Gli organi ausiliari costituzionali

Sono denominati «ausiliari» gli organi che svolgono **attività di consulenza** nei confronti degli organi costituzionali.
Si tratta di organi collegiali, autonomi e di garanzia, separati sia dal Consiglio dei Ministri che dalla Pubblica Amministrazione, dotati di particolare autonomia di struttura e funzionamento. Sono titolari di attribuzioni di livello costituzionale e abilitati a dichiarare in via definitiva la volontà – mediante decisioni – dei poteri cui appartengono o di cui fanno parte.
Gli organi ausiliari operano in funzione consultiva o di controllo affinché gli atti del Consiglio dei Ministri e della Pubblica Amministrazione rispondano sempre a fondate valutazioni di merito.
L'attività consultiva si esprime attraverso la formulazione di pareri che possono essere di legittimità – conformità dell'atto alla legge – o di merito – valutazione di opportunità.
La disciplina degli organi ausiliari non è affidata a norme di rango costituzionale bensì al legislatore ordinario, che ne regolamenta la struttura, l'organizzazione e il funzionamento.

Gli organi ausiliari sono:

- il *Consiglio di Stato* (titolare anche di funzioni giurisdizionali);
- la *Corte dei conti* (titolare anche di funzioni giurisdizionali);
- il *Consiglio Nazionale dell'Economia e del Lavoro*;
- il *Consiglio supremo di difesa*.

6.2 Il Consiglio di Stato

6.2.1 L'organizzazione

Il Consiglio di Stato è sorto nel 1831 come istituzione del Regno Sardo e con funzioni consultive. Passato con le medesime funzioni al Regno d'Italia, nel 1889 gli si attribuì la *funzione giurisdizionale*, facendone così il giudice degli atti emanati dalla Pubblica Amministrazione.
L'art. 100 Cost. ha ribadito questa duplice funzione del Consiglio di Stato definendolo «*organo di consulenza giuridico-amministrativa e di tutela della giustizia nell'Amministrazione*» (art. 100, co. 1, Cost.), indipendente di fronte al Governo (art. 100, co. 3, e art. 108, co. 2, Cost.).
È formato da sei sezioni, alcune con **funzioni consultive**, altre con **funzioni giurisdizionali**; ad esse si aggiunge un'ulteriore sezione consultiva che rende pareri sugli atti normativi dello Stato e dell'Unione europea, istituita dalla L. 127/2007 (cosid-

detta legge Bassanini-*bis*). Ne sono organi: il Consiglio di Presidenza, il Presidente, il Presidente aggiunto, il Segretario generale, l'Adunanza generale in sede consultiva, l'Adunanza plenaria in sede giurisdizionale.
Il Presidente, con proprio provvedimento, all'inizio di ogni anno, sentito il Consiglio di Presidenza, individua le sezioni che svolgono funzioni giurisdizionali e consultive, determina le rispettive materie di competenza e la composizione, nonché la composizione della Adunanza plenaria.

6.2.2 La funzione consultiva

L'attività consultiva si esprime attraverso pareri che possono essere facoltativi o obbligatori. I **pareri facoltativi** sono quelli che l'autorità amministrativa può chiedere al Consiglio di Stato, ma non ha l'obbligo di farlo, ogni qualvolta lo ritenga opportuno. I **pareri obbligatori**, invece, sono quelli che l'autorità amministrativa è obbligata a chiedere perché è la legge che glielo impone in determinate materie.
I principali pareri obbligatori riguardano (art. 17, co. 25, L. 127/1997):

- gli atti normativi (regolamenti) del Governo e dei singoli Ministri di cui all'art. 17 della L. 400/1988;
- i ricorsi straordinari del Presidente della Repubblica;
- il coordinamento di leggi e regolamenti in testi unici (art. 17-*bis* della L. 400/1988);
- gli schemi generali di contratti-tipo, accordi e convenzioni predisposti dai Ministeri.

Nei casi in cui è il parere sia obbligatorio, il provvedimento deve recare la dizione: «*udito il parere del Consiglio di Stato*». I pareri facoltativi, quando vengono richiesti, non sono mai vincolanti, cioè non comportano che l'autorità amministrativa debba conformarsi al giudizio in essi espresso. I pareri obbligatori, invece, possono essere vincolanti o meno a seconda che la legge ne imponga oppure no l'osservanza nel compimento dell'atto o nella emanazione del provvedimento per il quale sono stati richiesti.

6.2.3 La funzione giurisdizionale

In sede giurisdizionale il Consiglio di Stato è composto alcune sezioni e dall'**Adunanza plenaria**. Esso ha «*giurisdizione per la tutela nei confronti della Pubblica Amministrazione degli interessi legittimi e, in particolari materie indicate dalla legge, anche dei diritti soggettivi*» (art. 103, co. 1, Cost.).
Con la riforma dei TAR, il Consiglio di Stato funziona come giudice di secondo grado.

6.3 La Corte dei conti

6.3.1 La composizione

La Corte dei conti, istituita un anno dopo la nascita dello Stato unitario (L. 800/1862) per la vigilanza sulle spese delle Amministrazioni pubbliche, è organo confermato dalla Costituzione con funzioni di controllo, consultive e giurisdizionali.

Nello svolgimento delle sue funzioni, la Corte è autonoma e indipendente dal Governo e dalla Pubblica Amministrazione (art. 100, co. 3, Cost.). Essa è strutturata in cinque **sezioni di controllo** e **tre sezioni giurisdizionali centrali**.
La funzione di controllo, prevista dall'art. 100, co. 2, Cost., è disciplinata dalla L. 20/1994, come modificata dal 78/2009 (conv. dalla L. 102/2009).
In particolare, la Corte (art. 100, co. 2, Cost.):

- esercita il controllo preventivo di legittimità sugli atti del Governo;
- esercita il controllo successivo sul rendiconto annuale dello Stato;
- partecipa al controllo sulla gestione finanziaria degli enti a cui lo Stato contribuisce in via ordinaria.

6.3.2 La funzione di controllo

La finalità del controllo è garantire la legalità dell'azione dell'esecutivo e principalmente l'osservanza della legge di bilancio. Dei risultati del riscontro eseguito la Corte riferisce direttamente alle Camere.
Il **controllo preventivo di legittimità** è diretto a verificare la rispondenza degli atti del Governo o degli organi cui siano state decentrate funzioni governative, alle statuizioni della legge di bilancio (sotto il profilo amministrativo-contabile): si tratta di un controllo preventivo perché l'atto rimane inefficace fino all'esito del giudizio della Corte. Se tale esito è positivo, la Corte appone sull'atto ritenuto legittimo il cd. **visto**, cui segue l'annotazione negli appositi registri tenuti dalla stessa Corte (cd. **registrazione**) e l'atto diviene efficace dalla data di adozione dell'atto medesimo o da altra data se espressamente previsto nell'atto stesso. Se l'esito è negativo, la Corte rifiuta il visto, ma il Consiglio dei Ministri può decidere che l'atto debba ugualmente essere portato ad esecuzione per superiori interessi pubblici: in tal caso, la Corte appone il cd. **visto con riserva** e ordina la registrazione. Ogni 15 giorni, la Corte trasmette al Parlamento un elenco politico sull'operato dell'esecutivo.
Il **controllo successivo sul rendiconto annuale dello Stato** è volto a verificare la corrispondenza tra *previsione* e *risultati* (il cosiddetto **giudizio di parificazione**) e si esercita sul documento contabile relativo all'esercizio finanziario che il Ministro dell'Economia e delle Finanze trasmette alla Corte ogni anno. La legislazione degli ultimi anni ha peraltro ampliato l'ambito di tale controllo, che riguarda tutte le Amministrazioni pubbliche e non è più esercitato su singoli atti, ma sull'intera attività finanziaria dell'ente controllato. I risultati del controllo sono raccolti in una relazione inviata al Parlamento.
Il **controllo sulla gestione finanziaria degli enti sovvenzionati** è anch'esso un controllo successivo e riguarda sia la legittimità che il merito della gestione: la Corte, infatti, non soltanto verifica la conformità di un'entrata o di un'uscita alle prescrizioni di legge, ma esamina anche i conti consuntivi e i bilanci di esercizio.

6.3.3 La funzione consultiva

La funzione consultiva della Corte si esplica attraverso **pareri obbligatori** sulle leggi che comportano modificazioni o integrazioni alle sue attribuzioni e, purché si tratti di *disegni di legge governativi*, sulle norme che modificano le leggi sulla contabilità dello Stato.

Il Presidente della Corte può disporre che le sezioni riunite adottino pronunce di orientamento generale sulle questioni in merito alle quali sia sorto contrasto tra le sezioni regionali di controllo (art. 17, co. 31, D.L. 78/2009).

6.3.4 La funzione giurisdizionale

La funzione giurisdizionale esercitata dalla Corte ha natura di *giurisdizione speciale*, esercitata su materie tassativamente stabilite dalla legge, ed esclusiva perché comprensiva delle controversie relative sia ai diritti soggettivi che agli interessi legittimi.
La materia è ora disciplinata dal Codice della giustizia contabile (D.Lgs. 174/2016).
La Corte dei conti è **giudice unico** in *materia pensionistica*, occupandosi sia delle pensioni ordinarie civili che di quelle militari; giudica sulla **responsabilità civile dei funzionari pubblici** per danno erariale e su quella di chi abbia, a qualunque titolo, maneggio di denaro pubblico.
Nei *giudizi di responsabilità*, o *di conto*, la responsabilità è personale e limitata ai fatti ed alle omissioni commessi.

6.4 Il Consiglio Nazionale dell'Economia e del Lavoro (CNEL)

Il Consiglio Nazionale dell'Economia e del Lavoro (CNEL) è un organo collegiale consultivo con compiti di consulenza economica e sociale, in posizione indipendente, rappresentativo delle categorie produttive interessate (art. 99, co. 1, Cost.); in particolare, il CNEL è organo di consulenza delle Camere e del Governo (art. 99, co. 2, Cost.), delle Regioni e delle Province autonome di Trento e Bolzano.
Si compone, nei modi stabiliti dalla legge, di esperti e rappresentanti delle varie categorie produttive, che durano in carica 5 anni e possono essere riconfermati (attualmente sono previsti **64 membri**, per effetto del ridimensionamento disposto dall'art. 23, co. 8, D.L. 201/2011).
Il CNEL è titolare di un **potere di iniziativa legislativa**, in virtù del quale può proporre al Parlamento disegni di legge. Inoltre, può contribuire all'elaborazione della legislazione economica e sociale secondo i principi ed entro i limiti stabiliti dalla legge: tale funzione è svolta attraverso la formulazione di osservazioni e proposte.

6.5 Il Consiglio supremo di difesa (CSD)

Il Consiglio supremo di difesa (CSD) presieduto dal Presidente della Repubblica, è l'organo che coordina tutte le attività relative alla difesa dello Stato. Ne fanno parte il Presidente del Consiglio e il Capo di Stato Maggiore della Difesa, nonché i Ministri degli Esteri, dell'Interno, della Difesa e dello Sviluppo economico.
Il **Capo di Stato Maggiore** traccia le linee fondamentali dei piani militari operativi e determina i criteri generali per la difesa del territorio dagli attacchi aerei e la protezione del traffico marittimo, mentre il **Governo** ha il compito di determinare le linee generali dell'ordinamento delle forze armate e risolvere le principali questioni relative alla loro organizzazione e preparazione.

Capitolo 7
Le Regioni e i rapporti con lo Stato e gli altri enti territoriali

7.1 Le disposizioni costituzionali

7.1.1 Le autonomie territoriali nella Costituzione

Caratteristica saliente dell'ordinamento italiano è il **riconoscimento** e la **promozione delle autonomie locali**, come esplicitamente previsto dall'**art. 5 Cost.**, norma cardine in materia.

Il citato articolo afferma che "*la Repubblica, una e indivisibile, riconosce e promuove le autonomie locali; attua nei servizi che dipendono dallo Stato il più ampio decentramento amministrativo; adegua i principi ed i metodi della sua legislazione alle esigenze dell'autonomia e del decentramento*".

Da un'analisi del testo costituzionale si possono ricavare le seguenti indicazioni sull'assetto ordinamentale dello Stato italiano:

1. **la Repubblica rappresenta la cornice** all'interno della quale si muovono le diverse istituzioni del pluralismo territoriale: Stato, Regioni, Città metropolitane, Province e Comuni. Il cittadino, quindi, partecipa a diverse comunità territoriali e il suo rapporto politico-giuridico con lo Stato è una soltanto delle relazioni che intrattiene con le istituzioni in cui si articola il territorio italiano;
2. è **ribadita e sottolineata l'unità e l'indivisibilità dello Stato**, elementi che rappresentano il limite invalicabile di ogni processo di ampliamento delle autonomie locali, che non può in nessun caso mettere in pericolo l'unità nazionale raggiunta alla fine del Risorgimento;
3. la Repubblica s'impegna ad **attuare il più ampio decentramento possibile**, da intendersi come trasferimento di competenze amministrative dallo Stato centrale alle diverse articolazioni periferiche. Tale decentramento può assumere la forma del *decentramento autarchico* (quando le competenze amministrative sono trasferite ad enti come le Regioni o gli enti locali, dotati di una propria soggettività), *decentramento burocratico* (quando le competenze sono affidate ad organi dello Stato anche se operanti a livello locale) oppure del *decentramento funzionale* (quando determinate funzioni vengono attribuite a strutture che, pur rientrando nell'organizzazione complessiva dell'ente di riferimento, godono di una certa autonomia operativa, finanziaria e contabile).

Lo Stato italiano, quindi, è fondato sulle autonomie locali, in cui un **ruolo preminente spetta alle Regioni**, quale collegamento tra periferia e centro: punto di riferimento per gli enti territoriali minori, da un lato, e diretto interlocutore dello Stato, dall'altro.

Con le Regioni il costituente mirava a creare un modello "policentrico" di produzione normativa, con lo scopo di decongestionare e riqualificare la legislazione statale, nonché attribuire ai governi regionali la possibilità di esprimere un proprio indirizzo politico-amministrativo relativamente agli interessi delle comunità locali.

7.1.2 Le Regioni nella Costituzione

Le Regioni sono, assieme ai Comuni, alle Province, alle Città metropolitane e allo Stato centrale, uno dei cinque **elementi costitutivi** della Repubblica italiana. La disciplina costituzionale è riportata essenzialmente nel già citato articolo 5 e nelle disposizioni della Parte II, Titolo V della Costituzione (articoli da 114 a 133). In questa sede sarà esaminato solo l'ordinamento regionale, rinviando al Libro IV per una trattazione approfondita degli altri enti territoriali.
Ogni Regione è un ente autonomo con un proprio statuto, poteri e funzioni secondo i princìpi fissati dalla Costituzione repubblicana, come stabilito dall'art. 114, co. 2, Cost. In particolare, la Regione è:

- un *ente costituzionale*, cioè previsto come necessario dalla Costituzione;
- un *ente autonomo*, in quanto dotato di autonomia in diversi ambiti;
- un *ente autarchico*, dato che opera in regime di diritto amministrativo e dispone di potestà pubbliche;
- un *ente ad appartenenza necessaria*, dal momento che tutti i cittadini residenti sul suo territorio ne fanno parte.

Sebbene dotate di *autarchia*, in quanto titolari di pubbliche potestà, le Regioni non sono meri enti autarchici istituiti al solo scopo di operare un *decentramento amministrativo*, ma sono comunità territoriali autonome che esprimono ordinamenti di governo capaci di effettuare scelte politiche, ossia di individuare e determinare i fini che la comunità sociale, di cui l'ente è portatore, intende perseguire.
In base allo statuto è possibile distinguere le Regioni in due grandi categorie:

- Regioni **a statuto ordinario**, il cui statuto è adottato secondo la specifica procedura prevista dall'art. 123 Cost. (*vedi Cap. 8, par. 8.10*);
- Regioni **a statuto speciale**, dette anche Regioni autonome. Cinque Regioni sono dotate di uno statuto speciale *approvato dal Parlamento nazionale con legge costituzionale*, come previsto dall'art. 116 Cost., che garantisce un'ampia autonomia, soprattutto finanziaria. Tali Regioni dispongono di notevoli poteri legislativi e amministrativi, come nei settori scuola, sanità, infrastrutture e di conseguenza devono provvedere al relativo finanziamento con le proprie risorse.

Quattro Regioni autonome furono istituite dalla stessa Assemblea costituente: nel 1946 la **Sicilia** e nel 1948 la **Sardegna**, visti i forti movimenti autonomistici, se non addirittura separatistici come in Sicilia, la **Valle d'Aosta**, per proteggere la minoranza francofona, il **Trentino-Alto Adige**, per la tutela dei germanofoni ai sensi dell'Accordo di Parigi. Nel 1963 fu costituita la Regione a statuto speciale **Friuli-Venezia Giulia**. Nel 1972 entrò in vigore il nuovo statuto speciale per il Trentino-Alto Adige, che trasferì la maggior parte dei poteri regionali alle due Province autonome di Trento e Bolzano.
L'elenco delle Regioni è previsto direttamente dall'art. 131 Cost. Una modifica territoriale che importi **fusione di Regioni esistenti** o **creazione di nuove Regioni** deve, quindi, essere disposta da legge costituzionale, dar vita ad un ente con una popola-

zione non inferiore ad 1 milione di abitanti, essere preceduta dalla richiesta di tanti Consigli comunali che rappresentino almeno un terzo delle popolazioni interessate ed essere approvata con referendum dalla maggioranza delle popolazioni interessate (art. 132 Cost.).

7.2 La difficile attuazione dell'ordinamento regionale italiano

7.2.1 I primi passi del regionalismo italiano

Il progetto di regionalismo italiano nacque all'insegna dell'ambiguità. La Costituzione del 1948 istituì le nuove Regioni "a tavolino" in assenza di un cambiamento consapevole dei rapporti tra centro e periferia dopo il periodo del potere accentratore fascista. Solo molti anni dopo fu varata la prima legge elettorale (L. 17-2-1968, n. 108) per le elezioni dei Consigli nelle Regioni a statuto ordinario, da svolgersi nel 1970. L'elezione dei primi Consigli regionali obbligava, pertanto, a preparare e ad emanare i primi statuti regionali, in forza dell'art. 123 Cost.

Per la verità l'originaria formulazione dell'art. 123 Cost. (modificata nel 2001) lasciava pochi spazi di autonomia alle Regioni. Nella sostanza l'ente regionale doveva darsi solo le "norme relative all'organizzazione interna". Il tutto "in armonia [...] con le leggi della Repubblica", oltre che con la Costituzione. Inoltre, gli statuti regionali dovevano essere *approvati con legge dello Stato,* elemento questo che poneva, per così dire, sotto tutela il nuovo ente. In definitiva, l'autonomia statutaria delle Regioni era forse più ridotta di quella di una qualsivoglia associazione sportiva o culturale assoggettata al codice civile.

L'enorme ritardo accumulato nell'attuazione delle Regioni, da un lato, e l'incapacità della stessa Costituzione, e del Titolo V in particolare, così come previsto nella sua impostazione originaria, dall'altro, di soddisfare le spinte autonomistiche locali, non hanno permesso di raggiungere in modo soddisfacente lo scopo prefisso dal Costituente.

7.2.2 Gli interventi di riforma

All'inizio degli anni '90 si è aperto un periodo di profondi cambiamenti sia nel sistema di relazioni tra i diversi livelli istituzionali in cui si riparte la Repubblica sia nell'assetto organizzativo di ciascuno di essi. Si è così inaugurata una stagione legislativa riguardante il sistema delle autonomie regionali e locali, con lo scopo di rafforzare il ruolo delle autonomie politiche. Il **processo di riforma** si è sviluppato a livello ordinamentale con le leggi costituzionali n. 1 del 22-11-1999 e n. 3 del 18-10-2001.

In particolare, la prima legge costituzionale (*Disposizioni concernenti l'elezione diretta del Presidente della Giunta regionale e l'autonomia statutaria delle Regioni*), ha modificato gli artt. 121, 122, 123 e 126 della Carta costituzionale del 1948, ossia quelle disposizioni costituzionali che, nell'ambito del Titolo V, attengono ai **profili organizzativi interni** ed al **controllo sugli organi della Regione**, con evidenti ed importanti riflessi sull'autonomia statutaria in tema di forma di governo nonché, ovviamente, sul sistema delle fonti.

Rimaneva, sicuramente, basilare tracciare in maniera maggiormente precisa e determinata i confini fra **competenze statali e regionali**, tanto legislative quanto amministrative, prevedendo una competenza generale e residuale della Regione e lasciando solo per materie di effettivo interesse nazionale – che, pertanto, necessitassero di una disciplina unitaria – la legislazione dello Stato: un voluminoso trasferimento di funzioni, conseguente a tale assetto istituzionale, che permettesse un rafforzamento dell'istituzionale locale, per raggiungere un'efficienza in grado di garantire un corretto uso dei maggiori poteri riconosciuti. Tale processo, iniziato a livello di legislazione ordinaria dalla L. 59/1997 (la prima *legge Bassanini*), si è compiuto con la L. cost. 3/2001.

L'attuazione della riforma del 2001, che richiedeva l'approvazione a livello di legislazione ordinaria di diversi provvedimenti, ha subìto grossi ritardi e l'unica vera legge attuativa è stata la L. 5-6-2003, n. 131 (*Disposizioni per l'adeguamento dell'ordinamento della Repubblica alla legge costituzionale 18 ottobre 2001, n. 3*).

7.3 Gli organi regionali

Il **quadro complessivo degli organi regionali** è delineato dall'**art. 121 Cost.**, che ne individua sommariamente anche i compiti. Il citato articolo afferma che sono organi della Regione: il Consiglio regionale, la Giunta e il suo Presidente.

Il **Consiglio regionale** esercita le potestà legislative attribuite alla Regione e le altre funzioni conferitegli dalla Costituzione e dalle leggi. Può fare proposte di legge alle Camere. La potestà legislativa delle Regioni è meglio specificata all'art. 117, laddove sono elencate le materie riservate in via esclusiva allo Stato, quelle concorrenti e quelle di competenza esclusiva delle Regioni (l'argomento sarà trattato nel successivo *Cap. 8, par. 8.10*).

La **Giunta regionale** è l'organo esecutivo delle Regioni. Il suo Presidente, invece, rappresenta la Regione, dirige la politica della Giunta e ne è responsabile, promulga le leggi ed emana i regolamenti regionali, dirige le funzioni amministrative delegate dallo Stato alla Regione (conformandosi alle istruzioni del Governo della Repubblica). In pratica il Presidente ricopre il doppio ruolo di organo di vertice dell'esecutivo regionale (**Presidente della Giunta**) e di organo di rappresentanza dell'intera Regione (**Presidente della Regione**). Rispetto al Governo nazionale, nell'esecutivo regionale è sicuramente più incisivo il ruolo del suo Presidente, al quale spetta un potere di nomina e revoca degli assessori.

Dopo aver sommariamente delineato le modalità di elezione e i compiti di ciascuno degli organi citati dall'art. 121 Cost., nel prosieguo della trattazione saranno esaminate le relazioni che tra di loro intercorrono e, quindi, la forma di governo individuata dal testo costituzionale dopo le leggi di riforma prima citate.

7.4 Il Consiglio regionale

7.4.1 Nozione e modalità di elezione

Il Consiglio regionale è l'**organo assembleare rappresentativo dell'intera collettività regionale**.

Le modalità di elezione di quest'organo, così come del Presidente e degli altri membri della Giunta, sono *disciplinate con legge della Regione* nei limiti dei *principi fondamentali stabiliti con legge della Repubblica*. Ne consegue che non esiste un sistema elettorale uniforme per tutte le Regioni essendo tale scelta rimessa alla volontà di ciascun ente. Sulla base delle indicazioni fornite dall'art. 122 Cost., quindi, si può affermare che il sistema delle **fonti in materia elettorale** si articola su tre livelli:

> lo **statuto regionale**, che non può disciplinare direttamente la materia elettorale, essendo la stessa riservata ad una legge regionale (art. 122 Cost.), ma vi può influire operando determinate scelte in tema di forma di governo regionale. Ad esempio quella tra l'elezione diretta o meno del Presidente della Regione condiziona già di per sé il sistema elettorale da definire, per il solo fatto che nel primo caso si devono eleggere due organi (Presidente e Consiglio) mentre nel secondo uno solo (il Consiglio regionale);
> la **legge statale**, che fissa i *principi fondamentali* in materia elettorale;
> la **legge elettorale regionale**, cui è specificamente demandato il compito di definire la disciplina della materia.

Non potendo esaminare le singole leggi elettorali regionali, in questa sede si ricorderanno i principi fissati dalla normativa statale. Quest'ultima è stata approvata con L. 2-7-2004, n. 165 e all'art. 4 precisa che:

> la legge elettorale regionale deve individuare un sistema che agevoli la formazione di **maggioranze stabili** nel Consiglio regionale e assicuri la rappresentanza delle minoranze;
> nel caso di **elezione diretta del Presidente**, la stessa deve essere **contestuale** a quella del Consiglio;
> nel caso di modalità diverse dall'elezione diretta del Presidente della Regione, la legge elettorale regionale deve fissare **termini temporali tassativi**, non superiori a 90 giorni, per l'elezione del Presidente e l'elezione o la nomina degli altri componenti della Giunta;
> il **mandato imperativo**, al pari di quanto avviene per i parlamentari nazionali, **è vietato**;
> occorre attenersi, nella disciplina del sistema elettorale regionale, al principio della promozione delle **pari opportunità tra donne e uomini** nell'accesso alle cariche elettive. A tal fine, la normativa statale fornisce l'indicazione delle specifiche misure da adottare, declinandole sulla base dei diversi sistemi elettorali adottabili. In particolare, si prevedono tre ipotesi con riferimento alle *liste con preferenze*, alle *liste bloccate* e ai *collegi uninominali*; in nessuno dei suddetti casi i candidati di uno stesso sesso possono essere superiori al 60% del totale.

Ulteriori disposizioni di principio sono state fissate dalla L. 165/2004 in tema di *ineleggibilità* ed *incompatibilità* dei consiglieri regionali e del Presidente della Giunta.

7.4.2 La composizione e la durata

Nel sistema vigente prima della riforma costituzionale del 2001, il numero dei consiglieri era fissato direttamente dalla legge statale. La disciplina nazionale uniforme è stata superata dalle **previsioni differenziate degli statuti regionali**, ai quali la Costituzione demanda il compito di fissare il numero specifico.

Con l'art. 14 del D.L. 138/2011 (conv. dalla L. 148/2011), tuttavia, sono stati fissati dei **limiti massimi nel numero** di consiglieri che ciascun statuto regionale può prevedere.
Nello specifico, per le Regioni a statuto ordinario, tale numero deve essere:

- uguale o inferiore a 20 per le Regioni con una popolazione fino a un 1 milione di abitanti;
- uguale o inferiore a 30 per le Regioni con una popolazione fino a 2 milioni di abitanti;
- uguale o inferiore a 40 per le Regioni con una popolazione fino a 4 milioni di abitanti;
- uguale o inferiore a 50 per le Regioni con popolazione fino a 6 milioni di abitanti;
- uguale o inferiore a 70 per le Regioni con una popolazione fino ad 8 milioni di abitanti;
- uguale o inferiore a 80 per le Regioni con una popolazione superiore ad 8 milioni di abitanti.

Il seggio attribuito al Presidente della Regione è aggiuntivo e non è computato in tale numero.
Trattandosi di limiti massimi ogni Regione può eventualmente optare per un numero di consiglieri inferiore rispetto a quello indicato.
La L. 165/2004 stabilisce in modo uniforme e non violabile dalle leggi elettorali regionali la durata del Consiglio in **5 anni**, decorrenti dalla data di elezione.
Lo status dei consiglieri regionali si caratterizza per i seguenti istituti: insindacabilità, divieto di mandato imperativo, indennità. Non è prevista alcuna immunità di tipo penale.

7.4.3 Le funzioni

Il Consiglio regionale è l'**organo rappresentativo** della collettività regionale.
Ad esso sono attribuite diverse competenze, innanzitutto dalla Costituzione (*funzione legislativa*), quindi in maniera indifferenziata a tutte le Regioni ordinarie, e poi anche dagli statuti (*funzione regolamentare*, di *indirizzo politico-amministrativo*, di *controllo* e vigilanza), sia delle Regioni ordinarie che di quelle speciali.
Sotto il primo profilo (**funzioni assegnate dalla Costituzione**), il Consiglio esercita, innanzitutto, la *funzione legislativa* (art. 121, co. 2 Cost.), comprensiva anche del *potere di deliberare lo statuto* (art. 123, co. 2 Cost.): essa sarà meglio esaminata nell'ambito della trattazione delle fonti delle autonomie (*vedi Cap. 8, par. 8.10*). In quanto organo di indirizzo politico, poi, il Consiglio può esprimere la *sfiducia* nei confronti del Presidente della Regione (art. 126, co. 2 Cost.).
Infine, in quanto organo rappresentativo della comunità territoriale di riferimento, il Consiglio partecipa, laddove previsto, alle funzioni statali. Pertanto:

- formula *proposte di legge al Parlamento* (art. 121, co. 2 Cost.);
- esprime i *pareri* previsti dagli artt. 132 e 133 Cost., in tema di fusione o creazione di Regioni e di mutamento delle circoscrizioni provinciali e creazione di nuove Province;

- *elegge i delegati regionali* che partecipano all'elezione del Presidente della Repubblica (art. 83 Cost.);
- può richiedere il *referendum abrogativo* (art. 75 Cost.) e quello *consultivo* (art. 138 Cost.).

Per quanto riguarda le **funzioni assegnate dallo statuto**, tale atto può attribuire ulteriori compiti all'ente consiliare, in particolare per quanto concerne i rapporti con gli altri organi di vertice della Regione. Il Consiglio, pertanto:

- può vedersi attribuita la *funzione regolamentare*. Sicuramente il Consiglio emana il proprio regolamento interno, ma gli possono essere demandati anche i regolamenti delegati dallo Stato ai sensi dell'art. 117, co. 6, Cost.;
- può esercitare *funzioni di indirizzo politico-amministrativo*, approvando il bilancio preventivo, il conto consuntivo della Regione, il documento di programmazione economico-finanziaria e gli altri strumenti di programmazione la cui elaborazione compete alla Giunta regionale; formulando mozioni, risoluzioni e ordini del giorno, analogamente al Parlamento nazionale; deliberando i tributi; determinando l'ordinamento degli uffici e dei servizi regionali e istituendo gli enti dipendenti dalla Regione;
- può svolgere attività di *controllo e vigilanza sull'operato della Giunta e del Presidente*, mediante il compimento di atti ispettivi (come l'istituzione di commissioni di inchiesta, le interpellanze, le interrogazioni), lo svolgimento di indagini conoscitive, l'eventuale approvazione del programma della legislatura presentato dal Presidente della Giunta o comunque la discussione sullo stato di attuazione del programma.

7.5 Il Presidente della Regione

7.5.1 Ruolo e modalità di elezione

Il Presidente della Regione cumula su di sé una **duplice funzione**, in quanto **rappresentante della Regione** e **Presidente della Giunta**, organo del quale dirige la politica ed è responsabile (art. 121 Cost.). Il Presidente può essere eletto con suffragio elettorale diretto dal corpo elettorale regionale oppure essere nominato dal Consiglio regionale; la scelta è demandata allo statuto.
La L. 165/2004 ha individuato come principio fondamentale, per il Presidente eletto a suffragio universale e diretto, la previsione della **non immediata rieleggibilità** allo scadere del secondo mandato consecutivo.

7.5.2 Le funzioni

Il **Presidente della Regione** è organo esponenziale dell'ordinamento regionale e come tale *rappresenta l'ente all'esterno*. In questa sua veste promulga le leggi, emana i regolamenti regionali, indice i referendum regionali, agisce e resiste nei giudizi di impugnazione di leggi statali e regionali e nei conflitti di attribuzione con lo Stato e le altre Regioni.

I Presidenti delle Regioni a statuto speciale possono anche partecipare alle *sedute del Consiglio dei Ministri* che trattano argomenti di interesse regionale, con *funzioni consultive.*
In alcuni casi rappresentano il Governo nella Regione provvedendo, ad esempio, al mantenimento dell'ordine pubblico.
Come **Presidente della Giunta regionale** è posto al vertice dell'organo esecutivo e, in quanto tale, esercita *funzioni di indirizzo, coordinamento e vigilanza* dell'organo stesso. Qualora sia eletto a suffragio universale e diretto, il Presidente dispone anche del potere di nominare e revocare i membri della Giunta ed è in grado, attraverso la minaccia di dimissioni personali che determinerebbero le dimissioni automatiche dell'intera Giunta, di esercitare sugli assessori una fortissima pressione politica. Egli, inoltre, porta anche ad esecuzione le delibere giuntali.
Al Presidente sono, poi, attribuite, da leggi statali o regionali, competenze in qualità di *organo monocratico* e, in tale ambito, *dirige le funzioni amministrative* eventualmente *delegate dallo Stato* alla Regione, adeguandosi alle istruzioni del Governo statale.

7.6 La Giunta regionale

7.6.1 Nozione e composizione

La Giunta regionale è l'**organo esecutivo della Regione, a struttura collegiale**, composto dal Presidente, da un vicePresidente eventuale e dagli assessori. Il *vicePresidente*, se nominato, può sostituire il Presidente in caso di assenza o impedimento temporaneo, ma non può subentrargli, almeno quando il Presidente è eletto a suffragio universale e diretto, in caso di sfiducia, morte, dimissioni, impedimento permanente o rimozione (Corte cost., sent. n. 2 del 2004).
Gli **assessori** sono in genere preposti a settori omogenei dell'Amministrazione regionale (cosiddetti *assessorati*, similmente a quanto accade per i Ministri preposti ai Ministeri). Tuttavia, essi esercitano di norma *funzioni a rilevanza interna*, proponendo e portando ad esecuzione gli atti deliberati dalla Giunta, a meno che non ricevano dal Presidente una delega a rilevanza esterna per settori determinati. È quanto accade normalmente nelle Regioni speciali, dove gli assessori sono *organi individuali ed esterni* dell'amministrazione.
All'interno della Giunta sussiste una *responsabilità politica solidale* di tutti i componenti nei confronti del Consiglio regionale e una *responsabilità politica individuale* nei confronti del Presidente eletto, che li nomina e può revocarli.

La Corte costituzionale (sent. n. 12 del 2006) ha escluso, nei casi in cui il Presidente sia eletto a suffragio universale e diretto, la possibilità di una mozione di sfiducia individuale del Consiglio regionale nei confronti del singolo assessore.
Secondo la Corte, infatti, in questo caso l'elezione contestuale diretta del Presidente della Regione e del Consiglio regionale garantisce in via presuntiva l'armonia dell'indirizzo politico fra i due organi eletti nella medesima tornata elettorale e dai medesimi elettori. Tale armonia può ovviamente venir meno a seguito dell'approvazione di una mozione di sfiducia da parte del secondo o delle dimissioni del primo, nel qual caso è, però, necessario un nuovo appello al corpo elettorale, al quale si chiede di restaurare il presupposto fondamentale dell'omogeneità di indirizzo politico che deve caratterizzare i programmi e le attività sia del Presidente che del Consiglio. In tale contesto normativo non trova posto la

rottura di un ipotetico rapporto fiduciario tra Consiglio regionale e singoli assessori. Nel modello di forma di governo delineato dalla Costituzione, infatti, spetta esclusivamente al Presidente scegliere e revocare discrezionalmente gli assessori della propria Giunta, in quanto egli è l'unico soggetto esponenziale del potere esecutivo nell'ambito della Regione, munito di poteri che lo rendono interamente responsabile, sul piano politico, dell'operato di tutti i componenti della Giunta. È invece ammissibile una mozione di censura che non comporti obbligo di dimissioni.

Nessuna norma costituzionale fissa il **numero dei componenti della Giunta**, che è perciò determinato dai singoli statuti. L'art. 14, co. 1, lett. *b*), D.L. 138/2011 comunque fissa un numero massimo di assessori, che deve essere pari o inferiore a un quinto del numero dei consiglieri regionali, con arrotondamento all'unità superiore. Il Presidente può scegliere gli assessori sia tra i componenti eletti al Consiglio regionale sia tra persone non elette. La legge regionale può stabilire l'incompatibilità tra le due cariche.

7.6.2 Le funzioni

La Giunta è titolare della **funzione di indirizzo politico-amministrativo**, che si esplica attraverso:

- l'**iniziativa legislativa**. La Giunta, a differenza del Governo centrale, si limita a dare inizio al procedimento legislativo regionale ma non può esercitare la funzione legislativa in sostituzione del Consiglio. Tale previsione, infatti, non è contenuta in alcuna norma della Costituzione, come invece accade per il Governo. Pertanto, non sono ammissibili né decreti-legge, né decreti legislativi emanati dalla Giunta;
- l'**esercizio delle funzioni amministrative**. La Giunta provvede alla gestione dell'ente, dirige l'attività degli uffici regionali e amministra il patrimonio. Inoltre, laddove previsto dallo statuto, esercita anche la potestà regolamentare;
- la **programmazione**. La Giunta predispone il bilancio preventivo e il conto consuntivo nonché i programmi di sviluppo regionali;
- la **decisione sui ricorsi di legittimità costituzionale e sui conflitti di attribuzione**. Si tratta di provvedimenti che incidono sull'indirizzo politico regionale, in quanto la Giunta decide se impugnare o meno le leggi statali o altre leggi regionali e se sollevare conflitto di attribuzione con altro ente.

7.7 La forma di governo regionale

La legge costituzionale del 1999, nell'intento di ampliare l'autonomia regionale, attribuisce allo **statuto** il compito di disciplinare la forma di governo regionale. Tale scelta, tuttavia, non è del tutto libera.
Trattandosi di autonomia, e non di sovranità, la Costituzione continua a definire alcuni aspetti del rapporto fra gli organi di governo regionale. In particolare, se lo statuto opta per l'elezione a **suffragio universale e diretto** del Presidente regionale allora in ogni caso:

- il Presidente ha il potere di **nomina e revoca** dei componenti della Giunta (art. 122, co. 5, Cost.);

> il Consiglio regionale può esprimere la **sfiducia** nei confronti del Presidente della Giunta.

Quest'ultimo potere è esercitato mediante mozione motivata, sottoscritta da almeno un quinto dei componenti il Consiglio e approvata per appello nominale a maggioranza assoluta. La mozione non può essere messa in discussione prima di 3 giorni dalla presentazione e, una volta approvata, comporta le **dimissioni della Giunta e lo scioglimento del Consiglio** (clausola dell'*aut simul stabunt, aut simul cadent*). Analoga conseguenza determinano la **rimozione**, l'**impedimento permanente**, la **morte** o le **dimissioni** volontarie del Presidente e le dimissioni contestuali della maggioranza dei componenti il Consiglio (art. 126, co. 2 e 3, Cost.).

La Regione Calabria, nella fase di adozione dei nuovi statuti, aveva tentato di realizzare una formula di compromesso fra elezione diretta del Presidente e possibilità per il Consiglio regionale di cambiare Presidente senza che ciò comportasse necessariamente anche il contestuale scioglimento dello stesso organo collegiale. La Regione aveva previsto l'elezione diretta di Presidente e vicePresidente da parte del collegio elettorale regionale, ma aveva anche previsto la successiva designazione di entrambi anche da parte del Consiglio regionale, a pena di automatico scioglimento dello stesso. In caso di dimissioni volontarie, incompatibilità sopravvenuta, morte, rimozione o impedimento permanente, poi, al Presidente subentrava il vicePresidente senza necessità di scioglimenti e nuove elezioni.
La Corte costituzionale, con sentenza n. 2 del 2004, ha sostenuto che la Regione è libera di non optare per il modello dell'elezione diretta del Presidente della Regione, ma se, al contrario, decide per esso ciò comporta che al Presidente così eletto devono essere attribuiti tutti i poteri previsti per l'unitaria gestione dell'indirizzo politico-amministrativo regionale, fra cui rientrano quello di nomina e revoca dei componenti della Giunta e quello di provocare la crisi con le proprie dimissioni, facendo automaticamente sciogliere sia la Giunta che il Consiglio.

Lo statuto può anche decidere di non adottare la soluzione consigliata dalla riforma costituzionale, ma anche in questo caso le opzioni non sono del tutto libere. Gli statuti, infatti, non potranno comunque adottare né la forma di governo direttoriale né quella semipresidenziale. In entrambi i casi, le norme costituzionali (art. 121 Cost.) escludono sia una presidenza collegiale della Giunta (come è, invece, tipico del direttorio) sia la possibilità che si verifichi una separazione fra presidenza dell'organo esecutivo e presidenza della Regione (come accade, invece, nelle repubbliche semipresidenziali).
Sembrano quindi ammissibili soltanto **forme di governo parlamentare**; in alternativa all'elezione diretta vi può essere la *designazione indiretta del Presidente da parte del corpo elettorale*, come nella disciplina ante riforma, e successiva nomina da parte del Consiglio del candidato designato, oppure una *vera e propria elezione da parte del Consiglio regionale*.
In tutte queste ipotesi, comunque:

> il Consiglio regionale può esprimere la sua **sfiducia al Presidente** della Regione (art. 126, co. 2, Cost.). In questo caso, evidentemente, sarà lo statuto a regolare gli effetti dell'approvazione della mozione di sfiducia;
> le **dimissioni contestuali** della maggioranza dei componenti del Consiglio producono l'effetto delle dimissioni della Giunta e dello scioglimento del Consiglio stesso (art. 126, co. 3: cosiddetto *scioglimento per impossibilità di funzionamento*).

Dopo il fallimento del tentativo operato dalla Regione Calabria, le Regioni hanno tutte **optato per l'elezione diretta del Presidente**, che sembra essere la scelta politicamente più accettata dall'opinione pubblica regionale. Fra le Regioni speciali, invece, **la Valle d'Aosta ha optato**, nella sua legge statutaria, **per l'elezione del Presidente da parte del Consiglio** e, su proposta del neoPresidente, per la nomina degli assessori, fra cui un vicePresidente, da parte del Consiglio. È, inoltre, prevista la mozione di **sfiducia costruttiva**. In **Trentino** la carica è attribuita a rotazione dal Consiglio regionale ai Presidente delle Province autonome di Trento e di Bolzano (carica alla quale, invece, si accede tramite elezione diretta).

7.8 L'autonomia amministrativa regionale

7.8.1 L'autonomia amministrativa e i principi di sussidiarietà, adeguatezza e differenziazione

La Costituzione riconosce alle Regioni piena autonomia amministrativa, ossia la **possibilità di porre in essere atti aventi lo stesso valore ed efficacia degli atti amministrativi statali**.

L'art. 118 Cost., nella versione introdotta dalla novella costituzionale del 2001, sembra esprimere una preferenza esplicita per l'attribuzione delle funzioni e dei compiti amministrativi al **livello di governo più vicino ai cittadini**, ossia il Comune. Tale principio, tuttavia, risulterebbe eccessivamente statico se non fosse corretto da un altro gruppo di principi che introducono elementi di flessibilità e dinamicità al meccanismo di allocazione delle competenze amministrative previsto a livello costituzionale. I principi che presiedono a questa attribuzione di funzioni amministrative sono quello di **sussidiarietà**, di **adeguatezza** e di **differenziazione**.

Dal combinato disposto di tali principi, il conferimento di funzioni ai diversi enti territoriali risponde al criterio secondo il quale ai **livelli di governo superiori** al Comune *sono assegnate le sole funzioni che mirano a soddisfare esigenze di carattere unitario o che sono giustificate dalla necessità di garantirne un esercizio più efficace o efficiente*, tenuto conto delle dimensioni territoriali, associative ed organizzative degli enti beneficiari e delle loro diverse caratteristiche demografiche, territoriali e strutturali.

In ogni caso, poiché la Costituzione esprime una tendenziale preferenza per il livello di governo più vicino ai cittadini, tale opzione non è senza conseguenze: **ogni scelta** di allocazione che presenta carattere diverso rappresenta un'**eccezione**, che, in quanto tale, deve essere **adeguatamente motivata** e può essere soggetta ad un controllo di stretta costituzionalità. Ciò in quanto:

- deve avere presupposti che la giustifichino in **maniera adeguata** alla luce degli elementi di flessibilità previsti in materia dalla Costituzione;
- deve essere ispirata a **ragionevolezza**, cioè alla congruità fra mezzi impiegati e finalità perseguite;
- il conferimento di funzioni deve essere **proporzionato**, ossia strettamente indispensabile ai fini che si intende perseguire;
- il trasferimento di funzioni deve avvenire mediante un procedimento che coinvolga tutti gli enti interessati, in omaggio ad un altro principio che, pur essendo affermato, come vedremo, in un momento patologico del rapporto fra Stato ed enti territoriali, presenta invece una valenza di carattere generale: il **principio di leale collaborazione** fra i diversi livelli di governo.

7.8.2 Le tipologie di funzioni amministrative delineate dalla Costituzione

Le norme costituzionali che presiedono all'allocazione di funzioni fra i diversi livelli di governo, ossia gli artt. 117 e 118 Cost., fanno riferimento a tre diverse tipologie di funzioni amministrative: gli enti locali sono, infatti, dotati di **funzioni fondamentali** individuate da legge statale, di **funzioni proprie** e possono essere titolari di **funzioni conferite**, sia dallo Stato che dalle Regioni. A loro volta, anche lo Stato e le Regioni possono essere destinatari, sulla base degli indicati principi di sussidiarietà, adeguatezza e differenziazione, di funzioni amministrative.
Il conferimento di funzioni, inteso nella sua accezione più ampia, è sempre presidiato dal **principio di legalità**, in base al quale l'attribuzione di poteri amministrativi deve sempre basarsi su una previa norma di legge. Pertanto, il conferimento di funzioni avviene:

- con **legge statale**, per le funzioni che riguardano uno degli ambiti di legislazione esclusiva dello Stato individuati dall'art. 117, co. 2, e che lo Stato eventualmente ritenga di conferire ad un livello di governo inferiore.

  Con *legge statale*, in particolare, devono essere individuate, ai sensi dell'art. 117, co. 2, lett. *p*), Cost., le **funzioni fondamentali** degli enti locali. L'attribuzione di tali funzioni agli enti locali da parte dello Stato sottrae, nelle materie di competenza legislativa regionale, le stesse alla disponibilità della potestà legislativa delle Regioni, che non potrà riallocarle in maniera diversa ma potrà comunque disciplinarne i contenuti;

- con **legge regionale**, se le funzioni da ripartire sono relative alle materie di potestà legislativa regionale concorrente (art. 117, co. 3) o a quelle di potestà legislativa residuale (art. 117, co. 4). Nel primo caso, la legge statale di principio non potrà distribuire puntualmente le funzioni amministrative fra i diversi livelli di governo locale, ma solo fissare in generale criteri di allocazione delle funzioni.

7.8.3 Il principio di sussidiarietà orizzontale

L'art. 118 costituzionalizza due accezioni del principio di sussidiarietà. Accanto alla nozione verticale che disciplina i rapporti fra i diversi livelli di governo amministrativo, esiste, infatti, anche la **sussidiarietà** cosiddetta **orizzontale**, secondo la quale sia lo Stato che gli altri enti territoriali sono invitati a *favorire l'autonoma iniziativa dei cittadini, singoli e associati, per lo svolgimento di attività di interesse generale*. Ciò non significa che i pubblici poteri debbano astenersi dall'intervenire in un determinato settore ogni qual volta sia già presente un'iniziativa privata, ma essi devono certamente favorire i privati nello svolgimento di attività di interesse generale e non sostituirsi ad essi o sopprimere tali loro iniziative, a meno che non siano in grado di soddisfare meglio tali interessi generali secondo criteri di efficacia ed efficienza.
Il legislatore può, in ogni caso, prevedere e disciplinare **strumenti di vigilanza e controllo** delle attività dei privati, purché tale intervento sia ispirato ai consolidati **principi di ragionevolezza e proporzionalità**.

7.9 L'autonomia finanziaria

Ai sensi della disciplina di rango costituzionale:

- lo Stato ha la **competenza legislativa esclusiva** e la **competenza regolamentare** in materia di *sistema tributario e contabile dello Stato, di perequazione finanziaria e di armonizzazione dei bilanci pubblici* (art. 117, co. 2, lett. *e*, Cost.);
- rientra, invece, nella **competenza legislativa concorrente** regionale il *coordinamento della finanza pubblica e del sistema tributario* (art. 117, co. 3, Cost.). I principi fondamentali in tali ambiti di competenza legislativa regionale concorrente sono fissati da legge statale;
- gli **enti locali** possono integrare o attuare le previsioni di legge statale o regionale attraverso la **potestà regolamentare** ad essi riconosciuta dall'art. 117, co. 6, Cost.

A tal proposito, va evidenziato che l'art. 23 Cost. assoggetta a riserva di legge tutto l'ambito delle **prestazioni patrimoniali imposte**, per cui sarà necessario disciplinare a livello legislativo quanto meno gli aspetti fondamentali dell'imposizione e l'ambito in cui potrà esplicarsi la potestà regolamentare degli enti medesimi.

Altra disposizione chiave relativa all'autonomia finanziaria è l'art. 119 Cost., che individua quattro **diverse tipologie di fonti di finanziamento** da cui le Regioni e gli enti locali possono attingere le risorse necessarie per *finanziare integralmente le funzioni pubbliche* ad esse attribuite:

- i **tributi propri**;
- le **entrate proprie** derivanti da attività economiche e rendite patrimoniali;
- le **compartecipazioni** al gettito di tributi erariali riferibile al loro territorio;
- il **fondo perequativo** istituito dalla legge statale senza vincoli di destinazione per i territori con minore capacità fiscale per abitante.

Accanto a queste risorse ordinarie, lo Stato può disporre **risorse aggiuntive** ed effettuare **interventi speciali** in favore di determinati enti territoriali per raggiungere obiettivi specifici (art. 119, co. 5: promuovere lo sviluppo economico, la coesione e la solidarietà sociale; rimuovere gli squilibri economici e sociali; favorire l'effettivo esercizio dei diritti della persona) o per provvedere a scopi diversi dal normale esercizio delle loro funzioni.

Il sesto comma dell'art. 119 Cost. attribuisce, infine, agli enti territoriali un proprio **patrimonio**, secondo i principi generali determinati dalla legge dello Stato. Nel testo si fa generico riferimento al patrimonio e non vi è traccia esplicita del **demanio regionale**, come invece previsto dal previgente art. 119 Cost. Il D.Lgs. 85/2010 (cosiddetto **federalismo demaniale**), in tema di attribuzione di un patrimonio agli enti territoriali, tuttavia, ha precisato che per alcuni dei beni trasferiti permane il regime demaniale previsto dal codice civile.

La normativa statale di attuazione dell'art. 119 Cost., emanata ai sensi della delega contenuta nella L. 5-5-2009, n. 42, ha determinato il **superamento del sistema di finanza derivata dallo Stato** che caratterizzava il precedente ordinamento, e la conseguente **attribuzione di una reale autonomia di entrata e di spesa** agli enti territoriali, pur nel rispetto dei principi di solidarietà e di coesione sociale.

7.10 Il raccordo tra i diversi livelli di governo e la leale collaborazione

Il nuovo assetto dei rapporti instaurato con la riforma costituzionale del 2001 e l'attribuzione alle Regioni e agli altri enti territoriali di compiti e funzioni di notevole rilevanza, soprattutto se comparati con il precedente regime, ha comportato un necessario riordino anche degli **strumenti di raccordo tra i vari livelli di governo del territorio**. Tale problematica rileva sia nei rapporti intercorrenti tra lo Stato e le Regioni, sia con riferimento al coordinamento dell'attività regionale con quella degli altri enti territoriali.

Per quanto riguarda i **rapporti Stato-Regioni**, questi possono assumere tre diverse configurazioni:

- soggezione al potere statale di *indirizzo e coordinamento*;
- soggezione al potere *sostitutivo* del Governo e alle varie attività di controllo sugli organi, sugli atti e sulla gestione finanziaria;
- *intese nello spirito di leale cooperazione*: si tratta dello strumento privilegiato di definizione dei rapporti Stato-Regione.

Sempre in tale prospettiva, vanno ricordate, quali importanti **organi di raccordo**, di consultazione, di informazione e coordinamento, la *Conferenza permanente per i rapporti tra lo Stato, le Regioni e le Province autonome* e la *Conferenza Stato-Città-Autonomie locali*.

Con riferimento ai rapporti **Regioni-autonomie locali** di particolare rilevanza è la previsione dell'istituzione del *Consiglio delle autonomie locali (CAL)*, un organismo che deve necessariamente essere disciplinato dagli statuti regionali e al quale è demandato il compito di svolgere un'attività di raccordo.

Fondamentale nella disciplina delle interazioni tra i diversi livelli di governo è l'applicazione del **principio di leale collaborazione**, che sempre più si pone come principio guida per la risoluzione di eventuali interferenze ed è costantemente richiamato dalla Corte costituzionale nelle sentenze in cui è investita del compito di dirimere conflitti di attribuzione tra lo Stato e le Regioni. Come si è più volte sottolineato, la leale collaborazione si sostanzia "in momenti di reciproco coinvolgimento istituzionale e di necessario coordinamento", utilizzando strumenti che possano prevenire l'insorgere di eventuali conflitti come le intese, gli accordi o le conferenze comuni.

Un elemento costante nella giurisprudenza della Corte costituzionale è la **garanzia della leale collaborazione**, che ha caratterizzato in maniera decisiva il modo di esercizio delle competenze legislative e amministrative dello Stato e delle Regioni fin dalla prima esperienza regionalista: quando lo Stato interveniva in ambiti materiali interferenti con quelli regionali, era tenuto a coinvolgere le Regioni nel procedimento decisionale, sia pure attraverso strumenti di *soft law*, come pareri e intese, assicurandogli in tal modo uno spazio di intervento. Sebbene, dunque, l'idea fosse quella di una collaborazione "paritaria", in via assolutamente prevalente essa era prestata da parte delle Regioni a favore dello Stato.
Anche dopo la riforma costituzionale del 2001, l'orientamento di fondo affermato dalla Corte costituzionale si è ispirato a un modello di regionalismo che pone alla sua base una "leale collaborazione", la quale deve permeare i rapporti fra lo Stato e le Regioni nelle materie e in relazione alle attività in cui le rispettive competenze concorrano o si intersechino, imponendo un contemperamento dei rispettivi interessi.

Tra i significati attribuiti da alcune recenti pronunce al principio di leale collaborazione v'è quello per il quale essa può supplire all'assenza di adeguati strumenti di raccordo a livello delle istituzioni parlamentari (sent. n. 251 del 2016) o essere funzionale ad *assicurare il migliore servizio alla collettività* (sent. n. 169 del 2017) o, ancora, essere strumentale – in caso di sovrapposizione, sia pure parziale, di competenze fra Stato e Regioni – ad una ponderazione, in termini di proporzionalità e ragionevolezza, dell'interesse pubblico sottostante all'assunzione statale di funzioni parzialmente sovrapponibili a quelle regionali con l'interesse sotteso alle medesime funzioni delle Regioni (sent. n. 61 del 2018); ponderazione che, dovendo essere sostenuta da adeguate garanzie procedimentali, *non può che avvenire in una sede di concertazione istituzionale di tipo collegiale*, come per esempio la Conferenza permanente per i rapporti tra lo Stato, le Regioni e le Province autonome.

7.11 La funzione di indirizzo e coordinamento

La Costituzione non dedica norme specifiche alla disciplina delle forme e delle strutture di raccordo fra i diversi livelli di governo. Soltanto l'art. 118, co. 3, Cost. prevede espressamente che la legge statale possa disciplinare **forme di coordinamento** fra Stato e Regioni, ma soltanto in alcune materie di competenza statale tassativamente determinate: *immigrazione* ed *ordine pubblico e sicurezza*, ad esclusione della polizia amministrativa locale (che resta riservata alla competenza legislativa residuale regionale).

L'articolo citato prevede anche che la legge statale possa disciplinare **forme di intesa e coordinamento** nella materia della *tutela dei beni culturali*. Si tratta, evidentemente, di materie in cui le diversità territoriali impongono allo Stato, che pure resta titolare della potestà legislativa esclusiva, di raggiungere forme di collaborazione con le Regioni.

Più dettagliata è, invece, la regolamentazione legislativa ordinaria.

La disciplina della funzione di indirizzo è stata modificata dall'art. 8 della L. 59/1997 nel senso che tutti gli atti di indirizzo e coordinamento delle funzioni amministrative regionali, gli atti di coordinamento tecnico e le direttive relative all'esercizio delle funzioni delegate devono essere adottati previa **intesa con la Conferenza permanente Stato-Regioni o con la singola Regione interessata**.

Il citato articolo 8 prevede anche un meccanismo di salvaguardia dell'autonomia regionale nel caso in cui l'intesa non venga raggiunta: il Consiglio dei Ministri deve, infatti, adottare i relativi atti previo parere della Commissione parlamentare per le questioni regionali.

In caso di urgenza, il Consiglio dei Ministri può provvedere senza l'osservanza di tali procedure, ma deve tener conto dei pareri negativi espressi successivamente dalla Conferenza e dalla Commissione e riesaminare i provvedimenti adottati.

L'art. 8, co. 6, L. 5-6-2003, n. 131 ha escluso che gli **atti di indirizzo e coordinamento** possano essere adottati nelle materie di competenza legislativa regionale concorrente e residuale. Tale funzione può, quindi, esercitarsi, oggi, **soltanto nelle materie di competenza legislativa esclusiva statale**, laddove lo Stato ritenga di trasferire funzioni amministrative alle Regioni. In tal caso, infatti, la previsione di questa funzione, piuttosto che comprimere l'autonomia delle Regioni, la salvaguarda, in quanto lo Stato sarebbe costretto a trattenere l'intera funzione amministrativa presso il proprio livello di governo non potendo dirigerla e coordinarla per esigenze di carattere unitario una volta trasferita alle Regioni.

7.12 Le attività di controllo sulle Regioni e il potere sostitutivo

7.12.1 I controlli sugli organi: scioglimento del Consiglio e rimozione del Presidente

Il controllo sugli organi regionali da parte dello Stato ha la sua norma di principio nell'art. 5 Cost., che impone di assicurare **l'unità e l'indivisibilità della Repubblica**. L'art. 126 Cost., che rappresenta in questo caso la disposizione di attuazione di tale principio, disciplina appunto le cause di **scioglimento del Consiglio regionale** e di **rimozione del Presidente della Giunta** resesi necessarie nel caso in cui sia verificato:

- il **compimento di atti contrari alla Costituzione**. Si tratta di comportamenti che ledono i principi supremi dell'ordinamento o che comunque esprimono una chiara volontà di superare i limiti posti dalla Costituzione all'autonomia regionale. Sono tali, ad esempio, gli atti preordinati a realizzare la secessione di una o più Regioni dallo Stato;
- il **compimento di gravi violazioni di legge**. Si deve trattare di inadempimenti dal tono costituzionale, ossia di violazioni di obblighi di legge talmente gravi o reiterate e continuate da determinare conseguenze assimilabili al compimento di atti contrari alla sicurezza nazionale;
- la **presenza di ragioni di sicurezza nazionale**. Si tratta di situazioni che, pur se limitate al territorio di una Regione, presentano caratteri di gravità tali da richiedere l'intervento statale nei confronti di organi che, pur non essendo eventualmente all'origine della situazione, non hanno operato in maniera efficace per contrastarla.

In tali ipotesi, si parla di controllo «repressivo», per indicare l'adozione di provvedimenti a carattere sanzionatorio nei riguardi dell'organo inadempiente: la Costituzione prevede una procedura molto garantista, che vede il coinvolgimento di altri organi oltre al Governo in funzione di garanzia e di adeguata ponderazione della decisione che si sta assumendo. Lo scioglimento e la rimozione sono, infatti, disposti con **decreto motivato del Capo dello Stato**, previa deliberazione del Consiglio dei Ministri (art. 2, co. 3, lett. *o*, L. 400/1988), sentito il parere obbligatorio della Commissione parlamentare bicamerale per le questioni regionali.

Si tratta dell'unica Commissione bicamerale esplicitamente prevista dalla Costituzione, che all'art. 126 ne prevede la consultazione. La Commissione è composta di 20 deputati e 20 senatori designati dalle due Camere con criteri di proporzionalità. La principale funzione svolta è quella consultiva ora esaminata, ma di rilievo è anche la funzione conoscitiva.

Il provvedimento di scioglimento e di rimozione assume le forme dell'**atto sostanzialmente governativo e formalmente presidenziale**. Il controllo del Capo dello Stato appare, quindi, un **controllo di legittimità** volto a verificare che la valutazione governativa dei presupposti sia ancorata a dati oggettivi e non sia eccessivamente discrezionale. Il nuovo art. 126 Cost., a differenza del testo previgente, non individua espressamente i soggetti cui affidare l'incarico di gestione della Regione una volta sciolti o rimossi gli organi di governo. Ciò lascia pertanto **ampia discrezionalità al Governo** di individuarne le forme, ad esempio nominando un unico commissario straordinario oppure un collegio commissariale a seconda della complessità della situazione o dell'ampiezza della Regione.

L'art. 126 Cost. prevede altri casi di scioglimento del Consiglio regionale o di dimissioni della Giunta. In tali ipotesi, però, non sussiste un intervento statale, in quanto si tratta di eventi che attengono alla normale fisiologia dei rapporti fra gli organi di governo regionale. Nella prima formulazione del nuovo statuto della Regione Liguria, tuttavia, era previsto che il decreto del Presidente della Repubblica coprisse anche queste ipotesi di scioglimento e dimissioni.
La norma in esame è stata impugnata dinanzi alla Corte costituzionale dalla Presidenza del Consiglio, in quanto il decreto di scioglimento del Capo dello Stato è previsto dalla disposizione costituzionale solo con riferimento ai casi di cui al primo comma dell'art. 126 Cost., cioè "*in presenza di situazioni che implicano una delicata valutazione da parte del Capo dello Stato il quale legittimamente decide con propria determinazione produttiva dell'effetto di scioglimento del Consiglio regionale solo nel rispetto della specifica garanzia procedimentale di sentire previamente un'apposita Commissione di deputati e senatori per le questioni regionali*".
Ben diverse erano le circostanze richiamate nella clausola statutaria, rispetto alle quali un intervento del Capo dello Stato non avrebbe potuto che attestare il verificarsi dei fatti cui l'ordinamento costituzionale riconduce l'effetto di scioglimento del Consiglio regionale. L'atto presidenziale, quindi, avrebbe assunto un contenuto di livello non consono al rango costituzionale del Presidente della Repubblica e per il quale non avrebbe avuto alcun significato il parere della Commissione bilaterale. La Regione Liguria ha eliminato tale clausola determinando l'estinzione del processo (ordinanza n. 353 del 2005).

7.12.2 I controlli sugli atti regionali

La legge costituzionale n. 3 del 2001 ha **eliminato le forme di controllo preventivo dello Stato nei confronti della legislazione regionale**, riformulando l'art. 127 Cost.
Attualmente, quindi, il Governo può promuovere la questione di legittimità costituzionale della legge regionale entro 60 giorni dalla sua *pubblicazione*, quindi dopo che il suo *iter* di approvazione si sia concluso. Inoltre il Governo può soltanto sollevare *questione di legittimità costituzionale* dinanzi alla Corte e non *questioni di merito* della legge dinanzi alle Camere per contrasto con l'interesse nazionale o di altre Regioni.
Anche con riferimento agli **atti diversi dalle leggi regionali**, la novella costituzionale del 2001 ha introdotto significative novità. Nella sua originaria formulazione, infatti, l'art. 125, co. 1, Cost. (ora abrogato) prevedeva che nelle Regioni a statuto ordinario il *controllo sugli atti amministrativi* fosse affidato ad un'apposita *Commissione statale di controllo*, che poteva esercitare, in determinati casi, anche un *controllo di merito*. In quest'ultimo caso, però, al fine di salvaguardare l'autonomia regionale, la Commissione poteva soltanto rinviare motivatamente l'atto al Consiglio regionale al fine di promuoverne il riesame.
Successivi interventi di legislazione statale ordinaria avevano notevolmente ridotto l'ambito di operatività del controllo sugli atti regionali, in considerazione della sua sostanziale inefficacia. Era stato, pertanto, *escluso il controllo di merito*, mentre *quello di legittimità era stato limitato* a due sole categorie di atti: i *regolamenti regionali*, con

esclusione di quelli attinenti all'autonomia organizzativa, funzionale e contabile dei Consigli regionali, e gli *atti costituenti adempimento degli obblighi derivanti dall'appartenenza all'Unione europea.*

7.12.3 Il controllo sulla gestione da parte della Corte dei conti

Nei confronti delle amministrazioni regionali sussiste esclusivamente il **controllo successivo sulla gestione da parte della Corte dei conti**. Tale forma di controllo presenta **tratti collaborativi** e non si pone, quindi, in contrasto con l'autonomia costituzionalmente riconosciuta delle Regioni, anzi si armonizza con essa per assicurare che ogni settore della Pubblica Amministrazione risponda al modello tracciato dall'art. 97 Cost., ossia al **principio del buon andamento dei pubblici uffici**.
Il fondamento costituzionale di tale tipologia di controlli può essere rinvenuto, oltre che nell'art. 97, anche negli artt. 28 (responsabilità dei funzionari pubblici), 81 (tendenziale equilibrio del bilancio), e 119 (coordinamento dell'autonomia finanziaria delle Regioni con la finanza dello Stato, delle Province, dei Comuni) Cost. Il controllo sulla gestione nei confronti delle Amministrazioni regionali si pone come fine la **verifica del rispetto dei risultati previsti dalle leggi di principio e di programma**. La Corte dei conti, inoltre, ai fini del coordinamento della finanza pubblica, **verifica il rispetto degli equilibri di bilancio** da parte delle Regioni, in relazione ai vincoli derivanti dall'appartenenza dell'Italia all'Unione europea.

7.12.4 I controlli sostitutivi

Il principio di unità e indivisibilità della Repubblica giustifica la previsione di **forme di controllo sostitutivo da parte dello Stato nei confronti degli enti territoriali** che si rendono inadempienti. È evidente, infatti, che quanto più si amplia la sfera di autonomia e di competenze attribuite ai livelli di governo diversi da quello statale, tanto più si pone in concreto il pericolo che l'ordinamento della Repubblica sia esposto a violazioni di norme di diritto internazionale o europeo o non sia in grado di soddisfare le esigenze insopprimibili della collettività nazionale a prescindere dall'ambito territoriale di riferimento.

Il potere sostitutivo straordinario previsto dall'art. 120 Cost.
L'art. 120, co. 2, Cost. assegna al Governo un **potere sostitutivo straordinario** nei confronti degli organi dei Comuni, delle Province, delle Città metropolitane e delle Regioni che può essere attivato:

- nel caso di mancato rispetto di norme e trattati internazionali o della normativa europea;
- in caso di pericolo grave per l'incolumità e la sicurezza pubblica;
- quando lo richiedono la tutela dell'unità giuridica o dell'unità economica e in particolare la tutela dei livelli essenziali delle prestazioni concernenti i diritti civili e sociali.

Il carattere non ordinario di tale intervento si giustifica in considerazione delle emergenze che esso mira ad affrontare, tali da **mettere a rischio interessi fondamentali della Repubblica** intesa nella sua unitarietà, per quanto riguarda, in particolare, la

responsabilità internazionale o dinanzi alle istituzioni dell'Unione europea per il *mancato rispetto di norme internazionali ed europee*, la *tutela dell'ordine pubblico* da turbative conseguenti ad inerzia degli enti territoriali e la *minaccia al valore dell'unità e della coesione* dal punto di vista giuridico, economico o sociale (sancito dall'art. 5 Cost.).
La **procedura** disciplinata dall'art. 8 L. 131/2003 (*Attuazione dell'art. 120 Cost. sul potere sostitutivo*) si ispira ai **principi di sussidiarietà e di leale collaborazione** (peraltro l'unico punto del testo costituzionale dove quest'ultimo principio è esplicitamente richiamato), pur trattandosi di un momento in cui vi è una grave patologia dei rapporti fra Stato ed enti territoriali. Segnatamente, la norma prevede che:

> all'ente interessato dall'inadempimento venga assegnato dal Presidente del Consiglio, anche su iniziativa delle Regioni o degli enti locali, un **congruo termine** per adottare i provvedimenti dovuti o necessari;
> decorso inutilmente tale termine, il Consiglio dei Ministri, sempre sentito l'organo interessato e su proposta del Ministro competente o del Presidente del Consiglio, **adotta i provvedimenti necessari**, anche normativi, ovvero **nomina un apposito commissario**. Alla riunione del Consiglio partecipa il Presidente della Giunta della Regione interessata;
> la nomina del commissario deve tener conto dei principi di sussidiarietà e di leale collaborazione e lo stesso commissario provvede sentito il Consiglio delle autonomie locali, ove istituito;
> nei **casi di assoluta urgenza**, il Consiglio dei Ministri interviene senza mettere in mora l'ente interessato e comunica immediatamente alla Conferenza Stato-Regioni o alla Conferenza Stato-Città e autonomie locali, che possono chiederne il riesame, i provvedimenti adottati;
> i provvedimenti adottati devono essere **proporzionati alle finalità perseguite**.

Per quanto concerne i provvedimenti normativi che possono essere assunti in via di sostituzione, si ritiene che in questo caso si faccia riferimento sempre a **fonti del diritto di secondo grado**, come i regolamenti, o al massimo ad ordinanze di necessità in grado di derogare a norme di legge, ma non ad atti aventi forza di legge. L'intervento sostitutivo di rango legislativo, infatti, è espressamente previsto soltanto nelle ipotesi di cui all'art. 117, co. 5, Cost.

Il potere sostitutivo disciplinato dall'art. 117, co. 5, Cost.
L'art. 117, co. 5, Cost. attribuisce ad una legge statale il compito di disciplinare l'intervento sostitutivo statale in caso di *mancata attuazione ed esecuzione degli accordi internazionali e degli atti dell'Unione europea* da parte delle Regioni.
In questo caso **l'intervento è di rango legislativo**, come si evince dal fatto che la norma è contenuta nell'articolo della Costituzione dedicato alle competenze legislative delle Regioni e affida allo Stato tale potere e non al Governo, titolare principalmente del potere esecutivo.

Il potere sostitutivo ordinario
Tale tipo di potere sostitutivo non è espressamente previsto dalla Costituzione, ma era già contemplato e disciplinato dalla legislazione ordinaria prima della novella costituzionale del 2001. Esso è stato riconosciuto conforme al nuovo modello di rapporti fra i diversi livelli di governo dalla Corte costituzionale.

La Consulta (sentenza n. 43 del 2004) ha ritenuto, infatti, che il controllo sostituivo disciplinato dall'art. 120 Cost. non esaurisca, concentrandolo nel solo livello di governo statale, il potere sostitutivo. In un sistema in cui è la legge, statale o regionale a seconda delle rispettive competenze legislative, ad allocare le funzioni amministrative ai diversi livelli di governo, non costituisce una violazione dell'autonomia degli enti territoriali che tale legge possa prevedere eccezionali ipotesi di sostituzione di un livello ad un altro per il compimento di specifici atti o attività, considerati necessari per il perseguimento degli interessi unitari coinvolti, qualora tali atti non siano compiuti tempestivamente dall'ente competente. Se non si ammettessero tali interventi, infatti, la lesione dell'autonomia del livello di governo inferiore risulterebbe ancora più grave: il legislatore statale o regionale si troverebbe costretto, infatti, per tutelare gli interessi unitari coinvolti, a collocare la funzione ad un livello di governo più ampio applicando il principio di sussidiarietà.

I poteri sostitutivi ordinari devono, tuttavia, essere esercitati rispettando alcuni principi che ne garantiscono la piena legittimità dal punto di vista dell'autonomia costituzionalmente riconosciuta agli enti territoriali. Essi pertanto devono essere:

- previsti dalla **legge**, regionale o statale, che ne deve disciplinare i presupposti sostanziali e procedurali (**principio di legalità**);
- previsti esclusivamente per atti o attività dovuti, la cui **obbligatorietà** sia il riflesso degli interessi unitari per la cui salvaguardia si effettua l'intervento sostitutivo;
- esercitati da un **organo di governo** dell'ente che interviene, o sulla base di una decisione di questo. Il coinvolgimento dell'organo di vertice garantisce anche l'assunzione di responsabilità politica dello stesso nei confronti dell'organo rappresentativo, che ha emanato la legge sulla cui base l'intervento sostitutivo viene svolto;
- accompagnati da congrue **garanzie procedimentali** apprestate dalla legge, in conformità del **principio di leale collaborazione**. Tali procedure devono assicurare che l'ente sostituito sia sempre in grado di evitare la sostituzione, adempiendo autonomamente, e di interloquire nel corso dell'intervento sostitutivo.

7.13 I pareri e le intese

Gli strumenti adottati per stabilire un rapporto non conflittuale tra le Regioni e lo Stato, dando concreta attuazione al principio di leale collaborazione, sono differenziati sulla base del livello e dell'intensità degli interessi regionali coinvolti. Tra quelli cui si fa maggiormente ricorso sono da ricordare:

- la **mera audizione** della Regione interessata;
- il **parere obbligatorio ma non vincolante**;
- l'**intesa in senso debole**, che consente il superamento del dissenso regionale con particolari procedimenti;
- l'**intesa in senso forte**, in cui il mancato raggiungimento dell'accordo impedisce la conclusione stessa del procedimento.

Lo strumento dell'intesa in sede di Conferenza unificata, in particolare, è stato ritenuto dalla Corte costituzionale "*il più idoneo a realizzare la leale collaborazione tra lo Stato e le autonomie qualora non siano coinvolti interessi esclusivamente e individualmente imputabili al singolo ente autonomo*" (sentenza n. 215/2016).

7.14 I rapporti tra Regioni ed enti locali

7.14.1 La disciplina statutaria

Per assicurare adeguati spazi di autonomia agli enti locali e affinché non si ripetano, a livello minore, gli stessi errori compiuti dallo Stato nel rapporto con le Regioni, è necessario che la legislazione regionale assuma una *valenza esclusivamente di principio*, dettando i criteri di uniformità minimi che l'azione amministrativa locale dovrà poi concretamente specificare.
In questa prospettiva, e sulla base del principio di sussidiarietà, rispetto agli enti locali sembrerebbe opportuno che lo statuto preveda l'**esercizio diretto della funzione amministrativa solo negli ambiti in cui ciò sia veramente inevitabile**, attribuendo, da un lato, le residuali funzioni agli enti locali e serbando, dall'altro, per la Regione, quale titolare istituzionale, la responsabilità generale dell'efficacia e dell'efficienza dell'attività amministrativa ed ogni potere necessario in tal senso.

Nel quadro di questo "municipalismo d'esecuzione" (l'espressione è di Barbera-Fusaro) una corretta e leale collaborazione fra Regioni ed enti locali è una vera e propria necessità "istituzionale".

7.14.2 Il Consiglio delle autonomie locali (CAL)

Si tratta di un organo di raccordo e di consultazione permanente fra Regioni ed enti locali. A norma dell'art. 123, co. 4, Cost., il Consiglio delle autonomie locali (CAL) deve essere obbligatoriamente disciplinato dallo statuto regionale.
La sua organizzazione e il suo funzionamento, quindi, sono affidati in prima battuta agli statuti, che spesso rimandano ad una legge regionale di attuazione delle proprie disposizioni di principio.

Come precisato dalla Corte costituzionale nella sentenza n. 370/2006, l'art. 123, co. 4, Cost. garantisce, attraverso la previsione del Consiglio delle autonomie, la presenza di una nuova **forma organizzativa stabile di raccordo tra le Regioni e il sistema delle autonomie locali**, al fine di attuare il principio di leale collaborazione nei rapporti intraregionali. Si tratta, dunque, di una disposizione da cui possono trarre vantaggio gli enti territoriali minori, ai quali verrebbe assicurata la rappresentanza dei propri interessi in un organismo, obbligatoriamente istituito, di coordinamento tra i diversi livelli istituzionali di governo.

Spesso gli statuti prevedono che tale organo venga istituito presso il Consiglio regionale e sia composto esclusivamente di rappresentanti degli enti locali. Per quanto concerne le funzioni:

> la Costituzione impone che eserciti almeno **funzioni consultive**. Si tratta, tuttavia, del corredo minimo di attribuzioni, sotto il quale il legislatore regionale non può scendere;
> nella generalità dei casi gli statuti conferiscono al Consiglio delle autonomie anche **funzioni di iniziativa legislativa e di proposta di atti amministrativi** nelle materie che interessano gli enti locali. Talvolta è prevista anche la possibilità di imporre al

Consiglio regionale o alla Giunta una seconda deliberazione a maggioranza qualificata in caso di parere negativo del Consiglio delle autonomie;

- l'art. 9, co. 2, della L. 131/2003 attribuisce al CAL il **potere di impulso nella proposizione di una questione di legittimità costituzionale** di leggi o atti aventi forza di legge statali, evidentemente sul presupposto che tali atti possano ledere anche competenze costituzionalmente attribuite agli enti locali della Regione.

Altre specifiche competenze sono devolute dalla stessa legge come la possibilità di richiedere pareri e di nominare un componente delle sezioni regionali di controllo della Corte dei conti, la consultazione da parte del Commissario nominato dal Governo per l'esercizio dei poteri sostitutivi ex art. 120 Cost. nei confronti di Comuni, Province e Città metropolitane).

7.15 Le Conferenze tra lo Stato, le Regioni e le Autonomie locali

7.15.1 Nozione

La legislazione ordinaria prevede forme stabili (organi) di raccordo tra i diversi livelli di governo.

Le Conferenze sono la sede privilegiata di confronto e di negoziazione politica tra lo Stato e le Regioni e le Province autonome (Corte costituzionale, sentenza n. 116/1994); sono altresì strumento per l'attuazione della cooperazione tra lo Stato e tali enti territoriali e consentono alle Autonomie locali di partecipare ai processi decisionali di interesse regionale, interregionale e infraregionale a garanzia della loro autonomia.

Queste le tre attuali tipologie di Conferenza: la *Conferenza permanente per i rapporti tra Stato, Regioni e Province autonome*, la *Conferenza permanente Stato-Città e Autonomie locali* e la *Conferenza unificata*.

7.15.2 La Conferenza Stato-Regioni e Province autonome

La Conferenza Stato-Regioni e Province autonome è stata istituita in via amministrativa nel 1983 con compiti consultivi. La disciplina giuridica è intervenuta in seguito con la L. 400/1988 che le ha attribuito **compiti di informazione, consultazione e raccordo** in relazione agli indirizzi di politica generale, esclusi gli indirizzi relativi alla politica estera, alla difesa, alla sicurezza nazionale, alla giustizia.

L'art. 2 D.Lgs. 28-8-1997, n. 281 ne ha definito ulteriormente i compiti, anche per garantire una partecipazione più efficace alle Regioni e alle Province autonome di Trento e di Bolzano.

Presieduta dal Presidente del Consiglio dei Ministri, la Conferenza Stato-Regioni e Province autonome svolge le seguenti funzioni:

- fornisce pareri su tutti gli schemi di disegni di legge, di decreto legislativo o di regolamento del Governo nelle materie che risultino di interesse delle Regioni e delle Province;
- promuove e sancisce la stipulazione di intese e accordi;
- svolge attività deliberativa per l'adozione di atti a rilevanza esterna;

- assicura lo scambio di dati e informazioni sulle attività delle Amministrazioni centrali e regionali, nonché delle Province autonome di Trento e Bolzano;
- promuove il coordinamento della programmazione statale regionale;
- determina i criteri di ripartizione delle risorse finanziarie assegnate alle Regioni.

7.15.3 La Conferenza Stato-Città e Autonomie locali

La Conferenza Stato-Città-Autonomie locali è organo di raccordo istituito in via amministrativa presso la Presidenza del Consiglio dei Ministri, con **compiti di coordinamento, studio, informazione e confronto** sugli indirizzi di politica generale che sono in grado di incidere sulle funzioni proprie degli enti locali e su quelle delegate ai medesimi enti da leggi dello Stato.
La Conferenza è sede di discussione e di esame dei problemi relativi all'ordinamento e al funzionamento degli enti locali, alle attività di gestione e di erogazione dei servizi pubblici, di ogni altro problema connesso che venga sottoposto al parere della Conferenza dal Presidente del Consiglio dei Ministri o dal Presidente delegato.
Il D.Lgs. 281/1997 ha riorganizzato attività e compiti di tale Conferenza e altri compiti sono stati affidati alla stessa dalla L. 131/2003, dalla L. 234/2012 e dal decreto del Presidente del Consiglio dei Ministri 27-7-2007.
La Conferenza Stato-Città-Autonomie locali ha compiti di coordinamento nei rapporti tra lo Stato e le Autonomie locali. In particolare esamina atti in materia di ordinamento, finanza, personale e servizi pubblici degli enti locali, esprime pareri e sancisce intese sugli atti amministrativi previsti dalle disposizioni legislative e favorisce l'approvazione di accordi o contratti di programma.

7.15.4 La Conferenza unificata

La Conferenza unificata (istituita dal D.Lgs. 281/1997) è competente in tutti i casi in cui la Conferenza Stato-Regioni o la Conferenza Stato-Città-Autonomie locali debbano esprimersi in ordine a oggetti o materie di interesse comune.
La Conferenza unificata svolge funzioni:

- **consultive**, esprimendo pareri sul disegno di legge di bilancio dello Stato e sui disegni di legge collegati, sul documento di programmazione economica e finanziaria, sugli schemi di decreti legislativi adottati in base all'art. 1 della L. 59/1997;
- di **promozione e stipulazione di intese e accordi** tra Governo, Regioni ed enti locali al fine di coordinare l'esercizio delle rispettive competenze.

Capitolo 8
Le fonti del diritto

8.1 Criteri di classificazione

Gli ordinamenti contemporanei prevedono una pluralità di fonti-atto, **tradizionalmente ordinate secondo uno stretto principio gerarchico**, che distingue fra:

- **fonti costituzionali**, poste al vertice assoluto della gerarchia, che includono la Costituzione del 1948, le leggi che l'hanno modificata (*leggi di revisione costituzionale*) e quelle che, senza modificarla direttamente, ne hanno ampliato e disciplinato i contenuti (*leggi costituzionali*);
- **fonti sub-costituzionali**, riconducibili agli atti di diritto originario e derivato dell'Unione europea e a quelli internazionali;
- **fonti primarie**, che comprendono gli atti legislativi (*leggi ordinarie*) o ad essi equiparati (*decreti-legge, decreti legislativi*), nonché le *leggi regionali*;
- **fonti secondarie**, che includono i *regolamenti* adottati dal Governo, atti che occupano nel sistema delle fonti un livello gerarchico inferiore rispetto alla legge.

Una classificazione alternativa è quella che tiene conto della pluralità di soggetti abilitati alla produzione (**centri di produzione del diritto**). Accanto al Parlamento, infatti, l'ordinamento riconosce anche ad altri organi il potere di adottare atti normativi vincolanti (es. il Governo può emanare decreti-legge).
Adottando tale criterio è possibile distinguere:

- **fonti statuali**, che comprendono tutte le fonti adottate da organi dello Stato e destinate a trovare applicazione sull'intero territorio nazionale. Vi rientrano *fonti costituzionali* (Costituzione, leggi di revisione costituzionale e altre leggi costituzionali), *fonti primarie* (leggi ordinarie, decreti legge e decreti legislativi, leggi regionali) e *fonti secondarie* (regolamenti governativi);
- **fonti europee e internazionali**, che comprendono le fonti derivanti da ordinamenti esterni a quello nazionale, ma comunque imposte alla generalità dei consociati;
- **fonti regionali e delle autonomie territoriali**, che hanno la peculiarità di avere un'efficacia territoriale limitata, in quanto applicabili solo ai soggetti che fanno parte di una determinata comunità territoriale (Regione, Provincia, Città metropolitana, Comune). Ne fanno parte gli statuti, le leggi e i regolamenti regionali, gli statuti e i regolamenti degli enti locali.

8.2 La Costituzione e le fonti di rango costituzionale

Collocata al vertice della gerarchia delle fonti, la Carta costituzionale rappresenta la legge fondamentale di uno Stato. Il termine stesso «Costituzione» evoca due concetti apparentemente contrapposti: **da una parte identifica il momento in cui un nuovo**

ordinamento viene creato; dall'altra, invece, indica il prodotto di tale momento fondativo.

Non diversamente dalle Costituzioni vigenti nella quasi totalità degli Stati democratici contemporanei, quella dello Stato italiano si caratterizza, in primo luogo, per essere una Carta «*scritta*» (o «*codificata*») e «*votata*». Sotto questo duplice aspetto, la Costituzione della Repubblica italiana si sostanzia in un *documento unico redatto in forma solenne*, adottato da un'Assemblea costituente democraticamente eletta. Si distingue, quindi, dalle Costituzioni «*ottriate*», cioè unilateralmente concesse, in genere da un Sovrano assoluto, che in questo modo autolimita i suoi poteri (com'erano per esempio lo Statuto Albertino e la maggioranza delle Costituzioni del passato).

Caratteri ulteriori della Costituzione dello Stato italiano sono la **lunghezza** e la **rigidità**: si tratta di una Carta «*lunga*» perché vi vengono ampiamente precisati e descritti i principi, i diritti, i doveri e i meccanismi che regolano la vita del Paese (sono «*brevi*», invece, quei testi che disciplinano prevalentemente l'organizzazione dello Stato, per occuparsi solo marginalmente dei diritti politici e di alcune libertà fondamentali); «*rigida*» perché non può essere modificata con legge ordinaria, ma solo con una procedura aggravata di **revisione costituzionale** (*vedi infra*).

Scopo della rigidità è, evidentemente, quello di sottrarre la legge fondamentale dello Stato alla mutevolezza delle maggioranze parlamentari che si susseguono di legislatura in legislatura. Sono rigide, perciò, tutte le Costituzioni contemporanee, le quali, proprio perché raccolgono i principi e i valori fondamentali di una comunità politica che si riconosce profondamente eterogenea al proprio interno, fissano in un testo fondamentale l'equilibrio raggiunto. Si comprende come la rigidità rappresenti una conquista di civiltà giuridica rispetto alla *flessibilità* che caratterizzava invece le Costituzioni settecentesche e ottocentesche, modificabili senza necessità di un procedimento aggravato perché condizionate dal principio della sovranità illimitata del Parlamento.

L'art. 138 Cost., peraltro, individua due tipologie di leggi costituzionali: le **leggi di revisione costituzionale**, che incidono sul testo costituzionale – modificandolo, sostituendo alcune disposizioni o abrogandone altre –, e le **altre leggi costituzionali**. Nell'ambito di quest'ultima categoria rientrano:

- le leggi che sono espressamente definite come tali dalla Costituzione (es. l'art. 71 riserva a leggi costituzionali la possibilità di ampliare il novero dei titolari dell'iniziativa legislativa, l'art. 116, co. 1, attribuisce a leggi costituzionali l'adozione degli statuti delle Regioni speciali ecc.);
- le leggi che non introducono una modificazione definitiva al dettato della Costituzione, ma si limitano a derogare ad alcune norme costituzionali, in via temporanea o per casi determinati (es. la L. cost. 24-1-1997, n. 1, ha introdotto uno speciale procedimento di approvazione dei disegni e dei progetti di legge assegnati ad apposita Commissione bicamerale per le riforme costituzionali);
- ogni altra legge che il Parlamento decida di approvare con il procedimento aggravato previsto dall'art. 138 Cost., in relazione alla materia trattata.

Per la specifica procedura di approvazione di tali leggi si rinvia al par. 8.5.5.

8.3 Le leggi ordinarie

Si definiscono **ordinarie** le leggi deliberate dal Parlamento, secondo un procedimento disciplinato dagli artt. 70 e ss. Cost. nelle sue linee essenziali e più ampiamente dai regolamenti parlamentari. Sono previsti e disciplinati anche altri atti che, pur non approvati con il procedimento di formazione delle leggi ordinarie, si ritiene abbiano la forza o il valore di legge.

Si intende, per **forza di legge**, la capacità di modificare o abrogare leggi ordinarie (*forza di legge attiva*) e di resistere all'abrogazione e alla modificazione da parte di fonti subordinate (*forza di legge passiva*). Il **valore di legge**, invece, individua il regime cui la legge è sottoposta, ovverosia la soggezione dell'atto normativo al controllo di legittimità costituzionale e la sua sottoposizione al referendum abrogativo. Sia la legge, sia gli atti aventi forza di legge sono assoggettati al medesimo regime giuridico.

Si parla poi di **leggi in senso formale** per intendere quelle *leggi che sono deliberate dagli organi a ciò costituzionalmente preposti, ossia dalle due Camere o dagli altri organi cui è costituzionalmente attribuita la funzione legislativa* (Consigli regionali e Consigli provinciali di Trento e Bolzano). Sono invece **leggi in senso materiale** le *leggi e tutti quegli atti che hanno forza di legge, indipendentemente dagli organi che li pongono in essere e dal procedimento della loro formazione.* In tale categoria, quindi, rientrano anche gli atti aventi forza di legge (decreti-legge e decreti legislativi), che non hanno la veste formale di leggi.

Non dispongono di forza di legge attiva – non innovano, cioè, il diritto oggettivo –, pur avendo forma di legge, le **leggi meramente formali**, attraverso cui il Parlamento può esercitare altri poteri, di controllo e d'indirizzo nei confronti del Governo. Rientrano in tale categoria le *leggi di approvazione del rendiconto consuntivo*, documento contabile che riassume i risultati della gestione del bilancio del trascorso anno finanziario, e le *leggi di ratifica dei trattati internazionali.*

L'attività legislativa peraltro subisce il vincolo – espressamente indicato dall'art. 117, co. 1, Cost. (seppur collocato nel Titolo V, dedicato alle autonomie territoriali, in realtà il vincolo si riferisce anche alla legislazione nazionale) – derivante dalla appartenenza dell'Italia all'Unione europea e dalla sua apertura alla dimensione internazionale, sancite negli artt. 10 e 11 Cost.
L'art. 1 della L. 231/2003, nell'attuare il disposto costituzionale, ha precisato che per **vincoli europei e internazionali** devono intendersi quelli derivanti:

- dalle *norme di diritto internazionale generalmente riconosciute*, di cui all'art. 10 Cost. (le consuetudini internazionali);
- da *accordi di reciproca limitazione della sovranità*, di cui all'art. 11 Cost.;
- dall'*ordinamento dell'Unione europea* (così come prodotto dalle istituzioni europee a ciò preposte);
- dai *trattati internazionali.*

8.4 La riserva di legge

Si ha riserva di legge quando le norme costituzionali stabiliscono che **una determinata materia deve essere regolata esclusivamente dalla legge**.
Negli ordinamenti a Costituzione rigida, come il nostro, la riserva di legge rappresenta un vero e proprio limite per il legislatore, il quale:

- *non può autorizzare fonti di rango secondario a intervenire nella disciplina delle materie riservate*, se non in via di mera esecuzione di disposizioni di legge sufficientemente dettagliate;
- deve introdurre una disciplina compiuta delle materie riservate, al fine di circoscrivere la discrezionalità delle autorità amministrative chiamate ad attuare il dettato legislativo.

Ciò premesso, si può distinguere fra:

- **riserva di legge assoluta**, che esclude la possibilità di disciplinare certe materie (es. diritti fondamentali) con fonti di grado secondario, se non in via di mera e stretta esecuzione del dettato legislativo;
- **riserva di legge relativa**, che prevede l'intervento della legge solo per definire le caratteristiche fondamentali della disciplina, lasciando alle fonti secondarie il compito d'integrare il dettato legislativo (es. il precetto costituzionale in base al quale gli uffici devono essere organizzati secondo disposizioni di legge contiene una riserva relativa, in quanto i pubblici uffici devono beneficiare di una flessibilità organizzativa che la legge ordinaria non può evidentemente assicurare);
- **riserva di legge costituzionale**, con cui si esclude che la materia riservata (es. la fusione o la creazione di nuove Regioni) possa essere regolata da leggi ordinarie e la si affida addirittura a *leggi costituzionali* (si tratta di riserve anche assolute, dal momento che l'eventuale *disciplina attuativa* è introdotta con leggi ordinarie, escludendo del tutto le fonti secondarie);
- **riserva di legge formale**, che si riferisce solo alla legge formale, approvata dal Parlamento e non anche agli atti equiparati alla legge o alla legge regionale (ad es. i rapporti giuridici sorti sulla base di un decreto-legge non convertito non possono essere regolati da un altro decreto-legge, ma solo da una legge formale).

Si parla poi di **riserve rinforzate** quando la Costituzione, oltre a riservare la materia alla legge, fissa anche limiti di contenuto o di procedimento al libero dispiegarsi dell'attività legislativa ordinaria. Sono **riserve implicite**, infine, quelle non espressamente previste dalla Costituzione, ma che – in via interpretativa – sono considerate tali (es. l'art. 72 Cost., nel riservare alcune materie a leggi approvate con il procedimento ordinario, a maggior ragione riserva tali materie alla legge, con esclusione di interventi di fonti secondarie).

8.5 Il procedimento legislativo

Il procedimento di formazione delle leggi ordinarie (*iter legis*) consta delle seguenti fasi: dell'*iniziativa*, dell'*istruttoria*, della *deliberazione*, della *promulgazione* e della *pubblicazione* (le ultime due spesso indicate cumulativamente come *fase integrativa dell'efficacia*).

8.5.1 L'iniziativa legislativa

Consiste nella presentazione di **una proposta o di un disegno di legge** ad una Camera da parte di soggetti specificamente indicati.
L'iniziativa legislativa spetta:

- al Governo;
- a ciascun membro del Parlamento;
- ai Consigli regionali;
- al Consiglio Nazionale dell'Economia e del Lavoro (CNEL);
- al popolo. L'**iniziativa legislativa** popolare è la facoltà concessa al popolo di esercitare direttamente l'iniziativa legislativa mediante la proposta di un progetto redatto in articoli e sottoscritto da almeno 50.000 elettori (art. 71 Cost.).

La proposta, corredata dalle firme e accompagnata da una relazione che ne illustri le finalità e le norme, va presentata al Presidente di una delle Camere, che deve verificarne la regolarità (art. 71 Cost.; artt. 48 e 49 L. 352/1970). L'iniziativa popolare deve essere esclusa nelle materie riservate all'iniziativa governativa, ossia in quelle espressamente attribuite dalla Costituzione al Governo (ad esempio, la legge di bilancio).
L'art. 74 Reg. Senato prevede che le competenti Commissioni debbano iniziare l'esame dei disegni di legge d'iniziativa popolare ad esse assegnati entro e non oltre 1 mese dal deferimento e concluderlo entro 3 mesi dall'assegnazione. Decorso tale termine, il testo è iscritto d'ufficio nel calendario dei lavori dell'Assemblea.

8.5.2 L'istruttoria e l'approvazione della legge

In seguito alla sua presentazione la proposta o il disegno di legge deve essere **esaminato dalle Commissioni parlamentari**. Può essere assegnato ad un'*unica Commissione* (permanente) competente per materia, a più *Commissioni riunite*, laddove non sia possibile individuare una competenza prevalente, oppure a *Commissioni speciali* costituite ad hoc. Al Senato l'assegnazione è operata dal Presidente mentre alla Camera sono previste procedure diverse a seconda del procedimento che si intende adottare.
I regolamenti parlamentari contemplano 3 diversi procedimenti:

- il **procedimento ordinario (o in sede referente)**. In questo caso le Commissioni svolgono *attività istruttoria* esaminando i progetti o i disegni di legge e ne *riferiscono* con una *relazione* all'Assemblea. In Commissione il progetto di legge è esaminato, discusso ed eventualmente modificato con l'aggiunta di articoli o la presentazione di *emendamenti*. Al termine dell'esame la Commissione vota un testo da presentare all'Assemblea, prepara una *relazione di maggioranza* (ed eventualmente *una o più relazioni di minoranza*) e nomina il *relatore* o i *relatori* (di maggioranza e di minoranza) per l'Assemblea.
  La *fase deliberativa* si svolge in Assemblea attraverso i seguenti momenti: discussione generale del testo in aula, discussione e votazione dei singoli articoli (votando prima gli *emendamenti*, poi gli *articoli così come modificati*) e votazione finale del testo così come eventualmente modificato;
- il **procedimento deliberante (o in sede legislativa)**. In questa ipotesi tutte le fasi del procedimento ordinario si svolgono nella Commissione permanente competente per materia. La Commissione agisce in sede deliberante, in quanto non solo svolge

attività istruttoria, ma ha anche il potere di approvare la legge (art. 72, co. 3, Cost.). Pertanto, la Commissione procede all'esame preliminare del progetto, alla sua discussione, alla votazione dei singoli articoli e alla votazione finale del progetto o disegno di legge.
Per evitare possibili abusi della Commissione, che ha pur sempre una composizione più ristretta dell'Assemblea, è previsto l'obbligo di redazione e distribuzione obbligatoria a tutti i membri della Camera di *resoconti sommari delle sedute* delle Commissioni e, soprattutto, è riconosciuto al Governo, ad un decimo dei componenti di ciascuna Camera o ad un quinto dei componenti la Commissione, il *potere di chiedere* – finché non sia intervenuta l'approvazione definitiva da parte della Commissione – che il *progetto sia rimesso all'Assemblea*, per la sola votazione finale o anche per la votazione e discussione dei singoli articoli.

Il procedimento deliberante **non è mai ammesso** per i progetti o disegni di legge per i quali la Costituzione preveda una **riserva di assemblea**. Tale riserva è contemplata dall'art. 72, co. 4, Cost. e dalle disposizioni dei regolamenti parlamentari per i progetti in materia costituzionale ed elettorale, i disegni di legge di delegazione legislativa, quelli di autorizzazione alla ratifica di trattati internazionali, di approvazione di bilanci e consuntivi, i disegni di legge di conversione di decreti-legge, i disegni di legge europea e di delegazione europea e per le leggi rinviate dal Presidente della Repubblica per un riesame del Parlamento;

> il **procedimento misto** (o in **sede redigente**). È disciplinato soltanto dai regolamenti parlamentari e rappresenta un *procedimento intermedio fra quello ordinario e quello deliberante*, in quanto comporta una collaborazione e una ripartizione di compiti fra Assemblea e Commissioni in sede di approvazione.
Alla Camera (art. 96 Reg.) l'Assemblea, anche su richiesta unanime dei rappresentanti dei Gruppi parlamentari in Commissione, o di più dei quattro quinti dei componenti della Commissione, può decidere di deferire alla Commissione il compito di procedere alla *formulazione degli articoli* di un progetto di legge, riservandosi l'approvazione dei singoli articoli, senza dichiarazioni di voto e senza possibilità di emendamenti, e del testo finale, con dichiarazioni di voto. L'Assemblea può stabilire, all'atto del deferimento, *criteri e principi direttivi* per la formulazione del testo degli articoli.
Al Senato (art. 36 Reg.) spetta invece al Presidente il compito di assegnare (o trasferire, quando ne faccia richiesta la Commissione unanime e il Governo dia il proprio assenso) alle Commissioni i disegni di legge, riservando all'Assemblea la *votazione sui singoli articoli e la votazione finale del testo*, con sole dichiarazioni di voto. Su richiesta di otto senatori è possibile anche in questo caso fissare i *criteri informatori* a cui la Commissione deve attenersi nella formulazione del testo.
Il **procedimento abbreviato**, invece, *non rappresenta un'ulteriore tipologia procedimentale* in quanto si caratterizza semplicemente per la possibilità, per i *disegni di legge dichiarati urgenti* (art. 72, co. 2), di ridurre della metà tutti i termini ordinari previsti dai regolamenti parlamentari.

8.5.3 La promulgazione e la pubblicazione della legge

Terminata la fase di approvazione, la legge è perfetta ma non ancora efficace. Per avere efficacia deve essere promulgata dal Presidente della Repubblica, che svolge un controllo sia formale che sostanziale.
La promulgazione è l'atto con cui si attesta solennemente che è conclusa la fase d'approvazione del provvedimento normativo e si dispone che sia reso pubblico e imposto all'osservanza di tutti i soggetti cui è rivolto.
Il Presidente della Repubblica, con un messaggio motivato, può rinviare la legge alle Camere per una nuova deliberazione. Il **rinvio** può essere effettuato per motivi di illegittimità costituzionale, per motivi di merito costituzionale (categoria residuale) ma non per motivi di merito politico. Proprio perché consiste in una richiesta di riesame, e non in un diritto di veto, il rinvio può essere operato una sola volta. Ciò significa che il Parlamento può riapprovare la stessa legge senza obbligo alcuno.
Alla promulgazione della legge segue la sua pubblicazione in *Gazzetta ufficiale*. La legge entra in vigore dopo il periodo di cd. *vacatio*, di regola di 15 giorni dopo la pubblicazione. Da questo momento è obbligatoria per tutti.

8.5.4 I limiti generali del potere legislativo ordinario

L'art. 117, comma 1, Cost. prevede una serie di *limiti* ai quali il legislatore deve attenersi nell'emanazione di atti legislativi, a pena di incostituzionalità delle norme approvate. La potestà legislativa, infatti, deve essere esercitata dallo Stato e dalle Regioni, **nel rispetto, oltre che della Costituzione, dei vincoli derivanti dall'ordinamento dell'Unione europea e dagli obblighi internazionali**. L'ordinamento giuridico italiano, infatti, si conforma alle norme del diritto internazionale generalmente riconosciute (art. 10, co. 1, Cost.) e, in condizioni di parità con gli altri Stati, consente limitazioni di sovranità necessarie ad un ordinamento che assicuri la pace e la giustizia fra le nazioni, oltre a promuovere e a favorire le organizzazioni internazionali rivolte a tale scopo (art. 11 Cost.). Proprio in nome dell'art. 11 Cost., l'Italia ha aderito nel 1955 all'Organizzazione delle Nazioni Unite (ONU) e, nel 1957, alla Comunità economica europea (CEE), oggi confluita nell'Unione europea (UE).

8.5.5 La procedura di revisione costituzionale

La procedura di formazione delle **leggi di revisione costituzionale** – applicabile anche alle **leggi costituzionali** – si articola in tre fasi: dell'iniziativa legislativa, decisionale e dell'integrazione dell'efficacia, con svolgimento o meno del referendum confermativo.
Alla fase dell'*iniziativa* l'art. 138 Cost. non dedica alcuna disposizione. Sicché trova applicazione l'art. 71 Cost., che disciplina tale fase in generale, senza distinzioni fra leggi costituzionali e leggi ordinarie. Per i *disegni di legge* in materia costituzionale, l'art. 72, co. 4, impone la procedura normale e diretta di approvazione in assemblea.
La fase decisionale richiede **due successive deliberazioni** in ogni ramo del Parlamento, a intervallo non minore di tre mesi. La seconda deliberazione richiede almeno la **maggioranza assoluta dei componenti di ciascuna Camera**.

Le due deliberazioni devono avere identico contenuto (**principio della doppia deliberazione conforme**): se fra la prima e la seconda deliberazione il testo del disegno di legge muta, il procedimento deve ricominciare daccapo. Le due deliberazioni vengono assunte *alternativamente* dalle due Camere, anche se un'interpretazione letterale dell'art. 138 dovrebbe far propendere per la doppia deliberazione in ciascuna Camera prima di passare all'altra (**principio di consecutività**).

La fase d'*integrazione dell'efficacia* si può sviluppare in due modi. Se la legge è approvata in seconda votazione da ambedue le Camere con una **maggioranza di due terzi dei componenti**, il Capo dello Stato provvede a promulgarla e la legge viene quindi pubblicata sulla Gazzetta ufficiale, divenendo legge dello Stato a tutti gli effetti. Se invece la legge non è approvata con tale ampia maggioranza, il progetto di legge è pubblicato sulla Gazzetta ufficiale al solo fine di dare conoscenza del suo contenuto (cosiddetta *pubblicità notiziale*).
Entro tre mesi dalla pubblicazione, un quinto dei componenti di ciascuna Camera, 500.000 elettori o cinque Consigli regionali possono chiedere che il testo di legge sia sottoposto a **referendum confermativo**, per il quale non è richiesto alcun *quorum* di votanti: per approvare la legge costituzionale è sufficiente la maggioranza dei votanti. Se la richiesta di referendum non è presentata, oppure è dichiarata illegittima, il Presidente della Repubblica promulga la legge, che è finalmente pubblicata per l'effettiva entrata in vigore (*pubblicazione necessaria*). Se invece ha luogo il referendum, solo l'esito favorevole della consultazione popolare potrà legittimare la promulgazione.

8.6 Gli atti del Governo con forza di legge

8.6.1 Concetti generali

Gli atti aventi forza di legge sono quegli **atti legislativi adottati dal Governo** che la Costituzione ricomprende tra le fonti di rango primario.
Essi sono:
> i **decreti legislativi** delegati adottati dal Governo sulla base di una legge di delegazione (art. 76 Cost.). Possono essere emanati anche decreti legislativi in attuazione di direttive dell'Unione europea e degli statuti delle Regioni ai quali la Costituzione riconosce un ordinamento "speciale";
> i **decreti-legge** emanati dal Governo in base all'art. 77 Cost., in caso straordinario di urgenza e necessità, da convertire in legge da parte del Parlamento entro 60 giorni dalla loro adozione, pena la decadenza nelle ipotesi di mancata conversione.

8.6.2 Il procedimento di formazione dei decreti legislativi

Si è detto che la Costituzione consente alle Camere di delegare temporaneamente al Governo il compito di emanare atti normativi: tali atti, pur non essendo formalmente dei provvedimenti legislativi (appunto perché non provengono dalle Camere), hanno la stessa efficacia della legge.
Per abilitare il Governo a emanare atti aventi forza di legge, occorre, però, un'apposita **legge di delega** da parte del Parlamento: tale legge, infatti, deve stabilire i **principi e i criteri direttivi** cui deve conformarsi il potere di legiferazione del Governo

e definire specificamente l'oggetto (ossia l'ambito) della disciplina da emanare. La delega è rivolta al Governo: è, quindi, il Consiglio dei Ministri a deliberare il testo normativo delegato.
Generalmente il decreto legislativo è usato per disciplinare nel dettaglio materie tecnicamente complesse, per le quali si richiedono competenze specifiche (es. classificazione di medicinali o di sostante stupefacenti).

8.6.3 Il procedimento di formazione e conversione dei decreti-legge

Il procedimento di formazione e quello di conversione dei decreti-legge si articola nel seguente modo:

- deliberazione del Consiglio dei Ministri;
- emanazione da parte del Presidente della Repubblica;
- pubblicazione nelle forme previste per le leggi;
- presentazione il giorno stesso alle Camere per la conversione entro 60 giorni;
- riunione delle Camere, per la conversione in legge del decreto, entro 5 giorni dalla presentazione anche se sciolte.

Non è richiesto il visto e la registrazione della Corte dei Conti (art. 16 L. 400/1988).
La **mancata conversione** comporta che:

- gli effetti del decreto-legge decadono *ex tunc* (da allora), ossia dal momento della sua approvazione;
- la disciplina giuridica dei rapporti disposta con il decreto-legge e i relativi effetti vengono meno. La disciplina di rapporti irrimediabilmente regolati può essere ratificata con provvedimenti legislativi successivi.

Non è possibile mediante decreto-legge:

- conferire deleghe legislative;
- provvedere nelle materie riservate al Parlamento (es. leggi di bilancio, leggi costituzionali, ratifica di trattati internazionali, istituzioni di nuove Regioni ecc.);
- rinnovare le disposizioni di precedenti decreti-legge;
- regolare i rapporti sorti sulla base di decreti non convertiti;
- ripristinare l'efficacia di disposizioni dichiarate illegittime dalla Corte costituzionale;
- concedere l'amnistia e l'indulto.

La Corte costituzionale, con la sentenza n. 360/1996, ha formalmente vietato la reiterazione dei decreti legge.
La disciplina dei decreti-legge contenuta nella L. 400/1988 prevede che:

- i provvedimenti emanati dal Governo ai sensi dell'art. 77 Cost. devono presentare la denominazione di *decreto-legge* e indicare specificatamente nel preambolo le circostanze straordinarie di necessità e urgenza che ne giustificano l'adozione;
- i decreti-legge devono contenere misure d'immediata applicazione e il loro contenuto deve essere specifico, omogeneo e corrispondente al titolo (art. 15, co. 2, L. 400/1988).

8.7 I testi unici e i codici di settore

Il **testo unico** è la **raccolta coordinata delle norme che riguardano una determinata materia**. Rappresenta, quindi, il tradizionale strumento per soddisfare esigenze di ordine, coordinamento e conoscibilità delle norme giuridiche succedutesi nel tempo, spesso in modo disorganico.
In base all'attività che svolge chi provvede alla compilazione del testo unificato, si distingue tra:

- **testo unico compilativo (o di coordinamento)**, quando si effettua una semplice attività di riordino, senza procedere a modifiche di particolare rilievo o abrogazioni delle norme in vigore. Il testo pubblicato non ha alcuna valenza normativa e non è giuridicamente vincolante;
- **testo unico innovativo** quando non solo si raccoglie e si riordina la normativa esistente, ma si effettuano anche le opportune modifiche ed abrogazioni delle norme precedentemente in vigore. Queste ultime risulteranno superate e sostituite da quelle approvate con il testo unico. L'atto con il quale è emanato il testo unico normalmente assume la forma del decreto legislativo (D.Lgs.) ed ha piena forza di legge.

Classificazioni alternative sono quelle che fanno riferimento al potere esercitato dall'organo emanante (distinguendosi tra **testi unici delegati, autorizzati e spontanei**) oppure alla tipologia di fonti che si provvede a trasfondere (distinguendosi tra **testi unici legislativi, regolamentari e misti**).

Con la L. 29-7-2003, n. 229 per procedere al riordino della normativa esistente si è deciso di emanare i cosiddetti **codici di settore**, provvedimenti che, nelle intenzioni del legislatore, non sono una mera raccolta coordinata di norme esistenti ma si pongono l'obiettivo di operare un'organica revisione della disciplina di una materia con innovazioni anche dal punto di vista sostanziale, pur nei limiti consentiti dalla delega ricevuta. In realtà, al di là della diversa terminologia utilizzata, non vi è una sostanziale differenza con il testo unico di tipo innovativo.

Nel corso degli anni sono stati approvati numerosi provvedimenti classificati come codici di settore. A titolo esemplificativo si ricordano; il Codice del consumatore (D.Lgs. 206/2005), il Codice dei contratti pubblici (D.Lgs. 50/2016), il Codice delle leggi antimafia (D.Lgs. 159/2011), il Codice del processo amministrativo (D.Lgs. 104/2010), il Codice dell'amministrazione digitale (D.Lgs. 82/2005), il Codice delle pari opportunità (D.Lgs. 198/2006), il Codice del Terzo settore (D.Lgs. 117/2017) e il Codice della crisi d'impresa e dell'insolvenza (D.Lgs. 14/2019).

8.8 I regolamenti interni degli organi costituzionali

Tra le norme di rango primario, poiché non soggette alla disciplina delle leggi ordinarie, ma solo ai precetti iscritti nella Costituzione, rientrano i regolamenti delle Camere (art. 64 co. 1, Cost.).
Una particolare forza giuridica viene riconosciuta anche ai regolamenti interni della Corte costituzionale e ai regolamenti interni della Presidenza della Repubblica.

8.9 Le fonti del diritto dell'Unione europea

8.9.1 Trattati istitutivi e atti derivati

L'ordinamento giuridico dell'Unione si articola in:

> **diritto originario**, che comprende i *trattati istitutivi* delle diverse organizzazioni europee e gli altri atti successivi che li hanno modificati o integrati. A questo diritto scritto devono aggiungersi anche i principi generali del diritto enucleati dalla Corte di giustizia europea, che costituiscono il *diritto europeo non scritto*.
> Attualmente i principali trattati che disciplinano le competenze e il complesso assetto istituzionale dell'Unione sono il *Trattato sull'Unione europea* (TUE) e il *Trattato sul funzionamento dell'Unione europea* (TFUE).
>
> Il primo atto è stato approvato a Maastricht il 7 febbraio 1992 e in seguito radicalmente modificato soprattutto con il Trattato di Lisbona. Il secondo, invece, è la versione aggiornata del Trattato istitutivo della Comunità economica europea, firmato a Roma nel 1957 e nel tempo quasi del tutto stravolto nei suoi contenuti; anche in questo caso le modifiche di maggiore rilevanza sono state introdotte con il Trattato di Lisbona;

> **diritto derivato**, che include tutti gli atti giuridici emanati dalle istituzioni europee per il raggiungimento dei propri obiettivi. Tali atti vengono elencati dall'art. 288 del Trattato sul funzionamento dell'Unione europea (TFUE), il quale stabilisce che le istituzioni dell'Unione sono abilitate ad emanare *regolamenti, direttive, decisioni, raccomandazioni e pareri*, chiarendo però che soltanto le prime tre tipologie di atti hanno carattere vincolante. Caratteristiche distintive di tali atti sono:
> - il **regolamento** ha portata generale ed è obbligatorio in tutti i suoi elementi e direttamente applicabile in ciascuno degli Stati membri;
> - la **direttiva**, anch'essa di portata generale, vincola lo Stato membro cui è rivolta per quanto riguarda il risultato da raggiungere, salva restando la competenza degli organi nazionali in merito alla forma e ai mezzi di attuazione;
> - la **decisione**, è obbligatoria in tutti i suoi elementi (se però designa i destinatari, è obbligatoria soltanto nei confronti di questi);
> - la **raccomandazione**, è atto non vincolante (si tratta di esortazione o monito diretti ai singoli Stati membri);
> - il **parere**, come la raccomandazione, non ha valore precettivo per il destinatario, trattandosi di indicazioni o di considerazioni su questioni determinate.

8.9.2 Le procedure di adozione degli atti dell'Unione europea

A seguito del Trattato di Lisbona, per l'adozione degli atti legislativi dell'Unione europea si distinguono la *procedura legislativa ordinaria* (*codecisione*), che pone il Parlamento allo stesso livello del Consiglio, e le *procedure legislative speciali*, che si applicano esclusivamente a casi specifici indicati dai trattati.
La Commissione europea detiene il potere esclusivo di **iniziativa legislativa** (è l'unico soggetto che può proporre atti legislativi, salvo limitate eccezioni), anche se al Parlamento europeo è attribuito il cosiddetto potere di **iniziativa dell'iniziativa** (art. 225 TFUE): attraverso una delibera a maggioranza assoluta, può chiedere alla Commis-

sione di presentare proposte legislative al Consiglio quando reputi necessaria l'adozione di un atto dell'Unione europea.
La **procedura legislativa ordinaria** (art. 289 TFUE) consiste nell'adozione di un atto legislativo europeo in modo congiunto da parte del Parlamento europeo e del Consiglio su proposta della Commissione.

La prima fase, detta della **prima lettura**, prevede, a seguito della proposta della Commissione, la *consultazione del Parlamento europeo che adotta la sua posizione e la trasmette al Consiglio.* Il Consiglio può avallare la posizione del Parlamento e l'atto viene approvato nella formulazione che corrisponde alla posizione del Parlamento europeo. Altrimenti, il Consiglio adotta la sua posizione in prima lettura e la trasmette al Parlamento informandolo dei motivi che l'hanno indotto ad assumere tale posizione.
La seconda fase, detta della **seconda lettura**, prevede diverse opzioni. Se entro un termine di *3 mesi*, il Parlamento europeo:

- *approva* la posizione del Consiglio in prima lettura o non si è pronunciato, *l'atto in questione si considera adottato nella formulazione che corrisponde alla posizione del Consiglio*;
- *respinge* la posizione del Consiglio in prima lettura a maggioranza dei membri che lo compongono, *l'atto proposto si considera non adottato*;
- *propone emendamenti* alla posizione del Consiglio in prima lettura a maggioranza dei membri che lo compongono, *il testo così emendato è comunicato al Consiglio e alla Commissione che formula un parere su tali emendamenti.*

Se entro un termine di 3 mesi dal ricevimento degli emendamenti del Parlamento europeo, il *Consiglio*, deliberando a maggioranza qualificata:

- *approva* tutti gli emendamenti, *l'atto in questione si considera adottato*;
- *non approva* tutti gli emendamenti, il Presidente del Consiglio, d'intesa con il Presidente del Parlamento europeo, convoca entro sei settimane il comitato di conciliazione. Il Consiglio delibera all'unanimità sugli emendamenti rispetto ai quali la Commissione ha dato parere negativo.

La *fase* detta della *conciliazione* prevede un *comitato di conciliazione* (art. 294 TFUE), che riunisce i membri del Consiglio o i loro rappresentanti ed altrettanti membri del Parlamento europeo, con il compito di favorire il ravvicinamento delle posizioni a confronto. Tale comitato tenta di *giungere ad un accordo su un progetto comune* entro un termine di 6 settimane dalla convocazione, basandosi sulle posizioni del Parlamento europeo e del Consiglio in seconda lettura.
L'ultima fase è detta della **terza lettura**. Se, entro il termine di 6 settimane, il comitato di conciliazione *approva un progetto* comune, il Parlamento europeo e il Consiglio dispongono ciascuno di un termine di 6 settimane a decorrere dall'approvazione per adottare l'atto in questione in base al progetto comune; il Parlamento europeo delibera a maggioranza dei voti espressi e il Consiglio a maggioranza qualificata. In mancanza di una decisione, l'atto in questione si considera non adottato.

Le **procedure legislative speciali** prevedono che, *nei casi specifici previsti dai trattati,* sia il solo Consiglio ad adottare l'atto, mentre un ruolo secondario è attribuito al Parlamento europeo (di *consultazione* o di *approvazione*).
La **procedura di consultazione** è caratterizzata dal fatto che il Parlamento deve solo essere consultato prima che il Consiglio adotti la proposta della Commissione (generalmente all'unanimità).
La consultazione parlamentare può essere *obbligatoria* o *facoltativa* e prevede l'emanazione di un parere reso dal Parlamento, che però *non è mai vincolante* né per la

Commissione, che non è obbligata ad adeguare la sua proposta alle osservazioni in esso contenute, né per il Consiglio, che può disattenderlo.
La consultazione del Parlamento, sebbene non vincolante, assume comunque il carattere di elemento essenziale della validità dell'atto, che sarà viziato di nullità laddove se ne riscontri l'omissione.
La **procedura di approvazione**, invece, richiede che in determinate ipotesi l'adozione di un atto legislativo sia subordinata alla previa approvazione del Parlamento, che tuttavia non può chiedere di modificarlo. In alcune materie, quindi, il Consiglio non può legiferare se il Parlamento, a maggioranza assoluta dei suoi membri, non dà il suo accordo; in caso contrario, l'atto non può essere approvato.

8.9.3 L'adattamento al diritto dell'Unione europea

Il principale strumento di trasposizione nell'ordinamento interno delle direttive europee è attualmente rappresentato dalla L. 24-12-2012, n. 234, che prevede una **legge di delegazione europea** e una **legge europea**. La disposizione centrale è contenuta nell'articolo 29, che impone al Governo di presentare alle Camere un **disegno di legge di delegazione europea e di legge europea** con il quale sono disciplinate le modalità di attuazione della normativa dell'Unione europea nell'ordinamento italiano. Questo avviene attraverso:

- la **normazione diretta**. In questo caso è la stessa legge europea annuale ad abrogare o modificare norme interne in contrasto con gli obblighi derivanti dall'appartenenza alla Unione europea;
- la **delega o autorizzazione al Governo** a emanare le norme necessarie, per esempio, a recepire le direttive.

Il Governo presenta, pertanto, alle Camere:

- entro il 28 febbraio di ogni anno, un disegno di legge recante il titolo: «*Delega al Governo per il recepimento delle direttive europee e l'attuazione di altri atti dell'Unione europea*», completato dall'indicazione: «*Legge di delegazione europea*» seguita dall'anno di riferimento;
- entro il 31 luglio di ogni anno, nel caso di ulteriori esigenze di adempimento di obblighi, un ulteriore disegno di legge recante il titolo: «*Delega al Governo per il recepimento delle direttive europee e l'attuazione di altri atti dell'Unione europea*», completato dall'indicazione: «*Legge di delegazione europea*» seguita dall'anno di riferimento e dalla dicitura: «*secondo semestre*»;
- un disegno di legge recante il titolo: «*Disposizioni per l'adempimento degli obblighi derivanti dall'appartenenza dell'Italia all'Unione europea*», completato dall'indicazione: «*Legge europea*», seguita dall'anno di riferimento.

8.10 Le fonti regionali

8.10.1 Quadro generale

Ciascuna Regione ordinaria è organizzata sulla base di uno **statuto** deliberato, a maggioranza assoluta, dal Consiglio regionale con due deliberazioni successive.

Le Regioni, inoltre, possono emanare, nell'ambito a esse riservato dalla Costituzione, **leggi** la cui efficacia spaziale è limitata al territorio regionale. Tale potestà, tuttavia, è sottoposta ad alcuni limiti, perché deve esercitarsi nel rispetto dei *principi generali dell'ordinamento costituzionale* e degli *impegni assunti dallo Stato sia all'interno del Paese sia sul piano delle relazioni internazionali.*

Nelle stesse materie in cui hanno potestà legislativa, le Regioni esercitano le funzioni amministrative, emanando **regolamenti attuativi delle leggi regionali**. Il potere di emanare i regolamenti è attribuito dalla Costituzione al Presidente della Giunta.

8.10.2 Gli statuti regionali

Contenuto e limite dell'armonia con la Costituzione

Lo statuto è l'**atto con il quale la Regione disciplina la propria organizzazione e il proprio funzionamento** per tutti gli aspetti non regolati direttamente dalla Costituzione. Si tratta, però, di una categoria normativa che non ha contenuti unitari, in quanto risulta divisa al suo interno in due tipologie profondamente differenti:

- gli **statuti delle Regioni ordinarie** (art. 123 Cost.), approvati dal Consiglio regionale con legge regionale;
- gli **statuti delle cinque Regioni speciali** (Sicilia, Sardegna, Valle d'Aosta, Trentino-Alto Adige, Friuli-Venezia Giulia), che non sono espressione di vera e propria *autonomia statutaria,* in quanto hanno forma e sostanza di leggi costituzionali statali (art. 116 Cost.) e sono in grado di derogare alla Costituzione per garantire forme e condizioni particolari di autonomia.

Per quanto riguarda le Regioni a statuto ordinario, invece, sulla base delle indicazioni della Costituzione (art. 123 Cost.), spetta a tale atto:

- determinare la *forma di governo regionale* (assetto dei rapporti fra gli organi di governo della Regione) e i *principi fondamentali* di organizzazione e funzionamento della Regione;
- regolare l'esercizio del *diritto di iniziativa* e del *referendum* su leggi e provvedimenti amministrativi regionali;
- regolare la *pubblicazione delle leggi e dei regolamenti* regionali;
- disciplinare il *Consiglio delle autonomie locali (CAL)* quale organo di consultazione fra la Regione e gli enti locali.

Secondo quanto prevede l'art. 123 Cost., lo statuto deve porsi **in armonia con la Costituzione**. La Corte costituzionale ha precisato che tale obbligo va inteso, in chiave garantistica, nel senso che l'autonomia statutaria non può essere limitata in mancanza di una disciplina costituzionale chiaramente riconoscibile, ad esempio desumendo interferenze da concetti generali, assunti *a priori* (sent. n. 313/2003), e che le previsioni dello statuto devono non solo rispettare puntualmente ogni disposizione della Costituzione, ma anche lo spirito della stessa (sent. n. 2/2004).

Il procedimento di approvazione dello statuto

Secondo le attuali disposizioni costituzionali il procedimento di formazione degli statuti regionali si svolge tutto internamente agli organi regionali, con la possibilità di interferenze statali soltanto in una fase eventuale di controllo.

Il procedimento è così articolato (art. 123 Cost.):

- la legge regionale deve essere approvata dal Consiglio a **maggioranza assoluta** dei suoi componenti con **due deliberazioni** successive adottate ad intervallo non minore di due mesi;
- il Governo può sollevare la **questione di legittimità** costituzionale degli statuti dinanzi alla Corte costituzionale, ma il ricorso deve essere proposto entro 30 giorni dalla pubblicazione, a fini notiziali, della seconda deliberazione consiliare;
- lo statuto è sottoposto a referendum popolare qualora, entro 3 mesi dalla pubblicazione, a fini notiziali, della seconda deliberazione consiliare, ne faccia richiesta un cinquantesimo degli elettori della Regione o un quinto dei componenti il Consiglio regionale. In questo caso, lo statuto è promulgato soltanto se è approvato dalla maggioranza dei voti validi;
- scaduti i 3 mesi senza indizione del referendum, lo statuto è **promulgato** e assoggettato alla **pubblicazione** necessaria ai fini della definitiva entrata in vigore.

8.10.3 Le leggi regionali

Ripartizione delle potestà legislativa tra lo Stato e le Regioni

L'attuale versione dell'art. 117 della Costituzione, nel testo modificato dalla L. cost. 3/2001, ha ridefinito la suddivisione della potestà legislativa tra lo Stato e le Regioni distinguendo tra *potestà legislativa esclusiva dello Stato* (comma 2), *potestà legislativa concorrente o ripartita tra Stato e Regioni* (comma 3) e *potestà legislativa residuale delle Regioni* (comma 4).

La **potestà legislativa esclusiva dello Stato** concerne i settori indicati all'art. 117, co. 2, Cost. Sulle materie di *legislazione esclusiva* lo Stato ha anche potere di disciplina regolamentare (art. 117, co. 6, Cost.) il cui esercizio, tuttavia, può essere delegato alle Regioni.

Materie di legislazione esclusiva dello Stato
a) politica estera e rapporti internazionali dello Stato; rapporti dello Stato con l'Unione europea; diritto di asilo e condizione giuridica dei cittadini di Stati non appartenenti all'Unione europea; b) immigrazione; c) rapporti tra la Repubblica e le confessioni religiose; d) difesa e Forze armate; sicurezza dello Stato; armi, munizioni ed esplosivi; e) moneta, tutela del risparmio e mercati finanziari; tutela della concorrenza; sistema valutario; sistema tributario e contabile dello Stato; armonizzazione dei bilanci pubblici; perequazione delle risorse finanziarie; f) organi dello Stato e relative leggi elettorali; referendum statali; elezione del Parlamento europeo; g) ordinamento e organizzazione amministrativa dello Stato e degli enti pubblici nazionali; h) ordine pubblico e sicurezza, ad esclusione della polizia amministrativa locale; i) cittadinanza, stato civile e anagrafi; l) giurisdizione e norme processuali; ordinamento civile e penale; giustizia amministrativa; m) determinazione dei livelli essenziali delle prestazioni concernenti i diritti civili e sociali che devono essere garantiti su tutto il territorio nazionale; n) norme generali sull'istruzione; o) previdenza sociale; p) legislazione elettorale, organi di governo e funzioni fondamentali di Comuni, Province e Città metropolitane; q) dogane, protezione dei confini nazionali e profilassi internazionale; r) pesi, misure e determinazione del tempo; coordinamento informativo statistico e informatico dei dati dell'amministrazione statale, regionale e locale; opere dell'ingegno; s) tutela dell'ambiente, dell'ecosistema e dei beni culturali.

Ad un rapido sguardo, nell'elenco sopra riportato sembrerebbero fissati in maniera definitiva gli ambiti di legislazione esclusiva dello Stato.
In realtà, le materie incluse sono in molti casi dei titoli, che devono essere riempiti di contenuti. Per fare questo, gli interpreti devono tener conto del significato che esse hanno nel linguaggio normativo, sia nazionale che europeo (cosiddetto **criterio storico-normativo**).
Ciò comporta spesso la necessità di fare riferimento alla legislazione statale ordinaria, che finisce per influire notevolmente sull'ampiezza di tali materie. In altri casi, invece, la competenza è individuata in base al tipo di norme che si intendono produrre, come avviene ad esempio per materie come l'ordinamento civile e quello penale oppure per le norme processuali. Si parla, più propriamente, di **materie-tipo di disciplina**, che comprendono tutti gli interventi, in qualunque ambito, realizzati attraverso norme di quel tipo (norme penali, norme di diritto privato, norme processuali ecc.).
Altre materie ancora, piuttosto che individuare ambiti determinati e specifici, individuano finalità da perseguire. Si parla, in questo caso, di **materie-scopo** o anche **materie trasversali**, in quanto le finalità e gli interessi unitari sottintesi possono richiedere interventi normativi statali, anche assai pervasivi, la cui ampiezza non è determinabile *a priori* e che, per queste loro caratteristiche, interferiscono pesantemente su tutte le competenze legislative regionali. Il legislatore statale centrale, dal canto suo, deve comunque operare secondo **canoni di ragionevolezza e proporzionalità**.

Se, in alcuni casi, l'esigenza di **tutela di interessi unitari** può essere soddisfatta soltanto facendo prevalere la competenza statale su quella regionale (**criterio della prevalenza**), in altri casi v'è spazio per interventi normativi regionali, che si svilupperanno nell'ambito delle norme emanate dallo Stato, qualificabili come principi fondamentali a cui le Regioni dovranno attenersi; in altri casi ancora le competenze sono talmente e inestricabilmente collegate che lo Stato, nell'intervenire, non può che attivare contestualmente il **principio di leale collaborazione** fra i diversi livelli di governo.
La Corte costituzionale ha, inoltre, individuato un ulteriore titolo di esercizio delle competenze legislative statali non espressamente previsto dall'art. 117 Cost.: la cosiddetta **sussidiarietà legislativa**.

La disciplina adottata in via sussidiaria, in quanto derogatoria del riparto di competenze legislative fra Stato e Regioni, è legittima solo se l'assunzione a livello statale di funzioni regionali sia *proporzionata* e non risulti affetta da *irragionevolezza*. Inoltre deve essere rispettato il **principio della leale collaborazione**, la quale non si trasforma mai in negoziazione dei contenuti della legge, che risulterebbe in contrasto con l'art. 70 Cost., che affida la competenza legislativa statale al Parlamento.

La **potestà legislativa concorrente o ripartita**, individuata dai settori di cui all'art. 117, co. 3, Cost., prevede una suddivisione dei compiti tra lo Stato e le Regioni: il primo determina "i principi fondamentali" mediante *leggi-quadro o leggi-cornice* mentre le Regioni hanno il compito di emanare la legislazione specifica di settore. In mancanza di leggi cornice, le Regioni possono comunque legiferare, limitandosi al rispetto dei principi desumibili dalla legislazione statale vigente.

Materie di legislazione concorrente
Rapporti internazionali e con l'Unione europea delle Regioni; commercio con l'estero; tutela e sicurezza del lavoro; istruzione, salva l'autonomia delle istituzioni scolastiche e con esclusione della istruzione e della formazione professionale; professioni; ricerca scientifica e tecnologica e sostegno all'innovazione per i settori produttivi; tutela della salute; alimentazione; ordinamento sportivo; protezione civile; governo del territorio; porti e aeroporti civili; grandi reti di trasporto e di navigazione; ordinamento della comunicazione; produzione, trasporto e distribuzione nazionale dell'energia; previdenza complementare e integrativa; coordinamento della finanza pubblica e del sistema tributario; valorizzazione dei beni culturali e ambientali e promozione e organizzazione di attività culturali; casse di risparmio, casse rurali, aziende di credito a carattere regionale; enti di credito fondiario e agrario a carattere regionale.

Nelle materie di competenza concorrente, lo Stato non può assegnare a se stesso le funzioni amministrative, a meno che il principio di sussidiarietà di cui all'art. 118 Cost. non imponga di accentrarle per garantirne l'esercizio unitario (Corte cost., sent. n. 303/2003).

La **potestà legislativa residuale** (art. 117, co. 4, Cost.) spetta alle Regioni in tutte le materie in cui non sussista già una potestà legislativa esclusiva statale o concorrente regionale. I settori che vi rientrano non sono definiti nel testo costituzionale, ma vanno ricavati per esclusione.

Quanto alle **Regioni ad autonomia speciale**, i loro statuti prevedono una **potestà legislativa piena** e una **integrativo-attuativa**. Quest'ultima deriva dalla necessità di dare attuazione e integrazione differenziata a leggi statali in materie che, essendo di competenza statale, sarebbero altrimenti del tutto precluse alla competenza regionale. Quanto, invece, alla **potestà legislativa piena** – considerata, prima della novella costituzionale del 2001, la maggior espressione dell'autonomia regionale –, essa trova un limite specifico e peculiare nelle *riforme economico-sociali* (ovverosia nelle norme costituzionali, e soprattutto di leggi statali, destinate a innovare il tessuto dei rapporti economico-sociali costituzionalmente rilevanti su tutto il territorio nazionale) e nei *principi generali dell'ordinamento giuridico dello Stato*, richiamati negli statuti speciali.

A seguito dell'entrata in vigore della legge costituzionale del 2001, tutte le potestà legislative delle Regioni speciali devono essere riconsiderate attraverso il filtro della **clausola di maggior favore** prevista dall'art. 10 della L. cost. 3/2001, la quale, per evitare che le Regioni speciali siano costrette a rincorrere la maggiore autonomia riconosciuta adesso alle Regioni ordinarie, prevede che fino all'adeguamento dei rispettivi statuti, le disposizioni dell'art. 117 Cost. si applicano anche alle Regioni a statuto speciale e alle Province autonome, per le parti in cui prevedono **forme di autonomia più ampie** rispetto a quelle già attribuite dagli statuti stessi.

Le leggi regionali sono sempre assoggettate (art. 117, co. 1, Cost.) al **rispetto della Costituzione**, ai vincoli derivanti dall'**ordinamento dell'Unione europea** e dagli **obblighi internazionali** (limite già descritto per le leggi statali) e ad un **limite di natura territoriale**, in quanto la Regione esercita la sua potestà legislativa, concorrente o residuale, per soddisfare interessi, *esclusivamente* o *prevalentemente*, localizzati sul territorio di sua pertinenza.

Il procedimento di approvazione delle leggi regionali

L'**iniziativa legislativa** – disciplinata dallo statuto regionale – è generalmente affidata alla Giunta (eventualmente riservandola in via esclusiva a tale organo per de-

terminate tipologie di leggi), ai singoli consiglieri regionali, agli elettori, ai Consigli provinciali e comunali presenti nel territorio, al Consiglio delle autonomie locali e alle formazioni sociali.
L'**istruttoria** è svolta dalle Commissioni permanenti in sede referente, strutturate sul modello di quelle parlamentari. Alcuni statuti prevedono, adesso, il **procedimento redigente**, in base al quale i progetti di legge sono approvati nei singoli articoli dalle Commissioni, limitandosi l'Assemblea regionale al solo voto finale.
La **fase deliberativa** si svolge innanzi all'Assemblea regionale. Dopo la deliberazione del Consiglio, la legge è **promulgata** dal Presidente della Regione e **pubblicata**.

8.11 Le fonti degli enti locali

Anche gli enti locali sono dotati di autonomia statutaria e normativa. Quest'ultima si sostanzia nella sola *potestà regolamentare* (e non anche legislativa, come per le Regioni). Con la riforma dell'art. 114 Cost. è stata «costituzionalizzata» anche l'**autonomia statutaria degli enti locali**, originariamente disciplinata solo a livello di legislazione ordinaria (art. 4 L. 142/1990, poi confluito nell'art. 6 D.Lgs. 267/2000).
Come unico limite alle previsioni degli statuti la Costituzione, al co. 2 dell'art. 114, pone i **principi da essa fissati**. Se però ci si limitasse a tale disposizione, gli statuti si configurerebbero come **norme di rango primario** soggette soltanto alla Costituzione. In realtà, un'altra disposizione costituzionale, l'art. 117, co. 2, lett. *p*), affida alla legge statale il compito di disciplinare la *legislazione elettorale*, gli *organi di governo* e le *funzioni fondamentali* di Comuni, Province e Città metropolitane; ciò che può consentire una qualche forma di interferenza della legislazione statale nella individuazione dei **contenuti essenziali** dello statuto.

Anche la **potestà regolamentare** di Comuni, Province e Città metropolitane trova diretto riconoscimento a livello costituzionale nell'art. 117, co. 6, Cost., per quanto la disposizione, in realtà, faccia riferimento soltanto alla disciplina dell'*organizzazione amministrativa* e dello *svolgimento delle funzioni* attribuite agli enti locali.

8.12 Il referendum

8.12.1 Le diverse tipologie di referendum

L'ordinamento costituzionale italiano prevede alcuni istituti attraverso i quali il popolo esercita la sovranità direttamente, senza la mediazione dei propri rappresentanti, alcuni dei quali sono stati già esaminati (*petizione popolare* e *iniziativa legislativa*).
Quello di maggiore rilevanza, tuttavia, è il referendum, un istituto che vede il coinvolgimento diretto di tutti i soggetti che hanno diritto di voto, chiamati ad esprimersi personalmente su una determinata questione.
Il nostro ordinamento prevede diverse tipologie di referendum che si differenziano sulla base degli effetti che determinano (*abrogativi di norme giuridiche*, *propositivi* o semplicemente *consultivi*) oppure sull'ampiezza dell'elettorato coinvolto nella consultazione (*nazionale* o *locale*).

I referendum previsti dal nostro ordinamento e disciplinati dalla Costituzione o da leggi ordinarie, sono:

- il **referendum abrogativo di leggi statali**, previsto dall'art. 75 Cost.;
- il **referendum costituzionale**, previsto in via eventuale nel procedimento di revisione costituzionale dall'art. 138 Cost.;
- i **referendum regionali**, che gli Statuti di ciascuna Regione prevedono su leggi e provvedimenti amministrativi ai sensi dell'art. 123 Cost. Di fatto gli Statuti contemplano *referendum abrogativi*, soggetti a limitazioni più ampie di quelli statali, e *referendum consultivi*, di norma attivabili dal Consiglio regionale su proposte di atti normativi o questioni di interesse regionale;
- i **referendum per la fusione di Regioni esistenti o per la creazione di nuove Regioni**, che costituiscono uno dei passaggi previsti dall'art. 132, co. 1, Cost. (iniziativa di Consigli comunali che rappresentino un terzo delle popolazioni interessate; approvazione della proposta mediante referendum da parte della maggioranza delle popolazioni interessate; pareri dei Consigli regionali interessati; legge costituzionale);
- i **referendum previsti per il passaggio di Comuni e Province da una Regione all'altra**, che si inseriscono nel relativo procedimento (richiesta dei Comuni e delle Province interessate; approvazione della maggioranza delle popolazioni della Provincia o delle Province interessate o del Comune o dei Comuni interessati espressa con referendum; parere dei Consigli regionali interessati; legge statale);
- i **referendum previsti per la creazione di nuovi Comuni o per la modifica di circoscrizioni e denominazioni**, che si inseriscono nel relativo procedimento (consultazione delle popolazioni interessate; legge regionale);
- il **referendum sospensivo** previsto in via eventuale nell'ambito del procedimento di approvazione degli statuti regionali disciplinato dall'art. 123 Cost.;
- i **referendum previsti dagli statuti comunali e provinciali** su materie di esclusiva competenza locale, su iniziativa dello stesso ente locale o su richiesta di un numero adeguato di cittadini (art. 8 D.Lgs. 267/2000). I referendum possono essere di qualunque tipo, abrogativi, consultivi, propositivi ecc.;
- il **referendum di indirizzo in materia di unione politica europea**, istituto non contemplato dalla Costituzione e attivato una sola volta in via eccezionale a seguito della legge costituzionale n. 2 del 1989.

8.12.2 Il referendum abrogativo

La consultazione referendaria di maggiore rilevanza è indubbiamente il referendum abrogativo previsto dall'art. 75 Cost. con il quale l'**elettorato nazionale è chiamato ad esprimersi in merito alla opportunità di procedere all'abrogazione di una determinata legge o di una parte di essa.** Questa tipologia di referendum costituisce una *vera e propria fonte del diritto*, essendo l'unico in grado di innovare il diritto oggettivo *anche se soltanto in negativo*, ossia cancellando norme esistenti.
La disciplina dell'istituto è dettata, oltre che dall'art. 75 Cost., anche dalla L. 25-5-1970, n. 352 di attuazione.
Il comma 1 del citato articolo 75 Cost. afferma che "è indetto *referendum* popolare per deliberare l'abrogazione, totale o parziale, di una legge o di un atto avente valore di legge, quando lo richiedono 500.000 elettori o 5 Consigli regionali".

Il successivo comma 2, tuttavia, pone una serie di limiti, espliciti e impliciti. Il referendum, infatti:

- può abrogare soltanto leggi e atti aventi forza di legge statali, quindi non può abrogare **regolamenti amministrativi** o altre **fonti secondarie** né tantomeno **leggi regionali**. Ciò non esclude che a livello di singola Regione lo statuto possa prevedere anche il referendum regionale, che coinvolgerà però soltanto la comunità territoriale di riferimento e gli atti della Regione;
- non può, per espressa esclusione, abrogare le **leggi tributarie e di bilancio**, di **amnistia e indulto**, di **autorizzazione a ratificare trattati internazionali**.
  Questa esclusione si giustifica col fatto che si tratta di leggi con cui il Parlamento esprime il controllo politico sull'operato del Governo (leggi di bilancio, di amnistia e indulto e di autorizzazione alla ratifica dei trattati) o in relazione alle quali il richiamo al popolo presenta evidenti caratteri di demagogia (leggi tributarie, che impongono obblighi ai quali tutti i cittadini, con ogni probabilità, si sottrarrebbero se chiamati a pronunciarsi);
- non può abrogare **norme di rango costituzionale** contenute nella Costituzione o in altre leggi costituzionali, per le quali l'art. 138 Cost. prevede uno specifico procedimento di revisione che contempla un tipo diverso di referendum, quello confermativo.
  Per la validità del referendum è necessaria la **partecipazione della maggioranza degli aventi diritto al voto**. Se il risultato è favorevole, il Presidente della Repubblica con proprio decreto *dichiara l'avvenuta abrogazione* (art. 37 L. 352/1970). Anche della mancata abrogazione si dà notizia nella Gazzetta ufficiale (art. 38 L. 352/1970).

8.13 I regolamenti: rinvio

I regolamenti sono fonti del diritto gerarchicamente sotto-ordinate alle fonti primarie. Sono atti **formalmente amministrativi**, perché provenienti da organi dell'apparato amministrativo, e **sostanzialmente normativi**, in quanto idonei, nei limiti stabiliti dalle fonti di rango primario, ad immettere nuove norme nell'ordinamento giuridico.

Costituendo fonti di rango secondario a carattere attuativo-integrativo, essi non possono abrogare o modificare la Costituzione e le leggi di rango costituzionale, né le leggi ordinarie, salvo che sia una legge ad attribuire loro, in una determinata materia, il potere di introdurre nuove norme (cosiddetta **delegificazione**); né possono regolare materie riservate dalla Costituzione alla legge (costituzionale o ordinaria), salva l'ipotesi della riserva relativa di legge; né infine possono contenere sanzioni penali, per il principio della riserva di legge in materia penale (art. 25 Cost.).

I regolamenti possono essere emanati da organi statali, regionali o locali per la disciplina di determinate materie oppure dagli *organi costituzionali* (previsti in Costituzione e che svolgono funzioni necessarie e irrinunciabili) e *di rilievo costituzionale* (previsti in Costituzione ma di un'importanza istituzionale minore), per regolamentare la propria organizzazione.

Sulle diverse tipologie e sul procedimento di formazione dei regolamenti si dirà nel *Capitolo 1* (*par. 1.1.2*) del *Libro II*.

8.14 Le fonti connesse con altri ordinamenti. La produzione normativa mediante rinvio

L'ordinamento interno può rinviare a fonti internazionali, ovvero a fonti prodotte da soggetti esterni all'ordinamento statale non operanti fino a quando non intervengono procedure interne destinate ad adattare il diritto italiano al diritto internazionale.

L'**adattamento al diritto internazionale** può avvenire mediante:

- *rinvio* (art. 10 co. 1 Cost.): l'adattamento avviene sulla base del semplice **rinvio** alle consuetudini internazionali e le norme così prodotte assumono rango costituzionale (*«L'ordinamento giuridico italiano si conforma alle norme di diritto internazionale generalmente riconosciute»*);
- *procedimento speciale*: l'adattamento avviene attraverso l'**ordine di esecuzione**, cioè attraverso un atto legislativo con il quale lo Stato recepisce nel proprio ordinamento interno le norme contenute in un trattato internazionale. Si riferisce alle sole norme internazionali pattizie che assumono lo stesso rango dell'atto contenente l'ordine di esecuzione;
- *procedimento ordinario*: le norme internazionali vengono riformulate da norme interne che ne traspongono il contenuto nell'ordinamento interno; ciò è necessario per le norme cd. «non *self executing*», ovvero che necessitano di una formale ricezione normativa per poter essere concretamente applicabili.

L'insieme delle regole con le quali l'ordinamento interno richiama un ordinamento straniero per la disciplina di fatti (generalmente attinente a rapporti privati) che presentano, rispetto al primo, elementi di estraneità, va sotto il norme di **diritto internazionale privato**.

QUESITI DI VERIFICA

1) **Le fonti di cognizione sono strumenti attraverso i quali:**
   A. si recepiscono norme internazionali
   B. si producono fonti del diritto
   C. si viene a conoscenza delle fonti di produzione
   D. si viene a conoscenza delle norme abrogate

2) **Secondo il principio dell'irretroattività, la legge deve essere applicata:**
   A. anche alle situazioni verificatesi precedentemente alla sua entrata in vigore
   B. alle situazioni analoghe soggettivamente ed oggettivamente
   C. alle situazioni che si verificheranno successivamente alla sua entrata in vigore
   D. alle situazioni che si verificheranno successivamente alla sua promulgazione

3) **L'interpretazione di una norma giuridica si definisce «restrittiva» quando:**
   A. ne riduce la portata effettiva ad un ristretto periodo temporale
   B. ne riduce la portata effettiva ad un ambito spaziale delimitato
   C. ne riduce la portata effettiva ad un ristretto gruppo di persone
   D. ne riduce la portata effettiva rispetto a quella, apparente, risultante da una prima lettura

4) **Si ricorre all'applicazione dell'analogia quando, per mancanza di una previsione legislativa, il giudice:**
   A. applica al caso che resterebbe non regolato giuridicamente la regola stabilita per un caso diverso ma analogo
   B. dichiara che il caso non può essere giuridicamente regolato
   C. decide secondo equità
   D. applica al caso che resterebbe non regolato giuridicamente una regola del tutto nuova nel panorama giuridico

5) **L'elemento soggettivo della consuetudine consiste:**
   A. nella ripetizione costante di un comportamento
   B. nella ripetizione costante di un comportamento da parte della totalità degli appartenenti ad una comunità
   C. nella convinzione che un comportamento sia giuridicamente vincolante
   D. nella mancanza della convinzione che un comportamento sia giuridicamente rilevante

6) **Una norma di legge ordinaria cessa di avere efficacia:**
   A. quando la disciplina dettata da una nuova legge è incompatibile con quella della precedente legge
   B. quando sia così espressamente disposto da un regolamento
   C. quando si impone per consuetudine un comportamento contrastante con quello normativamente stabilito
   D. se non è mai stata applicata

7) **Lo Stato nasce:**
A. quando più individui si aggregano per perseguire fini comuni
B. quando più gruppi sociali decidono di aggregarsi per meglio soddisfare i loro bisogni elementari di vita
C. quando gruppi organizzati di individui impongono con la forza il loro dominio su altri gruppi di individui
D. quando una collettività di individui si stanzia stabilmente su di un territorio dandosi un'organizzazione politica, un complesso di regole e degli strumenti per farle rispettare

8) **Gli elementi costitutivi dello Stato sono:**
A. popolo, territorio, sovranità
B. comunità e territorio
C. organi e territorio
D. organizzazione, territorio e popolo

9) **La Costituzione della Repubblica italiana:**
A. può essere modificata dalla legge ordinaria, perché è una Costituzione flessibile
B. può essere modificata solo con un procedimento legislativo aggravato, perché è una Costituzione rigida
C. può essere modificata solo dal popolo, a mezzo referendum
D. non può essere oggetto di revisione

10) **La forma di governo indica:**
A. le modalità di nomina e composizione del Governo
B. le modalità di nomina dei diversi poteri dello Stato
C. le modalità di distribuzione del potere fra i principali organi dello Stato
D. l'assetto dei rapporti che si instaurano fra organi di governo e cittadini

11) **La nostra Costituzione ammette restrizioni della libertà personale:**
A. sempre
B. solo nei casi tassativamente indicati dalla legge
C. in nessun caso
D. solo a seguito di atto motivato dell'autorità giudiziaria e nei casi e nei modi previsti dalla legge

12) **Il principio di uguaglianza di fronte alla legge, sancito dall'art. 3 Cost., comporta che lo Stato:**
A. deve riservare a tutti un uguale trattamento, senza tener conto delle diversità sociali
B. deve riservare il medesimo trattamento a situazioni sociali identiche e trattare in maniera differenziata quelle situazioni così diverse sul piano sociale che un'applicazione uguale della legge sarebbe profondamente ingiusta
C. deve astenersi da qualsiasi intervento volto ad eliminare le diversità sociali, perché il suo compito è soltanto di far rispettare la legge
D. deve assicurare a tutti i cittadini uguali condizioni di sicurezza e benessere

13) Nello Stato democratico, la partecipazione alla vita politica è aperta:
A. a tutti i cittadini
B. ai soli detentori del potere economico
C. a coloro i quali siano iscritti ad un partito politico
D. a coloro i quali abbiano frequentato la scuola dell'obbligo

14) Secondo la Costituzione della Repubblica italiana, il voto costituisce:
A. un diritto inalienabile
B. un dovere irrinunciabile
C. una facoltà
D. un dovere civico

15) La Repubblica tutela la salute come:
A. un diritto strettamente individuale
B. solo un interesse della collettività
C. un diritto dell'individuo e un interesse della collettività
D. un interesse diffuso

16) L'istruzione inferiore, ai sensi dell'art. 34 Cost., è:
A. obbligatoria e non gratuita
B. gratuita e non obbligatoria
C. obbligatoria e a spese dell'esercente la responsabilità genitoriale
D. obbligatoria e gratuita

17) Si intende per «bicameralismo perfetto»:
A. che le due Camere sono formate da un ugual numero di rappresentati
B. che le due Camere hanno le stesse prerogative, se pure non operano su un piano di assoluta parità
C. che le due Camere hanno le stesse prerogative ed operano su un piano di assoluta parità
D. che le due Camere operano su un piano di assoluta parità, se pure non hanno le stesse prerogative

18) Il diritto di elettorato passivo per il Senato spetta i cittadini che abbiano compiuto:
A. 18 anni
B. 21 anni
C. 25 anni
D. 40 anni

19) La mozione di sfiducia contro il Governo deve essere firmata da:
A. almeno la metà dei componenti della Camera e non può essere messa in discussione prima di tre giorni dalla sua presentazione
B. almeno un decimo dei componenti della Camera e non può essere messa in discussione prima di tre giorni dalla sua presentazione
C. tutti i componenti della Camera e non può essere messa in discussione prima di tre giorni dalla sua presentazione

D. almeno un terzo dei componenti della Camera e non può essere messa in discussione prima di tre giorni dalla sua presentazione

20) Ai sensi dell'art. 89 Cost., nessun atto del Presidente della Repubblica è valido se:
A. non è pubblicato on line sul sito istituzionale della Presidenza della Repubblica
B. non è pubblicato in Gazzetta Ufficiale
C. non è controfirmato dai Ministri proponenti
D. non è votato a maggioranza dal Parlamento

21) Il Presidente del Consiglio dei Ministri:
A. gode di una posizione di supremazia gerarchica rispetto agli altri Ministri, che coordina al fine di mantenere l'unità dell'indirizzo politico
B. coordina e dirige l'attività del Governo, al fine di mantenerne l'unità di indirizzo politico ed amministrativo
C. ha il potere di sciogliere anticipatamente le Camere
D. ha il potere di indire le elezioni

22) Se alla scadenza del mandato presidenziale mancano meno di tre mesi alla cessazione delle Camere:
A. il nuovo Presidente della Repubblica è eletto dalle Camere la cui legislatura sta per concludersi
B. le funzioni di Capo dello Stato sono provvisoriamente assunte dal Presidente del Consiglio, nell'attesa che si riuniscano le nuove Camere
C. le funzioni di Capo dello Stato sono provvisoriamente assunte dal Presidente del Senato, nell'attesa che si riuniscano le nuove Camere
D. sono prorogati i poteri del Presidente uscente finché non si riuniscono le nuove Camere

23) I Ministri sono responsabili:
A. collegialmente degli atti del Consiglio dei Ministri e individualmente degli atti dei loro dicasteri
B. individualmente degli atti dei loro dicasteri, mentre non rispondono né individualmente né collegialmente, dell'operato del Governo
C. collegialmente degli atti del Consiglio dei Ministri, mentre non rispondono degli atti dei loro dicasteri
D. individualmente degli atti dei loro dicasteri e individualmente anche dell'operato del Governo

24) Le funzioni del Presidente della Repubblica, in ogni caso in cui egli non possa adempierle, sono esercitate:
A. dal Presidente del Consiglio
B. da un vicepresidente nominato ad hoc
C. dal Presidente della Camera
D. dal Presidente del Senato

25) In osservanza del principio del giusto processo, sancito dall'art. 111 Cost., il processo deve svolgersi:

A. nel contraddittorio fra le parti, in condizione di parità, davanti a un giudice speciale
B. a porte chiuse per tutelare la privacy delle parti coinvolte
C. nel contraddittorio fra le parti, in condizione di parità, davanti a un giudice terzo e imparziale
D. in un'unica udienza per garantirne una ragionevole durata e l'esame contestuale di tutte le ragioni esposte

26) Le Camere eleggono i giudici della Corte costituzionale con la maggioranza:

A. di due terzi dei componenti l'assemblea, ridotta a tre quinti a partire dal terzo scrutinio
B. di due terzi dei componenti l'assemblea, ridotta a tre quinti a partire dal quarto scrutinio
C. assoluta dei componenti l'assemblea
D. di due terzi dei componenti l'assemblea, ridotta a partire dal secondo scrutinio a maggioranza assoluta

27) I giudici della Corte costituzionale sono nominati per:

A. 9 anni e non possono essere nuovamente nominati
B. 9 anni e possono essere nuovamente nominati
C. 7 anni e possono essere nuovamente nominati
D. per 5 anni e non possono essere nuovamente nominati

28) La Corte dei conti:

A. esercita il controllo preventivo di legittimità sugli atti del Governo
B. esercita l'iniziativa legislativa in materia economica
C. esprime pareri vincolanti alle Camere in materia finanziaria
D. adotta il decreto legge in materia di gestione finanziaria

29) Nelle materie di competenza concorrente, le Regioni legiferano:

A. osservando i principi generali stabiliti dagli Statuti regionali
B. senza incontrare alcun limite, perché godono tutte di una potestà legislativa primaria
C. osservando i principi generali stabiliti da apposite leggi statali, dette «leggi-cornice»
D. in ogni materia non espressamente riservata alla legislazione dello Stato

30) Gli statuti delle Regioni ad autonomia ordinaria:

A. sono adottati dai Consigli regionali e approvati con legge statale ordinaria
B. sono approvati con legge regionale
C. sono deliberati dai Consigli regionali e adottati con legge costituzionale
D. sono adottati dalle Giunte regionali e promulgati dai Presidenti delle Regioni

Risposte esatte: 1c, 2c, 3d, 4a, 5c, 6a, 7d, 8a, 9b, 10c, 11d, 12b, 13a, 14d, 15c, 16d, 17c, 18d, 19b, 20c, 21b, 22d, 23a, 24d, 25c, 26b, 27a, 28a, 29c, 30b.

Libro II

Diritto amministrativo

SOMMARIO

Capitolo 1
La Pubblica Amministrazione e il diritto amministrativo

1.1 L'amministrazione pubblica

1.1.1 La nozione di Pubblica Amministrazione e di diritto amministrativo

Per il perseguimento dei propri fini lo Stato si avvale di apparati che nel loro complesso formano la **Pubblica Amministrazione**, la quale agisce attraverso persone fisiche preposte a organi la cui attività è direttamente imputabile agli enti della cui organizzazione fanno parte.
L'art. 1, co. 2, D.Lgs. 165/2001 precisa che per Amministrazioni Pubbliche s'intendono tutte le *Amministrazioni dello Stato*, ivi compresi gli istituti e le scuole di ogni ordine e grado e le istituzioni educative, le aziende e Amministrazioni dello Stato ad ordinamento autonomo, le *Regioni*, le *Province*, i *Comuni*, le *Comunità montane*, e loro consorzi e associazioni, le Istituzioni universitarie, gli Istituti Autonomi Case Popolari, le Camere di commercio, industria, artigianato e agricoltura e loro associazioni, tutti gli *enti pubblici non economici* nazionali, regionali e locali, le Amministrazioni, le aziende e gli enti del *Servizio sanitario nazionale* (SSN), l'Agenzia per la Rappresentanza negoziale delle Pubbliche Amministrazioni (ARAN) e le altre *Agenzie pubbliche*.
La L. 15/2005, modificando l'art. 22 della L. 241/1990, definisce la Pubblica Amministrazione, ai fini della disciplina dell'accesso agli atti, come «tutti i **soggetti di diritto pubblico** e i **soggetti di diritto privato** limitatamente alla loro attività di pubblico interesse disciplinata dal diritto nazionale o europeo».
Si definisce **diritto amministrativo**, invece, l'insieme delle norme che disciplinano l'organizzazione e il funzionamento di quest'insieme di apparati, sia nei beni e nelle attività riferiti alla Pubblica Amministrazione, sia nei rapporti che la stessa instaura con altri soggetti.
Le fonti del diritto amministrativo sono quelle tipiche dell'ordinamento costituzionale dello Stato. Peraltro, potendo operare pure con gli strumenti del diritto comune, la Pubblica Amministrazione è soggetta altresì al rispetto dei contratti e delle convenzioni stipulate fra soggetti pubblici e con i soggetti privati, che «*hanno forza di legge fra le parti*»; ne consegue che, in queste ipotesi, anche le disposizioni del codice civile sono applicabili alle Pubblica Amministrazioni.

1.1.2 La Pubblica Amministrazione nella Costituzione

Nella Costituzione la disciplina della Pubblica Amministrazione è collocata all'interno del *Titolo Terzo* della *Parte Seconda*, dedicata al Governo.

La *Sezione Prima* di questo Titolo riguarda il Consiglio dei Ministri, mentre sono fondamentali i due articoli della *Sezione Seconda*, che individuano i principi che reggono l'attività della Pubblica Amministrazione e dei pubblici impiegati: l'art. 97 e l'art. 98.
L'art. 97 Cost. codifica le seguenti regole:

- le Pubbliche Amministrazioni, in coerenza con l'ordinamento dell'Unione europea, assicurano l'equilibrio dei bilanci e la sostenibilità del debito pubblico;
- i pubblici uffici sono organizzati secondo disposizione di legge, in modo che siano assicurati il buon andamento e l'imparzialità dell'Amministrazione;
- nell'ordinamento degli uffici sono determinate le sfere di competenza, le attribuzioni e le responsabilità proprie dei funzionari;
- agli impieghi nelle Pubbliche Amministrazioni si accede mediante concorso, salvo i casi stabiliti dalla legge.

L'art. 98, dal canto suo, afferma che: «I pubblici impiegati sono al servizio esclusivo della Nazione. Se sono membri del Parlamento, non possono conseguire promozioni se non per anzianità. Si possono con legge stabilire limitazioni al diritto d'iscriversi ai partiti politici per i magistrati, i militari di carriera in servizio attivo, i funzionari ed agenti di polizia, i rappresentanti diplomatici e consolari all'estero.
Ne risulta che:

- la titolarità del potere esecutivo è attribuita al Governo, che la esercita attraverso la Pubblica Amministrazione;
- quest'ultima è l'organizzazione di mezzi e di persone cui è devoluta la funzione di raggiungere gli obiettivi di interesse pubblico definiti dall'ordinamento.

L'organizzazione dei pubblici uffici è materia coperta da riserva di legge (relativa) e quindi di competenza del Parlamento (art. 97, co. 2; art. 98, co. 3).
Pertanto, la Pubblica Amministrazione, pur caratterizzandosi come apparato servente del potere esecutivo, è soggetta alle leggi (**principio di legalità**) e deve operare nel rispetto del **principio di imparzialità**.
Si aggiunga a ciò che l'art. 28 della stessa Carta costituzionale afferma il **principio generale della responsabilità della Pubblica Amministrazione**, sia a livello individuale che a livello istituzionale, in forza del principio di immedesimazione organica del dipendente con l'ente di appartenenza.
A garanzia dei diritti del cittadino si afferma che i funzionari e i dipendenti dello Stato e degli enti pubblici «*sono direttamente responsabili, secondo le leggi penali, civili e amministrative, degli atti compiuti in violazione di diritti. In tali casi la responsabilità civile si estende allo Stato e agli enti pubblici*».
Lo Stato o l'ente pubblico di appartenenza intervengono a risarcire le conseguenze civili del comportamento illecito del funzionario o dell'impiegato e ciò per offrire una maggiore garanzia al danneggiato e migliore soddisfazione delle sue pretese.
La disposizione si riferisce soltanto ai **diritti soggettivi** ma la Corte di Cassazione, con sentenza n. 500/1999, ha riconosciuto anche la risarcibilità degli **interessi legittimi**.

1.2 Le fonti del diritto amministrativo

1.2.1 I regolamenti statali e gli atti amministrativi generali

I regolamenti sono atti **formalmente amministrativi**, perché provenienti da organi dell'apparato amministrativo, e **sostanzialmente normativi**, in quanto idonei, nei limiti stabiliti dalle fonti di rango primario, a immettere nuove norme nell'ordinamento giuridico; ne consegue che si tratta di **fonti del diritto di rango secondario in quanto subordinate alla legge**.

Il procedimento per la loro adozione è disciplinato dall'art. 17, co. 4, della L. 400/1988 e prevede i seguenti passaggi:

- deliberazione del Consiglio dei Ministri;
- assunzione del parere del Consiglio di Stato (da rendersi entro 90 giorni dalla richiesta);
- emanazione da parte del Capo dello Stato (assumono la denominazione di «decreti del Presidente della Repubblica»);
- visto e registrazione della Corte dei conti e successiva pubblicazione in Gazzetta Ufficiale.

La potestà regolamentare è attribuita allo **Stato**, alle **Regioni** e agli **enti locali** (Province, Città metropolitane e Comuni). Sia pure in maniera limitata, essa compete anche ad altri enti quali ordini e collegi professionali, Camere di commercio, aziende speciali del Comune.

Sono fonti di produzione del diritto soltanto i *regolamenti esterni*, quelli cioè che si rivolgono a soggetti estranei all'ordinamento dell'ente od organo che li emana. Non possono considerarsi fonti del diritto i *regolamenti interni*, che disciplinano l'organizzazione interna di un organo o di un ente e perciò si rivolgono soltanto ai soggetti che di tale organizzazione fanno parte.

Nell'ambito dei **regolamenti statali** bisogna distinguere fra:

- *regolamenti governativi o presidenziali*, emanati con decreto del Presidente della Repubblica, previa deliberazione del Consiglio dei Ministri, sentito il parere del Consiglio di Stato;
- *regolamenti ministeriali*, emanati con decreto del Presidente del Consiglio dei Ministri o dai singoli Ministri, nelle materie di loro competenza, quando la legge ordinaria espressamente conferisca loro tale potere.

Classificazione dei regolamenti

Regolamenti esecutivi	Pongono in genere norme di dettaglio rispetto alle norme di legge (o di una fonte equiparata) per la loro corretta esecuzione
Regolamenti di attuazione o integrazione	Sono adottati quando una disciplina è coperta da riserva di legge relativa e nel caso in cui una legge definisca soltanto norme di principio; tale tipo di regolamento favorisce una migliore applicazione della legge, colmandone eventuali incompletezze (mai per materie coperte da riserva di legge assoluta)
Regolamenti indipendenti	Regolano materie in cui non esiste una disciplina dettata dalla legge e finché questa non intervenga. La materia non deve, però, essere coperta da riserva assoluta o relativa di legge

Regolamenti di organizzazione	Disciplinano l'organizzazione e il funzionamento delle Pubbliche Amministrazioni nel rispetto delle disposizioni di legge
Regolamenti di delegificazione	Sono delegati dalla legge a dettare una nuova disciplina della materia, eventualmente anche in contrasto con una normativa previgente di fonte primaria. La legge abroga le disposizioni legislative incompatibili con effetto dall'entrata in vigore del regolamento. Anche se l'effetto abrogativo è disposto dalla legge, si collega comunque al contenuto del regolamento ed è in ogni caso necessario che la materia non sia coperta da riserva assoluta di legge. Per effetto delle disposizioni introdotte dalla L. 69/2009, i regolamenti di delegificazione sono emanati altresì, e in aggiunta al normale procedimento di approvazione dei regolamenti governativi, «previo parere delle Commissioni parlamentari competenti in materia, che si pronunciano entro trenta giorni dalla richiesta»
Regolamenti ministeriali e interministeriali (di gruppi di Ministri)	È necessario che: trovino il proprio fondamento in una legge con cui si conferisce il relativo potere; siano attinenti a materie di competenza del/dei Ministro/i; non contrastino con regolamenti governativi; siano previamente comunicati al Presidente del Consiglio dei Ministri (perché ne verifichi la corrispondenza all'indirizzo generale del Governo); il Consiglio di Stato esprima il proprio parere; siano vistati dalla Corte dei conti e pubblicati in Gazzetta Ufficiale
Regolamenti di riordino	Provvedono al riordino delle disposizioni regolamentari, nonché alla ricognizione di quelle oggetto di abrogazione implicita e all'espressa abrogazione di quelle che hanno esaurito la loro funzione o sono prive di effettivo contenuto normativo od obsolete

I regolamenti, in quanto atti formalmente amministrativi, sono soggetti al sindacato del giudice amministrativo quando ledono interessi legittimi. Normalmente, peraltro, gli atti normativi non sono idonei ad incidere direttamente sulla sfera giuridica soggettiva dei potenziali destinatari (essendo, per definizione, atti diretti *erga omnes* – verso tutti) e, dunque, la lesione dell'interesse del singolo deriva dal provvedimento assunto in forza del regolamento: ne deriva che l'interessato dovrà impugnare sia il regolamento sia il provvedimento applicativo.

Non bisogna, d'altro canto, confondere i regolamenti con gli **atti amministrativi generali**. Si dice generalmente che gli **atti amministrativi** hanno **contenuto puntuale e concreto** in contrapposizione al **contenuto generale e astratto** degli **atti normativi**. Tuttavia, anche gli atti amministrativi possono presentare un contenuto generale e astratto: è il caso dei *bandi di gara o di concorso*, che non si rivolgono a soggetti singolarmente individuati, ma alla generalità indeterminata di coloro che parteciperanno alla gara o al concorso.

La distinzione è importante dal momento che il regime giuridico è diverso; ad esempio per gli atti amministrativi l'art. 3 della L. 241/1990 impone l'obbligo della motivazione, requisito non richiesto per quelli normativi.

1.2.2 I regolamenti regionali

La *potestà regolamentare* è attribuita anche alle *Regioni* ed è esplicitamente prevista dall'art. 117, co. 6, Cost., secondo il quale le Regioni la esercitano in **tutte le materie in cui non sussiste una competenza legislativa esclusiva dello Stato, o anche in tale ambito purché vi sia delega statale**.

Anche se hanno contenuto sostanzialmente normativo, i regolamenti regionali sono atti formalmente amministrativi, *subordinati alla legge regionale*, in quanto fonti secondarie, ma anche alla legge statale, che fissa i principi fondamentali nelle materie di legislazione concorrente o disciplina la delega della potestà regolamentare alla Regione nelle materie di competenza esclusiva statale (vige, invece, il *criterio di competenza* nei rapporti con i regolamenti statali).

Gli statuti regionali prevedono le seguenti tipologie di regolamenti regionali:
- i **regolamenti attuativi** e quelli **integrativi**, mentre non sembrano trovare spazio i regolamenti indipendenti, in alcuni casi implicitamente vietati dalle norme degli statuti che richiedono, per tutti i regolamenti, una norma di legge che previamente ne autorizzi l'emanazione;
- i **regolamenti di delegificazione**, che ricalcano sostanzialmente il modello statale, con la legge regionale che fissa le norme generali poste a regolare la materia e individua le norme di legge da abrogare, mentre l'abrogazione è posticipata al momento in cui i regolamenti entrano in vigore;
- i **regolamenti delegati dallo Stato**, espressamente previsti dall'art. 117, co. 6, Cost., e generalmente attribuiti dagli statuti alla competenza del Consiglio regionale.

Il previgente testo dell'art. 121 Cost. individuava l'organo competente a deliberare i regolamenti regionali nel Consiglio regionale. Attualmente è lo statuto ad attribuire tale potestà al Consiglio o alla Giunta, oppure ad entrambi su materie e per tipologie differenziate.

La Costituzione, all'art. 123, prevede che le disposizioni relative alla *pubblicazione* dei regolamenti regionali siano fissate nei rispettivi statuti, mentre l'art. 121 Cost. attribuisce al Presidente della Giunta il *potere di emanare* i regolamenti della Regione.

1.2.3 Le ordinanze di necessità e urgenza

Le ordinanze costituiscono una particolare categoria di ordini, vale a dire atti con cui si creano obblighi o divieti.

Il potere di ordinanza deriva dalla legge ed è finalizzato a **fronteggiare situazioni di necessità e urgenza**, pur senza una *preventiva determinazione del contenuto* in cui il potere potrà concretizzarsi.

Sulla materia si è più volte pronunciata la Corte costituzionale (sentenze n. 8/1956; n. 26/1961; n. 4/1977), chiarendo che le ordinanze:

- sono *atti formalmente e sostanzialmente amministrativi*;
- sono *atipiche*, essendo legislativamente predeterminate solo le autorità competenti a emanarle e non i casi in cui il relativo potere può essere esercitato, né il contenuto dell'atto;

- sono *straordinarie*, vale a dire che il ricorso ad esse è consentito in via residuale, quando non vi siano altri atti tipici cui si possa ricorrere in alternativa;
- l'efficacia deve esserne necessariamente circoscritta;
- solo la legge può attribuire un simile potere;
- sono soggette a obbligo di motivazione e pubblicazione;
- non possono porsi in contrasto con i precetti costituzionali, né violare i principi generali dell'ordinamento giuridico, né intervenire in materie coperte da riserva assoluta di legge.

L'art. 42 del D.Lgs. 33/2013 ha stabilito che le Pubbliche Amministrazioni che adottano provvedimenti contingibili e urgenti e, in generale, provvedimenti di carattere straordinario in caso di calamità naturali o di altre emergenze hanno l'obbligo di pubblicare:

- i provvedimenti adottati, con l'indicazione espressa delle norme di legge eventualmente derogate e dei motivi della deroga, nonché l'indicazione di eventuali atti amministrativi o giurisdizionali intervenuti;
- i termini temporali eventualmente fissati per l'esercizio dei poteri di adozione dei provvedimenti straordinari;
- il costo previsto degli interventi e il costo effettivo sostenuto dall'Amministrazione.

1.2.4 Gli atti interni, le circolari, la prassi amministrativa

Le norme emanate dalle autorità amministrative, quando costituiscono espressione dell'autonomia degli ordinamenti, hanno per definizione *rilevanza esterna* e sono perciò **fonti del diritto** (statuti, leggi, regolamenti e ordinanze regionali e degli altri enti territoriali). Non sono fonti del diritto, invece, le regole che hanno rilevanza solo all'interno delle Amministrazioni emananti (istruzioni di servizio, regolamenti interni, circolari, direttive ecc.).
Le **circolari amministrative**, in particolare, sono atti interni diretti agli organi e agli uffici periferici, al fine di disciplinarne l'attività.
Si può rilevare che:

- le circolari non sono annoverabili fra le *fonti di produzione del diritto*;
- non possono essere in contrasto con *norme imperative* (leggi, regolamenti, decreti);
- la loro *inosservanza* può dar luogo a responsabilità disciplinari, contabili ecc. per il dipendente o il dirigente al quale erano state indirizzate da parte dell'organo superiore.

Classificazione delle circolari

Circolari organizzative	Contengono atti di organizzazione interna degli uffici
Circolari interpretative di leggi e regolamenti	Costituiscono la lectio cui l'apparato amministrativo deve attenersi nell'interpretazione del diritto a fini di omogeneità e uniformità
Circolari normative	Sono vincolanti per l'Amministrazione, ma non per coloro che vi siano estranei
Circolari informative	Promuovono la conoscenza di fatti o atti all'interno della Pubblica Amministrazione

Seppur atti interni, le circolari contengono istruzioni destinate ai pubblici funzionari e, conseguentemente, condizionano l'applicazione di atti normativi in grado di incidere sulle posizioni soggettive dei cittadini.
Particolarmente rivelanti, sotto quest'aspetto, sono le **circolari interpretative**, attraverso cui gli organi di vertice dell'Amministrazione impongono agli uffici sott'ordinati l'interpretazione, a loro avviso corretta, di norme controverse.
Diversa dalle circolari è la **prassi amministrativa**, che si instaura di fatto in una determinata materia e orienta l'azione degli organi amministrativi come una consuetudine conforme alla legge, pur non rappresentando una fonte di produzione del diritto.
La prassi è strettamente collegata al potere discrezionale: dove esistono dei margini di scelta in relazione a possibili condotte, accade solitamente che l'ufficio ne scelga una e vi si attenga per lungo tempo.

1.3 L'attività amministrativa

1.3.1 Caratteri generali

È quell'**attività mediante la quale la Pubblica Amministrazione persegue gli interessi affidati alle sue cure**.
Si tratta di un'attività che non si esaurisce nella prevalente azione di diritto pubblico, ma sempre più spesso consiste nell'uso da parte di soggetti pubblici di **forme negoziali di natura privatistica** (contratti, convenzioni ecc.).
Sebbene lo scopo resti sempre il perseguimento del pubblico interesse, la posizione che la Pubblica Amministrazione assume nei confronti dei terzi risulta in larga parte diversa a seconda che si avvalga di **strumenti di tipo pubblicistico** o di **forme e strumenti propri del diritto privato**. Laddove, infatti, vi sia il ricorso agli strumenti pubblicistici, la Pubblica Amministrazione si trova in condizione di *supremazia* rispetto ai cittadini, che sono assoggettati al potere pubblico. Se sono utilizzati strumenti privatistici, viceversa, essa si trova a operare in posizione paritetica rispetto ai soggetti privati, nei cui confronti non riveste alcuna posizione di preminenza né esercita alcuna potestà, operando al contrario secondo le regole di diritto comune.
Contrariamente alla tradizionale opinione, secondo cui gli strumenti privatistici sono intrinsecamente inidonei al conseguimento di finalità pubblicistiche, la dottrina più moderna distingue, nell'ambito dell'attività di diritto privato della Pubblica Amministrazione:

- l'**attività strumentale**, finalizzata al reperimento delle risorse necessarie allo svolgimento delle funzioni istituzionali;
- l'**attività amministrativa di diritto privato istituzionale**, espletata da quelle Amministrazioni che operano esclusivamente a livello privatistico e per le quali il regime pubblicistico investe solo gli organi di vertice;
- l'**attività amministrativa di diritto privato equivalente**, espletata in alternativa all'attività amministrativa pubblica.

In via generale, l'autonomia negoziale della Pubblica Amministrazione trova oggi il proprio fondamento normativo nell'art. 1, co. 1-*bis*, L. 241/1990, ai sensi del quale «*la Pubblica Amministrazione, nell'adozione di atti di natura non autoritativa, agisce secondo le norme di diritto privato salvo che la legge disponga diversamente*».

Il **limite principale** di questa attività è di **carattere funzionale**: è preclusa la conclusione di negozi incompatibili con lo scopo pubblico specifico perseguito dall'Amministrazione stipulante, che è tenuta a indirizzare e conformare la sua attività al perseguimento dell'interesse pubblico affidato alle sue cure.

1.3.2 Atti e provvedimenti amministrativi

Gli atti che la Pubblica Amministrazione emana nell'espletamento dei propri compiti istituzionali, e precisamente nell'esercizio di una funzione amministrativa, sono detti **atti amministrativi**.
L'atto amministrativo, quando è espressione dell'*autoritatività* dell'Amministrazione ed è idoneo a incidere – modificandola (con effetti favorevoli o sfavorevoli) – sulla situazione giuridica di soggetti estranei, è definito **provvedimento amministrativo**. La sua caratteristica essenziale è quella di essere un *atto unilaterale*, posto in essere dalla Pubblica Amministrazione in virtù dei suoi poteri autoritativi, e dunque senza che occorra il consenso dei soggetti cui è indirizzato (anzi è talvolta emanato contro la volontà di questi soggetti): ciò significa che l'Amministrazione, quando pone in essere un atto o più specificamente un provvedimento amministrativo, agisce sempre come autorità, in modo che il provvedimento, qualunque sia il suo contenuto, costituisce in ogni caso un atto d'espletamento della potestà amministrativa e non un atto d'autonomia privata.
Il provvedimento amministrativo, perciò, è quell'atto a rilevanza esterna, produttivo di **effetti giuridici**, con il quale si conclude il **procedimento amministrativo**. Esso si connota come atto di «*disposizione*» funzionale alla tutela dell'*interesse pubblico* che la Pubblica Amministrazione deve necessariamente perseguire (cosidetta *doverosità amministrativa*).
Il **principio di legalità** dell'azione amministrativa impone che ogni provvedimento emanato nell'espletamento di una funzione amministrativa sia inquadrabile in una delle tipologie previste dalla legge (**nominatività e tipicità** del provvedimento): la legge precisa l'ambito d'operatività del provvedimento, ne indica la finalità, stabilisce in quali circostanze esso possa essere legittimamente adottato e a quale autorità spetti di adottarlo.
Gli atti che non sono spontaneamente osservati dai soggetti cui si rivolgono possono essere portati a esecuzione direttamente dall'Amministrazione. Si parla, al riguardo, di **esecutorietà** del provvedimento amministrativo, che è cosa ben diversa dall'efficacia, ossia dall'effettiva attitudine a produrre effetti giuridici.

1.3.3 Gli atti politici

Si definiscono «politici» gli atti di suprema direzione della cosa pubblica. Così definito, l'atto politico si contraddistingue per due elementi:

- quello **soggettivo**, dovendo l'atto pervenire da un organo preposto all'indirizzo e alla direzione al massimo livello di governo;
- quello **oggettivo**, dovendo l'atto riguardare la costituzione, la salvaguardia e il funzionamento dei pubblici poteri nella loro organica struttura e nella loro coordinata applicazione.

Ne deriva che gli atti politici *non sono impugnabili* davanti al giudice amministrativo in quanto non aventi natura di atti amministrativi, bensì di **atti di governo**: si tratta, cioè, di atti che non hanno la funzione di dare attuazione all'ordinamento, ma – in quanto **espressione di indirizzo politico** – assolvono piuttosto ad una funzione diversa, libera nei fini ed eterogenea rispetto alla tradizionale distinzione fra atti legislativi, giurisdizionali e amministrativi.
La loro insindacabilità deriva proprio dalla circostanza che essi contengono direttive di carattere generale, finalizzate all'individuazione dei fini dell'attività pubblica e, per tale ragione, inidonee a incidere in via diretta e immediata su situazioni soggettive individuali, la cui effettiva lesione deve semmai imputarsi ai successivi provvedimenti attuativi.
Nondimeno il fatto che gli atti politici siano sottratti al controllo giurisdizionale non ne esclude l'assoggettamento al **controllo politico** da parte del corpo elettorale, del Parlamento (ove essi siano stati emanati dall'esecutivo) o della Corte costituzionale ove si tratti di atti legislativi. Inoltre, qualora un potere dello Stato invada, attraverso l'emanazione di un atto politico, la sfera di un altro potere statale, è percorribile la strada del **conflitto di attribuzioni**, sollevabile dinanzi alla Corte costituzionale.

1.3.4 Gli atti di alta amministrazione

Gli atti di alta amministrazione rappresentano la prima attuazione, a livello amministrativo, degli obiettivi fissati dal Governo e dal Parlamento. Come tali, essi sono da considerarsi espressione della più **ampia discrezionalità** dell'Amministrazione, che il giudice amministrativo può censurare solo là dove risultino essere state assunte decisioni palesemente *illogiche* o *arbitrarie*. Seppur discrezionali, infatti, questi atti *non sono liberi nei fini*, ma vincolati al perseguimento delle finalità pubbliche.
La differenza fra gli atti di alta amministrazione e gli atti politici può essere schematizzata nel modo che segue:

- gli atti politici, a differenza di quelli di alta amministrazione, sono emanati da autorità di governo e costituiscono concreta realizzazione del potere politico (Virga);
- gli atti politici esternano, in sintesi, gli interessi della collettività, mentre gli atti di alta amministrazione prendono in considerazione interessi settoriali;
- gli atti politici non possono essere soggetti ad alcun sindacato; gli atti di alta amministrazione, invece, sono pienamente assoggettabili alle forme di tutela previste dall'ordinamento giuridico per gli atti amministrativi.

Capitolo 2
Le situazioni giuridiche soggettive

2.1 Nozioni

Le situazioni giuridiche soggettive sono il risultato della valutazione discrezionale che l'ordinamento giuridico fa dei vari interessi ritenuti meritevoli di tutela e, a seconda che attribuiscano al soggetto un vantaggio o uno svantaggio, sono classificabili in:

- situazioni giuridiche soggettive **attive**;
- situazioni giuridiche soggettive **passive**.

Le prime attribuiscono al soggetto titolare determinati vantaggi, consistenti nell'attribuzione di poteri e facoltà, più o meno intensi, che consentono di realizzare l'interesse ad esse sotteso. Le seconde, invece, gli impongono un dovere, un obbligo, un onere ecc.

Saranno analizzate, di seguito, le situazioni giuridiche soggettive attive: *diritto soggettivo, aspettativa di diritto, potestà, diritto potestativo, facoltà, interesse legittimo.* L'ultimo paragrafo è dedicato alle posizioni soggettive passive.

2.2 Il diritto soggettivo, il diritto potestativo e la potestà

Il diritto soggettivo è tradizionalmente definito come **il potere di agire per il soddisfacimento di un proprio interesse ritenuto meritevole di tutela da parte dell'ordinamento giuridico**.

Qualificando come diritto l'interesse di un soggetto verso un determinato bene della vita, l'ordinamento giuridico realizza la forma più intensa e più completa di protezione giuridica che possa essere attribuita alla situazione giuridica soggettiva di un privato.

Ciò detto, si definiscono **diritti assoluti** quelli che hanno per contenuto una pretesa che può essere fatta valere nei confronti della generalità dei consociati, i quali devono astenersi dal tenere comportamenti che ledano o minaccino quella pretesa. Rientrano in questa categoria la proprietà, la vita, l'integrità fisica, l'onore e, più in generale, tutte le libertà costituzionali. Si definiscono **diritti relativi**, per converso, quelli che conferiscono il potere di agire verso una o più persone determinate, a carico delle quali sussiste un obbligo di dare, fare o non fare qualcosa (es. i crediti di denaro o il diritto di ottenere dal debitore l'adempimento dell'obbligazione).

Ogni qualvolta una *norma di relazione* (diretta cioè a disciplinare comportamenti intersoggettivi) attribuisca ad un soggetto un *potere* diretto e immediato per la realizzazione di un proprio interesse, cui corrisponda un *obbligo* in capo a soggetti determinati o in capo a tutta la collettività, si parla di **diritto soggettivo perfetto**. Si parla, d'altro canto, di **diritto condizionato** quando il suo esercizio è sottoposto ad una *condizione risolutiva o sospensiva*. Sono ipotesi in cui l'ordinamento acconsente al sacrificio di un diritto individuale per realizzare un vantaggio collettivo, come nel caso in cui gli si espropri un bene da destinare alla pubblica utilità.

Quando l'esercizio del diritto è temporaneamente impedito da un ostacolo giuridico si dice che il diritto è «*in attesa di espandersi*», come nel caso del diritto di edificazione, la cui esplicazione è subordinata al rilascio di permesso amministrativo. Si verifica, invece, il fenomeno del cosidetto *affievolimento* quando l'Autorità amministrativa impone limiti, temporanei o definitivi, ad un diritto che fino a quel momento era stato liberamente e pienamente esercitato dal suo titolare, come nel caso del proprietario al quale viene imposto un vincolo d'inedificabilità o che viene espropriato del proprio diritto di proprietà.

Situazione concettualmente diversa è l'**aspettativa di diritto**, che si configura quando la fattispecie attributiva di un diritto soggettivo si compone di vari elementi di cui solo alcuni sono venuti a esistenza. In questa circostanza, l'ordinamento giuridico ritiene meritevole di tutela la posizione di chi attende che tutti gli elementi della fattispecie vengano in essere e, quindi, che la fattispecie si perfezioni.
La tutela riservata dall'ordinamento a tale posizione di *attesa* si concretizza nell'attribuzione di *poteri di natura conservativa* ed è *strumentale* al realizzarsi del diritto soggettivo nonché *provvisoria*, dal momento che la fattispecie *in itinere* potrà o meno perfezionarsi.
L'ordinamento giuridico non tutela, invece, l'**aspettativa di fatto**, che consiste nella mera speranza di un futuro diritto soggettivo.
Il **diritto potestativo** consente ad un soggetto di conseguire con un determinato comportamento un risultato favorevole, provocando una modificazione nella sfera giuridica di un altro soggetto, che si trova in una posizione di soggezione.
Il diritto potestativo ricorre:

- sia nell'ipotesi in cui il risultato favorevole è conseguito attraverso il semplice **comportamento del titolare del diritto** (come nel caso di *recesso unilaterale* dal rapporto contrattuale *ex* art. 1373 c.c.);
- sia nell'ipotesi in cui l'effetto favorevole è ottenuto attraverso una **sentenza del giudice** (come nel caso di *acquisto della servitù coattiva di passaggio* che, in mancanza di un accordo fra i proprietari dei fondi, può essere costituita con declaratoria giudiziale *ex* art. 1032 c.c.).

Il soggetto che subisce la modificazione non deve né può fare nulla per impedirla.
La **potestà**, infine, è il potere di agire per il soddisfacimento di un interesse che non è proprio di chi agisce, bensì di un altro soggetto. La caratteristica principale di questa situazione soggettiva attiva è che non v'è coincidenza fra chi formalmente esercita il diritto (il titolare della potestà) e chi, invece, è l'effettivo titolare dell'interesse tutelato. Tale potere può essere attribuito dalla legge (come nel caso della *potestà genitoriale*, ora denominata *responsabilità genitoriale*, in cui i genitori gestiscono in nome e nell'interesse dei figli minorenni nei vari rapporti giuridici) o dal titolare dell'interessato (come nel caso della *rappresentanza diretta*, in cui gli effetti dell'attività compiuta dal rappresentante si producono direttamente e immediatamente nel patrimonio del rappresentato).

Il potere di esercitare il diritto altrui non è libero, bensì vincolato, in quanto chi lo esercita non può liberamente determinarsi, ma deve perseguire l'altrui interesse per il quale la potestà gli è attribuita.

2.3 L'interesse legittimo

2.3.1 Nozione

L'interesse legittimo è l'**interesse che ciascun amministrato vanta a che la Pubblica Amministrazione agisca nel rispetto della legalità**, vale a dire di quelle norme giuridiche e tecniche che governano il corretto esercizio del potere pubblico. Per esempio, il partecipante ad un pubblico concorso ha l'interesse, giuridicamente tutelato, a che la procedura di selezione si svolga nel rispetto delle norme di legge e di quelle fissate nel bando di concorso.
Diversamente dal diritto soggettivo, l'interesse legittimo non ha di fronte a sé una situazione giuridica passiva (obbligo, dovere, soggezione ecc.), ma un'altra situazione giuridica attiva e di vantaggio: il **potere della Pubblica Amministrazione**.
Come situazione giuridica individuale, l'interesse legittimo ha trovato riconoscimento nel nostro ordinamento con la L. 5992/1889, istitutiva della *Quarta Sezione* (giurisdizionale) del Consiglio di Stato. La Carta costituzionale lo inserisce, nell'art. 24, al fianco dei diritti soggettivi, assicurandogli la massima tutela davanti alla giustizia amministrativa.
La Costituzione lo richiama, inoltre, in altre due norme:

- nell'art. 113, in riferimento alla possibilità di impugnare gli atti della Pubblica Amministrazione dinanzi alla giurisdizione ordinaria o amministrativa;
- nell'art. 103, dove si afferma che gli organi della giustizia amministrativa hanno giurisdizione per la tutela degli interessi legittimi.

Ciò nondimeno, nessuno dei menzionati precetti si occupa di dare un'espressa definizione di interesse legittimo. La dottrina più autorevole parla di «*situazione giuridica di vantaggio, costituita dalla protezione giuridica di interessi finali che si attua non direttamente e autonomamente, ma attraverso la protezione indissolubile e intermediata di un altro interesse del soggetto, meramente strumentale, alla legittimità dell'atto amministrativo e soltanto nei limiti della realizzazione di tale interesse strumentale*» (così Casetta).
Ne deriva che se il diritto soggettivo è una posizione autonomamente tutelabile, l'interesse legittimo può essere espresso in termini di posizione non autonoma: l'utilità sperata dal titolare di questa posizione non è riconducibile direttamente alla legge ma dipende da un provvedimento o da un comportamento della Pubblica Amministrazione, che devono essere posti in essere nel rispetto delle norme di legge.
Principale caratteristica dell'interesse legittimo è la differenziazione: il suo titolare, cioè, vanta verso la Pubblica Amministrazione una situazione **differenziata**, ben distinguibile rispetto a quella di altri soggetti. Inoltre tale situazione è **qualificata**, in quanto presa in considerazione, sia pure indirettamente, dalla norma che disciplina l'esercizio del potere pubblico.
Si è molto discusso in dottrina circa i criteri per distinguere l'interesse legittimo dal diritto soggettivo. La distinzione, almeno fino al 1999, non era priva di rilevanza

pratica, poiché si negava la risarcibilità della lesione dell'interesse legittimo, per ammetterla solo quando fosse stata lesa una posizione di diritto soggettivo.
Il criterio tradizionale, elaborato dal Guicciardi, si basa sulla natura della norma violata. Questa tesi muove dal presupposto che le norme si dividano in due categorie:

- **norme di relazione**, che, attraverso un giudizio di relazione fra i vari interessi che fanno capo ai soggetti dell'ordinamento, tracciano una netta linea di demarcazione fra sfera giuridica della Pubblica Amministrazione e sfera giuridica dei privati. Verrà a configurarsi violazione di un diritto soggettivo nel caso in cui la Pubblica Amministrazione violi quella linea di demarcazione invadendo la sfera del privato;
- **norme di azione**, che regolano l'esercizio di un potere della Pubblica Amministrazione (precedentemente attribuito attraverso le norme di relazione), sicché si avrà violazione di un interesse legittimo nel caso in cui la Pubblica Amministrazione violi questo tipo di norme.

Un secondo criterio fa leva sulla **natura vincolata** o **discrezionale** dell'attività esercitata. Nei confronti di un'attività vincolata, il privato vanterà un diritto soggettivo. Al contrario, nel caso di attività discrezionale il cittadino può vantare solo un interesse legittimo.
Criterio ulteriore è quello che distingue fra **carenza di potere** e **cattivo esercizio del potere**: tutte le volte in cui si lamenti un cattivo uso del potere, si farà valere un interesse legittimo, mentre si farà valere un diritto soggettivo nel caso in cui si voglia contestare l'esistenza stessa del potere in capo all'Amministrazione.
In realtà, dopo l'apertura normativa alla possibilità che il privato possa partecipare alle scelte dell'Amministrazione, facendo emergere le proprie esigenze nel corso del procedimento amministrativo (cosiddetta **partecipazione procedimentale**, di cui alla L. 241/1990), e soprattutto dopo la sentenza n. 500/1999 delle Sezioni Unite della Cassazione, che ha ammesso la risarcibilità della lesione degli interessi legittimi, le due posizioni soggettive di vantaggio si sono notevolmente avvicinate sotto l'aspetto della relativa tutela, ossia sul versante che tradizionalmente più le distingueva.

2.3.2 Interessi pretensivi e interessi oppositivi

Secondo la prospettiva più moderna, l'interesse legittimo è una situazione giuridica soggettiva che si concreta nella *pretesa* o nel *mantenimento* di un determinato bene della vita.
Nel primo senso si parla di **interesse pretensivo**, per cui il privato chiede alla Pubblica Amministrazione l'attribuzione o il riconoscimento di un *quid* e si trova di fronte, come situazione correlata, il potere della stessa Amministrazione di accogliere o rifiutare la richiesta. Nel secondo senso si parla di **interesse oppositivo**, per cui il privato si trova di fronte ad un potere della Pubblica Amministrazione cui egli si vuole **opporre** e vanta, quindi, un interesse legittimo al mantenimento del suo diritto.
Si prenda l'esempio del concorso pubblico: nel caso in cui la Pubblica Amministrazione violi le disposizioni che regolano l'esercizio del potere (**norme di azione**), attribuendo un punteggio inferiore ad un concorrente che non verrà quindi inserito nella graduatoria, questo soggetto può ricorrere al giudice amministrativo per ottenere l'annullamento dell'atto illegittimo. Dall'eliminazione dell'atto illegittimo (interesse primario alla legalità dell'azione amministrativa) consegue l'utilità che

avrà il candidato una volta che, annullato l'atto illegittimo, verrà inserito nella graduatoria (**interesse secondario**). Il concorrente escluso è cioè titolare di un **interesse legittimo pretensivo**, e cioè di una *situazione individuale che si sostanzia in una pretesa* (nel caso di specie, il soggetto esercita la pretesa di essere ammesso in graduatoria a fronte dell'eliminazione dell'atto illegittimo). Ipotesi diversa è quella del soggetto espropriato che si oppone al provvedimento di esproprio: costui, infatti, è titolare di un **interesse legittimo oppositivo**, perché si *oppone all'adozione di un atto pregiudizievole per la propria sfera giuridica* (cioè si oppone all'adozione del provvedimento che lo priva del suo diritto di proprietà).

2.3.3 Interessi diffusi, collettivi e semplici (o amministrativamente protetti)

L'**interesse diffuso** è un *interesse privo di titolare, latente nella comunità e ancora allo stato fluido,* in quanto comune a tutti gli individui di una formazione sociale non organizzata e non individuabile autonomamente (si pensi, per esempio, all'interesse che ciascuno vanta a vivere in un ambiente salubre, all'interesse ad una buona qualità della vita ecc.).

L'**interesse collettivo**, invece, è *quell'interesse che fa capo ad un ente esponenziale di un gruppo non occasionale* (cioè stabile), della più varia natura giuridica, ma autonomamente individuabile. Si pensi a beni come l'ambiente, la salute o la qualità della vita, rispetto ai quali non sono configurabili situazioni di interesse individuale, ma solo *situazioni di interesse che afferiscono ad una indefinita pluralità di soggetti.*

L'**interesse amministrativamente protetto**, infine, detto anche **interesse semplice**, è quello che ciascun cittadino vanta a che la Pubblica Amministrazione operi nel rispetto delle regole di opportunità e di convenienza che ispirano l'azione dei pubblici poteri.

Questi interessi godono di una tutela puramente amministrativa e per tale ragione sono denominati *interessi amministrativamente protetti*: di conseguenza l'unica via perseguibile nel caso di lesione da parte dei pubblici poteri è quella dei ricorsi amministrativi. Soltanto in via eccezionale è consentita la tutela giurisdizionale per vizi di merito dell'atto amministrativo.

Del tutto privi di qualificazione giuridica sono gli **interessi di fatto** (es. l'interesse all'illuminazione delle strade). L'unica possibilità che i privati hanno di far valere tali interessi è quella di presentare denunce che, tuttavia, non sono giuridicamente vincolanti per la Pubblica Amministrazione.

Soltanto in casi eccezionali sono consentite **azioni popolari** da parte di soggetti coinvolti nelle questioni in cui rilevano interessi di questo tipo.

2.4 Le situazioni giuridiche passive

Le principali situazioni giuridiche passive sono:

- il **dovere**: a una situazione di diritto assoluto di un soggetto corrisponde una situazione di svantaggio per tutti gli altri, che sono tenuti a rispettare quel diritto. Ad esempio, il dovere di rispettare la proprietà altrui o di non ledere il diritto all'integrità fisica;

- l'**obbligo**: a un diritto relativo di un soggetto corrisponde una situazione di svantaggio per un altro soggetto specificamente individuato (o un insieme non indeterminato di soggetti), tenuto all'osservanza di un certo comportamento. Ad esempio, il debitore è obbligato a restituire la somma di denaro presa in prestito.

Nel diritto pubblico, tale correlazione può anche mancare, perché esistono obblighi imposti per la realizzazione di interessi generali, dei quali cioè siano portatori non singoli soggetti, ma la collettività globalmente considerata o un corpo sociale minore (es. l'obbligo scolastico, l'obbligo di non uccidere, di non rubare, di non porre in essere condotte pericolose per la sicurezza pubblica e così via);

- la **soggezione**: è la situazione nella quale viene a trovarsi chi è sottoposto all'altrui diritto potestativo;
- l'**onere**: è ravvisabile quando un soggetto deve tenere un determinato comportamento al fine di realizzare un interesse proprio e, in assenza di tale comportamento, derivano al soggetto onerato effetti negativi. Per esempio, chiunque voglia far valere una pretesa in giudizio ha l'onere di dimostrare che quella pretesa è giuridicamente fondata; la mancata dimostrazione della fondatezza comporta il disconoscimento giudiziale della pretesa.

Capitolo 3
L'organizzazione amministrativa

3.1 Nozioni di ente, organo e ufficio

Si definisce **ente** la struttura organizzativa costituita per il perseguimento di scopi di carattere collettivo, cioè scopi che le singole persone fisiche non potrebbero realizzare da sole. Il fenomeno trova il suo fondamento nell'art. 2 Cost., che tutela le «formazioni sociali» dove si svolge e sviluppa la personalità dell'individuo: il concetto stesso di «ente» nasce dall'esigenza di permettere una migliore realizzazione di fini che soltanto la forza unitaria del gruppo può effettivamente perseguire, attraverso un'organizzazione stabile di uomini e mezzi, dotata di una propria individualità e svolgente un'attività ben distinta da quella delle singole persone fisiche.
Ciò detto, sono **pubblici** gli enti che perseguono fini rilevanti per l'ordinamento dello Stato. Sotto l'aspetto organizzativo e funzionale, perciò, essi risentono del fatto di essere creati dallo Stato per il perseguimento di scopi che stanno particolarmente a cuore alla comunità statale.
Gli enti pubblici hanno una propria organizzazione interna, potendosi distinguere fra **uffici** e **organi**. La distinzione si basa essenzialmente sul seguente concetto: gli uffici sono unità operative con mansioni prevalentemente di carattere interno e quasi mai hanno il potere di impegnare giuridicamente l'ente di fronte ai terzi; nel momento in cui tali unità, o un insieme di esse, rappresentano la volontà dell'ente verso l'esterno, relazionandolo giuridicamente con gli altri soggetti dell'ordinamento, deve parlarsi non di uffici ma di organi
Gli organi sono dunque gli strumenti attraverso i quali l'ente agisce, compiendo atti giuridici. Naturalmente, all'interno dell'organizzazione di un ente, ogni organo è chiamato a svolgere delle funzioni ben precise, e l'ente stesso è organizzato in maniera tale che le sue attribuzioni siano ripartite tra i suoi diversi organi.
Gli organi non hanno una soggettività distinta dall'ente, non hanno, quindi, soggettività giuridica propria, ma mettono in pratica quella che è la capacità giuridica dell'ente. Per esempio, il Comune è un ente composto di organi (Consiglio comunale, Giunta, Sindaco e dirigenti) e gli atti da essi prodotti sono imputabili al Comune stesso, titolare della capacità giuridica.

L'**unità organizzativa minima** degli enti pubblici è costituita dall'**ufficio amministrativo**; questo può definirsi come un complesso di **persone fisiche** (*aspetto soggettivo*) e **mezzi tecnici e organizzativi** (*aspetto oggettivo*) funzionalmente coordinati e collegati per lo svolgimento di un determinato compito in seno alla persona giuridica pubblica (dal Ministero alla Prefettura, al Comune, al singolo istituto scolastico ecc.).

3.2 L'organo amministrativo

3.2.1 Definizioni e caratteristiche dell'organo amministrativo

All'**organo amministrativo** sono riconosciuti compiti *decisionali* e *deliberativi*. L'organo, infatti, è titolare di una specifica **competenza**, che è una parte o quota della competenza amministrativa dell'ente. Inoltre, nell'ambito della sfera di competenza assegnatagli, l'organo si avvale del complesso di beni e persone strumentale all'esercizio delle potestà attribuitegli.
Secondo la teoria che oggi riscuote maggiori consensi in dottrina, l'organo si identifica, sia, sotto il profilo soggettivo, con la **persona** (organo individuale, come per esempio il Sindaco, il Ministro, il Dirigente scolastico ecc.) o il **complesso di persone** (organo collegiale, come per esempio la Giunta, il collegio dei revisori, il Consiglio d'istituto ecc.) cui spetta l'esercizio delle funzioni rientranti nella sfera di **competenza assegnata**, sia, sotto il profilo obiettivo, con il **centro di imputazione** di detta competenza amministrativa (es. la carica di Sindaco, l'istituzione collegiale ecc.).
I suoi elementi strutturali sono:

- il **titolare** (il funzionario), che ha con l'organo un rapporto di *immedesimazione organica*, in virtù del quale ne esercita le potestà e ne manifesta la volontà nei confronti dei terzi;
- i **poteri** per lo svolgimento dell'attività di competenza.

Tra gli organi amministrativi, taluni hanno la **legale rappresentanza** dell'ente, vale a dire l'attitudine a manifestarne la volontà nei rapporti con i terzi. L'**immedesimazione organica**, invece, è una peculiare forma di rapporto fra il titolare dell'organo e l'ente del quale l'organo manifesta la volontà. Attraverso tale rapporto, il titolare dell'organo, nell'esercizio dell'attività rientrante nella sua sfera di attribuzioni, esprime direttamente la volontà dell'ente e non una volontà propria; ne consegue che all'ente pubblico sono direttamente riferibili sia l'attività, sia i relativi effetti, favorevoli o sfavorevoli che siano.

3.2.2 Le diverse tipologie di organi

L'esercizio delle funzioni amministrative può essere attribuito a *singole persone* o a *pluralità di persone*, aventi ciascuna lo stesso potere decisionale, gestito collegialmente, attraverso sedute o riunioni in cui prevale la volontà della maggioranza: nel primo caso si parla di **organi monocratici** (es. i singoli Ministri, il Capo dello Stato, i Prefetti, i commissari di pubblica sicurezza), mentre nel secondo caso si parla di **organi collegiali** (es. le Camere, il Consiglio dei Ministri, i Consigli comunali e metropolitani, i collegi giudiziari, le commissioni esaminatrici).
Quando un ente dispone di un'organizzazione ramificata sul territorio è possibile distinguere fra **organi centrali** e **organi periferici**. I primi hanno una competenza estesa all'intero territorio di riferimento (es. il Governo); i secondi, invece, hanno una competenza limitata all'ambito territoriale in cui operano (es. i Prefetti).
Si è detto che gli organi sono gli strumenti attraverso i quali l'ente opera giuridicamente. Non tutti gli organi, però, hanno poteri decisionali: alcuni, infatti, hanno soltanto il

compito di fornire pareri a quelli che devono decidere, ed altri il compito di esercitare un sindacato (di legittimità o di merito) sulle decisioni prese da questi ultimi.
Si definiscono, perciò, **organi attivi** quelli dotati di potestà decisionale e senza i quali l'ente stesso non potrebbe relazionarsi con gli altri soggetti giuridici (es. i Consigli regionali, comunali e metropolitani). Sono, invece, **organi consultivi** quelli deputati a dare pareri (es. il Consiglio di Stato), e **organi di controllo** quelli investiti appunto di funzioni di controllo (es. la Corte dei conti).

3.2.3 La competenza

La competenza è il **complesso dei poteri esercitabili da un organo**: in particolare è la capacità che l'organo ha di esercitare un potere ed emanare un atto. L'incompetenza, essendo il suo opposto, rende non esercitabile un potere e pertanto vizia gli atti eventualmente emanati.
La competenza si manifesta a tre livelli:

- per materia;
- per territorio;
- per grado.

La **competenza per materia** si determina in relazione all'oggetto dell'attività che l'organo svolge (es. il Ministro dell'Istruzione, dell'Università e della Ricerca ha competenza in materia di organizzazione dell'attività scolastica e degli studi) e può essere di *tipo esclusivo* (così per i Ministeri) o *concorrente*, nel caso in cui siano previste decisioni conformi di più organi o decisioni prese dietro parere o sottoposte a controllo di altri organi (così per gli organi collegiali).
La **competenza per territorio** delimita l'ambito spaziale in cui si esplica l'attività di un determinato organo e si circoscrive l'efficacia degli atti (es. l'attività dell'Ufficio scolastico regionale si esplica nel territorio della Regione).
La **competenza per grado**, infine, si determina in relazione alla scala gerarchica all'interno della quale l'organo è inserito, così che un organo *gerarchicamente superiore* abbia poteri diversi e ulteriori rispetto ad un organo *subordinato* (un tipico rapporto di subordinazione gerarchica è quello che si instaura fra un Commissario e un Questore).
Si parla, d'altra parte, di **conflitto di competenza** quando due o più organi affermano contemporaneamente la propria competenza (*conflitto positivo*) o contemporaneamente la negano (*conflitto negativo*). I conflitti possono essere effettivi (*reali*) o potenziali (*virtuali*) e determinarsi sia fra organi aventi la stessa funzione (*conflitti interni*) sia fra organi con funzioni differenti (*conflitti esterni*). La soluzione dei conflitti interni avviene ad opera del capo dell'ufficio di cui fanno parte gli organi in conflitto, mentre la soluzione di quelli esterni è rimessa al superiore gerarchico o ad altra autorità individuata dalla legge o con funzioni di controllo sui contendenti.

3.2.4 L'esercizio della competenza da parte di soggetti doversi dal titolare dell'organo

Si possono configurare le seguenti situazioni:

- la **delega**, ovvero la derivazione della competenza in capo ad altro organo (*organica*) o soggetto (*intersoggettiva*), che tuttavia non assume la titolarità del potere. Si

tratta di un *atto amministrativo discrezionale*, adottato per ragioni di carattere organizzativo e il cui effetto è quello di ampliare le attribuzioni del **delegato** (cioè del soggetto che riceve la delega); per tale ragione, il **delegante** può impartire *direttive* per l'esercizio della delega e, in caso di *inerzia*, può sostituirsi al delegato, oltre a poter annullare eventuali atti illegittimi e, in ultima analisi, *revocare* la delega stessa;
- l'**avocazione**, la quale prevede – in casi individuati dalla legge – che un organo sovraordinato attiri a sé l'esercizio di una competenza dell'organo gerarchicamente subordinato (es. nel processo penale è previsto che il procuratore generale possa per particolari esigenze avocare a sé l'inchiesta precedentemente affidata ad uno dei suoi sostituti);
- la **sostituzione**, che è simile nella struttura all'avocazione ma presuppone l'ingiustificata *inerzia* dell'organo sostituito (che persiste nella sua inattività anche dopo la diffida a provvedere) e il *carattere vincolato* dell'atto da emanarsi (deve trattarsi, cioè, di un atto la cui emanazione è prevista dalla legge come obbligatoria).

3.2.5 L'incompetenza

L'incompetenza, in quanto **difetto di attribuzione**, si traduce in vizio per gli atti emanati. Si distingue in assoluta e relativa.
L'**incompetenza assoluta** si configura quando l'organo amministrativo emana un atto:
- in una materia sottratta al potere esecutivo e riservata ad altro potere dello Stato (*straripamento di potere*);
- riservato alla competenza di un settore amministrativo diverso da quello dell'organo emanante (*difetto di attribuzione*);
- relativo ad un oggetto che si trova nella circoscrizione territoriale di un altro organo amministrativo.

Si parla, invece, di **incompetenza relativa** quando l'organo che emana l'atto appartiene allo stesso settore di amministrazione dell'organo che sarebbe competente secondo le regole generali. Si può distinguere un'incompetenza **per materia** (nel caso in cui l'atto emanato sia riservato per materia ad altro organo dello stesso settore amministrativo) o **per territorio** (nel caso in cui l'atto è emanato da un organo che, sebbene competente per materia, non lo è per territorio).
Non di incompetenza, infine, ma di **acompetenza** deve parlarsi quando l'atto è emanato da un soggetto privo della qualifica di organo amministrativo, ciò che può avvenire perché manca la relativa investitura o perché quest'ultima risulta viziata. L'ipotesi tipica che va ricondotta a questa categoria è quella del *funzionario di fatto*, che ricorre quando la titolarità dell'organo è puramente apparente.

3.2.6 Il funzionario di fatto

Il rapporto di servizio – ovvero la relazione intercorrente fra l'ente e tutti coloro che prestano stabilmente la loro attività nell'ambito della sua organizzazione – può anche sorgere, seppure in via eccezionale, in assenza di un formale atto di investitura da parte della Pubblica Amministrazione.

In tale categoria rientra l'ipotesi del funzionario di fatto, ovvero del **funzionario la cui investitura, pur esistendo, sia invalida o sia venuta successivamente a mancare**. Anche quando le funzioni sono esercitate in via di mero fatto, varie ragioni consigliano di applicare egualmente il meccanismo di imputazione tipico dell'organo e, cioè, di ritenere l'atto ugualmente valido ed efficace come se fosse stato adottato da un organo legittimato a porlo in essere. Ciò accade, in particolare, quando l'esercizio delle funzioni risulti *urgente e indifferibile* ovvero quando lo richieda la *tutela della buona fede e dell'affidamento dei privati.*

3.2.7 La *prorogatio*

Quest'istituto risponde all'esigenza di assicurare la continuità nell'esercizio delle pubbliche funzioni.

Nel **rapporto di servizio** fra il titolare dell'organo e l'ente possono susseguirsi diverse vicende (*aspettative, congedi, permessi*) e il rapporto stesso può cessare per cause fisiologiche, come la scadenza del termine. In tal caso, è necessario procedere a nuova designazione del titolare del rapporto organico, ma, in virtù dell'istituto della *prorogatio*, il titolare cessato è legittimato a esercitare le funzioni finché non si insedi il successore e ciò per principio generale, senza necessità di un atto di conferma o di proroga.

L'art. 3 del D.L. 293/1994, convertito nella L. 444/1994, prevede, tuttavia, il **divieto di *prorogatio*** per gli organi amministrativi dello Stato e degli enti pubblici, nonché delle persone giuridiche a prevalente partecipazione pubblica. La legge stabilisce, infatti, che l'attività di tali organi possa essere prorogata (istituto che si differenzia dalla *prorogatio* perché in questo caso è una legge a determinare la prosecuzione dell'attività) per un periodo massimo di 45 giorni dalla loro scadenza, nel caso in cui non si proceda immediatamente alla sostituzione. Decorso tale termine, qualora non si sia comunque provveduto, gli organi amministrativi decadono e gli atti adottati sono posti nel nulla, non essendo applicabile l'ipotesi dell'attività del funzionario di fatto.

Durante il periodo di proroga possono essere adottati esclusivamente gli *atti di ordinaria amministrazione*, nonché quelli *urgenti e indifferibili*. Se non ricorrono tali presupposti gli **atti sono nulli**.

3.3 Il decentramento amministrativo

3.3.1 Le disposizioni costituzionali

I sistemi democratici sono andati progressivamente allontanandosi dalla tradizionale **organizzazione centralistica** per accogliere una formula implicante una maggiore ripartizione dei compiti e un'articolata suddivisione delle decisioni e delle responsabilità. Il **decentramento amministrativo**, secondo l'accezione accolta dall'art. 5 Cost., permette di organizzare l'esercizio della funzione amministrativa dislocando attribuzioni e competenze fra più figure soggettive. Si tratta, in particolare, di una formula di organizzazione ordinamentale consistente nel **trasferimento dei compiti e delle funzioni** proprie di una certa organizzazione (operante all'interno dell'apparato politico-amministrativo dello Stato centrale) verso le **articolazioni periferiche** della medesima struttura.

L'art. 5 Cost. stabilisce che la Repubblica «*attua nei servizi che dipendono dallo Stato il più ampio decentramento amministrativo*», adeguando «*i principi e i metodi della sua legislazione alle esigenze dell'autonomia e del decentramento*». Il precetto costituzionale non va limitato allo Stato, ma concerne tutte le organizzazioni pubbliche (e anche private) di cui si compone il sistema istituzionale quando superino certe dimensioni e/o presentino una rilevante complessità.

Il decentramento, quindi, interviene per **ridistribuire le competenze fra il centro della struttura pubblica e la sua periferia**, operando all'interno dei confini dell'organizzazione amministrativa. Così inteso, il decentramento si rivela un mezzo importante nella distribuzione razionale delle competenze fra le singole unità divisionali dell'apparato amministrativo, mantenendo in capo agli organi centrali le funzioni direttive e di indirizzo, nonché quelle di regolazione, coordinamento e controllo, ed operando come mezzo di attuazione del principio costituzionale di buon andamento di cui all'art. 97 Cost.

3.3.2 Le possibili forme di decentramento

I modelli possibili di decentramento sono tre:

- **decentramento burocratico**, che prevede la *traslazione delle competenze dagli uffici centrali di una certa organizzazione verso gli uffici periferici* della medesima organizzazione, appositamente istituiti. Ciò significa che – nel caso dello Stato – le funzioni amministrative, incluse quelle decisionali, non sono attribuite a enti separati ma sono mantenute in capo all'apparato statale, realizzando semplicemente una modalità organizzativa interna all'esercizio di un medesimo potere. Il necessario presupposto è l'esistenza di una pluralità di livelli decisionali esercitabili autonomamente dall'organizzazione amministrativa centrale;
- **decentramento istituzionale**, **funzionale o per servizi**, che comporta una *ripartizione orizzontale delle funzioni amministrative*, al posto della tradizionale organizzazione verticale, e quindi la distribuzione di vere e proprie funzioni di cura di interessi pubblici in favore di enti diversi dallo Stato (soggetti di diritto, tendenzialmente dotati di personalità giuridica autonoma);
- **decentramento autonomistico, autarchico o territoriale**, nel quale la cura degli interessi locali è affidata direttamente a enti esponenziali di collettività locali e l'indipendenza delle funzioni decentrate è garantita dall'elettività degli enti di governo. Sotto l'assetto organizzativo, tale modello di decentramento può svilupparsi mediante la costituzione di nuovi organi periferici dell'ente interessato oppure attraverso la creazione di nuovi enti, dotati di propria personalità giuridica ma dipendenti dall'ente originario, pur essendo strutturati con un vertice direttamente elettivo.

3.3.3 Decentramento e autonomia: il valore della sussidiarietà

È lo stesso art. 5 Cost. ad enunciare, accanto al criterio del decentramento, quello dell'**autonomia locale** («*La Repubblica, una e indivisibile, riconosce e promuove le autonomie locali*»). In questo senso, il rapporto autonomia-decentramento esprime il pluralismo delle istituzioni di governo, nel quale si manifesta il **principio democratico** sancito dall'art. 1 Cost. Deriva da ciò la necessità che i poteri decisori non siano

racchiusi in un unico nodo centrale né siano conferiti in modo esclusivo allo stesso livello di governo.
Nell'attuale interpretazione del principio autonomistico, ha assunto particolare e coerente rilievo la riforma della Parte II, Titolo V, della Costituzione operata dalla L. cost. 3/2001, attraverso la quale è stata rafforzata la tutela degli interessi emergenti dalle comunità locali. In particolare, l'art. 118, nel testo novellato, raccorda il principio del decentramento con quello di **sussidiarietà**, disponendo che le funzioni amministrative vadano svolte dall'entità territoriale più vicina ai cittadini, potendo essere esercitate dal livello superiore di governo soltanto quando l'ente di livello inferiore sia incapace di curare gli interessi ad esso affidati.

3.4 Gli enti pubblici

3.4.1 Profili generali

Gli enti pubblici sono **persone giuridiche che perseguono fini rilevanti per l'ordinamento dello Stato**. Essi costituiscono una categoria non unitaria ma alquanto varia e complessa, unita dal solo regime giuridico, ovvero dall'inserimento nell'apparato di potere pubblico, segnatamente statale, e dal complesso di norme e principi che ne informano l'attività (Sandulli).
La rilevanza che tali enti assumono sul piano dei fini perseguiti è evidenziata da una serie di **indici di riconoscimento**, più o meno comuni a tutta la categoria. Questi indici possono essere così sintetizzati:

- istituzione dell'ente da parte dello Stato;
- attribuzione di potestà pubbliche;
- autonomia politica, giuridica, normativa, organizzativa, finanziaria e di gestione;
- ingerenza dello Stato nella nomina e revoca degli amministratori o delle persone preposte ad incarichi dirigenziali;
- partecipazione dello Stato alle spese di gestione;
- finanziamenti statali;
- potere di direzione e controllo da parte dello Stato;
- integrazione dell'ente nell'organizzazione dello Stato o di altro ente pubblico territoriale, da intendersi come dipendenza di carattere organizzativo e finanziario.

Una caratteristica propria di taluni enti pubblici l'**autarchia**, ovvero la potestà di emanare atti amministrativi aventi gli stessi caratteri e la stessa efficacia giuridica di quelli emanati dallo Stato. Per ottenere che tali atti siano osservati dai loro destinatari, gli enti pubblici non devono ricorrere agli organi giurisdizionali, ma possono avvalersi dei mezzi amministrativi di cui dispongono (cosiddetta **autotutela**): è il caso, per esempio, dell'ingiunzione di pagamento che gli uffici esattoriali fanno recapitare ai contribuenti morosi.

3.4.2 Le principali tipologie di enti pubblici

All'interno della categoria degli enti pubblici è possibile operare una serie di classificazioni. In particolare si possono individuare le seguenti tipologie:

- enti pubblici territoriali;

- enti pubblici non territoriali;
- enti pubblici strumentali;
- enti pubblici indipendenti.

Gli **enti pubblici territoriali** sono quelli in cui il territorio rappresenta sia lo spazio fisico entro il quale l'ente esercita la sua sovranità sia uno degli elementi costitutivi, mancando il quale l'ente stesso non avrebbe alcuna ragione di esistere. Tali enti hanno la caratteristica di essere *esponenziali*, cioè rappresentativi degli interessi della collettività di individui stanziata sul territorio. Gli enti pubblici territoriali hanno *autonomia politica, normativa, statutaria, amministrativa* e *finanziaria*. Rientrano in questa categoria la *Regione* e gli *enti territoriali minori* (Province, Città metropolitane, Comuni).

Gli **enti pubblici non territoriali**, detti anche **enti istituzionali**, si caratterizzano, per il fatto che il territorio rappresenta soltanto l'ambito spaziale entro il quale essi esercitano la loro competenza. Si tratta, infatti, di enti strumentali, cioè creati per il perseguimento di fini propri dello Stato o degli enti territoriali (Regioni ed autonomie locali), tanto che si parla di *parastato* o comunque di *enti pararegionali, paraprovinciali* e *paracomunali*, proprio per indicare che tali enti costituiscono nel loro insieme un'Amministrazione parallela a quella centrale o locale dello Stato.

Sono enti pubblici non territoriali: l'Istituto Nazionale della Previdenza Sociale (INPS), l'Istituto Nazionale per l'Assicurazione contro gli Infortuni sul Lavoro (INAIL), il Consiglio Nazionale delle Ricerche (CNR), le Camere di commercio, gli ordini e i collegi professionali.

Si definiscono **strumentali**, invece, gli enti operanti sotto il controllo di un ente maggiore per lo svolgimento di funzioni ausiliarie. La relazione di strumentalità comporta che l'ente maggiore ha un potere di direttiva e di ingerenza nella nomina del consiglio di amministrazione e dei funzionari dell'ente sottoposto, il quale gode comunque di autonomia decisionale e organizzativa, tanto che dispone di un proprio bilancio.

Gli enti pubblici strumentali sono riconducibili a due principali categorie:

- **enti pubblici economici**, che svolgono un'attività imprenditoriale nel pubblico interesse dell'economia di mercato, operando secondo regole di diritto privato.

  Gli enti pubblici economici hanno rappresentato, nella maggior parte dei Paesi ad economia liberista o mista, il principale strumento di gestione pubblica dell'economia, in affianco ai tradizionali strumenti di politica economica e finanziaria. A seguito, però, del fallimento di buona parte delle imprese pubbliche, quasi tutti gli Stati occidentali hanno significativamente ridimensionato la loro ingerenza nella gestione dell'economia e hanno attuato vere e proprie forme di *privatizzazione*, con il trasferimento di interi pacchetti azionari pubblici a soggetti privati;

- **enti pubblici di erogazione**, che erogano servizi alla comunità (es. INPS, l'INAIL).

Gli **enti pubblici indipendenti**, infine, sono quelli che hanno un'autonomia politica, sì da potersi dare, sul piano politico ed amministrativo, un indirizzo diverso da quello del governo centrale. Rientrano in questa categoria le Regioni e gli enti locali.

3.4.3 Il fenomeno della privatizzazione

La categoria degli enti pubblici è molto vasta. Da decenni la tendenza del legislatore è quella di ridurne il numero. Quest'obiettivo è stato parzialmente perseguito attraverso la cosiddetta privatizzazione, grazie alla quale molti **enti pubblici** che svolgevano attività economiche in settori di pubblica utilità (es. trasporti, telecomunicazioni, fonti di energia ecc.) sono stati trasformati in società di capitali, attraverso la **totale o parziale dismissione delle partecipazioni statali e la loro cessione ad azionisti privati**.
Dopo il primo riassetto dato dalla legge sul parastato n. 70/1975, e dopo il riordino operato con la L. 59/1997 e con il D.L. 419/1999, le norme cosiddetta **taglia-enti** recate da successivi provvedimenti normativi hanno determinato la soppressione di una serie di enti minori, le cui funzioni e risorse sono confluite nell'autorità vigilante o nell'Amministrazione che vi esercitava maggiori poteri di controllo.
Non bisogna confondere gli enti pubblici istituzionali con le **S.p.A. a partecipazione pubblica**, costituite in forma societaria direttamente dalla legge, con regole operative in parte derogatorie del normale diritto societario, con possesso della maggioranza delle azioni da parte delle istituzioni pubbliche (o in quota minoritaria ma con poteri di gestione, cosiddetta *golden share*) e pertanto strumentali rispetto alle finalità dell'ente che ne esercita il controllo.

3.4.4 I rapporti fra gli enti

Tra gli enti si possono instaurare particolari **relazioni o rapporti giuridici** aventi carattere di stabilità e preordinati ad un più efficace ed efficiente esercizio dell'attività amministrativa. L'intensità di tali rapporti varia in relazione al grado di autonomia di ciascun ente.
È possibile distinguere le seguenti relazioni fra soggetti pubblici:

- la **strumentalità**, quale relazione che implica poteri di *ingerenza, direttiva, indirizzo, vigilanza, approvazione* di atti fondamentali e *verifica* nei confronti dell'ente subordinato;
- la **vigilanza**, che comporta poteri di *ingerenza*, di *informazione*, di *indirizzo* e *controlli di legittimità* dell'ente vigilante sugli atti dell'ente vigilato.

  Particolarmente significativo è il **potere di annullamento degli atti amministrativi** che l'*ente titolare del potere di vigilanza* può esercitare sull'*ente vigilato*. Degno di nota, nell'ambito del sistema dei controlli, è il **potere governativo di annullamento straordinario**, in virtù del quale il Governo ha facoltà, in qualunque tempo, di *annullare*, su denuncia o d'ufficio (ossia di propria iniziativa, indipendentemente da una richiesta), sentito il parere del Consiglio di Stato, gli atti degli enti locali viziati da illegittimità, per motivi eccezionali volti a salvaguardare l'unità dell'ordinamento;

- la **tutela**, che consente *controlli di merito* sull'attività dell'ente che v'è sottoposto;
- la **direzione**, che postula un *rapporto di sovraordinazione* di un ente all'altro, ma pur sempre nel rispetto di una sfera di autonomia dell'ente subordinato. Si esplica attraverso *direttive, atti di indirizzo* che additano degli obiettivi, lasciando all'ente la scelta dei mezzi con cui realizzarli;

- l'**avvalimento**, che si configura quando un ente si serve degli uffici di un altro ente, i quali svolgono compiti preparatori ed esecutivi senza che ciò comporti un trasferimento di funzioni dall'uno all'altro (era previsto dall'art. 118 Cost. prima della riforma del 2001);
- la **sostituzione**, figura generale che si realizza quando un ente esercita diritti o attribuzioni spettanti ad altro soggetto pubblico, ma in nome proprio e sotto la propria responsabilità. Gli effetti si producono direttamente nella sfera del sostituito. Il relativo potere è previsto in genere quando sia necessario sopperire all'inerzia del titolare, previa diffida;
- la **delega di funzioni**, da distinguere dalla delega nei rapporti interorganici. È una delle principali manifestazioni del principio di sussidiarietà e opera fra Stato e Regioni e fra Regioni ed enti locali. Le Regioni di norma esercitano le proprie funzioni amministrative delegandole agli enti locali;
- le **federazioni**, forme associative con funzioni di coordinamento e indirizzo dell'attività degli enti federati e di rappresentanza degli stessi (es. l'ACI è una federazione degli Automobil Club Provinciali);
- i **consorzi**, quali strutture stabili che svolgono attività diretta alla realizzazione di obiettivi comuni a più enti. Gli enti locali possono istituirne di due tipi: per la *gestione dei servizi pubblici locali* e per l'*esercizio di funzioni*. È rilevante, in tale ambito, la distinzione fra consorzi facoltativi e obbligatori. Questi ultimi ricorrono quando sono coinvolti rilevanti interessi pubblici che ne impongono la costituzione.

3.5 L'articolazione burocratica dello Stato

3.5.1 Concetti generali

Vertice e matrice dell'organizzazione burocratica dello Stato – centrale e periferica – è il Governo, che gestisce e orienta l'apparato amministrativo pubblico mediante il suo potere di **determinazione dell'indirizzo politico statale**. Inoltre, il Governo esercita **poteri normativi**, nonché **poteri di nomina** rispetto a quei soggetti che rivestono incarichi di massimo rilievo nell'Amministrazione dello Stato e negli enti pubblici (es. la nomina dei Segretari generali dei Ministeri, o dei Capi dei Dipartimenti, disposta con decreto del Presidente della Repubblica previa deliberazione del Consiglio dei Ministri).
Il Governo è un *organo complesso*, composto da altri organi dotati di autonomia e di specifiche funzioni, che ne rappresentano gli elementi essenziali e indispensabili: i **Ministri**, emanazione governativa, finalizzata alla distribuzione del potere politico e dei corrispondenti compiti amministrativi pubblici.
Nell'ordinamento delineato dalla Costituzione italiana, il potere di nominare il Presidente del Consiglio e i Ministri da questi proposti spetta al Presidente della Repubblica. Per la disciplina dell'attività di Governo e l'ordinamento della Presidenza del Consiglio dei Ministri occorre far riferimento principalmente alla L. 23-8-1988, n. 400.

3.5.2 La funzione del Presidente del Consiglio dei Ministri

Al Presidente del Consiglio, in quanto capo dell'esecutivo, la Costituzione repubblicana conferisce un'autonoma rilevanza, facendone il centro propulsore dell'intera

attività del Governo: egli, infatti, ne dirige la politica generale e ne è il responsabile, mantiene l'unità di indirizzo politico e amministrativo, promuove e coordina l'attività dei Ministri.
Il Presidente del Consiglio è, dunque, titolare di un **potere di direzione** dell'intera compagine governativa, e ciò lo abilita a svolgere ogni iniziativa volta a mantenere omogeneità nell'azione comune della coalizione, finalizzandola alla realizzazione del programma esposto in Parlamento al momento del voto di fiducia. Tali funzioni, però, non si spingono sino a determinare unilateralmente la politica generale del Governo, compito questo assolto collegialmente dal Consiglio dei Ministri attraverso le sue deliberazioni.

3.5.3 I Ministeri

Ai sensi dell'art. 2 D.Lgs. 300/1999, i Ministeri svolgono, per mezzo della propria organizzazione, nonché per mezzo di particolari strutture amministrative denominate **Agenzie**, le funzioni di spettanza statale nelle materie e secondo le aree funzionali indicate per ciascuna Amministrazione dal medesimo decreto, nel rispetto degli obblighi derivanti dall'appartenenza all'Unione europea.
Un Ministero è costituito dai seguenti *organi* e *uffici*:

- il Ministro;
- il Sottosegretario;
- il Gabinetto del Ministro e altri uffici di diretta collaborazione;
- il Segretario generale (eventuale);
- i Dipartimenti;
- le Direzioni generali;
- le Divisioni (o Servizi).

Dal punto di vista organizzativo, i Ministeri (o Dicasteri), sono tipiche organizzazioni burocratiche, che possono avere una **macrostruttura di tipo polifunzionale** (come i Ministeri che hanno come articolazione di primo livello la Direzione generale) o di **tipo multidivisionale** (come i Ministeri che hanno come articolazione di primo livello il Dipartimento).
Il D.Lgs. 300/1999, in attuazione della delega conferita dalla L. 59/1997, ha proceduto ad un primo riordino della disciplina dei Ministeri, suddividendoli in Dipartimenti e Direzioni generali.
Il **Dipartimento** è la *struttura di primo livello* costituita per l'esercizio organico e integrato delle funzioni del Ministero, dalla quale dipende la **Direzione generale**; in alcuni Ministeri, tuttavia, non ci sono Dipartimenti, sicché la ripartizione di primo livello è la Direzione generale.
Le **Divisioni**, invece, sono la struttura di base, ma possono essere ripartite a loro volta in **Sezioni**.
Spesso, oltre agli **uffici centrali**, i Ministeri hanno **uffici periferici**, distribuiti sul territorio e competenti per una parte soltanto di esso (*circoscrizione*); tali uffici possono avere compiti esclusivamente preparatori ed esecutivi rispetto all'attività degli uffici centrali (secondo il modello della deconcentrazione), oppure funzioni proprie che esercitano sotto la direzione e il controllo degli uffici centrali (secondo il modello del decentramento burocratico).

3.5.4 Il Ministro

Al vertice del Ministero è posto il Ministro, al quale viene affidata la responsabilità di un ramo di amministrazione (materia o insieme omogeneo di materie, come per esempio la Giustizia, la Difesa, l'Istruzione ecc.), nell'ambito del quale dirige l'azione amministrativa, adotta le decisioni di maggiore importanza e propone al Consiglio dei Ministri la nomina dei dirigenti con funzioni generali.
Alcuni Ministri, avendo funzioni di minima complessità operativa, non sono posti a capo di un Ministero e perciò vengono detti **Ministri senza portafoglio** (es. il Ministro per i Rapporti con il Parlamento): essi esercitano le funzioni loro delegate dal Presidente del Consiglio dei Ministri.
Nella sua azione, il Ministro è coadiuvato da figure diverse, fra cui spicca il **Sottosegretario**, che è organo ausiliario, mai vicario: difatti supporta il Ministro, ma non ha il potere di agire in sua vece. I Sottosegretari possono essere anche più di uno per ciascun Ministero, in quanto a ciascuno viene affidato un sottoinsieme di materie omogenee, nell'ambito di quelle di competenza del Dicastero.
Ai Sottosegretari non spettano competenze proprie, ma solo quelle che vengono loro delegate dal Ministro. Se ad un Sottosegretario sono conferite deleghe relative all'intera area di competenza di una o più strutture dipartimentali, può essergli attribuito il titolo di **Viceministro**.
In alcuni Ministeri (es. Ministero degli Affari esteri) esiste una figura con compiti di coordinamento delle strutture ministeriali apicali, il **Segretario generale**.
Compiti di coordinamento, oltre che funzioni di ausilio, sono attribuiti anche al **Gabinetto del Ministro**, composto dal *Capo di Gabinetto*, dall'*Ufficio legislativo*, dall'*Ufficio stampa* e dalla *Segreteria particolare*.

3.5.5 Le Agenzie

Le Agenzie sono strutture pubbliche con **compiti di carattere tecnico-operativo di rilievo nazionale** che operano in generale al servizio delle Amministrazioni Pubbliche e possono essere dotate di autonomia organizzativa e contabile.
I rapporti con le Agenzie, alle quali è preposto un Direttore generale, e l'Amministrazione Pubblica di riferimento (es. un Ministero) sono disciplinati per mezzo di una convenzione.
Il Ministro competente (o l'organo politico territoriale) di riferimento esercita poteri di indirizzo e di vigilanza sulle Agenzie.
Tra le più note Agenzie si ricordano:

- le cd. *Agenzie fiscali* (entrate, dogane, demanio);
- l'*Agenzia Industrie Difesa*;
- l'*Agenzia spaziale italiana* (ASI);
- l'*Agenzia nazionale per la sicurezza del volo* (ANSV);
- l'*Agenzia nazionale per i servizi sanitari regionali* (AGENAS);
- l'*Agenzia nazionale di valutazione del sistema universitario e della ricerca* (ANVUR);
- l'*Agenzia per la rappresentanza negoziale* (ARAN);
- l'*Agenzia per la promozione all'estero e l'internazionalizzazione delle imprese italiane* (ICE);
- l'*Agenzia nazionale per il turismo all'estero* (ENIT);
- l'*Agenzia nazionale per le politiche altre del lavoro* (ANPAL);

> l'*Agenzia per l'Italia digitale* (AgID).

In ogni **Regione** è presente un'*Agenzia regionale per la protezione ambientale* (ARPA).

3.6 Le Autorità indipendenti

3.6.1 Indipendenza, neutralità e imparzialità delle Autorità

Accanto al modulo organizzativo classico della pubblica amministrazione, incentrato sul Ministero, ha preso piede, a partire dagli anni Novanta, una tipologia di amministrazione profondamente diversa, ispirata alle *independent regulatory agencies* americane.

Si tratta di enti istituiti con legge, che **esercitano funzioni amministrative, di controllo e regolatorie in settori considerati sensibili o ad alto contenuto tecnico**, tali da esigere una peculiare posizione di **autonomia e indipendenza** nei confronti del Governo, allo scopo di garantire una neutralità rispetto agli interessi coinvolti.

Altro carattere distintivo è la concentrazione, in capo a tali organismi, di **poteri normativi**, **di vigilanza**, **sanzionatori e di risoluzione di controversie**, che sinteticamente vengono definiti *regolazione*.

Il tratto davvero caratteristico e comune alle Autorità amministrative indipendenti consiste, tuttavia, nella **indipendenza dal potere politico**, con cui, però, spesso instaurano una dialettica e varie forme di collaborazione attraverso la trasmissione di rapporti e relazioni al Governo e al Parlamento.

Si dice generalmente che le Autorità indipendenti sono neutrali per sottolineare proprio l'elemento caratteristico di cui sono dotate rispetto alle autorità amministrative tradizionali, che, per precetto costituzionale, sono imparziali. Si suole in questo senso assimilarle alle autorità giurisdizionali che prendono decisioni in posizione di terzietà.

La **neutralità** dovrebbe, quindi, identificarsi con l'indifferenza per gli interessi in gioco, mentre l'**imparzialità** è propria dell'amministrazione in senso tradizionale, la quale è portatrice di un proprio interesse che non deve però realizzarsi con l'immotivato e irragionevole sacrificio di altri e concomitanti interessi.

3.6.2 Le Autorità attualmente operanti

Le Autorità indipendenti non costituiscono una categoria omogenea. Sono state istituite in tempi diversi, sono disciplinate secondo criteri non sempre omogenei, e si differenziano fra loro per il tipo di funzioni svolte (di regolamentazione, di supervisione, di tutela di diritti o paragiurisdizionali) e per i settori di intervento.

Attualmente sono considerate autorità amministrative indipendenti:

> la **Commissione nazionale per le società e la borsa** (**CONSOB**), che si occupa della tutela degli investitori, della vigilanza sugli intermediari finanziari, dell'efficienza, trasparenza e sviluppo del mercato mobiliare italiano;

> l'**Istituto per la vigilanza sulle assicurazioni** (**IVASS**), che mantiene le prerogative del precedente *Istituto per la vigilanza sulle assicurazioni private* (ISVAP), cui è subentrato, con funzioni di regolamentazione e vigilanza nel settore assicurativo, attuando un più stretto collegamento con la vigilanza bancaria;

- l'**Autorità per le garanzie nelle comunicazioni** (**AGCOM**), istituita con L. 249/1997 per svolgere una funzione attiva di controllo dell'intero mercato delle comunicazioni;
- l'**Autorità garante della concorrenza e del mercato (AGCM)** o **Antitrust**, istituita con L. 287/1990, che ha compiti di vigilanza sulle intese restrittive della concorrenza, sugli abusi di posizione dominante, nonché di controllo e valutazione sui casi di concentrazione di imprese che comportino la costituzione o il rafforzamento di posizioni dominanti restrittive della concorrenza;
- l'**Autorità nazionale anticorruzione (ANAC)**, istituita con L. 190/2012 (legge anticorruzione). Ha il compito di assistere le pubbliche amministrazioni nella pianificazione e nell'assolvimento delle misure di prevenzione della corruzione, con particolare riferimento al settore degli appalti;
- l'**Autorità di regolazione per energia, reti e ambiente (ARERA)**, istituita con L. 481/1995. Inizialmente doveva occuparsi della regolamentazione dei settori dell'*energia elettrica e del gas*, favorendo lo sviluppo di un mercato concorrenziale e assicurandone la fruibilità e la diffusione in modo omogeneo sul territorio nazionale. Nel 2011, le sono state attribuite funzioni di regolazione e controllo in materia di *servizi idrici* e nel 2018 anche sul *ciclo dei rifiuti*;
- l'**Autorità per la regolazione dei trasporti (ART)**, istituita dal D.L. 201/2011 conv. dalla L. 214/2011, per la regolazione nel settore dei trasporti e dell'accesso alle relative infrastrutture nonché ai servizi accessori, definendo anche i livelli di qualità dei servizi di trasporto e dei contenuti minimi dei diritti che gli utenti possono rivendicare nei confronti dei gestori;
- il **Garante per la protezione dei dati personali**, ora disciplinato dal D.Lgs. 196/2003 (*Codice della privacy*), ha il compito di assicurare la tutela dell'interessato con riferimento al trattamento dei dati personali effettuato da soggetti pubblici e privati;
- la **Commissione di garanzia per l'attuazione della legge sul diritto di sciopero**, istituita dalla L. 146/1990, con compiti di bilanciamento fra il diritto di sciopero e i diritti fondamentali della libertà della persona;
- la **Commissione di vigilanza sui fondi pensione** (**COVIP**), istituita con D.Lgs. 124/1993, il cui compito è garantire la tutela del risparmio, la trasparenza e il corretto funzionamento del sistema dei fondi pensione;
- l'**Autorità garante per l'infanzia e l'adolescenza (AGIA)**, istituita con la L. 112/2011. Ha il compito di promuovere l'attuazione delle misure previste dalla convenzione di New York e da altri strumenti internazionali finalizzati alla promozione e alla tutela dei diritti dell'infanzia e dell'adolescenza;
- il **Garante nazionale dei diritti delle persone detenute o private della libertà personale (GNPL)**, istituito dal D.L. 146/2013. Svolge un'attività di controllo sui luoghi di privazione della libertà personale, quali gli istituti penitenziari, i luoghi di polizia, i centri per gli immigrati, le residenze per l'esecuzione delle misure di sicurezza (REMS), istituite dopo la chiusura degli ospedali psichiatrici giudiziari), i trattamenti sanitari obbligatori (TSO), le residenze per anziani.

Controversa è l'inclusione, in questo elenco, anche della **Banca d'Italia**, la quale, pur svolgendo attività di controllo e avendo caratteristiche analoghe a quelle delle altre autorità indipendenti, se ne differenzia per la molteplicità e complessità delle funzioni svolte, per le particolari garanzie che rafforzano la sua indipendenza (fissate anche da atti giuridici emanati dall'Unione europea) e per la sua completa autonomia finanziaria, che le consente di operare senza oneri per il bilancio dello Stato e per i soggetti vigilati.

In passato un ulteriore motivo di perplessità era rappresentato dalla vigilanza esercitata sull'istituto da parte del Ministero dell'Economia. Sotto questo profilo, però, molte perplessità sono scomparse con l'introduzione dell'euro, che ha trasferito alla BCE e al SEBC la gestione della politica monetaria, e la successiva realizzazione del mercato bancario unico europeo, che ha portato sotto il diretto controllo degli organismi europei i principali istituti bancari italiani.
Attualmente la Banca d'Italia opera prevalentemente come struttura nazionale nell'ambito delle direttive emanate a livello europeo.

3.7 L'Amministrazione statale periferica e le Amministrazioni statali non territoriali

I principi costituzionali dell'autonomia e del decentramento (art. 5 Cost.), prima ancora che il principio di sussidiarietà, postulano che l'organizzazione amministrativa dello Stato sia distribuita sul territorio così da soddisfare in modo congruo esigenze di funzionalità e di prossimità ai cittadini.
Per quanto concerne l'Amministrazione statale, non tutti i Ministeri sono muniti di uffici periferici. Una storica articolazione del **Ministero dell'Interno**, con rilevanza in ambito provinciale, è costituita dal **Prefetto**, preposto all'**Ufficio Territoriale del Governo (UTG)**, che, istituito con D.P.R. 287/2001, ha sostituito la Prefettura. Il Prefetto rappresenta il Ministro e svolge funzioni di raccordo fra centro e periferia.
L'UTG assicura, nel rispetto dell'autonomia funzionale e operativa degli altri uffici periferici delle Amministrazioni statali, le funzioni di rappresentanza unitaria dello Stato sul territorio. Le funzioni di rappresentanza unitaria sono assicurate, fra l'altro, mediante costituzione presso ogni UTG di un ufficio unico di garanzia dei rapporti fra i cittadini e lo Stato.
Al fine del conseguimento dei livelli ottimali di efficienza, le singole funzioni logistiche e strumentali di tutti gli uffici periferici delle Amministrazioni statali sono esercitate da un unico ufficio che ne assume la responsabilità diretta ed esclusiva.

Molti dei compiti di controllo sugli enti locali di cui tale organo era investito sono venuti meno. Tuttavia, residuano in capo al Prefetto alcune importanti funzioni. In particolare:
- ha compiti rilevanti in materia di ordine pubblico e sicurezza in ambito provinciale;
- partecipa al procedimento di espropriazione;
- svolge funzioni in relazione alle elezioni politiche e amministrative;
- sovrintende al riconoscimento delle persone giuridiche private;
- presiede la conferenza permanente dei responsabili degli uffici statali che operano nella Provincia.

3.8 Gli enti locali territoriali: rinvio

L'ente locale è un soggetto dotato di personalità giuridica di diritto pubblico che esercita **funzioni** e ha **competenze territorialmente e funzionalmente limitate**. La

competenza degli organi locali è, dunque, ricondotta entro margini coincidenti con i limiti territoriali dell'ente.
Nell'ambito degli enti locali, balzano in primo piano gli **enti territoriali**, caratterizzati dal fatto che il territorio non solo rappresenta un limite per la competenza degli organi, ma è un elemento costitutivo dell'ente stesso, i cui organi di governo sono rappresentativi della popolazione residente.
Secondo l'art. 114 Cost., sono enti locali territoriali i **Comuni**, le **Province** e le **Città metropolitane**, ma a questi si devono aggiungere quelli previsti dalla legislazione ordinaria (le **Comunità montane**, le **Comunità isolane**, le **Unioni di Comuni** e i **Consorzi fra Comuni**).
Non si possono, invece, considerare enti locali le circoscrizioni di decentramento comunale poiché non sono dotate di soggettività giuridica e, quindi, non sono enti pubblici ma organi del Comune, seppur complessi e dotati di una particolare forma di autonomia.
Agli enti locali territoriali è dedicato il *Libro IV* del presente volume.

Capitolo 4
Atti e provvedimenti amministrativi

4.1 Atti e provvedimenti amministrativi

4.1.1 Concetti generali

L'attività amministrativa può essere svolta tanto da operatori pubblici (*persone giuridiche pubbliche*) quanto da operatori privati (*persone fisiche e giuridiche*). Quando, però, si parla di atti e provvedimenti amministrativi si sottintende un riferimento alle persone giuridiche pubbliche, a cominciare dallo Stato e dagli enti pubblici autonomi (territoriali).

L'**atto amministrativo** consiste in una *manifestazione di volontà, di conoscenza o di giudizio (o di natura mista), posta in essere dalla Pubblica Amministrazione nell'esercizio delle sue funzioni.*

Una particolare categoria di atto amministrativo è il **provvedimento amministrativo**, quale *atto conclusivo di un procedimento amministrativo* e dotato di *autoritarietà*, ovvero della capacità di imporre unilateralmente modificazioni nella sfera giuridica del destinatario.

Il provvedimento amministrativo contiene una determinazione unilaterale che può consistere nella *costituzione* o *modificazione* o *estinzione* di rapporti giuridici, indipendentemente dal consenso dei destinatari, o nella *reiezione* di una istanza presentata da un privato (*provvedimento di diniego*). In quanto atto per natura destinato a produrre effetti all'esterno, il provvedimento amministrativo è *efficace* ed *esecutorio*, e come tale può essere condotto *coattivamente ad esecuzione* (sia pure soltanto nei casi e con le modalità previste dalla legge).

L'**atto costitutivo di obblighi** deve indicare *termine* e *modalità* di esecuzione da parte del privato obbligato. Qualora quest'ultimo non ottemperi, le Pubbliche Amministrazioni, previa diffida, possono provvedere all'esecuzione coattiva nelle ipotesi e secondo le modalità previste dalla legge (art. 21-*ter* L. 241/1990, inserito dalla L. 15/2005).

4.1.2 Atti di amministrazione attiva, consultiva e di controllo

Con riguardo al tipo di attività esercitata, si distinguono atti di amministrazione attiva, consultiva e di controllo.

L'**amministrazione attiva** è quel tipo di attività con cui la Pubblica Amministrazione, a mezzo dei suoi organi, incide nella sfera giuridica dei terzi, ovvero porta ad esecuzione quanto già statuito, in vista della realizzazione dei fini istituzionali verso cui è diretta l'azione amministrativa. In questa categoria rientrano i provvedimenti.

Gli atti di **amministrazione consultiva** sono finalizzati a fornire una serie di valutazioni ed elementi di giudizio necessari per la formazione della volontà da parte dell'Amministrazione procedente. Questo tipo di attività, per la sua natura, si esplica

generalmente attraverso atti preventivi rispetto alla perfezione del *provvedimento amministrativo*. Rientrano in tale tipologia di attività i **pareri**.
Attraverso gli atti di **amministrazione di controllo** organi dotati di apposite competenze verificano se un determinato atto, un'attività o un semplice comportamento sono conformi alle regole giuridiche (**controllo di legittimità**) o di opportunità (**controllo di merito**). Si tratta, in sostanza, di un'attività strumentale rispetto all'azione amministrativa, rivolta a esaminare la corrispondenza dell'attività principale a determinati parametri che possono essere non solo di tipo giuridico.

4.2 Struttura, contenuto ed efficacia del provvedimento amministrativo

4.2.1 Caratteri generali

Il provvedimento amministrativo presenta le seguenti caratteristiche:

- è un **atto tipico**, in quanto deve essere espressamente previsto dall'ordinamento;
- è un **atto nominativo**, in guisa che, per ogni interesse pubblico affidato alle cure della Pubblica Amministrazione, è previsto il corrispondente provvedimento amministrativo;
- è un **atto autoritativo**, in quanto è posto in essere anche contro la volontà dei destinatari;
- è un **atto unilaterale**, perché si basa sulla sola volontà della Pubblica Amministrazione;
- è un **atto esecutorio**, perché può essere portato a immediata e diretta esecuzione dalla stessa autorità amministrativa, senza che sia necessaria una preventiva pronuncia giurisdizionale.

Si distinguono:

- provvedimenti che producono **effetti ampliativi** nella sfera giuridica dei destinatari, in quanto conferiscono ad essi nuove posizioni giuridiche attive o di vantaggio (es. *concessioni, autorizzazioni*);
- provvedimenti **restrittivi**, rivolti a estinguere delle posizioni di vantaggio ovvero a creare situazioni di obbligo (quindi posizioni passive) in capo al destinatario; in questa categoria di atti si annoverano *ordini, sanzioni* e i cosiddetti *atti ablatori* quali la *requisizione* e l'*espropriazione*.

4.2.2 Gli elementi essenziali

Gli elementi essenziali del provvedimento amministrativo sono:

- il **soggetto emanante**, che deve essere sempre un'autorità amministrativa. Deve trattarsi necessariamente di un *organo della Pubblica Amministrazione* competente all'emanazione dell'atto e legittimamente investito della funzione – funzionario dello Stato o di altro ente pubblico o privato investito dell'esercizio di una pubblica funzione – altrimenti il provvedimento è da considerarsi *inesistente*;
- il **soggetto destinatario**, ovvero il soggetto privato o pubblico nei cui confronti si producono gli effetti del provvedimento. Il destinatario deve essere *determinato* o

quanto meno *determinabile* (se il destinatario non è indicato o non è determinabile, l'atto è *nullo*; se il destinatario è erroneamente indicato, l'atto è *annullabile*);
- la **forma**, consistente nel modo in cui l'autorità amministrativa esterna le proprie determinazioni: per ogni provvedimento amministrativo è richiesta una *determinata forma* (generalmente quella scritta), anche se diverse norme riconoscono un significato giuridico all'inerzia della Pubblica Amministrazione (*silenzio amministrativo*). Forme necessarie, infatti, non sono solamente quelle scritte: vi sono dei comportamenti formalizzati ai quali è riconosciuta una determinata "forza" giuridica (si pensi all'esternazione orale di certi ordini di polizia);
- l'**oggetto**, consistente in un comportamento, un fatto, un bene, una prestazione. L'oggetto deve essere sempre *determinato, possibile* e *lecito.*

4.2.3 Gli elementi accidentali

Si definiscono «accidentali» quegli elementi del provvedimento che **non devono necessariamente sussistere affinché l'atto possa considerarsi giuridicamente perfetto** ma che, se inseriti, diventano parte integrante del suo contenuto. Fra gli elementi accidentali, che possono essere apposti all'atto amministrativo senza alterarne il contenuto tipico, bisogna annoverare:

- il **termine**, che indica il momento dal quale inizia ad avere efficacia l'atto (*termine iniziale*) oppure il momento a partire dal quale cessa l'efficacia (*termine finale*);
- la **condizione**, diretta a subordinare l'inizio (*condizione sospensiva*) o la cessazione (*condizione risolutiva*) dell'efficacia dell'atto al verificarsi di un evento futuro e incerto;
- l'**onere**, che può essere apposto in presenza di atti che determinano un ampliamento giuridico della sfera dei destinatari, imponendo loro un *facere*;
- le **riserve**, atti con i quali l'Amministrazione si riserva di adottare in futuro altri provvedimenti relativi all'oggetto dello stesso atto emanato.

In caso di *invalidità di una clausola accessoria*, l'opinione prevalente mira a circoscrivere per quanto possibile gli effetti alla sola clausola e a non coinvolgere l'intero provvedimento, richiamando sia l'art. 1419 c.c., sia il **principio di conservazione degli atti amministrativi**. Infatti, se la clausola invalida incidesse su tutti gli effetti del provvedimento, ciò comporterebbe l'invalidità dell'intero atto e la clausola in questione risulterebbe essenziale e non accessoria.

4.2.4 Struttura, contenuto e fine

Nel provvedimento amministrativo, normalmente, si rinviene una struttura formale articolata in una serie di elementi:

- un'**intestazione**, che indica l'*autorità emanante*;
- un **preambolo**, in cui si enunciano le *circostanze di fatto e di diritto* nel cui contesto l'atto è emanato;
- la **motivazione**, la quale indica le *ragioni giuridiche* e i *presupposti di fatto* della decisione;
- il **dispositivo**, ove è contenuta la concreta statuizione posta in essere dall'Amministrazione.

Infine, l'atto deve essere **datato** e **sottoscritto** con indicazione del **luogo dell'emanazione**.

Il **contenuto** è la **parte propriamente precettiva del provvedimento**, con cui si dispone degli interessi pubblici e privati coinvolti nel procedimento, avendo cura di perseguire in maniera ottimale l'interesse pubblico primario. È dato distinguere:

> un **contenuto naturale** dell'atto ove si compendiano le disposizioni che identificano il tipo di provvedimento;
> un **contenuto implicito**, attinente alle disposizioni operanti *ex lege*, anche se non enunciate nel provvedimento;
> un **contenuto eventuale**, riscontrabile nelle ipotesi in cui siano contemplati elementi accidentali (disposizioni aggiuntive richieste dalle caratteristiche peculiari della vicenda).

Il **fine** è lo **scopo concreto** perseguito attraverso l'adozione del provvedimento, sempre preordinato alla cura dell'interesse pubblico. L'orientamento alla finalità, che rende irrilevante l'elemento della *causa* inteso come *meritevolezza dell'interesse perseguito*, lo si ritrova in tutti gli istituti che concorrono a definire il regime giuridico del potere amministrativo e dell'atto amministrativo, dalla discrezionalità all'eccesso di potere.

4.2.5 La motivazione

Particolarmente rilevante è la motivazione (art. 3 L. 241/1990), che consente alla Pubblica Amministrazione di **esternare i presupposti di fatto e le ragioni giuridiche** poste a fondamento dell'adozione di un determinato provvedimento.

Al riguardo si deve precisare che:

> i **presupposti di fatto** non sono altro che gli elementi e i dati fenomenici acquisiti in sede istruttoria e oggetto di valutazione ai fini dell'adozione dell'atto terminale;
> le **ragioni giuridiche** sono le argomentazioni di diritto poste a base del provvedimento, cioè a dire le norme e i principi ritenuti applicabili nel caso di specie.

Ai sensi dell'art. 3, co. 2, L. 241/1990 la motivazione non è richiesta per gli *atti normativi* e per quelli *a contenuto generale*.

L'obbligo di motivare ogni provvedimento amministrativo rappresenta un logico e immediato corollario del **principio di trasparenza** dell'azione amministrativa e di democraticità della stessa: infatti, solo l'evidenza dell'iter logico seguìto dall'autorità decidente permette di accertare la *correttezza dell'operato della Pubblica Amministrazione*.

La motivazione di un atto, comunque, può anche essere desunta dal contenuto di altri atti, che devono essere espressamente richiamati per consentire la comprensione delle ragioni e dei presupposti della sua emanazione (cosiddetta **motivazione *per relationem***).

Gli **atti privi di motivazione** devono considerarsi affetti dal vizio di **violazione di legge**. Sotto questo aspetto possono assumersi come illegittimi:

> gli atti carenti di motivazione;
> gli atti che non indichino, o indichino in modo incompleto, i presupposti di fatto e le ragioni giuridiche che hanno determinato la decisione;
> gli atti motivati *per relationem* che non rendano conoscibili gli atti correlati da cui derivano le ragioni della decisione.

Per altro verso, devono considerarsi viziati da **eccesso di potere** gli atti che presentano carenze o incongruità diverse da quelle innanzi individuate, come nei casi di *illogicità o contraddittorietà della motivazione.*

4.2.6 L'efficacia

L'efficacia consiste nell'**attitudine dell'atto a produrre effetti nei confronti dei suoi destinatari**, siano essi determinati puntualmente o in modo generico (es. rivolti al sig. Rossi, ovvero ai cittadini del Comune).
In base alla loro efficacia, gli atti amministrativi si distinguono in:

- **atti costitutivi**, che *creano, modificano* o *estinguono* un rapporto giuridico preesistente;
- **atti dichiarativi**, che si limitano ad *accertare* una data situazione senza influire su di essa.

Nella generalità dei casi, i provvedimenti amministrativi producono conseguenze a decorrere dal momento in cui sono posti in essere. Alcuni atti, però, possono però avere un'**efficacia differita**, cioè decorrente da un momento futuro.
V'è poi un'altra categoria di provvedimenti, cosiddetti **ricettizi**, la cui efficacia è subordinata alla loro *comunicazione.* Sono tali i provvedimenti limitativi e cioè aventi un effetto restrittivo della sfera giuridica dei destinatari. Ai sensi dell'art. 21-*bis* L. 241/1990, il **provvedimento limitativo** della sfera giuridica dei privati acquista efficacia nei confronti di ciascun destinatario con la comunicazione effettuata anche nelle forme stabilite per la notifica agli irreperibili nei casi previsti dal codice di procedura civile; qualora, per il numero dei destinatari, la comunicazione non sia possibile o risulti particolarmente gravosa, la Pubblica Amministrazione può provvedere mediante forme di pubblicità idonee, di volta in volta stabilite dall'Amministrazione medesima.
I provvedimenti efficaci sono eseguiti immediatamente, sempre che non sia diversamente stabilito. L'**esecuzione** può essere sospesa per gravi ragioni e per il tempo necessario dall'organo che lo ha emesso o da altro organo individuato dalla legge.
Il **termine della sospensione** (esplicitamente indicato nell'atto che la dispone) può essere prorogato o differito una sola volta nonché ridotto per sopravvenute esigenze (art. 21-*quater* L. 241/1990, introdotto dalla L. 15/2005).

4.3 Le autorizzazioni

4.3.1 L'autorizzazione e le figure affini

L'autorizzazione è il provvedimento con cui la Pubblica Amministrazione, nell'esercizio di un'attività discrezionale, in funzione preventiva o di controllo e programmazione, provvede alla **rimozione di un limite legale che vincolava parte della sfera giuridica del destinatario**.
Con tale atto, cioè, si consente ai destinatari di compiere attività che, per motivi di interesse pubblico, è necessario contingentare o, comunque, limitare e che, quindi, non possono essere svolte da chiunque. Si pensi, per esempio, ad un'attività commerciale che, se svolta senza alcuna limitazione, potrebbe provocare problemi di tipo

economico o sociale (es. vendita ambulante) o di tipo igienico-sanitario (es. allevamento di animali).
Tra le *figure affini* all'autorizzazione si annoverano:

- l'**abilitazione**, che si differenzia dall'autorizzazione in relazione alla discrezionalità che ne è alla base, di tipo tecnico e non amministrativo (es. patente di guida);
- l'**approvazione**, un *atto di controllo* che a differenza dell'autorizzazione non condiziona in via preventiva la legittimità di un atto, ma ne condiziona solo l'operatività in un momento successivo;
- la **registrazione**, che è un'*autorizzazione vincolata*, in quanto la rimozione del limite legale avviene se sussistono le condizioni previste dalla legge;
- la **dispensa**, che è un provvedimento mediante il quale la Pubblica Amministrazione, sulla base di una valutazione discrezionale, consente ad un soggetto di esercitare una data attività o compiere un determinato atto in deroga ad un divieto di legge, ovvero esonera il soggetto dall'adempimento di un obbligo di legge;
- il **nulla osta**, che è un atto con cui la Pubblica Amministrazione dichiara di non avere osservazioni da fare in ordine all'adozione di un provvedimento da parte di un'altra autorità.

4.3.2 La segnalazione certificata di inizio attività (SCIA)

La SCIA ordinaria

Le ipotesi in cui era richiesto il rilascio di uno specifico atto autorizzatorio sono state notevolmente ridotte negli ultimi anni con l'introduzione dell'istituto della segnalazione certificata di inizio attività (SCIA). Si tratta di un'informativa con la quale **un soggetto comunica all'autorità competente la volontà di intraprendere una specifica attività** e che ha l'**effetto di consentire l'immediato avvio della stessa** senza dover attendere i tempi e l'esecuzione di verifiche e controlli preliminari. È stata introdotta nel nostro ordinamento dall'art. 49, co. 4-*bis*, L. 122/2010 (di conv. del D.L. 78/2010), che ha integralmente riformulato l'art. 19 L. 241/1990.
La SCIA ha, infatti, la funzione di **sostituire** ogni autorizzazione, licenza, concessione non costitutiva, permesso o nulla osta – incluse le domande per iscrizioni in albi o ruoli richieste per l'esercizio di un'attività imprenditoriale, commerciale o artigianale –, il cui rilascio dipenda esclusivamente dall'accertamento di requisiti e presupposti fissati dalla legge o da atti amministrativi a contenuto generale, nei casi in cui non sia previsto alcun limite o contingente complessivo.
L'attività può essere iniziata immediatamente dalla data di presentazione della segnalazione all'Amministrazione competente, mentre tutti i controlli amministrativi atti ad accertare la sussistenza dei requisiti necessari allo svolgimento dell'attività sono svolti successivamente alla presentazione.
La segnalazione deve essere corredata dalle **dichiarazioni sostitutive** di certificazioni e dell'atto di notorietà (ai sensi degli artt. 46 e 47 D.P.R. 445/2000), nonché dalle attestazioni di tecnici abilitati o dalle dichiarazioni di conformità rese dalle agenzie per le imprese (istituite dall'art. 38, co. 4, D.L. 112/2008, conv. dalla L. 133/2008), relative alla sussistenza dei requisiti e dei presupposti per l'avvio dell'attività. Tale documentazione sostituisce anche eventuali pareri di organi o enti appositi, ovvero l'esecuzione di verifiche preventive eventualmente richieste dalla legge.

Nei casi di accertata carenza dei requisiti o dei presupposti per la presentazione della SCIA, l'art. 19, co. 3, L. 241/1990 prescrive che l'Amministrazione competente disponga il **divieto di prosecuzione dell'attività** e provveda alla rimozione degli eventuali effetti dannosi di essa. Tale attività di verifica deve essere svolta entro 60 giorni dal ricevimento della segnalazione.
Nel caso in cui sia possibile **conformare l'attività intrapresa e i suoi effetti alla normativa vigente**, possono essere prescritte le misure necessarie con la fissazione di un termine non inferiore a 30 giorni per la loro adozione. Se il privato non provvede entro il termine fissato l'attività si intende vietata; se, invece, si adegua, all'Amministrazione sono concessi ulteriori 60 giorni per effettuare le necessarie verifiche. Non è comunque prevista la **sospensione dell'attività**, che può essere disposta solo in due casi: in presenza di *attestazioni non veritiere* o qualora vi sia un **pericolo per la tutela dell'interesse pubblico** in materia di ambiente, paesaggio, beni culturali, salute, sicurezza pubblica, difesa nazionale.

La SCIA unica

Con l'art. 3 del D.Lgs. 30-6-2016, n. 126 sono state approvate disposizioni per la **concentrazione dei regimi amministrativi**, introducendo la cosiddetta **SCIA unica**.
La norma, infatti, stabilisce che nelle ipotesi in cui per lo svolgimento di un'attività soggetta a segnalazione certificata di inizio attività siano necessarie altre SCIA, comunicazioni, attestazioni, asseverazioni e notifiche, l'interessato possa presentare un'unica SCIA. L'**efficacia della segnalazione è immediata**, in quanto, come nel regime ordinario, l'attività può essere iniziata dalla data di presentazione della segnalazione; tale disposizione, però, **riguarda esclusivamente le attività «liberalizzate»**, vale a dire quelle per le quali all'Amministrazione spetta solo verificare la sussistenza di requisiti o presupposti fissati dalle norme (cosiddetta *SCIA pura*). Sono escluse le ipotesi in cui siano necessarie anche autorizzazioni, comunque denominate, espresse o perfezionate con il silenzio assenso.
L'Amministrazione che riceve la SCIA la trasmette alle altre Amministrazioni interessate al fine di consentire il controllo sulla sussistenza dei requisiti e dei presupposti; anche in questo caso si applicano le disposizioni riguardanti i controlli da effettuare.
Per le **attività che richiedono più autorizzazioni**, invece, l'Amministrazione a cui ci si rivolge convocherà la conferenza di servizi e, in questo caso, l'inizio dell'attività sarà subordinato all'esito della riunione.
La ricevuta rilasciata a seguito della presentazione di istanze, segnalazioni o comunicazioni costituisce comunicazione di avvio del procedimento e deve indicare i termini entro i quali l'Amministrazione è tenuta a rispondere o entro i quali il silenzio dell'Amministrazione equivale ad accoglimento dell'istanza.

4.4 La concessione

Analogamente all'autorizzazione, la concessione è un **atto ampliativo** mediante il quale la Pubblica Amministrazione conferisce *ex novo* posizioni giuridiche attive.
Pur presentando elementi di affinità con l'autorizzazione – entrambi sono **provvedimenti accrescitivi della sfera soggettiva** – la concessione se ne differenzia profondamente in quanto non si limita a rimuovere un limite ad una posizione soggettiva preesistente, ma *attribuisce o trasferisce posizioni o facoltà nuove al privato.*
Si distinguono:

- le **concessioni traslative**, con cui viene trasferito al destinatario del provvedimento un diritto soggettivo o un potere di cui la Pubblica Amministrazione è titolare, ma che non intende esercitare direttamente, pur conservandone la titolarità (es. concessione su beni demaniali o patrimoniali indisponibili, concessioni di servizi pubblici, concessioni di pubbliche potestà, ad esempio esattoria e tesoreria, concessioni di attività edilizia);
- le **concessioni costitutive**, con cui vengono conferiti al privato diritti o facoltà che non trovano corrispondenza in precedenti diritti o facoltà dell'Amministrazione (concessione di cittadinanza, di onorificenze ecc.).

La concessione era, in campo edilizio, il provvedimento che consentiva al proprietario di costruire: ciò fino a quando si ritenne che la proprietà immobiliare già inglobasse il **diritto a costruire**, salvo che tale diritto poteva essere esercitato nei limiti di quanto previsto dalla pianificazione urbanistica. Si passò così dalla concessione alla **licenza edilizia**, per arrivare con il D.P.R. 380/2001 (*Testo unico in materia edilizia*) al **permesso di costruire**. Tale permesso, in quanto figura con maggiori affinità all'autorizzazione, è stato ritenuto sostituibile con la **denuncia di inizio di attività** (DIA) per gli interventi edilizi minori (es. piccole ristrutturazioni), fino all'introduzione della SCIA, sopra descritta.

4.5 I provvedimenti ablatori

Si definisce ablatorio ogni provvedimento con il quale la Pubblica Amministrazione **incide sfavorevolmente nella sfera giuridica di un privato**, al quale impone un sacrificio per la realizzazione di uno scopo generale.
La classificazione più comune distingue fra:

- provvedimenti ablatori **personali**, che sacrificano appunto un diritto di natura personale comprimendone talune facoltà (es. divieto di accesso ad una strada pubblica);
- provvedimenti ablatori **obbligatori**, che impongono prestazioni di natura personale o patrimoniale (es. imposizione tributaria, servizio militare);
- provvedimenti ablatori **reali**, che impongono appunto il sacrificio di un diritto reale (es. espropriazione per pubblica utilità).

Gli atti inquadrabili nelle tre categorie considerate hanno in comune il fatto di produrre in ogni caso un **effetto privativo**: indipendentemente dal tipo di sacrificio imposto, cioè, tali atti tolgono sempre qualcosa, producendo conseguenze sfavorevoli. In certi casi, all'effetto privativo si ricollega un **effetto acquisitivo**: la facoltà o il diritto sacrificato è contestualmente acquisito da un altro soggetto, come avviene nel caso dell'espropriazione per pubblica utilità.

Capitolo 5
La patologia dell'atto amministrativo

5.1 Gli stati patologici e l'invalidità dell'atto

Gli stati patologici dell'atto amministrativo possono ricondursi alle seguenti figure:

- l'**imperfezione**, che si configura nel caso di mancata conclusione della procedura di formazione dell'atto (es. è imperfetto il decreto del Presidente della Repubblica non controfirmato dal Ministro competente);
- l'**irregolarità**, con cui s'intende lo stato patologico di un provvedimento caratterizzato dal difetto di elementi formali marginali, tali da non comportarne l'annullabilità. La presenza di tale difformità, pur determinando una reazione da parte dell'ordinamento, non incide sulla validità e sulla piena efficacia dell'atto;
- l'**inefficacia**, che si configura quando l'atto non può produrre i suoi effetti (perché non ancora stato sottoposto ai controlli previsti dalla legge o sottoposto a condizione o a termine iniziale);
- l'**invalidità**, che può assumere la configurazione della **nullità** o dell'**annullabilità**.

La categoria dell'invalidità è stata «positivizzata» dalla L. 15/2005, che ha inserito gli artt. 21-*septies* e 21-*octies* nella L. 241/1990, rispettivamente concernenti la nullità e l'annullabilità del provvedimento.
Sicché è:

- **nullo** il provvedimento amministrativo che manca degli elementi essenziali, che è viziato da difetto assoluto di attribuzione, che è stato adottato in violazione o elusione del giudicato, nonché negli altri casi espressamente previsti dalla legge;
- **annullabile** il provvedimento amministrativo adottato in *violazione di legge* o viziato da *eccesso di potere* o da *incompetenza*.

La *nullità* fa sì che il provvedimento debba considerarsi come mai adottato e, dunque, non produttivo di effetti giuridici. Se, invece, un provvedimento è *annullabile*, vuol dire che esso è affetto da un difetto giuridico che – se posto all'attenzione di un giudice o del compente organo deputato alla ricezione dei *ricorsi amministrativi ordinari* o *straordinari* – può comportare la rimozione del provvedimento che, fino al verificarsi di tale eventualità, dispiega i suoi effetti giuridici.
Diverso è il concetto di **inopportunità**, da intendersi come la mancata rispondenza dell'assetto degli interessi consacrato nell'atto ai principi di buona amministrazione. Dalla presenza di tale vizio, che investe il **merito** dell'azione amministrativa, discende la possibilità per la Pubblica Amministrazione di revocare in autotutela il provvedimento ovvero – nei casi di giurisdizione estesa al merito – la possibilità per l'interessato di ottenerne l'annullamento ad opera del giudice.

5.2 La nullità dell'atto

5.2.1 Il regime giuridico della nullità

La nullità è tradizionalmente ricondotta alla **mancanza di un elemento costitutivo della fattispecie o alla violazione di una norma posta a tutela di interessi generali**. Con la riforma del procedimento operata dalla L. 15/2005 è stato introdotto l'art. 21-*septies* nella L. 241/1990 che ha elevato la nullità ad autonoma figura di invalidità degli atti amministrativi e la riconduce ad alcune ipotesi ben definite:

> mancanza degli elementi essenziali (cosiddetta *nullità strutturale*);
> difetto assoluto di attribuzione;
> violazione od elusione del giudicato;
> altre cause di nullità previste dalla legge (cosiddetta *nullità testuale*).

In tali situazioni si ritiene sussistere in capo al privato l'interesse a eliminare dall'ordinamento giuridico (mediante un'**azione di accertamento** finalizzata a ottenere la *declaratoria di inidoneità di un atto a produrre i suoi effetti*) un provvedimento che, pur improduttivo di effetti giuridici, è comunque *in grado di produrre effetti materiali*. Fino alla sua rimozione, infatti, il provvedimento nullo *può essere eseguito, possono essere emanati provvedimenti consequenziali* (essendo un atto giuridicamente rilevante) e *può ingenerare un affidamento nei terzi* in ordine alla sua validità.
La **nullità dell'atto può essere fatta valere da chiunque**, non solo da chi sia leso in un suo diritto soggettivo o in un suo interesse legittimo. La domanda volta all'accertamento delle nullità si propone entro il termine di decadenza di 180 giorni. La nullità può sempre essere opposta dalla parte resistente o essere rilevata d'ufficio dal giudice (art. 31, co. 4, D.Lgs. 104/2010) in ogni stato e grado del giudizio.
Altri effetti connessi alla nullità dell'atto sono:

> la sua **insanabilità**, non essendo possibile per l'Amministrazione convalidare l'atto nullo con effetto retroattivo, ma al limite procedere al suo rinnovo con effetti *ex nunc*. L'atto nullo può essere *convertito in un atto diverso* con i requisiti di sostanza e di forma richiesti dalla legge, sempre che sia raggiunto lo stesso interesse pubblico;
> la legittimità del **rifiuto di adempiere da parte del terzo** che era obbligato dall'atto nullo;
> l'obbligo di **ripristinare la situazione antecedente** all'atto amministrativo nullo, qualora sulla base di questo siano state modificate delle situazioni giuridiche soggettive.

5.2.2 La carenza di potere

La figura della carenza di potere ricorre nei casi in cui **difetta la potestà dell'Amministrazione** e più in specie quando:

> l'atto è emanato da un'Amministrazione totalmente priva del potere di adottarlo;
> il potere di provvedere appartiene ad un'Amministrazione radicalmente diversa;
> l'atto è emanato nell'esercizio di un potere precluso ad ogni Amministrazione e riservato ad un altro potere dello Stato.

Al riguardo si parla di **carenza in astratto** per distinguere tale ipotesi da quella della **carenza in concreto**, che ricorre quando il potere amministrativo, pur essendo in

astratto attribuito alla Pubblica Amministrazione, non può in concreto essere esercitato a causa di una specifica preclusione legislativa.
La figura della carenza di potere è invocata dalla giurisprudenza in contrapposizione a quella del **cattivo uso del potere** per delimitare i rapporti fra la giurisdizione del giudice amministrativo e quella del giudice ordinario. Più in specie, si fanno valere **diritti soggettivi**, con contestuale radicamento della giurisdizione ordinaria, ogni qualvolta il privato contesti la stessa esistenza del potere della Pubblica Amministrazione. Al contrario, si fanno valere **interessi legittimi**, con attribuzione della relativa competenza in capo al giudice amministrativo, quando si lamenta il cattivo uso del potere dell'Amministrazione.

5.2.3 Nullità e inesistenza

Si parla di inesistenza se l'atto è privo degli elementi minimi che consentano di poterlo ricondurre a una fattispecie astratta.
Sono da ricondurre alla categoria dell'inesistenza giuridica le ipotesi di mancata sottoscrizione di un atto del quale non sia in altro modo individuabile l'autorità emanante, ovvero i casi di usurpazione del potere, laddove un soggetto privato adotti un atto amministrativo arrogandosi un potere pubblico.

5.3 L'annullabilità dell'atto

5.3.1 I vizi di legittimità

L'atto amministrativo illegittimo è un atto esistente ed efficace che si presenta, tuttavia, **difforme dalla normativa che ne disciplina i requisiti**, senza che però ricorrano le più gravi patologie comportanti la *nullità* ai sensi dell'art. 21-*septies* della L. 241/1990.
L'atto illegittimo produce gli stessi effetti dell'atto legittimo: si tratta tuttavia di effetti «*precari*» posto che la legge prevede strumenti giuridici per eliminarli contestualmente all'atto che li pone in essere. Tra i concetti di illegittimità e annullamento ricorre perciò un rapporto di cd. **consequenzialità necessaria**: da un lato, è illegittimo il provvedimento amministrativo emesso in violazione delle norme giuridiche che lo disciplinano, dall'altro, il provvedimento illegittimo è suscettibile di annullamento.
Il provvedimento illegittimo **non può essere qualificato come illecito**, in quanto l'illiceità si concretizza nella violazione di norme giuridiche che non disciplinano atti ma sanzionano comportamenti lesivi di diritti soggettivi altrui.
Ai sensi dell'art. 21-*octies* della L. 241/1990, è annullabile il provvedimento amministrativo adottato in *violazione di legge* o *viziato da eccesso di potere* o da *incompetenza relativa*.
L'illegittimità può essere:

> **totale** o **parziale**, a seconda che investa l'intero provvedimento o si limiti ad una parte soltanto di esso senza comunicarsi alle altre;
> **originaria**, giammai può invece delinearsi come successiva, quando la legittimità del provvedimento va valutata con riferimento alla situazione di fatto e di diritto esistente al momento della sua emanazione, senza che possano essere invocati – per sostenerne l'illegittimità – i successivi mutamenti della normativa;

- **derivata**, quando risulta invalido un altro atto che ne costituisce il presupposto.

Ai sensi dell'art. 29 del Codice del processo amministrativo, l'azione di annullamento per violazione di legge, incompetenza ed eccesso di potere si propone nel **termine di decadenza di 60 giorni**.
L'atto amministrativo annullabile è giuridicamente esistente, efficace e sanabile.
L'annullabilità non opera di diritto, ma solo se fatta valere da chi ne abbia interesse.

5.3.2 L'incompetenza relativa

Si parla di **incompetenza relativa** quando l'organo che emana l'atto appartiene allo stesso settore di amministrazione dell'organo che sarebbe competente secondo le regole generali. Si può distinguere un'incompetenza per materia (l'atto emanato è riservato per materia ad altro organo dello stesso settore amministrativo) o per territorio (l'atto è emanato da un organo che, sebbene competente per materia, non lo è per territorio). In questi casi l'atto è **annullabile** o, eventualmente, sanabile.
Nell'ipotesi in cui l'atto venga adottato da autorità appartenente ad altro ordine di poteri o ad altro settore della Pubblica Amministrazione si configura la fattispecie dell'**incompetenza assoluta**, che comporta la **nullità dell'atto**. Per il legislatore, inoltre, costituisce motivo di nullità il *difetto assoluto di attribuzione*, vale a dire l'eventualità in cui il potere amministrativo non sia assegnato ad alcuna autorità, per cui non esiste giuridicamente il provvedimento che ne costituisce esercizio (art. 21-*septies* L. 241/1990).

5.3.3 L'eccesso di potere

L'eccesso di potere è un vizio che investe la **causa dell'atto amministrativo**, cioè la sua funzione, che deve essere quella predeterminata dalla legge: mentre l'eccesso di potere attiene alla causa dell'atto, l'incompetenza, relativa od assoluta, attiene l'autorità da cui promana l'atto. Tale vizio viene anche classificato come *vizio della discrezionalità*.
Affinché si possa parlare di eccesso di potere occorre che:

- l'**atto sia discrezionale** (dato che gli atti vincolati hanno un contenuto predeterminato non possono essere invalidati per eccesso di potere);
- l'**atto realizzi un fine diverso da quello previsto dalla legge**;
- l'**eccesso di potere sia provato**.

La prova dell'eccesso di potere viene individuata nello **sviamento dal fine indicato dalla norma**. Ma è proprio l'individuazione del fine medesimo che è apparsa un'operazione tutt'altro che agevole. Per superare tali difficoltà probatorie, si è ritenuto che anche nell'ipotesi in cui lo sviamento non venga dimostrato, ma si ravvisi la violazione dei principi di logicità, ragionevolezza, coerenza e completezza dell'*iter* logico seguito dall'Amministrazione, siffatta violazione può essere assunta a «spia» di tale sviamento.
La giurisprudenza ha elaborato specifiche **figure sintomatiche dell'eccesso di potere**, che si atteggiano quali segnali (o indici) di un esercizio non corretto del potere discrezionale. Si tratta di figure quali il travisamento e l'erronea valutazione dei fatti, la contraddittorietà fra più parti dello stesso atto o fra più atti, l'inosservanza di cir-

colari e norme interne, la disparità di trattamento, l'ingiustizia manifesta, l'incompletezza e il difetto di istruttoria, il difetto o la contraddittorietà della motivazione

5.3.4 La violazione di legge e la mera irregolarità

L'art. 21-*octies*, co. 2, L. 241/1990, introduce due importanti eccezioni rispetto alla violazione di legge. In primo luogo, non è annullabile «*il provvedimento adottato in violazione di norme sul procedimento o sulla forma degli atti qualora, per la natura vincolata del provvedimento, sia palese che il suo contenuto dispositivo non avrebbe potuto essere diverso da quello in concreto adottato*». In secondo luogo, il provvedimento amministrativo non è comunque annullabile per mancata comunicazione dell'avvio del procedimento «*qualora l'Amministrazione dimostri in giudizio che il contenuto del provvedimento non avrebbe potuto essere diverso da quello in concreto adottato*».
Con il primo inciso si indicano quelle violazioni di legge che, seppur presenti, non comportano l'annullabilità dell'atto. Il legislatore ha in tal modo introdotto la categoria dei **vizi meramente formali**. Si tratta di situazioni in cui, per la natura vincolata del provvedimento, è palese che il suo contenuto dispositivo non avrebbe potuto essere diverso da quello in concreto adottato. Per questo tipo di vizi il legislatore ha ritenuto che prevalga la sostanza rispetto agli aspetti formali richiesti dalla legge e ne ha escluso l'annullabilità. Si parla anche di **irregolarità non invalidante** per sottolineare che la difformità dalla legge si traduce in vizi meramente formali e di scarso valore sostanziale (**mera irregolarità**), tali da non avere una ragionevole incidenza causale sul contenuto del provvedimento finale e da non imporne l'annullamento.
Il secondo inciso consente alla Pubblica Amministrazione di dimostrare in giudizio che la mancata comunicazione dell'avvio del procedimento non rappresenta di per sé stessa causa di annullabilità: l'Amministrazione deve quindi dimostrare che, anche se i destinatari fossero venuti a conoscenza del procedimento, l'atto conclusivo non avrebbe potuto essere diverso da quello posto in essere.

5.4 L'istituto dell'autotutela

L'autotutela amministrativa può essere definita come quel complesso di **attività con cui ogni Pubblica Amministrazione risolve i conflitti potenziali e attuali, relativi ai suoi provvedimenti o alle sue pretese**.
In questi casi la Pubblica Amministrazione interviene unilateralmente, con i mezzi amministrativi a sua disposizione (salvo ovviamente ogni sindacato giurisdizionale), tutelando autonomamente la propria sfera d'azione.
Il fondamento dell'autotutela amministrativa risiede nella potestà generale che l'ordinamento riconosce a ogni Pubblica Amministrazione di intervenire unilateralmente su ogni questione di propria competenza. Tale fondamento ha trovato poi il riscontro positivo nella L. 15/2005, di modifica della L. 241/1990, che ha codificato gli istituti della **revoca**, dell'**annullamento d'ufficio** e della **convalida**, fugando ogni dubbio sulla compatibilità del potere di riesame con il principio di legalità.

Si distingue fra:

- l'**autotutela esecutiva**, che consiste nel complesso di attività attuative di una decisione amministrativa (es. operazioni materiali di sgombero a seguito di un ordine della Pubblica Amministrazione di liberare un edificio abusivo). Per tale fattispecie serve una norma specifica che attribuisca all'autorità amministrativa il potere di agire in via diretta e immediata per l'attuazione dei propri interessi;
- l'**autotutela decisoria**, nel cui ambito rileva poi la suddivisione fra autotutela *diretta* (o non contenziosa) e autotutela *indiretta* (o contenziosa).

Con l'**autotutela diretta**, l'Amministrazione esercita i suoi poteri spontaneamente, attraverso l'annullamento *d'ufficio*, cioè posto in essere in esecuzione di un dovere stabilito dalla legge. Rientrano in essa: gli **atti di ritiro** (annullamento d'ufficio, revoca, abrogazione, decadenza, ritiro) e la **convalescenza dell'atto** (convalida, ratifica, sanatoria).
L'**autotutela indiretta**, invece, si fonda sull'azione, o ricorso, dell'interessato. Assume, quindi, una connotazione fortemente giurisdizionale anche sul piano formale, proprio a causa della presenza di una controversia, la quale si conclude con un atto che tende a soddisfare, accanto a quello del privato ricorrente, altresì l'interesse pubblico dell'Amministrazione, questo è il motivo per cui si parla di autotutela indiretta.

5.5 L'autotutela decisoria

5.5.1 Gli atti di ritiro

I principali atti di ritiro sono l'annullamento d'ufficio e la revoca.
L'**annullamento d'ufficio**, disciplinato dall'art. 21-*nonies* della L. 241/1990, costituisce un *provvedimento amministrativo di secondo grado*, con il quale viene ritirato dall'ordinamento, con **efficacia retroattiva**, un atto amministrativo inficiato da vizi di legittimità originari. L'annullamento è un provvedimento discrezionale e, come tale, non è mai un atto dovuto (salvo il caso di annullamento doveroso). Può essere adottato dallo stesso organo che ha emanato il provvedimento invalido o da altro organo previsto dalla legge ed è assoggettato a regole rigorose:

- l'*obbligo della motivazione*;
- la presenza di *concrete ragioni di pubblico interesse*, non riducibili alla mera esigenza di ripristino della legalità;
- la *valutazione dell'affidamento delle parti private* destinatarie del provvedimento oggetto di riesame;
- il rispetto delle *regole del contraddittorio procedimentale*;
- l'*adeguata istruttoria*.

La **revoca**, disciplinata dall'art. 21-*quinquies* della medesima L. 241/1990, diversamente dall'annullamento d'ufficio, opera con riferimento ad *atti inopportuni* e, dunque, prescinde da valutazioni di legittimità dell'azione amministrativa. È dunque un *provvedimento amministrativo di secondo grado*, con il quale la Pubblica Amministrazione ritira con **efficacia non retroattiva** un atto inficiato da vizi di merito. In particolare, un provvedimento amministrativo può essere revocato per *sopravvenuti motivi di pubblico interesse* o per il *mutamento della situazione di fatto* che ha determinato

l'adozione del provvedimento o ancora – salvo che si tratti di provvedimenti autorizzativi o attributivi di vantaggi economici – sulla scorta di una *rinnovata valutazione dell'interesse pubblico originario.*
In linea generale, la revoca è disposta dalla stessa autorità amministrativa che ha emesso l'atto da revocare (e con un procedimento analogo) o da un'autorità gerarchicamente superiore, a meno che l'autorità che ha emesso l'atto abbia competenza esclusiva rispetto a esso.
Non avendo la revoca efficacia retroattiva, gli effetti dell'atto revocato sono mantenuti e hanno validità fino al momento in cui è intervenuta la revoca. Se l'atto di revoca arreca pregiudizi in **danno dei soggetti direttamente interessati**, l'Amministrazione ha l'obbligo di provvedere al loro indennizzo.

5.5.2 Gli atti di convalescenza

L'autotutela costituisce anche il fondamento degli atti di convalescenza con cui la Pubblica Amministrazione opera una *sanatoria dei vizi contenuti nell'atto.*
I principali atti di convalescenza sono:

- la **convalida**, un provvedimento *nuovo, autonomo, costitutivo,* che elimina i vizi di legittimità di un atto invalidato precedentemente emanato dalla stessa autorità (es. integrazione della motivazione insufficiente, eliminazione delle clausole invalidanti);
- la **ratifica**, che si caratterizza anch'essa quale provvedimento nuovo, autonomo, costitutivo, con cui viene eliminato il vizio di incompetenza relativa da parte dell'autorità astrattamente competente, la quale si appropria di un atto adottato da autorità incompetente dello stesso ramo;
- la **sanatoria**, che opera quando un atto o un presupposto di legittimità del procedimento, mancante al momento dell'emanazione dell'atto amministrativo, viene emesso successivamente in modo da perfezionare *ex post* l'atto illegittimo.

5.5.3 Gli atti di conservazione

Con gli atti di conservazione si cerca di perseguire il raggiungimento dello scopo di un atto ove l'atto, pur viziato, sia egualmente in grado di soddisfare l'interesse pubblico.
I principali sono:

- la **conversione**, atto in virtù del quale un provvedimento invalido – annullabile o nullo – viene considerato come appartenente ad altra tipologia di cui presenta gli stessi requisiti di forma e sostanza;
- la **conferma**, con cui l'autorità ribadisce una sua precedente determinazione, eventualmente ripetendone il contenuto.

Capitolo 6
I beni pubblici e l'espropriazione per pubblica utilità

6.1 I beni pubblici e la loro classificazione

Per il perseguimento dei suoi fini la Pubblica Amministrazione si serve non solo di soggetti, ma anche di beni. Questi beni sono individuati in base ad un semplice criterio formale: sono, infatti, beni pubblici quelli che il codice civile definisce e classifica come tali.
I beni pubblici, secondo la classificazione operata dal codice civile, si distinguono in tre gruppi: **beni demaniali**, **beni patrimoniali indisponibili**, **beni patrimoniali disponibili**. Per le rispettive elencazioni si rinvia alla lettura degli artt. 822 e 826 c.c. È il caso di ricordare, tuttavia, che oltre allo Stato, anche gli altri enti pubblici territoriali dispongono di un demanio e di un patrimonio.
Il regime giuridico di questi beni è ben diverso dal regime applicabile ai beni privati. Infatti, i beni che fanno parte del **demanio pubblico** in quanto destinati alla collettività:

- **sono inalienabili**, per cui non possono essere trasferiti ad altri soggetti (gli eventuali atti di disposizione compiuti in spregio a tale divieto sono nulli);
- **non tollerano la costituzione di diritti a favore di terzi** (es. una servitù di passaggio) se non nei modi e nei limiti stabiliti tassativamente dalla legge. Resta preclusa l'usucapione quale modo d'acquisto di diritti reali e in generale l'applicazione della disciplina privatistica della proprietà;
- **non possono essere espropriati**, dal momento che possono formare oggetto di diritti a favore di terzi soltanto nei modi e nei limiti stabiliti dalle leggi che li riguardano (*ex* art. 823 c.c.);
- **sono trasferibili ad altro ente territoriale**, sempre che non siano indissolubilmente legati al territorio dell'ente cui appartengono (come nel caso di una piazza sita al centro di un comune) e purché permanga la loro destinazione pubblica.

È possibile, però, che determinate facoltà di utilizzazione di tali beni siano date in concessione a soggetti privati: così, ad esempio, si può consentire ad un privato di aprire uno stabilimento balneare o un ristorante su una spiaggia.

I beni demaniali sono suscettibili di essere ripartiti in alcune tipologie fondamentali: **demanio necessario**, che a sua volta si distingue in *demanio marittimo, idrico* e *militare*, e **demanio accidentale**, nell'ambito del quale occorre distinguere fra **beni demaniali naturali** e **beni demaniali artificiali**.
Ciò che caratterizza i beni del *demanio accidentale* è la loro titolarità: possono appartenere anche a soggetti non pubblici ma, se appartengono ad un ente pubblico territoriale, il relativo regime è quello del demanio accidentale.

Il *demanio necessario* è solo statale o regionale. Il *demanio accidentale* può essere anche provinciale o comunale.
Ulteriore differenza dei beni del demanio accidentale rispetto a quelli del demanio necessario deriva dal fatto che essi non sono costituiti esclusivamente da beni immobili, potendo consistere anche in **universalità di mobili** (raccolte dei musei e pinacoteche).

Anche i **beni patrimoniali indisponibili** sono vincolati ad una *destinazione di pubblica utilità*, alla quale non possono essere sottratti se non nei modi stabiliti dalle leggi che li riguardano (art. 828 c.c.).
In particolare, i beni del patrimonio indisponibile:

> **sono incommerciabili**, alcuni in senso assoluto in quanto riservati (es. le miniere), altri solo in quanto perduri la destinazione pubblica; altri beni ancora possono essere alienati solo previo permesso amministrativo (es. beni forestali);
> **possono formare oggetto di diritti parziari a favore di terzi** (es. diritti di servitù), purché compatibili con la destinazione e le prescrizioni di legge;
> **sono suscettibili di espropriazione** per il perseguimento di un interesse superiore rispetto a quello soddisfatto con l'originaria destinazione. L'esercizio del potere ablatorio con riguardo a questi beni deve essere sorretto da un accertamento motivato, compiuto dall'autorità procedente, circa la maggiore utilità da conseguire rispetto a quella derivante dall'uso in atto degli stessi.

Alcuni beni assumono il carattere della indisponibilità soltanto in conseguenza di una destinazione pubblica, individuata o dalla legge o da un provvedimento: emblematico è l'esempio dei beni immobili destinati a un pubblico servizio (sedi e arredi degli uffici).
Infine restano quei beni che, pur appartenendo allo Stato o agli altri enti pubblici territoriali, non sono inderogabilmente destinati a soddisfare un interesse pubblico, perché servono soltanto a produrre un reddito: si tratta dei **beni patrimoniali disponibili**. Rientrano in quest'ultima categoria tutti i beni che non fanno parte del demanio e del patrimonio indisponibile. Può trattarsi di beni immobili o mobili, di crediti, di titoli o di denaro. Tali beni costituiscono una proprietà privata dell'ente pubblico e coerentemente con la loro funzione tali beni sono alienabili e seguono, con qualche limitata eccezione, le regole del diritto privato.

6.2 L'uso dei beni pubblici da parte dei privati

L'utilizzazione di beni demaniali, da parte della collettività o di singoli soggetti privati, può avvenire in forme diverse.
L'**uso diretto** è l'impiego che l'ente pubblico proprietario fa del bene nell'assolvimento dei propri compiti istituzionali. Tale utilizzo è talvolta garantito da norme che addirittura sanzionano penalmente l'impiego del bene da parte di altri (si pensi, per esempio, al demanio militare e al patrimonio indisponibile di interesse militare, attraverso il cui uso lo Stato provvede alla difesa nazionale).
L'**uso promiscuo** si configura quando il bene è in grado di soddisfare contemporaneamente le esigenze che giustificano la sua appartenenza pubblica e altre esigenze. Si pensi, per esempio, alle strade militari che, accanto all'interesse della difesa, sono in grado di soddisfare l'interesse generale della pubblica circolazione.

L'**uso generale** (o utilizzazione libera) è l'esatto opposto dell'uso diretto. In questa ipotesi l'uso del bene è permesso alla collettività nel suo complesso senza che il titolare del diritto di proprietà possa escluderne alcuno. In alcuni casi l'uso è consentito previo pagamento di una somma (es. pedaggio autostradale); altre volte, invece, occorre un'autorizzazione dell'ente pubblico (si pensi allo scarico nelle acque pubbliche).
Nell'**uso particolare**, infine, il bene è goduto da singoli soggetti che ne possono usufruire in via esclusiva in virtù di uno specifico atto di attribuzione del diritto (una legge, un atto di concessione ecc.).

6.3 I beni privati e la potestà ablatoria della Pubblica Amministrazione

Secondo i precetti della Costituzione repubblicana (art. 42, co. 3, Cost.), la proprietà privata può essere, nei casi previsti dalla legge, e salvo indennizzo, espropriata per motivi di interesse generale; norma analoga è contenuta nell'art. 834 c.c., ai sensi del quale nessuno può essere privato in tutto o in parte dei beni di sua proprietà se non per causa di pubblico interesse, legalmente dichiarata, e contro il pagamento di una *giusta indennità*.
È previsto, dunque, la possibilità che la **pubblica autorità possa acquisire coattivamente beni di proprietà privata** attraverso la procedura dell'**espropriazione per pubblica utilità**. L'espropriazione è espressione della *potestà ablatoria della Pubblica Amministrazione*, nell'esercizio della quale la stessa incide su una situazione giuridica del destinatario, comprimendola e limitandola unilateralmente.
Quello espropriativo, tuttavia, non esaurisce tale tipologia di provvedimenti. Occorre al riguardo considerare: l'**occupazione preliminare del bene**, preordinata al successivo esproprio, cui la Pubblica Amministrazione ricorre ove ritenga sussistente una situazione di indifferibilità e di urgenza; l'**occupazione temporanea**, effettuata dalla Pubblica Amministrazione, previa dichiarazione di indifferibilità e urgenza, per sopperire ad esigenze provvisorie, non preordinate alla successiva acquisizione del bene; la **requisizione**, che tuttavia si connota per la mancanza della finalità ablatoria.

6.4 L'espropriazione per pubblica utilità

6.4.1 Ambito applicativo

L'espropriazione è un provvedimento ablatorio reale, avente ad oggetto beni immobili appartenenti a privati, il cui fondamento viene generalmente desunto in dottrina dalla **prevalenza dell'interesse pubblico su quello privato**, con conseguente degradazione del diritto di proprietà a interesse legittimo.
L'espropriazione è preordinata alla realizzazione di opere, edifici o strutture di interesse pubblico e costituisce l'esito di un procedimento amministrativo nel quale assume rilievo centrale la **dichiarazione di pubblica utilità** da parte dell'autorità espropriante, seguita dall'emanazione del **decreto di espropriazione**, con cui si sancisce definitivamente l'effetto traslativo del bene privato in favore dell'autorità espropriante.

Il provvedimento espropriativo genera comunque, in favore del proprietario, il diritto a percepire un **indennizzo**. Dunque, il trasferimento coattivo comporta la conversione del diritto reale dell'espropriato in un credito ad una somma di denaro a titolo, appunto, di indennità.
L'istituto dell'espropriazione per pubblica utilità è oggi disciplinato dal **D.P.R. 8-6-2001, n. 327**, che costituisce il Testo unico della materia, con il quale si è cercato finalmente di porre una disciplina organica del procedimento espropriativo.

6.4.2 I soggetti

I soggetti che, a diverso titolo, intervengono nella procedura espropriativa sono:

> l'**espropriato**, vale a dire il soggetto titolare della proprietà o del diritto oggetto di espropriazione. La procedura espropriativa è condotta nei confronti di chi risulti proprietario dai registri catastali per esigenze di celerità e semplificazione;

> l'**autorità espropriante**, da identificarsi nell'autorità amministrativa titolare del potere di espropriare e che cura il relativo procedimento, oppure nel soggetto privato al quale una disposizione di legge attribuisca il potere di espropriare;

> il **beneficiario dell'espropriazione**, rappresentato dal soggetto, pubblico o privato, a favore del quale è emesso il decreto di espropriazione e sul quale generalmente grava l'obbligo di pagare l'indennità di espropriazione;

> il **promotore dell'espropriazione**, ovvero il soggetto, pubblico o privato, che richiede l'espropriazione.

6.4.3 La dichiarazione di pubblica utilità

Costituisce una distinta fase all'interno del procedimento espropriativo la **dichiarazione di pubblica utilità implicita**. Infatti, gli atti che comportano la dichiarazione di pubblica utilità sono l'**approvazione del progetto definitivo** dell'opera pubblica, ovvero qualunque strumento urbanistico o altro provvedimento ai quali la normativa vigente riconosca tale effetto.
La dichiarazione di pubblica utilità si configura come **atto presupposto** rispetto al successivo **decreto**. Per esigenze di semplificazione è previsto che essa contenga il solo **termine finale** per l'emanazione del decreto; in mancanza, il termine è fissato dall'art. 13, co. 4, del D.P.R. 327/2001, in cinque anni decorrenti dalla data in cui diventa efficace l'atto che dichiara la pubblica utilità dell'opera.
La dichiarazione di pubblica utilità costituisce un provvedimento autonomo rispetto al successivo decreto d'esproprio, idonea, in quanto tale, a determinare immediatamente effetti lesivi nella sfera giuridica dei terzi.

6.4.4 L'indennità di espropriazione

Con il D.P.R. 327/2001, il legislatore ha suddiviso i beni espropriabili in quattro categorie, prevedendo per ciascuna differenti criteri di computo dell'indennità dovuta. In particolare, alle tradizionali categorie costituite dalle **aree edificabili** e **non edificabili**, si sono aggiunte quelle delle **aree edificate legittimamente** e delle **aree destinate a trasformarsi in opere private di pubblica utilità**.

Quanto alle *aree edificabili*, l'art. 37 del D.P.R. 327/2001, nel testo riformulato dalla L. 244/2007 dopo la sentenza della Corte costituzionale n. 348/2007, afferma che l'indennità di espropriazione debba essere commisurata al *valore venale del bene*, salvi i correttivi volta per volta previsti. Per le *aree non edificabili* si distingue fra *aree coltivate* e *aree non coltivate*. Le prime sono valutate secondo il loro valore agricolo mentre per le seconde l'indennità è commisurata al valore reale effettivo dell'area (*valore venale*).

6.4.5 La retrocessione del bene

Si tratta di un istituto che consente all'espropriato di riacquistare la proprietà del bene nel caso in cui la Pubblica Amministrazione non abbia realizzato, in tutto o in parte, l'opera pubblica o di pubblica utilità per la quale si era proceduto all'emanazione del decreto di esproprio.
Due sono le forme di retrocessione: quella totale e quella parziale.
Alla **retrocessione totale** è dedicato l'art. 46 D.P.R. 327/2001, ai sensi del quale se l'opera pubblica o di pubblica utilità non è stata realizzata o cominciata entro il termine di 10 anni, decorrente dalla data in cui è stato eseguito il decreto di esproprio, ovvero se risulta anche in epoca anteriore l'impossibilità della sua esecuzione, l'espropriato può chiedere che sia accertata la decadenza della dichiarazione di pubblica utilità e che siano disposti la restituzione del bene espropriato e il pagamento di una somma a titolo di indennità.
La **retrocessione parziale**, invece, ricorre – ai sensi dell'art. 47, co. 1, D.P.R. 327/2001 – laddove l'opera pubblica o di pubblica utilità sia stata realizzata solo su una parte della proprietà espropriata: in tal caso si può chiedere la restituzione della parte del bene non utilizzata. Il beneficiario dell'espropriazione è tenuto ad indicare i beni che non servono all'esecuzione dell'opera pubblica o di pubblica utilità e che possono essere ritrasferiti, nonché il relativo corrispettivo. Tale indicazione è fatta con valutazione discrezionale.

6.4.6 La cessione volontaria

L'art. 45 D.P.R. 327/2001 stabilisce che fin da quando è dichiarata la pubblica utilità dell'opera e fino a quando non è eseguito il decreto espropriativo, il proprietario ha il diritto di **stipulare col soggetto beneficiario dell'espropriazione l'atto di cessione del bene o della sua quota di proprietà**. L'accordo prende il posto del provvedimento amministrativo.
La cessione volontaria è qualificata come un contratto di diritto pubblico, perché l'accordo si perfeziona nell'ambito di potestà pubblicistiche. Il ricorso allo strumento contrattuale è incentivato dal legislatore con il riconoscimento di una maggiorazione del 10 per cento dell'indennità di espropriazione.

6.5 L'occupazione legittima e l'occupazione senza titolo

6.5.1 L'occupazione legittima

Il provvedimento di occupazione:

> permette all'autorità espropriante di **occupare il bene in maniera continuativa**, compiendo le attività tassativamente indicate dal legislatore nelle varie fattispecie e limitando di fatto i diritti di proprietà;
> serve a **utilizzare il bene secondo le finalità pubblicistiche**, sotto condizione che venga effettuato un procedimento espropriativo.

L'art. 22-*bis* D.P.R. 327/2001 disciplina l'**occupazione preliminare**, che consente all'autorità espropriante, qualora l'avvio dei lavori rivesta carattere di particolare urgenza, di occupare anticipatamente i beni, determinando in via provvisoria l'indennità di espropriazione. Il decreto è notificato al proprietario dei beni con l'avvertenza che può presentare osservazioni scritte e depositare documenti nei 30 giorni successivi all'immissione in possesso da parte dell'autorità espropriante.
L'art. 49, invece, conferisce all'autorità espropriante il potere di **occupare temporaneamente** aree non soggette al procedimento espropriativo se ciò risulta strumentale alla corretta esecuzione dei lavori previsti.

6.5.2 L'occupazione senza titolo

L'**occupazione acquisitiva (nota anche come accessione invertita)** è l'istituto – all'origine di creazione giurisprudenziale (cfr. Corte di Cassazione, sent. 26-2-1983, n. 1464) – in forza del quale la Pubblica Amministrazione che, per la realizzazione di un'opera di pubblica utilità, occupa un suolo del privato in modo illegittimo, per *decorso dei termini di efficacia del provvedimento autorizzativo*, ne acquista a titolo originario la proprietà per effetto della trasformazione irreversibile arrecata al suolo stesso.
La fattispecie – «positivizzata» dal legislatore – è disciplina dall'art. 42-*bis* del D.P.R. 327/2001 (introdotto dal D.L. 98/2011).
Gli *elementi costitutivi* della fattispecie sono la *dichiarazione di pubblica utilità* dell'opera da realizzare e la *conseguente occupazione* del suolo da parte della Pubblica Amministrazione o di un suo concessionario.
L'eventuale decreto espropriativo emesso dopo l'acquisizione è inefficace. La perdita del diritto di proprietà in capo al privato configura un illecito ai sensi dell'art. 2043 c.c. da risarcire nel termine prescrizionale di cinque anni, che inizia a decorrere dall'irreversibile trasformazione del bene.
Anche l'**occupazione usurpativa** è un istituto di creazione giurisprudenziale. La fattispecie si realizza quando la Pubblica Amministrazione procede all'occupazione di un fondo per la realizzazione di un'opera pubblica in *assenza di valido provvedimento autorizzativo*, ponendo così in essere un'attività materiale che integra un illecito extracontrattuale permanente.
L'attività della Pubblica Amministrazione usurpante, in quanto totalmente illegale, non produce alcun effetto acquisitivo, salvo che il proprietario usurpato rinunci alla proprietà. Il privato può scegliere fra i normali rimedi a difesa della proprietà e del possesso e la proposizione del rimedio del risarcimento. La proposizione della

richiesta di risarcimento del danno reca tuttavia con sé l'implicita rinuncia al diritto di proprietà.

6.5.3 Il procedimento espropriativo semplificato

L'art. 42-*bis* D.P.R. 327/2001, inserito dall'art. 34 del D.L. 98/2011 (conv. in L. 111/2011), disciplina una sorta di **procedimento espropriativo semplificato** che può essere *adottato, in presenza di determinati presupposti, quando un'Amministrazione utilizzi un bene per scopi di interesse pubblico senza averne alcun titolo*; in questi casi la situazione può essere sanata mediante un atto nel quale si riunisce sia la dichiarazione di pubblica utilità sia il decreto di esproprio, e si provvede ad indennizzare il soggetto espropriato con modalità diverse rispetto all'indennizzo spettante in presenza di procedura ordinaria di espropriazione.

6.6 Le requisizioni

Le requisizioni permettono all'Amministrazione di operare efficacemente imponendo un sacrificio definitivo o temporaneo del diritto di proprietà di un soggetto privato, per il soddisfacimento immediato di un pressante interesse pubblico.
Per l'ordinamento italiano, la requisizione è legittima solo quando ricorrano gravi e urgenti necessità pubbliche, militari o civili, contro una giusta indennità e sulla base di norme determinate da leggi speciali (art. 835 c.c.).

Capitolo 7
I controlli

7.1 I controlli pubblici

Il controllo consiste nella **verifica della regolarità di un atto o dell'operato di un determinato soggetto.** Il controllo amministrativo consiste, quindi, in una funzione finalizzata ad assicurare che un atto o un'attività siano conformi a determinati parametri (es. controllo di regolarità amministrativo-contabile).
Generalmente la gerarchia attribuisce all'organo funzionalmente sovraordinato il potere di controllare l'attività dell'organo subordinato. Il suo esito è una manifestazione di giudizio su cui si basa l'adozione di determinate misure (es. il controllo preventivo di legittimità della Corte dei conti che, rifiutando il visto ad un atto, ne può provocare il ritiro da parte dell'Amministrazione competente).
Secondo l'oggetto dell'attività di controllo, si distinguono controlli sull'*attività*, sugli *atti* e sugli *organi*.
I **controlli sull'attività** possono essere:

- *interni*, se esercitati da organi interni allo stesso ente che v'è soggetto;
- *esterni*, se effettuati un ente diverso da quello controllato;
- *di vigilanza*, qualora abbiano a oggetto la verifica di conformità dell'operato amministrativo a norme di legge o tecniche;
- *di tutela*, qualora concerna il merito, cioè l'opportunità dell'operato;
- *di efficienza*, se presuppongono la comparazione fra mezzi adoperati e fini da conseguire;
- *di efficacia*, quando guardano alla realizzazione dei fini divisati.

I **controlli sugli atti** sono essenzialmente:

- *preventivi*, nel qual caso l'eventuale esito negativo dell'attività di controllo impedisce all'atto controllato di produrre gli effetti programmati;
- *successivi*, se intervengono quando gli effetti si sono già prodotti;
- *mediante riesame*, quando l'autorità che ha già deliberato è chiamata ad una nuova deliberazione condizionante l'efficacia dell'atto.

I **controlli sugli organi** hanno a oggetto il comportamento delle persone fisiche preposte agli uffici, o la condotta degli organi come tali, e mirano ad assicurarne il buon funzionamento, in ossequio al generale principio di buon andamento ed imparzialità dell'azione amministrativa sancito dall'art. 97 Cost. La funzione di controllo sugli organi può attuarsi attraverso delle semplici ispezioni oppure mediante l'adozione di provvedimenti. Questi ultimi possono consistere nella sostituzione dell'organo sottoposto a controllo ovvero nell'irrogazione di sanzioni amministrative o disciplinari in danno del loro titolare. Per quanto riguarda, in particolare, i **controlli sugli enti territoriali**, va ricordato che alla luce della riforma costituzionale realizzata con L.

cost. 3/2001, la materia non è più riservata allo Stato: perciò, i controlli esterni statali sembrerebbero compatibili con il nuovo assetto costituzionale solo se limitati alle Amministrazioni statali decentrate e non anche se indirizzati agli enti territoriali.
Di particolare importanza sono i **controlli di ragioneria** e il **controllo della Corte dei conti**. Il controllo di ragioneria è un *controllo contabile*, cioè diretto a verificare che l'atto soggetto a controllo abbia una copertura di spesa e di legittimità, ovvero della relativa conformità ai parametri normativi.

Gli uffici che provvedono all'esercizio di tale funzione nei confronti delle Amministrazioni statali decentrate sono così organizzati:

- la **Ragioneria generale dello Stato**, presso il Ministero dell'Economia e delle Finanze;
- gli **Uffici centrali del bilancio**, presso i singoli Ministeri;
- le **Ragionerie territoriali**, che controllano le Amministrazioni statali decentrate.

All'esito favorevole del controllo consegue la registrazione degli impegni di spesa, ovvero delle obbligazioni che hanno per oggetto il pagamento di una somma di denaro a carico dello Stato. Trascorsi 10 giorni dalla registrazione, l'impegno diviene efficace e di conseguenza la somma non può ricevere una destinazione diversa (art. 7 D.Lgs. 430/1997).
Le ragionerie assolvono una quantità di compiti di notevole importanza: fra gli altri, predispongono il **progetto di bilancio** e il **rendiconto generale dello Stato**, e svolgono funzioni di vigilanza sull'esatto accertamento delle entrate, garantendo la regolare tenuta delle scritture contabili.
Di *carattere esterno* e di *rilievo costituzionale*, infine, è il **controllo della Corte dei conti**.

In relazione all'atto o all'attività controllata, il controllo può produrre i seguenti esiti:

> l'*annullamento dell'atto*, misura repressiva che consiste nell'esercizio di un potere vincolato;
> l'adozione di *misure impeditive*, che precludono l'efficacia dell'atto (dinieghi di visti o di approvazioni);
> l'avvio di *azioni sostitutive*, con la conseguenza che al controllato è inibito di agire e in sua vece interviene il controllante o un soggetto da lui designato (spesso un organo straordinario);
> lo *scioglimento dell'organo*;
> l'irrogazione di *sanzioni*, applicate ai componenti l'organo.

7.2 Il passaggio dalla cultura dell'adempimento alla cultura della valutazione

In passato i controlli amministrativi erano svincolati da qualsiasi logica aziendale ed economica e si limitavano ad inefficaci verifiche preventive di regolarità formale sui singoli atti, svolte da soggetti esterni come la Corte dei conti per lo Stato e i Comitati regionali di controllo per gli enti locali.
A partire dagli anni Novanta è andata sempre più affermandosi, nel mondo delle Pubbliche Amministrazioni, la cultura della valutazione, ciò che ha determinato il passaggio da criteri di responsabilizzazione formale (sugli atti e i procedimenti amministrativi) a logiche di responsabilizzazione sostanziale (sui risultati).

In tale direzione, con una conseguente radicale trasformazione del sistema dei controlli, sono stati concepiti dal legislatore due provvedimenti legislativi: la L. 14-1-1994, n. 20 e il D.Lgs. 30-7-1999, n. 286.
In particolare, la riforma dei sistemi di valutazione e controllo interno, introdotta con il D.Lgs. 286/1999, ha permesso di:

- operare una distinzione tra le varie attività di controllo interno, così da rispettare la linea di demarcazione tra attività di indirizzo politico, da un lato, e attività gestionale, dall'altro;
- creare i presupposti per una forte interrelazione tra valutazione dell'azione amministrativa e responsabilità dirigenziale per i risultati;
- impedire la commistione paralizzante tra controlli tradizionali, di tipo repressivo, finalizzati a garantire la regolarità e legittimità dell'agire amministrativo, e controlli di tipo valutativo, finalizzati ad ottimizzare la funzione amministrativa.

Il decreto ha ridefinito l'articolazione dei controlli interni sia con riguardo ai contenuti sia in merito ai profili organizzativi, così da giungere ad una corretta ed univoca attribuzione della responsabilità esecutiva delle diverse forme di controllo a distinte unità organizzative.

7.3 Le tipologie di controllo nel D.Lgs. 286/1999

Il D.Lgs. 286/1999 contempla quattro tipologie di controllo interno, tutte essenzialmente di carattere collaborativo:

- i **controlli di regolarità amministrativa e contabile** (art. 2, come modificato dal D.Lgs. 123/2011), comprendenti le tradizionali verifiche di legittimità, regolarità e correttezza dell'azione amministrativa;
- i **controlli di gestione** (art. 4), volti alla verifica dell'efficacia, dell'efficienza e dell'economicità dell'azione amministrativa, al fine di ottimizzare il rapporto costi/risultati;
- le **valutazioni della dirigenza** (art. 1), tese a verificare e favorire il miglioramento delle prestazioni del personale collocato in posizione di responsabilità;
- le **valutazioni e i controlli strategici** (artt. 6 e 8) consistenti nell'analisi, preventiva e successiva, della congruenza tra le missioni dell'Amministrazione (stabilite dalla legge), gli obiettivi (stabiliti dall'organo di direzione politica) e le scelte operative e allocative delle risorse umane e finanziarie (assunte dal dirigente).

Nel rispetto dell'autonomia loro riconosciuta, le norme del D.Lgs. 286/1999 richiedono alle Pubbliche Amministrazioni di dotarsi delle soluzioni organizzative e degli strumenti indispensabili all'attuazione delle tipologie di controllo declinate dal decreto.

7.4 Il controllo di regolarità amministrativa e contabile

Si tratta di uno strumento di cui la Pubblica Amministrazione è chiamata a dotarsi al fine di garantire la legittimità, la trasparenza, la regolarità e la correttezza dell'azione amministrativa delle proprie strutture.

Il controllo di regolarità amministrativa e contabile si svolge in via preventiva o successiva rispetto al momento in cui l'atto di spesa spiega i suoi effetti (cfr. art. 2 D.Lgs. 123/2011); perciò si colloca, alla stessa stregua di altri istituti della contabilità pubblica, fra gli **strumenti finalizzati a circondare di garanzie l'utilizzo del denaro pubblico** da parte degli amministratori, assicurando trasparenza e verificabilità delle operazioni di gestione dell'attività amministrativa che abbiano comportato dispendio di risorse pubbliche.
L'obiettivo è la realizzazione di un sistema di monitoraggio interno, in grado di fornire certezza ai processi di produzione dei dati contabili e delle procedure amministrative.
I principi che informano l'attività di svolgimento del controllo in oggetto prevedono:

> che le funzioni di controllo di gestione, di valutazione della dirigenza e di valutazione strategica siano esercitate in modo distinto ma integrato, senza alcun riferimento alle verifiche di regolarità amministrativa e contabile dell'azione amministrativa (art. 1, co. 2, lett. *d*);
> che vi sia esclusività dei soggetti cui compete il controllo di regolarità amministrativa e contabile. Le strutture preposte al controllo di gestione e al controllo strategico non possono occuparsi di controllo di regolarità amministrativa e contabile (art. 1, co. 2, lett. *e*).

7.5 Il controllo di gestione

Si tratta di un'attività strettamente connessa a quella di pianificazione. La pianificazione riceve gli elementi di indirizzo dal governo, determina il programma dell'Amministrazione e ne ricava informazioni sulla gestione che, opportunamente sintetizzate e integrate, consentono di **monitorare gli obiettivi**.
Ai fini del controllo di gestione, l'Amministrazione deve definire:

> l'unità o le unità responsabili della progettazione e della gestione del controllo di gestione;
> le unità organizzative a livello delle quali si intende misurare l'efficacia, efficienza ed economicità dell'azione amministrativa;
> le procedure di determinazione degli obiettivi gestionali e dei soggetti responsabili;
> l'insieme dei prodotti e delle finalità dell'azione amministrativa, con riferimento all'intera Amministrazione o a singole unità organizzative;
> le modalità di rilevazione e ripartizione dei costi tra le unità organizzative e di individuazione degli obiettivi per cui i costi sono sostenuti;
> gli indicatori specifici per misurare efficacia, efficienza ed economicità.

Essere efficienti significa massimizzare il rapporto output/input; l'*efficienza* misura dunque la convenienza di un'azione mentre l'efficacia valuta l'opportunità della stessa, in quanto misura la porzione di realizzazione dell'obiettivo posto in sede di programma. La gestione di risorse, infine, si considera *economica* se gli sprechi risultano contenuti al minimo, ottenendosi così il massimo dei beni e servizi prodotti (*output*) dalle risorse disponibili (*input*).

7.6 Il controllo strategico

L'attività di valutazione e controllo strategico mira a verificare, in funzione dell'esercizio dei poteri di indirizzo da parte dei competenti organi, l'**effettiva attuazione delle scelte contenute nelle direttive ed altri atti di indirizzo politico**.
L'attività stessa consiste nell'analisi, preventiva e successiva, della congruenza e/o degli eventuali scostamenti tra le missioni affidate dalle norme, gli obiettivi operativi prescelti, le scelte operative effettuate e le risorse umane, finanziarie e materiali assegnate, nonché nell'identificazione degli eventuali fattori ostativi, delle eventuali responsabilità per la mancata o parziale attuazione dei possibili rimedi. L'esito del controllo consiste nella *predisposizione di relazioni annuali* sui risultati delle analisi effettuate, con proposte di miglioramento della funzionalità delle Amministrazioni.
Le disposizioni che introducono il controllo strategico completano l'introduzione di modelli di pianificazione che hanno nella *direttiva ministeriale* la loro fase di avvio. La direttiva, di cui all'art. 8 D.Lgs. 286/1999, identifica i principali risultati da realizzare, in relazione anche agli indicatori stabiliti dalla documentazione di bilancio per centri di responsabilità e per funzioni obiettivo, e determina, in relazione alle risorse assegnate, gli obiettivi di miglioramento, eventualmente indicando progetti speciali e scadenze intermedie.

7.7 Il controllo sulla qualità dei servizi

Il D.Lgs. 286/1999 prevede un ulteriore **controllo sulla dimensione della qualità dei servizi offerti dalla Pubblica Amministrazione**. L'art. 11, infatti, affida ad apposite direttive del Presidente del Consiglio dei Ministri (aggiornabili annualmente), il compito di stabilire le modalità di definizione, adozione e pubblicizzazione degli standard di qualità, i casi e le modalità di adozione delle carte dei servizi, i criteri di misurazione della qualità dei servizi, le condizioni di tutela degli utenti, nonché i casi e le modalità di indennizzo automatico degli utenti per il mancato rispetto degli standard di qualità.
La previsione è stata rinforzata dall'art. 30 L. 69/2009, ove si impone la previsione, nelle carte dei soggetti pubblici e privati che erogano servizi pubblici o di pubblica utilità, della possibilità – accordata all'utente o alla categoria di utenti che lamenti la violazione di un diritto o di un interesse giuridico rilevante – di promuovere la risoluzione non giurisdizionale della controversia, entro i 30 giorni successivi alla richiesta.
Deve, altresì, essere contemplato l'eventuale ricorso a meccanismi di sostituzione dell'Amministrazione o del soggetto inadempiente.

7.8 I controlli di spesa del personale

Nel quadro della visione efficientistico manageriale che permea la reingegnerizzazione del pubblico impiego, un ruolo di primaria importanza va ascritto alle **disposizioni dirette al contenimento della spesa pubblica in materia di personale**. Disposizioni che rappresentano la pura esplicazione del principio costituzionale di buon andamento della Pubblica Amministrazione e, in specie, del criterio di economici-

tà dell'azione amministrativa. Trattasi di un criterio cristallizzato, in via generale nell'art. 1 L. 241/1990 che impone alla Pubblica Amministrazione la realizzazione del massimo risultato conseguibile in relazione ai mezzi disponibili, ossia il perseguimento delle finalità istituzionali con il minore dispendio di mezzi e di strumenti. Per effetto dell'art. 8 D.Lgs. 165/2001 le Amministrazioni Pubbliche adottano tutte le misure affinché la spesa per il proprio personale sia evidente, certa e prevedibile nella evoluzione. Le risorse finanziarie destinate a tale spesa sono determinate in base alle compatibilità economico-finanziarie definite nei documenti di programmazione e di bilancio.
Sotto il profilo operativo, il controllo della spesa pubblica si articola in due stadi:

> in sede di **contrattazione collettiva:** trattasi di controlli concretantisi nella preventiva determinazione della copertura finanziaria complessiva per l'intero periodo contrattuale (artt. 47-48 D.Lgs. 165/2001);
> **in via informativa**: trattasi di controlli basati, sul potenziamento del flusso di informazioni in ordine allo stato della spesa ed all'eventuale sfondamento dei tetti prefissati.

Sul punto è interessante la disciplina del Titolo V del D.Lgs. 165/2001 che prevede l'approntamento di un vero e proprio sistema informativo funzionalizzato alla puntuale acquisizione delle notizie relative al personale pubblico e alla tempestiva predisposizione degli accorgimenti atti ad evitare, e soprattutto a rimediare, ad eventuali scollamenti.

Capitolo 8
La responsabilità della Pubblica Amministrazione

8.1 Gli elementi costitutivi dell'illecito della Pubblica Amministrazione

Qualora ponga in essere atti lesivi delle posizioni soggettive degli amministrati, la Pubblica Amministrazione è tenuta a risarcire i danni arrecati.
La responsabilità risarcitoria della Pubblica Amministrazione si basa sui principi di diritto privato (art. 2043 c.c.). Pertanto ne sono elementi costitutivi: una *condotta attiva od omissiva*; l'*antigiuridicità di tale condotta*; la *colpevolezza dell'agente*; l'*evento dannoso*; il *nesso di causalità fra condotta ed evento.*
La riferibilità della condotta alla Pubblica Amministrazione ricorre quando l'attività del dipendente si possa considerare come **esplicazione dell'attività dell'ente** e sia rivolta al conseguimento dei fini istituzionali dell'ente medesimo nell'ambito delle attribuzioni dell'ufficio o del servizio al quale il dipendente è addetto.
In particolare:

> la **condotta antigiuridica (fatto illecito)** può concretizzarsi in azioni omissive o commissive. La *condotta omissiva* può consistere sia nel mancato compimento di un comportamento doveroso, sia nell'omissione di un atto dovuto; viceversa, la *condotta commissiva o attiva* può configurarsi come comportamento materiale del dipendente o emanazione di un atto amministrativo illegittimo;
> la **colpevolezza dell'agente (dolo o colpa)** può connotarsi come intenzione di cagionare l'evento dannoso con la consapevolezza della sua ingiustizia (dolo), oppure come violazione dei doveri di diligenza, cautela o perizia nei confronti dei terzi (colpa generica) o, ancora, come inosservanza di leggi, regolamenti, ordini o discipline (colpa specifica);
> l'**evento dannoso (ingiusto)** è il fatto illecito; in assenza di danno non dà luogo a responsabilità civile. Il danno, per essere *ingiusto*, deve essere prodotto in assenza di cause giustificative del fatto dannoso e deve incidere negativamente su di una posizione giuridica tutelata.

Il danno può essere:

- **patrimoniale**: è il pregiudizio arrecato alla sfera patrimoniale del soggetto danneggiato ed è costituito dal danno emergente (danno attuale) e lucro cessante (danno futuro, mancato guadagno e/o perdita di *chance*);
- **non patrimoniale**: è costituito da svariate situazioni di natura psico-fisica che incidono sul soggetto danneggiato (es.: il danno biologico, il danno morale e il danno esistenziale);
- **biologico**: è inteso come lesione dell'interesse, costituzionalmente garantito (art. 32 Cost.), all'integrità psichica e fisica della persona (cosiddetto diritto alla salute);

- **morale**: è costituito dalle sofferenze psichiche subìte dal danneggiato conseguentemente al verificarsi di un evento dannoso;
- **esistenziale**: definito dalle Sezioni Unite della Corte di Cassazione (cfr. sentenza 24 marzo 2006, n. 6756) come «ogni pregiudizio provocato sul fare areddituale del soggetto, che alteri le sue abitudini e gli assetti relazionali propri, inducendolo a scelte di vita diverse quanto all'espressione e realizzazione della sua personalità nel mondo esterno». Tale danno non consiste in sofferenze soggettive, ma in alterazioni in senso peggiorativo della qualità della vita inducendo il soggetto a compiere scelte di vita diverse in merito all'espressione e realizzazione della propria personalità in rapporto al mondo esterno;

> il **nesso di causalità fra la condotta antigiuridica e l'evento dannoso** è un elemento imprescindibile per l'affermazione della responsabilità. Al fine di imputare l'obbligazione risarcitoria all'Amministrazione cui appartiene l'agente che ha posto in essere l'attività materiale dannosa, è necessario appurare che la condotta antigiuridica sia stata da lui realizzata nell'ambito dei suoi compiti istituzionali.

8.2 La responsabilità della Pubblica Amministrazione per lesione di diritti soggettivi

È pacifico da tempo il riconoscimento della responsabilità della Pubblica Amministrazione in caso di lesione di diritti soggettivi, sia nella forma della *responsabilità extracontrattuale o aquiliana* (ai sensi dell'art. 2043 c.c.), sia nella forma della *responsabilità contrattuale* (art. 1218 cc.c.), sia nella forma della *responsabilità precontrattuale* (artt. 1337 e 1338 c.c.).

Nessun problema pone la violazione del **precetto generale di non arrecar danno ad alcuno** (*neminem laedere*): in tal caso, infatti, è applicabile la disciplina sulla **responsabilità extracontrattuale** dettata dall'art. 2043 c.c., ai sensi del quale spetta al danneggiato l'onere di provare gli elementi costitutivi della fattispecie produttiva di danno: fatto illecito, danno ingiusto, nesso di causalità fra fatto e danno, dolo o colpa della Pubblica Amministrazione.

La responsabilità della Pubblica Amministrazione per lesione di diritti soggettivi può anche essere di **natura contrattuale**: com'è noto, infatti, l'Amministrazione, per perseguire i propri fini, può avvalersi, oltre che dei tradizionali strumenti propri del diritto pubblico, anche delle forme proprie del diritto privato e, in particolare, dei negozi giuridici di diritto comune. Sebbene la fase antecedente la stipula del contratto sia regolata dalle regole di evidenza pubblica, la fase successiva è assoggettata alla disciplina propria del diritto privato, con conseguente applicabilità – in caso di inadempimento della Pubblica Amministrazione – della disciplina di cui all'art. 1218 c.c., ai sensi del quale il debitore «*che non esegue esattamente la prestazione dovuta è tenuto al risarcimento del danno, se non prova che l'inadempimento o il ritardo è stato determinato da impossibilità della prestazione derivante da causa a lui non imputabile*».

Qualora, peraltro, nelle trattative negoziali e nelle relazioni con i terzi, l'ente pubblico abbia tenuto un comportamento contrastante con i principi di correttezza e buona fede, deve considerarsi configurata a suo carico una **responsabilità di tipo precontrattuale**. In tali ipotesi, il giudice (di regola, salve le ipotesi di giurisdizione esclusiva, quello ordinario) dovrà accertare se il comportamento dell'Amministrazione abbia ingenerato nei terzi un **ragionevole affidamento**, poi andato deluso in

ordine alla conclusione del contratto. Si tratterà dunque di accertare se l'ente pubblico abbia tenuto – alla stregua dei parametri civilistici (artt. 1337 e 1338 c.c.) – il contegno esigibile dal corretto contraente, e non già di verificare l'osservanza dei doveri del corretto amministratore.
I casi paradigmatici in cui si è ravvisata una responsabilità precontrattuale della Pubblica Amministrazione sono quelli dell'**ingiustificata rottura delle trattative** nonché delle ipotesi di **mancata comunicazione delle cause di invalidità del contratto.**

8.3 La responsabilità per lesione di interessi legittimi

La giurisprudenza tradizionale tendeva a escludere con assolutezza la **risarcibilità del danno per violazione di un interesse legittimo**. Da questa impostazione teorico-sistematica conseguiva con evidenza che quando la Pubblica Amministrazione, nell'esplicazione dei propri poteri autoritativi, cagionava un **danno ingiusto** al soggetto titolare di una posizione giuridica di interesse legittimo, non era chiamata a rispondere di tali danni.
Per giustificare questa esclusione si faceva leva essenzialmente su due ordini di argomenti:

> l'art. 2043 c.c., norma civilistica che detta la regola fondamentale in tema di responsabilità extracontrattuale (altrimenti detta *aquiliana*: «*Qualunque fatto doloso o colposo, che cagiona ad altri un danno ingiusto, obbliga colui che ha commesso il fatto a risarcire il danno*»), era costantemente interpretato nel senso di considerare danno ingiusto solo ed esclusivamente la lesione di un **diritto soggettivo**;
> si negava sul piano formale, in riferimento al tradizionale riparto di giurisdizione basato sulla dicotomia diritto soggettivo-interesse legittimo, che il giudice amministrativo, chiamato ad annullare gli atti illegittimi della Pubblica Amministrazione, potesse anche conoscere **questioni relative ad un eventuale risarcimento del danno**, riservate invece al giudice ordinario, quale giudice naturale dei diritti soggettivi.

Siffatta presa di posizione suscitava notevoli e persistenti critiche, in quanto riduceva fortemente lo spettro di tutela del soggetto titolare di una posizione giuridica soggettiva di interesse legittimo, che poteva chiedere soltanto l'**annullamento dell'atto**, e si poneva in evidente contrasto con i *principi fondamentali del diritto europeo*, ove viene principalmente richiesto di garantire l'effettività della tutela giurisdizionale ai titolari di posizioni giuridiche differenziate, meritevoli di tutela.
La rotta si è invertita grazie alla **storica sentenza 22 luglio 1999, n. 500**, emessa dalle **Sezioni Unite della Cassazione**, con cui il supremo giudice di legittimità ha operato un epocale ravvedimento, superando l'argomento diretto a ravvisare nell'art. 2043 c.c. il principale referente normativo a sostegno dell'irrisarcibilità dei danni da lesione di interessi legittimi.
L'art. 2043 c.c. – a dire delle Sezioni Unite – non costituisce una norma secondaria ma racchiude una clausola generale primaria che attribuisce il **diritto al risarcimento ogni volta che è cagionato un danno ingiusto**, sicché non è fondato l'assunto che limita alle sole posizioni di diritto soggettivo il funzionamento del meccanismo risarcitorio. È, invece, **risarcibile il danno che presenta le caratteristiche dell'ingiustizia** intesa come lesione di qualsiasi interesse al quale l'ordinamento attribuisce rilevanza.

Ciò peraltro non equivale ad affermare l'indiscriminata risarcibilità degli interessi legittimi come categoria generale, in quanto la lesione dell'interesse legittimo è condizione necessaria ma non sufficiente per accedere alla tutela risarcitoria *ex* art. 2043 c.c.: è necessario, in particolare, che risultino integrati tutti i requisiti oggettivi e soggettivi dell'illecito.
Tutto questo è stato recepito dal legislatore e la materia è ora disciplinata dal *Codice del processo amministrativo* (art. 30 D.Lgs. 104/2010).

8.4 Ulteriori ipotesi di responsabilità della Pubblica Amministrazione

8.4.1 La responsabilità derivante da atto lecito

Il danno non può considerarsi antigiuridico quando la Pubblica Amministrazione, pur arrecando un pregiudizio o comunque un "disagio" ai privati cittadini, abbia agito attraverso atti legittimamente adottati nell'interesse della collettività: in tali ipotesi, proprio al fine di compensare il disagio subito dal privato, a fronte di un beneficio concreto della collettività, è prevista la possibilità di corrispondergli un **indennizzo**.
Il ristoro del danno non antigiuridico si realizza, perciò, a titolo indennitario, e non risarcitorio, in modo da evitare che gli effetti dannosi gravino sul titolare del diritto leso anziché su chi tragga vantaggio dall'attività legittimamente espletata. Si pensi, a titolo esemplificativo, agli indennizzi per causa di espropriazione, all'indennità per l'occupazione di beni strumentali all'esecuzione di opere pubbliche, a quelle dovute per le requisizioni in proprietà di cose mobili (per ragioni militari) o per le requisizioni in uso di beni immobili o mobili (per calamità naturali) ecc.
Diversa è, dunque, la **funzione del risarcimento da quella dell'indennizzo**. Infatti, mentre il risarcimento consiste nella sanzione della specifica obbligazione di reintegrare il patrimonio nelle condizioni in cui si trovava prima di subire il danno (*status quo ante*), l'indennizzo (o indennità), derivando da una lesione senza colpa, si concretizza nell'obbligo di versare al soggetto danneggiato un compenso uguagliato al valore del bene colpito e, in ogni caso, diverso o inferiore al risarcimento.

8.4.2 Il danno da ritardo

Si tratta del danno che un soggetto subisce per effetto del **ritardo con cui la Pubblica Amministrazione esercita l'attività ad essa funzionale**. La ragione del risarcimento risiede nel fatto che il privato è titolare di un interesse differenziato e qualificato a che l'Amministrazione provveda e non rimanga silente, di fronte ad una sua istanza. Pertanto, la Pubblica Amministrazione che, ingiustificatamente, non si pronunci sull'istanza del privato, facendo trascorrere invano del tempo, si rende inadempiente all'obbligo di provvedere. Da tale inerzia derivano danni che, essendo causati dalla violazione di regole procedimentali, sono da considerarsi ingiusti e come tali risarcibili in applicazione del principio generale del *neminem laedere*, allorquando ricorrano tutti gli elementi costitutivi dell'art. 2043 c.c..
Attualmente il danno da ritardo da parte della Pubblica Amministrazione è contemplato dall'art. 2, co. 2-*bis*, L. 241/1990, introdotto dalla L. 69/2009, il quale prevede

l'obbligo di risarcimento, a carico delle Pubbliche Amministrazioni e dei soggetti privati preposti all'esercizio di attività amministrative, del danno ingiusto cagionato in conseguenza dell'**inosservanza dolosa o colposa del termine di conclusione del procedimento**.
Dal danno da ritardo differisce l'**indennizzo da ritardo**, conseguente al vano decorso del tempo previsto dalla legge senza che la Pubblica Amministrazione si sia pronunciata, indipendentemente dal verificarsi o meno di un vero e proprio danno.

8.4.3 Il danno da disturbo

Consiste nell'**illegittima compromissione, da parte della Pubblica Amministrazione, dell'esercizio da parte del privato delle facoltà inerenti all'esercizio di diritti di cui è titolare**. Esso differisce dal danno da ritardo, in quanto mentre quest'ultimo è normalmente individuato nella lesione di un interesse legittimo pretensivo, cagionata dal ritardo con cui l'Amministrazione ha emesso il provvedimento finale inteso ad ampliare la sfera giuridica del privato, il danno da disturbo è **caratterizzato dalla lesione di un interesse legittimo di tipo oppositivo** e consiste nel ristoro del pregiudizio asseritamene subito in conseguenza dell'illegittima compressione delle facoltà di cui il privato cittadino era già titolare.
In ogni caso perché il risarcimento possa essere riconosciuto è necessario che la Pubblica Amministrazione abbia agito in violazione di norme e principi dell'ordinamento, nonché con dolo o colpa e che vi sia un nesso di causalità fra la condotta della Pubblica Amministrazione e il danno prodotto.

8.5 Le tecniche risarcitorie

Nel caso di **lesione di un diritto soggettivo**, il danneggiato può ottenere un **risarcimento per equivalente**, cioè una somma di denaro corrispondente al valore del bene della vita perduto o leso; oppure un risarcimento in forma specifica, grazie al quale viene rimesso nella medesima situazione in cui si trovava prima della commissione dell'illecito, riacquistando l'utilità in precedenza perduta (es. riottiene il bene del quale era stato illegittimamente espropriato).
Laddove, invece, il privato sia titolare di una **posizione di interesse legittimo**, e in specie di un **interesse legittimo di tipo pretensivo**, la quantificazione della lesione pone non pochi problemi. Una volta intervenuta la caducazione del provvedimento illegittimo e prima che l'Amministrazione rieserciti i propri poteri, non può dirsi con certezza se al privato spetti o meno il bene della vita che all'esito del procedimento egli sperava di ottenere. Si pensi all'illegittimo annullamento di una prova selettiva in corso di svolgimento: per quanto il concorso possa essere nuovamente bandito, i concorrenti non avranno mai la certezza di vincerlo, e intanto hanno perduto la *chance* rappresentata dalla prova precedentemente bandita e poi annullata mentre si stava svolgendo.
Ecco allora che, a partire dalla sentenza n. 500/1999, e quindi dal venir meno dell'irrisarcibilità dell'interesse legittimo, l'attenzione si è concentrata sull'individuazione dei criteri che consentono di meglio adeguare il ristoro patrimoniale all'effettivo

pregiudizio subìto. Al riguardo si è fatto ricorso, fra gli altri, proprio al criterio della perdita di *chance*.
Il **risarcimento in forma specifica** – consistente nella riproduzione di una situazione materiale corrispondente a quella che sarebbe sussistita se non fosse intervenuto il fatto lesivo – è condizionato, quanto ad ammissibilità, ai presupposti della possibilità e della non eccessiva onerosità per il debitore. Proprio il limite della possibilità assume rilevanza nel caso in cui il danno di cui si chiede il ristoro sia stato provocato da un'attività amministrativa di tipo autoritativo. Giova al riguardo distinguere a seconda che si tratti di danno da lesione di interesse legittimo oppositivo ovvero pretensivo:

- l'**interesse legittimo oppositivo** è di regola tutelato attraverso l'annullamento del provvedimento amministrativo illegittimo;
- l'**interesse legittimo pretensivo**, invece, riceve dall'annullamento del provvedimento una tutela solo parziale, posto che la demolizione di quest'ultimo non consente al privato di ottenere il bene della vita al quale aspira.

Capitolo 9
Il sistema delle tutele

9.1 La tutela dei diritti e degli interessi

La tutela che il nostro ordinamento offre ai cittadini «*contro gli atti e i comporta menti delle Pubbliche Amministrazioni e dei soggetti privati che la legge ad esse equipara*» è garantita dall'impianto normativo e giurisprudenziale della *giustizia amministrativa* (Scoca).
Il sistema adottato in Italia è quello della doppia giurisdizione, secondo il quale sono previsti due ordini di **giurisdizione**, quella **ordinaria** e quella **amministrativa**. Stabilisce, infatti, l'art. 113 Cost. che contro gli atti della Pubblica Amministrazione «*è sempre ammessa la tutela giurisdizionale dei diritti e degli interessi legittimi dinanzi agli organi di giurisdizione ordinaria o amministrativa*».
Ai ***rimedi giurisdizionali*** si affianca una *terza via*, di tipo non giurisdizionale: la cosiddetta **tutela in via amministrativa**.
Quest'ultima è caratterizzata dal fatto che essa «*viene attuata dalla stessa Amministrazione su ricorso degli interessati, attraverso un procedimento amministrativo e al di fuori di ogni intervento del giudice ordinario o amministrativo, onde la relativa materia rientra nel quadro dei procedimenti amministrativi di riesame*» (Virga).

9.2 I ricorsi amministrativi

9.2.1 Nozione e tipologie

I ricorsi amministrativi sono istanze che i soggetti interessati possono presentare ad un'autorità amministrativa perché questa risolva una controversia insorta nell'ambito del sistema della Pubblica Amministrazione, ovvero sono istanze rivolte alla Pubblica Amministrazione per ottenere la tutela di una situazione giuridica soggettiva che si assume essere lesa da un provvedimento o da un comportamento amministrativo.
Tali ricorsi si differenziano da quelli giurisdizionali perché sono rivolti ad autorità appartenenti all'Amministrazione, le quali si pronunciano con un provvedimento (*decisione amministrativa*) al termine di un procedimento amministrativo di *secondo grado*.
La funzione svolta dall'Amministrazione non è dunque di tipo giurisdizionale ma è **attività amministrativa giustiziale**, considerata funzione amministrativa di *secondo grado* in quanto *chiamata a decidere, in contraddittorio con le parti interessate, una controversia concreta e attuale, occasionata da un proprio antecedente atto amministrativo.*

Nel D.P.R. 21-11-1971, n. 1199 sono contemplate tre tipologie di ricorsi amministrativi:

> il **ricorso gerarchico**, a sua volta distinto in **ricorso gerarchico proprio** (rimedio a carattere generale, proponibile contro atti non definitivi indipendentemente da un'esplicita previsione di legge, indirizzato all'autorità gerarchicamente superiore

a quella che ha adottato l'atto ritenuto lesivo dal suo destinatario a tutela di un interesse legittimo o di un diritto soggettivo) e in **ricorso gerarchico improprio** (rimedio di carattere eccezionale, esperibile cioè nei soli casi espressamente previsti dalla legge, che si caratterizza per la mancanza di un rapporto gerarchico fra l'autorità che ha adottato l'atto impugnato e quella decidente;
- il **ricorso in opposizione**, basato su motivi di legittimità e di merito ed esperibile nei soli casi previsti dalla legge con presentazione allo stesso organo che ha emanato l'atto, solo contro atti non definitivi;
- il **ricorso straordinario al Capo dello Stato**, un rimedio di carattere generale, esperibile cioè in tutti i casi in cui non sia escluso dalla legge ovvero incompatibile con il sistema, proponibile contro atti nei cui confronti, in ragione del loro carattere definitivo, non sono esperibili rimedi amministrativi, e caratterizzato dall'alternatività rispetto al ricorso al giudice amministrativo.

A livello classificatorio, il ricorso amministrativo si definisce *ordinario* quando ha per oggetto *provvedimenti non definitivi* della Pubblica Amministrazione. Il ricorso straordinario al Presidente della Repubblica, invece, realizza una tutela del tutto differente, e ha per oggetto *atti amministrativi definitivi.*
I ricorsi si suddividono in **impugnatori** o **non impugnatori** a seconda che abbiano ad oggetto atti amministrativi ritenuti lesivi (*ricorso amministrativo impugnatorio*) ovvero meri comportamenti o rapporti giuridici (*ricorso amministrativo non impugnatorio*).

9.2.2 La definitività dell'atto

Ai fini dell'individuazione dell'idonea forma di tutela esperibile, è necessario verificare se il provvedimento lesivo sia **definitivo.** Gli atti amministrativi diventano definitivi a seguito del rigetto del ricorso gerarchico o a seguito dell'inutile decorso del termine di 90 giorni dalla proposizione del medesimo.
Sono, invece, **automaticamente definitivi** gli atti adottati dagli organi di vertice della Pubblica Amministrazione o dagli organi collegiali o quelli che, per legge, sono dichiarati definitivi (es. i provvedimenti prefettizi in materia di requisizione, occupazione d'urgenza, decreti espropriativi e dichiarazioni di pubblica utilità).
Avverso gli **atti non definitivi**, è esperibile il *ricorso gerarchico* o, laddove contemplato, il *ricorso in opposizione*, nonché il *ricorso giurisdizionale* al Tribunale Amministrativo Regionale.
Avverso gli **atti definitivi**, invece, è esperibile il ricorso giurisdizionale o quello straordinario al Capo dello Stato.

9.2.3 Profili procedurali

Legittimati a proporre il ricorso amministrativo sono le **persone fisiche** (cittadini italiani e stranieri nei casi espressamente previsti) e le **persone giuridiche** (a seguito di deliberazione sul ricorso) che abbiano interesse.
L'interesse a ricorrere può essere costituito da un *diritto soggettivo*, da un *interesse legittimo* o da un *interesse diffuso* e deve essere *personale, diretto* e *attuale.*
Sotto il profilo dei termini, il **ricorso amministrativo gerarchico e in opposizione** deve essere proposto **entro 30 giorni** dalla notificazione del provvedimento o dalla

data della pubblicazione del provvedimento (ove prevista) o, infine, dalla data della piena conoscenza dell'atto. Il **ricorso straordinario al Presidente della Repubblica** deve, invece, essere proposto **entro il termine di 120 giorni**.
Il diritto a proporre il ricorso amministrativo si estingue per il decorso dei termini (*decadenza*) oppure in caso di *acquiescenza*, allorché l'interessato compia atti positivi o negativi incompatibili con la volontà di proporre il ricorso medesimo.
La decisione deve essere comunicata sia al ricorrente che ai controinteressati e all'autorità che ha emanato l'atto impugnato. Per quest'ultima, l'eventuale accoglimento preclude la possibilità di adottare un atto identico a quello annullato ma non la possibilità di regolare in altro modo la medesima situazione.
Il procedimento introdotto con il ricorso amministrativo può poi estinguersi per:

- *rinuncia* al ricorso;
- *cessazione della materia del contendere* (allorché viene meno l'atto impugnato);
- *sopravvenuta carenza di interesse* (quando, nel corso del procedimento, sia venuto meno l'interesse al ricorso amministrativo).

9.3 La tutela in sede giurisdizionale amministrativa

9.3.1 Il sistema di giurisdizione amministrativa

Il sistema di giurisdizione amministrativa si caratterizza per essere bipartito, potendo il privato ricorrere a tutela delle posizioni soggettive vantate nei confronti della Pubblica Amministrazione innanzi al **giudice amministrativo** o al **giudice ordinario** (non alternativamente, ma a seconda della disciplina sulla giurisdizione dettata dalle norme). Ciò lo si ricava da quanto dispone in merito la Costituzione agli artt. 24, 103 e 113.
Al riguardo, l'art. 24 Cost. prevede, in linea generale, l'azionabilità delle situazioni giuridiche soggettive dei privati nei confronti della Pubblica Amministrazione, senza alcuna esenzione («*Tutti possono agire in giudizio per la tutela dei propri diritti e interessi legittimi*»).
L'art. 103 Cost. conferma l'avvenuta costituzionalizzazione del sistema della doppia giurisdizione, assegnando al giudice amministrativo la generale **giurisdizione di legittimità**, involgente posizioni di interesse legittimo, e rimettendo al legislatore ordinario il compito di estendere «per particolari materie» anche ai diritti soggettivi la giurisdizione amministrativa («*Il Consiglio di Stato e gli altri organi di giustizia amministrativa hanno giurisdizione per la tutela nei confronti della Pubblica Amministrazione degli interessi legittimi e, in particolari materie indicate dalla legge, anche dei diritti soggettivi*»).
Infine, l'art. 113 Cost. consacra la generale ammissibilità della **tutela giurisdizionale** dei diritti e degli interessi legittimi contro gli atti della Pubblica Amministrazione («*Contro gli atti della Pubblica Amministrazione è sempre ammessa la tutela giurisdizionale dei diritti e degli interessi legittimi dinanzi agli organi di giurisdizione ordinaria o amministrativa*»).

9.3.2 Il Codice del processo amministrativo e gli organi di giustizia amministrativa

Con **D.Lgs. 2-7-2010, n. 104**, in attuazione dell'art. 44 L. 69/2009, è stato approvato il **Codice del processo amministrativo (CPA)**: tale provvedimento ha operato un riordino della disciplina vigente, con taluni aggiustamenti in adesione al diritto vivente risultante dalla copiosa giurisprudenza costituzionale e delle giurisdizioni superiori, nonché il coordinamento con le norme del codice di procedura civile, in quanto espressione di principi generali.
Il Capo II del Codice (artt. 4-6) individua gli organi della giurisdizione amministrativa e cioè i **Tribunali amministrativi regionali (TAR)** ed il **Consiglio di Stato**, precisando che i primi sono organi di giurisdizione amministrativa di primo grado, come pure il Tribunale di giustizia amministrativa per la regione autonoma del Trentino Alto Adige (TRGA), che resta disciplinato dal proprio statuto speciale e dalle relative norme di attuazione.
A detti organi sono devolute le controversie (artt. 7, 133, 134 CPA), nelle quali si faccia questione di **interessi legittimi** e, nelle particolari materie indicate dalla legge, di **diritti soggettivi**, concernenti l'esercizio o il mancato esercizio del potere amministrativo, riguardanti provvedimenti, atti, accordi o comportamenti riconducibili, anche mediatamente, all'esercizio di tale potere, posti in essere da Pubbliche Amministrazioni. Infine la loro giurisdizione si estende, nei casi previsti dalla legge e dal Codice, anche al merito delle controversie.

9.3.3 La giurisdizione del giudice amministrativo

Ai sensi dell'art. 7 D.Lgs. 104/2010, possono radicarsi in capo al giudice amministrativo **tre diverse tipologie di giurisdizione**:

- la **giurisdizione generale di legittimità**, che comprende le controversie relative ad atti, provvedimenti od omissioni delle Pubbliche Amministrazioni, incluse quelle relative al risarcimento del danno per lesione di interessi legittimi e agli altri diritti patrimoniali consequenziali, pure se introdotte in via autonoma;
- la **giurisdizione esclusiva**, assegnata al giudice amministrativo nelle particolari materie di legge e nell'ambito della quale è consentito, a questo stesso giudice, di conoscere in tale sede anche di diritti soggettivi, ai sensi dell'art. 103 Cost.;
- la **giurisdizione di merito**, radicata nei soli casi di legge e di carattere eccezionale, sostanziandosi nel peculiare sindacato sul corretto e congruo esercizio del potere amministrativo discrezionale, che si traduce nell'attribuzione al giudice di un potere istruttorio e decisorio che va oltre il limite del mero riscontro della legittimità dell'atto e ne consente un pieno sindacato di merito.

Tra le materie rientranti nella giurisdizione di merito, l'ipotesi più importante è quella del cosiddetto **giudizio di ottemperanza** (promosso con ricorso), volto a ottenere che l'Autorità amministrativa si conformi al giudicato dei tribunali (ordinari o amministrativi) che abbiano riconosciuto la lesione di un interesse giuridicamente protetto.

Il ricorso al giudice amministrativo deve contenere:

- gli elementi identificativi del ricorrente, del suo difensore e delle parti nei cui confronti il ricorso è proposto;
- l'indicazione dell'oggetto della domanda, ivi compreso l'atto o il provvedimento eventualmente impugnato, e la data della sua notificazione, comunicazione o comunque della sua conoscenza;
- l'esposizione sommaria dei fatti, i motivi specifici su cui si fonda il ricorso, l'indicazione dei mezzi di prova e dei provvedimenti chiesti al giudice;
- la sottoscrizione del ricorrente, se esso sta in giudizio personalmente, oppure del difensore, con indicazione, in questo caso, della procura speciale.

Qualora sia proposta **azione di annullamento**, il ricorso deve essere notificato, a pena di decadenza, alla Pubblica Amministrazione che ha emesso l'atto impugnato e ad almeno uno dei controinteressati entro il termine previsto dalla legge, decorrente dalla notificazione, comunicazione o piena conoscenza, ovvero – per gli atti di cui non sia richiesta la notificazione individuale – dal giorno in cui sia scaduto il termine della pubblicazione, se questa sia prevista dalla legge o in base alla legge.
Qualora sia proposta **azione di condanna**, anche in via autonoma, il ricorso è notificato altresì agli eventuali beneficiari dell'atto illegittimo, ai sensi dell'art. 102 c.p.c.
La notificazione dei ricorsi nei confronti delle Amministrazioni dello Stato è effettuata secondo le norme vigenti per la difesa in giudizio delle stesse.
Se la **notificazione** del ricorso nei modi ordinari sia particolarmente difficile per il numero delle persone da chiamare in giudizio, il presidente del Tribunale o della sezione cui è assegnato il ricorso può disporre, su richiesta di parte, che essa sia effettuata per pubblici proclami prescrivendone le modalità.
Il **termine per la notificazione** del ricorso è aumentato di 30 giorni, se le parti o alcune di esse risiedono in altro Stato europeo, o di 90 giorni se risiedono fuori dal territorio europeo.
La decisione definitiva sul ricorso è adottata con **sentenza**.
Le sentenze dei TAR sono *appellabili* al Consiglio di Stato; contro di esse sono peraltro esperibili i rimedi impugnatori previsti dal codice di procedura civile (*revocazione, opposizione di terzo, ricorso per Cassazione* per motivi attinenti alla giurisdizione).

9.3.4 La class action nei confronti delle Amministrazioni pubbliche

Il D.Lgs. 198/2009 riconosce il diritto di **avviare azioni collettive (*class action*) nei confronti delle Pubbliche Amministrazioni e dei concessionari di servizi pubblici**; tale azione è proponibile dai titolari di interessi giuridicamente rilevanti ed omogenei per una *pluralità di utenti e consumatori*, che possono agire in giudizio in presenza di una *lesione diretta, concreta ed attuale dei propri interessi*.
In particolare, l'azione collettiva è esercitabile contro:

- la *violazione di termini o la mancata emanazione di atti* amministrativi generali obbligatori e non aventi contenuto normativo da approvare obbligatoriamente entro e non oltre un termine fissato da una legge o da un regolamento;
- la violazione degli *obblighi contenuti nelle Carte di servizi*;

- la *violazione di standard qualitativi ed economici* stabiliti, per i concessionari di servizi pubblici, dalle autorità preposte alla regolazione ed al controllo del settore e, per le Pubbliche Amministrazioni, definiti dalle stesse.

Il ricorso è devoluto alla **giurisdizione esclusiva del giudice amministrativo** e le questioni di competenza sono rilevabili anche d'ufficio.

9.4 La giurisdizione del giudice ordinario

Al giudice ordinario è riconosciuta giurisdizione per le **controversie relative a diritti soggettivi**, non affidate dal legislatore ordinario alla giurisdizione esclusiva del giudice amministrativo.
L'indagine sui confini interni di questa giurisdizione involge l'individuazione dei poteri del giudice allorché nella controversia sia parte una Pubblica Amministrazione.
Al riguardo assumono portata dirimente gli artt. 4 e 5 della L. 2248/1865, Allegato E, concernente l'abolizione del contenzioso amministrativo.
L'art. 4 si occupa, al comma 1, dei **poteri di cognizione** del giudice ordinario (stabilendo che al giudice ordinario non è consentito annullare o modificare l'atto autoritativo della Pubblica Amministrazione) e, al comma 2, dei suoi poteri di decisione.
L'art. 5, invece, si occupa del **potere di disapplicazione** nel senso che, accertata l'illegittimità dell'atto amministrativo, il giudice ordinario deve definire la controversia ritenendo l'atto come non esistente, cioè deve decidere come se l'atto non fosse mai stato emanato.

9.5 Le giurisdizioni amministrative speciali

Nel sistema di giustizia amministrativa sono comprese anche le giurisdizioni amministrative speciali.
Tra di esse assume un posto di rilievo la **Corte dei conti**, titolare della *giurisdizione contabile*, nella quale sono ricompresi i giudizi in materia di responsabilità amministrativa e contabile dei pubblici funzionari (*contenzioso contabile*) e quelli in materia di pensioni civili, militari e di guerra (*contenzioso pensionistico*).
Tale giurisdizione è qualificata come:

- *esclusiva*: nelle materie ad essa devolute, infatti la Corte dei conti conosce di tutte le questioni relative sia ai diritti soggettivi che agli interessi legittimi. La sua giurisdizione esclude in tali materie quella di qualsiasi altro giudice;
- *piena*: la Corte esamina le controversie sotto il duplice aspetto dell'accertamento dei fatti e dell'applicazione del diritto. La giurisdizione è *assimilata* a quella dei *tribunali ordinari*, sotto il profilo dei limiti imposti al potere del collegio: infatti anche la Corte può *accertare l'illegittimità degli atti* amministrativi, e quindi negare la loro applicazione, ma non può annullare o sostituire tali atti. Peraltro la Corte non è soggetta al controllo di legittimità della Corte di Cassazione bensì unicamente a quello di giurisdizione *ex* art. 111, ult. co., Cost.;
- *indacatoria*: la Corte non è vincolata né dalle precedenti statuizioni dell'Amministrazione né dalle domande delle parti o del pubblico ministero né dai motivi addotti.

Il D.Lgs. 26-8-2016, n. 174 (**Codice della giustizia contabile**), adottato ai sensi dell'art. 20 della L. 124/2015, disciplina l'esercizio della giurisdizione della Corte dei conti.
Ai **Tribunali delle acque pubbliche**, invece, sono devolute le controversie concernenti il demanio idrico. Si tratta di organi giurisdizionali speciali distinti in:

> *Tribunali regionali delle acque pubbliche* istituiti presso otto Corti di Appello (Torino, Milano, Venezia, Firenze, Roma, Napoli, Palermo, Cagliari), come *sezioni specializzate del giudice ordinario*;
> *Tribunale superiore delle acque pubbliche*, che ha sede a Roma e svolge funzioni di giudice di appello nei confronti delle sentenze dei Tribunali regionali.

Le sentenze dei Tribunali delle acque possono essere impugnate col ricorso per Cassazione, per revocazione e con l'opposizione di terzo.
La giurisdizione tributaria, infine, è esercitata dalle **Commissioni tributarie regionali**, aventi sede nel capoluogo di ogni Regione, e dalle **Commissioni tributarie provinciali**, con sede nel capoluogo di ogni Provincia.
Le commissioni tributarie sono chiamate a risolvere le *controversie fra fisco e contribuente*. La loro *competenza* è distribuita in base alla sede dell'ufficio che ha emesso l'atto che si intende contestare.

QUESITI DI VERIFICA

1) **Quale delle seguenti affermazioni non è corretta?**
   A. I regolamenti sono atti formalmente amministrativi
   B. I regolamenti sono fonti subordinate alla legge
   C. I regolamenti sono atti sostanzialmente normativi
   D. I regolamenti sono fonti di rango primario

2) **Quale elemento accomuna gli atti amministrativi generali agli atti normativi?**
   A. L'astrattezza
   B. L'innovatività
   C. La generalità
   D. La puntualità

3) **Gli atti politici:**
   A. sono atti liberi nel fine
   B. sono atti vincolati nel fine
   C. sono atti che devono essere motivati
   D. sono espressione del potere discrezionale dell'Amministrazione

4) **Un interesse legittimo può essere qualificato come:**
   A. un interesse giuridicamente protetto, individuale, qualificato e differenziato
   B. un interesse tutelato esclusivamente in via amministrativa
   C. un interesse suscettibile di essere immediatamente soddisfatto dal titolare
   D. un interesse riconosciuto ma non risarcibile

5) **L'interesse che ciascun cittadino vanta a che la Pubblica Amministrazione operi nel rispetto delle regole di opportunità e di convenienza che ispirano l'azione dei pubblici poteri è detto:**
   A. interesse di fatto
   B. interesse privo di qualificazione
   C. interesse collettivo
   D. interesse amministrativamente protetto

6) **Quando due o più organi affermano contemporaneamente la propria competenza si parla di:**
   A. conflitto positivo
   B. conflitto interno
   C. conflitto rivendicativo
   D. conflitto pretensivo

7) **La competenza può essere:**
   A. per gerarchia, per grado e per territorio
   B. per materia, per valore e per grado
   C. per materia, per grado e per territorio
   D. per materia, per valore e per territorio

8) **Il funzionario di fatto è colui che:**
   A. preposto ad un organo con atto di investitura viziato o inesistente, abbia svolto attività spontanea
   B. preposto legittimamente ad un organo, abbia svolto attività anche in seguito alla scadenza del suo mandato
   C. preposto illegittimamente ad un organo, abbia svolto attività in quanto autorizzata da un ministro
   D. preposto illegittimamente ad un organo, abbia svolto attività anche in seguito alla scadenza del suo mandato

9) **I provvedimenti amministrativi dotati del carattere dell'esecutorietà:**
   A. non sono più suscettibili di annullamento o revoca su ricorso dell'interessato, decorsi i termini perentori
   B. sono preordinati al conseguimento esclusivo dell'interesse definito dalla legge
   C. sono immediatamente e direttamente eseguibili, anche contro il volere del soggetto destinatario del provvedimento sfavorevole, senza previa pronunzia giurisdizionale
   D. impongono unilateralmente modificazioni nella sfera giuridica dei destinatari

10) **Il provvedimento amministrativo è inoppugnabile nel senso che:**
   A. non può essere impugnato da parte dell'interessato con ricorso giurisdizionale
   B. non gli può essere data immediata esecuzione
   C. non può essere impugnato da parte dell'interessato con ricorso amministrativo
   D. dopo la scadenza dei termini di legge non è più impugnabile da parte degli interessati tramite ricorsi amministrativi o giurisdizionali

11) **Quale dei seguenti vizi determina la nullità (e non l'annullabilità) dell'atto?**
   A. Eccesso di potere
   B. Incompetenza relativa
   C. Violazione di legge
   D. Incompetenza assoluta

12) **Il provvedimento adottato in violazione di norme sul procedimento:**
   A. è sempre annullabile
   B. non è annullabile se la natura del provvedimento è vincolata
   C. è nullo
   D. non può essere convalidato

13) **L'azione di annullamento per eccesso di potere:**
   A. si propone nel termine di decadenza di 60 giorni
   B. si propone nel termine di decadenza di 120 giorni
   C. si propone nel termine di decadenza di 6 mesi
   D. si propone nel termine di decadenza di un anno

14) **Quali sono le tipologie di controlli previste dal D.Lgs. 286/1999?**
A. Controlli di regolarità amministrativa, controlli di gestione, valutazioni della dirigenza e valutazioni e controlli strategici
B. Controlli di merito sugli atti amministrativi
C. Controlli sull'esecuzione delle sentenze di condanna della P.A.
D. Valutazione sull'andamento degli uffici e sull'opportunità degli atti posti in essere dai dirigenti

15) **II controllo di gestione serve per:**
A. verificare il rispetto delle linee di programmazione
B. verificare il rispetto delle linee di indirizzo politico
C. fungere da guida nell'azione e da verifica dei risultati ottenuti rispetto alla programmazione
D. valutare la performance individuale

16) **In base all'art. 113 Cost., contro gli atti della Pubblica Amministrazione è ammessa:**
A. la tutela giurisdizionale dei diritti e degli interessi legittimi solo dinanzi agli organi della giurisdizione amministrativa
B. la tutela giurisdizionale dei diritti e degli interessi legittimi dinanzi agli organi della giurisdizione ordinaria
C. solo la tutela giurisdizionale dei diritti dinanzi agli organi della giurisdizione ordinaria o amministrativa
D. la tutela giurisdizionale dei diritti e degli interessi legittimi dinanzi agli organi della giurisdizione ordinaria o amministrativa

17) **Gli interessi legittimi sono risarcibili?**
A. No, in nessun caso
B. Sì, ma solo ove il titolare dimostri che l'interesse era connesso ad un diritto soggettivo
C. Sì, poiché è risarcibile oggi danno che presenta le caratteristiche dell'ingiustizia intesa quale lesione di qualsiasi interesse cui l'ordinamento attribuisce rilevanza
D. No, poiché si tratta di una situazione giuridica non riconosciuta dall'ordinamento

18) **Tra il ricorso straordinario al Capo dello Stato ed il ricorso giurisdizionale sussiste un rapporto:**
A. di subordinazione
B. di cooperazione
C. di contemporaneità
D. di alternatività

19) **È possibile ricorrere contro atti definitivi?**
A. No, in nessun caso
B. Sì, sempre e con qualunque mezzo previsto dall'ordinamento

C. Sì, esperendo ricorso gerarchico o, laddove contemplato, ricorso in opposizione nonché il ricorso giurisdizionale al Tribunale Amministrativo Regionale
D. Sì, esperendo ricorso giurisdizionale o straordinario al Capo dello Stato

20) Il giudizio di ottemperanza è proposto al fine di:
A. ottenere una condanna dell'amministrazione
B. ottenere che l'amministrazione si conformi al giudicato dei tribunali
C. sollevare il difetto di competenza
D. impugnare una sentenza di primo grado

Risposte esatte: 1d, 2c, 3a, 4a, 5d, 6a, 7c, 8a, 9c, 10d, 11d, 12b, 13a, 14a, 15c, 16d, 17c, 18d, 19d, 20b.

Libro III

Attività amministrativa, procedimento e tutela della privacy

SOMMARIO

Capitolo 1
L'attività della Pubblica Amministrazione

1.1 I principi generali dell'attività amministrativa

1.1.1 Concetti generali

L'azione della Pubblica Amministrazione si fonda su principi desumibili dalle norme costituzionali e dalla legislazione ordinaria, oltre che dall'ordinamento europeo. Questi principi possono essere così sintetizzati:

> principio di legalità;
> principi di buon andamento e imparzialità;
> principio di ragionevolezza;
> principio di sussidiarietà;
> principio di proporzionalità;
> principio di pubblicità e trasparenza;
> principio di azionabilità delle situazioni giuridiche dei cittadini contro la Pubblica Amministrazione;
> principio di responsabilità.

1.1.2 Il principio di legalità

Tra i principi fondamentali dell'azione amministrativa, il principio di legalità occupa un posto di rilievo, in quanto costituisce la massima espressione dello Stato di diritto, imponendo alla Pubblica Amministrazione il vincolo di **esercitare solo i poteri che le sono stati conferiti espressamente dalla legge**. È la legge che deve individuare il soggetto competente a porre in essere atti amministrativi, nonché i presupposti ed i requisiti in presenza dei quali il potere può essere esercitato, il fine pubblico che l'amministrazione deve perseguire.
Il principio è sancito espressamente dall'**art. 97 della Costituzione**, che al primo comma stabilisce: "*I pubblici uffici sono organizzati secondo disposizioni di legge, in modo che siano assicurati il buon andamento e l'imparzialità dell'amministrazione*".
Secondo diversa opinione, invece, il principio di legalità è deducibile dal complesso della Costituzione e nel suo valore sostanziale è compreso e assorbito nel principio della riserva di legge, valendo come limite di contenuto per il regolamento e per la legge.
Tale principio rappresenta un momento unificante e al tempo stesso un canone organizzativo generale, riferibile a tutta l'organizzazione pubblica e non solo all'apparato amministrativo statale (Cassese).

1.1.3 I principi di buon andamento e imparzialità

Lo stesso art. 97 Cost. detta un valore fondamentale dell'azione amministrativa quando stabilisce che questa deve essere improntata ai principi di buon andamento e imparzialità.
Per **buon andamento** si intende l'*efficienza* dell'azione amministrativa, ovvero la sua rispondenza all'interesse pubblico affidato alle cure dell'Amministrazione. L'espressione abbraccia la *relazione fra risorse impiegate* (umane e materiali) ***e risultati ottenuti*** (*efficienza in senso stretto*), come il *rapporto fra risultati ottenuti e obiettivi prestabiliti* (*efficacia*).
Il **principio di imparzialità** – inserito dalla L. 69/2009 fra quelli che la Pubblica Amministrazione deve rispettare nello svolgimento del procedimento amministrativo – è riconducibile, dal canto suo, al canone dell'eguaglianza (art. 3 Cost.) e indica che l'*Amministrazione, nella cura degli interessi che le sono affidati, deve essere equidistante dagli interessi in competizione.*
Il concetto postula un comportamento diretto alla realizzazione di un assetto di interessi non parziale, in modo che tutti gli interessi siano adeguatamente rappresentati e considerati (es. un'applicazione del principio di imparzialità è la selezione del personale delle Amministrazioni tramite concorsi pubblici).
Si può ritenere che l'art. 97 Cost., quando si riferisce all'imparzialità della Pubblica Amministrazione, intende ispirarsi ad un principio di democraticità che deve connotare l'azione amministrativa; viceversa, quando parla di buon andamento intende riferirsi più specificamente all'efficienza dell'azione amministrativa.

La **L. 19-6-2019, n. 56 (legge concretezza)** ha istituito il Nucleo delle azioni concrete di miglioramento dell'efficienza amministrativa ("Nucleo della Concretezza"), organo che opera anche in collaborazione con il Prefetto e a cui è affidata la realizzazione delle misure indicate nel Piano triennale delle azioni concrete per l'efficienza delle Pubbliche Amministrazioni (tale Piano è predisposto annualmente dal Dipartimento della funzione pubblica della Presidenza del Consiglio dei ministri e prevede, tra le altre cose, azioni dirette a garantire la corretta applicazione delle disposizioni in materia di organizzazione nonché a migliorare l'efficienza della P.A., con indicazione dei tempi per la realizzazione delle azioni correttive).

1.1.4 Il principio di ragionevolezza

Si tratta di un canone fondamentale nel quale confluiscono il **principio di imparzialità, di eguaglianza e di buon andamento**. Significa che l'attività della Pubblica Amministrazione deve essere immune da censure sul piano logico, deve essere aderente ai dati di fatto e agli interessi emersi nel corso dell'istruttoria, coerente con le premesse e i criteri fissati dalla stessa Amministrazione.
Il rispetto del principio di ragionevolezza presuppone una concordanza fra le fonti (che per definizione sono generali e astratte) e la realtà.
La violazione di questo principio si concreta in un **eccesso di potere**. Il provvedimento che scaturisce dall'attività amministrativa può risultare illegittimo perché presenta una motivazione contraddittoria (appunto, non ragionevole) oppure può essere viziato nel merito per ingiustificata disparità di trattamento.

1.1.5 Il principio di sussidiarietà

Il principio di sussidiarietà è stato recepito nell'ordinamento italiano con l'art. 118, co. 1, della Costituzione (come riformulato dalla L. cost. 3/2001) e stabilisce che le **attività amministrative dovrebbero essere svolte dall'entità territoriale amministrativa più vicina ai cittadini**, ossia i Comuni, salvo che, per assicurarne l'esercizio unitario, sia preferibile conferirle ad enti di livello superiore (Province, Città metropolitane, Regioni e Stato).
Il principio in esame stabilisce che l'intervento degli organi dello Stato, sia nei confronti dei cittadini che degli enti, debba essere attuato esclusivamente come **sussidio** (ovvero come *aiuto*, dal latino *subsidium*) nel caso in cui il cittadino o l'entità sottostante siano impossibilitati ad agire per conto proprio.
L'applicazione di tale principio implica che:

> l'*intervento pubblico* debba essere attuato quanto più vicino possibile al cittadino, con una preferenza per la massima prossimità possibile del livello decisionale a quello di attuazione;
> le *diverse istituzioni* debbano creare le condizioni che permettono alla persona e alle aggregazioni sociali (i cosiddetti corpi intermedi: famiglia, associazioni, partiti ecc.) di agire liberamente senza sostituirsi ad essi nello svolgimento delle loro attività (**principio di sussidiarietà orizzontale**); una entità di livello superiore non deve agire in situazioni nelle quali l'entità di livello inferiore è in grado di agire per proprio conto (**principio di sussidiarietà verticale**);
> l'*intervento dell'entità di livello superiore* debba essere temporaneo e teso a restituire l'autonomia d'azione all'entità di livello inferiore.

Il principio di sussidiarietà verticale è, dunque, sostanzialmente un **criterio regolatore di competenze**, volto ad assicurare l'efficacia e l'efficienza dell'organizzazione dei pubblici poteri e, in definitiva, il "buon andamento" della funzione amministrativa (art. 97 Cost.).

1.1.6 Il principio di proporzionalità

Il principio di proporzionalità trae origine dal diritto tedesco, in base al quale le **limitazioni alle libertà individuali non devono superare la misura di quanto assolutamente necessario al raggiungimento dell'interesse pubblico**.
Il principio può essere sezionato in tre elementi:

> *idoneità*: il mezzo è idoneo quando attraverso il suo utilizzo si può sensibilmente favorire il risultato desiderato;
> *necessarietà*: il mezzo è necessario quando non è disponibile altro mezzo ugualmente efficace per raggiungere il risultato (deve però rappresentare anche il mezzo più mite, fra più mezzi ugualmente efficaci);
> *proporzionalità in senso stretto*: mezzo e fine non devono essere sproporzionati l'uno rispetto all'altro.

Si può dire, quindi, che tale principio impone alla Pubblica Amministrazione, nel perseguimento dell'interesse pubblico, di impiegare **mezzi commisurati** e **tempi idonei** allo scopo da perseguire, in maniera **proporzionatamente efficace**.

La proporzionalità consiste nell'*esercitare la giusta misura del potere* in modo da assicurare un'azione idonea e adeguata alle circostanze di fatto, che non alteri il giusto equilibrio fra i valori, gli interessi e le situazioni giuridiche, ricercando la soluzione che comporti il **minor sacrificio possibile** per gli interessi coinvolti rispetto al fine pubblico da perseguire.

1.1.7 Il principio di pubblicità e trasparenza

L'art. 1, co. 1, della L. 241/1990, come modificata dalla L. 15/2005, ha «codificato» il principio di trasparenza quale regola di condotta della Pubblica Amministrazione. Tale principio impone all'Amministrazione il dovere di rendere **visibile**, **controllabile** e **accessibile** dall'esterno il proprio operato. Esso si concretizza nell'attribuzione ai cittadini del potere di esercitare un controllo democratico sullo svolgimento dell'attività amministrativa e sulla sua conformità agli interessi sociali e ai principi costituzionali.
Nella stessa ottica, la L. 15/2005 ha ridisegnato l'istituto dell'accesso agli atti del procedimento amministrativo, che è considerato il *minimum* indefettibile per rendere effettivo il diritto alla trasparenza dell'azione amministrativa. Precetti volti all'attuazione di questo principio sono l'**obbligatoria motivazione** del provvedimento amministrativo e la **necessaria partecipazione dei privati** all'iter procedimentale.
La L. 190/2012 per il contrasto alla corruzione nelle Pubbliche Amministrazioni, sulla base della cui delega è stato emanato il D.Lgs. 33/2013, ha notevolmente esteso la nozione di trasparenza amministrativa. Secondo l'art. 1, co. 15, L. 190/2012, la trasparenza dell'attività amministrativa è assicurata mediante la **pubblicazione, nei siti web istituzionali delle Pubbliche Amministrazioni, di tutte le informazioni relative ai procedimenti amministrativi**, con criteri di facile accessibilità, completezza e semplicità di consultazione (sia pure nel rispetto delle disposizioni in materia di segreto di Stato, di segreto d'ufficio e di protezione dei dati personali). Nei siti web istituzionali sono pubblicati anche i relativi bilanci e conti consuntivi, nonché i costi unitari di realizzazione delle opere pubbliche e di produzione dei servizi erogati ai cittadini.

1.1.8 Il principio di azionabilità delle situazioni giuridiche dei cittadini contro la Pubblica Amministrazione

Consacrando il diritto alla tutela giurisdizionale fra i fondamenti dell'ordinamento costituzionale, l'art. 24 Cost., in connessione con il principio democratico, afferma l'azionabilità delle situazioni giuridiche soggettive (diritti e interessi) nei confronti della Pubblica Amministrazione. Parallelamente, l'art. 113 Cost., definito **clausola generale di impugnabilità degli atti amministrativi**, afferma che contro gli atti della Pubblica Amministrazione è sempre ammessa la tutela giurisdizionale dei diritti e degli interessi legittimi dinanzi agli organi di giurisdizione ordinaria o amministrativa.
È così delineato il quadro costituzionale della giustizia amministrativa, quale sistema che garantisce gli amministrati nella varia tipologia di rapporti che li vede contrapposti alla Pubblica Amministrazione.

1.1.9 Il principio di responsabilità

Ai sensi dell'art. 28 Cost., i **funzionari** e i **dipendenti dello Stato e degli enti pubblici** sono direttamente responsabili, secondo le *leggi penali, civili* e *amministrative,* degli **atti compiuti in violazione di diritti.** In tali casi la responsabilità civile si estende allo Stato e agli enti pubblici.
La responsabilità diretta dei funzionari e dei dipendenti è affiancata dalla responsabilità dell'ente: ne risulta un rafforzamento del dovere di diligenza e della garanzia dei cittadini. In tal senso il precetto costituzionale realizza l'obiettivo culturale di infrangere l'immunità dello Stato e di superare il principio per cui la Pubblica Amministrazione non può commettere illecito, del quale sono eventualmente responsabili soltanto i dipendenti, a titolo personale e privato.
Le problematiche connesse all'art. 28 si legano essenzialmente al rapporto esistente fra i due tipi di responsabilità, del funzionario/dipendente e dell'ente.
Gli indirizzi dottrinali sono essenzialmente tre:

> la **responsabilità dell'ente è indiretta**, essendo quella del dipendente diretta, e non potendo perciò coesistere due responsabilità dirette;
> la **responsabilità dell'ente è diretta** quando consegue ad un provvedimento oppure all'inadempimento di un obbligo specifico (contrattuale o *ex lege*); è invece **indiretta** nel caso sia prodotta da un comportamento materiale collegato all'esercizio di funzioni e mansioni pubbliche;
> nulla si frappone alla configurazione di **due responsabilità dirette**, dell'ente e del dipendente, una volta che, per finzione normativa, uno stesso fatto sia addebitabile a due soggetti distinti.

1.2 Discrezionalità amministrativa, discrezionalità tecnica e merito

L'amministratore preposto al perseguimento di un interesse pubblico deve agire conformandosi ai contenuti e ai limiti stabiliti dalla legge e operare nel modo ritenuto il migliore possibile in base ai principi di *imparzialità* e *buon andamento,* sanciti dall'art. 97 Cost.
La **discrezionalità amministrativa** è l'ambito decisionale entro il quale la Pubblica Amministrazione può liberamente operare nei limiti tracciati dalla legge. L'attività amministrativa, in particolare, è discrezionale quando il *potere di scelta in capo all'organo agente è esercitabile sulla scorta di due o più soluzioni tutte astrattamente applicabili e idonee* a realizzare l'obiettivo d'imparzialità enunciato nella Costituzione.
Gli atti discrezionali, perciò, sono espressione del potere che l'Amministrazione ha di compiere valutazioni di convenienza e opportunità, in vista del raggiungimento dell'interesse pubblico, e quindi di decidere se è il caso o no di adottare determinati provvedimenti. Un uso eccessivo o distorto della discrezionalità amministrativa conduce alla possibile illegittimità delle decisioni assunte dagli organi amministrativi.
Dalla discrezionalità amministrativa va distinta la **discrezionalità tecnica**, espressione che qualifica le *scelte che si compiono attraverso un complesso giudizio valutativo classificatorio e mediante il ricorso a conoscenze tecnico specialistiche.* La discrezionalità tecnica, perciò, consiste in una valutazione dei fatti supportata da regole tecniche tratte dalle

scienze sulle quali quella valutazione è fondata. Ne costituiscono espressione: i giudizi delle commissioni negli esami e nei concorsi pubblici; l'apprezzamento del valore storico-artistico di un bene ai fini dell'imposizione del relativo vincolo; la valutazione medica sulla dipendenza di una malattia da causa di servizio; l'accertamento complesso dei requisiti psico-fisici per l'arruolamento nelle forze armate; il giudizio di merito per l'avanzamento in carriere degli ufficiali.
A ben vedere, in tutti gli esempi riportati, il margine di apprezzamento di cui gode la Pubblica Amministrazione coincide con l'opinabilità tecnico-scientifica del giudizio da compiere: in presenza di un determinato esito valutativo gli effetti da produrre sono già stabiliti dalla legge.
La sussistenza di una certa libertà valutativa riservata alla Pubblica Amministrazione viene talvolta sintetizzata con la nozione di **merito amministrativo**, concetto quest'ultimo che può essere inteso secondo due accezioni:

> lo si fa coincidere con l'**opportunità** (intesa quale *obbligo* di rendere il provvedimento il più conforme possibile alle regole di *equità, imparzialità* e *buona amministrazione*);
> lo si riconduce al **contenuto sostanziale** del provvedimento, il quale comprende l'*opportunità*, le *valutazioni tecniche* e le *qualificazioni giuridiche* applicate.

Nella seconda accezione, il merito non comprende soltanto la ponderazione comparativa degli interessi nel momento che precede la decisione amministrativa, ma l'intero percorso dalla proposizione dell'istanza all'emanazione del provvedimento decisionale.

1.3 L'attività vincolata

Una fondamentale distinzione dell'azione amministrativa è quella fra attività discrezionale e attività vincolata; quest'ultima trova tutti gli elementi da acquisire e valutare, ai fini di una decisione amministrativa, già prefigurati rigidamente dalla legge, di modo che l'autorità amministrativa è chiamata a svolgere solo una verifica fra quanto disposto dalla legge e quanto presente nella realtà, senza alcun margine di apprezzamento discrezionale.
Molto spesso gli atti vincolati implicano l'applicazione di conoscenze tecniche e in questi casi la norma attributiva del potere fa discendere automaticamente da un **accertamento tecnico** una predeterminata conseguenza giuridica. Diversamente, quando l'autorità amministrativa dispone di un relativo margine di valutazione in ordine a taluni aspetti della decisione da assumere (se prenderla, su cosa, con quale modalità e in che momento), si parla di **discrezionalità amministrativa**; ciò avviene quando la legge non riesce a regolare ogni particolare ipotesi, ma si limita a prefigurare gli aspetti essenziali della fattispecie e i presupposti o le condizioni di esercizio della potestà pubblica, rimettendo poi all'autorità amministrativa le ulteriori valutazioni correlate ai profili o agli interessi particolari del caso.
La discrezionalità, quindi, presuppone l'attribuzione di uno **spazio decisionale libero** all'autorità amministrativa che deve rispettare i confini fissati dalle disposizioni di legge e ispirarsi ai criteri di **buona amministrazione**.

Capitolo 2
I documenti amministrativi: dal cartaceo al digitale

2.1 Nozione di documento e destinatari delle disposizioni del Testo Unico

L'art. 1, co. 1, lett. *a*), D.P.R. 28-12-2000 n. 445 (*Testo Unico sulla documentazione amministrativa*) definisce **documento amministrativo** ogni rappresentazione, comunque formata, del contenuto di atti, anche interni, delle pubbliche amministrazioni o, comunque, utilizzati ai fini dell'attività amministrativa. Dalla definizione fornita emerge subito la *differenza tra il documento amministrativo e l'atto amministrativo*: il primo è l'entità materiale capace di rappresentare in maniera duratura un fatto o un atto giuridico, mentre il secondo è quell'evento cui la norma ricollega determinati effetti giuridici (A. Masucci).

All'art. 2 del Testo Unico sono elencati i **soggetti destinatari delle disposizioni** del provvedimento. Il citato articolo indica, nell'ordine:

- la *Pubblica Amministrazione*. La nozione utilizzata in questo contesto è molto ampia, al fine di consentire la massima applicazione della disciplina nei rapporti tra cittadini e amministrazioni pubbliche. Sono così inclusi nella qualifica non solo gli organi statali, ma anche quelli degli enti pubblici territoriali ed in genere degli enti locali, comprese le Camere di commercio;
- i *gestori o esercenti di pubblici servizi* (quali soggetti certificanti e/o procedenti) nei rapporti tra loro e in quelli con l'utenza (art. 1, lett. *o* e *p*, D.P.R. 445/2000);
- i *privati che vi consentono*. Il Testo Unico ha esteso l'utilizzabilità degli strumenti di semplificazione amministrativa anche nei rapporti coi *privati che vi consentano*: trattandosi, in questa ipotesi, di soggetto destinatario che, a differenza della Pubblica Amministrazione, non ha già in suo possesso, né è tenuto a certificare i dati certi, non è ovviamente previsto a suo carico alcun obbligo di ricevimento della dichiarazione sostitutiva, ma gli è attribuita una semplice facoltà. L'utilizzo delle autocertificazioni è, pertanto, subordinato al *consenso* dei due soggetti del rapporto, ossia del dichiarante e del ricevente la dichiarazione.

Ai sensi dell'art. 3 T.U., i **soggetti che possono avvalersi delle disposizioni in materia di produzione di atti o documenti** sono:

- i *cittadini italiani e dell'Unione europea*;
- le *persone giuridiche, società di persone, pubbliche amministrazioni, enti, comitati e associazioni aventi sede legale in Italia o in uno dei Paesi dell'Unione europea*;
- i *cittadini extracomunitari regolarmente soggiornanti in Italia*, limitatamente ai dati verificabili o certificabili in Italia da soggetti pubblici;
- i *cittadini extracomunitari che ne hanno necessità* in procedimenti relativi a materie per cui esiste una convenzione fra il loro Paese di origine e l'Italia.

2.2 Il certificato quale atto amministrativo

2.2.1 Nozione

Oltre all'attività provvedimentale, la P.A. pone in essere atti che, pur essendo concreti e puntuali, non sono provvedimenti (ossia dotati di efficacia), ma strumentali ad altri poteri (pareri, proposte, accertamenti). Ci soffermeremo su quei **documenti amministrativi che esternano quelle certezze giuridiche conseguenti all'attività di certazione e certificazione della p.a. (i certificati, appunto)**.

Il certificato, la cui definizione è riportata nell'art. 1, co. 1, lett. *f*, D.P.R. 445/2000, è il documento tipico (ossia previsto espressamente dalla legge) rilasciato da un'amministrazione avente funzione di ricognizione, riproduzione e partecipazione a terzi di stati, qualità personali e fatti contenuti in albi, elenchi o registri pubblici o comunque accertati da soggetti titolari di funzioni pubbliche.

I certificati rientrano, pertanto, nella categoria degli *atti amministrativi non aventi carattere e forza di provvedimenti* e, più in particolare, in quella degli atti non aventi contenuto di volizione, ma *natura e contenuto meramente ricognitivo di situazioni di fatto preesistenti*, di cui essi dichiarano e certificano l'esistenza. A differenza di altri atti ricognitivi, che presuppongono un'attività di apprezzamento del fatto (come le ispezioni e le inchieste), i certificati si limitano a dare atto, al fine di informarne in modo più agevole e certo i terzi, di fatti già accertati e qualificati da un altro atto giuridico. Essi quindi (e in ciò sta il loro tratto distintivo dalle altre dichiarazioni di scienza) non aggiungono e non creano nuove qualità, ma semplicemente attestano quelle esistenti.

Le informazioni esternate mediante il certificato si distinguono, dunque, da tutte le altre informazioni in quanto esse sono dotate di quella particolare qualità giuridica che è la *certezza legale*; pertanto, a monte dei certificati deve sempre esservi un'attività diretta a creare qualificazioni giuridiche di persone e di cose, in modo immediato e diretto (ossia l'attività di *certazione*). Infatti, è il procedimento certificatorio che crea la certezza poi esternata nel certificato: quest'ultimo si limita a mettere in circolazione un dato che giuridicamente già è stato qualificato in un altro atto giuridico.

2.2.2 Tipologie

L'attività di certazione può svolgersi in due modi diversi, entrambi presenti nella definizione di certificato di cui all'art. 1, co. 1, lett. *f)* del Testo Unico: nell'ipotesi più frequente *si svolge in momenti precedenti ed autonomi rispetto all'attività di certificazione*, ma talvolta è *effettuata appositamente in funzione servente di una specifica attività di certificazione.*

Nel primo caso si parla di **certificati propri**, cioè quando essi riproducono certezze legali tratte da registri, albi o elenchi pubblici; nel secondo caso si parla di **certificati impropri**, allorquando l'attività di certazione è quasi coincidente con quella di certificazione (è il caso dei certificati medici, sanitari e veterinari). In tale secondo caso, le certificazioni non esternano fatti già rappresentati, ma costituiscono dichiarazioni di scienza provenienti da soggetti pubblici (e le attività di certazione e di certificazione sono svolte dallo stesso soggetto, dotato sia del potere di accertare che di certificare).

In conclusione l'*atto di certezza* (la **certificazione**) ed il *documento* (il **certificato**) sono legati da un vincolo di dipendenza reciproca, il cui fine è la produzione degli effetti propri dell'atto; pertanto, come il documento da solo non produce alcun effetto di certezza, così non lo produce l'atto di certezza che non si materializzi in un documento (Arena).

2.2.3 Validità

La validità dei certificati è, ai sensi dell'art. 41 D.P.R. 445/2000, diversificata a seconda che essi abbiano ad oggetto:

- stati, qualità personali e fatti **non soggetti a modificazioni**: tali certificati hanno **validità illimitata**, in quanto attestanti la nascita, la morte, il titolo di studio, la maternità e la paternità;
- stati, qualità personali e fatti **soggetti a modificazioni**: tali certificati hanno **validità di 6 mesi** dalla data del rilascio, tranne che una disposizione di legge o regolamentare speciale non preveda una durata superiore e riguardano la cittadinanza, la residenza, lo stato di famiglia, lo stato di invalidità, l'iscrizione in albi o in liste elettorali, il matrimonio ecc.

2.3 Le autocertificazioni

2.3.1 Funzione, tipologie e validità

Le autocertificazioni, che sono poste in essere da soggetti privati e non da pubblici dipendenti, svolgono una duplice funzione: da un lato pongono in circolazione informazioni dotate della qualità giuridica della certezza, dall'altro semplificano i rapporti tra le amministrazioni e i cittadini facilitando gli adempimenti relativi alla documentazione amministrativa. Anche le autocertificazioni si distinguono in *proprie* e *improprie*, differendo tra loro con riguardo al contenuto.
Si distingue, infatti:

- la **dichiarazione sostitutiva di certificazione**, che è il documento sottoscritto dall'interessato, prodotto in sostituzione dei certificati (art. 1, co. 1, lett. *g*, del Testo Unico). Hanno la stessa validità temporale degli atti che sostituiscono;
- la **dichiarazione sostitutiva di atti di notorietà**, ossia il documento, sottoscritto dall'interessato, concernente stati, qualità personali e fatti che siano a diretta conoscenza di questi (art. 1, co. 1, lett. *h*, del Testo Unico).

Tali dichiarazioni consentono ai soggetti che entrano in contatto con le amministrazioni di non dover fornire obbligatoriamente i certificati o, comunque, i documenti necessari a comprovare situazioni, fatti, stati e qualità, essendo sufficienti le dichiarazioni sostitutive dei certificati o documenti medesimi, o dell'atto di notorietà.
L'amministrazione è tenuta a dare corso al procedimento amministrativo ed a verificare in via successiva la veridicità delle dichiarazioni. Si inverte, in sostanza, l'onere della prova: non è il cittadino a dover fornire le prove documentali, ma tocca alla stessa amministrazione, che in prima istanza deve fidarsi delle dichiarazioni del cittadino, provare l'eventuale falsità delle dichiarazioni medesime.
Va sottolineato, inoltre, che le **dichiarazioni sostitutive di certificazioni sostituiscono definitivamente i certificati al posto dei quali sono prodotte**. Le amministrazioni procedenti, pertanto, non debbono né chiedere i certificati corrispondenti ai cittadi-

ni né acquisirli in fase di controllo, essendo sufficiente ottenere dall'amministrazione certificante la conferma della veridicità delle dichiarazioni ricevute.
Resta da precisare che se alle amministrazioni pubbliche è fatto divieto di chiedere le certificazioni (proibizione che può rientrare nel generale divieto di aggravare il procedimento previsto dall'art. 1, co. 2, L. 241/1990), i cittadini possono, tuttavia, pur sempre chiedere il rilascio di certificati nel proprio interesse, per esibirli, se lo ritengono opportuno, alle amministrazioni procedenti, le quali, ovviamente, debbono comunque accettarli.
L'art. 74, co. 1, del Testo unico dispone che **costituisce violazione dei doveri d'ufficio** la mancata accettazione delle dichiarazioni sostitutive di certificazione o di atto di notorietà: i responsabili del procedimento non possono, inoltre, chiedere l'esibizione dei certificati nei casi in cui è ammessa la presentazione delle dichiarazioni sostitutive. Il divieto è sanzionato sia dal punto di vista disciplinare che da quello penale (si veda l'art. 328, co. 2, c.p., *rifiuto di atti d'ufficio*).

2.3.2 La dichiarazione sostitutiva di certificazioni

Ai sensi dell'art. 46 D.P.R. 445/2000, sono comprovati con dichiarazioni, anche contestuali all'istanza, sottoscritte dall'interessato e prodotte in sostituzione delle normali certificazioni, gli stati, le qualità personali e i fatti elencati nel citato articolo.

L'elenco comprende le seguenti voci: data e luogo di nascita, residenza, cittadinanza, godimento dei diritti civili e politici, stato di celibe, coniugato, vedovo o stato libero, stato di famiglia, esistenza in vita, nascita del figlio, decesso del coniuge, dell'ascendente o discendente, iscrizione in albi, in elenchi tenuti da pubbliche amministrazioni, appartenenza a ordini professionali, titolo di studio ed esami sostenuti, qualifica professionale posseduta, titolo di specializzazione, di abilitazione, di formazione, di aggiornamento e di qualificazione tecnica, situazione reddituale o economica anche ai fini della concessione dei benefici di qualsiasi tipo previsti da leggi speciali, assolvimento di specifici obblighi contributivi con l'indicazione dell'ammontare corrisposto, possesso e numero del codice fiscale, della partita IVA e di qualsiasi dato presente nell'archivio dell'anagrafe tributaria, stato di disoccupazione, qualità di pensionato e categoria di pensione, qualità di studente, qualità di legale rappresentante di persone fisiche o giuridiche, di tutore, di curatore e simili, iscrizione presso associazioni o formazioni sociali di qualsiasi tipo, tutte le situazioni relative all'adempimento degli obblighi militari, ivi comprese quelle attestate nel foglio matricolare dello stato di servizio, di non aver riportato condanne penali e di non essere destinatario di provvedimenti che riguardano l'applicazione di misure di sicurezza e di misure di prevenzione, di decisioni civili e di provvedimenti amministrativi iscritti nel casellario giudiziale ai sensi della vigente normativa, di non essere a conoscenza di essere sottoposto a procedimenti penali, di non essere l'ente destinatario di provvedimenti giudiziari che applicano le sanzioni amministrative di cui al D.Lgs. 131/2001, la qualità di vivenza a carico, tutti i dati a diretta conoscenza dell'interessato contenuti nei registri dello stato civile e di non trovarsi in stato di liquidazione o di fallimento e di non aver presentato domanda di concordato.

Con la dichiarazione sostitutiva di certificazioni, dunque, il cittadino afferma e dà per vere alcune informazioni, delle quali egli è al corrente, relative a stati, fatti o qualità, risultanti nelle banche dati delle amministrazioni pubbliche, quali albi, elenchi, registri o fascicoli relativi a singole procedure.

2.3.3 La dichiarazione sostitutiva di atti di notorietà

Ai sensi dell'art. 47 D.P.R. 445/2000, l'atto di notorietà concernente stati, qualità personali o fatti che siano a diretta conoscenza dell'interessato è sostituito da dichiarazione resa e sottoscritta dal medesimo con l'osservanza delle modalità previste dall'art. 38 dello stesso Testo Unico.
La dichiarazione resa nell'interesse proprio del dichiarante può riguardare anche stati, qualità personali e fatti relativi ad altri soggetti di cui egli abbia diretta conoscenza. Dunque, *mentre nel caso di dichiarazioni sostitutive di certificazioni vi è coincidenza tra le informazioni che formano oggetto dell'autocertificazione ed alcune di quelle che formano il contenuto di atti di certezza trascritti in pubblici registri*, nel caso delle dichiarazioni sostitutive di atti di notorietà *le informazioni che formano oggetto della dichiarazione non trovano necessariamente riscontro nel contenuto di atti di certezza trascritti in pubblici registri.*
L'elemento che caratterizza queste dichiarazioni e le accomuna alle certificazioni improprie è la riconduzione in capo ad un medesimo soggetto sia della funzione di certazione che di certificazione (che, invece, nel caso delle certificazioni e delle relative dichiarazioni viene svolta da soggetti diversi). Tuttavia, mentre le certificazioni improprie sono redatte e rilasciate da soggetti titolari di funzioni pubbliche, le dichiarazioni sostitutive di atti di notorietà sono redatte e rilasciate da soggetti privati.

Ad esempio si può utilizzare la *dichiarazione sostitutiva* per certificare il possesso di un determinato titolo di studio; in questi casi l'amministrazione ha modo di effettuare eventuali verifiche essendo tale informazione rintracciabile in una banca dati gestita da un soggetto pubblico (il Ministero dell'Istruzione o l'Istituto dove è stato conseguito il titolo). Se, invece, si deve chiedere l'esenzione dal pagamento del canone di abbonamento al servizio radiotelevisivo occorre presentare una *dichiarazione sostitutiva di atto notorio* dal momento che si afferma di non possedere un televisore, informazione di cui solo il soggetto dichiarante è a conoscenza e che l'amministrazione ricevente non può verificare attraverso la consultazione di registri pubblici.

2.3.4 L'obbligo della sottoscrizione

Elemento fondamentale e comune ad entrambi i tipi di dichiarazioni sostitutive è l'**obbligatorietà della sottoscrizione autografa o digitale**. La dichiarazione priva della sottoscrizione, dalla quale deriva la riferibilità al dichiarante e la consequenziale assunzione di responsabilità, appare improcedibile.
L'art. 4 del Testo Unico disciplina l'ipotesi di dichiarazione resa da chi non sa o non può firmare, stabilendo che in questo caso il pubblico ufficiale attesta che la dichiarazione è stata resa a lui dall'interessato in costanza di impedimento a sottoscrivere. Il comma 2 del predetto art. 4 permette alternativamente al coniuge, ai figli o ad altri parenti in linea retta o collaterale fino al terzo grado, di rendere al pubblico ufficiale la dichiarazione al posto dell'interessato temporaneamente impossibilitato a firmare per ragioni di salute. Entrambi i casi rappresentano un'eccezione al principio che impone la sottoscrizione autografa o digitale ai fini della diretta riferibilità della dichiarazione alla persona che compie la dichiarazione.

2.3.5 I controlli

I controlli sulle autocertificazioni rispondono alla necessità di bilanciare l'esigenza di certezza con quella di semplicità, che costituisce l'asse portante dell'intero Testo Unico. Il motivo fondamentale per cui l'art. 71 del Testo Unico prevede che le amministrazioni procedenti effettuino idonei controlli anche a campione e in tutti i casi in cui sorgono fondati dubbi sulla veridicità delle dichiarazioni sostitutive non è tanto quello di perseguire e **punire coloro che dichiarano il falso**, quanto piuttosto quello di evitare che l'uso di autocertificazioni non veritiere **possa viziare il processo decisionale delle amministrazioni** inducendole ad adottare provvedimenti diversi da quelli che avrebbero adottato se avessero avuto informazioni corrette. I controlli a campione sono, dunque, uno strumento di dissuasione.
La modulistica per le autocertificazioni, che le amministrazioni mettono a disposizione dei cittadini, riporta sempre due informazioni:

- l'avvertenza che l'amministrazione ricevente effettua controlli di routine a campione;
- l'ammonimento che, qualora risultasse la non veridicità delle dichiarazioni rese, l'interessato non solo decadrà dagli eventuali benefici conseguenti al provvedimento emanato sulla base della autocertificazione falsa e dovrà restituire quanto indebitamente ottenuto, ma sarà anche denunciato all'autorità giudiziaria incorrendo in pesanti sanzioni penali.

2.4 L'acquisizione diretta dei documenti

Ai sensi dell'art. 43 D.P.R. 445/2000, le **amministrazioni pubbliche e i gestori di pubblici servizi sono tenuti ad acquisire d'ufficio le informazioni oggetto delle dichiarazioni sostitutive**, nonché tutti i dati e i documenti che siano in possesso delle pubbliche amministrazioni, previa indicazione, da parte dell'interessato, degli elementi indispensabili per il reperimento delle informazioni o dei dati richiesti, ovvero ad accettare la dichiarazione sostitutiva prodotta dall'interessato.
Fermo restando il divieto di accesso a dati diversi da quelli di cui è necessario acquisire la certezza o verificare l'esattezza, si considera esercitata per finalità di rilevante interesse pubblico la **consultazione diretta**, da parte di una pubblica amministrazione o di un gestore di pubblico servizio, degli archivi dell'amministrazione certificante, finalizzata all'accertamento d'ufficio di stati, qualità e fatti ovvero al controllo sulle dichiarazioni sostitutive presentate dai cittadini.
Al fine di agevolare l'acquisizione d'ufficio di informazioni e dati relativi a stati, qualità personali e fatti, contenuti in albi, elenchi o pubblici registri, le amministrazioni certificanti sono tenute a consentire alle amministrazioni procedenti, senza oneri, la consultazione per via telematica dei loro archivi informatici, nel rispetto della riservatezza dei dati personali.
I documenti trasmessi da chiunque ad una Pubblica Amministrazione tramite fax, o con altro mezzo telematico o informatico idoneo ad accertarne la fonte di provenienza, soddisfano il requisito della forma scritta e la loro trasmissione non deve essere seguita da quella del documento originale.

2.5 La "decertificazione" nel rapporto tra amministrazioni pubbliche e cittadini

L'art. 40 D.P.R. 445/2000 stabilisce che le certificazioni rilasciate dalla pubblica amministrazione in ordine a stati, qualità personali e fatti sono valide e utilizzabili *solo nei rapporti tra privati*. Nei **rapporti con gli organi della pubblica amministrazione e i gestori di pubblici servizi, i certificati e gli atti di notorietà sono sempre sostituiti dalle dichiarazioni** di cui agli artt. 46 e 47 D.P.R. 445/2000.
In modo corrispondente è stato modificato (dalla L. 183/2011) anche l'art. 43, co. 1, del Testo Unico, che prima vietava alle amministrazioni pubbliche e ai gestori di pubblici servizi di richiedere «atti o certificati concernenti stati, qualità personali e fatti che risultino elencati all'art. 46, che siano attestati in documenti già in loro possesso o che comunque esse stesse siano tenute a certificare», con l'alternativa dell'autocertificazione, ma senza impedire che il certificato potesse essere presentato spontaneamente dal privato; ora si impone a tali soggetti di «acquisire d'ufficio le informazioni oggetto delle dichiarazioni sostitutive di cui agli articoli 46 e 47, nonché tutti i dati e i documenti che siano in possesso delle pubbliche amministrazioni», con l'unica alternativa del ricorso all'autocertificazione.
A tal fine, le amministrazioni certificanti devono individuare un **ufficio responsabile** per tutte le attività volte a gestire, garantire e verificare la trasmissione dei dati o l'accesso diretto agli stessi da parte delle amministrazioni procedenti: sono, altresì, rafforzate le responsabilità gravanti sul funzionario dell'amministrazione certificante per la mancata risposta alla richiesta di acquisizione dei dati o di controllo delle autocertificazioni, che oltre a costituire violazione di doveri d'ufficio, viene presa in considerazione ai fini della misurazione e della valutazione della *performance* individuale dei responsabili dell'omissione. La cosiddetta decertificazione, sancita dall'art. 40 Testo Unico, ha l'obiettivo di bilanciare l'esigenza di certezza pubblica e quella di semplicità dell'attività amministrativa, attraverso il rafforzamento dell'uso di strumenti alternativi al certificato per la circolazione di quest'ultima, al fine di semplificare e migliorare il rapporto fra amministrazioni e privati.

2.6 L'autentica di copie

Oltre alle dichiarazioni sostitutive, altro strumento di semplificazione della documentazione amministrativa contenuta nel Testo Unico è costituita dall'autentica di copia di un documento, che consiste nell'**attestazione di conformità con l'originale scritta alla fine della copia, a cura del pubblico ufficiale autorizzato**.
La condizione primaria da osservare per l'utilizzo della copia autentica è che questa venga prodotta dietro esibizione dell'originale.
Sono competenti ad autenticare le copie di documenti: il pubblico ufficiale dal quale è stato emesso o presso il quale è stato depositato l'originale o al quale deve essere prodotto il documento, il notaio, il cancelliere, il segretario comunale o altro funzionario incaricato dal Sindaco.
Inoltre, possono autenticare copie di documenti, ma con effetti limitati ai procedimenti di loro competenza, il responsabile del procedimento o qualsiasi altro dipen-

dente competente a ricevere la documentazione, su esibizione dell'originale e senza obbligo di deposito dello stesso presso l'amministrazione procedente.
Va precisato che quando viene eseguita la procedura di autentica presso l'amministrazione procedente, l'esibizione del documento non sostituisce la presentazione della copia autentica del documento, ma solamente il deposito dell'originale. Ciò che, invece, consente di non presentare la copia autentica del documento è la procedura introdotta dall'art. 19 Testo Unico: questa prevede che con una dichiarazione sostitutiva di atto di notorietà dell'interessato possa essere attestata anche la conformità con l'originale:

> della copia di un atto o di un documento rilasciato o conservato da un'amministrazione pubblica;
> della copia di un titolo di studio o di servizio;
> della copia di documenti fiscali che devono obbligatoriamente essere conservati dai privati;
> della copia di una pubblicazione.

2.7 La legalizzazione di firme e di documenti

La **legalizzazione di firma** è un istituto giuridico finalizzato ad attestare la qualità legale del pubblico funzionario che ha apposto la firma sugli atti, nonché l'autenticità della firma stessa come appartenente a quel funzionario o a quel pubblico ufficiale in quanto apposta in presenza del funzionario legalizzante. Tale istituto ha, tuttavia, perso la sua utilità a seguito dell'ampia diffusione della firma digitale.
L'istituto della **legalizzazione di documenti** ha, invece, la funzione di attribuire validità al documento secondo la legge italiana allo scopo di verificare che l'atto sia stato formalizzato nel rispetto della legislazione del Paese straniero in cui è stato formato, e che sia stato rilasciato da parte dell'ufficio competente. L'atto di legalizzazione serve, quindi, a provare l'esistenza del documento straniero nel momento in cui questo diventa rilevante per l'ordinamento italiano, ma non consiste nel controllo del contenuto dell'atto e della sua legittimità.
Circa le Autorità competenti alla legalizzazione degli atti, le firme su atti e documenti formati in un Paese estero, da far valere in Italia, devono essere legalizzate dalle **Rappresentanze diplomatiche o consolari** italiane di quel Paese (art. 33, co. 2, D.P.R. 445/2000). Se, invece, un atto italiano deve essere usato in un Paese estero, la legalizzazione, se richiesta da quell'ordinamento, deve essere fatta dal Procuratore della Repubblica presso il Tribunale nella cui circoscrizione ha sede il notaio che riceve o autentica l'atto. La firma del Procuratore della Repubblica, a sua volta, viene legalizzata dal Consolato straniero in Italia nel cui ambito risiede. Se l'atto è rilasciato dal Comune la legalizzazione deve essere rilasciata dal Prefetto competente per territorio.
Nel caso in cui l'atto venga rilasciato da un'Autorità diplomatica o consolare estera che ha sede in Italia, deve essere legalizzato dal Prefetto nella cui circoscrizione si trova l'Autorità estera stessa (art. 33, co. 4, D.P.R. 445/2000).
La legalizzazione consiste praticamente nell'apposizione di un timbro, sull'originale dell'atto da legalizzare, che attesta ufficialmente la qualifica legale del pubblico ufficiale che ha firmato l'atto, nonché l'autenticità della sua firma. In essa deve essere indicato il nome e il cognome di colui la cui firma va legalizzata. Il pubblico ufficiale

legalizzante deve indicare la data e il luogo della legalizzazione, il proprio nome e cognome, la qualifica rivestita e apporre la propria firma per esteso ed il timbro dell'ufficio.
I documenti da legalizzare, se redatti in lingua straniera, devono essere accompagnati dalla loro traduzione in lingua italiana, certificata come conforme al testo straniero, ad opera della competente Autorità diplomatica o consolare italiana, ovvero da un traduttore ufficiale accreditato dal Consolato italiano del Paese d'origine, o di stabile residenza del cittadino straniero.

2.8 La dematerializzazione dei documenti amministrativi

Il tema della dematerializzazione dei documenti prodotti nell'ambito dell'attività della P.A. è al centro dell'azione di riforma della pubblica amministrazione ormai da diverso tempo. In particolare, il ricorrere alle tecnologie più innovative per arrivare alla definitiva eliminazione della carta, ha trovato una collocazione di ampio rilievo con l'introduzione del **CAD (Codice dell'amministrazione digitale)** nel 2005, dove nell'art. 42 si fa esplicitamente riferimento al concetto di dematerializzazione ("*Le pubbliche amministrazioni valutano in termini di rapporto tra costi e benefici il recupero su supporto informatico dei documenti e degli atti cartacei dei quali sia obbligatoria o opportuna la conservazione e provvedono alla predisposizione dei conseguenti piani di sostituzione degli archivi cartacei con archivi informatici, nel rispetto delle Linee guida*").
I processi di gestione cartacea dei documenti sono caratterizzati dal fatto di essere costosi, dall'avere un forte impatto ambientale, dalla mancanza di trasparenza, dalla difficile condivisione e archiviazione, dai tempi di ricerca elevati, facilità di errori, smarrimenti, ecc.
Con il termine dematerializzazione si vuole indicare, pertanto, il progressivo incremento della gestione documentale informatizzata all'interno della p.a. e la sostituzione dei supporti tradizionali della documentazione amministrativa in favore del documento informatico.
Gli **obiettivi della dematerializzazione** sono due:

- da una parte si adottano criteri per evitare o ridurre in maniera significativa la creazione di nuovi documenti cartacei;
- dall'altra si punta ad eliminare i documenti cartacei attualmente esistenti negli archivi, sostituendoli con registrazioni informatiche.

La riuscita del processo di dematerializzazione è garantita dall'applicazione di strumenti che possono garantire l'autenticità dei documenti e dall'adozione di sistemi di classificazione univoci e dettagliati che garantiscano idonee procedure per la selezione e la conservazione dei documenti.
La dematerializzazione assume un ruolo centrale nei temi principali del Codice dell'amministrazione digitale ed è una delle linee di azione più significative per la riduzione della spesa pubblica, in termini di risparmi diretti e indiretti e, come tale, è compresa tra gli obiettivi dell'Agenda Digitale Italiana.

2.9 L'informatizzazione e la digitalizzazione dell'attività amministrativa

2.9.1 Il quadro normativo di riferimento

Le disposizioni in materia di attività digitale delle pubbliche amministrazioni, emanate a più riprese dal legislatore, sono state raccolte e riordinate in un unico contesto normativo, il **Codice dell'amministrazione digitale (CAD), adottato con il D.Lgs. 7-3-2005, n. 82**.

Il Codice, radicalmente modificato dal D.Lgs. 179/2016 e dal D.Lgs. 217/2017, affronta in modo organico il tema dell'utilizzo delle tecnologie dell'informazione e della comunicazione nell'attività amministrativa, nei suoi aspetti organizzativi e procedimentali e con riguardo ai rapporti con i cittadini e le imprese.

Fra gli **aspetti più innovativi** si segnalano:

- le norme volte a rendere più cogenti le previsioni in tema di **trasmissione di documenti per via telematica** tra pubbliche amministrazioni e tra queste e i privati, prevedendo, in caso di violazioni, l'insorgere di una responsabilità dirigenziale e disciplinare;
- l'introduzione del cosiddetto **domicilio digitale**, un indirizzo elettronico valido ai fini delle comunicazioni elettroniche aventi valore legale che il cittadino può indicare per tutte le comunicazioni da parte delle amministrazioni pubbliche e i gestori di pubblici servizi;
- l'istituzione dell'**Indice nazionale dei domicili digitali** (**INI-PEC**) delle imprese e dei professionisti al fine di favorire la presentazione di istanze, dichiarazioni e dati, nonché lo scambio di informazioni e documenti con le amministrazioni pubbliche. Specularmente è stato creato l'**Indice dei domicili digitali della Pubblica Amministrazione e dei gestori di servizi pubblici**, un elenco a disposizione di tutti e che riporta gli indirizzi elettronici dei soggetti esercenti attività pubblica. Un terzo elenco raccoglie i **domicili digitali delle persone fisiche e degli altri enti di diritto privato** non tenuti all'iscrizione in albi professionali o nel registro delle imprese. La consultazione è consentita a chiunque tramite sito web e senza necessità di autenticazione;
- la previsione di un **utilizzo esclusivo dei canali e dei servizi telematici** per l'invio di determinate tipologie di atti da parte delle amministrazioni e delle società partecipate da enti pubblici.

Con gli articoli 19 e seguenti del D.L. 83/2012 si è inoltre provveduto a razionalizzare il complesso delle funzioni in materia di innovazione tecnologica e di digitalizzazione della Pubblica Amministrazione, creando un organismo unico, denominato **Agenzia per l'Italia digitale (AgID)**, al posto della pluralità di amministrazioni e di enti precedentemente competenti in materia. Tale riorganizzazione è funzionale a garantire l'attuazione della cosiddetta **Agenda digitale italiana**, progetto di derivazione europea volto ad incrementare l'uso dei *servizi di e-government* da parte dei cittadini e delle imprese dell'Unione europea.

2.9.2 La Carta della cittadinanza digitale

Il Codice delinea una nuova impostazione dei rapporti tra la Pubblica Amministrazione e i cittadini che vede a favore di questi ultimi il riconoscimento dei diritti di seguito indicati:

- **diritto all'uso delle tecnologie** (artt. 3 e 4). I cittadini e le imprese hanno diritto di usare in modo accessibile ed efficace le tecnologie dell'informazione e della comunicazione (*TIC* o *ICT* nella sigla inglese: *Information and Communication Technology*) per tutti i rapporti con le amministrazioni e con i gestori dei pubblici servizi. In particolare, la partecipazione al procedimento amministrativo e il diritto di accesso ai documenti amministrativi sono esercitabili mediante l'uso delle tecnologie dell'informazione e della comunicazione. A tal fine, la tutela giurisdizionale spetta al giudice amministrativo (art. 133 D.Lgs. 104/2010);
- **diritto all'identità e al domicilio digitale del cittadino** (art. 3-*bis*). Salvo i casi in cui è prevista dalla normativa vigente una diversa modalità di comunicazione o di pubblicazione in via telematica, le amministrazioni pubbliche e i gestori o esercenti di pubblici servizi comunicano con il cittadino esclusivamente tramite il domicilio digitale dallo stesso dichiarato senza oneri di spedizione a suo carico. Ogni altra forma di comunicazione non può produrre effetti pregiudizievoli per il destinatario;
- **diritto di effettuare pagamenti con modalità informatiche** (art. 5). Nei rapporti con l'utenza le amministrazioni pubbliche e gli altri soggetti individuati nel Codice sono tenuti ad accettare i pagamenti ad essi spettanti, a qualsiasi titolo dovuti, anche con strumenti elettronici. La piattaforma tecnologica per i pagamenti ha assunto la denominazione di PagoPa e con la L. 12/2019 (di conversione del D.L. 135/2018) la sua gestione è stata trasferita alla Presidenza del Consiglio dei Ministri;
- **diritto a servizi on-line semplici e integrati** (art. 7). Le pubbliche amministrazioni sono tenute ad organizzare i servizi resi tramite ICT sulla base delle reali esigenze di cittadini e imprese, determinate mediante analisi preventive e strumenti per il controllo periodico della soddisfazione dell'utenza;
- **diritto alla partecipazione democratica elettronica** (art. 9). I cittadini, anche residenti all'estero, hanno diritto a partecipare al processo democratico e ad esercitare i propri diritti civili e politici mediante l'uso delle tecnologie ICT. A tal fine le amministrazioni possono anche prevedere forme di consultazione preventiva per via telematica sugli schemi di atto da adottare.

Quelli sopra menzionati rappresentano diritti che nel loro complesso delineano una vera e propria **Carta della cittadinanza digitale**.

Strumento essenziale per garantire, *in chiave digitale, l'accesso a dati, documenti e servizi della Pubblica Amministrazione e la semplificazione dei servizi*, riducendo l'accesso fisico agli uffici, è la diffusione del **sistema pubblico d'identità digitale (SPID)**. Si tratta di un *sistema di login* che permette a cittadini e imprese di accedere con un'unica identità digitale, da molteplici dispositivi, a tutti i servizi online di pubbliche amministrazioni e imprese aderenti, eliminando le tante password, chiavi e codici attualmente necessari. L'interconnessione tra le diverse amministrazioni interessate, invece, spetta al **Sistema pubblico di connettività (SPC)**, un insieme di infrastrutture tecnologiche e di regole tecniche che ha il compito di far dialogare le varie amministrazioni e incentivare la cooperazione, favorendo l'adesione anche da parte dei privati e garantendo la sicurezza e la resistenza (ossia la capacità di adattamento e di resistenza all'usura) dei sistemi informatici.

2.9.3 La firma digitale

Tecnicamente la firma digitale consiste in un processo di calcolo, detto "validazione", che **associa una serie di dati a quelli del documento, attestandone l'integrità, garantendo l'identificazione di chi firma e la sua volontà sottoscrittoria**. La firma digitale svolge funzioni analoghe a quella della tradizionale sottoscrizione dei documenti cartacei, ha lo stesso valore legale della firma autografa, integra e sostituisce l'apposizione di sigilli, identifica il mittente o autore del documento elettronico e garantisce l'autenticità e l'integrità dei dati in esso contenuti.
Il Codice prevede che le sottoscrizioni informatiche siano effettuate tramite **firma digitale**. Si tratta di una particolare forma di firma qualificata fondata *sull'utilizzo di due chiavi elettroniche correlate tra loro, che consentono di verificare in modo sicuro la provenienza ed integrità di un documento o un insieme di documenti informatici e la validità legale*, che non può essere ripudiata dal sottoscrittore. La sua apposizione integra e sostituisce i tradizionali strumenti di autenticazione conosciuti, come sigilli, punzoni, timbri, contrassegni e marchi di qualsiasi tipo previsti dalla normativa vigente. Il sistema utilizza una coppia di chiavi elettroniche (una privata e una pubblica) che funzionano solo quando l'una è collegata con l'altra (art. 1, lett. *s*, D.Lgs. 82/2005).
Una chiave è detta privata in quanto può essere usata soltanto dal suo titolare; l'altra è detta pubblica perché può essere usata da chiunque. Con l'uso della crittografia, qualsiasi documento informatico (testo, immagini, musica, ecc.) creato da una delle due chiavi è reso incomprensibile e può essere decifrato solo con il possesso dell'altra. Le due chiavi sono indipendenti, per cui non è possibile identificare l'una partendo dall'altra.
La firma digitale, quando è autenticata da un notaio o da un altro pubblico ufficiale autorizzato, è riconosciuta a termini dell'articolo 2703 c.c. (sottoscrizione autenticata). La sua autenticazione, al pari della sottoscrizione tradizionale, consiste nell'attestazione, da parte del pubblico ufficiale, che essa è stata apposta in sua presenza dal titolare, previo accertamento della sua identità e della validità del certificato elettronico utilizzato.
La firma digitale è collegata ad un certificato qualificato che, al momento della sottoscrizione, non deve risultare scaduto, sospeso o revocato e che sia conforme alle regole tecniche stabilite dal Codice.

2.9.4 Il documento informatico

La normativa vigente riconosce pieno valore giuridico al documento informatico, definito dal CAD e dal D.P.R. 445/2000 come la **rappresentazione informatica di atti, fatti o dati giuridicamente rilevanti**.
Ai fini del soddisfacimento del requisito della forma scritta e per l'attribuzione dell'efficacia prevista dall'art. 2702 del codice civile, l'art. 20 CAD distingue tra:

- documento informatico al quale è apposta una firma digitale, altro tipo di firma elettronica qualificata o una firma elettronica avanzata o, comunque, è formato previa identificazione informatica del suo autore: in questo caso **soddisfa pienamente il requisito della forma scritta e ha un valore probatorio equivalente a quello del documento cartaceo**;

> documento informatico che non rispetta i suddetti criteri: in questo caso l'idoneità a soddisfare il requisito della forma scritta e il suo valore probatorio sono **liberamente valutabili in giudizio**, in relazione alle caratteristiche di sicurezza, integrità e immodificabilità.

La data e l'ora di formazione del documento informatico sono opponibili ai terzi se apposte in conformità alle Linee guida emanate dell'AgID.
Gli atti, i dati ed i documenti delle pubbliche amministrazioni formati con documenti informatici costituiscono a tutti gli effetti documenti originali e come tali possono essere utilizzati su diversi tipi di supporto per riproduzioni e copie nel rispetto degli usi consentiti dalle norme vigenti.
Le **copie su supporto informatico** di qualsiasi tipologia di documenti analogici originali, formati in origine su carta o altro supporto non informatico, sostituiscono ad ogni effetto di legge gli originali da cui sono tratti, se la loro conformità all'originale è assicurata da chi lo detiene mediante l'uso della propria firma digitale e nel rispetto delle regole tecniche previste dall'art. 71 CAD.
Le **riproduzioni informatiche**, al pari di ogni altra rappresentazione meccanica di fatti o cose, hanno valore probatorio se colui contro il quale sono prodotte non ne disconosce la loro conformità (art. 2712 c.c.). I duplicati, le copie e gli estratti di documenti informatici, anche se riprodotti su diversi tipi di supporto – se conformi alle regole tecniche disciplinate da apposito decreto – sono valide a tutti gli effetti di legge. Le copie di documenti informatici, anche sottoscritte digitalmente, realizzate su supporto cartaceo, sostituiscono pienamente, ad ogni effetto di legge, l'originale da cui sono tratte, a condizione che la loro piena conformità all'originale venga attestata da un pubblico ufficiale a ciò autorizzato.
I documenti informatici spediti o rilasciati da depositari pubblici autorizzati e da pubblici ufficiali, contenenti copia o riproduzione di atti pubblici, scritture private, documenti in genere, e atti o documenti amministrativi, di ogni tipo, ai quali è stata apposta o associata la firma digitale o elettronica qualificata di colui che li spedisce o li rilascia, hanno la stessa efficacia giuridica degli originali dai quali sono state tratte (artt. 2174 e 2175 c.c.).
La spedizione o il rilascio di copie dei documenti ora descritti esonera dalla produzione o esibizione degli originali, quando richiesti per legge.
Il **valore probatorio**, sostitutivo a tutti gli effetti di legge degli originali, è riconosciuto anche:

> alle copie su supporto informatico di documenti non unici formati in origine su carta e altro, a condizione che la loro conformità all'originale sia assicurata dal responsabile che lo conserva tramite la propria firma digitale;
> alle copie su supporto informatico di documenti originali unici, formati in origine su supporti cartacei o comunque non informatici.

2.9.5 Il Responsabile per la Transizione al Digitale (RTD)

Per la trasformazione digitale della pubblica amministrazione, riveste particolare importanza l'individuazione della figura del Responsabile per la Transizione al Digitale (RTD), previsto dall'art. 17, co. 1, CAD. La norma stabilisce che ciascuna pubblica amministrazione sia tenuta ad affidare ad un unico ufficio dirigenziale, fermo restando il numero complessivo degli uffici, la "*transizione alla modalità operativa digitale e i conseguenti processi di riorganizzazione finalizzati alla realizzazione di un'amministrazione digitale e aperta, di servizi facilmente utilizzabili e di qualità, attraverso una maggiore efficienza ed economicità*" nominando un RTD.

Tale figura, che risponde direttamente all'organo di vertice politico o, in sua assenza, a quello amministrativo dell'ente, si occupa, principalmente:

> dell'**indirizzo e coordinamento dello sviluppo dei servizi**, sia interni sia esterni, forniti dai sistemi informativi di telecomunicazione e fonia dell'amministrazione;
> della **pianificazione, coordinamento e monitoraggio della sicurezza informatica** relativamente ai dati, ai sistemi e alle infrastrutture anche in relazione al sistema pubblico di connettività;
> dell'**analisi periodica** della coerenza tra l'organizzazione dell'amministrazione e l'utilizzo delle tecnologie dell'informazione e della comunicazione, al fine di migliorare la soddisfazione dell'utenza e la qualità dei servizi nonché di ridurre i tempi e i costi dell'azione amministrativa;
> della **pianificazione e coordinamento del processo di diffusione**, all'interno dell'amministrazione, dei sistemi di identità e domicilio digitale, posta elettronica, protocollo informatico, firma digitale o firma elettronica qualificata e mandato informatico;
> della **promozione delle iniziative** attinenti l'attuazione delle direttive impartite dal Presidente del Consiglio dei Ministri o dal Ministro delegato per l'innovazione e le tecnologie.

Capitolo 3
Il procedimento amministrativo

3.1 Profili generali

3.1.1 Definizione e riferimenti normativi

Il procedimento amministrativo è **l'insieme di una pluralità di atti** (susseguenti e diversi tra loro) che, nonostante la loro eterogeneità e la loro relativa autonomia, sono preordinati allo stesso fine ossia alla produzione degli effetti giuridici propri di una determinata fattispecie.

Alcuni autorevoli autori (Benvenuti) hanno rielaborato tale nozione **in senso funzionale**. Il procedimento amministrativo è inteso alla stregua di forma della funzione amministrativa, quale sede in particolare deputata all'adeguata ponderazione degli interessi compresenti e spesso confliggenti: si ridimensiona, pertanto, il rilievo del provvedimento amministrativo quale momento decisivo dell'attività amministrativa e si rimarca il ruolo del procedimento quale modalità di esercizio del potere.

Prima dell'entrata in vigore della **L. 7-8-1990, n. 241** (*Nuove norme in materia di procedimento amministrativo e di diritto di accesso ai documenti amministrativi*) mancava una disciplina generale sul procedimento e si registravano solo poche e puntuali discipline settoriali. All'amministrazione era riconosciuta un'ampia discrezionalità nella conduzione del procedimento; per converso, nessuna garanzia di partecipazione era riconosciuta agli interessati incisi dall'attività amministrativa.
Tale vuoto di disciplina è stato colmato con la riforma del 1990 attraverso cui si è affermato il passaggio da un modello in cui la P.A. assumeva le decisioni in via unilaterale e senza possibilità alcuna di replica da parte dei destinatari, ad un modello in cui ai privati è riconosciuto il più ampio diritto di partecipare all'attività amministrativa. In altri termini, la L. 241/1990 ha inteso coniugare il principio di **trasparenza** con quello dell'**efficienza**, improntando l'azione amministrativa a canoni di carattere manageriale che assicurino il raggiungimento dei risultati.
La L. 241/1990 è considerata il fondamento di una nuova concezione dell'azione amministrativa e, quindi, del provvedimento, che da espressione del potere autoritativo della P.A. diviene il momento di dialogo tra Pubblica Amministrazione e cittadino. Quest'ultimo diviene partecipe dell'azione amministrativa, con un livello di collaborazione che può spingersi fino ad una condivisione del contenuto dell'atto.
Tuttavia, il cambiamento nell'esercizio dell'azione amministrativa non è stato immediato, ma graduale tramite una serie di interventi normativi successivamente intervenuti sulla stessa L. 241/1990.

3.1.2 I principi del procedimento

La legge del 1990 (e successive modifiche) non pretende di codificare compiutamente la struttura ed il funzionamento del procedimento amministrativo ma si limita a fissare, in armonia con il dettato dell'art. 97 Cost., talune regole generali ispirate ai seguenti principi:

- il **principio del giusto procedimento** che, garantendo il diritto di partecipazione degli interessati, consacra la dialettica tra interessi pubblici e privati tendendo alla composizione di concreti rapporti. In tale contesto particolare rilevanza assumono gli artt. 7 e 10-*bis* della L. 241/1990 che disciplinano, rispettivamente, la comunicazione di *avvio procedimento* e il cd. *preavviso di rigetto*, ossia la comunicazione al destinatario dell'atto, dei motivi ostativi all'accoglimento dell'istanza presentata in un momento antecedente a quello dell'adozione del provvedimento definitivo;
- il **principio di trasparenza** che prevede il carattere obbligatorio della *motivazione del provvedimento* amministrativo nonché l'obbligo della P.A. di identificare preventivamente l'ufficio ed il dipendente responsabile del procedimento, oltre al diritto dei cittadini interessati di *accedere ai documenti amministrativi*;
- il **principio di semplificazione** che introduce taluni istituti diretti, in conformità all'art. 97 Cost., a snellire ed a rendere più celere l'azione amministrativa. Nella prospettiva della semplificazione vanno visti gli istituti fondamentali del *silenzio-assenso*, della *dichiarazione* in luogo di autorizzazione e della *conferenza di servizi*;
- il **principio di correttezza e buona fede** in forza del quale la P.A., nel corso del procedimento, deve comportarsi lealmente evitando di ingenerare falsi affidamenti in capo ai privati e di tradire le ragionevoli aspettative degli stessi;
- il **principio di informatizzazione** amministrativa laddove si dispone il dovere delle Pubbliche Amministrazioni di incentivare l'uso della telematica sia nei rapporti interni tra le diverse amministrazioni sia tra queste ed i privati.

È da menzionare anche il **principio di ragionevolezza** nel quale confluiscono, alla luce della L. 241/1990, i principi di eguaglianza, imparzialità e di buon andamento. In forza di tale principio, l'azione amministrativa, al di là del rispetto delle prescrizioni normative, deve adeguarsi ad un canone di *razionalità operativa* onde evitare decisioni arbitrarie ed irrazionali.
Si tenga inoltre presente che anche i soggetti privati preposti all'esercizio di attività amministrative devono assicurare il rispetto dei criteri e dei principi di cui all'art. 1, co. 1, L. 241/1990, con un livello di garanzia non inferiore a quello cui sono tenute le Pubbliche Amministrazioni.

Tutti i criteri e le regole basilari del procedimento amministrativo sono ispirati ai suddetti principi e sono fondamentali a garantire la **buona amministrazione**. Si tratta in particolare dell'economicità, efficacia, pubblicità e trasparenza. L'enunciazione di questi criteri (art. 1, comma 1) dimostra come il legislatore abbia inteso basare l'azione amministrativa su principi efficientistici, aziendalistici e manageriali tipici delle imprese private. In particolare:

- l'**economicità** riguarda il rapporto fra risultati e risorse secondo un'ottica *ex post*: cioè riguarda l'obbligo per la P.A. di realizzare il miglior risultato possibile in rapporto alla quantità di risorse a disposizione;
- l'**efficacia** riguarda il rapporto tra i risultati programmati e quelli raggiunti;
- la **pubblicità** è una *species* del criterio della trasparenza ed impone alla P.A. di rendere accessibili agli interessati notizie e documenti concernenti l'operato dei pubblici poteri;

- la **trasparenza**, infine, riguarda la controllabilità di tutti i momenti e di tutti i passaggi in cui si esplica l'operato della pubblica amministrazione, onde garantirne e favorirne lo svolgimento imparziale. A tale principio sono strettamente connessi il *diritto di accesso* e l'istituzione degli *uffici per le relazioni con il pubblico.*

Ai suddetti criteri, il legislatore del 2009, con la L. 69/2009 (art. 7, co. 1, lett. *a*), ha aggiunto quello dell'**imparzialità**, così ribadendo anche a livello di legislazione primaria il principio sancito all'art. 97 Cost. Tale modifica è di particolare importanza, perché delinea una nuova ipotesi di invalidità dell'atto amministrativo: si ha un'ulteriore ipotesi di violazione di legge e non più come figura sintomatica dell'eccesso di potere.

3.1.3 Fasi del procedimento

In via descrittiva, il procedimento amministrativo si compone di quattro fasi:

- la **fase dell'iniziativa**: si tratta del momento propulsivo del procedimento. Questo infatti può essere instaurato con un atto dell'interessato, come avviene nei procedimenti ad iniziativa di parte ovvero su impulso della stessa amministrazione procedente, come accade nei procedimenti ad iniziativa d'ufficio;
- la **fase istruttoria**: è la fase centrale del procedimento nella quale l'amministrazione svolge l'acquisizione dei fatti rilevanti, individua gli interessi coinvolti e procede alla relativa loro ponderazione;
- la **fase decisoria**: si tratta del momento in cui si procede alla deliberazione del contenuto del provvedimento nonché alla formazione ed emanazione dello stesso;
- la **fase integrativa dell'efficacia**: il provvedimento una volta emanato è perfetto ma non può essere ancora efficace. La produzione dell'efficacia può essere subordinata al compimento di operazioni specifiche, al verificarsi di certi fatti o all'emanazione di ulteriori atti (es. il controllo).

3.2 Il responsabile del procedimento

3.2.1 Procedura di nomina

La L. 241/1990 ha consacrato a livello generale la figura, in precedenza prevista solo da talune normative di settore, del responsabile del procedimento, cui è assegnato il ruolo di **autorità guida del procedimento** stesso.
L'obbligo di individuare il soggetto sul quale ricade l'onere di curare tutte le fasi del procedimento e garantire che giunga a conclusione risponde all'esigenza di **personalizzare e responsabilizzare l'attività amministrativa**. Prima dell'entrata in vigore della L. 241/1990, infatti, l'anonimato dei soggetti deputati alla gestione del procedimento garantiva loro un'irresponsabilità di fondo, non risultando affatto agevole per gli interessati individuare gli autori di eventuali carenze procedimentali. Prevedendo la figura in esame, invece, si è inteso garantire l'attuazione dei principi di trasparenza ed efficienza. Sul piano esterno, lo stesso costituisce l'interfaccia unica con la quale il cittadino può relazionarsi e confrontarsi; sul piano interno, funge da sollecitatore dell'azione amministrativa, assicurando la connessione tra le varie fasi del procedimento stesso ed evitando fenomeni di inerzia e dispersione.

La disciplina in tema di responsabile del procedimento prevede due passaggi necessari:

> l'**individuazione dell'unità organizzativa responsabile dell'istruttoria e dell'adozione del provvedimento finale**. Ove non sia già direttamente stabilito per legge o per regolamento, le pubbliche amministrazioni sono tenute a determinare, per ciascun tipo di procedimento relativo ad atti di loro competenza, l'unità organizzativa responsabile dell'istruttoria e di ogni altro adempimento procedimentale, nonché dell'adozione del provvedimento finale (art. 4 L. 241/1990);
> l'**assegnazione della responsabilità dell'istruttoria nonché dell'adozione del provvedimento**. Il dirigente di ciascuna unità organizzativa provvede ad assegnare, a sé o ad altro dipendente addetto all'unità, la responsabilità dell'istruttoria e di ogni altro adempimento inerente il singolo procedimento nonché, eventualmente, dell'adozione del provvedimento finale (art. 5 L. 241/1990).

La **mancata nomina del responsabile**, lungi dal produrre un vizio del provvedimento finale, determina l'operare di un *meccanismo sostitutivo*. La giurisprudenza è chiara nel ritenere che l'omessa indicazione del nominativo del responsabile comporta l'acquisizione di tale funzione da parte del dirigente dell'unità organizzativa e, per l'effetto, non incide sulla corretta gestione della procedura e sulla trasparenza dell'azione amministrativa. L'omessa indicazione dell'autorità alla quale ricorrere e del relativo termine non assume dunque effetto invalidante rispetto al provvedimento finale ma può rilevare ai soli fini della concessione dell'errore scusabile in caso di tardiva impugnazione.
Il decreto sulle semplificazioni D.L. 5/2012 convertito della L. 35/2012, prevede che, nell'ipotesi di omessa individuazione, il **potere sostitutivo** si considera attribuito al dirigente generale o, in mancanza, al dirigente preposto all'ufficio o, in mancanza, al funzionario di più elevato livello presente nell'amministrazione; costoro dovranno concludere il procedimento entro 15 giorni, o entro altro termine dimezzato rispetto a quello richiesto dalla legge.

3.2.2 Compiti del responsabile

Al responsabile del procedimento sono assegnati **compiti di impulso, direzione e coordinamento dell'istruttoria procedimentale e, in via eventuale, di adozione della decisione finale**.
I compiti del responsabile sono individuati nell'art. 6 L. 241/1990:

> valuta, ai **fini istruttori**, le condizioni di ammissibilità, i requisiti di legittimazione ed i presupposti che siano rilevanti per l'emanazione di provvedimento;
> **accerta di ufficio** i fatti, disponendo il compimento degli atti all'uopo necessari, e **adotta ogni misura per l'adeguato e sollecito svolgimento dell'istruttoria**. In particolare, può chiedere il rilascio di dichiarazioni e la rettifica di dichiarazioni o istanze erronee o incomplete e può esperire accertamenti tecnici ed ispezioni ed ordinare esibizioni documentali;
> propone l'indizione o, avendone la competenza, indice le **conferenze di servizi** (vedi *infra*);
> cura **le comunicazioni, le pubblicazioni e le notificazioni** previste dalle leggi e dai regolamenti;

- adotta, ove ne abbia la competenza, il **provvedimento finale**, ovvero **trasmette gli atti** all'organo competente per l'adozione. Quest'ultimo ove diverso dal responsabile del procedimento, non può discostarsi dalle risultanze dell'istruttoria condotta dal responsabile del procedimento se non **indicandone la motivazione nel provvedimento finale**.

La mancata o tardiva emanazione del provvedimento costituisce **elemento di valutazione della performance individuale, nonché di responsabilità disciplinare e amministrativo contabile** del dirigente e del funzionario inadempiente.
Viene fatto salvo il caso di conflitto di interessi a norma dell'art. 6-*bis* L. 241/1990 (aggiunto dalla L. 190/2012). In tale ipotesi il responsabile del procedimento dovrà astenersi dall'adozione del provvedimento finale, segnalando ogni situazione di conflitto, anche potenziale.

3.3 La partecipazione al procedimento amministrativo

Fino alla promulgazione della L. 241/1990, l'assenza di una normativa dedicata alla partecipazione procedimentale si traduceva nella possibilità per la P.A. di decidere con assoluta libertà in merito all'opportunità ed alle modalità di un intervento nel procedimento dei soggetti interessati. Il che, evidentemente, comportava il carattere sostanzialmente autoritario del procedimento e la non rispondenza dello stesso ai valori democratici sanciti dalla Costituzione.
Con la svolta normativa cui si è fatto cenno si è generalizzata la partecipazione del cittadino al procedimento, facendo di quest'ultimo la sintesi di tutti gli interessi pubblici e privati sottesi all'azione amministrativa.

3.3.1 La comunicazione di avvio del procedimento

Quale strumento indispensabile per attivare la partecipazione, tale comunicazione consente al soggetto coinvolto dall'*agere* amministrativo di avere conoscenza dell'avvio di un procedimento destinato a sfociare nell'emanazione di un provvedimento che produrrà effetti nei suoi confronti, così esercitando i diritti che gli sono riconosciuti dalla stessa L. 241/1990.
L'art. 7 della citata legge provvede ad individuare i **destinatari della comunicazione di avvio del procedimento**. Le pubbliche amministrazioni, infatti, sono tenute a comunicare l'avvio del procedimento:

- ai soggetti nei confronti dei quali il provvedimento finale è destinato a produrre effetti diretti;
- a quelli che per legge debbono intervenirvi;
- ai soggetti, individuati o facilmente individuabili, ai quali l'adozione del provvedimento può causare pregiudizio.

La comunicazione di avvio del procedimento deve essere personale o, qualora il numero dei destinatari non lo consenta, realizzata attraverso idonee forme di pubblicità.
Secondo il combinato disposto del successivo art. 8 L. 241/1990 e dell'art. 28 D.L. 69/2013, la **comunicazione deve indicare**:

- l'amministrazione competente;
- l'oggetto del procedimento promosso;
- l'ufficio e la persona responsabile del procedimento;
- il soggetto titolare del potere sostitutivo;
- la data entro la quale, secondo i termini previsti dalla stessa legge, deve concludersi il procedimento;
- i rimedi esperibili in caso di inerzia dell'amministrazione, tra i quali deve essere fatta espressa menzione del diritto all'indennizzo, delle modalità e dei termini per conseguirlo e il termine entro cui il titolare del potere sostitutivo debba emanare il provvedimento;
- nei procedimenti ad iniziativa di parte, la data di presentazione della relativa istanza;
- l'ufficio in cui si può prendere visione degli atti.

3.3.2 Le deroghe all'obbligo di comunicazione

In taluni casi la comunicazione di avvio non è obbligatoria. Le deroghe possono atteggiarsi come **legislative** ovvero **pretorie**.
La L. 241/1990 individua due specifiche ipotesi in cui la comunicazione non è necessaria:

- per i **procedimenti cautelari** secondo quanto previsto dall'**art. 7, co. 2**, che fa salva "*la facoltà dell'amministrazione di adottare, anche prima della effettuazione delle comunicazioni [...], provvedimenti cautelari*";
- per i procedimenti per i quali sussistono **ragioni di impedimento** derivanti da particolari esigenze di celerità del procedimento stesso secondo quanto previsto dall'**art. 7, co. 1** (*Ove non sussistano ragioni di impedimento derivanti da particolari esigenze di celerità del procedimento, l'avvio del procedimento stesso è comunicato [...]*).

Le ipotesi contemplate dalla disposizione riportata sono in realtà diverse tra loro sul piano degli effetti: nel primo caso l'obbligo di comunicazione viene meno del tutto; nel secondo caso è soltanto posticipato temporalmente.

Ad esempio ricorrono esigenze di celerità del procedimento ogniqualvolta sussista la necessità di far fronte a ragioni che in concreto non consentono il rispetto della garanzia partecipativa. L'esempio più immediato è quello delle *ordinanze di necessità ed urgenza*: è stato al riguardo chiarito che l'ordinanza contingibile ed urgente emessa dal Sindaco quale Ufficiale di governo ai sensi degli artt. 50 e 54 D.Lgs. 267/2000, il cui presupposto è costituito da una situazione di urgenza e accertata necessità al fine di prevenire gravi pericoli che minacciano l'incolumità dei cittadini, non deve essere preceduta dall'avviso di avvio del procedimento

Venendo alle **deroghe pretorie**, nell'attesa di una lettura "sostanziale" e non meramente formale dell'art. 7 L. 241/1990 in forza della quale le norme in materia di partecipazione al procedimento non vanno applicate meccanicamente e formalisticamente ed in ossequio, dunque, al **principio del raggiungimento dello scopo**, si ritiene che se, ad onta dell'omessa comunicazione, il soggetto ha comunque potuto partecipare ed incidere sull'esito finale del procedimento, l'omissione non inficia il provvedimento finale.

3.3.3 Conseguenze dell'omessa comunicazione

Al di fuori delle ipotesi derogatorie esaminate, il provvedimento che non sia stato preceduto dalla comunicazione dell'avvio del procedimento è **illegittimo per violazione di legge**.
Si tratta di una ipotesi di invalidità relativa, prevedendo l'art. 8 L. 241/1990 espressamente che "l'omissione di taluna delle comunicazioni prescritte può esser fatta valere solo dal soggetto nel cui interesse la comunicazione è prevista".

3.3.4 Il preavviso di rigetto

Disciplinato dall'art. 10-*bis* L. 241/1990 (introdotto dalla L. 15/2005), l'istituto del preavviso di rigetto prevede che nei procedimenti ad istanza di parte il responsabile del procedimento o l'autorità competente, **prima della formale adozione di un provvedimento negativo**, sia tenuto a **comunicare tempestivamente agli istanti i motivi che impediscono l'accoglimento della domanda**. Il preavviso di rigetto si colloca **tra l'istruttoria e la fase decisoria**: per comunicare al soggetto che ha presentato l'istanza le ragioni che ne impediscono l'accoglimento, l'amministrazione deve aver prima esaminato e valutato gli elementi di fatto e le ragioni giuridiche, acquisiti d'ufficio o rappresentati dagli stessi soggetti interessati.
I richiedenti hanno 10 giorni di tempo, dal ricevimento della comunicazione, per presentare per iscritto le loro osservazioni, eventualmente corredate da documenti.
I motivi del mancato accoglimento di tali osservazioni devono essere indicati nella motivazione del provvedimento finale. Non possono essere addotti, tra i motivi che ostano all'accoglimento della domanda, inadempienze o ritardi attribuibili all'amministrazione.
Le disposizioni in materia di preavviso di rigetto non si applicano alle procedure concorsuali e ai procedimenti in materia previdenziale e assistenziale sorti a seguito di istanza di parte e gestiti dagli enti previdenziali.

L'istituto di fatto codifica il principio, già affermato dalla giurisprudenza prima della riforma del 2005, secondo cui sussiste un potere-dovere dell'Amministrazione – desumibile sia dal principio di buon andamento sancito dall'art. 97 Cost. sia dagli artt. 2 e 6 della L. 241/1990 – di attivarsi, nell'ottica di una **leale collaborazione con il privato** e per una maggiore economicità ed efficienza dell'azione amministrativa, affinché l'istruttoria che precede l'adozione dell'atto finale sia quanto più possibile rappresentativa della realtà e garantisca una reale partecipazione dei soggetti coinvolti, anche laddove il procedimento sia destinato a sfociare in un provvedimento negativo a causa di motivi ostativi all'accoglimento della domanda.
Oltre a svolgere una funzione deflattiva del contenzioso, essendo finalizzato a consentire una convergenza di posizioni tra le parti del procedimento, in dottrina si è sostenuto che l'art. 10-*bis* risulta di fatto volto a realizzare **un contraddittorio endoprocedimentale necessario e rafforzato** al fine di superare le asimmetrie nel rapporto tra P.A. e privati interessati, riscontrate nell'applicazione della L. 241/1990.

Secondo il Consiglio di Stato (Sez. V, 30 dicembre 2015, n. 5868), la **mancata comunicazione del preavviso di rigetto non comporta ex se l'illegittimità del provvedimento** finale, in quanto la norma sancita dall'art. 10-*bis* L. n. 241/1990, va interpretata alla luce del successivo art. 21-*octies*, co. 2, della stessa legge. Quest'ultimo, nell'imporre al giudice di valutare il contenuto sostanziale del provvedimento e di non annullare l'atto nel caso in cui le violazioni formali non abbiano inciso sulla legittimità sostanziale del medesimo, rende irrilevante la violazione delle disposizioni sul procedimento o sulla forma dell'atto allorché il contenuto dispositivo non sarebbe potuto essere diverso da quello in concreto adottato.

3.4 La conclusione del procedimento

3.4.1 La disciplina dei termini

In base al quadro normativo disegnato dagli artt. 2 e 2-*bis* della L. 241/1990 le pubbliche amministrazioni hanno il dovere di **concludere un procedimento avviato d'ufficio o a istanza di parte con l'adozione di un provvedimento finale espresso**.
La legge non individua esplicitamente il termine per la conclusione dei procedimenti amministrativi, compito demandato alle singole amministrazioni o agli enti pubblici nazionali, che vi provvedono attraverso l'adozione di uno specifico atto (un decreto del Presidente del Consiglio dei Ministri, nel caso delle amministrazioni statali). Essa, tuttavia, fissa dei precisi paletti in materia, stabilendo, all'art. 2, tre diversi possibili termini:

- **90 giorni, nel caso in cui l'amministrazione o l'ente adottino l'atto di loro competenza.** Nell'ambito della loro autonomia, ed entro il tetto massimo fissato dalla legge, sono liberi di individuare il termine applicabile a ciascun procedimento, che *può anche essere inferiore ai 90 giorni*;
- **180 giorni, laddove vi siano particolari interessi pubblici o si tratti di un procedimento particolarmente complesso**. Il legislatore riconosce la possibilità di derogare al termine massimo di 90 giorni qualora ciò sia indispensabile, tenuto conto della sostenibilità dei tempi per l'organizzazione amministrativa, della natura degli interessi pubblici tutelati e della complessità del procedimento. Tali termini *non possono in ogni caso superare i 180 giorni*, limite non applicabile ai procedimenti di acquisto della cittadinanza italiana e a quelli riguardanti l'immigrazione;
- **30 giorni, se non vi sono indicazioni di legge oppure se le amministrazioni e gli enti non hanno provveduto ad approvare gli atti di loro competenza.** Si tratta di una disposizione residuale applicabile in tutti quei casi in cui non vi siano indicazioni da parte della legge, dell'amministrazione o dell'ente che fissano un termine diverso; in questa ipotesi i procedimenti devono *concludersi entro 30 giorni.*

I termini decorrono dall'inizio del procedimento d'ufficio o dal ricevimento della domanda, se è ad iniziativa di parte.
Fatto salvo il caso in cui siano necessarie valutazioni tecniche, i termini possono essere sospesi, per una sola volta e per un periodo non superiore a 30 giorni, per l'acquisizione di informazioni o di certificazioni relative a fatti, stati o qualità non attestati in documenti già in possesso dell'amministrazione stessa o non direttamente acquisibili presso altre pubbliche amministrazioni.

Con il D.P.R. 12 settembre 2016, n. 194 è stata introdotta la possibilità di **ridurre fino ad un massimo del 50% i termini dì conclusione dei procedimenti** necessari per la localizzazione, la progettazione e la realizzazione delle opere, lo stabilimento degli impianti produttivi e l'esercizio delle attività, le infrastrutture strategiche e insediamenti produttivi

di preminente interesse nazionale. La riduzione può essere prevista sia rispetto ai singoli procedimenti, sia con riferimento a tutti i procedimenti necessari per la realizzazione dell'intervento.
Un secondo strumento acceleratorio è previsto dall'art. 4 del citato decreto che attribuisce al Presidente del Consiglio dei ministri il **potere sostitutivo in caso di inutile decorso del termine** per la conclusione dei procedimenti. Previa deliberazione del Consiglio dei ministri il potere sostitutivo può essere delegato ad un soggetto diverso, in particolare all'ente regionale laddove l'intervento riguardi prevalentemente il territorio di una singola Regione e non rivesta carattere di preminente interesse nazionale.
Gli interventi per i quali si chiede di fruire di questa corsia preferenziale sono individuati da ciascun ente territoriale (entro il 31 gennaio di ogni anno) o dalla Presidenza del Consiglio dei ministri (entro il 28 febbraio). L'elenco dei *progetti effettivamente ammessi* è approvato con decreto del Presidente del Consiglio dei ministri entro il successivo 31 marzo.
Oggetto della disciplina derogatoria sono le autorizzazioni, le licenze, le concessioni non costitutive, i permessi o i nulla osta comunque denominati, compresi quelli di competenza delle amministrazioni preposte alla tutela ambientale, paesaggistico-territoriale, del patrimonio storico-artistico, alla tutela della salute e della pubblica incolumità.

Come si è già detto, la **mancata o tardiva emanazione** del provvedimento costituisce elemento di valutazione della *performance* individuale, nonché di responsabilità disciplinare e amministrativo-contabile del dirigente e del funzionario inadempiente (art. 2, co. 9, della L. 241/1990).
Secondo il Consiglio di Stato (sez. VI, 26 luglio 2018, n. 4577) alla violazione del termine finale di un procedimento amministrativo non consegue l'illegittimità dell'atto tardivo, salvo che il termine sia qualificato perentorio dalla legge. Infatti si tratta di una regola di comportamento e non di validità.
L'art. 2-*bis* L. 241/1990 da un lato prevede l'obbligo di terminare il procedimento amministrativo entro un termine ragionevole, e dall'altro correla all'inosservanza del termine finale **conseguenze sul piano della responsabilità dell'Amministrazione**, ma non include profili afferenti la stessa legittimità dell'atto tardivamente adottato.
Il ritardo, osserva il Collegio, non è quindi un vizio in sé dell'atto ma è un presupposto che può determinare, in concorso con altre condizioni, una possibile **forma di responsabilità risarcitoria dell'Amministrazione**. Resta inoltre ferma la possibilità per gli interessati di chiedere la condanna dell'Amministrazione a provvedere ai sensi dell'art. 117 D.Lgs. 104/2010 (Codice del processo amministrativo).
La sentenza chiarisce, inoltre, che la perentorietà dei termini procedimentali può aversi, quale eccezione alla regola della loro natura meramente ordinatoria o acceleratoria, soltanto laddove sia espressamente prevista dalle norme che disciplinano in modo specifico i procedimenti di volta in volta considerati, o queste **sanzionino espressamente con la decadenza il mancato esercizio** del potere dell'amministrazione entro i termini stabiliti.

3.4.2 L'inosservanza del termine e il potere sostitutivo

Con riferimento all'obbligo della P.A. di garantire la certezza dei tempi del procedimento, in materia di responsabile del procedimento si precisa che l'amministrazione è obbligata ad individuare il soggetto al quale attribuire il **potere sostitutivo** in caso

di inosservanza del termine originario di conclusione del procedimento e ad indicarlo sul sito Internet istituzionale in formato tabellare e con collegamento ben visibile nella homepage. In caso di **omessa indicazione**, il potere è attribuito al dirigente generale o, in mancanza, al dirigente preposto all'ufficio o, in mancanza, al funzionario di livello più elevato.
Decorso il termine stabilito per la conclusione del procedimento, il privato può, pertanto, rivolgersi al titolare del potere sostitutivo, il quale è tenuto a concludere il procedimento entro un termine pari alla metà di quello originario, avvalendosi delle strutture competenti o nominando un commissario (art. 2, co. 9-*ter*, L. 241/1990).
Il responsabile del potere sostitutivo, entro il 30 gennaio di ogni anno, comunica all'organo di governo i procedimenti, suddivisi per tipologia e strutture amministrative competenti, nei quali non è stato rispettato il termine di conclusione previsto dalla legge o dai regolamenti.
Nei provvedimenti rilasciati in ritardo su istanza di parte sono espressamente indicati il termine previsto dalla legge o dai regolamenti e quello effettivamente impiegato (art. 2, co. 9-*quater* e 9-*quinquies*, L. 241/1990).

3.4.3 L'indennizzo da ritardo

L'amministrazione responsabile del ritardo è tenuta a corrispondere l'indennizzo (art. 2-*bis* L. 241/1990 e art. 28 L. 69/2013) al verificarsi di tutte le seguenti condizioni:

> che il procedimento amministrativo, iniziato ad istanza di parte, riguardi **l'avvio o l'esercizio dell'attività di impresa** (almeno fino all'adozione del regolamento che dovrà confermare, rimodulare, estendere o eliminare la disposizione in esame);
> che **detto procedimento non si concluda nei termini previsti dalla legge** o da un regolamento appositamente emanato dall'amministrazione di riferimento;
> che sia stato azionato preventivamente il **potere sostitutivo** e sia perdurata l'**inerzia dell'amministrazione**, senza che quest'ultima abbia emanato il provvedimento richiesto entro il termine (anch'esso perentorio) pari alla metà di quello originariamente previsto per il procedimento iniziale.

La somma da corrispondere a titolo di indennizzo è stabilita dall'art. 28 D.L. 69/2013 in maniera forfettaria: essa è pari a 30 euro per ogni giorno di ritardo, fino ad un massimo di 2.000 euro. L'indennizzo è dovuto a partire dal giorno successivo alla scadenza del termine di conclusione del procedimento iniziale, fino alla data di adozione dell'atto con cui si dispone la liquidazione della somma.
È del tutto evidente, pertanto, che l'*indennizzo risulta dovuto anche nell'ipotesi in cui il titolare del potere sostitutivo, o l'amministrazione, emani il provvedimento successivamente al decorso del termine di esercizio del potere sostitutivo.*

3.4.4 Il danno da ritardo

Il danno da ritardo presuppone la **prova dell'esistenza di un danno derivante dal comportamento colposo o doloso dell'amministrazione** che non ha adottato, o ha adottato tardivamente, il provvedimento amministrativo, nonché della dimostrazione dell'esistenza di un nesso di causalità fra il danno lamentato e la condotta posta in essere dalla Pubblica Amministrazione.

La fattispecie è prevista dall'art. 2-*bis* L. 241/1990, come modificato dall'art. 7, co. 1, lett. *c*), L. 69/2009, che ha fatto proprie le conclusioni cui era giunta la giurisprudenza in materia (fra le tante si veda Adunanza Plenaria n. 7/2005), ritenendo che la violazione del termine di conclusione del procedimento fosse astrattamente idonea a cagionare, con la tardiva attribuzione di un "bene della vita" richiesto dal privato, la lesione di un interesse legittimo pretensivo.
A differenza dell'indennizzo da ritardo, dunque, il danno da ritardo presuppone la prova dell'effettivo danno causalmente connesso alla mancata e tempestiva adozione del provvedimento amministrativo. Quanto, poi, alla misura ed alla tipologia di danni risarcibili, **non vi sono somme prefissate ma essi vanno ricondotti alla perdita subita e al mancato guadagno percepito**, in relazione al bene della vita tardivamente conseguito. Le somme eventualmente percepite a titolo di indennizzo vanno detratte dal risarcimento.

3.5 Il silenzio dell'amministrazione

3.5.1 Profili generali

Ci sono dei casi in cui l'**attività procedimentale non si conclude con l'adozione di un provvedimento espresso** né con un altro tipo di attività da parte dell'amministrazione, che semplicemente non agisce. Tuttavia, poiché anche l'inattività dell'organo amministrativo potrebbe generare delle conseguenze giuridiche (si pensi alla mancata tutela di un interesse pubblico o all'impossibilità del privato di avviare una determinata attività), il legislatore si è preoccupato di attribuire una precisa valenza anche al comportamento inerte dell'amministrazione, distinguendo tra silenzio **assenso**, silenzio **procedimentale**, silenzio **rigetto** o **diniego** e silenzio **inadempimento** (o **rifiuto** di provvedere).

3.5.2 Il silenzio assenso

Il silenzio assenso nei precedenti ad istanza di parte

Nel corso degli anni si è passati da un'accezione "negativa" del silenzio amministrativo ad una "positiva", essendo attualmente applicabile il principio per cui l'amministrazione deve necessariamente esprimersi formalmente a seguito di un'istanza ad essa presentata. L'art. 20 L. 241/1990, infatti, dispone che nei **procedimenti ad istanza di parte** per il rilascio di provvedimenti amministrativi, il **silenzio dell'amministrazione competente equivale a provvedimento di accoglimento della domanda**, senza necessità di ulteriori istanze o diffide, se la medesima amministrazione non comunica all'interessato, nei termini previsti per la conclusione del procedimento, il provvedimento di diniego, ovvero non indice una *conferenza di servizi*, anche tenendo conto delle situazioni giuridiche soggettive dei controinteressati.
Il silenzio assenso costituisce un tipico rimedio previsto dal legislatore per prevenire il prodursi delle conseguenze negative collegate all'inerzia amministrativa. Si configura come **comportamento legalmente tipizzato equiparato, quanto agli effetti, ad un provvedimento di accoglimento dell'istanza**: ne deriva l'assoggettamento all'ordinario regime di impugnazione previsto per i provvedimenti amministrativi.

Il procedimento di formazione del silenzio-assenso non si discosta – tranne che per la fase decisoria, nella quale l'accoglimento si determina per il semplice decorso del termine di conclusione del procedimento – da quello già previsto in materia di provvedimento autorizzativo espresso.
Le previsioni in tema di silenzio assenso **non trovano applicazione** relativamente agli atti e procedimenti riguardanti il patrimonio culturale e paesaggistico, l'ambiente, la difesa nazionale, la pubblica sicurezza, l'immigrazione, l'asilo e la cittadinanza, la salute e la pubblica incolumità, ai casi in cui la normativa europea impone l'adozione di provvedimenti amministrativi formali, ai casi in cui la legge qualifica il silenzio dell'amministrazione come rigetto dell'istanza, nonché agli atti e procedimenti individuati con uno o più decreti del Presidente del Consiglio dei ministri.

Il silenzio assenso nei rapporti tra amministratori
L'art. 3 della L. 7 agosto 2015, n. 124 (Riforma Madia), con l'aggiunta di un articolo 17-*bis* nel corpo della L. 241/1990, ha introdotto una nuova ipotesi di silenzio assenso. Rispetto a quella prima descritta, la particolarità è data dalla presenza dei seguenti elementi:

> **opera esclusivamente nei rapporti tra diverse amministrazioni pubbliche e tra amministrazioni pubbliche e gestori di beni o servizi pubblici** (e non nei rapporti tra amministrazione e privati);
> il silenzio corrisponde ad un **atto interno ad un procedimento** (invece che a un provvedimento definitivo).

L'articolo 17-*bis* della L. 241/1990, infatti, trova applicazione nelle ipotesi in cui per l'adozione di provvedimenti sia normativi (generalmente regolamenti o statuti) sia amministrativi di competenza di amministrazioni pubbliche sia prevista l'acquisizione di assensi, concerti o nulla osta di competenza di altre amministrazioni pubbliche o di gestori di beni e servizi pubblici. In tali casi, questi sono tenuti a comunicare le rispettive decisioni all'amministrazione proponente entro il termine di 30 giorni dal ricevimento dello schema di provvedimento, che deve essere corredato dalla relativa documentazione (comma 1).
Il termine può essere interrotto qualora l'amministrazione che deve rendere il proprio assenso faccia presenti esigenze istruttorie oppure presenti richieste di modifica, motivate e formulate in modo puntuale entro il termine stesso. In tal caso, l'assenso è reso nei successivi 30 giorni dalla ricezione degli elementi istruttori o dello schema di provvedimento. Non sono ammesse ulteriori interruzioni di termini.
La formazione del silenzio-assenso è prevista nel successivo comma 2, ai sensi del quale, decorsi inutilmente i termini stabiliti, l'assenso, il concerto o il nulla osta s'intende acquisito.
Al comma 3 dell'art. 17-*bis* L. 241/1990 si esplicita che la regola si applica anche ai casi in cui è prevista l'acquisizione di assensi, concerti o nulla osta comunque denominati di amministrazioni preposte alla tutela ambientale, paesaggistico-territoriale, dei beni culturali e della salute dei cittadini, per l'adozione di provvedimenti normativi e amministrativi di competenza di amministrazioni pubbliche. In tali casi si prevede unicamente un termine più ampio per l'espressione dell'assenso, concerto o nulla osta, che è di 90 giorni dal ricevimento della richiesta da parte dell'amministrazione

procedente. Decorsi i suddetti termini, senza che sia stato comunicato l'assenso, il concerto o il nulla osta, lo stesso si intende acquisito.
Si fa presente, che la norma non fa riferimento alle amministrazioni preposte alla tutela della pubblica incolumità, che l'ordinamento vigente generalmente equipara a quelle richiamate, in considerazione della particolare rilevanza degli interessi di cui sono portatrici.
Il comma 4 esclude, infine, l'applicabilità dell'istituto, nei casi in cui disposizioni del diritto dell'Unione europea richiedano l'adozione di provvedimenti espressi.

3.5.3 Il silenzio procedimentale

Si tratta di una categoria di *natura dottrinale* che si riferisce alle ipotesi di:

> cosiddetto **silenzio-devolutivo** (art. 17 L. 241/1990) inerente all'acquisizione delle valutazioni tecniche in costanza di un procedimento amministrativo, per cui, di fronte all'inerzia dell'amministrazione competente, le suddette valutazioni possono essere richieste ad altri organi dell'amministrazione pubblica o ad enti pubblici dotati di qualificazione e capacità tecnica equipollenti ovvero ad istituti universitari;
> cosiddetto **silenzio-facoltativo** (art. 16 L. 241/1990) che consente all'amministrazione di proseguire nel procedimento indipendentemente dall'acquisizione dei pareri (*attività consultiva*), nel caso in cui questi non siano stati resi nel termine stabilito.

3.5.4 Il silenzio rigetto o diniego

In questo caso l'**inerzia equivale a provvedimento di rigetto dell'istanza** o comunque ad una conclusione negativa del procedimento. La legge, decorso un certo tempo dalla presentazione della domanda del privato, qualifica automaticamente come *reiezione della domanda* stessa il comportamento omissivo tenuto dalla pubblica amministrazione obbligata a provvedere. L'automatica qualificazione legislativa del silenzio esonera il privato dal compiere atti appositi finalizzati ad ottenere analogo risultato, come avviene quando il legislatore abbia omesso la qualificazione medesima.
A differenza del silenzio-rifiuto, qui è la stessa legge che equipara ad un diniego il decorso di un certo termine dalla domanda: vi è la qualificazione legislativa dell'inerzia come rifiuto espresso di un'istanza presentata alla pubblica amministrazione.

3.5.5 Il silenzio inadempimento (o rifiuto)

L'esigenza di tutela avverso il comportamento inerte della pubblica amministrazione diventa più pregnante laddove le istanze dei privati sono rivolte a ottenere un provvedimento favorevole (a fronte del cui rilascio sussistono situazioni di interesse legittimo pretensivo). Per sopperire a tale esigenza la giurisprudenza ha elaborato nel corso degli anni la categoria del **silenzio-inadempimento** (in passato definito univocamente **silenzio rifiuto**): in tal modo è stato possibile aprire la porta della tutela giurisdizionale ai soggetti titolari di posizioni di **interesse legittimo pretensivo** di fronte alla **mera inerzia dell'amministrazione**.
Ai sensi dell'art. 2, comma 1, della L. 241/1990 "ove il procedimento consegua obbligatoriamente ad un'istanza, ovvero debba essere iniziato d'ufficio, le pubbliche

amministrazioni hanno il dovere di concluderlo mediante l'adozione di un provvedimento espresso". Si concretizza, dunque, un obbligo, da parte delle amministrazioni pubbliche di fornire un riscontro formale all'istanza di un soggetto terzo.
Per evitare che l'inerzia degli organi amministrativi possa incidere negativamente sulle aspettative (legittime, ovvero legislativamente tutelate) degli istanti, il legislatore ha introdotto un **termine ordinario di trenta giorni** entro il quale, salvo se diversamente previsto dalla legge e da appositi regolamenti, le pubbliche amministrazioni devono concludere il procedimento ed emanare un provvedimento amministrativo.
Le pubbliche amministrazioni e i soggetti privati preposti all'esercizio di attività amministrative, sono tenuti al **risarcimento del danno ingiusto** cagionato in conseguenza dell'inosservanza dolosa o colposa del termine di conclusione del procedimento.
La mancata o tardiva emanazione del provvedimento, inoltre, costituisce **elemento di valutazione della *performance* individuale**, nonché di **responsabilità disciplinare e amministrativo-contabile** del *dirigente* e del *funzionario* inadempiente (art. 2, co. 9, L. 241/1990).
In caso di inerzia, l'organo di governo della competente amministrazione può individuare, tra le figure apicali dell'amministrazione, il soggetto cui attribuire il **potere sostitutivo**. Nell'ipotesi di omessa individuazione il potere sostitutivo si considera attribuito al dirigente generale o, in mancanza, al dirigente preposto all'ufficio o in mancanza al funzionario di più elevato livello presente nell'amministrazione (art. 2, co. 9-*bis*, L. 241/1990).
La mancata o ritardata adozione del provvedimento impedisce al privato di ottenere la soddisfazione dell'interesse cui aspira: perciò il silenzio, nella forma del silenzio-inadempimento come del silenzio-diniego, oltre a configurarsi come presupposto processuale di un'azione diretta a superare l'inerzia (oppure a superare il rifiuto implicito), può rilevare anche come fatto illecito oggetto di un'azione risarcitoria diretta alla condanna della pubblica amministrazione al pagamento dei danni eventualmente provocati dall'inerzia o dal rifiuto di provvedere.

3.6 La conferenza di servizi

3.6.1 Le diverse tipologie

La conferenza di servizi è un istituto che può essere attivato quando è opportuno effettuare un **esame contestuale di vari interessi pubblici coinvolti in un procedimento**, consentendo all'amministrazione procedente di ridurre i tempi lunghi che sarebbero richiesti dalla necessità di contattare individualmente i singoli soggetti interessati. In pratica si concentrano, in un unico contesto logico e temporale, le valutazioni e le posizioni delle diverse amministrazioni coinvolte.
L'istituto ha una doppia valenza: da un lato, si presenta come *modulo procedimentale di semplificazione e accelerazione dell'azione amministrativa*, potenzialmente idoneo a superare lungaggini e appesantimenti burocratici; dall'altro, e contemporaneamente, si pone quale *luogo di coordinamento e mediazione degli interessi in gioco* al fine di individuare, mediante il confronto dei soggetti che li rappresentano, l'interesse pubblico primario o prevalente.

La disciplina della conferenza di servizi, contenuta negli articoli 14 e seguenti della L. 241/1990, è stata oggetto di numerose e sostanziali modifiche legislative, operate soprattutto con la L. 15/2005 e con il D.Lgs. 127/2016.
Nell'ambito della fattispecie generale prevista dall'art. 14 L. 241/1990 sono contemplate quattro tipologie di conferenze:

- la **conferenza di servizi istruttoria**, che può essere indetta dall'amministrazione procedente quando lo ritenga opportuno per effettuare un *esame contestuale degli interessi pubblici che emergono da un procedimento amministrativo*, ovvero in più procedimenti connessi. La richiesta di convocare la conferenza può essere espressa anche da un'altra amministrazione coinvolta o dal privato interessato;
- la **conferenza di servizi decisoria**, che conduce all'*adozione di un unico provvedimento finale sostitutivo* delle decisioni assunte dalle diverse amministrazioni partecipanti; in pratica il risultato è una decisione "pluristrutturata" e simultanea, che riassume le competenze decisionali attribuite a più amministrazioni. Questa tipologia di conferenza è *sempre* indetta dall'amministrazione procedente quando la conclusione positiva del procedimento è subordinata all'acquisizione di più pareri, intese, concerti, nulla osta o altri atti di assenso, comunque denominati, resi da diverse amministrazioni, inclusi i gestori di beni o servizi pubblici. Quando l'attività del privato sia subordinata a distinti atti di assenso, comunque denominati, di competenza di diverse amministrazioni pubbliche, la conferenza di servizi è convocata, anche su richiesta dell'interessato, da una delle amministrazioni competenti. Anche in questo caso si procede in modalità semplificata;
- la **conferenza di servizi preliminare** (o *pre-decisoria* o *preventiva*) che *può essere indetta* (è da sottolineare la facoltatività) dall'amministrazione competente per *progetti di particolare complessità* e per *insediamenti produttivi di beni e servizi*. La richiesta motivata dell'interessato deve essere corredata, in assenza di progetto preliminare, da uno *studio di fattibilità* ed è volta a verificare quali siano le condizioni per ottenere i necessari pareri, intese, concerti, nulla osta o altri atti di assenso, comunque denominati quando verrà presentata l'istanza o il progetto definitivo. I costi della conferenza sono a carico del richiedente. Le indicazioni fornite in tale sede dai vari soggetti coinvolti possono essere motivatamente modificate o integrate solo in presenza di significativi elementi emersi nelle fasi successive del procedimento, anche a seguito delle osservazioni degli interessati sul progetto definitivo. Nelle procedure di realizzazione di opere pubbliche e di interesse pubblico, la conferenza si esprime sul *progetto di fattibilità tecnica ed economica* e non semplicemente su uno studio di fattibilità. Tale figura è per certi aspetti *considerata sui generis* non trattandosi *né* di conferenza *propriamente istruttoria*, posto che vi partecipano amministrazioni chiamate poi a prestare il loro assenso sul progetto definitivo, *né* di conferenza *pienamente decisoria* ad essa non corrispondendo una decisione finale bensì un'indicazione di massima con la quale le amministrazioni si autovincolano a non esprimere *ex post* ragioni di dissenso non emerse in sede di progetto;
- la **conferenza di servizi su progetto sottoposto a valutazione di impatto ambientale (VIA)**: si tratta di una tipologia che presenta una sua specificità e che, oltre ad essere *obbligatoria* per tutti i progetti assoggettati a via, deve svolgersi secondo la disciplina dettata dal Codice dell'ambiente e in modalità sincrona, finalizzata al rilascio degli atti necessari alla realizzazione e all'esercizio del progetto. Il procedimento

di VIA è unico per tutte le Regioni ed è definito dall'art. 27-*bis* D.Lgs. 152/2006 (*Provvedimento autorizzatorio unico regionale*).

Nel caso di procedimenti di **VIA di competenza regionale** il proponente presenta all'autorità competente un'istanza ai sensi dell'art. 23, co. 1, D.Lgs. 152/2006, allegando la documentazione e gli elaborati progettuali previsti dalle normative di settore per consentire l'istruttoria tecnico-amministrativa finalizzata al rilascio di tutte le autorizzazioni, intese, concessioni, licenze, pareri, concerti, nulla osta e assensi comunque denominati, necessari alla realizzazione e all'esercizio del medesimo progetto e indicati in apposito elenco predisposto dal proponente stesso. Entro 15 giorni dalla presentazione dell'istanza l'autorità competente verifica l'avvenuto pagamento del contributo dovuto e comunica per via telematica a tutte le amministrazioni ed enti potenzialmente interessati e comunque competenti ad esprimersi sulla realizzazione e sull'esercizio del progetto, l'avvenuta pubblicazione della documentazione nel proprio sito web con modalità tali da garantire la tutela della riservatezza. Entro 30 giorni da tale pubblicazione l'autorità competente e le amministrazioni interessate per i profili di rispettiva competenza verificano l'adeguatezza e la completezza della documentazione, assegnando al proponente un termine perentorio non superiore a 30 giorni per le eventuali integrazioni.
Entro 10 giorni dalla scadenza del termine di conclusione della consultazione ovvero dalla data di ricevimento delle eventuali integrazioni documentali, l'autorità competente convoca una conferenza di servizi (che si svolge ai sensi dell'art. 14-*ter* L. 241/1990) alla quale partecipano il proponente e tutte le Amministrazioni competenti o comunque potenzialmente interessate per il rilascio del provvedimento di VIA e dei titoli abilitativi necessari alla realizzazione e all'esercizio del progetto richiesti dal proponente.
Il termine di conclusione della conferenza di servizi è di 120 giorni decorrenti dalla data di convocazione dei lavori. La determinazione motivata di conclusione della conferenza di servizi costituisce il provvedimento autorizzatorio unico regionale e comprende il provvedimento di VIA e i titoli abilitativi rilasciati per la realizzazione e l'esercizio del progetto, recandone l'indicazione esplicita.
Per effetto delle modifiche compiute dal D.Lgs. 104/2017, tutti i termini del procedimento sono perentori sia ai fini della responsabilità disciplinare e amministrativo-contabile del dirigente e del funzionario inadempiente (art. 2, co. 9, L. 241/1990), sia ai fini dell'eventuale risarcimento del danno ingiusto cagionato in conseguenza dell'inosservanza dolosa o colposa del termine di conclusione del procedimento.

Fortemente dibattuta è la questione relativa alla **natura giuridica della conferenza di servizi**. Si discute cioè se si tratti di un vero e proprio organo collegiale, autonomo centro di imputazione, di carattere straordinario, ovvero di un semplice modulo organizzativo-procedimentale privo di una propria individualità.
Si tratta a ben vedere di un problematica non priva di rilevanti risolti pratici in punto di individuazione degli atti impugnabili, di notificazione del ricorso, di legittimazione processuale attiva e passiva.
Secondo la tesi che configura la conferenza come un **organo amministrativo collegiale** (TAR Liguria 28-9-2002, n. 984), distinto dalle singole amministrazioni partecipanti, il provvedimento adottato dalla conferenza deve essere imputato esclusivamente a quest'ultima come organo autonomo che acquisisce di conseguenza in sede processuale legittimazione passiva autonoma.
Per altra differente opzione (TAR Calabria, sez. I, 24-2-2006, n. 200) la conferenza di servizi è un **mero modulo procedimentale**, unicamente idoneo a produrre un'accelerazione dei tempi procedurali e, nel contempo, un esame congiunto degli interessi

pubblici coinvolti attraverso il coordinamento tra le singole autorità amministrative coinvolte.

3.6.2 Le modalità di svolgimento e gli effetti del dissenso

L'istituto della conferenza di servizi, disciplinato interamente dagli articoli da 14 a 14-*quinquies* L. 241/1990, nel corso degli anni ha subìto molteplici interventi di modifica che, a diverso titolo e con diverse modalità, hanno inciso sull'operatività dell'istituto nel tentativo di conservarne e valorizzarne la potenzialità semplificatoria e acceleratoria che lo caratterizza.
Allo stato attuale, la disciplina della conferenza di servizi si snoda su cinque principali aspetti qualificanti.
Il primo attiene alla **modalità di svolgimento della conferenza** che viene distinta in due fasi: una **semplificata**, che è il modello ordinario, e una **simultanea**, che è la modalità eccezionale. La prima si svolge in *modalità telematica asincrona*, ossia tramite il semplice scambio informatico di informazioni e di documenti tra i rappresentanti delle amministrazioni interessate al rilascio del provvedimento finale. Lo svolgimento della conferenza con tali modalità rappresenta uno strumento di accelerazione procedimentale in quanto consente la formazione della decisione a distanza e in tempi differenziati anche con il ricorso allo strumento del silenzio-assenso (art. 14-*bis*). L'indizione di tale tipologia di conferenza riveste carattere obbligatorio, perché va adottata ogni qualvolta che la conclusione del procedimento sia subordinata all'acquisizione di più atti di assenso rilasciati da una pluralità di amministrazioni. Con questa modalità semplificata si devono concludere la maggior parte delle conferenze di servizi tranne nell'ipotesi in cui siano emersi dissensi espressi ritenuti insuperabili. In tal caso, ossia nell'ipotesi in cui la conferenza semplificata non vada a buon fine, e per le procedure particolarmente complesse, si ricorre alla conferenza ordinaria in modalità sincrona che pertanto diviene una fase meramente residuale.

Dunque, l'amministrazione procedente può decidere di convocare la conferenza simultanea essenzialmente per due motivi: per consentire il confronto tra le amministrazioni coinvolte che la conferenza di servizi semplificata non ha permesso oppure per la particolare complessità della decisione da assumere.
In entrambi i casi è prevista una valutazione preventiva dell'amministrazione procedente sulla inidoneità della conferenza di servizi semplificata ad essere la sede più adeguata per la composizione degli interessi in gioco.

Il secondo aspetto riguarda le **regole decisionali della conferenza simultanea**. Si prevede, infatti, che la decisione sia assunta dall'amministrazione procedente, sulla base delle posizioni prevalenti espresse da rappresentanti unici delle amministrazioni statali, periferiche e di tutti gli enti e organismi ricompresi nello stesso livello territoriale di governo (art. 14-*ter*). Si riduce in tal modo il numero di interlocutori abilitati, in sede di conferenza, ad esprimere un dissenso, considerato anche che il contrasto può intervenire solo fra livelli di governo diversi.
Il terzo aspetto riguarda le disposizioni atte a garantire la **chiusura certa dei lavori** della conferenza di servizi attraverso il rafforzamento del principio del silenzio-assenso. L'art. 14-*bis*, co. 4, L. 241/1990, infatti, stabilisce espressamente la responsabilità dell'amministrazione competente rimasta inerte. In tal modo si introduce un mecca-

nismo di semplificazione che consente di decidere anche in caso di mancata manifestazione espressa di una delle Amministrazioni partecipanti.
Il quarto aspetto incide sul piano decisionale consentendo la **conclusione del procedimento anche quando vi sono amministrazioni portatrici di interessi sensibili che hanno espresso un dissenso**. L'art. 14-*quater* prevede che la determinazione motivata di conclusione della conferenza sostituisca ad ogni effetto tutti gli atti di assenso, comunque denominati di competenza delle amministrazioni e dei gestori di beni o servizi pubblici interessati. Ai sensi dell'art. 14-*quinques*, l'efficacia della determinazione conclusiva resta sospesa per 10 giorni durante i quali le amministrazioni dissenzienti, che abbiano una posizione "qualificata", possono eventualmente esperire un rimedio oppositivo. Trascorsi 10 giorni senza che sia esercitata opposizione, la decisione della conferenza diventa definitivamente efficace. In questo modo, è rimesso in capo alle amministrazioni dissenzienti l'onere di avviare una procedura per privare di efficacia la decisione assunta in base alle posizioni prevalenti in conferenza.
Il quinto aspetto, infine, attiene alla previsione di un **procedimento unico di opposizione delle amministrazioni dissenzienti qualificate** con deliberazione finale del Consiglio dei Ministri. La procedura mira, in primo luogo, alla composizione dei vari interessi coinvolti; solo in caso di esito negativo delle stesse la questione è rimessa al Consiglio dei Ministri (art. 14-*quinquies*). Si ritiene che anche questo meccanismo rappresenti un significativo elemento di semplificazione in quanto mira ad una soluzione definitiva delle questioni involte nei lavori della Conferenza per il tramite del massimo organo collegiale che riunisce i vertici delle Amministrazioni statali (*Circolare Dipartimento funzione pubblica 4/2018*).

3.6.3 La tutela delle amministrazioni dissenzienti

A tutela delle amministrazioni dissenzienti sono previsti due rimedi:

> quello **in autotutela**. Tale rimedio, di carattere generale e quindi applicabile alla conferenza semplificata e simultanea, consente di sollecitare l'adozione del provvedimento di revoca alle sole amministrazioni che abbiano partecipato alla conferenza o si siano espresse nei termini. Mentre l'adozione del provvedimento di annullamento deve essere adottato dalle amministrazioni che abbiano rilevato motivi di illegittimità;

> quello **in opposizione**. Tale rimedio, applicabile solo a seguito della conclusione di una conferenza simultanea, consente alle sole amministrazioni dissenzienti preposte alla tutela di interessi qualificati, la remissione della decisione al Presidente del Consiglio dei ministri. Al fine di garantire l'esperimento del rimedio in opposizione, gli effetti della determinazione motivata conclusiva della conferenza, quando assunta sulla base delle posizioni prevalenti, è sospesa per un periodo di 10 giorni.

3.7 Gli accordi

3.7.1 Finalità degli accordi

Oltre che al tradizionale strumento provvedimentale, espressione del potere autoritativo capace di incidere sulla sfera giuridica del destinatario anche senza o contro la

sua volontà, la Pubblica Amministrazione può ricorrere a modelli di esercizio consensuale della sua potestà.
Tale modalità operativa **assicura preventivamente il consenso degli interessati sull'esercizio dell'azione amministrativa** e si manifesta come uno strumento di organizzazione e di contemperamento dei potenziali conflitti che possono insorgere fra i soggetti coinvolti nei singoli procedimenti, con conseguente vantaggio in termini di efficacia ed economicità dell'azione medesima. Non trascurabile è altresì la funzione deflattiva del contenzioso di tali strumenti, posto che l'acquisizione necessaria del consenso dei destinatari riduce notevolmente le ipotesi di controversie.

3.7.2 Gli accordi procedimentali e sostitutivi

La possibilità di un esercizio consensuale della potestà amministrativa è riconosciuta dall'art. 11 della L. 241/1990 limitatamente agli accordi procedimentali e sostitutivi. Più nel dettaglio:

- gli **accordi procedimentali**, anche detti preliminari, preparatori, endoprocedimentali o integrativi, sono strettamente e funzionalmente collegati al procedimento; con gli stessi *il privato e la pubblica amministrazione concordano il contenuto del provvedimento* che, quindi, rimane l'unica fonte dell'effetto giuridico;
- gli **accordi sostitutivi** hanno invece una vera e propria autonomia funzionale intervenendo a definire e produrre gli effetti della fattispecie procedimentale, *sostituendo integralmente il provvedimento.*

La disciplina dettata dalla L. 241/1990, pur dopo le modifiche apportate dalla L. 15/2005, è pressoché comune ad ambedue le figure. L'art. 11, infatti, prevede che:

- sia gli accordi sostitutivi che quelli procedimentali devono essere stipulati per **atto scritto a pena di nullità**, salvo che la legge non preveda altrimenti e devono essere motivati (co. 2);
- gli stessi vengano conclusi nel **perseguimento del pubblico interesse** e senza pregiudizio dei diritti dei terzi (co. 1);
- per entrambe le tipologie di accordi devono applicarsi, ove non diversamente disposto, i principi del codice civile in materia di obbligazioni e contratti in quanto compatibili (co. 2);
- per sopravvenuti motivi di pubblico interesse, l'amministrazione può recedere unilateralmente dall'accordo, salvo l'obbligo di indennizzo dei pregiudizi subiti dal privato (co. 4);
- **la stipulazione dell'accordo**, per entrambe le tipologie (integrativo o sostitutivo), è preceduta da una determinazione dell'organo competente per l'adozione del provvedimento (co. 4-*bis*);
- le controversie in materia di formazione, conclusione, ed esecuzione degli accordi sono riservate alla **giurisdizione esclusiva del giudice amministrativo** (co. 5).

3.7.3 Gli accordi tra pubbliche amministrazioni

Anche al di fuori delle conferenze di servizi previste dall'art. 14 L. 241/1990 le amministrazioni pubbliche possono sempre concludere tra loro accordi per **disciplinare**

lo svolgimento in collaborazione di attività di interesse comune, come esplicitamente previsto dal successivo art. 15 della L. 241/1990.
Sul versante della disciplina applicabile, l'art. 15 si limita a rinviare - nei limiti della compatibilità - a quella dettata in tema di accordi integrativi o sostitutivi dei provvedimenti che intervengono tra amministrazione e privato.
Più nel dettaglio:

> è prevista **la forma scritta ad substantiam** anche per la stipulazione degli accordi tra pubbliche amministrazioni, salvo che la legge disponga diversamente, e l'applicabilità dei principi civilistici in materia di obbligazioni e contratti, sempre che non sia diversamente previsto e che gli stessi risultino compatibili;
> gli accordi tra pubbliche amministrazioni sono soggetti ai **medesimi controlli** previsti per lo strumento provvedimentale;
> le controversie in materia di formazione, conclusione ed esecuzione degli accordi *de quibus* sono riservate alla **giurisdizione esclusiva del giudice amministrativo**.

3.7.4 Gli accordi di programma

Si tratta di un importante strumento di auto coordinamento e consiste nel **consenso unanime delle amministrazioni o enti interessati circa un'opera, progetto o intervento da realizzare**.
Norma di riferimento è l'art. 34 D.Lgs. 267/2000 (*TUEL*) che ne detta una puntuale disciplina.
Per la definizione e l'attuazione di opere, di interventi o di programmi di intervento che richiedono, per la loro completa realizzazione, l'azione integrata e coordinata di Comuni, di Province e Regioni, di amministrazioni statali e di altri soggetti pubblici, o comunque di due o più tra i soggetti predetti, **il Presidente della Regione o il Presidente della Provincia o il Sindaco**, in relazione alla competenza primaria o prevalente sull'opera o sugli interventi o sui programmi di intervento, promuove la conclusione di un accordo di programma, anche su richiesta di uno o più dei soggetti interessati, per assicurare il coordinamento delle azioni e per determinarne i tempi, le modalità, il finanziamento ed ogni altro connesso adempimento.
Ai soggetti privati è solo consentito sollecitare l'iniziativa delle autorità competenti o partecipare informalmente al procedimento.
Il consenso si forma progressivamente attraverso fasi successive che, a partire da quella della "promozione" dell'accordo, sono normalmente scandite da atti o deliberazioni degli organi degli enti e delle amministrazioni interessati. Si perfeziona quindi con la conclusione (ossia con la sottoscrizione) dell'accordo di programma che può dirsi così completo e perfetto.
L'art. 34 D.Lgs. 267/2000 è considerato **norma speciale** rispetto all'art. 15 L. 241/1990, a differenza del quale detta una specifica regolamentazione della procedura da seguire per il perfezionamento dell'accordo.

3.8 L'attività consultiva: i pareri

Gli organi consultivi delle pubbliche amministrazioni sono tenuti a rendere i pareri ad essi obbligatoriamente richiesti entro 20 giorni dal ricevimento della richiesta (art. 16 L. 241/1990).

Qualora siano richiesti di pareri facoltativi, essi sono tenuti a dare immediata comunicazione alle amministrazioni richiedenti del termine entro il quale il parere sarà reso, che comunque non potrà superare i 20 giorni dal ricevimento della richiesta.
In caso di decorrenza del termine senza che sia stato comunicato il parere obbligatorio o senza che l'organo adito abbia rappresentato esigenze istruttorie, l'amministrazione richiedente potrà procedere indipendentemente dall'espressione del parere. Invece in caso di decorrenza del termine senza che sia stato comunicato il parere facoltativo o senza che l'organo adito abbia rappresentato esigenze istruttorie, l'amministrazione richiedente procede indipendentemente dall'espressione del parere.
Nel caso in cui l'organo adito abbia rappresentato esigenze istruttorie, i termini predetti possono essere interrotti per una sola volta e il parere deve essere reso definitivamente entro 15 giorni dalla ricezione degli elementi istruttori da parte delle amministrazioni interessate.
L'interruzione può aversi per una sola volta e il parere deve essere reso definitivamente entro 15 giorni dalla ricezione degli elementi istruttori da parte delle amministrazioni interessate. La legge non ha alterato la classificazione esistente tra amministrazione attiva e consultiva; ha, tuttavia, introdotto alcuni meccanismi di notevole impatto per far fronte all'esigenza di semplificazione del procedimento amministrativo, uno dei criteri che ha maggiormente ispirato la L. 241/1990, e di snellimento dei tempi, onde evitare che la mancata pronuncia dell'organo interpellato possa ostacolare l'azione della P.A. Il legislatore ha riconosciuto alla P.A. la facoltà di decidere se è opportuno attendere il parere, o procedere indipendentemente dall'acquisizione dello stesso, se è decorso invano il termine di 45 giorni dal ricevimento, da parte dell'organo interpellato, della richiesta. In pratica è l'amministrazione stessa che decide il carattere vincolante o meno del parere (mentre, nel caso sia richiesto un parere facoltativo, dovrà darsi immediata comunicazione alle amministrazioni del termine entro il quale il parere sarà reso a questo proposito).

Capitolo 4
Il diritto di accesso e l'accesso civico

4.1 Il diritto di accesso: nozione, natura giuridica e oggetto

4.1.1 Nozione

Il fondamento giuridico del diritto di accesso (conoscitivo) è da individuare nel **principio di trasparenza dell'attività amministrativa** e segnatamente negli articoli 97 e 98 Cost., ove si enuncia il principio di buon andamento dei pubblici uffici.
La disciplina normativa specifica, invece, è riportata nella **legge sul procedimento amministrativo** (L. 7 agosto 1990, n 241, come modificata dalla L. 15/2005) che vi dedica gli **articoli 22 e seguenti** (l'intero capo V).
L'art. 22, come novellato dalla L. 15/2005, alla lett. *a)* del comma 1, si preoccupa, a differenza della normativa precedente, di fornire una definizione del diritto di accesso, inteso come il **diritto degli interessati di prendere visione e di estrarre copia dei documenti amministrativi**.
Il citato articolo, inoltre, prevede che l'accesso ai documenti, in considerazione delle sue rilevanti finalità di pubblico interesse, costituisce un principio generale dell'attività amministrativa, finalizzato a **favorire la partecipazione dei privati e ad assicurare l'imparzialità e la trasparenza dell'azione amministrativa**.
L'accesso agli atti amministrativi costituisce un **diritto di cui devono essere garantiti i livelli essenziali su tutto il territorio nazionale**; ciò risulta dall'espressa e specifica qualificazione in tal senso di cui all'art. 22, co. 2, L. 241/1990, ricognitiva del dato sostanziale della funzione del diritto di accesso di strumento di attuazione del principio costituzionale dell'*imparzialità dell'azione amministrativa;* imparzialità che non sarebbe evidentemente più tale se non assicurata in modo uguale in ogni luogo della Repubblica. Ne consegue che, a norma dell'art. 117, co. 2, lett. *m*), Cost., la sua **tutela deve essere assicurata *in primis* da norme statali** alle quali le Regioni non possono derogare se non in misura migliorativa per il cittadino.
L'attribuzione alla competenza statale di dettare norme di tutela minima del diritto di accesso non preclude, peraltro, la possibilità a Regioni ed enti locali di prevedere una disciplina maggiormente garantista delle prerogative dei cittadini.

4.1.2 Natura giuridica

La tesi dominante è orientata nel senso che la pretesa all'accesso, conformemente alla qualificazione normativa, abbia la consistenza di un **diritto soggettivo perfetto**, affidato alla giurisdizione esclusiva del giudice amministrativo, chiamato a dirimere una controversia avente ad oggetto diritti in conflitto e non l'esercizio di un potere dell'Amministrazione.

La qualificazione dell'accesso come diritto soggettivo comporta le seguenti conseguenze:

- il decorso del termine per proporre ricorso contro il diniego dell'accesso non impedisce all'interessato di far valere il diritto di accesso nell'**ordinario termine di prescrizione**;
- nel corso del giudizio dinanzi al giudice amministrativo deve ammettersi la possibilità della Pubblica Amministrazione di addurre nuove ragioni che giustificano il diniego dell'accesso;
- la mancata notificazione del ricorso ad almeno uno dei controinteressati non rende inammissibile il ricorso stesso, ma obbliga il giudice a **integrare il contraddittorio** a norma dell'art. 102 c.p.c.

4.1.3 Il documento amministrativo come oggetto del diritto di accesso

L'oggetto del diritto di accesso è costituito dai documenti amministrativi definiti dalla lett. *d*) dell'art. 22 (nel testo novellato dalla L. 15/2005), come "ogni rappresentazione grafica, fotocinematografica, elettromagnetica o di qualunque altra specie del contenuto di atti, anche interni o non relativi ad uno specifico procedimento, detenuti da una Pubblica Amministrazione e concernenti attività di pubblico interesse, indipendentemente dalla natura pubblicistica o privatistica della loro disciplina sostanziale".
La definizione **circoscrive l'accesso ai soli documenti esistenti**; non può, quindi, riguardare informazioni di cui pure disponga l'amministrazione ma che non siano contenute in documenti.
La norma ha risolto espressamente e in maniera positiva il dubbio riguardo la possibilità che anche gli atti interni, cioè quegli **atti endoprocedimentali** che non hanno effetto immediato verso il privato ma costituiscono gli antecedenti del provvedimento finale (es. pareri tecnici e nulla osta), possano essere oggetto del diritto di accesso.
La norma dispone che il diritto di accesso possa riguardare gli **atti di diritto privato** sottoscritti dalla Pubblica Amministrazione.

4.2 Le parti nel procedimento di accesso

4.2.1 Gli interessati

L'art. 22 L. 241/1990, come novellato dalla L. 15/2005, dopo aver puntualizzato che il diritto di accesso è il **diritto degli interessati di prendere visione ed estrarre copia dei documenti amministrativi**, nell'individuare l'area dei soggetti interessati, ovvero dei possibili titolari del diritto di accesso, afferma che l'interesse deve essere:

- **attuale**, ossia esistente non con riferimento all'interesse ad agire in giudizio per la tutela della posizione sostanziale vantata, bensì al momento della richiesta di accesso ai documenti;
- **diretto**, ovvero personale, e dunque appartenere alla sfera dell'interessato (e non ad altri soggetti, come per esempio le associazioni sindacali che spesso pretendono di agire facendo valere diritti dei singoli);

- **concreto**, con riferimento alla necessità di un collegamento tra il soggetto ed un bene della vita coinvolto dall'atto o documento; non basta, ad esempio, il generico interesse alla trasparenza amministrativa, occorrendo un elemento ulteriore, consistente nel collegamento tra il soggetto ed un concreto bene della vita;
- **corrispondente ad una situazione giuridicamente tutelata**, collegata al documento al quale è chiesto l'accesso.

Inoltre, secondo la dottrina prevalente, l'interesse deve essere **serio**, ossia meritevole e non emulativo (cioè fatto valere allo scopo di recare molestia o nocumento) e **adeguatamente motivato**, con riferimento alle ragioni che vanno esposte nella domanda di accesso.
L'art. 22, lett. *b*), L. 241/1990 estende la qualifica di interessati (potenziali titolari del diritto di accesso) ai soggetti privati **portatori di interessi diffusi** come i comitati o le associazioni di categoria.

Il D.Lgs. 39/1997, attuativo della direttiva 90/313/CEE, concernente la libertà di accesso alle informazioni in materia di ambiente, prima, e il D.Lgs. 195/2005, che attua la direttiva 2003/4/CE, poi, hanno previsto un ampliamento sia del novero dei soggetti legittimati all'accesso sia dei **documenti ostensibili in materia ambientale**. Per quanto riguarda i soggetti, è stato previsto che legittimato alla richiesta è "chiunque, senza che occorra dimostrare il proprio interesse"; per quanto riguarda l'oggetto, viene adottata una nozione allargata rispetto all'originario dettato della L. 241/1990, perché ricomprende "*qualsiasi informazione in materia ambientale*".

4.2.2 I controinteressati

Secondo la definizione contenuta nell'art. 22 L. 241/1990 sono quei **soggetti**, individuati o facilmente individuabili in base alla natura del documento richiesto, **che dall'esercizio dell'accesso vedrebbero compromesso il loro diritto alla riservatezza**; da tale definizione consegue che sono controinteressati non tutti i soggetti contemplati o riguardati dall'atto ma *solo quelli che dall'esercizio dell'accesso vedrebbero in concreto compromesso il loro diritto alla riservatezza.*

La posizione di controinteressato non va, tuttavia, ancorata al solo dato formale della menzione di tale soggetto negli atti e nei documenti cui si riferisce l'accesso oppure al dato estrinseco che gli atti e i documenti medesimi riguardino tale soggetto, ma anche al *dato sostanziale* della serietà e della meritevolezza di tutela nel merito della posizione del controinteressato all'accesso, nel senso che occorre valutare la sussistenza della fondatezza di un'eventuale opposizione da parte di quest'ultimo soggetto.

4.2.3 Le amministrazioni pubbliche e gli altri soggetti obbligati a consentire l'accesso

Ai sensi dell'art. 23 L. 241/1990, il diritto di accesso è esercitabile nei confronti:

- di **tutte le Pubbliche Amministrazioni** (da intendersi sia statali che locali);
- delle **aziende autonome e speciali** (in tal modo ricomprendendo espressamente le aziende ora previste dall'art. 114 D.Lgs. 267/2000 - Testo unico degli enti locali);
- degli **enti pubblici**, nonché gli organismi di diritto pubblico e **gestori di pubblici servizi**;
- delle Autorità di garanzia e di vigilanza (**le Autorità indipendenti**).

Il problema più importante si è posto per i **privati gestori di pubblici servizi**. Fondamentali sul punto sono due decisioni dell'adunanza plenaria del Consiglio di Stato (nn. 4 e 5 del 1999), la quale ha rilevato che ciò che conta ai fini dell'operatività del diritto di accesso non è la natura pubblica o privata dell'attività posta in essere, bensì il fatto che l'attività, ancorché di diritto privato, miri alla tutela di un pubblico interesse e sia soggetta al canone di imparzialità.
Al riguardo il Consiglio di Stato ha distinto tra **attività privatistica della Pubblica Amministrazione** e **attività dei privati concessionari di pubblici servizi**.
Se con riguardo all'*attività privatistica*, il diritto di accesso opera in ogni caso – perché tutta l'attività dell'Amministrazione è sempre ispirata ai principi costituzionali di imparzialità e buon andamento – con riferimento all'*attività dei concessionari*, occorre distinguere:

- l'accesso è garantito nei procedimenti per la formazione delle determinazioni contrattuali (es. la scelta del contraente) e, analogamente, per quanto concerne le scelte organizzative adottate in sede di gestione del servizio (scelte dirette ad offrire un servizio avente certi *standard* qualitativi), in cui opera il dovere di imparzialità;
- per le *attività residuali del concessionario*, ovvero le attività diverse dalla gestione del servizio, la giurisprudenza afferma che occorre operare un giudizio di bilanciamento degli interessi, per cui il diritto di accesso deve operare se l'interesse pubblico prevale su quello puramente imprenditoriale (in tal caso la valutazione comparativa deve tener conto, soprattutto, dell'adozione da parte del gestore di regole dirette a garantire il rispetto dei principi di imparzialità, trasparenza, buona fede e correttezza).

All'opposto, deve trovare **applicazione integralmente il diritto privato** quando il soggetto, pur avendo natura pubblica, formalmente o sostanzialmente (proprietà pubblica di una società), non gestisce servizi pubblici e svolge un'attività comunque estranea alla sfera della rilevanza collettiva degli interessi. In tal caso il privato dovrà avvalersi degli ordinari strumenti previsti dal codice di procedura civile (art. 210, ordine di esibizione di atti alla parte o al terzo).

4.3 I limiti al diritto di accesso

L'art. 24 L. 241/1990 è stato fortemente innovato dalla L. 15/2005 che, dettagliando e specificando in maniera più esaustiva la normativa precedente, ha previsto vari livelli di limitazioni al diritto di accesso. In particolare il citato articolo individua le ipotesi di **esclusione del diritto d'accesso**, al fine di coordinare più razionalmente l'istituto *de quo* con la disciplina dettata in materia di *privacy*, distinguendole in tassative ed eventuali.
I **limiti tassativi** sono previsti direttamente dalla legge – ed in particolare dall'art. 24, co. 1 – per la tutela di preminenti interessi pubblicistici e non sono derogabili dalla Pubblica Amministrazione. Pertanto il diritto di accesso **è escluso**:

- per i *documenti coperti da segreto di Stato* ai sensi della L. 801/1977 (provvedimento ora abrogato e sostituito dalla L. 124/2007) e nei casi di segreto o di divieto di divulgazione espressamente previsti dalla legge, dai regolamenti governativi e da quelli approvati dalle singole amministrazioni.

All'art. 24, co. 5, L. 241/1990, con riferimento alla **nozione di segreto**, si precisa che "i documenti contenenti informazioni connesse agli interessi di cui al comma 1 sono considerati segreti solo nell'ambito e nei limiti di tale connessione. A tale fine le pubbliche amministrazioni fissano, per ogni categoria di documenti, anche l'eventuale periodo di tempo per il quale essi sono sottratti all'accesso".
La previsione implica che la riconduzione legislativa di taluni documenti, informazioni o notizie detenute da una specifica amministrazione alla nozione di segreto **non può comportare in modo automatico** l'esclusione degli stessi dall'ambito di operatività della disciplina generale dettata in tema di accesso, dovendo la stessa amministrazione in prima battuta (e poi il giudice in sede di controllo) verificare che la divulgazione possa effettivamente arrecare pregiudizio agli interessi a presidio dei quali il segreto stesso è stato normativamente concepito;

> nei *procedimenti tributari*, per i quali restano ferme le particolari norme che li regolano;
> nei confronti dell'attività della pubblica amministrazione diretta all'emanazione di *atti normativi, amministrativi generali, di pianificazione e di programmazione*, per i quali restano ferme le particolari norme che ne regolano la formazione;
> nei *procedimenti selettivi*, nei confronti dei documenti amministrativi contenenti informazioni di carattere psico-attitudinale relativi a terzi.

Spetta alle singole Amministrazioni individuare, con uno o più regolamenti, le categorie di documenti sottratti all'accesso per le esigenze di salvaguardia degli interessi indicati nel comma 1 dell'art. 24.
Il comma 4 dell'art. 24 sottolinea che non può negarsi l'accesso ove sia sufficiente fare ricorso al meno compulsante **potere di differimento,** ossia alla possibilità di posticipare nel tempo l'effettivo esercizio del diritto.
I **limiti eventuali** sono indicati nel comma 6 dell'art. 24 della L. 241/1990 il quale enuncia la regola di principio secondo cui il diritto di accesso **può essere escluso** per l'esigenza di salvaguardare:

> la *sicurezza*, la *difesa nazionale* e le *relazioni internazionali*;
> la *politica monetaria* e *valutaria*;
> l'*ordine pubblico* e la *prevenzione* e *repressione della criminalità*;
> la *vita privata* o la *riservatezza di persone fisiche, giuridiche, gruppi, imprese* e *associazioni* con particolare riferimento agli interessi di natura epistolare, sanitaria, finanziaria, industriale e commerciale;
> l'*attività in corso di contrattazione collettiva nazionale di lavoro* e gli atti interni connessi all'espletamento del relativo mandato.

In tali casi, la disciplina concreta è rimessa ad un regolamento delegato al Governo, al quale è demandato di disciplinare non solo le modalità di esercizio del diritto ma soprattutto i casi di esclusione nel rispetto dei principi e criteri direttivi dettati dalla legge.

4.4 Modalità di esercizio del diritto di accesso

4.4.1 Accesso formale e informale

Il procedimento per l'accesso si attiva a istanza dell'interessato. In questa sede la dizione «procedimento» deve intendersi in maniera atecnica poiché, al termine delle

diverse fasi in cui si articola la procedura di accesso ai documenti, non viene emanato un provvedimento amministrativo, ma rileva un comportamento dell'Amministrazione competente che, se del caso, consente la cosiddetta **ostensione** (presa visione o copia) dei documenti richiesti.
L'interessato, per esaminare o estrarre copia di documenti, deve formulare una **richiesta, formale o informale**, ma sempre motivata, sicché sarebbe legittimo negare l'accesso nel caso di istanze generiche, defatigatorie, del tutto estranee alla sfera giuridica del richiedente.
Si distingue tra:

> **accesso informale**: si esercita personalmente tramite richiesta, anche verbale, se non sussistono dubbi sulla legittimazione del richiedente e sul suo interesse alla conoscenza dei documenti richiesti o sull'accessibilità dei documenti stessi. In caso di accoglimento della richiesta l'ufficio provvede immediatamente e senza altre formalità all'esibizione del documento e all'eventuale rilascio di copie, salvo il rimborso dei costi;
> **accesso formale**: il richiedente è invitato a presentare una richiesta scritta nella quale occorre indicare gli estremi del documento o delle informazioni oggetto dell'istanza, ovvero gli elementi che ne consentano l'individuazione, specificare e comprovare l'interesse personale e concreto, far constatare la propria identità e/o la sussistenza dei propri poteri rappresentativi.

4.4.2 Attività istruttoria

In ogni caso il funzionario che riceve la richiesta di accesso deve procedere alla *verifica dell'identità del richiedente* (attraverso la richiesta di esibire la carta di identità o altro documento equipollente). Nel caso in cui la richiesta sia inviata per posta, fax, non occorre l'autentica della firma del richiedente se l'istanza è accompagnata dalla fotocopia di un documento di identità.
La richiesta deve essere presentata all'ufficio, centrale o periferico, statale o dell'Amministrazione locale, competente a formare l'atto conclusivo del procedimento o a detenere stabilmente il relativo documento. **Non rileva l'eventuale errore nella presentazione**, essendovi l'obbligo dell'ufficio ricevente di trasmettere la richiesta a quello competente, come pure il richiedente deve essere invitato a riparare all'irregolarità o incompletezza della richiesta, che non può, quindi, essere respinta senz'altro per questa ragione.
Il regolamento attuativo del diritto di accesso ai documenti amministrativi (D.P.R. 12-4-2006, n. 184) ha previsto che il soggetto pubblico cui è indirizzata la richiesta di accesso, se individua **soggetti controinteressati**, è tenuto a dar loro comunicazione, con raccomandata A/R, dell'avvenuta istanza di accesso. Entro i successivi 10 giorni dalla comunicazione i controinteressati possono presentare, anche per via telematica, una motivata opposizione all'accoglimento dell'accesso.
Decorso tale termine, sulla base degli elementi a disposizione, la Pubblica Amministrazione deciderà sulla richiesta di accesso.
Il regolamento, oltre a ribadire la distinzione tra accesso informale e accesso formale, disciplina i contenuti e i tempi dell'atto di assenso all'accesso, le spese per i costi di riproduzione, il rifiuto o il differimento dell'accesso.

4.4.3 Accoglimento, rifiuto e differimento della richiesta

Entro 30 giorni dalla richiesta, la Pubblica Amministrazione deve esprimere le sue determinazioni:

- se **accoglie la richiesta**, indica le modalità e fissa il termine (non inferiore a 15 giorni) per prendere visione dei documenti o ottenerne copia (l'accoglimento si estende di regola anche agli altri documenti richiamati e appartenenti allo stesso procedimento);
- se **rifiuta l'accesso**, totalmente o parzialmente, o lo differisce, il responsabile del procedimento deve motivare il provvedimento con riferimento specifico alla normativa vigente, alle categorie di atti per i quali è stato escluso l'accesso dai regolamenti delle singole Amministrazioni e alle circostanze di fatto che rendono non accoglibile la richiesta così come proposta (art. 25, comma 3).

La possibilità di posticipare nel tempo l'accesso agli atti (**differimento**) deve essere una soluzione prioritaria per l'amministrazione rispetto al semplice rifiuto (art. 24, co. 3. L. 241/1990).
Il diritto all'accesso può anche essere soddisfatto mediante la **pubblicazione degli atti nella Gazzetta Ufficiale** o secondo le modalità previste dai singoli ordinamenti, comprese le forme di pubblicità attuabili mediante strumenti informatici, elettronici e telematici. In tal caso, peraltro, si parla di «pubblicità» dell'azione amministrativa e non di diritto di accesso, poiché soggetti a tale diritto non sono quegli atti la cui conoscibilità è desumibile dagli ordinari mezzi di pubblicità degli atti amministrativi.
Trascorsi 30 giorni dalla richiesta senza che l'Amministrazione si sia pronunciata, «*questa si intende respinta*» (**ipotesi di silenzio rigetto**), con la conseguenza che l'interessato può attivare uno dei rimedi previsti (TAR, Commissione per l'accesso, Difensore civico).

4.5 La tutela del diritto di accesso

Sul versante della tutela, l'art. 25 L. 241/1990 (come modificato dalle riforme del 2005, leggi nn. 15 e 80, e dalla L. 69/2009) disciplina la possibilità per il richiedente di promuovere, nel caso di diniego o di differimento dell'accesso:

- l'intervento del giudice amministrativo e nello specifico il **ricorso al Tribunale Amministrativo Regionale** (TAR);
- o, in alternativa, della **Commissione statale per l'accesso ai documenti amministrativi**, nel caso di atti delle Amministrazioni dello Stato;
- oppure del **Difensore civico competente per territorio**, nel caso di atti delle Amministrazioni locali.

4.5.1 Il ricorso al Tribunale Amministrativo Regionale

Ai sensi dell'art. 116 del Codice del processo amministrativo (D.Lgs. 104/2010) **avverso le determinazioni e contro il silenzio sulle istanze di accesso ai documenti, l'interessato può proporre (entro 30 giorni) ricorso al TAR**, senza bisogno di alcun atto di diffida o messa in mora dell'amministrazione.

Il giudice amministrativo – uditi i difensori delle parti che ne facciano richiesta o le parti personalmente – decide in camera di consiglio. Le parti possono stare in giudizio senza l'assistenza di un difensore (art. 23 del Codice). Anche l'Amministrazione può essere rappresentata e difesa da un proprio dipendente a ciò autorizzato (art. 116 del Codice).
In caso di accoglimento totale o parziale del ricorso, il giudice amministrativo ordina l'esibizione e, ove previsto, la pubblicazione dei documenti richiesti entro un termine non superiore a 30 giorni.
Per l'appello, proponibile entro 30 giorni dalla notifica della decisione del TAR, al Consiglio di Stato si osservano le stesse regole (art. 116, co. 5, del Codice).
La tutela giurisdizionale è riconosciuta anche per violazione del diritto all'accesso civico.

4.5.2 La Commissione statale per l'accesso ai documenti amministrativi

Alla Commissione per l'accesso ai documenti amministrativi, istituita presso la Presidenza del Consiglio dei Ministri, si può ricorrere in via amministrativa avverso le **determinazioni** (diniego, espresso o tacito, o differimento dell'accesso) concernenti il diritto di accesso **adottate dalle Amministrazioni statali o dai soggetti ad esse equiparati** operanti in ambito ultraregionale.
Il ricorso alla Commissione **sospende i termini per il ricorso al Tribunale Amministrativo Regionale**. Il procedimento si svolge in tempi particolarmente rapidi e garantisce il rispetto del contraddittorio; le parti possono, infatti, essere udite anche personalmente senza necessità dell'assistenza del difensore.
In caso di accoglimento del ricorso, la Commissione ordina all'Amministrazione l'esibizione del documento richiesto, fissando, ove necessario, un termine perentorio. Nell'ipotesi di rigetto, entro 30 giorni si può ricorrere al TAR.

Alla Commissione sono state attribuite anche le funzioni di:
- vigilare sull'attuazione del principio di piena conoscibilità degli atti amministrativi, intervenendo nel caso di diniego o di ingiustificato differimento dell'accesso;
- redigere una relazione annuale sulla trasparenza nell'attività della Pubblica Amministrazione;
- proporre al Governo modifiche delle leggi e dei regolamenti onde realizzare la più piena tutela del diritto di accesso.

4.5.3 Il ricorso al Difensore civico (tutela giustiziale)

Al fine di salvaguardare l'istanza di accesso ai documenti può essere richiesto l'intervento del Difensore civico, organo chiamato a svolgere il ruolo di garante dell'imparzialità e del buon andamento dell'Amministrazione, segnalando, anche di propria iniziativa, gli abusi, le disfunzioni, le carenze e i ritardi dell'Amministrazione nei confronti dei cittadini, e non solo in materia di accesso ai documenti amministrativi.
Ai difensori civici delle Regioni e delle Province autonome, a tutela dei cittadini residenti nei Comuni delle stesse Regioni e Province, e fino all'istituzione del Difensore civico nazionale, è stato affidato il compito di esercitare le funzioni di richiesta, proposta, sollecitazione e informazione anche nei confronti delle Amministrazioni periferiche dello Stato (fatta eccezione per le Amministrazioni competenti in materia di difesa, di sicurezza pubblica e di giustizia).

Il Difensore civico **interviene d'ufficio o su istanza di parte**. Può avvalersi della collaborazione dell'Amministrazione interessata al suo intervento e deve essergli garantito un agevole accesso alla documentazione connessa all'oggetto del suo intervento.
Il comma 4 dell'art. 25 L. 241/1990 prevede che l'interessato, a fronte del **diniego di accesso della Pubblica Amministrazione**, ha la possibilità, **entro il termine di 30 giorni**, di chiedere al Difensore civico competente il riesame della determinazione della Pubblica Amministrazione; se il Difensore civico reputa illegittimo il diniego lo comunica all'Amministrazione procedente.
A questo punto l'Amministrazione ha il dovere di rispondere entro il termine di 30 giorni:
- confermando motivatamente il precedente diniego, e la partita si chiude qui;
- non confermando e concedendo espressamente l'accesso;
- non rispondendo e allora dopo 30 giorni l'accesso s'intende consentito (cd. silenzio assenso legittimante).

Il ricorso al Difensore civico **è alternativo al ricorso giurisdizionale**, per il quale l'interessato può comunque in ogni momento optare, ed è **possibile solo da parte dell'interessato** all'accesso e non da parte dei controinteressati.
Il Difensore civico è privo di poteri decisori definitivi, ma può stimolare l'Amministrazione a rivedere il proprio operato.

4.6 L'accesso civico

4.6.1 Profili generali

L'accesso civico è un istituto introdotto dall'art. 5 del D.Lgs. 33 del 2013 e riguarda la **richiesta di consultazione, da parte di chiunque**:

> di documenti, informazioni o dati per i quali *vi era un obbligo di pubblicazione e sia stato omesso* da parte dell'amministrazione competente (**accesso civico semplice**);
> di dati e documenti detenuti dalle pubbliche amministrazioni, *diversi da quelli che devono essere obbligatoriamente pubblicati* (**accesso civico generalizzato**).

Nella versione originaria del D.Lgs. 33/2013 era possibile richiedere soltanto l'accesso civico semplice. Successivamente, con la riforma Madia (L. 124/2015), il perimetro dell'istituto è stato notevolmente ampliato *includendovi anche gli atti e i documenti non soggetti ad obbligo di pubblicazione.* Ispirandosi alle norme contenute nel Freedom of information act (FOIA) dell'ordinamento statunitense, con il D.Lgs. 97/2016, attuativo della riforma Madia, l'accesso civico è stato posto al centro di un progetto che mira a rafforzare ulteriormente la trasparenza, ora da intendersi come **accessibilità totale dei dati e documenti** detenuti dalle pubbliche amministrazioni al fine di tutelare i diritti dei cittadini, promuovere la partecipazione degli interessati all'attività amministrativa e *favorire forme diffuse di controllo sul perseguimento delle funzioni istituzionali e sull'utilizzo delle risorse pubbliche* (art. 1, co. 1, D.Lgs. 33/2013, nel testo modificato dal D.Lgs. 97/2016).

L'istituto è finalizzato a favorire forme diffuse di controllo sul perseguimento delle funzioni istituzionali e sull'utilizzo delle risorse pubbliche e di promuovere la partecipazione al dibattito pubblico da parte dei cittadini. Tuttavia se nel primo caso non sono previste specifiche limitazioni, trattandosi di atti che l'*amministrazione avrebbe comunque dovuto pubblicare,* nel secondo devono essere rispettati i limiti relativi alla tute-

la di interessi giuridicamente rilevanti, specificamente individuati nel successivo art. 5-*bis* D.Lgs. 33/2013 e, in particolare, avvertire eventuali controinteressati.
In merito, alla **differenza tra l'accesso generalizzato** (introdotto dal D.Lgs. 97/2016) e l'**accesso civico semplice** (previsto dall'art. 5, co. 1, D.Lgs. 33/2013), infatti, va detto che quest'ultimo è circoscritto ai soli atti, documenti e informazioni oggetto di obblighi di pubblicazione e costituisce un rimedio alla mancata osservanza sovrapponendo al dovere di pubblicazione il diritto di "chiunque" di accedere ai documenti, dati e informazioni interessati dall'inadempienza. L'accesso generalizzato, invece, è autonomo ed indipendente da obblighi di pubblicazione ed è espressione di una libertà che incontra, quali unici limiti, da una parte, il rispetto della tutela degli interessi pubblici e/o privati indicati all'art. 5-*bis*, commi 1 e 2, e dall'altra, il rispetto delle norme che prevedono specifiche esclusioni (art. 5-*bis*, comma 3).

4.6.2 Limiti all'accesso civico generalizzato

L'accesso civico generalizzato può essere rifiutato se il diniego è necessario per evitare un pregiudizio concreto alla tutela di:

- **interessi pubblici**: sicurezza pubblica e ordine pubblico, sicurezza nazionale, difesa e questioni militari, relazioni internazionali, politica e stabilità finanziaria ed economica dello Stato, conduzione di indagini sui reati e loro perseguimento e regolare svolgimento di attività ispettive;
- **interessi privati**: protezione dei dati personali, libertà e segretezza della corrispondenza, interessi economici e commerciali di una persona fisica o giuridica, ivi compresi la proprietà intellettuale, diritto d'autore e segreti commerciali.

Si applicano, altresì, tutti gli altri limiti al diritto di accesso previsti dalla L. 241/1990. Se i limiti riguardano soltanto alcuni dati o alcune parti del documento richiesto, deve essere consentito l'accesso agli altri dati o alle altre parti. Inoltre essi si applicano unicamente per il periodo nel quale la protezione è giustificata in relazione alla natura del dato, con la conseguenza che l'accesso non può essere negato laddove sia sufficiente fare ricorso al potere di differimento.

4.6.3 Differenza tra diritto di accesso e l'accesso civico

Il diritto di accesso, di cui all'art. 22 L. 241/1990, è uno strumento finalizzato all'esercizio del diritto degli interessati di prendere visione ed estrarre copia di documenti amministrativi, intendendosi per «interessati» tutti i soggetti che abbiano un interesse diretto, concreto ed attuale, corrispondente ad una situazione giuridicamente tutelata e collegata al documento al quale è chiesto l'accesso; in funzione di tale interesse la domanda di accesso dovrà essere opportunamente motivata. Diversamente, l'accesso civico non è sottoposto ad alcuna limitazione quanto alla legittimazione soggettiva del richiedente (art. 5, co. 3, D.Lgs. 33/2013) dal momento che chiunque può esercitarlo.
Con l'introduzione dell'accesso civico, infatti, il legislatore ha inteso ampliare i confini tracciati dalla L. 241/1990 sotto un duplice profilo: delle informazioni che le amministrazioni devono rendere disponibili e dei requisiti in capo al richiedente.

L'accesso civico non necessita nemmeno di motivazione ma riscontra molte più limitazioni volte alla tutela di interessi pubblici e privati.

4.6.4 Modalità di esercizio del diritto

L'istanza di accesso civico deve identificare i dati, le informazioni o i documenti che si intendono visionare. Può essere trasmessa per via telematica ed è **presentata**, alternativamente: all'ufficio che detiene i dati, le informazioni o i documenti, all'Ufficio relazioni con il pubblico, ad altro ufficio indicato dall'amministrazione nella sezione "Amministrazione trasparente" del sito istituzionale e al Responsabile della prevenzione della corruzione e della trasparenza, ove l'istanza abbia a oggetto dati, informazioni o documenti oggetto di pubblicazione obbligatoria.
Il rilascio di dati o documenti in formato elettronico o cartaceo è gratuito, salvo il rimborso del costo effettivamente sostenuto e documentato dall'amministrazione per la riproduzione su supporti materiali.
Il procedimento deve concludersi con provvedimento espresso e motivato nel termine di 30 giorni dalla presentazione dell'istanza con una comunicazione al richiedente e agli eventuali controinteressati. In caso di **accoglimento**, l'amministrazione provvede a trasmettere i dati o i documenti richiesti, oppure a comunicare al richiedente l'avvenuta pubblicazione sul sito, indicandogli il relativo collegamento ipertestuale.
Nei casi di **diniego totale o parziale** dell'accesso o di mancata risposta, il richiedente può presentare richiesta di riesame al Responsabile della prevenzione della corruzione e della trasparenza. Se anche in questo caso vi è diniego, è possibile proporre ricorso al TAR. Per gli atti delle amministrazioni delle Regioni o degli enti locali, è possibile presentare ricorso al difensore civico competente per ambito territoriale, ove costituito, o competente per l'ambito territoriale immediatamente superiore laddove non sia stato costituito. Il ricorso va anche notificato all'amministrazione interessata.

Il Ministero della Giustizia, Dipartimento per gli affari di giustizia - Unità di staff per l'accesso civico generalizzato, con provvedimento del 27 aprile 2018, ha configurato due ipotesi di **esercizio disfunzionale dell'accesso civico generalizzato**, sottolineando che, come tutte le situazioni giuridiche soggettive, può prestarsi a forme di esercizio idonee finanche a configurare abuso. Ricorre una ipotesi di esercizio disfunzionale di accesso nel caso delle cosiddette *richieste massive*, ossia nei casi in cui le richieste siano così esorbitanti nelle pretese da comportare un carico di lavoro in grado di interferire con il buon funzionamento dell'amministrazione. Dunque l'istanza di accesso volta ad ottenere copia di una mole irragionevole di dati o documenti rappresenta in concreto una manifestazione sovrabbondante, pervasiva e, in ultima analisi, contraria a buona fede dell'istituto dell'accesso generalizzato in quanto impone un *facere* straordinario, capace di aggravare l'ordinaria attività dell'amministrazione (**richiesta massiva oggettiva**). Può verificarsi una forma irragionevole di accesso anche nel caso in cui la medesima istanza sia presentata a un numero indiscriminato di pubbliche amministrazioni (**richiesta massiva soggettiva**). In tali ipotesi, deve escludersi che tutte le amministrazioni intimate debbano offrire risposta al quesito là dove il dato oggetto dell'accesso sia lo stesso: in questo caso, la risposta di una sola delle amministrazioni intimate esaurisce il diritto di accesso del richiedente con esonero delle altre dal rispondere.

4.7 La disciplina del diritto di accesso negli enti locali

4.7.1 La disciplina specifica dettata dall'art. 10 TUEL

L'art. 10 TUEL codifica, al comma 1, il **principio di pubblicità di tutti gli atti dell'amministrazione comunale e provinciale**, ai quali, di conseguenza, i cittadini hanno il diritto di accedere sia singolarmente, sia in forma associata.

Secondo la norma, fanno eccezione a questo principio i soli *atti riservati*, cioè a dire quelli la cui conoscibilità da parte dei cittadini sia esclusa per espressa indicazione di legge o per effetto di una temporanea e motivata dichiarazione del Sindaco o del Presidente della Provincia che ne vieti l'esibizione, conformemente a quanto previsto dal regolamento dell'ente locale. Ciò può accadere ogni qualvolta la diffusione di un atto possa pregiudicare il diritto alla riservatezza delle persone, dei gruppi o delle imprese.

Saltano subito all'occhio, sul piano della formulazione letterale, **due differenze rispetto alla disciplina generale** del diritto di accesso contenuta nella L. 241/1990.

Se lì, in primo luogo, la **legittimazione all'accesso** spetta a qualsiasi soggetto privato vi abbia interesse, qui la titolarità del diritto spetta ai soli cittadini, con la conseguente esclusione degli stranieri e apolidi; in secondo luogo, se lì l'accesso è consentito, per espressa statuizione normativa, ai soli portatori di interessi diretti, concreti e attuali (anche pubblici o diffusi), corrispondenti a **situazioni giuridicamente tutelate** e collegate al documento al quale si chiede di accedere, qui il legislatore non fissa altro limite che quello derivante dalla "secretazione" degli atti, con la conseguenza che l'accesso sembra poter essere esercitato indipendentemente dalla sussistenza di una posizione giuridica qualificata, della quale il cittadino non deve fornire alcuna dimostrazione.

Secondo il Ministero dell'Interno, in effetti, l'accesso agli atti degli enti locali, di cui all'art. 10 TUEL, non sarebbe soggetto alle limitazioni previste dalla L. 241/1990, ma rappresenterebbe una **prerogativa incondizionata di ciascun cittadino-elettore**, funzionale all'esigenza di rendere ancor più trasparente l'azione amministrativa a livello locale. Il richiedente, pertanto, non avrebbe alcun onere di porre a motivazione della propria istanza uno specifico interesse all'accesso. A favore di questa prerogativa rafforzata militerebbero, peraltro, tutte quelle disposizioni che impongono alle Pubbliche Amministrazioni obblighi di pubblicità e trasparenza, oltre che di diffusione delle informazioni, fra cui le norme contenute nel D.Lgs. 33/2013, da cui deriverebbe il **diritto di chiunque di richiedere** dati, informazioni e documenti. Sotto questo aspetto, la richiesta di accesso costituirebbe una sorta di azione popolare, finalizzata all'attivazione di un controllo più pregnante sulla legalità dell'azione amministrativa, permettendo nel contempo una più diretta partecipazione del cittadino all'attività dell'ente locale (parere del 22 luglio 2014).

Sostanzialmente concorde con il Ministero dell'Interno, la Commissione per l'accesso ai documenti amministrativi la quale precisa che, nella fattispecie specifica, le norme della L. 241/1990 non si applicano che *in via suppletiva* e nei limiti in cui siano compatibili con il TUEL.

Ciò nondimeno, la tesi ministeriale incontra il dissenso della giurisprudenza dominante. Secondo il Consiglio di Stato, infatti, l'art. 10 TUEL non ha inteso configurare il diritto di

accesso in maniera diversa rispetto alla normativa generale. Al contrario si deve ritenere che l'accesso agli atti delle Province e dei Comuni sia consentito soltanto ai destinatari diretti o indiretti dell'azione amministrativa degli enti locali. I destinatari degli atti, infatti, sono i soli a potersene valere a tutela delle proprie posizioni soggettive, che non necessariamente devono assumere la consistenza dell'interesse legittimo o del diritto soggettivo.
Ad avviso del giudice amministrativo, quindi, la richiesta di accesso deve avere fondamento in una posizione giuridicamente tutelata, e questa posizione non può essere, semplicisticamente, identificata con il generico e indistinto interesse che ogni cittadino ha al buon andamento dell'attività amministrativa. Sicché, anche per gli atti delle Amministrazioni locali, vale la norma generale in base alla quale il diritto di accesso è riconosciuto unicamente a chi vanti un interesse per la tutela di situazioni giuridicamente rilevanti. Se deroga v'è, questa non deve intendersi riferita alle modalità e ai limiti di esercizio del diritto, quali predeterminati dall'art. 22 L. 241/1990, bensì all'art. 24, che elenca i documenti esclusi dal diritto di accesso.
Nemmeno sarebbe condivisibile, secondo il Consiglio di Stato, l'opinione di un diritto di accesso incondizionato esercitabile dai soli cittadini residenti. Si tratta, infatti, di una teoria priva di qualsiasi appiglio normativo e contraria al principio costituzionale di eguaglianza di tutti i cittadini di fronte alla legge (Consiglio di Stato, Sez. V, 29-11-2004, n. 7773).

Spetta al regolamento dell'ente locale assicurare ai cittadini, singoli e associati, il **diritto di accesso agli atti amministrativi**. Segnatamente tale atto:

- disciplina il *rilascio di copie di atti* previo pagamento dei soli costi;
- individua, con norme di organizzazione degli uffici e dei servizi, i *responsabili dei procedimenti*;
- stabilisce le norme necessarie per assicurare ai cittadini l'*informazione sullo stato degli atti e delle procedure* e sull'*ordine di esame di domande, progetti e provvedimenti* che comunque li riguardino;
- assicura, in generale, il *diritto dei cittadini di accedere alle informazioni* di cui è in possesso l'Amministrazione.

Al fine di rendere effettiva la **partecipazione dei cittadini all'attività amministrativa**, gli enti locali devono assicurare l'accesso alle strutture e ai servizi agli enti, alle organizzazioni di volontariato e alle associazioni.

4.7.2 Il diritto di accesso dei consiglieri (art. 43 TUEL)

L'art. 43, co. 2, TUEL riconosce ai consiglieri comunali e provinciali, senza altra limitazione che quella di osservare il segreto nei casi specificamente determinati dalla legge, il diritto di ottenere dagli uffici, rispettivamente, del **Comune** e della **Provincia**, nonché dalle loro **aziende ed enti dipendenti**, tutte le notizie e le informazioni in loro possesso, utili all'espletamento del proprio mandato.
In quanto collegata alle **funzioni politiche** dei componenti le assemblee elettive delle comunità locali, la prerogativa in questione, secondo il consolidato orientamento del Consiglio di Stato, non può che connotarsi essa stessa come "diritto politico", esercitabile senza alcuna specifica motivazione se non quella della *cura dell'interesse pubblico locale*, sul quale il diritto di accesso strumentalmente si fonda, come funzionale all'espletamento del mandato elettorale, e nel quale il diritto rinviene al contempo il proprio limite, lungi dal configurarsi come prerogativa generalizzata e indiscriminata a ottenere qualsiasi tipo di notizia e informazione.

La sola dichiarazione, comunque, che l'accesso è richiesto *muneris causa* basta a giustificarlo, senza che occorra alcuna precisazione circa le specifiche ragioni della richiesta. Corollario di questa impostazione è l'illegittimità di qualunque norma regolamentare con la quale l'ente locale imponga l'obbligo di motivazione alle richieste di atti da parte dei consiglieri. Ciò peraltro, ad avviso della giurisprudenza, non impedisce all'ente di rifiutare le istanze genericamente formulate, prive dell'esatta indicazione degli estremi identificativi degli atti e dei documenti o, qualora non siano noti tali estremi, almeno degli elementi che consentano l'individuazione dell'oggetto dell'accesso.

D'altro canto, nei limiti suddetti, l'esercizio del diritto non incontra, diversamente da quanto previsto per i cittadini, alcuna limitazione derivante dalla natura riservata degli atti, dal momento che il consigliere comunale e provinciale è comunque vincolato all'osservanza del segreto.

Si osserva al riguardo che l'**ampiezza del diritto** (che può avere come oggetto gli atti gestionali, inclusi quelli di tipo contabile, e tutti gli altri rientranti nella competenza della burocrazia comunale, nonché, secondo le più recenti aperture, gli atti adottati dalle società miste con partecipazione maggioritaria degli enti locali e i pareri legali dell'Avvocatura dello Stato, oltre che il registro di protocollo generale dell'Amministrazione locale), combinata con la **specificità del titolo** che abilita i consiglieri all'esercizio del diritto, rispetto a quello generale di cui alla L. 241/1990, non consente limitazioni che non siano espressamente contemplate dalla pertinente disciplina legislativa. Secondo il Consiglio di Stato (sent. n. 4525 del 5-9-2014), essendo i consiglieri tenuti al segreto nel caso di atti riguardanti la riservatezza dei terzi, non sussiste alcuna ragione logica per inibire l'accesso ad atti riguardanti i dati riservati di terzi.

Anche i **consiglieri comunali e provinciali di minoranza** possono accedere agli atti e ai provvedimenti utili all'espletamento del loro mandato, purché l'accesso non invada l'ambito riservato all'apparato amministrativo e non integri un abuso del diritto.

In quanto ai **costi connessi all'esercizio del diritto**, comprensivi della produzione dei documenti, nonché dell'impiego del personale e dell'organizzazione dei servizi, la giurisprudenza afferma il principio di gratuità del diritto del consigliere di prendere visione o di estrarre copia di atti e documenti, ma ciò non impedisce all'ente locale di adottare, in sede regolamentare, accorgimenti finalizzati a ridurre i costi sopportati.

Capitolo 5
La tutela della privacy

5.1 Il diritto alla riservatezza

5.1.1 La privacy come diritto costituzionalmente tutelato e limite alla trasparenza

La protezione delle persone fisiche con riguardo al trattamento dei dati di carattere personale è un diritto fondamentale. Il diritto alla privacy è definito come **diritto soggettivo di costruire liberamente e difendere la propria sfera privata** attraverso il riconoscimento del potere di controllare l'uso che gli altri fanno delle informazioni che riguardano il singolo individuo: esso diviene, pertanto, uno strumento di libertà e, come tale, si pone in stretto collegamento con gli altri diritti fondamentali garantiti dalla Costituzione.
Il diritto alla riservatezza va bilanciato con il principio della trasparenza delle informazioni e degli atti della P.A., che spesso coinvolge necessariamente anche soggetti privati.
Il rischio di incursione nella sfera privata è, tra l'altro, aumentato a dismisura a seguito della crescente e generalizzata accessibilità alle informazioni del settore pubblico prevista dal D.Lgs. 33/2013 mediante la pubblicazione dei dati sul web.
Dunque, serve un ragionevole bilanciamento tra le finalità sottese alla pubblicazione delle notizie sull'attività amministrativa ed il diritto alla riservatezza dei soggetti coinvolti: individuare strumenti di pubblicità rispettosi della privacy degli individui significa modellare il potere pubblico nell'equilibrio tra conoscenza (dell'attività) e riservatezza (delle persone). Diviene, pertanto, regola generale valutare i rischi che possono derivare da obblighi di pubblicazione sul web di dati personali non sempre indispensabili a fini di trasparenza.

5.1.2 La protezione dei dati personali: dal Codice della privacy al regolamento europeo

La tutela dei dati personali è stata oggetto nel 2003 di un processo di codificazione che ha portato all'emanazione del **D.Lgs. 30 giugno 2003, n. 196 recante il Codice in materia di protezione dei dati personali** (il *Codice della privacy*). In particolare, il Codice ha racchiuso tutta la normativa in materia, ma solo nei suoi aspetti fondamentali, in quanto la copiosa produzione di codici deontologici da un lato, e le numerose pronunce del Garante e della giurisprudenza dall'altro, ne hanno determinato la costante evoluzione.
L'adozione, nel 2016, del **regolamento (UE) 2016/679 del 27 aprile 2016** in materia di *protezione dei dati personali* (noto anche come regolamento **GDPR – General Data**

Protection Regulation), ha reso inevitabile una profonda revisione del Codice della privacy, operata con il **D.Lgs. 10 agosto 2018, n. 101**.
Il regolamento è entrato in vigore il 25 maggio 2016, ma le sue disposizioni sono divenute vincolanti dal 25 maggio 2018. Esso mira a realizzare uno spazio di libertà, sicurezza e giustizia ed a rafforzare la protezione dei dati personali, soggetti a nuove sfide a causa della rapidità dell'evoluzione tecnologica e della globalizzazione.
Il Codice della privacy, per effetto dell'applicazione diretta delle norme del regolamento (UE) 2016/679, ha perso, dunque, la sua centralità come unica fonte normativa, pur rimanendo un testo di fondamentale importanza in materia.
La partizione del Codice della privacy non è stata modificata dalla riforma; pertanto, esso continua dunque a comporsi di 3 parti:

- *Disposizioni generali*, modificate dal capo II del D.Lgs. 101/2018 (art. 2);
- *Disposizioni specifiche*, modificate dal capo III del D.Lgs. 101/2018 (artt. 3-12);
- *Tutela dell'interessato e sanzioni*, modificata dal capo IV del D.Lgs. 101/2018 (artt. 13-15).

5.2 L'oggetto e la finalità della disciplina del Codice della privacy

La **parte I** del Codice, dedicata alle disposizioni generali, è stata ampiamente modificata dalla riforma. In particolare, viene ridefinito l'oggetto del Codice stesso, specificando che il trattamento dei dati personali avviene secondo le norme del regolamento europeo e del Codice stesso, nel **rispetto della dignità umana, dei diritti e delle libertà fondamentali della persona**.
Ai sensi dell'art. 1 del regolamento, cui il Codice rinvia, le **finalità** sono individuabili nella protezione dei diritti e delle libertà fondamentali delle persone fisiche, in particolare nel diritto alla protezione dei dati personali.
È opportuno che la protezione prevista dal regolamento si applichi alle persone fisiche, a prescindere dalla nazionalità o dal luogo di residenza, in relazione al trattamento dei loro dati personali. Il regolamento non disciplina, invece, il trattamento dei dati personali relativi a persone giuridiche, in particolare imprese dotate di personalità giuridica, compresi il nome e la forma della persona giuridica e i suoi dati di contatto.

5.3 Ambito oggettivo e territoriale di applicazione

In merito all'ambito oggettivo e territoriale di applicazione, la disciplina è interamente dettata dal regolamento (artt. 2 e 3), il quale stabilisce che le disposizioni si applicano al trattamento, interamente o parzialmente automatizzato, di **dati personali e al trattamento non automatizzato di dati personali contenuti in un archivio o destinati a figurarvi**, intendendo per archivio *qualsiasi insieme strutturato di dati personali accessibili secondo criteri determinati, indipendentemente dal fatto che tale insieme sia centralizzato, decentralizzato o ripartito in modo funzionale o geografico*.
Sono tassativamente indicati dall'art. 2 del regolamento, i **trattamenti esclusi** dalla disciplina, fra cui figurano:

- i trattamenti effettuati dagli Stati membri nell'esercizio di attività relative alla **politica estera e alla sicurezza comune**;
- i trattamenti effettuati dalle autorità competenti a fini di **prevenzione, indagine, accertamento o perseguimento di reati** o esecuzione di sanzioni penali (tale tipologia di trattamenti è attualmente disciplinata, nel nostro ordinamento giuridico, dal D.Lgs. 51/2018);
- i trattamenti effettuati da una persona fisica per l'esercizio di **attività a carattere esclusivamente personale o domestico**.

Con riferimento, invece, all'ambito di applicazione territoriale (art. 3) la novità più rilevante, rispetto alla disciplina previgente, consiste **nell'ampliamento dell'ambito di applicazione** della disciplina europea in materia di privacy: ogniqualvolta vi sia trattamento di dati personali di soggetti stabiliti nell'Unione europea da parte di un soggetto stabilito al di fuori della stessa, al fine di offrire loro beni e/o servizi ovvero di monitorarne il comportamento, dovranno necessariamente essere applicate le prescrizioni del regolamento. Tale innovazione interessa, in particolar modo, gli *Internet service provider (ISP)* esteri: questi, infatti, non potranno sottrarsi all'applicazione della normativa europea in materia di privacy invocando l'assenza di un proprio stabilimento nel territorio dell'Unione europea.

5.4 Le principali definizioni in materia

Il regolamento, nella parte iniziale, ai fini della sua esatta comprensione e applicazione, fornisce le definizioni essenziali, partendo da quella più ampia di **dati personali**, considerando come tali *tutte le informazioni riguardanti persone fisiche identificate o identificabili.*

Si riportano di seguito le principali definizioni del legislatore europeo.

Il **trattamento** è inteso come "*qualsiasi operazione o insieme di operazioni, compiute con o senza l'ausilio di processi automatizzati e applicate a dati personali o insiemi di dati personali, come la raccolta, la registrazione, l'organizzazione, la strutturazione, la conservazione, l'adattamento o la modifica, l'estrazione, la consultazione, l'uso, la comunicazione mediante trasmissione, diffusione o qualsiasi altra forma di messa a disposizione, il raffronto o l'interconnessione, la limitazione, la cancellazione o la distruzione*".

La **profilazione** è "*qualsiasi forma di trattamento automatizzato di dati personali consistente nell'utilizzo di tali dati personali per valutare determinati aspetti personali relativi a una persona fisica, in particolare per analizzare o prevedere aspetti riguardanti il rendimento professionale, la situazione economica, la salute, le preferenze personali, gli interessi, l'affidabilità, il comportamento, l'ubicazione o gli spostamenti di detta persona fisica*".

La **pseudonimizzazione** è il "*trattamento dei dati personali in modo tale che i dati personali non possano più essere attribuiti a un interessato specifico senza l'utilizzo di informazioni aggiuntive, a condizione che tali informazioni aggiuntive siano conservate separatamente e soggette a misure tecniche e organizzative intese a garantire che tali dati personali non siano attribuiti a una persona fisica identificata o identificabile*".

L'**archivio** è "*qualsiasi insieme strutturato di dati personali accessibili secondo criteri determinati, indipendentemente dal fatto che tale insieme sia centralizzato, decentralizzato o ripartito in modo funzionale o geografico*".

Il **titolare del trattamento** è "*la persona fisica o giuridica, l'autorità pubblica, il servizio o altro organismo che, singolarmente o insieme ad altri, determina le finalità e i mezzi del trattamento di dati personali; quando le finalità e i mezzi di tale trattamento sono determinati dal diritto dell'Unione o degli Stati membri, il titolare del trattamento o i criteri specifici applicabili alla sua designazione possono essere stabiliti dal diritto dell'Unione o degli Stati membri*".
Il **responsabile del trattamento** è "*la persona fisica o giuridica, l'autorità pubblica, il servizio o altro organismo che tratta dati personali per conto del titolare del trattamento*".
Il **destinatario** è "*la persona fisica o giuridica, l'autorità pubblica, il servizio o altro organismo che riceve comunicazioni di dati personali, che si tratti o meno di terzi*".
Il **terzo** è "*la persona fisica o giuridica, l'autorità pubblica, il servizio o altro organismo che non sia l'interessato, il titolare del trattamento, il responsabile del trattamento e le persone autorizzate al trattamento dei dati personali sotto l'autorità diretta del titolare o del responsabile*".

5.5 I principi generali del trattamento dei dati

Il D.Lgs. 101/2018 introduce nel Codice gli articoli da 2-*ter* a 2-*decies*, dedicati ai **principi generali**. Il legislatore europeo, nell'art. 5 del regolamento, compila una sorta di decalogo dei principi cui deve attenersi ogni attività di trattamento di dati. Essi sono:

- principio di **liceità e correttezza:** il trattamento è lecito solo alle condizioni previste espressamente dall'art. 6 del regolamento ovvero:
  - quando l'interessato ha espresso il proprio consenso (un consenso informato) al trattamento dei propri dati per una o più specifiche finalità;
  - quando il trattamento è necessario all'esecuzione di un contratto di cui l'interessato è parte;
  - quando il trattamento è necessario per adempiere un obbligo legale a cui è soggetto il titolare del trattamento;
  - quando il trattamento è necessario per la salvaguardia degli interessi vitali dell'interessato o di un'altra persona fisica;
  - quando il trattamento è necessario per l'esecuzione di un compito di interesse pubblico o per il perseguimento del legittimo interesse del titolare del trattamento;
- principio di **trasparenza**: occorre sempre valutare gli scopi del trattamento, in modo da stabilire correttamente quali dati possono essere trattati e quali no (**principio di essenzialità dei dati**). Devono essere trasparenti le modalità con cui sono raccolti e utilizzati i dati personali e devono essere facilmente accessibili e comprensibili le informazioni e comunicazioni relative al trattamento (identità del titolare del trattamento, finalità del trattamento, diritti degli interessati);
- principio di **limitazione delle finalità dei dati:** devono essere raccolti per finalità determinate, esplicite e legittime e successivamente devono essere trattati in una modalità che sia compatibile con tali finalità. Il trattamento dei dati per finalità diverse da quelle per le quali sono stati inizialmente raccolti dovrebbe essere consentito solo se compatibile con tali iniziali finalità;
- principio di **minimizzazione dell'uso dei dati**: devono essere sempre adeguati, pertinenti e limitati a quanto necessario per il perseguimento delle finalità per cui sono raccolti e trattati;

- principio di **esattezza dei dati**: devono essere sempre esatti e aggiornati. Eventuali inesattezze devono essere tempestivamente rettificate ovvero i dati inesatti devono essere cancellati;
- principio della **limitazione della conservazione**: i dati devono essere conservati per un periodo temporale limitato al conseguimento delle finalità per le quali sono trattati;
- principio dell'**integrità e della riservatezza**: i dati devono essere sempre trattati in maniera da garantire una sicurezza adeguata, il che prevede l'adozione di misure di sicurezza tecniche ed organizzative idonee a proteggere i dati stessi da trattamenti non autorizzati o illeciti, dalla loro perdita o distruzione o dal danno accidentale;
- principio di **responsabilizzazione** (***accountability***): il titolare del trattamento dei dati deve essere in grado di dimostrare di avere adottato un processo complessivo di misure giuridiche, organizzative, tecniche, per la protezione dei dati personali, anche attraverso l'elaborazione di specifici modelli organizzativi: deve dimostrare in modo positivo e proattivo che i trattamenti di dati effettuati sono adeguati e conformi al regolamento europeo in materia di privacy.

5.6 Il consenso al trattamento dei dati personali: caratteristiche e durata

Il consenso, ai sensi dell'art. 4 del regolamento, è qualsiasi **manifestazione di volontà libera, specifica, informata e inequivocabile** dell'interessato, con la quale lo stesso esprime il proprio assenso, mediante dichiarazione o azione positiva inequivocabile, che i dati personali che lo riguardano siano oggetto di trattamento. Il presupposto indefettibile è che il soggetto che conferisce il consenso abbia la capacità giuridica per farlo.

In caso di **trattamento di dati di minori**, per la regolamentazione europea occorre acquisire il consenso dai genitori o dagli esercenti la responsabilità genitoriale se l'interessato ha meno di 16 anni.

Per la normativa italiana (gli Stati membri possono stabilire anche un limite inferiore), l'art. 2-*quinquies*, co. 1, del Codice della privacy stabilisce che il consenso al trattamento dei suddetti dati deve essere fornito per il minore di 14 anni da chi esercita la potestà genitoriale. Tale disposizione è circoscritta ai trattamenti che vengono effettuati nell'ambito dei servizi della società dell'informazione, vale a dire quei servizi prestati normalmente dietro retribuzione, a distanza, per via elettronica e a richiesta individuale di un destinatario (ad esempio l'iscrizione a *social network* o a servizi di *messaggistica*).

Il consenso, per essere valido, deve avere determinate caratteristiche. Esso deve essere:

- **inequivocabile**: non è necessario che sia esplicito, può anche essere implicito (ma non tacito), purché non sussista alcun dubbio che col proprio comportamento l'interessato abbia voluto comunicare il proprio consenso. Il consenso deve, invece, essere esplicito, ai sensi dell'art. 9 del regolamento nel caso di trattamento di dati sensibili o nel caso di processi decisionali automatizzati (es. profilazione);
- **libero**: l'interessato deve essere in grado di operare una scelta effettiva, senza subire intimidazioni o raggiri;

- **specifico**: esso deve essere relativo alla finalità per la quale è eseguito quel trattamento. Qualora il trattamento abbia più finalità, il consenso deve essere prestato per ogni finalità;
- **informato**: l'interessato deve essere posto in condizioni di conoscere quali dati sono trattati, con che modalità e finalità, i diritti che gli sono attribuiti dalla legge e le conseguenze del suo consenso;
- **verificabile**: ciò vuol dire che deve potersi dimostrare che l'interessato lo ha conferito con riferimento a quello specifico trattamento;
- **revocabile** in qualsiasi momento: a seguito della revoca, che non deve essere motivata, il trattamento deve interrompersi, a meno che non sussista una base giuridica per continuare il trattamento. Con la revoca si innesca il diritto di cancellazione.

Il consenso non dura per sempre. Quando si raccolgono dati personali occorre informare l'interessato della **durata della conservazione (e quindi trattamento) del dato**, scaduta la quale il dato va anonimizzato oppure cancellato.
Il **combinato disposto del regolamento europeo e del Codice della privacy riformato** determina, dunque, che:

- in generale, **per tutti i dati personali diversi dai dati particolari** (di cui all'art. 9 del regolamento), il consenso è una delle condizioni che possono rendere lecito il trattamento;
- per i **dati particolari**, il consenso esplicito è una delle condizioni che giustificano il trattamento: è condizione sufficiente ma non necessaria, se ricorrono altre condizioni specificamente elencate dall'art. 9, par. 2 del regolamento;
- con specifico riferimento ai **dati relativi alla salute**, il presupposto di liceità del trattamento è dato dalle esigenze di medicina preventiva o di diagnosi o da motivi di interesse pubblico nel settore della sanità pubblica. In questo settore, dunque, per il regolamento europeo **il consenso dell'interessato non è più richiesto**. Tuttavia, l'art. 2-*septies* del Codice della privacy (introdotto dal D.Lgs. 101/2018), attribuisce al *Garante* il compito di adottare misure di garanzia ed eventualmente *ulteriori condizioni sulla base delle quali il trattamento è consentito.*

5.7 Il trattamento dei dati personali

5.7.1 Il trattamento dei dati connessi ad un compito di interesse pubblico

La disciplina del trattamento dei dati personali prescinde dalla natura, pubblica o privata, del titolare, trovando invece fondamento nelle finalità perseguite attraverso il trattamento stesso. I dati personali trattati in violazione della disciplina rilevante in materia di dati personali sono inutilizzabili.
L'art. 2-*ter* del Codice della privacy, introdotto dalla riforma, disciplina i **trattamenti connessi ad un compito di interesse pubblico o all'esercizio di pubblici poteri**, relativi a dati diversi da quelli particolari (di cui agli artt. 9 e 10 del regolamento e oggetto dell'art. 2-*sexies*, che dopo tratteremo). Per tali trattamenti occorre un fondamento, una base giuridica, da individuare esclusivamente in una norma di legge o di regolamento.

L'art. 6 del regolamento subordina la liceità del trattamento a due requisiti alternativi: la necessità del trattamento e il consenso dell'interessato.
Inoltre, il regolamento, sempre all'art. 6, consente agli Stati di dettare disposizioni specifiche con riguardo, ad esempio, alla comunicazione dei dati, ai periodi di conservazione e alle operazioni e procedure di trattamento, comprese le misure atte a garantire un trattamento lecito e corretto, quali quelle per altre specifiche situazioni di trattamento.
In base al comma 2 dell'art. 2-*ter*, la comunicazione dei dati trattati nell'ambito delle finalità di interesse pubblico, tra soggetti che condividono tali finalità, pur richiedendo una apposita base normativa, può essere effettuata anche in assenza di tale base purché la comunicazione sia necessaria allo svolgimento di funzioni istituzionali e sia stata data comunicazione al Garante e siano trascorsi dalla comunicazione 45 giorni.
Quando, invece, il soggetto destinatario della comunicazione dei dati intenda trattarli per finalità diverse da quelle di interesse pubblico, la comunicazione deve sempre trovare un fondamento normativo. Ciò vale anche per la diffusione dei dati, cioè per la divulgazione dei dati a soggetti indeterminati.

5.7.2 Il trattamento di categorie particolari di dati personali

La categoria dei **dati sensibili**, che è stato uno dei pilastri sui quali è stata fondata l'architettura del Codice della privacy, è ridefinita dall'art. 9 del regolamento che fa riferimento ora a **categorie particolari di dati personali**.
In base al citato articolo è vietato trattare dati personali che rivelino l'origine razziale o etnica, le opinioni politiche, le convinzioni religiose o filosofiche, o l'appartenenza sindacale, nonché trattare dati genetici, dati biometrici intesi a identificare in modo univoco una persona fisica, dati relativi alla salute o alla vita sessuale o all'orientamento sessuale della persona. Il divieto, tuttavia, non è assoluto dal momento che, in presenza di determinati presupposti, si può procedere al loro legittimo trattamento.
In base al par. 2 dell'art. 9, il **trattamento può definirsi necessario quando è svolto:**

- con il consenso esplicito dell'interessato per una o più finalità specifiche;
- per assolvere gli obblighi ed esercitare i diritti specifici del titolare del trattamento o dell'interessato in materia di diritto del lavoro e della sicurezza sociale e protezione sociale;
- per tutelare un interesse vitale dell'interessato o di un'altra persona fisica qualora l'interessato si trovi nell'incapacità fisica o giuridica di prestare il proprio consenso;
- da una fondazione, associazione o altro organismo senza scopo di lucro che persegua finalità politiche, filosofiche, religiose o sindacali, nell'ambito delle sue legittime attività e con adeguate garanzie a condizione che il trattamento riguardi unicamente i membri, gli ex membri o le persone che hanno regolari contatti con la fondazione, l'associazione o l'organismo a motivo delle sue finalità e che i dati personali non siano comunicati all'esterno senza il consenso dell'interessato;
- su dati personali resi manifestamente pubblici dall'interessato;
- per accertare, esercitare o difendere un diritto in sede giudiziaria o ogniqualvolta le autorità giurisdizionali esercitino le loro funzioni giurisdizionali;
- per motivi di interesse pubblico rilevante sulla base del diritto dell'Unione o degli Stati membri, che deve essere proporzionato alla finalità perseguita, rispettare l'es-

senza del diritto alla protezione dei dati e prevedere misure appropriate e specifiche per tutelare i diritti fondamentali e gli interessi dell'interessato;
- per finalità di medicina preventiva o di medicina del lavoro, valutazione della capacità lavorativa del dipendente, diagnosi, assistenza o terapia sanitaria o sociale ovvero gestione dei sistemi e servizi sanitari o sociali sulla base del diritto dell'Unione o degli Stati membri o conformemente al contratto con un professionista della sanità;
- per motivi di interesse pubblico nel settore della sanità pubblica;
- a fini di archiviazione nel pubblico interesse, di ricerca scientifica o storica o a fini statistici sulla base del diritto dell'Unione o nazionale.

L'art. 2-*sexies* del Codice della privacy detta le condizioni richieste per il **trattamento necessario per motivi di interesse pubblico rilevante** di categorie particolari di dati personali, specificando quanto previsto dal regolamento.
In particolare, si precisa che il suddetto trattamento sia ammesso solo se previsto dal diritto dell'Unione europea o dal diritto nazionale. In quest'ultimo caso, la base giuridica è costituita esclusivamente da una disposizione di legge o di regolamento, che, oltre ad assicurare le condizioni di proporzionalità del trattamento, salvaguardia del diritto alla protezione dei dati e previsione di misure di salvaguardia appropriate per gli interessati, deve ulteriormente specificare i tipi di dati che possono essere trattati, le operazioni eseguibili e il motivo di interesse pubblico rilevante.
Ferma restando la necessità che il trattamento sia individuato in una specifica disposizione di normativa, l'art. 2-*sexies* riunisce in un elenco, non esaustivo, i trattamenti che si considerano, in ogni caso, compiuti per motivi di interesse pubblico.

5.7.3 Il trattamento dei dati genetici, biometrici e relativi alla salute

All'interno della categoria dei dati particolari, si distingue una sottocategoria costituita dai dati genetici, biometrici e relativi alla salute, per i quali la liceità del trattamento è ancorata al **requisito alternativo del consenso esplicito oppure della necessità**.
Per questi dati, infatti, il regolamento europeo consente agli Stati membri di introdurre **garanzie supplementari** e, dunque, di **mantenere o introdurre ulteriori condizioni**, comprese limitazioni.
In particolare il regolamento europeo (all'art. 4, co. 1) fornisce le seguenti definizioni:

- **dati genetici**: i dati personali relativi alle caratteristiche genetiche ereditarie o acquisite di una persona fisica che forniscono informazioni univoche sulla fisiologia o sulla salute di detta persona fisica, e che risultano in particolare dall'analisi di un campione biologico della persona fisica in questione;
- **dati biometrici**: i dati personali ottenuti da un trattamento tecnico specifico relativi alle caratteristiche fisiche, fisiologiche o comportamentali di una persona fisica che ne consentono o confermano l'identificazione univoca, quali l'immagine facciale o i dati dattiloscopici;
- **dati relativi alla salute**: i dati personali attinenti alla salute fisica o mentale di una persona fisica, compresa la prestazione di servizi di assistenza sanitaria, che rivelano informazioni relative al suo stato di salute.

L'art. 2-*septies* del Codice della privacy attua l'art. 9, par. 4, del regolamento, prevedendo che il trattamento dei dati biometrici, genetici e relativi alla salute, che non possono essere assolutamente diffusi, sia **subordinato all'osservanza di misure di garanzia**, stabilite dal **Garante** con provvedimento adottato con cadenza almeno biennale, a seguito di **consultazione pubblica**.

5.7.4 Il trattamento dei dati relativi a condanne penali e reati

Il trattamento dei dati personali relativi alle condanne penali e ai reati o a connesse misure di sicurezza, deve avvenire soltanto **sotto il controllo dell'autorità pubblica** o, se autorizzato dal diritto dell'Unione o degli Stati membri, deve prevedere garanzie appropriate per i diritti e le libertà degli interessati. Un eventuale registro completo delle condanne penali deve essere tenuto soltanto sotto il controllo dell'autorità pubblica (art. 10 del regolamento europeo). All'attuazione dell'art. 10 provvede l'art. 2-*octies* del Codice della privacy.
La liceità di tale trattamento, **ove non sia svolto sotto il controllo di un'autorità pubblica**, è subordinata alla sussistenza di una disposizione di legge o di regolamento che lo autorizzi e che preveda garanzie appropriate per i diritti degli interessati.

5.7.5 Il trattamento dei dati in ambito pubblico

In base al regolamento europeo, l'accesso del pubblico ai documenti ufficiali può essere considerato di interesse pubblico. Per questa ragione, l'art. 86 del regolamento consente alle autorità pubbliche o agli organismi pubblici o privati che trattano dati personali contenuti in documenti ufficiali in esecuzione di un compito di interesse pubblico, di comunicare tali dati, nel rispetto della disciplina europea e della normativa nazionale di riferimento, al fine di conciliare l'accesso del pubblico ai documenti ufficiali e il diritto alla protezione dei dati personali.
In particolare, l'art. 59 (*Accesso a documenti amministrativi e accesso civico*) prevede che fatto salvo quanto previsto dall'art. 60 (con particolare riferimento ai dati relativi alla salute o alla vita sessuale o all'orientamento sessuale), i presupposti, le modalità, i limiti per l'esercizio del diritto di accesso a documenti amministrativi contenenti dati personali e la relativa tutela giurisdizionale, restano disciplinati dalla L. 241/1990, e successive modificazioni e dalle altre disposizioni di legge in materia (in particolare il D.Lgs. 33/2013).

5.8 Le informazioni all'interessato

I principi di correttezza e trasparenza implicano che l'**interessato sia informato dell'esistenza del trattamento e delle sue finalità**. I contenuti di tali informazioni sono elencati in modo tassativo negli artt. 13 e 14 del regolamento (UE) 2016/679. In particolare, il titolare deve sempre specificare i dati di contatto del responsabile del trattamento e del responsabile della protezione dei dati, ove esistente, la base giuridica del trattamento, qual è il suo interesse legittimo se quest'ultimo costituisce la base giuridica del trattamento, nonché se trasferisce i dati personali in Paesi terzi e, in caso affermativo, attraverso quali strumenti.

Inoltre, il titolare deve specificare il periodo di conservazione dei dati o i criteri seguiti per stabilire tale periodo di conservazione, e deve informare l'interessato del proprio diritto di presentare un reclamo all'autorità di controllo.
Se il trattamento comporta processi decisionali automatizzati (anche la profilazione), l'informativa deve specificarlo e deve indicare anche la logica di tali processi decisionali e le conseguenze previste per l'interessato.

Circa i **tempi** e le **modalità**, le informazioni devono essere fornite all'interessato prima di effettuare la raccolta dei dati (se raccolti direttamente presso l'interessato, art. 13 del regolamento); nel caso di dati personali non raccolti direttamente presso l'interessato (art. 14 del regolamento), le informazioni devono essere fornite entro un termine ragionevole che non può superare un mese dalla raccolta, oppure al momento della comunicazione (non della registrazione) dei dati (a terzi o all'interessato).
In tutti i casi, il titolare deve specificare la propria identità e quella dell'eventuale rappresentante nel territorio italiano, le finalità del trattamento, i diritti degli interessati, se esiste un responsabile del trattamento e la sua identità, e quali sono i destinatari dei dati.
Ogni volta che le finalità cambiano, il regolamento impone di informarne l'interessato prima di procedere al trattamento ulteriore.
Il regolamento, inoltre, specifica le **caratteristiche delle informazioni**, che devono avere forma concisa, trasparente, intelligibile per l'interessato e facilmente accessibili; occorre utilizzare un linguaggio chiaro e semplice, e per i minori occorre prevedere informazioni idonee.
Le informazioni sono date, in linea di principio, per iscritto e preferibilmente in formato elettronico, anche se sono ammessi altri mezzi (quindi possono essere fornite anche oralmente, ma sempre nel rispetto delle caratteristiche sopra esposte).

5.9 I diritti dell'interessato titolare dei dati

5.9.1 Le modalità per l'esercizio dei diritti dell'interessato

L'art. 12 del regolamento (UE) 2016/679 introduce ed attribuisce specifici diritti all'interessato, il quale può **rivolgersi direttamente al titolare del trattamento per ottenere informazioni, comunicazioni e modalità trasparenti per l'esercizio dei suoi diritti**. Il titolare del trattamento deve adottare le misure appropriate per fornire all'interessato tali informazioni, che devono essere fornite entro un mese dalla richiesta (salvo proroga nei casi più complessi) e avere forma scritta, anche attraverso strumenti elettronici che ne favoriscano l'accessibilità; queste possono essere fornite oralmente solo se richiesto dall'interessato, purché sia provata la sua identità.
Le informazioni fornite all'interessato ed eventuali comunicazioni sono in genere gratuite, ma nel caso in cui siano infondate o eccessive, il titolare del trattamento può addebitare un contributo spese ragionevole, tenendo conto dei costi amministrativi sostenuti per le informazioni, comunicazioni o per intraprendere l'azione richiesta, oppure può rifiutare la richiesta dell'interessato. Rimane a carico del titolare del trattamento l'onere di dimostrare l'infondatezza o il carattere eccessivo della richiesta.

5.9.2 I diritti dell'interessato

La disciplina dei diritti dell'interessato, che non ha bisogno di un'attuazione nazionale, è contenuta nel regolamento (UE) 2016/679 che gli dedica, agli articoli da 15 a 22, un'ampia sezione.
In particolare:

> **diritto di accesso dell'interessato** (art. 15). Esso comprende il diritto di ottenere la conferma che sia o meno in corso un trattamento di dati e, in caso positivo, di accedere ai medesimi e di conoscere le finalità del trattamento, i destinatari, il periodo, il diritto di reclamo;

> **diritto di rettifica** (art. 16). L'interessato ha il diritto di ottenere dal titolare del trattamento la rettifica dei dati personali inesatti o l'integrazione dei dati incompleti che lo riguardano senza ingiustificato ritardo;

> **diritto alla cancellazione o diritto all'oblio** (art. 17). L'interessato può chiedere e ottenere la cancellazione dei dati personali che lo riguardano quando ricorra almeno uno dei seguenti casi: il venir meno della necessità del trattamento rispetto alle finalità originarie; revoca del consenso; opposizione al trattamento; illiceità del trattamento. Il diritto all'oblio, tuttavia, non può essere esercitato laddove, pur sussistendo uno dei presupposti sopra elencati, il trattamento sia necessario per l'esercizio del diritto alla libertà di espressione e di informazione, per l'adempimento di un obbligo legale, per motivi di interesse pubblico nel settore della sanità pubblica, a fini di archiviazione nel pubblico interesse, a fini di ricerca o statistici o per l'accertamento, l'esercizio o la difesa di un diritto in sede giudiziaria;

> **diritto di limitazione del trattamento** (art. 18): tale diritto è esercitabile sia nei casi di violazione dei presupposti di liceità del trattamento (quale alternativa alla cancellazione dei dati stessi), sia nelle ipotesi in cui l'interessato chiede la rettifica dei dati (in attesa di tale rettifica da parte del titolare) o si oppone al loro trattamento ai sensi dell'art. 21 del regolamento (in attesa della valutazione da parte del titolare);

> **diritto alla portabilità dei dati** (art. 20): è un diritto introdotto dal GDPR e consente all'interessato di ricevere in formato strutturato, di uso comune e leggibile da un dispositivo automatico, i dati personali che lo riguardano e che siano stati forniti al titolare del trattamento. Tale diritto è limitato ai dati chiaramente riferibili all'interessato (sono quindi esclusi, a titolo di esempio, i dati anonimi e quelli contenuti in archivi o registri cartacei), trattati sulla base di un consenso preventivo, forniti consapevolmente e attivamente dall'interessato;

> **diritto di opposizione** (art. 21): l'interessato ha il diritto di opporsi in qualsiasi momento, per motivi connessi alla sua situazione particolare, al trattamento dei dati personali che lo riguardano, compresa la profilazione. Il titolare del trattamento si astiene dal trattare ulteriormente i dati personali salvo che dimostri l'esistenza di motivi legittimi indispensabili per procedere al trattamento che prevalgono sugli interessi, sui diritti e sulle libertà dell'interessato oppure per l'accertamento, l'esercizio o la difesa di un diritto in sede giudiziaria.

5.9.3 Le limitazioni ai diritti dell'interessato

L'art. 23 del regolamento attribuisce agli Stati membri cui è soggetto il titolare del trattamento o il responsabile del trattamento la facoltà di limitare, mediante misure legislative, la portata degli obblighi e dei diritti. A tal fine, il D.Lgs. 101/2018 introduce nel Codice della privacy specifiche disposizioni che integrano quelle riportate nel regolamento europeo.
In particolare, tale titolo disciplina le **limitazioni dei diritti dell'interessato, per esigenze di tutela di interessi giuridici meritevoli di particolare protezione**. Si prevede, quindi, che i diritti sanciti dagli articoli da 15 a 22 del regolamento non possano essere esercitati con richiesta al titolare o al responsabile del trattamento ovvero con reclamo, qualora ne possa derivare un pregiudizio effettivo e concreto:

- agli interessi tutelati in base alle disposizioni vigenti in materia di riciclaggio o di sostegno alle vittime di richieste estorsive;
- all'attività di Commissioni parlamentari d'inchiesta;
- alle attività svolte da un soggetto pubblico, diverso dagli enti pubblici economici, in base ad espressa disposizione di legge, per esclusive finalità inerenti alla politica monetaria e valutaria, al sistema dei pagamenti, al controllo degli intermediari e dei mercati creditizi e finanziari, nonché alla tutela della loro stabilità;
- allo svolgimento delle investigazioni difensive o all'esercizio di un diritto in sede giudiziaria.

Altre **limitazioni ai diritti degli interessati** sono previste:

- per **ragioni di giustizia** (art. 2-*duodecies* del Codice della privacy), poste per esigenze di salvaguardia dell'indipendenza della magistratura e dei procedimenti giudiziari;
- per **persone decedute** (art. 2-*terdecies* del Codice della privacy): i diritti di cui agli articoli da 15 a 22 del regolamento concernenti persone decedute possono essere esercitati da chi ha un interesse proprio, da colui che agisce a tutela dell'interessato in qualità di suo mandatario o da colui che agisce per ragioni familiari meritevoli di protezione. L'esercizio di tali diritti non è ammesso nei casi previsti dalla legge o, solo con riferimento ai servizi della società dell'informazione, in seguito della specifica dichiarazione resa dall'interessato al titolare del trattamento.

5.10 I soggetti interessati al trattamento

5.10.1 Il titolare e i contitolari del trattamento

I soggetti interessati al trattamento dei dati personali sono il titolare (e i contitolari) del trattamento, il responsabile del trattamento e il responsabile della protezione dei dati personali.
Il **titolare del trattamento** è definito come *la persona fisica o giuridica, l'autorità pubblica, il servizio o altro organismo che, singolarmente o insieme ad altri, determina le finalità e i mezzi del trattamento di dati personali; quando le finalità e i mezzi di tale trattamento sono determinati dal diritto dell'Unione o degli Stati membri, il titolare del trattamento o i criteri specifici applicabili alla sua designazione possono essere stabiliti dal diritto dell'Unione o degli Stati membri.*

Il titolare del trattamento è il soggetto che ha il compito di mettere in atto, sin dalla fase della progettazione, misure tecniche e organizzative adeguate per garantire ed essere in grado di dimostrare che il trattamento è effettuato conformemente al regolamento. Il titolare è sempre vincolato al dovere di riservatezza dei dati, inteso come dovere di non usare, comunicare o diffondere i dati al di fuori del trattamento. Egli deve garantire che i dati non siano persi, alterati, distrutti o comunque trattati illecitamente e, in tale prospettiva, spetta a lui stabilire le misure adeguate di sicurezza.
Il titolare del trattamento non è, quindi, chi gestisce i dati, ma chi **decide il motivo e le modalità del trattamento ed è responsabile giuridicamente dell'ottemperanza degli obblighi previsti dalla normativa**, sia nazionale che internazionale, in materia di protezione dei dati personali, compreso l'obbligo di notifica al Garante nei casi previsti.
Il regolamento prevede la possibilità che vi siano più titolari del trattamento. I **contitolari del trattamento** non sono definiti dal regolamento, ma sono trattati all'art. 26, il quale stabilisce che "*allorché due o più titolari del trattamento determinano congiuntamente le finalità e i mezzi del trattamento, essi sono contitolari del trattamento*". Tali soggetti dovranno determinare in modo trasparente, mediante un **accordo interno**, le rispettive responsabilità in merito all'osservanza degli obblighi derivanti dal regolamento, con particolare attenzione ai diritti dell'interessato e alle rispettive funzioni di comunicazione delle informazioni previste dalla normativa vigente.

5.10.2 Il responsabile del trattamento ed il suo rapporto con il titolare

Il responsabile del trattamento *(data processor)* è la persona fisica, giuridica, pubblica amministrazione o ente che **elabora i dati personali per conto del titolare del trattamento**.
Si tratta di un soggetto, distinto dal titolare, che deve essere in grado di fornire garanzie al fine di assicurare il pieno rispetto delle disposizioni in materia di trattamento dei dati personali, nonché di garantire la tutela dei diritti dell'interessato.
In merito al *rapporto tra il titolare e il responsabile del trattamento* dovrà essere **disciplinato tramite un contratto scritto** *o altro atto giuridico* (stipulato in forma scritta, anche in formato elettronico) a norma del diritto dell'Unione europea o degli Stati membri, che vincoli entrambe le figure, e dovrà prevedere la materia disciplinata, la durata del trattamento, la natura e le finalità del trattamento nonché il tipo di dati personali e le categorie di interessati a cui gli stessi dati si riferiscono.

5.10.3 Il Responsabile della protezione dei dati personali (RPD)

Il Responsabile della protezione dei dati personali (RPD) o **Data protection officer (DPO)** nella sigla inglese, è una figura professionale, obbligatoria per le Pubbliche Amministrazioni e disciplinata dall'art. 37 del regolamento europeo.
Il *privacy officer* (agente della privacy) deve possedere competenze giuridiche, informatiche e gestionali; il suo principale compito è quello di osservare, valutare e organizzare la gestione del trattamento di dati personali (e dunque la loro protezione) all'interno di un'azienda, affinché questi siano trattati in modo lecito e pertinente, nel rispetto delle normative vigenti.
La **designazione è obbligatoria** per:

- i trattamenti svolti da autorità e organismi pubblici (fatta eccezione per le autorità giurisdizionali nell'esercizio delle loro funzioni tipiche);
- i trattamenti che richiedono monitoraggi regolari e sistematici degli interessati su larga scala;
- i trattamenti dei dati personali particolari di cui l'art. 9 del regolamento europeo o dei dati attinenti a condanne penali e reati.

Il DPO deve sempre essere «tempestivamente e adeguatamente coinvolto in tutte le questioni riguardanti la protezione dei dati personali»; esso è, quindi, chiamato ad assumere un ruolo decisivo e centrale sia nell'ambito dei trattamenti compiuti da titolari che per quelli compiuti da responsabili del trattamento.
Tale figura, seppur possa trattarsi di un dipendente del titolare o del responsabile, deve disporre di una notevole libertà di mezzi e di giudizio: il regolamento prevede, infatti, che gli siano fornite «le risorse necessarie per assolvere tali compiti e accedere ai dati personali e ai trattamenti e per mantenere la propria conoscenza specialistica» e che «non riceva alcuna istruzione per quanto riguarda l'esecuzione di tali compiti» né che possa essere «rimosso o penalizzato dal titolare del trattamento o dal responsabile del trattamento per l'adempimento dei propri compiti».

5.11 Ulteriori adempimenti da parte di titolari e responsabili del trattamento

La protezione dei dati nell'impostazione del regolamento è assicurata anche mediante la predisposizione di **un Registro delle attività di trattamento**, obbligatorio ad eccezione per gli organismi con meno di 250 dipendenti ma solo se non effettuano trattamenti a rischio. Esso permette ai titolari di fare il punto sui trattamenti e sui dati trattati, di **individuare eventuali trattamenti che comportano rischi per i diritti e le libertà personali**, oltre che di verificare costantemente il rispetto della normativa ed avere uno strumento per dimostrare la conformità al regolamento (anche considerando che il titolare ed il responsabile del trattamento devono tenere traccia di tutte le attività di trattamento svolte sotto la propria responsabilità). Il Registro deve avere forma scritta, anche elettronica, e deve essere esibito su richiesta al Garante.

Ulteriori adempimenti, poi, sono finalizzati a garantire la **sicurezza del trattamento dei dati personali** ed evitare la loro violazione (*data breach*). Il titolare e il responsabile del trattamento devono adottare misure tecniche e organizzative tali da garantire un livello di sicurezza adeguato al rischio. In particolare devono:
- assicurare la riservatezza, l'integrità, la disponibilità e la solidità dei sistemi di trattamento;
- ripristinare tempestivamente la disponibilità e l'accesso dei dati personali in caso di incidente fisico o tecnico;
- adottare una procedura per testare, verificare e valutare regolarmente l'efficacia delle misure tecniche e organizzative al fine di garantire la sicurezza del trattamento;
- assicurarsi che chiunque agisca sotto la loro autorità e abbia accesso a dati personali non tratti tali dati se non è istruito dal titolare del trattamento.

5.12 Le Autorità di controllo

Gli artt. 51 e seguenti del regolamento disciplinano le Autorità di controllo cui spetta la sorveglianza sull'applicazione delle disposizioni al fine di tutelare i diritti e le libertà fondamentali delle persone fisiche con riguardo al trattamento dei loro dati personali. Ogni Stato dell'Unione europea deve prevedere una o più di tali autorità, con competenze nel proprio stato di appartenenza, cui viene riconosciuta piena autonomia e disponibilità di risorse umane, tecniche e finanziarie adeguate allo svolgimento dei compiti assegnatigli. Hanno, in particolare, poteri istruttori, correttivi, autorizzativi e consultivi.
Ulteriore organismo di controllo, cui è attribuito lo status di organismo dell'Unione europea e personalità giuridica, è il **Comitato europeo per la protezione dei dati**, che, tra l'altro, raccoglie in un registro tutti i codici di condotta approvati, rendendoli pubblici mediante mezzi appropriati.
L'art. 153 del Codice della privacy, introdotto dalla riforma (D.Lgs. 101/2018), individua nella figura del **Garante per la protezione dei dati personali**, l'autorità di controllo italiana.
In merito ai **compiti**, l'art. 154 del Codice della privacy, stabilisce che il Garante deve:

- controllare se i trattamenti sono effettuati nel rispetto della disciplina applicabile, anche in caso di loro cessazione e con riferimento alla conservazione dei dati di traffico;
- trattare i reclami presentati;
- promuovere la sottoscrizione di regole deontologiche;
- denunciare i fatti configurabili come reati perseguibili d'ufficio, dei quali viene a conoscenza nell'esercizio o a causa delle funzioni;
- trasmettere la relazione annuale al Parlamento e al Governo, entro il 31 maggio dell'anno successivo a quello cui si riferisce;
- assicurare la tutela dei diritti e delle libertà fondamentali degli individui;
- provvedere all'espletamento dei compiti ad esso attribuiti dal diritto dell'Unione europea o dello Stato e svolgere le ulteriori funzioni previste dall'ordinamento.

In merito ai **poteri**, invece, l'art. 154-*bis* prevede che il Garante, in aggiunta ai poteri previsti dall'art. 58 del regolamento, possa adottare linee guida non vincolanti con riferimento alle misure organizzative e tecniche di attuazione dei principi del regolamento e approvare le regole deontologiche ai sensi dell'art. 2-*quater* del Codice della privacy.

5.13 Le tutela amministrativa e giurisdizionale

La riforma operata dal D.Lgs. 101/2018 novella anche la disciplina del Codice della privacy relativa alla tutela (amministrativa e giurisdizionale) dell'interessato, quella relativa al Garante nonché la disciplina sanzionatoria per le violazioni della normativa in materia di dati personali.
In base al regolamento europeo, gli strumenti a disposizione dell'interessato a sua tutela sono:

- il **reclamo all'autorità di controllo**: fatto salvo ogni altro ricorso amministrativo o giurisdizionale, l'interessato che ritenga che il trattamento che lo riguarda violi il regolamento ha il diritto di proporre reclamo all'autorità di controllo dello Stato membro in cui risiede o lavora abitualmente, o dello Stato in cui si è verificata la presunta violazione;

Il reclamo (previsto dall'art. 77 del regolamento UE 2016/679) deve contenere l'indicazione dettagliata dei fatti e delle circostanze su cui si fonda, delle disposizioni che si presumono violate e delle misure richieste, nonché gli estremi identificativi del titolare o del responsabile del trattamento, ove conosciuto. Esso deve essere sottoscritto dall'interessato o, su mandato di questo, da un ente del terzo settore, attivo nel settore della tutela dei diritti e delle libertà degli interessati con riguardo alla protezione dei dati personali.
Al reclamo va allegata la documentazione utile ai fini della sua valutazione, l'eventuale mandato e l'indicazione di un recapito per l'invio di comunicazioni anche tramite posta elettronica, telefax o telefono.
Il Garante decide il reclamo entro 9 mesi dalla data di presentazione e, in ogni caso, entro 3 mesi dalla predetta data informa l'interessato sullo stato del procedimento. In presenza di motivate esigenze istruttorie, che sono comunicate all'interessato, il reclamo è deciso entro 12 mesi.
Oltre al reclamo, è previsto anche lo strumento della **segnalazione**, come ulteriore forma di tutela amministrativa attivabile da soggetti diversi dall'interessato al fine di richiedere l'intervento del Garante su vicende, anche a carattere collettivo e sociale, concernenti possibili violazioni della disciplina sulla protezione dati.

- il **ricorso giurisdizionale effettivo nei confronti dell'autorità di controllo**, esperito nello Stato membro in cui l'autorità è stabilita. Il ricorso può essere *avverso una decisione giuridicamente vincolante dell'autorità di controllo che lo riguarda* oppure avverso la stessa autorità qualora *non tratti un reclamo o non lo informi entro 3 mesi dello stato o dell'esito del reclamo proposto*;
- il **ricorso giurisdizionale effettivo nei confronti del titolare e/o del responsabile del trattamento**: fatto salvo ogni altro ricorso amministrativo o extragiudiziale disponibile, compreso il diritto di proporre reclamo a un'autorità di controllo, ogni interessato ha il diritto di proporre un ricorso giurisdizionale effettivo qualora ritenga che i diritti di cui gode a norma del regolamento siano stati violati a seguito di un trattamento. Le azioni devono essere esperite nei confronti del titolare e/o del responsabile del trattamento dinanzi alle autorità giurisdizionali dello Stato in cui titolare e/o responsabile hanno uno stabilimento ovvero a quelle dello Stato membro in cui risiede abitualmente l'interessato.

Dunque, l'interessato può proporre reclamo al Garante o, in alternativa, ricorrere al giudice (tribunale ordinario): la pendenza di una controversia davanti all'autorità giudiziaria tra le stesse parti e per lo stesso oggetto, costituisce motivo ostativo alla proposizione del reclamo. Analogamente, la presentazione del reclamo al Garante preclude la possibilità di rivolgersi all'autorità giudiziaria.

QUESITI DI VERIFICA

1) **Il principio di imparzialità comporta:**
   A. la conclusione entro un certo termine del procedimento amministrativo
   B. la partecipazione di tutti i soggetti coinvolti nel procedimento amministrativo
   C. l'accesso di tutti gli interessati agli atti della Pubblica Amministrazione
   D. la ponderazione di tutti gli elementi coinvolti dall'agire della Pubblica Amministrazione

2) **Il potere discrezionale della pubblica amministrazione:**
   A. è totalmente libero
   B. è compiutamente disciplinato dalla legge
   C. è limitato dal legislatore quanto al fine da raggiungere
   D. è arbitrario

3) **I soggetti destinatari delle disposizioni del D.P.R. 445/2000, tassativamente elencati dall'art. 2 sono:**
   A. la Pubblica Amministrazione, i gestori o esercenti di pubblici servizi e i privati che vi consentono
   B. solo la Pubblica Amministrazione centrale
   C. solo la Pubblica Amministrazione, sia centrale che periferica
   D. solo la Pubblica Amministrazione e i gestori o esercenti di pubblici servizi

4) **Ai sensi dell'art. 71 D.P.R. 445/2000, se a seguito di controllo risultasse la non veridicità delle dichiarazioni rese, l'interessato:**
   A. deve unicamente restituire quanto indebitamente ottenuto
   B. decade dagli eventuali benefici conseguenti al provvedimento emanato sulla base della autocertificazione falsa e non può presentare dichiarazioni sostitutive ma solo certificati originali
   C. è denunciato all'autorità giudiziaria incorrendo in pesanti sanzioni penali, ma non decade dagli eventuali benefici conseguenti al provvedimento emanato sulla base della falsa autocertificazione
   D. decade dagli eventuali benefici conseguenti al provvedimento emanato sulla base della falsa autocertificazione, deve restituire quanto indebitamente ottenuto ed è anche denunciato all'autorità giudiziaria incorrendo in pesanti sanzioni penali

5) **Le amministrazioni pubbliche e i gestori di pubblici servizi, ai sensi dell'art. 43 del Testo Unico:**
   A. non sono tenuti ad acquisire d'ufficio le informazioni oggetto delle dichiarazioni sostitutive, né i dati e i documenti che siano in possesso delle pubbliche amministrazioni, ma esclusivamente ad accettare la dichiarazione sostitutiva prodotta dall'interessato
   B. sono tenuti ad acquisire d'ufficio le informazioni oggetto delle dichiarazioni sostitutive, nonché tutti i dati e i documenti che siano in possesso delle pubbli-

che amministrazioni, previa indicazione, da parte dell'interessato, degli elementi indispensabili per il reperimento delle informazioni o dei dati richiesti, ovvero ad accettare la dichiarazione sostitutiva prodotta dall'interessato
C. sono tenuti ad acquisire d'ufficio le informazioni oggetto delle dichiarazioni sostitutive, nonché tutti i dati e i documenti che siano in possesso delle pubbliche amministrazioni, salvi i casi in cui l'interessato abbia esibito certificato
D. sono tenuti a chiedere all'interessato le informazioni oggetto delle dichiarazioni sostitutive, nonché tutti i dati e i documenti sebbene siano già in possesso delle Pubbliche Amministrazioni, previa indicazione, da parte dell'interessato, degli elementi indispensabili per il reperimento delle informazioni o dei dati richiesti

6) **Il documento elettronico sottoscritto con la firma digitale:**
A. ha la stessa efficacia della scrittura privata
B. non ha la stessa efficacia della scrittura privata
C. non ha valore probatorio
D. può avere la stessa efficacia della scrittura privata solo previo consenso scritto delle parti

7) **Che cosa indica la sigla SPID?**
A. Il Sistema pubblico di interconnessione digitale
B. Il Sistema pubblico di identità digitale
C. Il Sistema pubblico di infrastruttura digitale
D. Il Sistema paritario di identificazione digitale

8) **Ai sensi dell'art. 5 L. 241/1990 nel caso di mancata nomina del responsabile del procedimento:**
A. tale funzione è attribuita automaticamente al dirigente responsabile dell'ufficio
B. tale funzione è attribuita al dipendente più anziano, ma solo se accetta l'incarico
C. tale funzione è attribuita al dipendente che riceve l'istanza
D. tale funzione è sospesa fino alla pronuncia del giudice amministrativo

9) **Il responsabile del procedimento può adottare il provvedimento finale?**
A. Sì, se ne ha la competenza
B. No, trasmette gli atti all'organo competente per la verifica
C. Sì, trasmettendo gli atti all'organo competente per l'adozione
D. Sì, se l'organo competente non provvede all'adozione entro 30 giorni dalla conclusione del procedimento

10) **Quale delle seguenti fasi non sempre è parte del procedimento amministrativo?**
A. Fase dell'istruttoria
B. Fase dell'iniziativa
C. Fase dell'integrazione dell'efficacia
D. Fase decisoria

11) La comunicazione di avvio del procedimento amministrativo non è obbligatoria:
A. per i procedimenti in materia edilizia
B. per i procedimenti ad istanza di parte
C. per i procedimenti collegiali
D. per i procedimenti cautelari e per quelli dove sussistono particolari esigenze di celerità

12) Qual è il termine massimo di conclusione del procedimento in assenza di disposizioni legislative o di atti delle amministrazioni interessate?
A. 180 giorni
B. 90 giorni
C. 30 giorni
D. 60 giorni

13) Qual è la finalità del preavviso di rigetto?
A. Concedere al privato la possibilità di esprimere le osservazioni o presentare i documenti da lui ritenuti idonei a indirizzare l'iter decisionale verso un esito favorevole
B. Concedere al privato la possibilità di preparare il ricorso giurisdizionale avverso la decisione
C. Concedere al privato la possibilità di preparare il ricorso amministrativo avverso la decisione
D. Concedere al privato la possibilità di chiedere una proroga della fase istruttoria, presentando documentazione aggiuntiva

14) Quando si forma il silenzio assenso?
A. Quando, presentate ulteriori diffide dall'interessato, l'amministrazione, non rispondendo entro i tempi previsti ad una istanza del cittadino, l'accetta ed il provvedimento si conclude
B. Quando, presentate ulteriori istanze, l'amministrazione, non rispondendo entro i tempi previsti, le accetta ed il provvedimento si conclude
C. Quando, secondo una previsione normativa espressa, l'amministrazione locale, non rispondendo entro i tempi previsti ad una istanza del cittadino, l'accetta ed il provvedimento si conclude
D. Quando, senza necessità di ulteriori istanze o diffide, l'amministrazione, non rispondendo entro i tempi previsti ad una istanza del cittadino, l'accetta e il provvedimento si conclude

15) Con quale tipologia di conferenza di servizi si giunge all'adozione di una decisione pluristrutturata?
A. Conferenza decisoria
B. Conferenza istruttoria
C. Conferenza preliminare
D. Conferenza esplorativa

16) Di regola con quale modalità si svolge la conferenza di servizi istruttoria?
A. La decisione sulla modalità di svolgimento spetta all'amministrazione procedente

B. In modalità procedimentalizzata
C. In modalità semplificata
D. In modalità finalizzata all'adozione del provvedimento

17) Cosa sono gli accordi con la pubblica amministrazione?
A. Formule contrattuali che aiutano soltanto a definire il contenuto di un provvedimento
B. Formule contrattuali che aiutano a definire il contenuto di un provvedimento o lo sostituiscono
C. Formule contrattuali che aiutano a definire il contenuto di un provvedimento senza mai sostituirlo
D. Formule contrattuali che sostituiscono esclusivamente il contenuto di un provvedimento

18) Quali sono i soggetti obbligati a consentire il diritto di accesso?
A. Le Pubbliche Amministrazioni statali, le aziende autonome e speciali, gli enti pubblici e gestori di pubblici servizi, le autorità di garanzia e di vigilanza, i privati gestori o concessionari di pubblici servizi, limitatamente all'attività di pubblico interesse
B. Tutte le Pubbliche Amministrazioni, le aziende autonome e speciali, gli enti pubblici e gestori di pubblici servizi, le autorità di garanzia e di vigilanza, i privati gestori o concessionari di pubblici servizi, limitatamente all'attività di pubblico interesse
C. Tutte le Pubbliche Amministrazioni, le aziende autonome e speciali, gli enti pubblici e gestori di pubblici servizi, le autorità di garanzia e di vigilanza
D. Tutte le Pubbliche Amministrazioni, le aziende autonome e speciali, gli enti pubblici e gestori di pubblici servizi, i privati gestori o concessionari di pubblici servizi, limitatamente all'attività di pubblico interesse

19) In quali casi l'amministrazione pubblica può rifiutare l'accesso ai documenti amministrativi?
A. Nelle ipotesi di segreto espressamente previste, nonché in quelle che potrebbero configurarsi in relazione alle esigenze di cui all'art. 23, comma 3, L. 241/1990 e segnatamente la sicurezza, la difesa nazionale e le relazioni internazionali, la politica monetaria e valutaria, l'ordine pubblico, la prevenzione e repressione della criminalità, la riservatezza di terzi, persone, gruppi e imprese
B. Nelle ipotesi di segreto espressamente previste, nonché in quelle che potrebbero configurarsi in relazione alle esigenze di cui all'art. 24, comma 2, L. 241/1990 con particolare riferimento a documenti relativi alle più alte cariche dello Stato
C. Nelle ipotesi di segreto espressamente previste, nonché in quelle che potrebbero configurarsi in relazione alle esigenze di cui all'art. 24, comma 6, L. 241/1990 e segnatamente la sicurezza, la politica monetaria e valutaria, l'ordine pubblico, la prevenzione e repressione della criminalità, la riservatezza di terzi, persone, gruppi e imprese
D. Unicamente nelle ipotesi di segreto che potrebbero configurarsi in relazione alle esigenze di cui all'art. 24, comma 2, L. 241/1990 e segnatamente la sicu-

rezza, la difesa nazionale e le relazioni internazionali, la politica monetaria e valutaria, l'ordine pubblico, la riservatezza di terzi, persone, gruppi e imprese

20) Il diritto d'accesso può essere differito?
A. Sì
B. No
C. Solo nei casi di atti interni
D. Solo nei casi di atti vincolati

21) È consentito l'esercizio in via informale al diritto di accesso?
A. No, in nessun caso
B. Solo nei casi di atti interni
C. Sì, sempre
D. Sì, qualora in base alla natura del documento richiesto non risulti l'esistenza di controinteressati

22) Ai fini dell'accesso la richiesta:
A. non deve essere motivata
B. deve essere motivata
C. deve essere proposta sempre in nodo formale
D. deve essere proposta solo in modo informale

23) Nell'ipotesi di diniego del diritto di accesso quale delle seguenti azioni non può essere esperita?
A. Richiesta di intervento del difensore civico
B. Richiesta di intervento della Commissione per l'accesso
C. Ricorso al TAR
D. Ricorso al Consiglio di Stato

24) L'accesso civico semplice riguarda la richiesta di consultazione, da parte di chiunque, di documenti, informazioni o dati per i quali sia stato:
A. omesso l'obbligo di pubblicazione da parte dell'amministrazione comunale
B. omesso l'obbligo di pubblicazione da parte dell'amministrazione competente
C. omesso l'obbligo di pubblicazione da parte del responsabile del procedimento
D. omesso l'obbligo di pubblicazione da parte del magistrato

25) A chi deve essere presentata in prima istanza la richiesta di riesame nell'ipotesi di diniego totale o parziale dell'accesso civico o di mancata risposta?
A. Al TAR
B. Al dirigente dell'ufficio che detiene il documento richiesto
C. Al Responsabile della prevenzione della corruzione e della trasparenza
D. Al Difensore civico territoriale

26) Il consenso dell'interessato, ai sensi dell'art. 4 del regolamento (UE) 2016/679, deve essere:
A. libero, specifico, informato ed inequivocabile

B. libero, immediato e scritto
C. libero, revocabile e espresso in forma orale, tranne che nei casi espressamente previsti dalla legge
D. generico, volontario e sempre revocabile

27) L'interessato ha il diritto di ottenere dal titolare del trattamento la cancellazione dei dati personali (cosiddetto diritto all'oblio) che lo riguardano?
A. No, in nessun caso e il regolamento europeo ne dispone espressamente il divieto
B. Sì, senza ingiustificato ritardo se sussistono determinati motivi
C. Sì, ma unicamente se i dati personali sono stati trattati illecitamente
D. Sì, ma solo se lo richiede il Garante per la protezione dei dati personali per gravi motivi

28) Per diritto alla portabilità dei dati, ai sensi dell'art. 20 del regolamento (UE) 2016/679, si intende che:
A. l'interessato ha, in qualsiasi momento e con qualsiasi forma e mezzo, il diritto di revocare il consenso espresso
B. l'interessato ha il diritto di rettificare o cancellare i dati personali che lo riguardano anche senza motivazione alcuna
C. l'interessato ha il diritto di ricevere in un formato strutturato, di uso comune e leggibile da dispositivo automatico, i dati personali che lo riguardano forniti a un titolare del trattamento
D. l'interessato ha il diritto di sostituire il titolare del trattamento dei propri dati, affidandoli ad altro responsabile del trattamento

29) La designazione del responsabile della protezione dei dati personali (DPO), ai sensi dell'art. 37 del regolamento (UE) 2016/679, è obbligatoria?
A. No, in nessun caso
B. Sì, solo in alcuni casi
C. No, è facoltativa ma diviene obbligatoria solo se lo richiede il Garante per la protezione dei dati per il trattamento di dati relativi a determinate categorie di soggetti
D. Sì, sempre

30) Gli strumenti amministrativi e giurisdizionali posti a tutela dell'interessato, nell'ambito della tutela della privacy, sono:
A. l'istanza, la segnalazione ed il ricorso giurisdizionale
B. la segnalazione e l'atto di citazione
C. il reclamo, la segnalazione ed il ricorso giurisdizionale
D. l'istanza, la segnalazione ed il ricorso al Capo dello Stato

Risposte esatte: 1d, 2c, 3a, 4d, 5b, 6a, 7b, 8a, 9a, 10c, 11d, 12c, 13a, 14d, 15a, 16c, 17b, 18b, 19c, 20a, 21d, 22b, 23d, 24b, 25c, 26a, 27b, 28c, 29b, 30c

Libro IV

Ordinamento istituzionale e funzioni degli enti locali

SOMMARIO

Capitolo 1
Le autonomie territoriali

1.1 Concetti introduttivi

Il diritto pubblico insegna che uno **Stato** nasce dalla compresenza di tre elementi: il popolo, il territorio, il Governo. L'apparato amministrativo pubblico, pertanto, è deputato alla regolare gestione della pacifica e ordinata convivenza della popolazione su di un dato territorio.

Lo Stato si pone come l'**ente pubblico per eccellenza**, ma non esaurisce a livello centrale e unitario quello che, in realtà, è un ampio panorama di soggetti giuridici, classificabili tutti come **Pubbliche Amministrazioni**. Si tratta, infatti, di un panorama composito, che racchiude al suo interno un insieme di enti, i quali esercitano i loro *poteri* nell'*intero territorio nazionale* o in una *porzione di territorio*, facendo capo al Governo o alle altre realtà dotate di una certa misura di autonomia.

Nel novero degli enti pubblici, rientra un numero elevato di soggetti amministrativi, alcuni dei quali con *competenza territoriale* equivalente a quella statale, ma limitati per *tipologia di attività* (quali le *Authorities*), altri con competenza più estesa nel merito, ma limitata territorialmente.

A tale ultimo proposito, si rende necessaria un'ulteriore distinzione:

- da un lato emergono, infatti, gli enti che sono manifestazioni di un'*Amministrazione centralista*, ovvero **articolazioni dello Stato centrale**, che svolgono a livello locale un'attività propria di un Ministero.

  Classiche e note articolazioni dello Stato centrale, cui compete territorialmente un'attività ministeriale sono le Soprintendenze archeologiche che svolgono un'attività propria del Ministero dei beni culturali ed ambientali, che sono, fra l'altro, rivolte alla tutela del patrimonio archeologico e al coordinamento delle attività che si svolgono nel territorio di competenza;

- dall'altro lato emergono gli enti che sono espressione del **governo di un determinato territorio** (*autonomie territoriali o locali*) e che, avendo il territorio come elemento costitutivo, sono chiamati a svolgere le loro funzioni con autonomia di indirizzo politico-amministrativo, in quanto rappresentativi della collettività territoriale. Si dice, infatti, che **gli enti territoriali sono enti rappresentativi a fini generali**.

L'ordinamento costituzionale della Repubblica italiana, all'art. 5 Cost., pur nell'unità e nell'indivisibilità della Repubblica, **riconosce e promuove le autonomie locali**, quindi ne afferma la preesistenza e assume l'impegno della relativa valorizzazione. Inoltre, sostiene il principio del **decentramento amministrativo** nei servizi che dipendono dallo Stato, con ciò richiedendo che la legislazione statale si adegui ai due paralleli principi dell'autonomia e del decentramento.

I padri costituenti hanno inteso sottolineare che la Repubblica attribuisce priorità temporale alle istituzioni rappresentative delle comunità locali, assumendosi il compito, pur nel quadro nazionale unitario, di non soffocarne le potestà ma, al contrario, di sostenerne l'identità e l'autonomia, come si evince dallo stesso termine adoperato nel precetto costituzionale (*autonomie locali*, non semplicemente *enti locali*). Lo Stato italiano è unitario e non federale e deve essere informato a questo valore cardine.

1.2 Enti ed autonomie locali. Autonomia e decentramento

Un **ente locale** è un ente pubblico dotato di competenze esercitabili entro ambiti *territorialmente e funzionalmente* più ristretti di quelli dello Stato.
Nell'ambito degli enti locali si distinguono gli **enti locali territoriali**, che hanno la medesima struttura dello Stato: il territorio, infatti, non solo rappresenta un limite alla competenza degli organi, ma si caratterizza come elemento costitutivo dell'ente, difettando il quale l'ente «territoriale» non potrebbe esistere come tale. Ne deriva che gli organo di governo dell'ente non possono che essere rappresentativi della popolazione residente.
Nell'ordinamento italiano si parla di «ente locale» sia nel significato più generale di ente pubblico contrapposto all'ente nazionale, sia nel significato più specifico, derivato dall'uso che normalmente ne fa il legislatore, per riferirsi agli enti locali territoriali diversi dalla Regione (cosiddette **autonomie locali**).
La Costituzione prevede che l'**autonomia** degli enti territorialmente limitati sia espressa principalmente mediante una **potestà di autodeterminazione politica e di normazione** che, salve alcune materie, può essere in misura maggiore o minore frutto delle scelte della comunità locale.
Dall'art. 4 D.Lgs. 267/2000 (*Testo unico sull'ordinamento delle autonomie locali*), tenuto conto della portata normativa degli artt. 114, 117 e 119 Cost., come modificati dalla L. cost. 3/2001, si deduce che agli enti locali, pur nel rispetto dei principi costituzionali (tra i quali risulta quello dell'*unità nazionale* di cui all'art. 5), vengono riconosciute:

> **autonomia politica**, che si concreta nella possibilità di determinare e perseguire un proprio indirizzo politico-amministrativo;
> **autonomia normativa**, che si esplica sia a livello statutario sia a livello regolamentare. L'**autonomia statutaria** è la capacità di porre in essere il proprio statuto, costituzionalmente riconosciuta ai Comuni, alle Province, alle Città metropolitane e alle Regioni (art. 114, co. 2, Cost.); l'**autonomia regolamentare**, invece, consente all'ente di emanare regolamenti per la disciplina di determinate materie. A seguito della riforma attuata dalla L. cost. 3/2001 anche i Comuni, le Province e le Città metropolitane rinvengono il fondamento di tale potestà direttamente nella Costituzione (art. 117, co. 6);
> **autonomia organizzativa o amministrativa**, che si sostanzia nella possibilità di gestire la struttura e il funzionamento di organi, uffici, servizi e personale destinati allo svolgimento delle funzioni proprie, svolte in sede di amministrazione attiva o di controllo;
> **autonomia finanziaria e impositiva**, perché l'ente possa determinare e amministrare le proprie entrate, imponga proprie imposte e tasse, pur nel rispetto dei margini imposti dalla disciplina nazionale.

L'attribuzione di funzioni realizza il cosiddetto **decentramento autarchico**, in contrapposizione a quel **decentramento amministrativo** che, nell'accezione accolta dall'art. 5 Cost., si connota come *criterio organizzativo* attinente alla **dislocazione delle attribuzioni** e all'**assegnazione delle competenze** fra più figure soggettive, in relazione allo svolgimento della funzione amministrativa. Si delinea così, all'interno dell'apparato politico-amministrativo dello Stato centrale, un sistema di poteri amministrativi che si pone come strumento di miglioramento dell'efficacia e dell'efficienza dell'azione pubblica, grazie alla semplificazione strutturale conseguita mediante una più razionale distribuzione delle funzioni.
Accentramento e decentramento sono, in tal senso, espressioni fra loro contrapposte ma riferite a forme di organizzazione della struttura amministrativa di uno stesso ente, operanti su di un piano diverso dal concetto generale di autonomia, che implica la presenza di più enti.

Il rapporto fra autonomia e decentramento esprime il pluralismo delle istituzioni di governo, nel quale si manifesta, a sua volta, il **principio democratico** di cui all'art. 1 Cost. Deriva da ciò la necessità che i poteri decisori non siano racchiusi in un unico nodo centrale, né siano conferiti in modo esclusivo allo stesso livello di governo.

1.3 Autonomia, sussidiarietà e federalismo

A seguito della **riforma Bassanini**, attuata con la L. 59/1997, si è determinato il trasferimento, verso le Regioni e gli enti territoriali minori, di molte funzioni amministrative in precedenza gestite dallo Stato e dagli altri enti pubblici nazionali.
Questo trasferimento è stato concepito come attuazione del **principio di sussidiarietà**, la cui introduzione nel nostro ordinamento, in particolare a livello costituzionale con l'art. 118 Cost., segna una vera e propria inversione di tendenza rispetto alla tradizione statalista e centralista.
Il principio, infatti, implica che le attività amministrative debbano essere svolte preferibilmente dall'entità territoriale amministrativa più vicina ai cittadini (Comuni) e delegate ai livelli amministrativi territoriali superiori (Regioni, Province, Città metropolitane, Comunità montane e isolane) solo se questi possano rendere il servizio in maniera più efficace ed efficiente.
L'art. 5 Cost. conferisce un'ampia libertà alle diverse collettività territoriali nel perseguimento e nella gestione degli interessi locali, mediante il riconoscimento di una posizione di autonomia in favore dei rispettivi enti esponenziali. Alcuni limiti applicativi, tuttavia, si scorgono poiché l'ente locale rappresenta un livello territoriale e istituzionale minore rispetto ad un altro e quindi non è *superiorem non recognoscens*. Se da un lato, infatti, la Repubblica italiana è uno **Stato unitario a base regionale**, che promuove gli enti espressione delle comunità locali, dall'altro non è certo uno Stato federale.
Il **federalismo** nasce proprio per indicare una formula organizzativa a valenza politica, in base alla quale il potere è costituzionalmente diviso fra un'autorità governativa centrale e delle unità politiche di sottogoverno, il cui insieme viene chiamato «federazione». I due distinti livelli di governo sono indipendenti fra di loro e hanno sovranità nelle rispettive competenze. Il **federalismo fiscale** può ritenersi incluso nel **federalismo politico-istituzionale**, mentre può essere previsto facoltativamente anche in ordinamenti non federali, come il nostro, che ne ha accolto i principi fondamentali.

Capitolo 2
Le fonti normative

2.1 I precetti della Costituzione repubblicana

La Costituzione dedica alle autonomie territoriali l'intero Titolo V della Parte II (artt. 114-133), modificato dalla **L. cost. 18-10-2001, n. 3**, alla quale la **L. 5-6-2003, n. 131** (cosiddetta legge La Loggia) ha adeguato l'ordinamento della Repubblica.

La L. cost. 3/2001 ha varato un'ampia riforma della materia, dando piena attuazione all'art. 5 della medesima Carta costituzionale, che riconosce e promuove le autonomie locali quali enti esponenziali preesistenti alla formazione della Repubblica. Le modifiche di maggiore rilevanza hanno interessato il **rapporto Stato-Regioni**, ma non mancano disposizioni anche per gli **altri enti locali**, già a partire dalla nuova formulazione dell'art. 114 Cost. con il quale si apre il novellato Titolo V.

In particolare:

- è affermata la **pari dignità istituzionale** degli enti che costituiscono la Repubblica (art. 114 Cost.) Seguendo un criterio di equiordinazione, l'art. 114, come riscritto dalla riforma, indica che la Repubblica (lo Stato-ordinamento) è costituita da un complesso di strutture paritetiche, senza distinzione fra livelli gerarchici, ossia Comuni, Province, Città metropolitane, Regioni e Stato (Stato-persona). Esso, inoltre, prevede il riconoscimento costituzionale della funzione di capitale della Repubblica per la **città di Roma**;
- gli enti locali sono dotati di **autonomia costituzionalmente riconosciuta** (artt. 114 e 119 Cost.);
- le funzioni amministrative sono distribuite ai diversi livelli di governo secondo i **principi di sussidiarietà**, **adeguatezza e differenziazione**, con preferenza per l'ente più vicino alle esigenze della collettività (art. 118 Cost.);
- l'ordinamento degli enti locali è disciplinato dalla legge dello Stato soltanto per gli aspetti relativi agli organi di governo, alle funzioni fondamentali e alla legislazione elettorale (art. 117, co. 2, lett. *p*), Cost.): la disciplina degli altri aspetti dell'ordinamento è rimessa agli statuti e ai regolamenti deliberati degli enti locali;
- è istituito il **Consiglio delle autonomie locali** (CAL) come organo regionale necessario (art. 123 Cost.);
- sono aboliti i controlli sugli atti degli enti locali;
- sono costituzionalizzate le **Città metropolitane**.

La rilevanza del nuovo assetto delle autonomie territoriali – comprensive di Regioni ed enti locali – si manifesta particolarmente nella previsione di una *competenza legislativa esclusiva* delle Regioni in ogni materia non espressamente riservata alla legislazione statale; ciò che – in termini di rilevanza – antepone implicitamente la competenza regionale a quella statale. In virtù del principio di sussidiarietà, che attribuisce le funzioni a partire dal livello di governo più prossimo alla popolazione,

si può sostenere che l'ambito regionale, per effetto della riforma, è divenuto più rilevante sul piano legislativo, mentre ai Comuni spettano in via primaria le **funzioni amministrative** (art. 118).
Al contempo, è espressamente riconosciuta l'importanza di un *livello sovraordinato*, individuato nell'**ordinamento dell'Unione europea** e negli **obblighi internazionali** (art. 117, co. 1).
La riforma non ha mancato di incidere sugli aspetti finanziari. Il riformulato art. 119, co. 1, infatti, evidenzia un'estensione del riconoscimento dell'**autonomia finanziaria** dall'ambito regionale a quello di Comuni, Province e Città metropolitane. La disposizione precisa peraltro che tale autonomia deve essere esercitata sia dal lato delle entrate che da quello delle spese.
Il co. 2 del medesimo precetto pone l'enfasi sulla possibilità che gli enti dispongano di **risorse autonome** – dunque non più "attribuite" da un livello superiore di governo – e stabiliscano e applichino tributi ed entrate propri, in armonia con la Costituzione (e non più solo "nei limiti stabiliti da leggi della Repubblica"), e "secondo i principi di coordinamento della finanza pubblica e del sistema tributario", vale a dire in base a materie che l'art. 117, co. 3, inserisce fra quelle demandate alla legislazione regionale concorrente. Pertanto, mentre allo Stato resta la fissazione dei principi fondamentali di indirizzo, attraverso leggi "quadro", per le Regioni l'iniziativa legislativa in materia di coordinamento sembra riferibile ai rapporti fra finanza regionale e finanza locale.

2.2 La normativa ordinaria dello Stato

La normativa nazionale applicabile è contenuta nella disciplina generale sugli enti locali e nelle discipline settoriali, relative ad aree comuni rispetto agli enti nazionali. Settori classici di intervento normativo statale sono l'attività contrattuale pubblica di cui al Codice dei contratti pubblici o la disciplina del lavoro alle dipendenze della Pubblica Amministrazione.
La **L. 8-8-1990, n. 142** fu la prima a dettare una disciplina organica e, per vari aspetti, innovativa dell'ordinamento degli enti locali. Successivamente, la L. 81/1993 introdusse il meccanismo dell'elezione diretta del Sindaco e del Presidente della Provincia. Seguirono la disciplina sull'ordinamento finanziario e contabile degli enti locali (1995) e le leggi Bassanini (1997). Ulteriori modifiche furono introdotte con la L. 265/1999 (cosiddetta Napolitano-Vigneri), provvedimento che attribuiva al Governo anche la delega ad attuare un riordino complessivo della materia.
La delega fu esercitata dall'Esecutivo l'anno successivo con l'approvazione del **D.Lgs. 18-8-2000, n. 267** recante il **Testo unico delle leggi sull'ordinamento degli enti locali (TUEL)**, un provvedimento con cui veniva risistemata in maniera organica la legislazione sugli enti locali emanata nel precedente decennio. Il Testo unico è ancora oggi il principale riferimento legislativo per la disciplina di tali enti, anche se deve essere integrato con le disposizioni emanate successivamente e che in più punti hanno introdotto specifiche deroghe alla disciplina unitaria.
Da ultimo, la **L. 7-4-2014, n. 56**, recante *Disposizioni sulle Città metropolitane, sulle Province, sulle unioni e fusioni di Comuni* (cosiddetta legge Delrio), modificando sostanzialmente il D.Lgs. 267/2000, ha riformato, "a Costituzione invariata" l'ordinamento

di Città metropolitane e Province, trasformandoli, di fatto, in enti a rappresentanza indiretta (gli organi politici non sono ad elezione diretta).
Agli enti locali si applicano, inoltre, le disposizioni del D.Lgs. 165/2001 (il **Testo unico sul pubblico impiego**, che ha vigenza, in quanto compatibile, nella disciplina dell'organizzazione e del rapporto di lavoro del personale degli enti locali.

2.3 Gli statuti

2.3.1 La potestà statutaria degli enti subregionali

L'autonomia statutaria degli enti locali trova esplicita consacrazione normativa:

> nell'**art. 114, co. 2, Cost.**, ai sensi del quale Comuni, Province e Città metropolitane sono riconosciuti quali enti autonomi dotati di propri statuti, poteri e funzioni secondo i principi fissati dalla Costituzione.

Che la potestà normativa di Comuni, Province e Città metropolitane debba esplicarsi nel rispetto dei principi fissati dalla Costituzione è ribadito dall'art. 4 della L. 131/2003 (di attuazione dell'art. 114, co. 2, Cost.;

> nell'**art. 6 del D.Lgs. 267/2000**, il quale prevede che i Comuni e le Province adottino il proprio statuto (co. 1) e che questo stabilisca, nell'ambito dei principi fissati dalla legge, le **norme fondamentali dell'organizzazione dell'ente** (co. 2).

L'art. 1, co. 3, del D.Lgs. 267/2000 demanda alla legislazione in materia di ordinamento degli enti locali, e di disciplina dell'esercizio delle funzioni ad essi conferite, il compito di enunciare espressamente *«i principi che costituiscono limite inderogabile per la loro autonomia normativa»*.
Si può quindi affermare, anche sulla base dell'art. 4 della L. 131/2003, che la **potestà statutaria degli enti locali è sottoposta a tre limiti**:

> rispetto della Costituzione;
> rispetto dei principi generali in materia di organizzazione pubblica;
> rispetto di quanto stabilito in attuazione dell'art. 117, co. 2, lett. *p*), che prevede una competenza esclusiva del legislatore statale in materia di legislazione elettorale, di organi di governo e funzioni fondamentali di Comuni, Province e Città metropolitane.

In quanto espressamente conferita e correlata ai precetti costituzionali, la potestà statutaria si esplica al fuori di qualsiasi intermediazione della legge statale o regionale, se non nei limiti in cui questa intermediazione sia prevista dalla stessa Costituzione.
Attraverso lo statuto l'ente locale deve provvedere a fissare i **criteri generali della propria organizzazione amministrativa e del proprio funzionamento**; deve delineare il proprio "organigramma" istituzionale, le strutture di vertice e le loro articolazioni, le modalità di interrelazione fra i vari uffici, le forme di collaborazione fra Comuni e Province; disciplinare le altre materie ivi elencate in modo da rappresentare l'identità istituzionale di ciascuna comunità locale.
In particolare, a norma dell'art. 6, co. 2, D.Lgs. 267/2000, lo statuto deve:

> specificare le *attribuzioni degli organi* e le *forme di garanzia e di partecipazione delle minoranze*, i modi di esercizio della *rappresentanza legale* dell'ente, anche in giudizio;

- stabilire i criteri generali (intendendo per tali quelle indicazioni valide ad ampio spettro, non derogabili ma suscettibili di miglioramenti in dettaglio) in materia di *organizzazione* dell'ente, le *forme di collaborazione fra Comuni e Province*, della *partecipazione popolare*, del *decentramento*, dell'*accesso dei cittadini alle informazioni e ai procedimenti amministrativi*, lo stemma e il gonfalone e quanto ulteriormente previsto dalla legge.

Sotto il profilo del contenuto, rileva anche l'art. 4, co. 2, L. 131/2003, il quale affida allo statuto degli enti territoriali minori la determinazione dei *principi di organizzazione e funzionamento*, delle *forme di controllo*, anche sostitutivo, delle *garanzie delle minoranze* e delle *forme di partecipazione popolare*.

In quanto *norme*, le disposizioni statutarie sono regole precise e di diretta applicazione; in quanto *fondamentali*, sono imprescindibili e di rispetto obbligato.

Per lungo tempo la collocazione degli statuti subregionali, nell'ambito della gerarchia delle fonti, è stata oggetto di discussione. La *dottrina classica* li qualificava come **fonti secondarie**, negandone la capacità di derogare alle norme primarie. Si è cominciato a dubitare della correttezza di quest'impostazione quando la riforma costituzionale (2001) ha sottoposto gli statuti al (solo) limite dei principi costituzionali. Successivamente, la L. 131/2003 ha stabilito che gli statuti sono sottoposti anche ai principi generali in materia di organizzazione e alle leggi statali disciplinanti la legislazione elettorale, gli organi di governo e le funzioni fondamentali degli enti locali.

Sulla scorta delle disposizioni costituzionali e della legge ordinaria, interpretate a rinforzo della tesi che nega la natura di fonte secondaria, l'opinione oggi dominante è quella che considera gli statuti subregionali come atti formalmente amministrativi, ma sostanzialmente normativi, sia pure con specifiche caratteristiche di atipicità, di **rango paraprimario o subprimario**.

Nella gerarchia delle fonti, perciò, gli statuti degli enti locali si pongono in posizione sovraordinata rispetto alle fonti secondarie e in posizione subordinata alle leggi ordinarie (non alle leggi in quanto tali, bensì ai principi generali che esse pongono).

Dalla **natura sostanzialmente normativa** degli statuti discende che gli atti amministrativi emanati in violazione delle disposizioni statutarie sono illegittimi per *violazione di legge* e, in quanto tali, **impugnabili in sede amministrativa o giurisdizionale** (magari in via congiunta con gli atti che rendono concreta la loro potenziale lesività).

2.3.2 Il contenuto obbligatorio e facoltativo dello statuto

Si può distinguere nello statuto di ciascun ente locale un contenuto obbligatorio (generale o speciale) e uno facoltativo (generale o speciale).

Il contenuto obbligatorio

Si definisce contenuto obbligatorio quello che **non deve mancare nel programma di disciplina dello statuto, pena la sua illegittimità**.

Trattasi in particolare delle seguenti materie:

- **affari istituzionali** (definizione e gestione di stemma e gonfalone);
- **competenze e funzionamento degli organi** (determinazione del numero degli assessori o del loro tetto massimo, specificazione delle attribuzioni degli organi, modi di esercizio della rappresentanza legale dell'ente anche in giudizio, norme per la pro-

mozione della presenza di entrambi i sessi, specificazione delle forme di garanzia e partecipazione delle minoranze consiliari ecc.);

> **controlli interni** (modalità di collaborazione dei revisori dei conti con il Consiglio nell'esercizio delle loro funzioni, disciplina dell'assegnazione all'organo di revisione dei mezzi necessari per l'espletamento delle proprie funzioni, disciplina delle modalità del controllo di gestione, individuazione di strumenti e metodologie di controllo interno, volte a garantire il funzionamento dell'ente secondo criteri di efficacia ed economicità dell'azione amministrativa ecc.);
> **forme di collaborazione fra Comuni e Province** (convenzioni, consorzi, unioni, accordi di programma);
> **forme di decentramento** (circoscrizioni);
> **organizzazione degli uffici di dirigenza** (criteri generali e norme fondamentali dell'organizzazione dell'ente, modalità e criteri di nomina dei responsabili degli uffici e dei servizi, modalità e criteri di attribuzione e definizione degli incarichi dirigenziali e di collaborazione esterna, criteri e norme per l'esercizio delle funzioni di direzione degli uffici e dei servizi da parte dei dirigenti, modalità per l'esercizio da parte dei dirigenti delle competenze di cui all'art. 107, co. 3, TUEL);
> **partecipazione** (forme della partecipazione popolare e di consultazione della popolazione, procedure per l'ammissione e per il tempestivo esame di istanze o petizioni o proposte popolari, modalità di partecipazione degli interessati nel procedimento di adozione di atti che incidano su situazioni giuridiche soggettive, forme di accesso dei cittadini alle informazioni e ai procedimenti amministrativi ecc.);
> **servizi pubblici locali** (modalità di nomina e revoca del presidente e del consiglio d'amministrazione delle aziende speciali e delle istituzioni per la gestione dei servizi sociali, ordinamento e funzionamento delle istituzioni, disciplina delle modalità di coordinamento degli interventi di assistenza, integrazione sociale e tutela dei diritti delle persone handicappate con i servizi sociali, sanitari, educativi e del tempo libero operanti nell'ambito territoriale, nonché di un servizio di segreteria per i rapporti con gli utenti dei citati servizi);
> **tributi** (l'adeguamento alle disposizioni di cui alla L. 122/2000 afferente allo statuto dei diritti del contribuente).

Con specifico riferimento alle **Città metropolitane**, l'art. 1, co. 10, L. 56/2014 afferma che il loro statuto deve riportare «*le norme fondamentali dell'organizzazione dell'ente, ivi comprese le attribuzioni degli organi nonché l'articolazione delle loro competenze*».
Inoltre, l'atto statutario della Città metropolitana deve:

> regolare le modalità e gli strumenti di coordinamento dell'azione complessiva di governo del territorio metropolitano;
> disciplinare i rapporti fra i Comuni e le loro Unioni facenti parte della Città metropolitana e la stessa Città metropolitana in ordine alle modalità di organizzazione e di esercizio delle funzioni metropolitane e comunali, prevedendo anche forme di organizzazione in comune, eventualmente differenziate per aree territoriali;
> stabilire le modalità in base alle quali i Comuni non compresi nel territorio metropolitano possono istituire accordi con la Città metropolitana.

Il **contenuto obbligatorio** si definisce **speciale** quando deve essere rispettato, pena la nullità dello statuto, soltanto da alcune tipologie di enti locali. Si pensi ai Comuni con popolazione superiore o inferiore ad una data soglia. Solo i Comuni con popolazione superiore a 100.000 abitanti, per esempio, dovranno disciplinare l'organizzazione e le funzioni delle circoscrizioni ed il sistema di elezione dei relativi organi. Solo gli enti che abbiano previsto commissioni consiliari di garanzia e/o controllo dovranno prevederne l'attribuzione della presidenza alle opposizioni ecc.

Il contenuto facoltativo

Fatto salvo il contenuto minimo obbligatorio, l'inserimento di altre disposizioni all'interno dello statuto è **demandato all'autonomia e alla discrezionalità dell'ente**. Così, per esempio, lo statuto può facoltativamente disciplinare:

- le **competenze e il funzionamento degli organi**. Vi rientrano i principi sul funzionamento del Consiglio, la previsione di commissioni consiliari, la disciplina di poteri, la composizione e il funzionamento delle commissioni di indagine, l'individuazione di atti rientranti nella funzione di indirizzo e controllo politico-amministrativo degli organi di governo, l'attribuzione di ulteriori competenze al Sindaco, ai dirigenti o al segretario dell'ente ecc.;
- i **controlli interni**, come la previsione dell'eventuale partecipazione dell'organo di revisione alle sedute della Giunta o l'attribuzione di ulteriori competenze ai revisori dei conti;
- la **finanza e la contabilità**, come gli adempimenti connessi alla gestione finanziaria rientranti nell'ambito del servizio di tesoreria;
- gli **istituti di partecipazione**, in particolare l'eventuale disciplina del referendum a livello locale.

L'art. 1, co. 11, lett. *c*), L. 56/2014, a proposito delle **Città metropolitane**, prevede che i loro statuti possono prevedere, anche su proposta della Regione e comunque d'intesa con la medesima, la *costituzione di zone omogenee*, per specifiche funzioni e tenendo conto delle specificità territoriali, con organismi di coordinamento collegati agli organi della Città metropolitana. La mancata intesa può essere superata con decisione della Conferenza metropolitana a maggioranza dei due terzi dei componenti.
Simili disposizioni costituiscono il **contenuto facoltativo** dello statuto.
Le materie che la legge consente soltanto agli enti locali rientranti in una certa tipologia di disciplinare in sede statutaria, invece, costituiscono il **contenuto facoltativo speciale**. Così, per esempio, solo i Comuni con popolazione fra i 100 mila e i 250 mila abitanti possono articolare il territorio per istituire le circoscrizioni di decentramento, rispettando comunque il vincolo di una popolazione media non inferiore a 30 mila abitanti.

2.3.3 L'approvazione dello statuto e la sua pubblicazione

Il procedimento di approvazione dello statuto differisce da ente a ente. Per i **Comuni**, l'art. 6, co. 4, TUEL, ne riserva l'approvazione al Consiglio comunale, che deve seguire un particolare procedimento aggravato. Lo statuto, infatti, deve essere deliberato dal Consiglio con il voto favorevole dei *due terzi dei consiglieri assegnati all'ente*. Qualora tale maggioranza non venga raggiunta, la votazione è ripetuta in successive sedute da tenersi entro 30 giorni e lo statuto è approvato se ottiene per due volte il voto favorevole della maggioranza assoluta dei consiglieri assegnati. Tale procedura si applica anche per le successive modifiche.

Lo statuto dell'**Unione di Comuni**, invece, in fase di prima istituzione è approvato dai Consigli dei Comuni partecipanti, mentre le successive modifiche sono approvate dal Consiglio dell'Unione (art. 32, co. 4, TUEL).
Per le **Province**, trova ora applicazione l'art. 1, co. 55, della L. 56/2014, il quale stabilisce che è compito dell'Assemblea dei Sindaci adottare e respingere lo statuto proposto dal Consiglio provinciale e le sue successive modificazioni, con i voti che rappresentino almeno un terzo dei Comuni compresi nella Provincia e la maggioranza della popolazione complessivamente residente.
Lo statuto delle **Città metropolitane**, infine, è adottato, modificato e respinto dalla Conferenza metropolitana sulla base delle proposte presentate dal Consiglio metropolitano. Sono necessari i voti di un numero di membri che rappresentino almeno un terzo dei Comuni compresi nella Città metropolitana e la maggioranza della popolazione complessivamente residente (art. 1, co. 9, L. 56/2014).
Sotto il profilo pubblicitario, la legge prevede una **doppia pubblicazione** dello statuto che, oltre a essere trasmesso al Ministero dell'Interno per l'inserimento nella **Raccolta Ufficiale** degli statuti, va pubblicato nel **Bollettino Ufficiale** della Regione (con mero effetto notiziale) e pubblicato sul **sito istituzionale dell'ente**. Tale ultima modalità di pubblicazione è stata introdotta dall'art. 32 L. 69/2009, la quale ha disposto che, dal 1° gennaio 2011, le Pubbliche Amministrazioni hanno l'obbligo di pubblicare i propri atti con effetti di pubblicità legale sui rispettivi siti informatici (**albo pretorio online**). A decorrere da tale data la pubblicazione in forma cartacea non ha alcuna efficacia di pubblicità legale.

In passato lo statuto era assoggettato al controllo preventivo di legittimità da parte del **Comitato regionale di controllo** (CO.RE.CO.) con le procedure e nelle forme previste per il controllo obbligatorio sugli atti deliberativi consiliari. Essendo venuta meno, all'indomani dell'entrata in vigore della L. cost. 3/2001, ogni forma di controllo preventivo di legittimità sugli atti degli enti locali, lo statuto locale non risulta più assoggettato ad alcuna forma di controllo.

2.4 I regolamenti degli enti locali

2.4.1 Il fondamento e i limiti della potestà regolamentare

Accanto all'autonomia legislativa la Costituzione riconosce agli enti locali quella regolamentare, più appropriatamente definita *potestà regolamentare* dall'art. 117, co. 6, Cost. Tale potestà è conferita anche agli enti territoriali minori in materia di organizzazione e di svolgimento delle funzioni loro assegnate.
Il fondamento giuridico della potestà regolamentare risiede nell'espressa attribuzione di competenza da parte della legge. Soltanto il legislatore, infatti, può attribuire tale potere ad un organo amministrativo, determinando l'inserimento degli atti che ne conseguono nella gerarchia delle fonti.
I **limiti al potere regolamentare locale** restano quelli individuati per i regolamenti in genere, che non possono contrastare con le norme costituzionali, né con quelle dell'Unione europea, né regolare materie coperte da riserva di legge statale (es. quella in materia penale) o regionale (cfr. art. 117 Cost.).

Il principio di **sussidiarietà** se da un lato ha segnato, in materia di regolamenti locali, il superamento del principio gerarchico, dall'altro lato ha dato luogo ad altro principio, quello della **cedevolezza**, che determina un *rafforzamento del potere normativo locale*; in virtù di tale principio, infatti, le leggi statali e regionali cedono, ossia si ritraggono, di fronte ai regolamenti locali nelle materie di rispettiva loro competenza. In ipotesi, invece, di **contrasto fra regolamenti locali e leggi ordinarie statali o regionali** (come pure di **deroga**), essendo ormai doverosa la salvezza delle materie riservate dal novellato art. 118 Cost. all'autonomia locale, ne deriva che, qualora il contrasto (o la deroga) riguardi una di queste materie, la norma locale deve considerarsi prevalente. D'altro canto, nell'opposta ipotesi di **invadenza**, da parte del regolamento locale, di materie estranee alle funzioni locali, va riconosciuta, secondo una consolidata giurisprudenza amministrativa, l'*illegittimità* della norma regolamentare (Potenza).

2.4.2 I regolamenti degli enti locali nella gerarchia delle fonti

I regolamenti degli enti locali sono tradizionalmente considerati quali **fonti secondarie**, in quanto esplicazione concreta del potere normativo conferito dal legislatore a tali Amministrazioni periferiche. Se prima della riforma costituzionale del 2001 gli enti locali esprimevano, attraverso i regolamenti, le loro scelte entro i margini delineati dalla legislazione statale e regionale, nel sistema successivo alla revisione costituzionale si è configurata una nuova e più accresciuta autonomia regolamentare locale, che ha segnato il **passaggio dal principio di gerarchia delle fonti a quello di competenza** (già *in nuce* nell'art. 5 della L. 142/1990, poi recepita dal D.Lgs. 267/2000); ciò, in quanto ogni fonte normativa ha il proprio ambito di competenza. L'ordinamento statale, oggi, è quindi policentrico in relazione alla rilevanza che riveste il principio della sussidiarietà. I regolamenti, come gli statuti, non vanno più considerati in un rapporto di gerarchia rispetto alle norme statali e regionali, ma nel contesto di un **rapporto paritario** nei confronti delle norme contenute nelle leggi statali e regionali, che sono fonti chiaramente primarie (Potenza).

Secondo alcuni (Caringella), se si considerano gli statuti quali *fonte secondaria*, nella gerarchia delle fonti, i regolamenti sarebbero da considerarsi, nell'ambito della stessa gerarchia, *fonti terziarie* o *sub-secondarie*. Se, invece, si considera *fonte sub-primaria* lo statuto, allora il regolamento deve essere considerato una *fonte secondaria*. La tesi non è da preferire, se si ritiene che, nel rapporto fra statuti e regolamenti, questi ultimi, essendo divenuti strumenti di disciplina diretta delle varie funzioni, conservano ancora, rispetto agli statuti, una posizione paritaria, non rappresentando più norme di dettaglio in riferimento ai principi contenuti negli statuti; si ritiene, a tal proposito, che gli statuti disciplinano i fatti strutturali, mentre i regolamenti disciplinano i fatti funzionali (Piraino).

2.4.3 La classificazione dei regolamenti

La dottrina più autorevole classifica i regolamenti dell'ente locale nel modo che segue:

- regolamenti **obbligatori**, quelli di cui l'ente locale deve necessariamente dotarsi ai sensi di legge, come per esempio il regolamento di contabilità, il regolamento dei contratti, il regolamento sull'accesso ai documenti amministrativi, il regolamento

per il procedimento amministrativo, i regolamenti sull'ordinamento degli uffici e dei servizi, il regolamento per il funzionamento del Consiglio, il regolamento delle entrate, il regolamento per la partecipazione popolare;
- regolamenti **obbligatori speciali**, così chiamati perché la loro adozione è obbligatoria solo per gli enti locali di una certa tipologia. Si pensi, per esempio, al regolamento delle circoscrizioni nei Comuni con oltre 250.000 abitanti, prevedendo la legge che nei Comuni di queste dimensioni le circoscrizioni debbano obbligatoriamente istituirsi e quindi disciplinarsi; rientrano nella categoria anche il regolamento del corpo o servizio di polizia municipale o il regolamento edilizio;
- regolamenti **facoltativi**, quelli di cui la legge consente espressamente ad un ente locale di dotarsi senza, peraltro, imporglielo, come per esempio il regolamento della o delle istituzioni, il regolamento per le alienazioni immobiliari, il regolamento per il referendum; questi regolamenti diventano obbligatori nel momento in cui lo statuto abbia previsto i relativi istituti;
- regolamenti **facoltativi speciali**, quelli che la legge consente che siano adottati dagli enti territoriali di una certa tipologia, come per esempio i regolamenti delle circoscrizioni nei Comuni in cui l'istituzione delle circoscrizioni sia facoltativa, i Comuni cioè con popolazione compresa fra 100.000 e 250.000 abitanti, o il regolamento dei municipi nei Comuni nati dalla fusione di Comuni preesistenti, sempre che l'istituzione dei municipi sia facoltativa; come nel caso precedente, anche l'adozione di detti regolamenti diviene obbligatoria nel momento in cui lo statuto abbia previsto gli istituti che essi vanno a disciplinare;
- regolamenti **ulteriori**, quelli cioè che, seppur non espressamente attribuiti in modo specifico alla competenza dell'ente locale, possono comunque ricondursi alla potestà regolamentare generale di cui all'art. 7 TUEL nelle materie di competenza del Comune o della Provincia (Barusso).

Secondo che gli istituti da regolamentare siano o non siano specificamente predeterminati dalla fonte legislativa, il contenuto del regolamento è **obbligatorio o libero**. Quando il contenuto è libero, la fonte legislativa si limita a indicare la materia, lasciando alla fonte regolamentare la scelta degli istituti da disciplinare. Il regolamento si definisce **vincolato o parzialmente vincolato**, quando, operata dallo statuto dell'ente una determinata scelta, il contenuto della disciplina regolamentare rappresenta la *necessaria conseguenza* di tale scelta (per cui, ad esempio, qualora lo statuto abbia previsto il referendum solo di tipo consultivo, il regolamento non potrà che limitarsi a disciplinare detta forma di consultazione referendaria).

2.4.4 I regolamenti sull'ordinamento degli uffici e dei servizi

Nel disporre che i pubblici uffici siano organizzati secondo disposizioni di legge, in modo che siano assicurati il buon andamento e l'imparzialità dell'Amministrazione, l'art. 97 Cost. fissa una *riserva relativa* di legge: infatti, l'espressione *secondo disposizioni di legge* significa che la legge non deve necessariamente dettare anche le norme di dettaglio, che possono essere affidate alla normazione secondaria.

Considerando che la potestà statutaria degli enti locali si esplica secondo i principi fissati dalla Costituzione e che gli enti locali hanno potestà regolamentare per quanto riguarda la disciplina della loro *organizzazione* e dello *svolgimento* delle funzioni

loro attribuite, la loro potestà normativa in questa materia *non è libera*, ma deve sottostare alle leggi dello Stato, sia a quelle che regolano i principi di organizzazione delle strutture pubbliche, sia a quelle che regolano il procedimento amministrativo (dato che organizzazione e procedimento sono aspetti intrinsecamente connessi).
Coerentemente l'art. 4, co. 4, L. 131/2003 prevede che la disciplina dell'organizzazione, dello svolgimento e della gestione delle funzioni dei Comuni, delle Province e delle Città metropolitane sia riservata alla potestà regolamentare dell'ente locale, nell'ambito della legislazione dello Stato o della Regione, che ne assicura i **requisiti minimi di uniformità**, secondo le rispettive competenze, conformemente a quanto previsto dagli artt. 114, 117, co. 6, e 118 Cost.
Sembra accoglibile, sul punto, l'interpretazione secondo cui i regolamenti che disciplinano l'organizzazione e svolgimento delle funzioni degli enti locali assurgono al rango di **regolamenti di delegificazione**, che potranno quindi anche sostituirsi alle norme di legge, fermo restando il rispetto della Costituzione e dei vincoli derivanti dall'ordinamento dell'Unione europea e dagli obblighi internazionali.

2.4.5 L'organo competente all'adozione, il procedimento, la pubblicazione

La **competenza all'adozione dei regolamenti** spetta al **Consiglio**. Fanno eccezione i regolamenti in materia di **ordinamento degli uffici e dei servizi**, attribuiti dall'art. 48 TUEL alla competenza della **Giunta**, seppur nell'ambito di criteri generali deliberati sempre dal Consiglio; in quest'ultimo caso l'esercizio della potestà regolamentare risulta scisso su due livelli, quello dei *criteri generali*, di competenza consiliare, e quello del *regolamento vero e proprio*, di competenza giuntale. Secondo una diversa opinione, avendo i *criteri generali solo valenza di indirizzo politico*, la *piena titolarità* della potestà regolamentare sarebbe propria *della* Giunta.
Il **procedimento di adozione dei regolamenti** è il medesimo ordinariamente previsto per l'adozione delle deliberazioni di competenza consiliare o giuntale. Per il solo *regolamento di disciplina del funzionamento del Consiglio*, che rientra fra quelli obbligatori, la legge richiede per la sua valida approvazione la *maggioranza assoluta*, anche se non è precisato se essa vada computata sui membri assegnati al collegio, su quelli in carica, sui presenti o sui votanti. Quanto alle altre tipologie di regolamenti, per quanto la legge non preveda una *maggioranza specifica* per la loro approvazione, è ipotizzabile che lo statuto possa autonomamente richiederla.
Per i *regolamenti sull'ordinamento degli uffici e dei servizi* (regolamenti *sostitutivi*, fra l'altro, non solo del regolamento di organizzazione, ma anche del regolamento disciplinante i concorsi, e più in generale, l'accesso all'impiego nell'Amministrazione locale) la legge individua l'organo competente all'adozione nella Giunta, in deroga alla previsione generale, che attribuisce l'esercizio della potestà regolamentare al Consiglio.
Relativamente alla **pubblicazione**, per i regolamenti vige lo stesso regime previsto per le deliberazioni del Consiglio o della Giunta. L'entrata in vigore, tranne diversa previsione statutaria, seguirà i termini ordinariamente previsti per l'entrata in vigore delle deliberazioni dell'organo che lo ha adottato. Le deliberazioni che approvano i regolamenti, a partire dal 1° gennaio 2011, devono essere obbligatoriamente pubblicate dalle Amministrazioni locali sui rispettivi siti informatici (**albo pretorio online**).

Accogliendo la tesi per cui all'indomani dell'entrata in vigore della L. cost. 3/2001, che ha fra l'altro **abrogato** l'art. 130 Cost., sono da ritenersi essere immediatamente venute meno tutte le previsioni di legge ordinaria in tema di **controlli di legittimità** sugli atti degli enti locali, conseguentemente è venuta meno anche ogni forma di controllo sui regolamenti.

2.4.6 La potestà sanzionatoria degli enti locali

L'inosservanza delle disposizioni regolamentari configura un'ipotesi di **illecito amministrativo** per la quale, salvo diversa disposizione di legge, si applica la sanzione pecuniaria da un minimo edittale di 25 euro ad un massimo di 500 euro (art. 7-*bis* del D.Lgs. 267/2000, introdotto dall'art. 16 L. 3/2003).
Le sanzioni amministrative si applicano anche ai casi di violazione delle ordinanze emanate dal Sindaco e dal Presidente della Provincia, sulla base di disposizioni di legge o di norme regolamentari.
Secondo il Ministero dell'Interno, gli enti territoriali minori possono prevedere, disciplinandolo, l'esercizio del **potere sanzionatorio in sede regolamentare** in virtù del generale potere regolamentare di cui è dotato l'ente locale ai sensi dell'art. 7 TUEL; inoltre, essi possono **graduare la sanzione pecuniaria**, in base al diverso valore dei vari interessi pubblici lesi dalla violazione delle norme contenute nei singoli regolamenti comunali e provinciali, valore che può essere correttamente ponderato solo dai soggetti istituzionali cui l'ordinamento affida la cura degli interessi pubblici medesimi (Circolare Finanza Locale 19/2003 del Dipartimento per gli affari interni e territoriali).

2.5 Le ordinanze contingibili e urgenti (o ordinanze di necessità)

L'ordinanza è un atto amministrativo, sovente legato ai presupposti della necessità ed urgenza. Negli enti locali, è un atto tipico dell'organo monocratico dell'ente e può essere adottato, a seconda dei casi, dal *Sindaco* o dal *dirigente.*
L'esercizio del potere di ordinanza contingibile e urgente presuppone la **necessità di provvedere con immediatezza in ordine a situazioni di natura eccezionale** e **imprevedibili**, indipendentemente dal mero dato temporale, in quanto la situazione di pericolo, ossia la ragionevole probabilità che l'evento dannoso accada, può protrarsi anche per un lungo periodo senza cagionare il fatto temuto (Cons. Stato, sez. V, 4-2- 1998, n. 125), cui non si potrebbe far fronte col ricorso agli strumenti ordinari apprestati dall'ordinamento.
I **presupposti** per l'adozione di questa categoria di provvedimenti, nei cui confini il potere di ordinanza può svolgersi con una relativa ampiezza, possono essere, pertanto, individuati nell'**urgenza** di provvedere e nella **contingibilità**, intese come indifferibilità dell'atto dovuta alla situazione di pericolo inevitabile che minaccia gli interessi pubblici e nella straordinarietà, accidentalità ed imprevedibilità dell'evento che ne rende necessaria l'adozione. Altra caratteristica dell'atto è la **temporaneità**, che attiene agli effetti del provvedimento in relazione alla cessazione dello stato di necessità.
La giurisprudenza in materia (*ex plurimis*, Cons. Stato, sez. V, 8-5-2007, n. 2109) ha individuato ulteriori presupposti che giustificano l'adozione di tale atto, ossia:

- il **previo accertamento**, da parte degli organi competenti, della situazione di pericolo o di danno che s'intende fronteggiare, corredato da una congrua motivazione che evidenzi tale presupposto;
- la **mancanza di strumenti alternativi** offerti dall'ordinamento, stante il carattere *extra ordinem* del potere sindacale;
- la **necessità** che, in relazione al suo scopo, il provvedimento **non rivesta il carattere della continuità e della stabilità degli effetti** (e, quindi, non ecceda le finalità di un momentaneo rimedio alla situazione contingente).

Ne consegue che, per essere legittima, l'ordinanza deve rivelarsi idonea a fronteggiare la situazione di rischio ed essere emanata entro ragionevoli limiti temporali, dati dalla persistenza della situazione eccezionale, senza mai risultare sproporzionata. Per converso il ricorso al potere di ordinanza deve considerarsi illegittimo ove il provvedimento, in relazione alle sue finalità, ecceda le finalità del momento e risulti destinato a regolare stabilmente una situazione o un assetto di interessi.

Se da un lato obbediscono al principio di legalità, dall'altro le ordinanze contingibili e urgenti costituiscono un'*eccezione rispetto alla regola della tipicità*. Ciò nondimeno, pur nell'estrema "flessibilità" attribuita dal legislatore, le ordinanze soggiacciono a **specifiche limitazioni**, alcune delle quali traggono origine dagli stessi presupposti previsti per la loro emanazione. In particolare:

- devono rispettare i **principi generali dell'ordinamento giuridico**, in primo luogo quelli ricavabili dai precetti costituzionali ma anche quelli desumibili da altre fonti, e le **norme dell'Unione europea** (cfr. art. 25 D.Lgs. 1/2018);
- non possono introdurre deroghe in **materie coperte da riserva assoluta di legge**;
- devono riportare un'esplicita **motivazione** (è richiesto sotto il profilo della legittimità formale una *motivazione illustrativa della concreta sussistenza dei presupposti previsti dalla legge*: Cass. 30-7-2014, n. 33779), indicare le principali **norme giuridiche cui si intende derogare** e individuare i **limiti temporali** di applicabilità;
- devono essere strumentali alla predisposizione ed organizzazione di **misure necessarie** ad affrontare situazioni di grave pericolo o evitare maggiori danni a persone o cose, non altrimenti affrontabili con i "normali" poteri amministrativi, e purché ricorra l'effettiva sussistenza di una **situazione di fatto** (calamità naturali, catastrofi ed altre situazioni di emergenza), tale da giustificare l'utilizzo di mezzi e poteri straordinari.

2.6 I rapporti fra la potestà normativa degli enti locali e la potestà legislativa dello Stato e della Regione

Si è detto che, ai sensi dell'art. 4 L. 131/2003, «*lo statuto, in armonia con la Costituzione e con i principi generali in materia di organizzazione pubblica... stabilisce i principi di organizzazione e di funzionamento dell'ente*». C'è un parallelismo voluto fra questa formula e quella dettata dall'art. 123 Cost. per definire la potestà statutaria della Regione, il che riflette inequivocabilmente il principio di pariordinazione di cui all'art. 114 Cost.

L'esplicito richiamo al "rispetto" della legge statale di cui alla lett. *p*) dell'art. 117 Cost. non impedisce di riconoscere alla fonte primaria locale la forza di assumere, fuori da ogni intermediazione, un'area di generale pertinenza in rapporto diretto con i principi costituzionali.

Che poi il **rapporto fra le due fonti**, quella statutaria dell'ente locale e quella legislativa, sia ormai di *competenza* e non di *gerarchia*, emerge inequivocabilmente dal fatto che la seconda non ha più una valenza generale ma riguarda soltanto specifiche materie, pur nell'ampiezza ed organicità alle stesse riconoscibili.

Come la competenza statale, anche quella regionale in materia di esercizio delle funzioni, nel ristretto ambito della definizione dei requisiti minimi di uniformità, non è limitata alla disciplina del solo svolgimento delle stesse (cioè del profilo meramente procedimentale), ma si estende anche agli aspetti di organizzazione e gestione delle funzioni, il che crea il *rischio di una sovrapposizione fra la competenza statutaria dell'ente locale e la competenza regionale e statale* (art. 4, co. 2 e 4, L. 131/2003). Tale rischio è tuttavia fronteggiabile attraverso una lettura coordinata delle due disposizioni.
Infatti, la possibilità che la legge regionale (e statale) incida sui profili organizzativo e gestionale incontra **due limiti** che valgono a ben circoscriverne l'ambito applicativo:

> innanzitutto, **la legge non può riguardare i profili *generali* di organizzazione dell'ente**, cioè le linee fondamentali di strutturazione degli organi e degli uffici che, ai sensi dell'art. 4, co. 2, L. 131/2003, restano affidati esclusivamente alla potestà statutaria dell'ente locale, pur con i limiti ivi previsti (rispetto della legge statale *ex* lett. *p*); dell'art. 117 Cost. e vincolo di armonizzazione con i principi generali di organizzazione pubblica);
> inoltre, **la legge regionale (e statale) non può dettare una disciplina *organica***, cioè completa, anche se composta da disposizioni di principio che lascino spazio a disposizioni di dettaglio, ma deve limitarsi a formulare solo *indicazioni* tendenzialmente di non diretta precettività, strettamente ancorate a ragionevoli esigenze di *uniformità* della disciplina di ciascuna funzione. In altri termini, la diretta incidenza della legge regionale sull'organizzazione dell'ente locale, costituendo come una *deroga* al principio generale di autonomia e di pari ordinazione di cui all'art. 114 Cost., può essere legittimata esclusivamente da *esigenze* in stretto modo connesse alla distribuzione, per ciascuna materia, delle competenze amministrative fra i diversi livelli di governo e di amministrazione ai sensi dell'art. 118, commi 1 e 2, Cost., e in applicazione dei criteri ivi indicati.

Il rischio di incoerenza delle concorrenti determinazioni è dunque fronteggiabile con gli strumenti che la costituzionalizzazione del principio di leale collaborazione fra Stato e Regione rende astrattamente praticabili. Da ciò deriva una rilevante conseguenza in ordine all'ambito contenutistico delle funzioni fondamentali: esse incidono tanto sulle materie di competenza legislativa statale (art. 117, co. 2, Cost.), quanto su quelle attribuite alla Regione (art. 117, co. 3 e 4, Cost.). Pertanto, l'attribuzione alla competenza legislativa esclusiva dello Stato della materia riguardante le funzioni fondamentali dei Comuni e delle Province deve intendersi come riferita alla sola individuazione, non già alla disciplina del loro esercizio, che spetta, con tutte le limitazioni previste a garanzia della autonomia degli enti locali, tanto allo Stato che alla Regione *ratione materiae*.

Capitolo 3
Il Comune

3.1 Il Comune nell'ordinamento italiano

Il Comune «è l'**ente locale che rappresenta la propria comunità, ne cura gli interessi e ne promuove lo sviluppo**»; questa è la sintetica definizione data dall'art. 3, co. 2, TUEL che, tuttavia, non illustra appieno la centralità dell'ente comunale nell'ordinamento italiano.

Questa può essere più efficacemente colta se si esamina il testo dell'art. 118 Cost., come modificato nel 2001. Il primo comma afferma che tutte «*le funzioni amministrative sono attribuite ai Comuni salvo che, per assicurarne l'esercizio unitario, siano conferite a Province, Città metropolitane, Regioni e Stato, sulla base dei principi di sussidiarietà, differenziazione ed adeguatezza*». Il dettato costituzionale esprime una preferenza esplicita per l'attribuzione delle funzioni e dei compiti amministrativi al **livello di governo più vicino ai cittadini**, ossia al Comune; tali funzioni possono essere conferite ai **livelli di governo superiori** solo se *mirano a soddisfare esigenze di carattere unitario o sono giustificate dalla necessità di garantirne un esercizio più efficace o efficiente*, tenuto conto delle dimensioni territoriali, associative e organizzative degli enti beneficiari e delle loro diverse caratteristiche demografiche, territoriali e strutturali.

In definitiva, il Comune si conferma come il **primo e più efficace livello di governo** per la sua vicinanza alle popolazioni interessate e per la diretta conoscenza delle specificità del territorio di riferimento; questi punti di forza, però, possono diventare anche dei fattori di debolezza laddove la carenza di risorse finanziarie e materiali non consente di svolgere in modo efficace funzioni di maggiore complessità, che impongono l'intervento di un livello di governo superiore.

3.2 Le funzioni dei Comuni

3.2.1 Le funzioni proprie e le funzioni conferite

Il quadro generale delle funzioni comunali è delineato nell'art. 3, co. 5, TUEL. Il legislatore attribuisce al Comune la titolarità delle **funzioni proprie**, quelle cioè che spettano all'ente per espressa previsione legislativa e che l'ente esercita in via esclusiva, nonché la titolarità delle **funzioni conferitegli con legge dello Stato e della Regione**, secondo il principio di *sussidiarietà verticale*, che disciplina i rapporti fra i diversi livelli di governo (Stato, Regioni, Province, Città metropolitane, Comuni).

Le funzioni, precisa la norma, si svolgono anche attraverso le attività che possono essere adeguatamente esercitate dall'**autonoma iniziativa dei cittadini e delle loro formazioni sociali**: quest'ultima disposizione si fonda sul principio di *sussidiarietà orizzontale*, secondo il quale sia lo Stato che gli altri enti territoriali sono invitati a

favorire l'autonoma iniziativa dei cittadini, singoli e associati, per lo svolgimento di attività di interesse generale.
L'art. 13 dello stesso TUEL specifica che al Comune spettano tutte le **funzioni amministrative** che riguardano la **popolazione** ed il **territorio comunale**, in particolare nei settori organici dei servizi alla persona e alla comunità, dell'assetto ed utilizzazione del territorio e dello sviluppo economico, salvo quanto non sia espressamente attribuito ad altri soggetti dalla legge statale o regionale, secondo le rispettive competenze. Si prevede, poi, al co. 2, che il Comune, per l'esercizio delle funzioni in ambiti territoriali adeguati, attui forme sia di **decentramento** sia di **cooperazione** con altri Comuni e con la Provincia.
Al successivo art. 14 si attribuisce al Comune la gestione di una serie di servizi di competenza dello Stato (servizi elettorali, di stato civile, di anagrafe, di leva militare e di statistica) individuando nel Sindaco il soggetto delegato al loro esercizio.
Le **funzioni** comunali, quindi, possono essere suddivise fra:

> quelle **relative ai cittadini**, che si sostanziano nella gestione di servizi per la persona e per la comunità locale (*funzioni proprie*: art. 13 TUEL);
> quelle **concernenti il territorio**, vale a dire riconducibili al governo delle risorse del territorio e alla guida dello sviluppo economico (*funzioni proprie*: art. 13 TUEL);
> quelle **proprie dello Stato e da questo attribuite ai Comuni** (nello specifico ai Sindaci nella loro veste di ufficiali di governo), concernenti i servizi elettorali, di stato civile, di anagrafe, di leva militare e di statistica (*funzioni conferite*: art. 14 TUEL).

Ai sensi dell'art. 13 L. 340/2000, nell'ambito del trasferimento di funzioni amministrative dallo Stato alle Regioni e agli enti locali, di cui alla L. 59/1997, agli enti destinatari del trasferimento, come Amministrazioni procedenti, sono conferiti tutti i compiti di natura **consultiva**, **istruttoria** e **preparatoria** connessi all'esercizio della funzione trasferita, anche nel caso di attività attribuite dalla legge ad uffici ed organi di altre Amministrazioni. Tale disposizione, tuttavia, non si applica ove si tratti di funzioni attribuite da specifiche norme di legge ad autorità preposte alla tutela ambientale, paesaggistico-territoriale, del patrimonio storico-artistico o alla tutela della salute; in tali casi, l'Amministrazione procedente è sempre tenuta a convocare una conferenza di servizi ai sensi degli artt. 14 ss. della L. 241/1990.

È da ricordare che, per espressa previsione dell'art. 117, co. 2, lett. *p*), Cost., la legislazione elettorale, la disciplina degli organi di governo e delle **funzioni fondamentali** di Comuni, Province e Città metropolitane sono materie di **legislazione esclusiva dello Stato**.

3.2.2 Le funzioni fondamentali

L'art. 21, co. 3, L. 42/2009 sul "federalismo fiscale" riportava, ai fini specifici dell'attuazione della legge medesima, un elenco di funzioni fondamentali che i Comuni dovevano esercitare. Nel 2010 è stato approvato un nuovo provvedimento (il D.L. 78/2010, conv. in L. 122/2010) che, in seguito alle modifiche introdotte con il D.L. 95/2012, conv. in L. 135/2012, indica in modo dettagliato le funzioni fondamentali che devono essere esercitate da tali enti.

Alla luce dell'elenco riportato nell'art. 14, co. 27, D.L. 78/2010 (come modificato nel 2012) sono da considerare **funzioni fondamentali dei Comuni** le seguenti attività (inglobando di fatto *funzioni proprie relative ai cittadini e al territorio* e *funzioni conferite*):

a) l'organizzazione generale dell'amministrazione, la gestione finanziaria e contabile e il controllo;
b) l'organizzazione dei servizi pubblici di interesse generale di ambito comunale, ivi compresi i servizi di trasporto pubblico comunale;
c) il catasto, ad eccezione delle funzioni mantenute allo Stato dalla normativa vigente;
d) la pianificazione urbanistica ed edilizia di ambito comunale, nonché la partecipazione alla pianificazione territoriale di livello sovracomunale;
e) l'attività, in ambito comunale, di pianificazione di protezione civile e di coordinamento dei primi soccorsi;
f) l'organizzazione e la gestione dei servizi di raccolta, avvio e smaltimento e recupero dei rifiuti urbani e la riscossione dei relativi tributi;
g) la progettazione e la gestione del sistema locale dei servizi sociali e l'erogazione delle relative prestazioni ai cittadini, secondo quanto previsto dall'articolo 118, co. 4, Cost.;
h) l'edilizia scolastica per la parte non attribuita alla competenza delle Province, l'organizzazione e la gestione dei servizi scolastici;
i) la polizia municipale e la polizia amministrativa locale;
l) la tenuta dei registri di stato civile e di popolazione e i compiti in materia di servizi anagrafici, nonché in materia di servizi elettorali, nell'esercizio delle funzioni di competenza statale;
l-bis) i servizi in materia statistica.

A queste vanno aggiunte quelle eventualmente **delegate dalle Regioni** nell'esercizio della loro funzione di programmazione e di coordinamento, nonché le **funzioni amministrative** esercitate ai sensi dell'art. 118 Cost.

3.3 Gli organi di governo del Comune

L'assetto istituzionale del Comune è, con l'eccezione della parentesi del periodo fascista, sostanzialmente immutato dall'unità d'Italia, strutturandosi sulla base di due organi collegiali (il Consiglio e la Giunta) e di un organo monocratico (il Sindaco). Se la cornice è rimasta inalterata molto è, invece, cambiato sotto il profilo delle attribuzioni. In particolare, negli ultimi decenni è stato notevolmente **rafforzato il ruolo del Sindaco**, sia attraverso una diretta legittimazione popolare (con l'introduzione dell'elezione diretta) sia con un incremento dei poteri direttamente attribuitigli in quanto ufficiale di Governo.
Gli attuali *organi di governo del Comune* sono:

- il **Consiglio comunale**, che ha competenza in ordine agli atti fondamentali di indirizzo politico amministrativo, espressamente attribuiti dalla legge (art. 42 TUEL);
- il **Sindaco**, che esercita le competenze attribuite dalle leggi, dallo statuto e dai regolamenti e sovrintende al funzionamento dei servizi e degli uffici. Esercita, inoltre,

tutte le funzioni che specifiche disposizioni di legge gli attribuiscono quale autorità locale;

- la **Giunta comunale**, che collabora con il Sindaco nel governo del Comune e ha competenza generale ad adottare gli atti ricadenti nelle funzioni di indirizzo e controllo, non espressamente attribuiti dalla legge al Consiglio comunale e non rientranti nelle attribuzioni del Sindaco; per tale ragione la Giunta viene definita organo a competenza residuale (art. 48, co. 2, TUEL).

Le competenze così attribuite dal legislatore ad un organo di governo non possono essere esercitate da altri organi, pena l'illegittimità dei provvedimenti adottati. Il legislatore prevede una deroga al **principio dell'immodificabilità delle competenze** esclusivamente per le deliberazioni attinenti alle variazioni di bilancio, spettanti al Consiglio comunale, che possono essere adottate in via d'urgenza dalla Giunta comunale necessitano però della ratifica del Consiglio nei 60 giorni successivi, a pena di decadenza (art. 42, co. 4, TUEL).

3.4 Il Consiglio comunale

3.4.1 Le competenze

Il Consiglio comunale **esprime l'indirizzo e il controllo politico-amministrativo sull'attività dell'ente** (art. 42, co. 1, TUEL) e attraverso le informazioni trasmesse dall'organo esecutivo può verificare direttamente lo stato di attuazione degli interventi (art. 43, co. 1 e 2, TUEL). È eletto direttamente dai cittadini in concomitanza con l'elezione del Sindaco ed è l'organo rappresentativo della volontà politica popolare.
L'art. 42, co. 2, TUEL indica nel dettaglio le **competenze attribuite al Consiglio**, limitate ai seguenti **atti fondamentali**:

- statuti dell'ente e delle aziende speciali, regolamenti (ad eccezione di quello sull'ordinamento degli uffici e dei servizi, di competenza della Giunta *ex* art. 48, co. 3, TUEL, anche se spetta comunque al Consiglio individuare i criteri generali in questa materia);
- programmi, relazioni previsionali e programmatiche, piani finanziari, programmi triennali ed elenco annuale dei lavori pubblici, bilanci annuali e pluriennali e relative variazioni, rendiconto, piani territoriali ed urbanistici, programmi annuali e pluriennali per la loro attuazione, eventuali deroghe ad essi, pareri da rendere per dette materie;
- convenzioni fra i Comuni e quelle fra i Comuni e la Provincia, costituzione e modificazione di forme associative;
- istituzione, compiti e norme sul funzionamento degli organismi di decentramento e di partecipazione;
- organizzazione dei pubblici servizi, costituzione di istituzioni e aziende speciali, concessione dei pubblici servizi, partecipazione dell'ente locale a società di capitali, affidamento di attività o servizi mediante convenzione;
- istituzione e ordinamento dei tributi, con esclusione della determinazione delle relative aliquote; disciplina generale delle tariffe per la fruizione dei beni e dei servizi;
- indirizzi da osservare da parte delle aziende pubbliche e degli enti dipendenti, sovvenzionati o sottoposti a vigilanza;

- contrazione di mutui e aperture di credito non previste espressamente in atti fondamentali del Consiglio ed emissioni di prestiti obbligazionari;
- spese che impegnino i bilanci per gli esercizi successivi, escluse quelle relative alle locazioni di immobili ed alla somministrazione e fornitura di beni e servizi a carattere continuativo;
- acquisti e alienazioni immobiliari, relative permute, appalti e concessioni che non siano previsti espressamente in atti fondamentali del Consiglio o che non ne costituiscano mera esecuzione e che, comunque, non rientrino nell'ordinaria amministrazione di funzioni e servizi di competenza della Giunta, del segretario o di altri funzionari;
- definizione degli indirizzi per la nomina e la designazione di rappresentanti del Comune presso enti, aziende ed istituzioni, nonché nomina dei rappresentanti del Consiglio presso enti, aziende ed istituzioni ad esso espressamente riservata dalla legge.

Il Consiglio, nei modi disciplinati dallo statuto, partecipa altresì alla definizione, all'adeguamento e alla verifica periodica dell'attuazione delle **linee programmatiche** da parte del Sindaco e dei singoli assessori.
Le competenze del Consiglio sono inderogabili ed esclusive. Non possono essere svolte da altri organi, tranne quelle attinenti alle variazioni di bilancio, che possono essere adottate dalla Giunta a condizione che siano ratificate entro 60 giorni dal Consiglio, a pena di decadenza (art. 42, co. 4, TUEL).

3.4.2 La composizione

Sul numero dei consiglieri comunali il legislatore è più volte intervenuto nel corso degli ultimi anni. Il numero indicato nell'art. 37 TUEL è stato oggetto di una prima riduzione generalizzata del 20 per cento con la L. 191/2011. Un'ulteriore riduzione ha riguardato i Comuni con popolazione inferiore ai 10.000 abitanti con l'art. 16, co. 17 D.L. 138/2011 (convertito dalla L. 148/2011), provvedimento successivamente modificato dalla legge Delrio (L. 56/2014). Sintetizzando tutte le modifiche intervenute, la situazione attuale è quella riportata nella tabella che segue.

Numero dei consiglieri comunali dopo la legge Delrio (*)	
• Comuni con popolazione **fino a 3.000** abitanti	• 10 consiglieri
• Comuni con popolazione **superiore a 3.000 e fino a 10.000** abitanti	• 12 consiglieri
• Comuni con popolazione **superiore a 10.000 e fino a 30.000** abitanti	• 16 consiglieri
• Comuni con popolazione **superiore a 30.000 e fino a 100.000** abitanti	• 24 consiglieri
• Comuni con popolazione **superiore a 100.000 e fino a 250.000** abitanti (o che, pur avendo popolazione inferiore, sono capoluoghi di Provincia)	• 32 consiglieri
• Comuni con popolazione **superiore a 250.000 e fino a 500.000** abitanti	• 36 consiglieri
• Comuni con popolazione **superiore a 500.000 e fino a 1.000.000** di abitanti	• 40 consiglieri
• Comuni con popolazione **superiore a 1.000.000** di abitanti	• 48 consiglieri

(*) Nella Regione Sardegna è prevista una diversa suddivisione.

Il **Sindaco** non rientra nel numero dei consiglieri ma si aggiunge ai componenti l'organo; quest'ultimo è, quindi, formato dal Sindaco e da un numero di consiglieri pari a quello indicato nella tabella precedente che contempla otto classi demografiche.

3.4.3 Il regolamento consiliare

L'art. 38 TUEL prevede che il funzionamento del Consiglio, nel quadro dei principi stabiliti dallo statuto, è disciplinato dal **regolamento, approvato a maggioranza assoluta**.
Alcuni **contenuti dell'atto regolamentare** sono indicati direttamente dal Testo unico, che impone di disciplinare:

> le modalità per la convocazione e quelle per la presentazione e la discussione delle proposte (art. 38, co. 2);
> il numero dei consiglieri necessario per la validità delle sedute, prevedendo che in ogni caso debba esservi la presenza di almeno 1/3 dei consiglieri assegnati per legge all'ente, senza computare a tale fine il Sindaco (art. 38, co. 2);
> le modalità di gestione di tutte le risorse attribuite per il proprio funzionamento e per quello dei gruppi consiliari regolarmente costituiti (art. 38, co. 3);
> i poteri delle commissioni e la disciplina dell'organizzazione e delle forme di pubblicità dei lavori. È da sottolineare che la facoltà di avvalersi di commissioni deve essere prevista dallo statuto dell'ente e che le stesse devono essere costituite con criterio proporzionale (art. 38, co. 6).

Il regolamento consiliare è atto fondamentale per la disciplina di tutti gli aspetti relativi al funzionamento del Consiglio. Altri contenuti che trovano spazio in tale atto sono: gli argomenti da iscrivere all'ordine del giorno, le adunanze di prima e seconda convocazione, i termini e le modalità di consegna degli avvisi di convocazione, i termini per il deposito delle proposte, i tempi degli interventi in aula, le modalità per la presentazione di mozioni, interrogazioni e interpellanze e i tempi per la trattazione delle stesse.

3.4.4 Il funzionamento

Molti aspetti dell'attività del Consiglio sono disciplinati direttamente dal TUEL. In tema di organizzazione e funzionamento dell'organo consiliare, le disposizioni di maggiore rilevanza sono quelle riferite:

> alla **durata in carica**, fissata in 5 anni (art. 51) e che cessa con l'elezione dei nuovi Consigli. Dopo la pubblicazione del decreto di indizione dei comizi elettorali, devono limitarsi ad adottare gli atti urgenti e improrogabili (art. 38, co. 5);
> all'obbligo di tenere **sedute pubbliche**, salvi i casi previsti dal regolamento (l'obbligo vale anche per le commissioni). Nei Comuni con popolazioni fino a 15.000 abitanti le sedute si tengono preferibilmente in un arco temporale non coincidente con l'orario di lavoro dei partecipanti (art. 38, co. 7);
> all'obbligo di **esporre all'esterno la bandiera** italiana ed europea (art. 38, co. 9);
> all'obbligo di **convocare la prima seduta** entro il termine perentorio di 10 giorni dalla proclamazione, da tenersi entro il termine perentorio di 10 giorni dalla convocazione (art. 40).

Nei **Comuni con popolazione superiore ai 15.000 abitanti**, salvo diversa previsione regolamentare nel quadro dei principi stabiliti dallo statuto, la prima seduta è convocata dal Sindaco e presieduta dal *consigliere anziano* fino all'elezione del Presidente del Consiglio. La seduta prosegue poi sotto la presidenza del Presidente per la comunicazione dei componenti della Giunta e per gli ulteriori adempimenti.
Il consigliere anziano è colui che ha ottenuto la maggior cifra individuale ai sensi dell'art. 73, con esclusione del Sindaco neoeletto e dei candidati alla carica di Sindaco non eletti. Qualora il consigliere anziano sia assente o rifiuti di presiedere l'assemblea, subentra il consigliere che nella graduatoria di anzianità occupa il posto immediatamente successivo.
Fino all'elezione del Presidente, nei **Comuni con popolazione inferiore ai 15.000 abitanti**, la prima seduta del Consiglio è convocata e presieduta dal Sindaco.
Le regole relative alla Presidenza della prima seduta possono essere derogate dal regolamento interno, ma sempre nel quadro dei principi stabiliti dallo statuto dell'ente.

3.4.5 Il Presidente

L'art. 39 TUEL stabilisce che i Consigli dei Comuni con **popolazione superiore a 15.000 abitanti** sono presieduti da un *Presidente eletto fra i consiglieri* nella prima seduta; a costui sono attribuiti, fra gli altri, i poteri di convocazione e direzione dei lavori e delle attività del Consiglio. Quando lo statuto non dispone diversamente, le funzioni vicarie di Presidente del Consiglio sono esercitate dal *consigliere anziano*.
Nei Comuni con **popolazione inferiore ai 15.000 abitanti**, lo statuto *può anche non prevedere la figura del Presidente* del Consiglio, e in tal caso l'organo è presieduto dal Sindaco.
Al Presidente del Consiglio sono attribuiti, fra gli altri, i poteri di *convocazione e direzione dei lavori e delle attività dell'organo assembleare* e deve assicurare un'adeguata e preventiva informazione ai gruppi consiliari ed ai singoli consiglieri sulle questioni sottoposte all'ordine del giorno del Consiglio.
Qualora lo richiedano 1/5 dei consiglieri o il Sindaco, è **tenuto a riunire il Consiglio**, in un termine non superiore a 20 giorni, inserendo all'ordine del giorno le questioni richieste (art. 39, co. 2). Rilevante in materia è il **potere sostitutivo del Prefetto** che, previa diffida, provvede in ogni caso di inosservanza degli obblighi di convocazione del Consiglio (art. 39, co. 5).

3.4.6 I consiglieri

Requisiti per l'elezione e diritti
Può essere eletto alla carica di consigliere comunale qualunque cittadino italiano o di Stati appartenenti all'Unione europea (D.Lgs. 197/1996) che abbia compiuto il diciottesimo anno di età nel primo giorno fissato per la votazione (art. 55 TUEL); non è necessaria la residenza nel Comune nel quale ci si candida.
I consiglieri entrano in carica all'atto della proclamazione ovvero, in caso di surrogazione, non appena adottata dal Consiglio la relativa deliberazione, e hanno, ai sensi dell'art. 43 TUEL, **diritto di iniziativa** su ogni questione sottoposta alla deliberazione del Consiglio, nonché il diritto di chiedere la **convocazione** del Consiglio e di presentare **interrogazioni e mozioni**.
Ancora, hanno diritto di ottenere dagli uffici del Comune nonché dalle loro aziende ed enti dipendenti, tutte le notizie e le **informazioni** in loro possesso, utili all'esple-

tamento del proprio mandato. Essi sono tenuti al segreto nei casi specificamente determinati dalla legge.
Il Sindaco, o gli assessori delegati, rispondono, entro 30 giorni, alle interrogazioni e ad ogni altra istanza di sindacato ispettivo presentata dai consiglieri, il tutto secondo modalità disciplinate dallo statuto e dal regolamento consiliare.

Cessazione dalla carica

I consiglieri **cessano collettivamente dalla carica** nelle ipotesi di fine della consiliatura o di scioglimento del Consiglio per una delle cause specifiche previste dal TUEL. Ovviamente in questi casi la carica può essere riassunta con la rielezione alla successiva tornata elettorale.
Altre ipotesi di cessazione sono individuali e non prevedono la possibilità di immediata rieleggibilità, dal momento che la carica di consigliere è assunta da un altro soggetto per la restante durata della consiliatura.
Le ipotesi contemplate sono:

> le **dimissioni**. Secondo quanto stabilito dall'art. 38, co. 8, TUEL queste devono essere indirizzate al rispettivo Consiglio, devono essere presentate personalmente e assunte immediatamente al protocollo dell'ente nell'ordine temporale di presentazione. Le dimissioni non presentate personalmente devono essere autenticate e inoltrate al protocollo per il tramite di persona delegata con atto autenticato in data non anteriore a 5 giorni. Sono *irrevocabili*, non necessitano di presa d'atto e sono immediatamente efficaci;
> la **decadenza**, sia per motivi attinenti alla presenza di cause di ineleggibilità e di incompatibilità, sia per mancata partecipazione alle sedute. Secondo quanto stabilito dall'art. 43, co. 4, TUEL è lo statuto che stabilisce i casi di decadenza per la mancata partecipazione alle sedute e le relative procedure, garantendo il diritto del consigliere a far valere le cause giustificative.

Si è sottolineato, in giurisprudenza, che spetta al consigliere nei cui confronti è instaurato il procedimento di decadenza fornire ragionevoli **giustificazioni dell'assenza**, con la conseguenza che è legittima la decadenza dalla carica per assenza ingiustificata, qualora la giustificazione addotta impedisca qualsiasi accertamento sulla fondatezza, serietà e rilevanza del motivo (Cons. Stato, sez. V, 29-11-2004, n. 7761).
La dichiarazione di decadenza di un consigliere è peraltro da considerarsi illegittima se la mancata partecipazione alle sedute consiliari è stata preannunciata come forma di **astensionismo dovuto a ragioni politiche di opposizione** e non a disinteresse o negligenza (TAR Lombardia-Brescia, 10-4-2006, n. 383). La protesta politica, dichiarata a posteriori, non è idonea a costituire valida giustificazione delle assenze dalle sedute consiliari, in quanto, affinché l'assenza dalle sedute possa assumere la connotazione di protesta politica occorre che il comportamento ed il significato di protesta che il consigliere comunale intende annettervi siano in qualche modo esternati al Consiglio o resi pubblici in concomitanza alla estrema manifestazione di dissenso, di cui la diserzione delle sedute costituisce espressione (Cons. Stato, sez. V, 20-2-2017, n. 743).
È altresì illegittima la pronuncia di decadenza se all'interessato non è stata data comunicazione di avvio del procedimento, come previsto dalla norma statutaria (TAR Campania-Salerno, sez. II, 27-2-2006, n. 217).

Surrogazione e supplenza
Ai consiglieri si applicano gli istituti della **rimozione** (cessazione definitiva dalla carica) e della **sospensione** (cessazione temporanea dalla carica).
In entrambe le ipotesi occorre procedere alla sostituzione del consigliere assente, applicando gli istituti:

> della **surrogazione**, quando è necessario procedere alla **definitiva sostituzione del consigliere**. Le disposizioni di riferimento sono contenute nell'art. 45, co. 1, TUEL in virtù del quale il seggio che «durante il quinquennio rimanga vacante per qualsiasi causa, anche se sopravvenuta, è attribuito al candidato che nella medesima lista segue immediatamente l'ultimo eletto». Nel caso di dimissioni «il Consiglio, entro e non oltre dieci giorni, deve procedere alla surroga dei consiglieri dimissionari, con separate deliberazioni, seguendo l'ordine di presentazione delle dimissioni quale risulta dal protocollo. Non si fa luogo alla surroga qualora, ricorrendone i presupposti, si debba procedere allo scioglimento del Consiglio a norma dell'articolo 141» (art. 38, co. 8, TUEL). Nelle ipotesi di surrogazione i nuovi consiglieri entrano in carica non appena adottata dal Consiglio la relativa deliberazione;

> della **supplenza**, quando è necessario procedere alla **temporanea sostituzione del consigliere**. Si applicano in questo caso le disposizioni dell'art. 45, co. 2, in base al quale il Consiglio, «nella prima adunanza successiva alla notifica del provvedimento di sospensione, procede alla temporanea sostituzione affidando la supplenza per l'esercizio delle funzioni di consigliere al candidato della stessa lista che ha riportato, dopo gli eletti, il maggior numero di voti. La supplenza ha termine con la cessazione della sospensione. Qualora sopravvenga la decadenza si fa luogo alla surrogazione» con la procedura prima indicata.

3.4.7 Commissioni e gruppi consiliari

Commissioni consiliari
L'art. 38, co. 6, TUEL afferma che, quando lo statuto lo preveda, il Consiglio si avvale di commissioni costituite nel proprio seno con criterio proporzionale. Spetta al regolamento determinare i poteri delle commissioni e disciplinarne l'organizzazione e le forme di pubblicità dei lavori.
L'art. 44 TUEL, a **garanzia delle minoranze** e per il **controllo consiliare**, stabilisce che lo statuto prevede le forme di garanzia e di partecipazione delle minoranze attribuendo alle opposizioni la presidenza delle commissioni consiliari aventi funzioni di controllo o di garanzia, ove costituite.
Le commissioni consiliari sono dunque nate per **organizzare al meglio il lavoro** del Consiglio comunale, e ciascuna ha diversi compiti: approfondisce i problemi relativi ad un particolare settore, esamina ed esprime pareri su iniziative e proposte che saranno poi discusse ed eventualmente approvate dal Consiglio comunale e vigila sulle attività degli uffici e delle aziende del Comune.
Ogni commissione è **formata** da un certo numero di consiglieri scelti dal Consiglio comunale in modo da rispettarne, in proporzione, la composizione politica e si rapporta in materia di competenza ad un assessorato. Le commissioni eleggono, fra i propri componenti, un Presidente e un Vicepresidente e tengono sedute aperte a tutti i cittadini.

Il Consiglio, a maggioranza assoluta dei propri membri, ha facoltà di istituire al proprio interno **commissioni di indagine** sull'attività dell'amministrazione; i relativi poteri, composizione e funzionamento sono disciplinati dallo statuto e nel suo ambito dal regolamento consiliare.

Gruppi consiliari

L'art. 38, co. 2, TUEL prevede che i Consigli disciplinino con regolamento la gestione di tutte le risorse attribuite per il proprio funzionamento e per quello dei gruppi consiliari regolarmente costituiti.

Il Presidente del Consiglio assicura un'adeguata e preventiva **informazione ai gruppi** consiliari ed ai singoli consiglieri sulle questioni sottoposte al Consiglio, pena l'intervento sostitutivo del Prefetto, previa diffida (art. 39 TUEL).

L'art. 125 TUEL prevede che, contestualmente all'affissione all'albo, le deliberazioni adottate dalla Giunta siano trasmesse in elenco ai capigruppo consiliari, e i relativi testi sono messi a disposizione dei consiglieri nelle forme stabilite dallo statuto o dal regolamento.

3.4.8 Scioglimento e sospensione del Consiglio

Scioglimento ordinario e casi di scioglimento straordinario

Lo **scioglimento naturale** del Consiglio si produce alla scadenza del mandato; il termine coincide con l'elezione dei nuovi Consigli, anche se la pubblicazione del decreto di indizione dei comizi elettorali li obbliga ad adottare solo gli *atti urgenti e improrogabili* (art. 38, co. 5, TUEL).

I casi di **scioglimento straordinario** del Consiglio sono diversi e tutti individuati specificamente nel TUEL. Gli articoli 52, 141, 143, 193, 247 e 262, infatti, riportano ipotesi nelle quali l'organo può essere sciolto con decreto del Presidente della Repubblica, su proposta del Ministro dell'Interno.

In particolare, il Consiglio è sciolto:

- quando compia *atti contrari alla Costituzione o per gravi e persistenti violazioni di legge, nonché per gravi motivi di ordine pubblico* (art. 141);
- quando *non possa essere assicurato il normale funzionamento degli organi e dei servizi* per (art. 141):
  - dimissioni, impedimento permanente, rimozione, decadenza, decesso del Sindaco;
  - cessazione dalla carica, per dimissioni contestuali, ovvero rese anche con atti separati purché contemporaneamente presentati al protocollo dell'ente, della metà più uno dei membri assegnati, non computando a tal fine il Sindaco;
  - riduzione dell'organo assembleare per impossibilità di surroga alla metà dei componenti il Consiglio;
- quando v'*è l'approvazione della mozione di sfiducia* nei confronti del Sindaco (art. 52);
- per *mancata approvazione del bilancio* nei termini di legge (art. 141), ipotesi cui è equiparata quella della *mancata adozione dei provvedimenti di riequilibrio* (art. 193).

In particolare, l'art. 141 prevede al co. 2 che, trascorso il termine entro il quale il **bilancio** deve essere approvato, senza che la Giunta abbia predisposto il relativo schema, l'organo regionale di controllo provveda alla nomina di un commissario che predisponga d'ufficio lo schema per sottoporlo al Consiglio. In tal caso, e comunque quando il Consiglio non abbia approvato nei termini di legge lo schema di bilancio predisposto dalla Giunta, l'organo regionale di controllo assegna al Consiglio, con lettera notificata ai singoli consiglieri, un termine non superiore a 20 giorni per l'approvazione. Decorso tale termine, l'organo di controllo si sostituisce, mediante apposito commissario, all'Amministrazione inadempiente. Il provvedimento sostitutivo è comunicato al Prefetto, che inizia la procedura per lo scioglimento del Consiglio;

- per *mancata adozione degli strumenti urbanistici generali* da parte degli enti territoriali al di sopra dei 1.000 abitanti (art. 141).

In particolare, scaduto il termine entro il quale gli **strumenti urbanistici** devono essere adottati, la Regione segnala al Prefetto gli enti inadempienti. Il Prefetto invita tali enti ad adempiere all'obbligo nel termine di 4 mesi. Dal canto loro, gli enti possono attivare gli interventi, anche sostitutivi, previsti dai loro statuti secondo criteri di neutralità, sussidiarietà e adeguatezza. Decorsi infruttuosamente i 4 mesi, il Prefetto inizia la procedura per lo scioglimento del Consiglio;

- per *omissione della deliberazione di dissesto finanziario* con conseguente intervento sostitutivo dell'organo regionale di controllo (art. 247);
- per *inosservanza dei termini* previsti dall'istruttoria per la formulazione del *bilancio riequilibrato* (art. 262).

Lo scioglimento, **su proposta del Ministro dell'Interno**, è disposto con **decreto del Capo dello Stato** (e con allegata la relazione ministeriale recante le motivazioni del provvedimento), pubblicato nella Gazzetta Ufficiale e comunicato immediatamente al Parlamento. Propedeutico allo scioglimento può essere il provvedimento di **sospensione** (*vedi* più avanti).
Con il decreto di scioglimento, inoltre, si provvede alla nomina di un **commissario**, che esercita le attribuzioni conferitegli con il decreto stesso. Nei soli casi di scioglimento dovuto a cessazione anticipata dalla carica del Sindaco e ad infiltrazioni e condizionamenti di tipo mafioso (*vedi* più avanti) si procede alla nomina di una **commissione straordinaria**.
Il rinnovo del Consiglio deve coincidere con il primo turno elettorale utile previsto dalla legge, ma i consiglieri cessati dalla carica per effetto dello scioglimento continuano ad esercitare, fino alla nomina dei successori, gli eventuali incarichi esterni.

Scioglimento per infiltrazione e condizionamento di tipo mafioso
L'art. 143 TUEL – interamente riformulato dalla L. 94/2009 e modificato, da ultimo, dal D.L. 113/2018, convertito dalla L. 132/2018 – disciplina le specifiche ipotesi di scioglimento per infiltrazione e condizionamento di tipo mafioso, applicabile nei casi in cui emergano concreti, univoci e rilevanti elementi su:

- **collegamenti diretti o indiretti** con la criminalità organizzata di tipo mafioso o similare degli amministratori locali;
- **forme di condizionamento** degli amministratori locali, tali da determinare un'alterazione del procedimento di formazione della volontà degli organi elettivi ed amministrativi e da compromettere il buon andamento o l'imparzialità delle amministrazioni comunali e provinciali, nonché il regolare funzionamento dei servizi

ad esse affidati, ovvero tali da arrecare grave e perdurante pregiudizio per lo stato della sicurezza pubblica.

Spetta al **Prefetto** disporre ogni opportuno accertamento – promuovendo di norma l'accesso presso l'ente interessato –, al fine di verificare la sussistenza di questi elementi, anche con riferimento al Segretario comunale o provinciale, al Direttore generale, ai dirigenti e ai dipendenti dell'ente locale.

I **poteri di accesso e di accertamento**, attribuiti al Prefetto per delega del Ministro dell'Interno, sono esercitati attraverso una **commissione d'indagine**, composta da 3 funzionari. La commissione deve condurre gli accertamenti e consegnare al Prefetto le proprie conclusioni entro 3 mesi dalla data di accesso. Il termine è rinnovabile, una volta soltanto, per un ulteriore periodo massimo di 3 mesi.
Entro il termine di 45 giorni dal deposito delle conclusioni, ovvero quando abbia comunque diversamente acquisito gli elementi, il Prefetto, sentito il **Comitato provinciale per l'ordine e la sicurezza pubblica**, integrato con la partecipazione del Procuratore della Repubblica territorialmente competente, invia al Ministro dell'Interno una relazione nella quale sono, altresì, indicati gli **appalti**, i **contratti** e i **servizi** interessati dai fenomeni di compromissione o interferenza con la criminalità organizzata o comunque connotati da condizionamenti o da una condotta antigiuridica.
Se dalla relazione prefettizia emergono concreti, univoci e rilevanti elementi su collegamenti fra singoli amministratori e la criminalità organizzata di tipo mafioso, il Ministro dell'Interno ne cura la trasmissione all'autorità giudiziaria competente per territorio, ai fini dell'applicazione delle misure di prevenzione previste dalla normativa di cui al D.Lgs. 159/2011 (*Codice antimafia*).
Se per i fatti oggetto degli accertamenti, o per eventi connessi, già pende procedimento penale, il Prefetto può richiedere preventivamente informazioni al Procuratore della Repubblica competente, il quale comunica tutte le informazioni che non ritiene debbano rimanere segrete per le esigenze del procedimento.

Lo scioglimento è **decretato dal Capo dello Stato**, su proposta del Ministro dell'Interno, previa deliberazione del Consiglio dei Ministri, entro 3 mesi dalla trasmissione della relazione prefettizia.
Al decreto di scioglimento, da pubblicare in Gazzetta ufficiale, sono allegati sia la **proposta ministeriale** che la **relazione prefettizia**, salvo decisione contraria del Consiglio dei Ministri che dispone di mantenere la riservatezza su talune parti di tali atti.
La **proposta ministeriale** deve indicare in modo analitico le anomalie riscontrate e i provvedimenti necessari per rimuovere tempestivamente gli effetti più gravi e pregiudizievoli per l'interesse pubblico, nonché gli amministratori ritenuti responsabili delle condotte che hanno dato causa allo scioglimento.
L'effetto immediato del provvedimento è la **cessazione dalla carica** di consigliere, di Sindaco e di ogni altro incarico comunque connesso alle cariche ricoperte, anche se diversamente disposto dalle leggi vigenti in materia di ordinamento e funzionamento degli organi predetti. Anche nei casi in cui non sia disposto lo scioglimento, il Ministro dell'Interno, su proposta del Prefetto, può adottare ogni provvedimento utile a far cessare immediatamente il pregiudizio in atto e ricondurre alla normalità la vita amministrativa dell'ente.
Il decreto di scioglimento conserva i suoi effetti per un **periodo da 12 a 18 mesi**. Questo periodo può essere eccezionalmente prorogato fino ad un massimo di 24

mesi, dandone comunicazione alle **Commissioni parlamentari competenti**, al fine di assicurare il regolare funzionamento dei servizi affidati alle Amministrazioni, nel rispetto dei principi di imparzialità e di buon andamento dell'azione amministrativa. L'eventuale provvedimento di proroga è adottato non oltre il cinquantesimo giorno antecedente alla data di scadenza della durata dello scioglimento stesso.
Le **elezioni degli organi sciolti** si svolgono in occasione del turno annuale ordinario. Qualora la scadenza del provvedimento cada nel secondo semestre dell'anno, le elezioni si svolgono in un turno straordinario da tenersi in una domenica compresa fra il 15 ottobre e il 15 dicembre.
Gli amministratori responsabili delle condotte che hanno dato causa allo scioglimento non possono essere candidati – qualora la loro **incandidabilità** sia dichiarata con provvedimento definitivo – alle elezioni per la Camera dei deputati, per il Senato della Repubblica e per il Parlamento europeo, nonché alle elezioni regionali, provinciali, comunali e circoscrizionali, in relazione ai due turni elettorali successivi allo scioglimento.
Propedeutico allo scioglimento può essere, anche qui, il provvedimento di **sospensione** degli organi dalla carica ricoperta, nonché da ogni altro incarico ad essa connesso. Il provvedimento è adottato dal Prefetto, per motivi di urgente necessità, e per un periodo comunque **non superiore a 60 giorni**. In questo caso, contestualmente al provvedimento di sospensione, il Prefetto provvede all'invio di commissari per assicurare la provvisoria amministrazione dell'ente.
Se non sussistono i presupposti per lo scioglimento o l'adozione di altri provvedimenti, il Ministro dell'Interno, entro 3 mesi dalla trasmissione della relazione prefettizia, emana comunque un decreto di conclusione del procedimento in cui dà conto degli esiti dell'attività di accertamento.
Ciò nondimeno, in quest'ultima ipotesi, qualora dalla relazione prefettizia emergano comunque, riguardo ad uno o più settori amministrativi, **situazioni sintomatiche di condotte illecite gravi e reiterate** – tali da determinare un'alterazione delle procedure e da compromettere il buon andamento e l'imparzialità delle Amministrazioni nonché il regolare funzionamento dei servizi ad esse affidati –, il Prefetto, sulla base delle risultanze dell'accesso, individua i **prioritari interventi di risanamento**, al fine di far cessare le situazioni riscontrate e di ricondurre alla normalità l'attività amministrativa dell'ente, indicando gli atti da assumere (fissando anche un termine per la loro adozione), e fornendo ogni utile supporto tecnico-amministrativo a mezzo dei propri uffici. Spirato inutilmente il termine fissato per l'adozione degli atti, il Prefetto assegna all'ente un ulteriore termine, non superiore a 20 giorni, scaduto il quale si sostituisce, mediante commissario *ad acta*, all'Amministrazione inadempiente. Sono comunque fatti salvi i profili di rilevanza penale.
Con il decreto di scioglimento è nominata una **commissione straordinaria** di tre membri per la gestione dell'ente, la quale esercita le attribuzioni che le sono conferite con il decreto stesso, rimanendo in carica fino allo svolgimento del primo turno elettorale utile. I commissari sono scelti fra funzionari dello Stato, in servizio o in quiescenza, e fra magistrati della giurisdizione ordinaria o amministrativa in quiescenza. Per la composizione di queste commissioni, l'art. 32-*bis* del D.L. 113/2018 prevede l'istituzione di un apposito nucleo composto da personale della carriera prefettizia, nell'ambito del quale sono individuati i commissari.

Se sono comunque rilevati **collegamenti o condizionamenti di tipo mafioso con riferimento a soggetti non amministratori** (Segretario comunale, Direttore generale, dirigenti o dipendenti a qualunque titolo dell'ente locale), il Ministro dell'Interno può con proprio decreto, su proposta del Prefetto, adottare ogni provvedimento utile a far cessare immediatamente il pregiudizio in atto e ricondurre alla normalità la vita amministrativa dell'ente. Tali misure possono comportare la sospensione dall'impiego del dipendente o la sua destinazione ad altro ufficio o altra mansione con obbligo di avvio del procedimento disciplinare da parte dell'autorità competente.

Sospensione del Consiglio

Il Prefetto ha la facoltà di **sospendere le attività del Consiglio** prima ancora che sia approvato il decreto di scioglimento. La sospensione può avere una durata massima di 90 (art. 141, co. 7, TUEL) o 60 giorni (per i soli casi di infiltrazione e di condizionamento di tipo mafioso, vale a dire quelle cui fa riferimento l'art. 143 TUEL).

I **presupposti** per poter attivare i poteri prefettizi di sospensione sono l'avvenuta *attivazione della procedura per lo scioglimento* e la presenza di motivi di *grave ed urgente necessità*.

Il decreto di sospensione del Prefetto provvede alla nomina di uno o più commissari (a seconda della motivazione che ha portato allo scioglimento) per la provvisoria amministrazione dell'ente.

3.5 Il Sindaco

3.5.1 Le competenze

La figura del Sindaco è stata enormemente valorizzata con la riforma del 1993 che ne ha disposto l'**elezione diretta** da parte del corpo elettorale, fornendogli una legittimazione popolare che in precedenza era molto più attenuata, dal momento che la carica era assunta solo in seguito all'elezione da parte del Consiglio comunale.

Attualmente il Sindaco costituisce il **vertice politico e amministrativo dell'ente Comune**, nonché suo elemento indefettibile; non a caso la sua cessazione dalla carica comporta lo scioglimento anche degli altri organi e impone una nuova consultazione elettorale. Se si tiene conto anche dei compiti che gli sono attribuiti direttamente dallo Stato nella sua qualità di ufficiale di governo, ne risulta una figura che, soprattutto nelle grandi realtà urbane, cumula in sé notevoli poteri.

Distintivo del *Sindaco è la fascia tricolore* con lo stemma della Repubblica e lo stemma del Comune, da portarsi a tracolla.

3.5.2 Le funzioni di indirizzo politico

Una volta eletto, entro il termine fissato dallo statuto comunale, il Sindaco è tenuto a **presentare al Consiglio le linee programmatiche relative alle azioni da intraprendere e ai progetti da realizzare** nel corso del mandato (art. 46, co. 3, TUEL).

Si tratta di un *atto generale di programmazione di lungo periodo* (quinquennale) che dovrebbe, nelle intenzioni del legislatore, essere il quadro di riferimento per i successivi atti di programmazione dell'ente locale (relazione previsionale e programmatica, bilancio annuale e pluriennale, programma opere pubbliche ecc.).

Sebbene l'atto sia proposto dal Sindaco, alla sua definizione, al suo adeguamento e alla sua verifica periodica, partecipa il Consiglio comunale, nelle forme stabilite dallo statuto comunale (art. 42, co. 3, TUEL). Il programma di mandato costituisce l'atto al quale tutti gli altri atti della programmazione ordinaria devono adeguarsi.

3.5.3 Le funzioni di gestione amministrativa

Quanto alla gestione amministrativa ordinaria dell'ente, il Sindaco provvede direttamente a svolgere, in particolare, le seguenti attribuzioni:

- nomina e revoca gli *assessori*, fra i quali un Vicesindaco (art. 46, co. 2 e 4, TUEL);
- nomina il *Segretario comunale* (art. 99, co. 1, TUEL) e lo revoca, previa deliberazione della Giunta, ammessa soltanto per violazione dei doveri d'ufficio (art. 100 TUEL);
- nomina e revoca il *Direttore generale*, per i Comuni con popolazione superiore a 100.000 abitanti (art. 108 TUEL, come modificato dall'art. 2, co. 186, lett. *d*), L. 191/2009);
- conferisce gli *incarichi dirigenziali* e nomina i *responsabili degli uffici e dei servizi* (art. 50, co. 10, TUEL);
- nomina i *rappresentanti* del Comune negli altri enti pubblici, fatti salvi i casi in cui la legge prevede che vi siano rappresentanti del Consiglio comunale dallo stesso eletti (art. 50, co. 8, TUEL);
- convoca e presiede la Giunta (art. 47, co. 1, TUEL) e, nei Comuni fino a 15.000 abitanti, ove non istituito il Presidente, il Consiglio comunale (art. 39, co. 3, TUEL), di cui comunque fa parte (art. 46, co. 1, TUEL);
- sovrintende allo svolgimento delle *funzioni amministrative* (art. 50, co. 2, TUEL);
- adotta le ordinanze urgenti in caso di *emergenza sanitaria o di igiene pubblica* (art. 50, co. 5, del TUEL);
- coordina gli *orari degli uffici*, dei *servizi* e degli *esercizi pubblici* (art. 50, co. 7, TUEL).

Il Sindaco esercita altresì le altre funzioni attribuitegli quale autorità locale nelle materie previste da specifiche disposizioni di legge.

3.5.4 Le attribuzioni quale ufficiale di Governo

Ai sensi dell'art. 54 TUEL, il Sindaco, **quale ufficiale del Governo** (nonché chi lo sostituisca), eventualmente dietro atti di indirizzo del Ministro dell'Interno, *sovrintende*:

- all'emanazione degli atti che gli sono attribuiti dalla legge e dai regolamenti in materia di *ordine e sicurezza pubblica*;
- allo svolgimento delle funzioni affidategli dalla legge in materia di *pubblica sicurezza* e di *polizia giudiziaria*;
- alla vigilanza su tutto quanto possa interessare la *sicurezza* e l'*ordine pubblico*, informandone preventivamente il Prefetto.

Il Sindaco, inoltre:

- nell'esercizio delle funzioni sopra citate, concorre ad assicurare anche la *cooperazione della polizia locale con le forze di polizia statali*, nell'ambito delle direttive di coordinamento impartite dal Ministro dell'Interno - Autorità nazionale di pubblica sicurezza;

- sovrintende alla tenuta dei *registri di stato civile e di popolazione* e agli adempimenti demandatigli dalle leggi in materia *elettorale*, di *leva militare* e di *statistica*, eventualmente anche con delega al presidente del Consiglio circoscrizionale o, in sua mancanza, ad un consigliere comunale;
- adotta con atto motivato provvedimenti, anche contingibili e urgenti nel rispetto dei principi generali dell'ordinamento, al fine di prevenire e di eliminare gravi pericoli che minacciano l'*incolumità pubblica* e la *sicurezza urbana* (provvedimenti preventivamente comunicati al Prefetto anche ai fini della predisposizione degli strumenti ritenuti necessari alla loro attuazione).

In tutti i casi indicati dall'art. 54, in **ipotesi di inerzia** del Sindaco o del suo delegato nell'esercizio delle funzioni quale suo sostituto, il **Prefetto** può intervenire con proprio provvedimento.

Qualora i provvedimenti adottati dai Sindaci comportino **conseguenze** sull'ordinata convivenza delle popolazioni dei **Comuni contigui o limitrofi**, il Prefetto indice un'**apposita conferenza** alla quale prendono parte i Sindaci interessati, il Presidente della Provincia e, qualora ritenuto opportuno, soggetti pubblici e privati dell'ambito territoriale interessato dall'intervento.

Il Sindaco segnala alle competenti autorità, giudiziaria o di pubblica sicurezza, la **condizione irregolare dello straniero** o del cittadino appartenente ad uno Stato membro dell'Unione europea, per l'eventuale adozione di provvedimenti di espulsione o di allontanamento dal territorio dello Stato.

In casi di **emergenza**, connessi con il traffico o con l'inquinamento atmosferico o acustico, ovvero quando a causa di circostanze straordinarie si verifichino particolari necessità dell'utenza o per motivi di sicurezza urbana, il Sindaco può modificare gli orari degli esercizi commerciali, dei pubblici esercizi e dei servizi pubblici, nonché, d'intesa con i responsabili territorialmente competenti delle Amministrazioni interessate, gli orari di apertura al pubblico degli uffici pubblici localizzati nel territorio, adottando i provvedimenti anche contingibili e urgenti (ordinanze) e, se i destinatari non ottemperano all'ordine impartito, il Sindaco può provvedere d'ufficio a loro spese, senza pregiudizio dell'azione penale per i reati in cui siano incorsi.

Nell'ambito delle funzioni di cui sopra, il **Prefetto può disporre ispezioni** per accertare il regolare svolgimento dei compiti affidati, nonché per l'acquisizione di dati e notizie interessanti altri servizi di carattere generale.

3.5.5 Il potere di ordinanza del Sindaco

Gli artt. 50 e 54 TUEL attribuiscono al Sindaco (o al Vicesindaco, in caso di sostituzione) un ampio potere di emanare ordinanze per la gestione di emergenze locali.

Le due disposizioni differiscono sotto i seguenti aspetti:

- nell'art. 50 si fa riferimento ad un ambito circoscritto e più delimitato, quale la **sanità** e l'**igiene pubblica** e le attribuzioni del Sindaco derivano dall'esercizio delle sue funzioni come vertice dell'Amministrazione comunale;
- nell'art. 54 si fa riferimento ad un'ipotesi più generica, ossia a tutte quelle situazioni in cui sia necessario tutelare l'**incolumità** e garantire la **sicurezza dei cittadini**; in questi casi le attribuzioni sindacali derivano dall'esercizio delle sue funzioni in qualità di ufficiale del Governo.

Il potere di ordinanza dei Sindaci è stato individuato negli ultimi anni come lo strumento più efficace per contrastare fenomeni di degrado ambientale e di microcriminalità, soprattutto nelle realtà maggiormente urbanizzate, come testimoniano le varie modifiche apportate agli artt. 50 e 54, da ultimo quelle introdotte con la L. 132/2018, di conversione del D.L. 113/2018 (decreto sicurezza).

In particolare, per quanto riguarda le **ordinanze *ex* art. 50, co. 5, D.Lgs. 267/2000** è stato aggiunto un periodo con il quale si specifica che il Sindaco può adottare ordinanze contingibili e urgenti in caso di emergenze sanitarie o di igiene anche per superare situazioni di grave incuria o degrado del territorio, dell'ambiente e del patrimonio culturale o di pregiudizio del decoro e della vivibilità urbana, con particolare riferimento alle esigenze di tutela della tranquillità e del riposo dei residenti, intervenendo in materia di orari di vendita, anche per asporto, e di somministrazione di bevande alcoliche e superalcoliche.

Negli altri casi l'adozione dei provvedimenti d'urgenza, ivi compresa la costituzione di centri e organismi di referenza o assistenza, spetta allo Stato o alle Regioni in ragione della dimensione dell'emergenza e dell'eventuale interessamento di più ambiti territoriali regionali.

Qualora l'emergenza interessi il territorio di più Comuni, ogni Sindaco adotta le misure necessarie fino a quando non intervengano i soggetti competenti (Regioni o Stato).

Con **ordinanza non contingibile e urgente**, invece, il Sindaco può intervenire (art. 50, co. 7-*bis*, D.Lgs. 267/2000) al fine di assicurare il soddisfacimento delle esigenze di tutela della tranquillità e del riposo dei residenti nonché dell'ambiente e del patrimonio culturale in determinate aree delle città interessate da afflusso particolarmente rilevante di persone, anche in relazione allo svolgimento di specifici eventi, o in altre aree comunque interessate da fenomeni di aggregazione notturna. In questi casi, il Sindaco è tenuto al rispetto dell'art. 7 della L. 241/1990 (che disciplina la procedura di comunicazione di avvio del procedimento) e può disporre, per un periodo non superiore a 30 giorni, limitazioni in materia di orari di vendita, anche per asporto, e di somministrazione di bevande alcoliche e superalcoliche, nonché limitazioni degli orari di vendita degli esercizi del settore alimentare o misto, e delle attività artigianali di produzione e vendita di prodotti di gastronomia pronti per il consumo immediato e di erogazione di alimenti e bevande attraverso distributori automatici.

L'inosservanza di queste ordinanze è sanzionata con pene pecuniarie e ancor più gravemente (sospensione dell'attività per un massimo di 15 giorni) in caso di recidiva.

Con riguardo, invece, alle **ordinanze *ex* art. 54 D.Lgs. 267/2000**, si specifica che:

- quelle concernenti l'*incolumità pubblica* sono dirette a tutelare l'integrità fisica della popolazione;
- quelle concernenti la *sicurezza urbana* sono dirette a prevenire e contrastare l'insorgere di fenomeni criminosi o di illegalità, quali lo spaccio di stupefacenti, lo sfruttamento della prostituzione, la tratta di persone, l'accattonaggio con impiego di minori e disabili, ovvero riguardano fenomeni di abusivismo, quale l'illecita occupazione di spazi pubblici, o di violenza, anche legati all'abuso di alcool o all'uso di sostanze stupefacenti.

I provvedimenti sono preventivamente comunicati al Prefetto anche ai fini della predisposizione degli strumenti ritenuti necessari alla loro attuazione. Il co. 9 dell'art.

54 precisa, infatti, che spetta all'autorità prefettizia disporre le misure adeguate per assicurare il concorso delle forze di polizia per eseguire le ordinanze.
Se l'ordinanza è rivolta a persone determinate e queste non ottemperano all'ordine impartito, il Sindaco può provvedere d'ufficio a spese degli interessati, senza pregiudizio dell'azione penale per i reati in cui siano incorsi.

3.5.6 Vicende della carica

Elezione e nomina della Giunta

L'art. 46 TUEL stabilisce che il Sindaco è eletto dai cittadini a **suffragio universale e diretto** secondo le disposizioni dettate dalla legge ed è membro del Consiglio comunale.
Il Sindaco nomina i componenti della Giunta, fra cui un **Vicesindaco**, dandone comunicazione al Consiglio nella prima seduta successiva all'elezione; anche per la revoca di uno o più assessori deve fornire motivata comunicazione al Consiglio.

Limite di mandati consecutivi

Il Sindaco, così come il Consiglio, **dura in carica per un periodo di 5 anni**. L'art. 51, commi 2 e 3, TUEL prevede la non rieleggibilità *immediata* del Sindaco che abbia svolto **due mandati consecutivi**; la non rieleggibilità "immediata" implica la facoltà di ripresentarsi per una successiva tornata elettorale.
Il divieto non opera nell'ipotesi in cui uno dei due mandati precedenti ha avuto durata inferiore a 2 anni, 6 mesi e un giorno, per causa diversa dalle dimissioni volontarie.
L'art. 1, co. 138, della L. 56/2014 stabilisce che le disposizioni riguardante il limite del doppio mandato non si applicano ai **Comuni con popolazione fino a 3.000 abitanti**. Ai Sindaci di tali Comuni la norma del 2014 consente «un numero massimo di **tre mandati**».

La formulazione letterale («*numero massimo di tre mandati*») e il mancato riferimento alla "non rieleggibilità immediata" ha fatto sorgere dubbi sulla sua corretta interpretazione: nei Comuni fino a 3.000 abitanti non si potevano ricoprire in assoluto più di tre mandati oppure erano possibili ulteriori mandati dopo un periodo di interruzione?
Anche tenendo conto delle risultanze degli atti parlamentari, il Ministero dell'Interno ha ritenuto di dover interpretare in via sistematica la disposizione in esame, considerando *possibili ulteriori mandati se, dopo il terzo, intercorra un intervallo temporale idoneo ad interrompere la consecutività* (circolare del 24-4-2014, Ministero dell'interno, Dipartimento affari interni e territoriali, avente ad oggetto la L. 7-4-2014, n. 56).

Cessazione dalla carica

Il Sindaco cessa dalla carica in tutte le ipotesi di scioglimento del Consiglio comunale. Esistono, tuttavia delle cause di decadenza dalla carica legate direttamente alla figura del Sindaco. In particolare, il TUEL contempla le seguenti ipotesi:

- **impedimento permanente, rimozione, decadenza o decesso** (art. 53, co. 2). Tali eventi comportano la decadenza della Giunta e lo scioglimento del Consiglio anche se i due organi rimangono in carica sino all'elezione del nuovo Consiglio e del nuovo Sindaco. Le funzioni di quest'ultimo, fino alla data delle nuove elezioni, sono esercitate dal Vicesindaco, soggetto che svolge anche un ruolo di supplenza per assenza, impedimento temporaneo, nonché nel caso di sospensione dall'esercizio della funzione per una delle cause contemplate dall'art. 11 D.Lgs. 235/2012;

- **dimissioni**. Diventano efficaci ed irrevocabili trascorso il termine di 20 giorni dalla loro presentazione al Consiglio da parte del Sindaco. Non opera la supplenza del Vicesindaco ma si procede allo scioglimento del Consiglio con contestuale nomina di un commissario (art. 53, co. 3). Le dimissioni non sono dovute nel caso di voto del Consiglio comunale contrario ad una proposta del Sindaco o della Giunta;
- approvazione di una **mozione di sfiducia** da parte del Consiglio. Secondo quanto stabilito dall'art. 52 TUEL, il Sindaco cessa dalla carica in caso di approvazione di una *mozione di sfiducia votata per appello nominale dalla maggioranza assoluta dei componenti il Consiglio.*

2/5

La mozione di sfiducia deve essere motivata e sottoscritta da almeno 2/5 dei consiglieri assegnati, senza computare a tal fine il Sindaco, e viene messa in discussione non prima di 10 giorni e non oltre 30 giorni dalla sua presentazione. Se è approvata, si procede allo scioglimento del Consiglio e alla nomina di un commissario. Trova applicazione in questo caso il principio *simul stabunt simul cadent*, che impone la contestuale decadenza degli organi di governo dell'ente nel caso di approvazione di una mozione di sfiducia.

3.6 La Giunta

3.6.1 Le competenze

La Giunta è un *organo collegiale* e ha una **competenza di carattere residuale**. L'art. 48 del TUEL, infatti, le attribuisce il compito di adottare tutti gli atti rientranti nelle funzioni degli organi di governo, precisando subito dopo che sono esclusi quelli riservati dalla legge al Consiglio e che non ricadono nelle competenze, previste dalle leggi o dallo statuto, del Sindaco o degli organi di decentramento.
Si possono comunque individuare, dalla lettura dell'art. 48, le attività principali di quest'organo, il quale:

- collabora con il Sindaco nel **governo del Comune** e nell'**attuazione degli indirizzi generali** del Consiglio;
- riferisce annualmente al Consiglio sulla propria attività e svolge **azioni propositive e di impulso** nei confronti dello stesso;
- adotta i **regolamenti sull'ordinamento degli uffici e dei servizi**, nel rispetto dei criteri generali stabiliti dal Consiglio.

L'art. 49 TUEL dispone che su ogni proposta di deliberazione sottoposta alla Giunta e al Consiglio, che non sia mero atto di indirizzo, deve essere richiesto, in ordine alla sola regolarità tecnica, il **parere del responsabile del servizio interessato** (che risponde in via amministrativa e contabile dei pareri espressi) e, qualora comporti riflessi diretti e indiretti sulla situazione economico-finanziaria o sul patrimonio dell'ente, **del responsabile di ragioneria** in ordine alla regolarità contabile. I pareri sono poi inseriti nella deliberazione.
Nel caso in cui l'ente non abbia i responsabili dei servizi, il parere è espresso dal segretario dell'ente, in relazione alle sue competenze.
I soggetti che rendono tali pareri obbligatori devono, poi, risponderne in via amministrativa e contabile. Nell'ipotesi in cui la Giunta o il Consiglio non intendano conformarsi ai suddetti pareri, devono darne adeguata motivazione nel testo della deliberazione.

3.6.2 La composizione

La **nomina dei componenti della Giunta**, fra cui un Vicepresidente, **spetta al Sindaco**, il quale deve darne comunicazione al Consiglio nella prima seduta successiva all'elezione (art. 46 TUEL).

La Giunta è formata dal Sindaco e da un numero di assessori che in teoria spetta allo statuto dell'ente determinare in una misura non superiore ad un quarto del numero dei consiglieri comunali. In realtà, nella materia, il legislatore nazionale è intervenuto più volte, come per il numero dei consiglieri, lasciando minimi spazi di autonomia ai Comuni. Tutto ciò sempre nell'ottica di procedere ad un contenimento delle spese degli enti locali.

La prima modifica è intervenuta nel 2010 e in quell'occasione si stabilì che il numero degli assessori dovesse essere pari ad un quarto (e non un terzo come originariamente previsto dal TUEL) dei consiglieri. Altri correttivi sono stati apportati dall'art. 16, co. 17, del D.L. 138/2011 (conv. in L. 148/2011), che inizialmente sopprimeva del tutto quest'organo nei Comuni fino a 1.000 abitanti. La L. 56/2014 ha introdotto altre modifiche, stabilendo direttamente il numero massimo di assessori nei Comuni fino a 10.000 abitanti.

Sintetizzando le variazioni intervenute nel tempo, l'attuale composizione della Giunta comunale è quella riportata nella seguente tabella. È da segnalare che, nel rispetto dell'autonomia statutaria prevista dal TUEL, il numero di consiglieri indicato è quello massimo; ciascun ente può stabilire un numero diverso, purché inferiore.

Numero dei consiglieri comunali dopo la legge Delrio	
• Comuni con popolazione **fino a 3.000** abitanti	• 2 assessori
• Comuni con popolazione **superiore a 3.000 e fino a 10.000** abitanti	• 4 assessori
• Comuni con popolazione **superiore a 10.000 e fino a 30.000** abitanti	• 5 assessori
• Comuni con popolazione **superiore a 30.000 e fino a 100.000** abitanti	• 7 assessori
• Comuni con popolazione **superiore a 100.000 e fino a 250.000** abitanti (o che, pur avendo popolazione inferiore, sono capoluoghi di Provincia)	• 9 assessori
• Comuni con popolazione **superiore a 250.000 e fino a 500.000** abitanti	• 10 assessori
• Comuni con popolazione **superiore a 500.000 e fino a 1.000.000** di abitanti	• 11 assessori
• Comuni con popolazione **superiore a 1.000.000** di abitanti	• 12 assessori

Con riferimento ai **soggetti che possono ricoprire la carica**, il TUEL distingue fra (art. 47, commi 3 e 4):

> **Comuni con popolazione superiore a 15.000 abitanti**. Gli assessori sono individuati anche al di fuori dei componenti del Consiglio, fra i cittadini in possesso dei requisiti di candidabilità, eleggibilità e compatibilità alla carica di consigliere. Qualora la scelta del Sindaco ricada su membri del Consiglio, questi sono tenuti a dimettersi, stante l'assoluta incompatibilità fra la carica di consigliere e quella di assessore (art. 64, co. 1);

> **Comuni con popolazione inferiore a 15.000 abitanti**. In questi casi non esiste incompatibilità dal momento che la regola indicata dal Testo unico è quella di scegliere gli assessori fra i componenti del Consiglio. A tale disposizione può derogare lo statuto laddove può prevedere la nomina ad assessore di cittadini non facenti parte del Consiglio ed in possesso dei requisiti di candidabilità, eleggibilità e compatibilità alla carica di consigliere.

Non possono far parte della Giunta, né essere nominati rappresentanti del Comune, il coniuge, gli ascendenti, i discendenti, i parenti e gli affini entro il terzo grado del Sindaco (art. 64, co. 4).

3.6.3 La rappresentanza di genere

Il TUEL prevede che gli statuti comunali stabiliscano norme per assicurare condizioni di pari opportunità fra uomo e donna per **garantire la presenza di entrambi i sessi nelle Giunte** (art. 6, co. 3). Nel rispetto del principio di pari opportunità, il Sindaco nomina i componenti della Giunta garantendo la presenza di entrambi i sessi (art. 46, co. 2). Una percentuale specifica è stata introdotta con la legge Delrio (L. 56/2014) applicabile, però, solo nei Comuni con più di 3.000 abitanti.
Attualmente, quindi, la legislazione nazionale prevede che:

> nelle Giunte dei Comuni con **popolazione superiore a 3.000 abitanti** nessuno dei due sessi può essere rappresentato in misura inferiore al **40 per cento**, con arrotondamento aritmetico (art. 1, co. 137, L. 56/2014);

> per le Giunte dei Comuni con **popolazione fino a 3.000 abitanti** non sono fissati limiti precisi, ma solo disposizioni di principio. Secondo la prevalente giurisprudenza amministrativa, tuttavia, le norme dettate dagli artt. 6, 46 e 47 TUEL non devono essere considerate di valore programmatico ma *precettive*; ciò anche nel rispetto dell'art. 51 Cost., che sancisce proprio il principio generale delle pari opportunità.

Al riguardo, il Ministero dell'Interno, con circolare del 24 aprile 2014 del Dipartimento Affari interni e territoriali, ha chiarito che, in base al principio generale secondo il quale nelle ipotesi in cui l'ordinamento non ha inteso annoverare il Sindaco nel *quorum* richiesto lo ha espressamente indicato usando la formula "senza computare a tal fine il Sindaco" e secondo prevalente giurisprudenza, si è indotti a ritenere che sia legittimo includere nel calcolo degli assessori anche il Sindaco, a garanzia della rappresentanza di genere.
Per completezza, si precisa che occorre lo svolgimento, da parte del Sindaco, di una preventiva e necessaria attività istruttoria preordinata ad acquisire la disponibilità allo svolgimento delle funzioni assessorili da parte di persone di entrambi i generi. Laddove non sia possibile, occorre un'adeguata motivazione sulle ragioni della mancata applicazione del principio di pari opportunità.
Nel caso in cui lo statuto comunale non preveda la figura dell'assessore esterno e il Consiglio comunale sia composto da una rappresentanza di un unico genere, per la piena attuazione del citato principio di pari opportunità si dovrà procedere alle opportune modifiche statutarie che, comunque, sono rimesse all'autonoma valutazione dell'ente.

3.6.4 Il Vicesindaco

La particolare figura del Vicesindaco è stata introdotta dall'art. 16, co. 2, L. 81/1993, in luogo dell'assessore "effettivo" delegato a sostituire il Sindaco in caso di bisogno (ex art. 67, co. 1, R.D. 297/1911).
Oltre alle proprie ordinarie attribuzioni di assessore, eventualmente delegato dal Sindaco per talune materie o atti, il Vicesindaco è chiamato dalla legge (art. 53, co. 1 e 2, TUEL) a svolgere le **funzioni vicarie** in una serie di ipotesi che sia la dottrina che lo stesso Consiglio di Stato tiene distinte fra loro.
Dunque, due sono le fattispecie di sostituzione (entrambe contemplate dall'art. 53 citato):

> la **supplenza temporanea**, in tutte le ipotesi in cui il Sindaco può rientrare in carica al cessare dei motivi che hanno determinato la sospensione o il momentaneo impedimento. Essa si verifica quando il titolare della carica si ritrova in una delle seguenti condizioni:
  - seppure presente è *occupato* nell'esercizio di *altre funzioni* d'istituto (impedimento temporaneo materiale) o versi in una situazione di astensione obbligatoria nei confronti di un atto (impedimento temporaneo giuridico);
  - è *materialmente assente* per una qualsiasi ragione (es. ammalato, in ferie ecc.);
  - è *sospeso* dalle funzioni ai sensi dell'art. 59. Quest'ultima ipotesi si discosta in parte dalle altre, in quanto la durata della sospensione può non essere breve e si tratta non di mero ed occasionale impedimento di fatto ma di interdizione giuridica;

> la **reggenza continuativa**, che comporta la sostituzione non temporanea nello svolgimento delle funzioni del Sindaco. Si concretizza tale ipotesi quando la carica di capo dell'amministrazione risulta vacante per *impedimento permanente, rimozione, decadenza o decesso* del Sindaco ed è caratterizzata per la sua *straordinarietà e temporaneità*, perché lo stesso evento (la cessazione anticipata del Sindaco) che ne cagiona la comparsa, determina la decadenza del Consiglio e della Giunta, mantenuti provvisoriamente in carica sino alle nuove elezioni in regime di *prorogatio*. Spetta, invece, al *commissario straordinario* la gestione temporanea dell'ente nel caso in cui la cessazione dalla carica del Sindaco derivi dalle sue dimissioni o dall'approvazione, da parte del Consiglio, di una mozione di sfiducia nei suoi confronti.

La sostituzione e l'assunzione delle funzioni vicarie da parte del Vicesindaco avvengono in maniera automatica al verificarsi di uno qualsiasi degli eventi tassativamente previsti, senza bisogno di alcun altro provvedimento oltre il mero atto di nomina, che rileva come strumento per l'individuazione del soggetto, cui l'ordinamento attribuisce quei determinati poteri.
Tale modalità di attribuzione diretta di funzioni si diversifica in modo evidente tanto dalla delega interorganica quanto dalla delega della firma e da quella interna. In tutti questi istituti, infatti, l'esercizio del potere trae legittimazione da un atto formale del soggetto, che ne è titolare esclusivo, in sostituzione del quale il delegato agisce. Si è in presenza, come è evidente, di attribuzioni disposte *intuitu personae*, che sono destinate a divenire inoperanti, oltre che con la revoca, con la cessazione dalla carica del soggetto che le ha conferite, il delegante appunto.
E proprio per questo potere attribuito al Vicesindaco direttamente dalla normativa vigente è necessario che il sostituto espliciti nell'atto amministrativo, o di altro genere, adottato in via sostitutiva, il titolo (assenza, impedimento ecc.) che legittimi l'esercizio della potestà vicaria.

3.6.5 Status degli assessori

Non esistono definizioni esatte delle **competenze** degli assessori, in quanto l'art. 47 TUEL stabilisce quali sono i compiti della Giunta. Posto che il Sindaco delega le competenze agli assessori come ritiene funzionale al programma elettorale, ogni Comune potrà avere assessorati diversi in funzione anche alle caratteristiche proprie dell'ente da amministrare. Inoltre, la Giunta è un organo collegiale e la responsabilità delle decisioni adottate è, di fatto, anch'essa collegiale, indipendentemente dalle competenze di ciascun assessore.

La **nomina e** la **revoca** degli assessori sono atti propri del Sindaco e sono altamente discrezionali, sottoposti all'unica formalità della mera comunicazione al Consiglio.

In merito, poi, alla **cessazione dalla carica** di assessore, essa può aversi per *dimissioni, decadenza, scioglimento dell'ente* o *revoca*.

Quest'ultima ipotesi è prevista dall'art. 46, co. 4, TUEL, secondo il quale il Sindaco può *revocare* uno o più assessori dandone motivata comunicazione al Consiglio; a differenza della nomina, che va semplicemente comunicata, la revoca deve essere adeguatamente motivata.

La facoltà di revoca sottolinea lo stretto rapporto fiduciario che intercorre fra il Sindaco e il singolo assessore, la cui durata in carica può essere interrotta dall'adozione di un atto ampiamente discrezionale della figura di vertice dell'ente.

3.7 La legge sui piccoli Comuni

Con la L. 6-11-2017, n. 158 sono state varate **misure economiche** per il *sostegno* e la *valorizzazione* dei **piccoli Comuni**, nonché per la *riqualificazione* e il *recupero* dei relativi **centri storici**.

Scopo dichiarato della normativa è:

- favorire il sostenibile *sviluppo economico, sociale, ambientale* e *culturale* dei piccoli Comuni;
- promuovere l'*equilibrio demografico* del Paese, favorendo la *residenza* in tali Comuni,
- tutelare e valorizzare il loro *patrimonio naturale, rurale, storico-culturale* e *architettonico*.

Agli effetti della legge, si intendono per «piccoli Comuni» quelli con **popolazione residente fino a 5.000 abitanti**, nonché quelli istituiti a seguito di **fusione fra Comuni aventi ciascuno popolazione fino a 5.000 abitanti**.

I finanziamenti sono destinati non solo al rilancio economico di queste realtà, ma anche a contrastarne lo spopolamento. I Comuni, per poterne beneficiare, devono essere collocati in aree interessate da fenomeni di dissesto idrogeologico, di decremento demografico, disagio insediativo, inadeguatezza dei servizi sociali essenziali.

In particolare, la **concessione dei finanziamenti** è prevista per le seguenti **tipologie** di Comuni (art. 1, co. 2):

a) collocati in aree interessate da fenomeni di *dissesto idrogeologico*;

b) caratterizzati da *marcata arretratezza economica*;

c) nei quali si è verificato un significativo *decremento della popolazione residente* rispetto al censimento generale della popolazione effettuato nel 1981;

d) caratterizzati da *condizioni di disagio insediativo*, sulla base di specifici parametri definiti in base all'indice di vecchiaia, alla percentuale di occupati rispetto alla popolazione residente e all'indice di ruralità;

e) caratterizzati da *inadeguatezza dei servizi sociali essenziali*;
f) ubicati in aree contrassegnate da *difficoltà di comunicazione* e dalla *lontananza dai grandi centri urbani*;
g) la cui popolazione residente presenta una *densità non superiore a 80 abitanti per chilometro quadrato*;
h) comprendenti frazioni con le caratteristiche di cui alle lettere *a*), *b*), *c*), *d*), *f*) o *g*); in tal caso, i finanziamenti sono destinati ad interventi da realizzare esclusivamente nel territorio delle medesime frazioni;
i) appartenenti alle *Unioni di Comuni montani* o Comuni che comunque esercitano obbligatoriamente in forma associata le funzioni fondamentali (per effetto della sentenza n. 33/2019 della Corte costituzionale, i Comuni di piccole dimensioni possono essere esonerati dall'obbligo della forma associata quando questa risulta inidonea a realizzare economie di scala o miglioramenti nell'erogazione dei servizi alle popolazioni di riferimento: *vedi*, sul punto, Cap. 9, par. 9.7);
l) con territorio compreso totalmente o parzialmente nel perimetro di un *parco nazionale*, di un *parco regionale* o di un'*area protetta*;
m) istituiti a seguito di *fusione*;
n) rientranti nelle *aree periferiche e ultraperiferiche*, come individuate nella strategia nazionale per lo sviluppo delle aree interne del Paese.

L'utilizzo delle risorse è disciplinato attraverso la predisposizione di un **Piano nazionale di riqualificazione dei piccoli Comuni**.
Sono finanziati, ai sensi della legge, sia interventi di **recupero** che di **riqualificazione**. In particolare, l'art. 4 reca disposizioni per il recupero e la riqualificazione dei centri storici, l'art. 5 per il contrasto all'abbandono degli immobili (edifici e terreni), l'art. 6 per l'acquisizione di case cantoniere e stazioni ferroviarie disabilitate e l'art. 7 per il recupero dei beni culturali, storici, artistici e librari degli enti religiosi.
All'interno dei **centri storici**, possono essere individuate zone di particolare pregio per la tutela dei beni architettonici e culturali, da riqualificare mediante *interventi integrati pubblici e privati* finalizzati alla riqualificazione urbana, nel rispetto delle tipologie strutturali originarie. Nei **borghi antichi** o nei **centri storici abbandonati o parzialmente spopolati**, i Comuni possono promuovere la realizzazione di *alberghi diffusi*.
Al fine di contrastare l'abbandono di **terreni ed edifici**, la legge ne prevede la possibilità di acquisizione e riqualificazione da parte dei Comuni (art. 5), che possono acquisire anche **case cantoniere e stazioni ferroviarie non più utilizzate**, per destinarle a presidi di protezione civile o sedi di promozione di prodotti tipici locali, nonché acquisire i **sedimi ferroviari dismessi** per destinarli alla realizzazione di piste ciclabili e percorsi connessi alla rete ferroviaria storica (art. 6).
Convenzioni con le **diocesi della Chiesa cattolica** – e con le rappresentanze delle **altre confessioni religiose** che abbiano stipulato Intese con lo Stato italiano – possono essere concordate dai Comuni per salvaguardare e recuperare **beni** (culturali, storici, artistici e librari) **degli enti ecclesiastici** o degli enti delle confessioni religiose civilmente riconosciuti (art. 7).

Altre misure riguardano:
- la diffusione delle **infrastrutture in banda ultralarga**. Le aree rispetto alle quali non v'è interesse, da parte degli operatori, a realizzare reti di connessione veloce e ultraveloce potranno essere destinatarie delle risorse previste in attuazione del **piano per la**

banda ultralarga. Inoltre, i progetti informatici riguardanti i piccoli Comuni hanno la precedenza nell'accesso ai finanziamenti pubblici previsti dalla normativa vigente per la realizzazione dei **programmi di e-government** (art. 8);
- l'utilizzo dei **servizi postali per l'effettuazione di pagamenti**. Al fine di favorire il pagamento di imposte, tasse e tributi, nonché dei corrispettivi dell'erogazione di acqua, energia, gas e di ogni altro servizio di pubblica utilità, può essere utilizzata la **rete telematica gestita dai concessionari dell'Agenzia delle dogane e dei monopoli**, previa convenzione con gli stessi concessionari (art. 9);
- la **diffusione della stampa quotidiana**, che dovrà essere assicurata da apposita intesa fra il Governo, l'Associazione nazionale dei Comuni italiani (ANCI), la Federazione italiana editori giornali e i rappresentanti delle agenzie di distribuzione (art. 10);
- il consumo e la commercializzazione dei **prodotti agricoli e alimentari provenienti da filiera corta o a chilometro utile**, che possono essere promossi anche in forma associata e allo scopo di accrescere la sostenibilità ambientale del consumo dei prodotti agricoli e alimentari. L'utilizzo di tali prodotti costituisce titolo preferenziale per l'aggiudicazione nei bandi di gara per la fornitura di servizi legati alla ristorazione collettiva. Aree specifiche, inoltre, possono essere destinate alla realizzazione dei **mercati agricoli** per la vendita diretta (artt. 11 e 12).

Specifiche disposizioni riguardano i **servizi di trasporto e istruzione** e la **promozione cinematografica**, anche quale strumento di valorizzazione turistica.

3.8 Il decentramento comunale

3.8.1 Le circoscrizioni

Le circoscrizioni di decentramento comunale, spesso indicate più semplicemente come *circoscrizioni comunali*, sono **organismi di partecipazione, consultazione e gestione dei servizi di base, nonché di esercizio delle funzioni delegate dal Comune**.
La loro disciplina originaria era contenuta nella L. 278/1976, provvedimento successivamente abrogato; attualmente sono regolamentate dall'art. 17 TUEL, anche se le disposizioni relative al limite demografico devono intendersi superate da quanto disposto dall'art. 2, co. 186, lett. *b*), L. 191/2009.
In base all'ultimo provvedimento citato, le circoscrizioni comunali *possono* essere istituite (quindi è facoltativo e non obbligatorio) **solo nei Comuni di maggiori dimensioni**, vale a dire quelli con **popolazione superiore a 250.000 abitanti**.

L'art. 17, co. 1, TUEL (mai esplicitamente modificato, anche se da considerarsi parzialmente inapplicabile stante le successive norme) prevedeva un *obbligo* per i Comuni con oltre 250 mila abitanti di istituire circoscrizioni comunali e una *facoltà* per i Comuni con popolazione tra 100 mila e 250 mila abitanti (con una popolazione media compresa nelle circoscrizioni non inferiore a 30.000 abitanti).
L'iniziale formulazione dell'art. 2, co. 186, lett. *b*), L. 191/2009 (legge finanziaria per il 2010) imponeva la totale soppressione delle circoscrizioni; i successivi correttivi apportati dal D.L. 2/2010 (conv. dalla L. 42/2010) hanno in parte mitigato la disposizione, contemplando l'abolizione delle circoscrizioni solo nei Comuni fino a 250 mila abitanti e attribuendo ai Comuni con popolazione superiore la *facoltà* di istituirle o meno.

Le realtà metropolitane di maggiori dimensioni hanno tutte previsto l'istituzione di circoscrizioni comunali anche se la denominazione attribuita può essere diversa: a Roma, Milano, Genova e Bari sono indicate come *Municipi* (da non confondere con i Municipi istituiti in seguito alla fusione di Comuni), a Napoli e Venezia si parla di *Municipalità*, a Bologna e Firenze sono denominate *Quartieri* mentre in altre realtà mantengono il nome di *circoscrizioni*.
Spetta allo statuto comunale, e ad un apposito regolamento, il compito di individuare l'organizzazione, le funzioni e le modalità di elezione degli organi rappresentativi, i quali hanno il compito di rappresentare le esigenze della popolazione delle circoscrizioni nell'ambito dell'unità del Comune (art. 17, co. 2 e 4, TUEL).
Nella generalità dei casi sono previsti un **Presidente** e un **Consiglio di circoscrizione**.
L'art. 17, co. 5, TUEL consente ai **Comuni con popolazione superiore a 300.000 abitanti** di prevedere nello statuto particolari e più accentuate forme di decentramento di funzioni e di autonomia organizzativa e funzionale. La legge prevede che, nel caso siano costituiti tali nuovi soggetti, nello statuto se ne debbano disciplinare funzioni, livello di autonomia, organi (competenze, disciplina, formazione, *status* dei componenti), e con delibera comunale la revisione dell'estensione territoriale delle preesistenti circoscrizioni. In tali casi dottrina accreditata definisce dette circoscrizioni *ad autonomia differenziata* (Barusso).

3.8.2 I Municipi

La figura del Municipio, già istituita dalla L. 142/1990, era stata già rivisitata dalla L. 265/1999, nell'intento di superarne il fallimento registrato sino ad allora nelle realtà comunali.
L'art. 16 TUEL stabilisce che nei Comuni istituiti mediante **fusione di due o più Comuni contigui** lo statuto comunale può prevedere l'istituzione di Municipi nei territori delle comunità di origine o di alcune di esse.
Lo statuto e il regolamento disciplinano l'organizzazione e le funzioni dei Municipi, potendo prevedere anche organi eletti a suffragio universale diretto.
Si applicano agli amministratori dei Municipi le norme previste per gli amministratori dei Comuni con pari popolazione.

Capitolo 4
La Provincia

4.1 Nozione

La Provincia è definita dall'art. 3, co. 2, TUEL come un **ente locale intermedio fra Comune e Regione**, che rappresenta la propria comunità, ne cura gli interessi, ne promuove e ne coordina lo sviluppo. Nella L. 56/2014 (legge Delrio) è, invece indicata come **ente territoriale di area vasta**, definizione che, rispetto a quella riportata nel TUEL:

- allenta il rapporto fra l'ente «Provincia» e la comunità di riferimento (infatti, in seguito alla legge di riforma, gli organi non sono più eletti dai cittadini);
- evidenzia la volontà di limitare il suo intervento solo a funzioni che, per loro natura, necessitano di essere svolte in un ambito territoriale sovracomunale (è questo il senso dell'espressione *area vasta*); in pratica si tratta di funzioni ricavabili quasi per esclusione, fra quelle che non possono essere efficacemente gestite a livello comunale.

La bocciatura referendaria della riforma costituzionale del 2016 ha fatto cadere anche l'ipotesi di procedere alla soppressione delle Province, che in quella riforma era contemplata. Tuttavia, anche se formalmente ancora operativi, gli enti provinciali appaiono oggi notevolmente depotenziati per effetto delle modifiche introdotte dalla legge Delrio, che ha operato soprattutto su due punti: la **riduzione delle competenze** attribuite (con conseguente decurtazione delle risorse finanziarie e del personale) e una **minore rappresentatività** degli organi di governo. Il **Consiglio provinciale** e il **Presidente della Provincia** non sono più eletti direttamente dalla popolazione residente, ma formati da esponenti dei Comuni che compongono l'ente provinciale, mentre l'**Assemblea dei Sindaci** è costituita da membri di diritto.
Quella adottata nel 2014 doveva essere una *normativa transitoria*, in attesa della riforma costituzionale, la cui bocciatura ha avuto l'effetto di lasciare in vita una disciplina delle Province estremamente lacunosa, anche perché volutamente pensata per avere vita breve.

Anche le Province, come i Comuni, hanno **autonomia statutaria, normativa, organizzativa e amministrativa**, nonché **autonomia impositiva e finanziaria** nell'ambito dei propri statuti e regolamenti e delle leggi di coordinamento della finanza pubblica; inoltre sono titolari di **funzioni proprie** e di **quelle conferite loro con legge dello Stato e della Regione**, secondo il principio di *sussidiarietà*.
Al pari dei Comuni, le Province svolgono le loro funzioni anche attraverso le attività che possono essere adeguatamente esercitate dall'autonoma iniziativa dei cittadini e delle loro formazioni sociali.
L'art. 1, co. 3, L. 56/2014 attribuisce specifiche competenze alle **Province montane**, vale a dire quelle con un territorio interamente montano, e a quelle **confinanti con Paesi stranieri**.

4.2 Le funzioni

4.2.1 Le funzioni fondamentali delle Province ordinarie

Le funzioni fondamentali attualmente attribuite alle Province sono individuate dall'art. 1, co. 85, L. 56/2014. La norma riporta un elenco di oggetti/materie che vanno a costituire il nucleo intangibile delle competenze di questo ente, provvedendo anche ad introdurre un criterio espresso per la disciplina del loro esercizio (co. 87). Si tratta, infatti, di attribuzioni che devono essere esercitate *nei limiti e secondo le modalità stabilite dalla legislazione statale e regionale di settore*.

Ciò detto, sono **funzioni fondamentali di competenza della generalità delle Province**:

- la *pianificazione territoriale provinciale di coordinamento*, nonché la tutela e la *valorizzazione dell'ambiente*, per gli aspetti di competenza;
- la *pianificazione dei servizi di trasporto* in ambito provinciale, l'autorizzazione e il controllo in materia di *trasporto privato*, in coerenza con la programmazione regionale, nonché la costruzione e la gestione delle *strade provinciali* e la regolazione della circolazione stradale ad esse inerente;
- la *programmazione provinciale della rete scolastica*, nel rispetto della programmazione regionale;
- la *raccolta ed elaborazione di dati*, l'*assistenza tecnico-amministrativa* agli enti locali;
- la gestione dell'*edilizia scolastica*;
- il *controllo dei fenomeni discriminatori* in ambito occupazionale e la *promozione delle pari opportunità* sul territorio provinciale.

Le funzioni provinciali, così come configurate dalla L. 56/2014, sono tutte **strettamente collegate alle esigenze proprie delle aree vaste o ad attività di supporto per i Comuni**. Pertanto, la nuova veste che la riforma attribuisce alle Province è quella di enti aventi un ruolo sostanzialmente servente verso le comunità locali e i loro cittadini, da un lato, e verso i Comuni e gli altri enti locali, dall'altro.

L'elenco delle funzioni fondamentali espresse nella legge Delrio disegna un ambito di competenze notevolmente più circoscritto di quello previgente. Ne sono escluse, in particolare, una serie lunga e rilevante, sotto l'aspetto tanto finanziario quanto politico-amministrativo, di funzioni attinenti al lavoro e allo sviluppo economico.

La scelta del legislatore ha aperto alla possibilità di un consistente alleggerimento del ruolo delle Province, con tutte le relative conseguenze in termini di personale e di bilancio.

Le **funzioni della Provincia nel TUEL** sono riportate agli artt. 19 e 20, formalmente ancora in vigore, non essendo stati abrogati, ma di fatto inapplicabili stante la successiva disciplina della legge Delrio.

L'art. 19 prevede che la Provincia eserciti le proprie funzioni nei seguenti settori: *a*) difesa del suolo, tutela e valorizzazione dell'ambiente e prevenzione delle calamità; *b*) tutela e valorizzazione delle risorse idriche ed energetiche; *c*) valorizzazione dei beni culturali; *d*) viabilità e trasporti; *e*) protezione della flora e della fauna, parchi e riserve naturali; *f*) caccia e pesca nelle acque interne; *g*) organizzazione dello smaltimento dei rifiuti a livello provinciale, rilevamento, disciplina e controllo degli scarichi delle acque e delle emissioni atmosferiche e sonore; *h*) servizi sanitari, di igiene e profilassi pubblica, attribuiti dalla legislazione statale e regionale; *i*) compiti connessi all'istruzione secondaria di secondo grado e artistica e alla formazione professionale, compresa l'edilizia scolastica, attribuiti dalla legislazione statale e regionale; *l*) raccolta ed elaborazione dati, assistenza tecnico-amministrativa agli enti locali.

L'art. 20, dal canto suo, attribuisce alla Provincia un rilevante **ruolo di programmazione**.

4.2.2 Le funzioni fondamentali delle Province montane

In aggiunta a quelle prima elencate, la L. 56/2014 attribuisce alle sole Province montane altre funzioni fondamentali. Tra le novità introdotte dalla legge Delrio, infatti, è annoverabile anche l'istituzione di questa nuova "specie" del "genere Provincia", la quale si caratterizza essenzialmente sotto tre profili: la **situazione geografica** (o, meglio, geografico-amministrativa), che costituisce la condizione di accesso a questo *status*, e i due conseguenti elementi di "specialità", rappresentati dalla **titolarità di un ulteriore gruppo di funzioni fondamentali** e dalla possibilità di un'**articolazione territoriale interna in zone omogenee** dotate di competenze e organismi particolari. Colpisce l'ampiezza delle sfere di operatività riconosciute quali funzioni fondamentali alle Province montane, nonché la loro valenza politica (art. 1, co. 86):

- *cura dello sviluppo strategico del territorio*;
- *gestione dei servizi in forma associata in base alle specificità del territorio medesimo*;
- *cura delle relazioni con gli enti territoriali, nazionali e stranieri con analoghe caratteristiche montane, anche a mezzo di accordi e convenzioni.*

Si tratta, a ben vedere, di competenze che per certi profili potrebbero considerarsi inaccessibili alle stesse Regioni ordinarie.

4.2.3 Funzioni non fondamentali

Per quanto riguarda le funzioni non fondamentali delle Province, la legge Delrio ha affidato l'attuazione delle proprie norme ad un **accordo in Conferenza unificata, nel quale Stato e Regioni individuano tali funzioni in modo puntuale**, previa consultazione delle organizzazioni sindacali maggiormente rappresentative (art. 1, co. 91, L. 56/2014).

La legge Delrio, infatti, procede alla definizione delle funzioni fondamentali degli enti locali interessati, secondo le indicazioni dell'art. 117, co. 2, lett. *p*), della Carta costituzionale; ogni Regione dovrà, poi, procedere alla riallocazione delle funzioni diverse da quelle fondamentali, sulla base dei principi e dei criteri direttivi da questa stessa legge fissati.

L'accordo sopraccitato è anche volto al conseguimento delle seguenti **finalità**:

- l'individuazione dell'*ambito territoriale ottimale* di esercizio per ciascuna funzione;
- l'*efficacia* nello svolgimento delle funzioni fondamentali da parte dei Comuni e delle Unioni di Comuni;
- la sussistenza di riconosciute *esigenze unitarie*;
- l'adozione di *forme di avvalimento* e *deleghe di esercizio* fra gli enti territoriali coinvolti nel processo di riordino, mediante intese o convenzioni.

Sono, altresì, valorizzate forme di **esercizio associato di funzioni** da parte di più enti locali, nonché le **autonomie funzionali**.

Seppur con qualche ritardo, rispetto ai 3 mesi previsti dal co. 91 della L. 56/2014, l'**Accordo sull'individuazione delle funzioni non fondamentali** è stato adottato dalla Conferenza unificata nella seduta dell'**11 settembre 2014**, durante la quale è stata espressa, altresì, l'intesa sul decreto avente ad oggetto le risorse ed i beni da trasferire unitamente alle funzioni.

4.3 Gli organi di governo

4.3.1 L'assetto istituzionale della Provincia dopo la riforma Delrio

Con la riforma Delrio del 2014 l'assetto istituzionale della Provincia, fino ad allora sostanzialmente speculare a quello dei Comuni, è mutato radicalmente, sia per quanto riguarda la composizione (con la scomparsa della Giunta provinciale) sia sotto il profilo delle modalità di elezione, ora tutte di secondo grado.
Gli attuali **organi di governo della Provincia** sono:

- il *Consiglio provinciale*, organo collegiale con funzioni di indirizzo e controllo politico-amministrativo nella Provincia;
- il *Presidente della Provincia* che rappresenta l'ente, convoca e presiede il Consiglio provinciale e l'Assemblea dei Sindaci, sovrintende al funzionamento dei servizi e degli uffici e all'esecuzione degli atti; esercita le altre funzioni attribuite dallo statuto;
- l'*Assemblea dei Sindaci* che ha poteri propositivi, consultivi e di controllo secondo quanto disposto dallo statuto.

4.3.2 Il Consiglio provinciale

È l'**organo collegiale rappresentativo con funzioni di indirizzo e controllo politico-amministrativo** nella Provincia. In particolare, il Consiglio propone all'Assemblea dei Sindaci lo statuto, approva i regolamenti, i piani, i programmi, approva o adotta ogni altro atto sottopostogli dal Presidente della Provincia ed esercita le altre funzioni attribuite dallo statuto. Su proposta del Presidente adotta gli schemi di bilancio da sottoporre al parere dell'Assemblea dei Sindaci. Il parere di quest'organo è richiesto anche per l'approvazione in via definitiva dei bilanci dell'ente.
Il Consiglio provinciale (art. 1, commi 67 e 68, L. 56/2014) **dura in carica 2 anni** ed è composto dal Presidente della Provincia e:

- da 16 componenti nelle Province con popolazione superiore a 700.000 abitanti;
- da 12 componenti nelle Province con popolazione da 300.000 a 700.000 abitanti;
- da 10 componenti nelle Province con popolazione fino a 300.000 abitanti.

È eletto dai Sindaci e dai consiglieri comunali dei Comuni facenti parte della Provincia. Sono **eleggibili a consigliere provinciale** i Sindaci e i consiglieri comunali in carica. La cessazione dalla carica comunale comporta la decadenza da quella di consigliere provinciale.

4.3.3 Il Presidente della Provincia

Il Presidente della Provincia **rappresenta l'ente**, convoca e presiede il Consiglio provinciale e l'Assemblea dei Sindaci, sovrintende al funzionamento dei servizi e degli uffici e all'esecuzione degli atti ed esercita le altre funzioni attribuite dallo statuto.
È eletto dai Sindaci e dai consiglieri dei Comuni della Provincia e **dura in carica 4 anni** (art. 1, co. 58 e 59, L. 56/2014). Sono eleggibili a tale carica i Sindaci della

Provincia il cui mandato scada non prima di 18 mesi dalla data di svolgimento delle elezioni. Il candidato che ottiene il maggior numero di voti, ponderati in base alla consistenza demografica dei Comuni cui appartengono i votanti, è eletto alla carica; in caso di parità di voti è eletto il candidato più giovane.

Il Presidente della Provincia può nominare un **Vicepresidente**, scelto fra i consiglieri provinciali, stabilendo le eventuali funzioni a lui delegate e dandone immediata comunicazione al Consiglio. Il Vicepresidente esercita le funzioni del Presidente in ogni caso in cui questi ne sia impedito.

Il Presidente può anche assegnare **deleghe a consiglieri provinciali**, nel rispetto del principio di collegialità, secondo le modalità e nei limiti stabiliti dallo statuto.

Poiché la carica di Presidente della Provincia può essere ricoperta solo da un soggetto che esercita già le funzioni di Sindaco, le ipotesi previste per la cessazione della carica di Sindaco (*dimissioni, impedimento, rimozione, decadenza, sospensione* o *decesso*) sono valide anche per le vicende relative alla carica di Presidente provinciale. L'art. 1, co. 65, L. 56/2014 esplicitamente afferma che si decade dalla carica in caso di cessazione da quella di Sindaco.

4.3.4 L'Assemblea dei Sindaci

Si tratta di un organo istituito con la legge Delrio e che sostanzialmente sostituisce la Giunta provinciale, seppur con minori poteri operativi, anche in considerazione dei compiti notevolmente ridotti attribuiti alla Provincia.

La scarna disciplina dettata dall'art. 1, co. 55 e 56, L. 56/2014 afferma che l'Assemblea è **costituita dai Sindaci dei Comuni appartenenti all'ente provinciale**. È convocata dal Presidente della Provincia che svolge anche le funzioni di Presidente dell'organo. Ha **poteri propositivi, consultivi e di controllo** secondo quanto disposto dallo statuto. L'Assemblea, inoltre, adotta o respinge lo statuto proposto dal Consiglio e le sue successive modificazioni con i voti che rappresentino almeno un terzo dei Comuni compresi nella Provincia e la maggioranza della popolazione complessivamente residente. La stessa maggioranza è prevista per l'espressione del parere sugli schemi di bilancio, che sono poi adottati dal Consiglio.

4.4 Il decentramento provinciale: circoscrizioni e circondari

Nell'ottica di una revisione della spesa pubblica, nonché di un ridimensionamento generale dell'ente provinciale, ad opera della legge finanziaria 2010 (art. 2, co. 185-*bis*, L. 191/2009, nel testo modificato dal D.L. 2/2010), sono state **soppresse le articolazioni del territorio provinciale (che assumevano la denominazione di circondari o circoscrizioni provinciali)**, previste dall'art. 21, co. 1 e 2, TUEL che, pertanto, oggi è abrogato.

Prima di tale abrogazione, la Provincia «*in relazione all'ampiezza e peculiarità del territorio, alle esigenze della popolazione e alla funzionalità dei servizi*», poteva «*disciplinare nello statuto la suddivisione del proprio territorio in circondari e sulla base di essi organizzare gli uffici, i servizi e la partecipazione dei cittadini*».

I circondari, quindi, erano delle porzioni del territorio provinciale che fungevano da riferimento per l'organizzazione dell'attività amministrativa e, in genere, erano individuati partendo da un Comune della Provincia di maggiori dimensioni cui si collegava una serie di Comuni limitrofi.

Capitolo 5
La Città metropolitana e Roma capitale

5.1 La nozione di Città metropolitana

L'art. 1, co. 2, L. 56/2014 definisce le Città metropolitane, al pari delle Province, come **enti territoriali di area vasta** con le seguenti *finalità istituzionali generali*:

- la cura dello *sviluppo strategico* del territorio metropolitano,
- la promozione e la gestione integrata dei *servizi*, delle *infrastrutture* e delle *reti di comunicazione* di interesse della Città metropolitana,
- la cura delle *relazioni istituzionali* afferenti al proprio livello, ivi comprese quelle con le città e le aree metropolitane europee.

Le Città metropolitane sono entrate a far parte del nostro ordinamento con la L. 142/1990 che per prima ne ha previsto l'istituzione all'art. 18, nell'ambito del capo che più in generale disciplinava l'**Area metropolitana**. La L. 142/1990, successivamente confluita nel TUEL, delineava un procedimento dal basso per la loro istituzione, attraverso un passaggio iniziale che avrebbe portato ad individuare l'Area metropolitana e un secondo passaggio che, nell'ambito di quest'ultima, avrebbe determinato la creazione della Città metropolitana (definita nella legge come ente che accorpava «*il Comune capoluogo e gli altri Comuni ad esso uniti da contiguità territoriale e da rapporti di stretta integrazione in ordine all'attività economica, ai servizi essenziali, ai caratteri ambientali, alle relazioni sociali e culturali*»). Le Aree metropolitane indicate dall'art. 22 del TUEL erano Torino, Milano, Venezia, Genova, Bologna, Firenze, Roma, Bari, Napoli, alle quali si sarebbero aggiunte quelle indicate dalle Regioni a statuto speciale.
L'iniziativa per l'istituzione della Città metropolitana era sostanzialmente demandata agli stessi Comuni che ne dovevano far parte.
Pur avendo ricevuto nel 2001 una piena legittimità anche a livello costituzionale, con l'inclusione nell'elenco del più volte richiamato art. 114 Cost., di fatto le Città metropolitane fino al 2015 non sono mai state istituite.
Un tentativo di accelerare il processo di creazione di questo nuovo ente fu fatto con l'art. 23 L. 42/2009, che sostanzialmente attribuiva alla maggioranza dei Comuni interessati (o alla Provincia) il potere di avviare la procedura per istituire la Città metropolitana, che comunque si sarebbe conclusa con una consultazione referendaria della popolazione interessata. Anche questo tentativo non produsse risultati concreti, ragion per cui con la legge Delrio fu deciso di procedere direttamente alla loro istituzione, prescindendo da qualunque iniziativa degli enti interessati.
La L. 56/2014, così, disciplina le Città metropolitane di **Torino**, **Milano**, **Venezia**, **Genova**, **Bologna**, **Firenze**, **Bari**, **Napoli** e **Reggio Calabria**. Le norme della Delrio si applicano in via generale anche alla Città metropolitana di **Roma capitale**, salvo i poteri speciali derivanti dallo stato giuridico di capitale dello Stato italiano e quanto previsto dai decreti legislativi su Roma capitale.

Alle dieci città metropolitane individuate con legge nazionale si affiancano quelle indicate dalle Regioni a statuto speciale (per il momento Cagliari, Catania, Messina, Palermo).
Il **territorio metropolitano coincide con quello della precedente Provincia**, ferma restando l'iniziativa dei Comuni, ivi compresi i Comuni capoluogo delle Province limitrofe, ai sensi dell'art. 133, co. 1, Cost., per la modifica delle circoscrizioni provinciali limitrofe e per l'adesione alla Città metropolitana.
Dal 1° gennaio 2015 le **Città metropolitane sono subentrate alle omonime Province**, succedendo in tutti i loro rapporti attivi e passivi ed esercitandone le funzioni.

5.2 Le funzioni fondamentali, ereditate e conferite

Le funzioni assegnate a questo ente possono essere raggruppate in **diverse categorie** (art. 1, co. 44-46, L. 56/2014) distinguendo fra:

> **funzioni fondamentali** afferenti alla *pianificazione strategica* e alla *pianificazione territoriale generale*, alla regolazione dei *servizi pubblici*, alla *mobilità e viabilità*, alla promozione dello *sviluppo economico e sociale* e alla promozione dei *sistemi di informatizzazione* in ambito metropolitano.

Nel dettaglio l'art. 1, co. 44, L. 56/2014 attribuisce alle Città metropolitane le seguenti funzioni fondamentali:

- l'adozione e l'aggiornamento annuale di un **piano strategico triennale del territorio metropolitano**, che costituisce atto di indirizzo per l'ente e per l'esercizio delle funzioni dei Comuni e delle Unioni di Comuni compresi nel territorio, anche in relazione all'esercizio di funzioni delegate o assegnate dalle Regioni;
- la **pianificazione territoriale generale**, ivi comprese le strutture di comunicazione, le reti di servizi e delle infrastrutture appartenenti alla competenza della comunità metropolitana, anche fissando vincoli e obiettivi all'attività e all'esercizio delle funzioni dei Comuni compresi nel territorio metropolitano;
- la **strutturazione di sistemi coordinati di gestione dei servizi pubblici**, l'**organizzazione dei servizi pubblici di interesse generale di ambito metropolitano**. D'intesa con i Comuni interessati la Città metropolitana può esercitare le funzioni di predisposizione dei documenti di gara, di stazione appaltante, di monitoraggio dei contratti di servizio e di organizzazione di concorsi e procedure selettive;
- la **mobilità** e la **viabilità**, anche assicurando la compatibilità e la coerenza della pianificazione urbanistica comunale nell'ambito metropolitano;
- la promozione e il coordinamento dello **sviluppo economico e sociale**, anche assicurando sostegno e supporto alle attività economiche e di ricerca innovative e coerenti con la vocazione della Città metropolitana come delineata nel piano strategico del territorio;
- la promozione e il coordinamento dei **sistemi di informatizzazione e di digitalizzazione** in ambito metropolitano;

> **funzioni ereditate dalle Province**. Sempre l'art. 1, co. 44, L. 56/2014 specifica che, in qualità di enti che succedono alle corrispondenti Province, sono attribuite alle Città metropolitane le funzioni fondamentali già spettanti all'ente provinciale, nonché quelle derivanti dal processo di riordino delle funzioni delle Province operato dalla stessa legge Delrio;

- **funzioni conferite dallo Stato e dalle Regioni**, in attuazione dei principi di *sussidiarietà, differenziazione* e *adeguatezza* (art. 118, co. 1, Cost.).

5.3 Gli organi di governo

5.3.1 L'assetto istituzionale della Città metropolitana

L'art. 1, co. 7, L. 56/2014 individua i seguenti organi di governo:

- il *Consiglio metropolitano*, che svolge funzioni di indirizzo politico-amministrativo generale e al quale spetta l'approvazione dei principali atti dell'ente;
- il *Sindaco metropolitano*, che rappresenta l'ente, convoca e presiede il Consiglio metropolitano e la Conferenza metropolitana, sovrintende al funzionamento dei servizi e degli uffici e all'esecuzione degli atti. La carica è ricoperta di diritto dal Sindaco del Comune capoluogo di Provincia;
- la *Conferenza metropolitana*, che ha poteri propositivi e consultivi, secondo quanto disposto dallo statuto.

Le funzioni degli organi sono svolte a titolo gratuito, in quanto gli stessi sono composti da persone che già ricoprono un ruolo istituzionale nelle amministrazioni comunali (consiglieri e Sindaci).

5.3.2 Il Consiglio metropolitano

Il Consiglio metropolitano è l'**organo di indirizzo e controllo** della Città metropolitana. La sua composizione è indicata nell'art. 1, co. 20, L. 56/2014.

Composizione del Consiglio metropolitano	
• Città metropolitane con popolazione residente **superiore a 3 milioni** di abitanti	• 24 consiglieri (+ Sindaco metropolitano)
• Città metropolitane con popolazione residente **superiore a 800.000 e inferiore o pari a 3 milioni** di abitanti	• 18 consiglieri (+ Sindaco metropolitano)
• Città metropolitane con popolazione residente **inferiore a 800.000** abitanti	• 14 consiglieri (+ Sindaco metropolitano)

Il Consiglio metropolitano esercita le seguenti attribuzioni (art. 1, co. 8, L. 56/2014):

- propone alla Conferenza metropolitana lo *statuto* e le sue modifiche;
- approva *regolamenti, piani* e *programmi*;
- approva o adotta *ogni altro atto* sottopostogli dal Sindaco metropolitano;
- esercita le altre funzioni attribuite dallo statuto;
- adotta, su proposta del Sindaco metropolitano, gli *schemi di bilancio* da sottoporre al parere della Conferenza metropolitana (parere espresso con i voti che rappresentino almeno un terzo dei Comuni compresi nella Città metropolitana e la maggioranza della popolazione complessivamente residente), sulla cui base approva in via definitiva i bilanci dell'ente.

Il Consiglio metropolitano **dura in carica cinque anni**. È eletto dai Sindaci e dai consiglieri comunali dei Comuni della Città metropolitana, secondo un **sistema elettorale basato sulla ponderazione dei voti**, con riferimento alla popolazione rappresentata. In caso di rinnovo del Consiglio del Comune capoluogo, si procede a nuove elezioni del Consiglio metropolitano entro 60 giorni dalla proclamazione del Sindaco del Comune capoluogo. Lo statuto può prevedere l'*elezione diretta del Sindaco e del Consiglio metropolitano*, con il sistema elettorale che sarà determinato con legge statale.
Sono **eleggibili a consigliere metropolitano** i Sindaci e i consiglieri comunali in carica. La cessazione dalla carica comunale comporta la decadenza da consigliere metropolitano.

5.3.3 Il Sindaco metropolitano

Il Sindaco metropolitano – la cui carica è ricoperta di diritto dal Sindaco del Comune capoluogo – **rappresenta la Città metropolitana**, convoca e presiede il Consiglio metropolitano e la Conferenza metropolitana, sovrintende al funzionamento dei servizi e degli uffici e all'esecuzione degli atti; esercita le altre funzioni attribuite dallo statuto.
Il Sindaco metropolitano:

> può nominare un **Vice Sindaco**, scelto fra i consiglieri metropolitani, stabilendo le eventuali funzioni a lui delegate e dandone immediata comunicazione al Consiglio;
> può assegnare **deleghe a consiglieri metropolitani**, nel rispetto del principio di collegialità, secondo le modalità e nei limiti stabiliti dallo statuto.

Il Sindaco ha, inoltre, il **potere di proporre lo schema di bilancio**, che viene approvato dal Consiglio, previo parere della Conferenza metropolitana.
L'art. 1, co. 40, L. 56/2014 prevede che «qualora il Sindaco metropolitano cessi dalla carica per **cessazione dalla titolarità** dell'incarico di Sindaco del proprio Comune, il Vice Sindaco rimane in carica fino all'insediamento del nuovo Sindaco metropolitano».

5.3.4 La Conferenza metropolitana

La Conferenza metropolitana è un organo collegiale con **poteri propositivi e consultivi**, secondo quanto disposto dallo statuto. Adotta o respinge lo statuto e le sue modifiche proposti dal Consiglio metropolitano con i voti che rappresentino almeno un terzo dei Comuni compresi nella Città metropolitana e la maggioranza della popolazione complessivamente residente.
La Conferenza metropolitana è **composta** dal Sindaco metropolitano, che la convoca e la presiede, e dai Sindaci dei Comuni appartenenti alla Città metropolitana.

Non è prevista una specifica durata in carica né dell'organo nel suo complesso né dei singoli componenti. La sua composizione è strettamente collegata alle vicende dei singoli Comuni facenti parte della Città metropolitana e in occasione delle varie tornate elettorali può esservi una riconferma dei componenti in carica oppure un rinnovo parziale.

5.4 Lo *status* di Roma capitale

5.4.1 Individuazione e fondamento costituzionale

Il riconoscimento di Roma prima come capitale del Regno e poi della Repubblica non aveva comportato l'assegnazione alla città di uno speciale statuto giuridico.
Nel corso del tempo, tuttavia, il concreto riscontro di esigenze peculiari connesse al ruolo politico interno e internazionale della città, nonché al suo sviluppo economico-sociale e alla sua estensione, ha portato alla determinazione politica di assegnarle uno **statuto *ad hoc***, come contrappeso alla forma di Stato fortemente decentrato che si stava creando e degli importanti compiti attribuiti alla capitale (fra cui garantire l'esercizio delle attribuzioni degli organi costituzionali, assicurare la partecipazione dei cittadini e delle formazioni sociali alla vita politica e costituzionale del Paese e rappresentarne l'unità simbolica).
Il **riconoscimento costituzionale dello *status* specifico di Roma** come capitale della Repubblica è giunto solo nel 2001, con la riformulazione dell'art. 114 della Costituzione. Nello specifico, al co. 3, si rimanda a una legge statale la determinazione delle concrete modalità di attribuzione di tale "specialità".
Si tratta chiaramente di una riserva di legge assoluta, in quanto non viene fatto riferimento a criteri o principi, né si usano espressioni del tipo "secondo disposizioni di legge", ossia in base alla legge e non tramite legge, impiegate in altre parti del dettato costituzionale (es. art. 97).

5.4.2 La disciplina legislativa ordinaria

La disciplina legislativa ordinaria è riportata nell'art. 24 L. 42/2009, che ha dettato le disposizioni per l'**ordinamento transitorio**, anche finanziario, di Roma capitale.
La norma specifica che Roma capitale è un ente territoriale, i cui confini sono quelli del Comune di Roma, e dispone di **speciale autonomia (statutaria, amministrativa** e **finanziaria**), nei limiti stabiliti dalla Costituzione. L'ordinamento di Roma capitale è diretto a garantire il miglior assetto delle funzioni che la città è chiamata a svolgere quale sede degli organi costituzionali, nonché delle rappresentanze diplomatiche degli Stati esteri, ivi presenti, presso la Repubblica italiana, presso lo Stato della Città del Vaticano e presso le istituzioni internazionali.
In attuazione della delega conferita al Governo dall'art. 24 della legge, si è pervenuti all'approvazione del **D.Lgs. 17-9-2010, n. 156**, recante l'ordinamento transitorio di Roma capitale.
Le disposizioni di maggior rilevanza sono contenute:

- nell'art. 2, che individua gli **organi di governo di Roma Capitale**, vale a dire l'*Assemblea capitolina*, la *Giunta capitolina* e il *Sindaco*;
- nell'art. 3, che disciplina l'ordinamento dell'**Assemblea capitolina**, organo di indirizzo e di controllo politico-amministrativo composto dal Sindaco e da 48 Consiglieri. L'Assemblea capitolina, il 7 marzo 2013, ha approvato lo *statuto* di Roma Capitale che ha, in particolare, disciplinato i municipi di Roma Capitale quali circoscrizioni di decentramento, favorendone l'autonomia amministrativa e finanziaria;
- l'art. 4, che disciplina le figure del **Sindaco** e della **Giunta capitolina**;
- l'art. 5, che disciplina lo ***status* degli amministratori** di Roma capitale.

Il Sindaco è il responsabile dell'Amministrazione e può essere udito nelle riunioni del Consiglio dei Ministri che hanno all'ordine del giorno argomenti inerenti alle funzioni conferite a Roma Capitale.

La Giunta è composta dal Sindaco e da un numero massimo di Assessori pari ad 1/4 dei Consiglieri dell'Assemblea capitolina (cioè 12).

Gli altri aspetti organizzativi (procedura di nomina e di revoca degli assessori, competenze della Giunta, mozione di sfiducia e dimissioni) sostanzialmente riprendono le analoghe disposizioni previste dal TUEL (D.Lgs. 267/2000). Una particolarità è contemplata dal co. 10 dell'art. 4, laddove si prevede che «al fine di garantire il tempestivo adempimento degli obblighi di legge o di evitare che l'omessa adozione di atti fondamentali di competenza dell'Assemblea capitolina possa recare grave pregiudizio alla regolarità ed al buon andamento dell'azione amministrativa, il Sindaco può richiedere che le relative proposte di deliberazione siano sottoposte all'esame ed al voto dell'Assemblea capitolina con procedura d'urgenza, secondo le disposizioni stabilite dallo statuto e dal regolamento dell'Assemblea».

5.4.3 Le funzioni del Comune di Roma

L'art. 24, co. 3, L. 42/2009 attribuisce, oltre alle **funzioni amministrative** già spettanti al Comune di Roma in quanto tale, le seguenti ulteriori:

> il concorso alla *valorizzazione dei beni storici, artistici, ambientali e fluviali*, previo accordo con il Ministero per i beni e le attività culturali;
> lo *sviluppo economico e sociale* di Roma capitale con particolare riferimento al *settore produttivo e turistico*;
> lo *sviluppo urbano* e la *pianificazione territoriale*;
> l'*edilizia pubblica e privata*;
> l'organizzazione e il funzionamento dei *servizi urbani*, con particolare riferimento al trasporto pubblico ed alla mobilità;
> la *protezione civile*, in collaborazione con la Presidenza del Consiglio dei ministri e la Regione Lazio;
> le *ulteriori funzioni* conferite dallo Stato e dalla Regione Lazio (ai sensi dell'art. 118, co. 2, Cost).

La disciplina di tali funzioni è stata meglio dettagliata con il D.Lgs. 18-4-2012, n. 61, provvedimento che prevede l'istituzione di una **Conferenza delle Soprintendenze ai beni culturali del territorio di Roma capitale** (per l'attività di valorizzazione dei beni storici e artistici caratterizzanti l'immagine di Roma capitale) e detta disposizioni in materia di turismo, fiere e protezione civile. Con lo stesso decreto sono state attribuite le dotazioni finanziarie e di personale all'ente Roma capitale.

5.4.4 Roma capitale e Città metropolitana di Roma capitale

Lo ***status* speciale** previsto dalla Costituzione è stato attribuito all'amministrazione del Comune di Roma, che ora ha assunto la denominazione di Roma capitale, e **non si estende all'omonima Città metropolitana**.

Con l'istituzione di quest'ultima era evidente la necessità di coordinare i rapporti fra i due enti, ragion per cui la legge Delrio (art. 1, commi 101, 102 e 103, L. 56/2014) ha dettato specifiche norme concernenti Roma, sottolineando che:

- sono estese alla Città metropolitana di Roma capitale le disposizioni dettate per le altre Città metropolitane dalla stessa legge Delrio;
- la disciplina legislativa ordinaria prima citata (L. 42/2009 e decreti attuativi) si applica *solo* all'amministrazione di Roma capitale (già Comune di Roma);
- lo statuto della Città metropolitana di Roma capitale deve disciplinare "i rapporti fra la Città metropolitana, il Comune di Roma capitale e gli altri Comuni, garantendo il migliore assetto delle funzioni che Roma è chiamata a svolgere quale sede degli organi costituzionali nonché delle rappresentanze diplomatiche degli Stati esteri, ivi presenti, presso la Repubblica italiana, presso lo Stato della Città del Vaticano e presso le istituzioni internazionali".

Capitolo 6
Il sistema elettorale

6.1 Le modalità di elezione degli organi degli enti locali

Nel regime anteriore alla L. 56/2014, il quadro istituzionale degli enti locali era estremamente semplificato, con la Provincia e il Comune governati da organi sostanzialmente equiparati (*Consiglio provinciale, Presidente della Provincia* e *Giunta provinciale* da un lato, *Consiglio comunale, Sindaco* e *Giunta comunale* dall'altro). Molti aspetti della disciplina legislativa, in particolare quelli connessi ai sistemi elettorali e allo *status* degli amministratori, si applicavano sia ai Comuni che alle Province, talvolta con modifiche marginali.
Con la L. 56/2014 il quadro è profondamente mutato e sotto due aspetti: sono divenute operative le Città metropolitane e si è **optato per un'elezione indiretta sia degli organi di governo del nuovo ente sia della preesistente Provincia**, talvolta mutando anche la denominazione (è scomparsa la Giunta provinciale sostituita dall'Assemblea dei Sindaci).
Ne consegue che:

> molte delle disposizioni che in precedenza stabilivano l'incompatibilità fra la carica in un Comune e quella in una Provincia sono ora superate; al contrario il **ricoprire una carica presso un ente comunale è diventato un requisito** per poter accedere a quelle dell'ente provinciale o della Città metropolitana;
> alcuni **organi sono ora formati da membri di diritto** (l'Assemblea dei Sindaci per la Provincia, il Sindaco metropolitano e la Conferenza metropolitana per la Città metropolitana) e non prevedono alcun meccanismo elettivo, neppure di secondo grado.

Secondo la Corte costituzionale, le disposizioni sull'elezione indiretta degli organi territoriali, contenute nella L. 56/2014, sono da qualificarsi come **norme fondamentali delle riforme economico-sociali**. Tali norme costituiscono un limite anche all'esercizio delle competenze legislative di tipo esclusivo, quali quelle esercitate dalla **Regione siciliana**, che – con la L.R. n. 17/2017, dichiarata incostituzionale dalla **sentenza n. 168/2018** – aveva reintrodotto, in base all'art. 14 dello statuto speciale, l'elezione diretta «a suffragio universale» del Presidente del «libero Consorzio comunale» (cd. Provincia Regionale) e del Sindaco metropolitano, disciplinandone le modalità.
La Corte, in più occasioni, ha ribadito che l'intervento di riordino di Province e Città metropolitane, di cui alla L. 56/2014, rientra nella competenza esclusiva statale nella materia *«legislazione elettorale, organi di governo e funzioni fondamentali di Comuni, Province e Città metropolitane»*, *ex* art. 117, co. 2, lettera *p*), della Costituzione (sentenze nn. 32/2017, 202/2017 e 159/2016). Pertanto il modello di governo di secondo grado, adottato dal legislatore statale, diversamente da quanto sostenuto dalla Regione, rientra, fra gli *«aspetti essenziali»* **del complesso disegno riformatore che si riflette nella legge stessa.** I previsti meccanismi di elezione indiretta degli organi di vertice degli *enti di area vasta* sono, infatti, funzionali al

perseguito obiettivo di semplificazione dell'ordinamento degli enti territoriali, nel quadro della ridisegnata geografia istituzionale, e contestualmente rispondono ad un fisiologico fine di risparmio dei costi connessi all'elezione diretta.
Sotto quest'ultimo aspetto, la Corte ha dichiarato incostituzionale anche la previsione della legge regionale di attribuzione di un'indennità di carica al Presidente del libero Consorzio comunale e al Sindaco metropolitano, affermando che la *gratuità nell'esercizio delle funzioni – voluta dalla L. 56/2014 – costituisce "un profilo conseguenziale del principio di elezione indiretta degli organi di vertice dei ridisegnati enti territoriali, volto a ridurre la spesa corrente e a razionalizzare i costi degli enti locali; con la conseguenza che la Regione a statuto speciale, pur nel rispetto della sua autonomia, non può derogarvi".*

Nel capitolo si esamineranno i **requisiti per la candidatura** e le **cause di ineleggibilità, incompatibilità e incandidabilità**, facendo riferimento prevalentemente agli amministratori comunali, dal momento che questa carica costituisce un requisito essenziale per poter ricoprire cariche anche negli altri enti. Qualunque causa che non consente di far parte di un organo comunale automaticamente determina l'impossibilità di far parte anche degli organi della Provincia e della Città metropolitana.

6.2 L'elettorato e la candidabilità

L'**elettorato attivo** è costituito da tutti i residenti nel territorio comunale in possesso dei diritti civili e politici e che abbiano compiuto il diciottesimo anno di età nel giorno dello svolgimento della consultazione elettorale. Gli elettori, inoltre, devono essere in possesso della cittadinanza italiana o di uno Stato membro dell'Unione europea.
L'art. 55 TUEL rinvia alle disposizioni del D.Lgs. 197/1996 per le modalità di esercizio del diritto di voto da parte dei **cittadini di uno Stato membro dell'Unione**. Se questi soggetti intendono partecipare alle elezioni del Comune o della circoscrizione in cui risiedono devono presentare apposita *domanda al Sindaco per l'iscrizione nella lista elettorale,* secondo la procedura indicata degli artt. 1 e ss. del citato decreto.
L'**elettorato passivo** è regolato dall'art. 55 del TUEL, ai sensi del quale sono eleggibili alla carica di Sindaco, di consigliere comunale e circoscrizionale gli elettori di un qualsiasi Comune della Repubblica che abbiano compiuto il diciottesimo anno di età nel primo giorno fissato per la votazione. Si richiede il possesso della cittadinanza italiana, ma possono candidarsi alla **carica di consigliere comunale e circoscrizionale** anche i **cittadini di uno Stato membro dell'Unione europea**, che possono anche far parte della Giunta del Comune in cui sono eletti. La loro candidatura, ai sensi dell'art. 5 D.Lgs. 197/1996, è però consentita solo se è certificato che non sussistono cause di decadenza dal diritto di eleggibilità nel Paese di origine. Le **cariche di Sindaco e di Vice Sindaco** sono riservate agli elettori cittadini italiani.
Diverse limitazioni sono previste dal TUEL e dal D.Lgs. 31-12-2012, n. 235 per coloro che intendono ricoprire una carica presso un'Amministrazione locale. A tal fine è possibile distinguere fra le limitazioni che non consentono di presentare la candidatura (**non candidabilità** o **incandidabilità**), quelle che non consentono di essere eletto (**ineleggibilità**) e quelle che determinano l'obbligo di scegliere una delle cariche alle quali si è stati eletti, non potendo ricoprirle entrambe (**incompatibilità**).

6.3 La non candidabilità

L'incandidabilità (o cause ostative alla candidabilità) è il **divieto per alcune categorie di soggetti di presentare la propria candidatura alle elezioni in ambito regionale, comunale e circoscrizionale**.

Tale fattispecie, introdotta dalla L. 16/1992, è stata notevolmente ridimensionata dalla sentenza della Corte costituzionale n. 141/1996, a seguito della quale l'incandidabilità si applica a quanti siano stati condannati con sentenza passata in giudicato per alcuni gravi delitti (es. associazione mafiosa o traffico di armi), quanti siano stati condannati definitivamente per uno stesso reato non colposo a pena non inferiore a 2 anni o che siano stati colpiti da misure definitive di prevenzione per reati di tipo mafioso.

Alcune cause di non candidabilità sono **previste direttamente dall'art. 56 TUEL**, il quale stabilisce che:

- nessuno può presentarsi come candidato a consigliere in più di due Comuni o in più di due circoscrizioni, quando le elezioni si svolgano nella stessa data;
- i consiglieri comunali o di circoscrizione in carica non possono candidarsi, rispettivamente, alla medesima carica in altro Consiglio comunale o circoscrizionale;
- nessuno può essere candidato alla carica di Sindaco in più di un Comune.

L'art. 57 prevede un'**opzione obbligatoria** (e una clausola di salvaguardia), stabilendo che ove un candidato sia eletto contemporaneamente consigliere in due Comuni o in due circoscrizioni, deve optare per una delle cariche entro 5 giorni dall'ultima deliberazione di convalida; mancando l'opzione, rimane eletto *ipso iure* nel consiglio in cui ha riportato il maggior numero di voti in percentuale rispetto al numero dei votanti, mentre è surrogato nell'altro Consiglio.

Specifiche cause ostative alla candidatura sono riportate nell'art. 10 del D.Lgs. 235/2012. Secondo tale articolo **non possono essere candidati** e non possono comunque ricoprire le cariche di Sindaco, assessore e consigliere, Presidente e componente del Consiglio circoscrizionale, Presidente e componente del consiglio di amministrazione dei consorzi, Presidente e componente dei Consigli e delle Giunte delle Unioni di Comuni, consigliere di amministrazione e Presidente delle aziende speciali e delle istituzioni (quelle indicate nell'art. 114 TUEL), Presidente e componente degli organi delle Comunità montane, i **soggetti ai quali siano stati applicati i seguenti provvedimenti:**

a) condanna definitiva per il delitto di **associazione di tipo mafioso** anche straniere o per il delitto di **associazione finalizzata al traffico illecito di sostanze stupefacenti o psicotrope** o per un delitto concernente la produzione o il traffico di dette sostanze, o per un delitto concernente la fabbricazione, l'importazione, l'esportazione, la vendita o cessione, nonché, nei casi in cui sia inflitta la pena della reclusione non inferiore ad un anno, il porto, il trasporto e la detenzione di **armi, munizioni o materie esplodenti**, o per il delitto di favoreggiamento personale o reale commesso in relazione a taluno dei predetti reati;
b) condanne definitive per i cosiddetti **delitti distrettuali** (consumati o tentati), quelli di maggiore allarme sociale, in quanto nelle indagini preliminari e nei procedimenti di primo grado le funzioni di pubblico ministero sono attribuite all'ufficio presso il Tribunale del capoluogo del distretto della Corte di appello;

c) condanna definitiva per i seguenti **delitti previsti dal codice penale**: *peculato* (art. 314), *peculato mediante profitto dell'errore altrui* (art. 316), *malversazione a danno dello Stato* (art. 316-*bis*), *indebita percezione di erogazioni a danno dello Stato* (art. 316-*ter*), *concussione* (art. 317), *corruzione per l'esercizio della funzione* (art. 318), *corruzione per un atto contrario ai doveri d'ufficio* (art. 319), *corruzione in atti giudiziari* (art. 319-*ter*), *induzione indebita a dare o promettere utilità* (art. 319-*quater*, co. 1), *corruzione di persona incaricata di un pubblico servizio* (art. 320), *istigazione alla corruzione* (art. 322), *peculato, concussione, corruzione e istigazione alla corruzione di membri della Corte penale internazionale o degli organi delle Comunità europee e di funzionari delle Comunità europee e di Stati esteri* (art. 322-*bis*), *abuso di ufficio* (art. 323), *utilizzazione d'invenzioni o scoperte conosciute per ragioni d'ufficio* (art. 325), *rivelazione ed utilizzazione di segreti di ufficio* (art. 326), *interruzione di un servizio pubblico o di un servizio di pubblica necessità in qualità di capo, promotore o organizzatore* (art. 331, co. 2), *sottrazione o danneggiamento di cose sottoposte a sequestro disposto nel corso di un procedimento penale o dall'autorità amministrativa* (art. 334) e *traffico di sostanze illecite* (art. 346-*bis*);
d) condanna con sentenza definitiva alla pena della reclusione complessivamente superiore a 6 mesi per uno o più delitti commessi con **abuso dei poteri** o con **violazione dei doveri** inerenti ad una pubblica funzione o a un pubblico servizio diversi da quelli indicati nella lettera *c*);
e) condanna con sentenza definitiva ad una pena non inferiore a 2 anni di reclusione per delitto non colposo;
f) applicazione da parte del Tribunale, con provvedimento definitivo, di una **misura di prevenzione**, in quanto indiziati di appartenere ad **associazioni di tipo mafioso**, alla **camorra** o ad altre associazioni similari.

Tali disposizioni si applicano a qualsiasi altro incarico con riferimento al quale l'elezione o la nomina sia di competenza del Consiglio comunale o circoscrizionale, della Giunta o del Sindaco.

Sul punto è da richiamare anche l'art. 248, co. 5, TUEL, nella versione da ultimo modificata dal D.L. 174/2012 (conv. dalla L. 213/2012), laddove prevede che i Sindaci e i Presidenti di Provincia ritenuti responsabili di danni cagionati con dolo o colpa gravi connessi al verificarsi dello stato di dissesto finanziario, **non sono candidabili, per un periodo di 10 anni**, alle cariche di Sindaco, di Presidente di Provincia, di Presidente di Giunta regionale, nonché di membro dei Consigli comunali, dei Consigli Provinciali, delle assemblee e dei Consigli regionali, del Parlamento e del Parlamento europeo. Non possono, altresì, ricoprire, per un periodo di tempo di 10 anni, la carica di assessore comunale, provinciale o regionale né alcuna carica in enti vigilati o partecipati da enti pubblici.

Le disposizioni sopra esaminate non si applicano nei confronti di chi, pur essendo stato condannato con sentenza passata in giudicato o sottoposto a misura di prevenzione con provvedimento definitivo, ha ottenuto la concessione della riabilitazione ai sensi dell'art. 178 c.p. o dell'art. 15 L. 327/1988.

6.4 L'ineleggibilità e l'incompatibilità

6.4.1 Ineleggibilità

L'ineleggibilità è la condizione di chi, a causa della posizione occupata o dell'incarico ricoperto – che potrebbero porlo in una situazione di vantaggio – incorre in un **impedimento giuridico che non gli consente di essere eletto**.

Il TUEL all'art. 60 individua i **soggetti in condizione di ineleggibilità** alle cariche di Sindaco, Presidente della Provincia, consigliere comunale, consigliere metropolitano, provinciale e circoscrizionale:

1) il *Capo della polizia*, i *vice capi della polizia*, gli *ispettori generali di pubblica sicurezza* che prestano servizio presso il Ministero dell'Interno, i *dipendenti civili dello Stato* che svolgono le funzioni di direttore generale o equiparate o superiori;
2) nel territorio, nel quale esercitano le loro funzioni, i *Commissari di Governo*, i *Prefetti della Repubblica*, i *vice Prefetti* e i *funzionari di pubblica sicurezza*;
3) nel territorio nel quale esercitano il comando, gli *ufficiali generali*, gli *ammiragli* e gli *ufficiali superiori delle forze armate* dello Stato. Questa specifica causa di ineleggibilità non è più contemplata dal TUEL ma è riportata, con le stesse parole, nell'art. 1487 D.Lgs. 66/2010 (Codice dell'ordinamento militare). La posizione di «comando» deve essere intesa nell'accezione di preposizione ad una unità, a carattere operativo, tattico o amministrativo delle Forze armate;
4) nel territorio nel quale esercitano il loro ufficio, gli *ecclesiastici* e i *ministri di culto*, che hanno giurisdizione e cura di anime e coloro che ne fanno ordinariamente le veci;
5) i titolari di *organi individuali* e i *componenti di organi collegiali* che esercitano poteri di *controllo istituzionale* sull'amministrazione del Comune o della Provincia nonché i dipendenti che dirigono o coordinano i rispettivi uffici;
6) nel territorio nel quale esercitano le loro funzioni, i *magistrati addetti alle Corti di Appello, ai Tribunali*, ai *Tribunali amministrativi regionali*, nonché i *Giudici di pace*;
7) i *dipendenti del Comune* per il Consiglio;
8) il *direttore generale*, il *direttore amministrativo* e il *direttore sanitario delle aziende sanitarie locali ed ospedaliere* (costoro, ove poi si siano candidati e non siano stati eletti, non possono esercitare per un periodo di 5 anni le loro funzioni in aziende sanitarie locali e ospedaliere comprese, in tutto o in parte, nel collegio elettorale nel cui ambito si sono svolte le elezioni);
9) i *legali rappresentanti* e i *dirigenti* delle *strutture convenzionate* (ai sensi degli artt. 43-44 L. 833/1978) per i Consigli del Comune il cui territorio coincide con il territorio dell'azienda sanitaria locale o ospedaliera con cui sono convenzionati o lo ricomprende, ovvero dei Comuni che concorrono a costituire l'azienda sanitaria locale o ospedaliera con cui sono convenzionate;
10) i *legali rappresentanti* e i *dirigenti* delle *società per azioni* con capitale superiore al 50% rispettivamente del Comune o della Provincia;
11) gli *amministratori* e i *dipendenti con funzioni di rappresentanza o con poteri di organizzazione o coordinamento del personale* di istituto, consorzio o azienda dipendente rispettivamente dal Comune o dalla Provincia;

12) i *Sindaci*, i *Presidenti di Provincia*, i *consiglieri metropolitani*, i *consiglieri comunali, provinciali* o *circoscrizionali* in carica, rispettivamente, in altro Comune, Città metropolitana, Provincia o Circoscrizione.

Con particolare riferimento alla **carica di Sindaco**, fra i soggetti in condizione di ineleggibilità l'art. 61 enumera anche il ministro di un culto e coloro che hanno legami parentali con il Segretario comunale.

L'art. 60, co. 3, TUEL prevede alcune eccezioni all'applicazione delle cause di ineleggibilità: tutte le cause, salvo l'avere cariche nelle aziende ospedaliere (v. *supra* n. 8), non hanno effetto se l'interessato cessa dalle funzioni per **dimissioni**, **trasferimento**, **revoca dell'incarico o del comando**, **collocamento in aspettativa non retribuita** (sempre per tutta la durata del mandato e purché da lavoro a tempo indeterminato) non oltre il giorno fissato per la presentazione delle candidature, e che le amministrazioni devono soddisfare le relative richieste entro 5 giorni dalla presentazione.
Invece, ai sensi del co. 2, le citate singole cause non hanno effetto se le funzioni esercitate siano cessate almeno 180 giorni prima della data di scadenza dei periodi di durata degli organi ivi indicati.
La causa di ineleggibilità prevista al n. 12) non ha effetto nei confronti del Sindaco in caso di elezioni contestuali nel Comune nel quale l'interessato è già in carica e in quello nel quale intende candidarsi.

Va, infine, menzionato l'art. 248 TUEL, così come modificato dal D.L. 174/2012, secondo cui gli amministratori riconosciuti dalla Corte dei conti quali responsabili, anche in primo grado, di aver contribuito con condotte dolose o gravemente colpose, sia omissive che commissive, al verificarsi del **dissesto finanziario**, non possono ricoprire, per un periodo di 10 anni, incarichi di assessore, di revisore dei conti di enti locali e di rappresentanti di enti locali presso altri enti, istituzioni ed organismi pubblici o privati.

6.4.2 Incompatibilità

L'incompatibilità può essere definita come la **condizione di chi, pur essendo stato regolarmente eletto, risulta già titolare di altra carica non cumulabile**: ciò per evitare il rischio che gli eletti si trovino in condizioni di conflitto di interessi o che siano funzionalmente impediti, in modo da assicurare un esercizio imparziale e corretto delle funzioni svolte.
Quanto alle **cause di incompatibilità** con la carica di Sindaco, Presidente della Provincia, consigliere comunale, provinciale, metropolitano o circoscrizionale, l'art. 63 TUEL stabilisce, al co. 1, che non può ricoprire queste cariche:

1) l'*amministratore* o il *dipendente con poteri di rappresentanza o di coordinamento* di ente, istituto o azienda soggetti a vigilanza in cui vi sia almeno il 20 per cento di partecipazione rispettivamente da parte del Comune o della Provincia o che dagli stessi riceva, in via continuativa, una sovvenzione in tutto o in parte facoltativa, quando la parte facoltativa superi, nell'anno, il 10 per cento del totale delle entrate dell'ente;
2) colui che, come *titolare, amministratore, dipendente con poteri di rappresentanza o di coordinamento* ha parte, direttamente o indirettamente, in servizi, esazioni di diritti, somministrazioni o appalti, nell'interesse del Comune o della Provincia, ovvero

in società ed imprese (non cooperative o consorzi di cooperative) volte al profitto di privati, sovvenzionate da detti enti in modo continuativo, quando le sovvenzioni non siano dovute in forza di una legge dello Stato o della Regione;
3) il *consulente legale, amministrativo e tecnico* che presta opera in modo continuativo in favore delle imprese di cui sopra;
4) colui che ha *lite pendente*, in quanto parte di un procedimento civile od amministrativo, rispettivamente, con il Comune o la Provincia.

Non determina incompatibilità la pendenza di una *lite in materia tributaria* ovvero di una lite promossa con *azione popolare e delle associazioni di protezione ambientale*, ai sensi dell'art. 9 TUEL; né costituisce causa di incompatibilità la *costituzione di parte civile* nel processo penale.
Qualora il contribuente venga eletto amministratore comunale, competente a decidere sul suo ricorso è:
- la commissione tributaria del Comune capoluogo di circondario sede di Tribunale (ovvero sezione staccata di Tribunale);
- la commissione del Comune capoluogo di Provincia, qualora il ricorso sia proposto contro tale Comune;
- la commissione, in ogni caso, del Comune capoluogo di Regione, qualora il ricorso sia proposto contro quest'ultimo Comune;
- la commissione del Comune capoluogo di provincia territorialmente più vicino qualora il ricorso sia proposto contro quest'ultimo Comune.

La lite promossa a seguito di (o conseguente a) sentenza di condanna determina incompatibilità soltanto in caso di affermazione di responsabilità con sentenza passata in giudicato;

5) colui che, per fatti compiuti allorché era amministratore o impiegato, rispettivamente, del Comune o della Provincia ovvero di istituto o azienda da esso dipendente o vigilato, è stato, *con sentenza passata in giudicato, dichiarato responsabile verso l'ente, istituto o azienda e non ha ancora estinto il debito*;
6) colui che, avendo un debito liquido ed esigibile, rispettivamente, verso il Comune o la Provincia ovvero verso istituto od azienda da essi dipendenti è stato legalmente messo in mora ovvero, avendo un debito liquido ed esigibile per imposte, tasse e tributi nei riguardi di detti enti, *abbia ricevuto invano notificazione dell'avviso* di cui all'art. 46 D.P.R. 602/1973;
7) colui che, nel corso del mandato, viene a trovarsi in una *condizione di ineleggibilità*.

In aggiunta a quelle specificamente individuate dall'art. 63, **altre cause di incompatibilità** sono desumibili da una lettura sistematica del TUEL. In particolare:

> le cariche di **Presidente provinciale**, nonché di **Sindaco** e di **assessore dei Comuni compresi nel territorio della Regione**, sono incompatibili con la carica di *consigliere regionale* (art. 65, co. 1);
> le cariche di **consigliere comunale e circoscrizionale** sono incompatibili, rispettivamente, con quelle di *consigliere comunale di altro Comune* e di *consigliere circoscrizionale di altra circoscrizione*, anche di altro Comune (art. 65, co. 2);
> la carica di **consigliere comunale** è incompatibile con quella di *consigliere di una circoscrizione dello stesso o di altro Comune* (art. 65, co. 1);

- la carica di **direttore generale**, di **direttore amministrativo** e di **direttore sanitario** delle aziende sanitarie locali e ospedaliere è incompatibile con quella di *consigliere provinciale*, di *Sindaco*, di *assessore comunale*, di *presidente o assessore di Comunità montana* (art. 66);
- nei **Comuni con più di 15.000 abitanti** esiste *incompatibilità fra la carica di assessore e quella di consigliere* (art. 64, commi 1, 2 e 3). Laddove siano nominati *assessori esterni*, essi devono possedere gli stessi requisiti di candidabilità, eleggibilità e compatibilità previsti per i consiglieri comunali (art. 47, commi 3 e 4);
- è incompatibile con la carica di **Sindaco di Comune con più di 15.000 abitanti** o di **Presidente della Provincia** quella di *parlamentare europeo* (art. 6 L. 18/1979).

L'art. 62 stabilisce, per i **Sindaci dei Comuni con popolazione superiore ai 20.000 abitanti** e per i **Presidenti delle Province**, che l'accettazione della candidatura alla carica di deputato o di senatore comporta la decadenza dalla carica elettiva ricoperta. Con l'art. 13, co. 3, del D.L. 138/2011 (conv. dalla L. 148/2011) è stato chiarito che la **carica di deputato o senatore** è incompatibile "con qualsiasi altra carica pubblica elettiva di natura monocratica relativa ad organi di governo di enti pubblici territoriali" aventi popolazione superiore a 15.000 abitanti".

La precisazione si è resa necessaria in seguito ad una controversia vertente sull'interpretazione dell'art. 62 TUEL che prevede la decadenza dalla carica di Sindaco (nei Comuni con più di 20.000 abitanti) qualora accettino una candidatura alla carica di deputato o senatore. Diversi parlamentari avevano sostenuto che la norma non operava in senso inverso, ovvero non si applicasse ad un parlamentare già in carica che avesse accettato la candidatura (e fosse stato eletto) a Sindaco di Comune con più di 20.000 abitanti, che poteva in tal modo cumulare le due cariche.

Le cause di incompatibilità comportano la **decadenza dalla carica ricoperta** (art. 68, co. 2, TUEL), ma possono essere rimosse (art. 68, co. 3, TUEL).

6.4.3 Esimente e decadenza di diritto

Secondo l'art. 67 TUEL **non costituiscono cause di ineleggibilità o di incompatibilità** gli incarichi e le funzioni conferite ad amministratori locali previsti da norme di legge, statuto o regolamento in ragione del mandato elettivo.
Le cause di ineleggibilità e incompatibilità comportano la decadenza dalla carica elettiva ricoperta (art. 68, commi 1 e 2, TUEL).
La **perdita delle condizioni di eleggibilità** importa la decadenza dalla carica di Sindaco, Presidente della Provincia, consigliere comunale, provinciale o circoscrizionale; la **presenza di cause di incompatibilità**, sia che esistano al momento della elezione sia che sopravvengano ad essa, importano la decadenza dalle predette cariche.
Ai fini della rimozione delle cause di ineleggibilità sopravvenute alle elezioni ovvero delle cause di incompatibilità (cui si applicano le disposizioni di cui ai commi 2, 3, 5, 6 e 7 dell'art. 60), la **cessazione dalle funzioni** deve avere luogo entro 10 giorni dalla data in cui è venuta a concretizzarsi la causa di ineleggibilità o di incompatibilità.

6.5 Le procedure elettorali nei Comuni

6.5.1 L'elezione dei Consigli e dei Sindaci

Il TUEL reca distintamente la disciplina dei **meccanismi di voto in funzione della dimensione demografica** dell'ente. Difatti, l'art. 71 regola unitariamente le procedure elettorali per Sindaco e Consiglio dei Comuni con popolazione fino a 15.000 abitanti, l'art. 72 quelle per Sindaco nei Comuni con popolazione superiore a 15.000 abitanti, l'art. 73 quelle per il Consiglio comunale nei Comuni con popolazione superiore a 15.000 abitanti.
Vanno considerate non più applicabili le disposizioni recate dagli artt. 74 e 75 relativamente al Presidente della Provincia e al Consiglio provinciale, ora sostituite dalle misure riportate nell'art. 1, co. 58 e seguenti della legge Delrio (L. 56/2014).

6.5.2 L'elezione del Sindaco e del Consiglio comunale nei Comuni sino a 15.000 abitanti

Nei Comuni con popolazione sino a 15.000 abitanti, l'elezione dei consiglieri comunali si effettua con **sistema maggioritario a turno unico** contestualmente all'elezione del Sindaco. L'art. 71 TUEL suddivide il procedimento elettorale nelle seguenti fasi:

- **presentazione delle candidature e rappresentanza di genere**. Con la lista di candidati al Consiglio comunale deve essere presentato anche il candidato alla carica di Sindaco e il programma amministrativo. Ciascuna candidatura alla carica di Sindaco è collegata ad una lista di candidati alla carica di consigliere comunale, non superiore al numero dei consiglieri da eleggere e non inferiore ai tre quarti. Nella scheda è indicato, a fianco del contrassegno, il candidato alla carica di Sindaco. Nelle liste dei candidati è assicurata la rappresentanza di entrambi i sessi. Nei **Comuni con popolazione compresa fra 5.000 e 15.000 abitanti**, nessuno dei due sessi può essere rappresentato in misura superiore ai 2/3 (cosiddette *quote di lista*) dei candidati (art. 71, co. 3-*bis*, TUEL, aggiunto dalla L. 215/2012);
- **votazione e doppia preferenza di genere**. L'elettore vota un candidato alla carica di Sindaco segnando il relativo contrassegno. Può esprimere anche un voto di preferenza per un candidato alla carica di consigliere comunale compreso nella lista collegata al Sindaco prescelto (scrivendone il cognome nell'apposita riga stampata sotto il medesimo contrassegno). Nei **Comuni con popolazione compresa fra 5.000 e 15.000 abitanti**, con la L. 215/2012 è stata introdotta la **doppia preferenza di genere**, che consente all'elettore di esprimere due preferenze (anziché una) purché riguardanti candidati di sesso diverso, pena l'annullamento della seconda scelta operata. Non è ammesso il **voto disgiunto**, ossia dare una preferenza ad un candidato di una lista diversa da quella che sostiene il candidato Sindaco scelto (tale facoltà è prevista solo nei Comuni con più di 15.000 abitanti);
- **proclamazione dell'elezione del Sindaco**. Il candidato che ottiene il maggior numero di voti è eletto Sindaco. In caso di parità di voti si procede ad un secondo turno elettorale (**ballottaggio**) fra i due candidati che hanno ottenuto il maggior numero di voti, da effettuarsi la seconda domenica successiva. In caso di ulteriore parità viene eletto il più anziano di età;

> **proclamazione dei consiglieri eletti**. A ciascuna lista di candidati alla carica di consigliere si intendono attribuiti tanti voti quanti sono quelli conseguiti dal candidato alla carica di Sindaco ad essa collegato. Alla **lista collegata al candidato Sindaco eletto sono attribuiti due terzi dei seggi** assegnati al Consiglio, mentre i restanti seggi sono ripartiti proporzionalmente fra le altre liste. Nell'ambito di ogni lista è eletto il candidato che ha ottenuto più preferenze; a parità di voti sono proclamati i candidati che precedono nell'ordine di lista. Il primo seggio spettante a ciascuna lista di minoranza è attribuito al candidato alla carica di Sindaco della lista medesima non eletto.

L'art. 71 prevede, al co. 10, l'ipotesi in cui sia stata **ammessa e votata una sola lista**. Ricorrendo tale eventualità, sono considerati eletti tutti i candidati compresi nella lista, e il candidato a Sindaco collegato, purché essa abbia riportato un numero di voti validi non inferiore al 50 per cento dei votanti ed il numero dei votanti non sia stato inferiore al 50 per cento degli elettori iscritti nelle liste elettorali del Comune. Nel caso in cui tali percentuali non siano raggiunte, l'elezione è nulla.

6.5.3 L'elezione del Sindaco nei Comuni con popolazione superiore a 15.000 abitanti

Presentazione della candidatura

Nei Comuni con popolazione superiore a 15.000 abitanti, il Sindaco è eletto a suffragio universale, diretto e a doppio turno, contestualmente all'elezione del Consiglio comunale (art. 72 TUEL).
Ciascun candidato alla carica di Sindaco deve palesare all'atto della presentazione della candidatura il **collegamento con una o più liste** presentate per l'elezione del Consiglio comunale, in convergenza con l'analoga dichiarazione resa dai delegati delle liste interessate, pena l'inefficacia della dichiarazione stessa.
La scheda per l'elezione del Sindaco è quella stessa utilizzata per l'elezione del Consiglio, e reca i nomi e i cognomi dei candidati alla carica di Sindaco, scritti entro un apposito rettangolo, al cui fianco sono riportati i contrassegni della lista o delle liste con cui il candidato è collegato.
C'è anche la possibilità del **voto disgiunto**, vale a dire votare una lista (e attribuire la relativa preferenza ad un componente di tale lista) che non rientra fra quelle che sostengono il candidato Sindaco.

Ballottaggio e proclamazione dell'elezione

È proclamato **eletto Sindaco** il candidato alla carica che ottiene la maggioranza assoluta dei voti validi (50 per cento + 1). Qualora nessun candidato ottenga detta maggioranza, si procede al **ballottaggio**, che ha luogo la seconda domenica successiva a quella del primo turno elettorale. Sono ammessi al secondo turno i due candidati alla carica di Sindaco che hanno ottenuto al primo turno il maggior numero di voti. In **caso di parità di voti** fra i candidati, è ammesso al ballottaggio il candidato collegato con la lista o il gruppo di liste per l'elezione del Consiglio comunale che abbia conseguito la maggiore cifra elettorale complessiva. A parità di cifra elettorale, partecipa al ballottaggio il candidato più anziano di età.

In caso di **impedimento permanente o decesso** di uno dei candidati ammessi al ballottaggio, il secondo turno si tiene la domenica successiva al decimo giorno dal verificarsi dell'evento e vi partecipa il candidato che segue nella graduatoria.

Per i candidati ammessi al ballottaggio rimangono fermi i **collegamenti con le liste** per l'elezione del Consiglio dichiarati al primo turno, ma essi hanno facoltà, entro sette giorni dalla prima votazione, di dichiarare il collegamento con ulteriori liste rispetto a quelle con cui è stato effettuato il collegamento nel primo turno, sempre in convergenza con analoghe dichiarazioni rese dai delegati delle liste interessate.
Dopo il secondo turno è proclamato eletto Sindaco il candidato che ha ottenuto il maggior numero di voti validi.
In caso di parità, è proclamato eletto Sindaco il candidato collegato con la lista o il gruppo di liste per l'elezione del Consiglio comunale che ha conseguito la maggiore cifra elettorale complessiva. A parità di cifra elettorale, è proclamato eletto il più anziano d'età.

6.5.4 L'elezione del Consiglio comunale nei Comuni con popolazione superiore a 15.000 abitanti

Presentazione delle liste
Le liste per l'elezione del Consiglio comunale devono sempre comprendere un **numero di candidati non superiore al numero dei consiglieri da eleggere e non inferiore ai due terzi**, con arrotondamento all'unità superiore qualora il numero dei consiglieri da comprendere nella lista contenga una cifra decimale superiore a 50 centesimi (art. 73 TUEL).
Nelle liste dei candidati nessuno dei due sessi può essere rappresentato in misura superiore a due terzi, con arrotondamento all'unità superiore qualora il numero dei candidati del sesso meno rappresentato da comprendere nella lista contenga una cifra decimale inferiore a 50 centesimi.
Con la lista di candidati al Consiglio comunale deve essere anche presentato il nome e cognome del **candidato alla carica di Sindaco** e il programma amministrativo da affiggere all'albo pretorio. La peculiarità rispetto alle procedure adottate nei Comuni fino a 15.000 abitanti è che **più liste** possono presentare lo **stesso candidato** alla carica di Sindaco; conseguentemente, le liste devono presentare il medesimo programma amministrativo e si considerano fra di loro collegate (costituiscono, pertanto, una **coalizione**).

Votazione e attribuzione dei seggi
Il **voto** alla lista viene espresso tracciando un segno sul contrassegno della lista prescelta.
Ciascun elettore può esprimere, nelle apposite righe stampate sotto il medesimo contrassegno, uno o due voti di preferenza, scrivendo il cognome di non più di due candidati compresi nella lista da lui votata. Nel caso di espressione di due preferenze, esse devono riguardare candidati di sesso diverso della stessa lista, pena l'annullamento della seconda preferenza (*doppia preferenza di genere*).
L'**attribuzione dei seggi** alle liste è effettuata successivamente alla proclamazione dell'elezione del Sindaco al termine del primo o del secondo turno; come clausola

di sbarramento non sono ammesse all'assegnazione dei seggi le liste che abbiano ottenuto al primo turno meno del 3% dei voti validi e che non appartengano a nessun gruppo di liste che abbia superato tale soglia.
La lista o le liste che hanno appoggiato il candidato Sindaco eletto hanno **diritto al 60% dei seggi**, anche se non hanno raggiunto tale percentuale di voti (**premio di maggioranza**). I restanti seggi sono ripartiti proporzionalmente fra le altre liste.
Il premio di maggioranza non è attribuito nel caso in cui un'altra lista o un gruppo di liste collegate ad un Sindaco non risultato eletto abbia superato il 50% dei voti validi.
Se il Sindaco è eletto al primo turno, per far scattare il premio di maggioranza occorre aver ottenuto almeno il 40% dei voti.

Non del tutto impossibile, seppur rara (talvolta, infatti, si è effettivamente verificata), è l'ipotesi di un **Sindaco eletto che non abbia la maggioranza nel Consiglio**.
Nei **Comuni con più di 15.000 abitanti** è previsto il voto disgiunto per cui l'elettore può votare sia un candidato Sindaco sia una lista a lui avversa. Laddove questo fenomeno risulti particolarmente rilevante ne può derivare un Sindaco eletto a maggioranza che però non può contare su una maggioranza in Consiglio comunale. L'ipotesi si verifica soprattutto in quei casi in cui vi è un candidato Sindaco particolarmente autorevole e apprezzato a livello locale ma che non può contare sull'appoggio dei partiti politici di maggior peso.

Per l'assegnazione del numero dei consiglieri a ciascuna lista o a ciascun gruppo di liste collegate si divide la cifra elettorale di ciascuna lista o gruppo di liste collegate successivamente per 1, 2, 3, 4, ... sino a concorrenza del numero dei consiglieri da eleggere e quindi si scelgono, fra i quozienti così ottenuti, i più alti, in numero eguale a quello dei consiglieri da eleggere, disponendoli in una graduatoria decrescente.
Nell'ambito di ciascun gruppo di liste collegate la cifra elettorale di ciascuna di esse, corrispondente ai voti riportati nel primo turno, è divisa per 1, 2, 3, 4, ... sino a concorrenza del numero dei seggi spettanti al gruppo di liste. Si determinano in tal modo i quozienti più alti e, quindi, il numero dei seggi spettanti ad ogni lista.
La **cifra elettorale** di una lista è costituita dalla somma dei voti validi riportati dalla lista stessa in tutte le sezioni del Comune; mentre la **cifra individuale** di ciascun candidato a consigliere comunale è costituita dalla cifra di lista aumentata dei voti di preferenza.
Determinato il numero dei seggi spettanti a ciascuna lista o gruppo di liste collegate (anche all'interno della coalizione la ripartizione avviene secondo il sistema proporzionale), sono in primo luogo proclamati **eletti alla carica di consigliere** tutti i candidati non risultati eletti alla carica di Sindaco, purché siano collegati ad una lista che abbia ottenuto almeno un seggio. Se più liste sono collegate al medesimo candidato non eletto alla carica di Sindaco, il seggio che gli spettai è detratto dai seggi complessivamente attribuiti al gruppo di liste collegate.
Una volta compiute queste operazioni, sono proclamati eletti **consiglieri comunali** i candidati di ciascuna lista secondo l'ordine delle rispettive cifre individuali.
In caso di parità di cifra individuale, sono proclamati eletti i candidati che precedono nell'ordine di lista.

Sistemi elettorali comunali a confronto		
	Comuni fino a 15.000 abitanti	Comuni superiori a 15.000 abitanti
Elezione del Sindaco	Eletto il candidato che ottiene più voti (nessun quorum specifico)	Eletto al primo turno il candidato che ottiene la maggioranza assoluta dei voti validi (50 per cento + 1)
Ballottaggio per il Sindaco	**No**. Non previsto, eccetto il caso di parità di voti fra i primi due candidati	**Sì**. Si svolge fra i due candidati che hanno ottenuto il maggior numero di voti validi
Premio di maggioranza	**Sì**. Alla lista che ha appoggiato il Sindaco vincente sono attribuiti i 2/3 dei seggi	**Sì**. Alla lista o al gruppo di liste che hanno appoggiato il candidato Sindaco eletto sono attribuiti il 60 per cento dei seggi.
Parità di genere nella presentazione delle liste	**Sì**, nei Comuni con più di 5.000 abitanti. Massimo un terzo uomini e due terzi donne, o viceversa	**Sì**. Massimo un terzo uomini e due terzi donne, o viceversa
Preferenze	*Comuni fino a 4.999 abitanti*: 1 preferenza *Comuni oltre 4.999 abitanti*: 2 preferenze (un uomo e una donna)	Consentite 2 preferenze, una per un candidato di sesso maschile e una per un candidato di sesso femminile.
Voto disgiunto	**No**, non consentito	**Sì**, consentito

6.6 Le procedure elettorali nelle Province

6.6.1 L'elezione del Consiglio provinciale

Presentazione delle liste

La L. 56/2014 (art. 1, co. 67 ss.) ha dettato una serie di norme per la costituzione dei Consigli delle Città metropolitane, dei Consigli delle Province e per l'elezione del Presidente della Provincia; tali organi sono eletti con un **procedimento elettorale di secondo grado** e non direttamente dalla popolazione residente nei rispettivi territori.

Il Consiglio provinciale è **eletto dai Sindaci e dai consiglieri comunali** dei Comuni della Provincia. Sono eleggibili a consigliere provinciale i Sindaci e i consiglieri comunali in carica. La cessazione dalla carica comunale comporta anche la decadenza da quella provinciale.

L'elezione, che ha luogo in un'unica giornata, avviene sulla base di liste, composte da un numero di candidati non superiore al numero dei consiglieri da eleggere e non inferiore alla metà degli stessi, sottoscritte da almeno il 5 per cento degli aventi diritto al voto.

Nelle liste nessuno dei due sessi può essere rappresentato in misura superiore al 60 per cento del numero dei candidati, con arrotondamento all'unità superiore qualora il numero dei candidati del sesso meno rappresentato contenga una cifra decimale inferiore a 50 centesimi. In caso contrario, l'ufficio elettorale riduce la lista, cancellando i nomi dei candidati appartenenti al sesso più rappresentato, procedendo dall'ultimo della lista, in modo da assicurare il rispetto del principio sopra esposto.

La lista che, all'esito della cancellazione delle candidature eccedenti, contenga un numero di candidati inferiore a quello minimo prescritto dal co. 70 (ossia da un numero di candidati inferiore alla metà dei consiglieri da eleggere è inammissibile).

Votazione e riparto dei seggi

Il Consiglio provinciale è eletto con voto diretto, libero e segreto, attribuito a **liste di candidati concorrenti**, in un unico collegio elettorale corrispondente al territorio della Provincia. Le **schede di votazione** sono fornite a cura dell'ufficio elettorale in colori diversi a seconda della fascia demografica del Comune di appartenenza degli aventi diritto al voto.
Ciascun elettore esprime *un voto*, che viene ponderato ai sensi dell'art. 1, co. 32, 33 e 34, L. 56/2014. L'elettore può esprimere, nell'apposita riga della scheda, un voto di preferenza per un candidato alla carica di consigliere provinciale compreso nella lista, scrivendone il cognome o, in caso di omonimia, il nome e il cognome.
L'ufficio elettorale, terminate le operazioni di scrutinio, determina la cifra elettorale ponderata di ciascuna lista e la cifra individuale ponderata dei singoli candidati e procede al **riparto dei seggi** fra le liste e alle relative proclamazioni.
I seggi che rimangono vacanti per qualunque causa, ivi compresa la cessazione dalla carica di Sindaco o di consigliere di un Comune della Provincia, sono attribuiti ai candidati che, nella medesima lista, hanno ottenuto la maggiore cifra individuale ponderata. Non si considera cessato dalla carica il consigliere eletto o rieletto Sindaco o consigliere in un Comune della Provincia.

6.6.2 L'elezione del Presidente della Provincia

Anche per il Presidente della Provincia la L. 56/2014 ha eliminato l'elezione diretta, prevedendo che sia eletto dai Sindaci e dai consiglieri dei Comuni facenti parte della Provincia.
Ai sensi dell'art. 1, co. 60, L. 56/2014, sono **eleggibili** a Presidente della Provincia i **Sindaci della Provincia il cui mandato scada non prima di 18 mesi dalla data di svolgimento delle elezioni**. L'elezione avviene sulla base di candidature, sottoscritte da almeno il 15 per cento degli aventi diritto al voto.
Il Presidente della Provincia è eletto con voto diretto, libero e segreto. L'elezione avviene in unica giornata presso un unico seggio elettorale. Ciascun elettore vota per un solo candidato. Quello che consegue il maggior numero di voti viene eletto Presidente della Provincia; in caso di parità di voti, è eletto il candidato più giovane.
Il Presidente decade dalla carica in caso di cessazione dalla carica di Sindaco.

6.7 Le procedure elettorali nelle Città metropolitane

6.7.1 L'elettorato e la presentazione delle liste per il Consiglio metropolitano

Il Consiglio metropolitano è l'unico organo elettivo, seppure di secondo grado, della Città metropolitana; il Sindaco metropolitano è di diritto il Sindaco del Comune capoluogo mentre l'Assemblea dei Sindaci è formata di diritto dai capi delle ammi-

nistrazioni comunali appartenenti alla Città metropolitana. In caso di rinnovo del Consiglio del Comune capoluogo, si procede a nuove elezioni del Consiglio metropolitano entro 60 giorni dalla proclamazione del Sindaco del Comune capoluogo.
La L. 56/2014 stabilisce che il **diritto di elettorato attivo e passivo** spetta ai Sindaci e ai consiglieri comunali dei Comuni della Città metropolitana: sono eleggibili a consigliere metropolitano i Sindaci e i consiglieri comunali in carica (art. 1, co. 25).
Il **meccanismo elettorale è di tipo proporzionale** per liste ed è disciplinato nei commi da 26 a 39.
In particolare, è previsto che, ai fini della presentazione, le liste elettorali (composte da un numero di candidati non inferiore alla metà dei consiglieri da eleggere) siano sottoscritte da almeno il 5% degli aventi diritto al voto; nessuno dei due sessi può essere rappresentato in misura superiore al 60% del numero dei candidati, con arrotondamento all'unità superiore qualora il numero dei candidati del sesso meno rappresentato contenga una cifra decimale inferiore a 50 centesimi, allo scopo di promuovere la rappresentanza di genere.
Nel caso in cui tale previsione non sia rispettata, l'ufficio elettorale riduce la lista, cancellando i nomi dei candidati appartenenti al sesso più rappresentato e procedendo dall'ultimo della lista. La lista che, all'esito della cancellazione delle candidature eccedenti, contenga un numero di candidati inferiore a quello minimo prescritto è considerata inammissibile.

6.7.2 Il meccanismo elettorale e il voto ponderato

Per quanto concerne il meccanismo elettorale, la legge di riforma precisa che ciascun elettore – Sindaco e consiglieri metropolitani – esprime un voto ponderato.
La **ponderazione**, volta ad introdurre *elementi di riequilibrio fra realtà demografiche differenziate*, si calcola sulla base di un indice determinato in relazione alla popolazione complessiva della fascia demografica del Comune di cui è rappresentante (co. 32).
Pertanto, ai fini delle elezioni, il co. 33 ripartisce i Comuni della Città metropolitana in nove distinte fasce demografiche, a seconda della loro popolazione (fino a 3.000 abitanti; da 3001 a 5000 abitanti; da 5.001 a 10.000 abitanti; da 10.001 a 30.000 abitanti; da 30.001 a 100.000 abitanti; da 100.001 a 250.000 abitanti, da 250.001 a 500.000 abitanti, da 500.001 a 1 milione di abitanti; sopra 1 milione di abitanti).
L'**indice di ponderazione** per ciascuna delle fasce demografiche dei Comuni appartenenti alla Città metropolitana viene determinato grazie ad un valore percentuale che è dato dal rapporto fra la popolazione complessiva della fascia e il totale della popolazione dell'intera Città metropolitana.
Più nel dettaglio, la legge Delrio stabilisce che nessun Comune può superare il valore del 45% nel rapporto fra la propria popolazione e quella dell'intera Città metropolitana cui appartiene. Il valore superiore al 45% è comunque ridotto a tale percentuale e la quota eccedente assegnata in aumento al valore percentuale di ciascuna fascia demografica (purché diversa da quella cui appartenga il Comune in questione). Tale ripartizione fra fasce demografiche avviene in misura proporzionale alla rispettiva popolazione.
È previsto un limite anche per la singola fascia demografica, la quale non può superare la soglia del 35%, e anche in questo caso il valore percentuale eccedente è comunque ridotto alla soglia limite (e cioè al 35%).

Tale complesso meccanismo conduce all'indice di ponderazione del voto degli elettori (Sindaci e consiglieri comunali) del Consiglio metropolitano.
La formula elettorale è indicata dal co. 36 che prevede che la cifra elettorale di ciascuna lista sia costituita dalla somma dei voti ponderati validi riportati da ciascuna di esse.
L'ufficio elettorale, al termine dello scrutinio, provvede, innanzitutto, a determinare la **cifra elettorale ponderata di ciascuna lista**; successivamente determina la **cifra elettorale dei candidati** in base ai voti di preferenza; infine ripartisce i seggi fra le liste e provvede alle proclamazioni a consigliere metropolitano.

6.7.3 La possibile elezione a suffragio universale e diretto del Sindaco e del Consiglio metropolitano

In merito alla forma di governo dell'ente, oltre al modello che vede la funzione di Sindaco della Città metropolitana assegnata *ex lege* al Sindaco del Comune capoluogo di Provincia, la legge ammette un modello alternativo che deve essere espressamente previsto dallo statuto (art. 1, co. 22, L. 56/2014).
Infatti, è **possibile l'elezione a suffragio universale e diretto del Consiglio e del Sindaco della Città metropolitana**. L'adozione di questo modello determina la trasformazione della Città metropolitana da ente di secondo livello a ente di primo livello.
Principale condizione affinché possa essere esercitata questa opzione è la presenza di una legge elettorale approvata con legge dello Stato. Inoltre, affinché si possa far luogo ad elezione del Sindaco e del Consiglio metropolitano a suffragio universale, è necessaria un'ulteriore condizione, diversa a seconda del numero di abitanti residenti nel territorio della Città metropolitana:

- se la **popolazione residente è inferiore ai 3 milioni di abitanti**, l'elezione diretta sarà possibile soltanto a seguito di una procedura molto complessa. Quest'ultima prevede, in primo luogo, l'articolazione del territorio del Comune capoluogo in più Comuni, proposta con deliberazione del Consiglio comunale che deve essere sottoposta a referendum fra tutti i cittadini della Città metropolitana; in secondo luogo, che la Regione abbia provveduto con propria legge all'istituzione dei nuovi Comuni;
- se la **popolazione residente è superiore a 3 milioni di abitanti** (in pratica Roma, Milano e Napoli) è necessario che lo statuto preveda la costituzione di zone omogenee all'interno dell'area e che il Comune capoluogo abbia realizzato la ripartizione del proprio territorio in zone dotate di autonomia amministrativa.

Capitolo 7
Status degli amministratori locali

7.1 Definizione di amministratore locale

L'art. 77 TUEL definisce amministratori locali i *Sindaci*, anche metropolitani, i *Presidenti delle Province*, i *consiglieri* dei Comuni anche metropolitani e delle Province, i *componenti delle Giunte*, i *Presidenti dei Consigli comunali, metropolitani e provinciali*, i *Presidenti*, i *consiglieri* e gli *assessori delle Comunità montane*, i *componenti degli organi delle Unioni di Comuni e dei consorzi fra enti locali*, nonché i *componenti degli organi di decentramento*.
Lo stesso articolo afferma che la Repubblica tutela il diritto di ogni cittadino chiamato a ricoprire cariche pubbliche nelle amministrazioni degli enti locali ad espletare il mandato, disponendo del tempo (aspettative, permessi), dei servizi e delle risorse necessari ed usufruendo di indennità e di rimborsi spese nei modi e nei limiti previsti dalla legge.
Agli amministratori locali si applicano le norme in materia di **ineleggibilità, incompatibilità e incandidabilità** di cui agli artt. 55-70 del TUEL e del D.Lgs. 235/2012 (*Testo unico delle disposizioni in materia di incandidabilità*) e le disposizioni relative al loro *status* previste dagli artt. 77-87 del TUEL.

7.2 I doveri

7.2.1 Principi generali

L'art. 78, co. 1, TUEL stabilisce che il comportamento degli amministratori, nell'esercizio delle proprie funzioni, deve essere **improntato all'imparzialità e al principio di buona amministrazione**, nel pieno rispetto della distinzione fra funzioni, competenze e responsabilità degli amministratori e quelle proprie dei dirigenti delle rispettive amministrazioni.
Gli amministratori locali, nello svolgimento delle loro funzioni, devono **agire con la massima imparzialità, senza vincolo di mandato**, ponendo attenzione agli interessi generali della popolazione. Il dover operare rispettando il principio di buona amministrazione obbliga gli amministratori locali alla massima efficacia, trasparenza ed efficienza.

7.2.2 Il dovere di astensione

Gli amministratori, ai sensi dell'art. 78, commi 2 e 4, TUEL devono **astenersi dal prender parte alla discussione e alla votazione di deliberazioni riguardanti interessi propri o dei loro parenti o affini**. L'obbligo di astensione non si applica ai provvedimenti normativi o di carattere generale, quali i *piani urbanistici*, se non nei casi in

cui sussista una correlazione immediata e diretta fra il contenuto della deliberazione e specifici interessi dell'amministratore o di parenti o affini fino al quarto grado.
Nel caso – appunto – dei piani urbanistici, ove la suddetta correlazione immediata e diretta sia stata accertata con sentenza passata in giudicato, le parti dello strumento urbanistico che costituivano oggetto della correlazione sono annullate e sostituite mediante nuova variante urbanistica parziale. Nelle more dell'accertamento di tale stato di correlazione è sospesa la validità delle relative disposizioni.
L'obbligo di astensione, dunque, assume le seguenti modalità:

- quando il provvedimento da adottare riguarda un **interesse proprio**, ovvero un **interesse di un parente o affine entro il quarto grado**, l'amministratore in conflitto deve astenersi dalla discussione e dalla votazione, anche se non è necessario che si allontani dall'aula, salva diversa disposizione regolamentare;
- quando in discussione vi è un **provvedimento normativo o di carattere generale** (es. il piano regolatore) ed esiste un interesse immediato, diretto e specifico (correlazione immediata e diretta) del consigliere, quest'ultimo deve astenersi dalla discussione e dalla votazione. Si pensi, per esempio, alla discussione concernente la variante di un piano regolatore generale, la quale preveda un cambio di destinazione di una certa zona da agricola a edificabile, e la zona sia di proprietà di un consigliere comunale (ovvero di un suo parente o affine).

Nell'Atto di segnalazione n. 7 del 4 novembre 2015, l'Autorità Nazionale Anticorruzione ha avuto modo di sottolineare che nelle ipotesi di conflitto d'interesse di cui all'art. 78, pur essendo imposto un generale obbligo di astensione per i consiglieri che si vengano a trovare in tale situazione, non è prevista alcuna ulteriore disposizione per assicurarne l'effettivo rispetto. In altri termini, la **deliberazione adottata con il voto del consigliere in conflitto d'interessi** è suscettibile di impugnativa innanzi al giudice competente da parte dei soggetti interessati, ma non è previsto alcun sistema di controllo esterno o popolare, né è prevista alcuna forma di contestazione formale da parte del Consiglio.

7.2.3 Il divieto di incarichi e di consulenze

L'art. 78, co. 5, TUEL stabilisce che al Sindaco, al Presidente della Provincia, agli assessori e ai consiglieri comunali e provinciali è **vietato ricoprire incarichi e assumere consulenze presso enti ed istituzioni dipendenti o comunque sottoposti al controllo ed alla vigilanza dei relativi Comuni e Province**.
Il divieto sancito incide negativamente sull'incarico o sulla consulenza, ma non sulla titolarità dell'ufficio pubblico. Con la norma in esame la legge ha inteso disciplinare l'attività dei titolari degli organi suddetti in settori potenzialmente conflittuali con gli enti territoriali, ma non anche farli decadere dalla carica.

7.2.4 Il divieto di acquisto di beni dell'ente

Gli amministratori dei beni dello Stato, dei Comuni, delle Province e degli altri enti pubblici non possono essere compratori, nemmeno all'asta pubblica, né direttamente né per interposta persona, dei beni affidati alla loro cura. In tal caso l'acquisto deve considerarsi *nullo* (art. 1471 c.c.).

7.2.5 Il divieto di trasferimento degli amministratori lavoratori dipendenti

Per garantire all'eletto le condizioni più idonee all'espletamento del mandato, il legislatore ha previsto che gli amministratori locali lavoratori dipendenti, pubblici e privati, **non possono essere soggetti a trasferimento durante l'esercizio del mandato elettivo se non con il loro espresso consenso**.
La richiesta di lavoratori dipendenti di avvicinamento al luogo in cui è svolto il mandato amministrativo deve essere esaminata dal datore di lavoro con criteri di priorità. Il termine "trasferimento" deve intendersi, ai fini di una giusta interpretazione della norma, nella sua accezione propria, ossia come mutamento non transitorio del luogo della prestazione lavorativa che comporta la stabile dislocazione del lavoratore dipendente presso altra sede di lavoro. Il divieto di trasferimento cessa con la conclusione del mandato elettivo.

7.3 I diritti

7.3.1 Il diritto ad esercitare il proprio mandato

Per garantire agli amministratori la possibilità di documentarsi sugli oggetti posti all'ordine del giorno e, quindi, di poter partecipare alle sedute, il legislatore ha previsto che i lavoratori dipendenti, pubblici e privati, componenti dei Consigli comunali, provinciali, metropolitani, delle Comunità montane e delle Unioni di Comuni, nonché dei Consigli circoscrizionali dei Comuni con popolazione superiore a 500.000 abitanti, hanno **diritto di assentarsi dal servizio per il tempo strettamente necessario per la partecipazione a ciascuna seduta dei rispettivi Consigli** e per il raggiungimento del luogo di suo svolgimento.
I predetti lavoratori hanno diritto di non riprendere il lavoro prima delle ore 8 del giorno successivo, qualora le riunioni si svolgano in orario serale; nel caso in cui si protraggano oltre la mezzanotte, hanno diritto di assentarsi dal servizio per l'intera giornata successiva (art. 79, co. 1, TUEL). L'assenza deve considerarsi commisurata all'effettiva durata della riunione, tenuto conto anche del tempo necessario per raggiungere il posto di lavoro (art. 79, co. 3, TUEL).
Inoltre, i componenti degli organi esecutivi dei Comuni, delle Province, delle Città metropolitane, delle Unioni di Comuni, delle Comunità montane e dei Consorzi fra enti locali, e i Presidente dei Consigli comunali, provinciali e circoscrizionali, nonché il Presidente dei gruppi consiliari delle Province e dei Comuni con popolazione superiore a 15.000 abitanti, hanno **diritto di assentarsi dai rispettivi posti di lavoro per un massimo di 24 ore lavorative al mese**, elevate a 48 ore per i Sindaci, Presidente delle Province, Sindaci metropolitani, Presidenti delle Comunità montane, Presidenti dei Consigli provinciali e dei Comuni con popolazione superiore a 30.000 abitanti (art. 79, co. 4).
I lavoratori dipendenti hanno diritto ad ulteriori **permessi non retribuiti** sino ad un massimo di 24 ore lavorative mensili qualora questi risultino necessari per l'espletamento del mandato; così facendo, il legislatore ha riconosciuto il diritto di partecipare a tutte le riunioni che, pur non indette per la partecipazione ai lavori del Consiglio, delle sue commissioni, dei suoi organismi istituzionali, rientrino nell'e-

spletamento del mandato: ad esempio per partecipare a convegni, incontri, ecc. (art. 79, co. 5, TUEL).
L'attività e i tempi di espletamento del mandato per i quali i lavoratori chiedono e ottengono permessi, retribuiti e non retribuiti, devono essere prontamente e puntualmente documentati mediante attestazione dell'ente (art. 79, co. 6, TUEL).

Per quanto concerne i permessi retribuiti per 24 o 48 ore mensili (artt. 21, 79 e 87 TUEL), l'amministratore interessato sottoscrive una dichiarazione sostitutiva di notorietà con la quale attesta i giorni, le ore e i motivi dell'attività svolta mensilmente per l'esercizio del mandato elettivo, con l'esclusione delle riunioni degli organi dell'ente a cui partecipa, per le quali ha già l'attestazione del segretario.

I **permessi retribuiti e non retribuiti sono un diritto**, il cui godimento non deve sottostare ad alcuna valutazione discrezionale del datore di lavoro, essendo tenuto il lavoratore a fornire solo una previa comunicazione dell'assenza e del motivo. Ciò significa che il datore di lavoro non può esercitare alcuna valutazione sull'opportunità o meno del permesso, ma può solo verificare che l'attestazione dell'ente corrisponda ai giorni per i quali i permessi sono stati chiesti e che si tratti di attività inerente al mandato.
Gli oneri per i permessi retribuiti dei lavoratori dipendenti da privati o da enti pubblici economici sono a carico dell'ente presso il quale gli stessi lavoratori esercitano le funzioni pubbliche.

L'ente, su richiesta documentata del datore di lavoro, è tenuto a rimborsare quanto dallo stesso corrisposto, per retribuzioni e assicurazioni, per le ore o giornate di effettiva assenza del lavoratore. Il **rimborso** è effettuato dall'ente entro 30 giorni dalla richiesta.
Il rimborso dell'onere per i permessi retribuiti non è dovuto alle Amministrazioni pubbliche ma solo ai datori di lavoro privati o soggetti pubblici economici.
Non possono essere rimborsati dall'ente presso il quale l'eletto esercita il mandato:
- gli importi relativi a trattamenti che non hanno carattere retributivo ed oneri che non rientrano nell'ambito delle assicurazioni previdenziali ed assistenziali obbligatorie per legge;
- gli addebiti aggiuntivi relativi a spese generali, spese di amministrazione ed a qualsiasi altro titolo, che non siano comprese nelle retribuzioni ed assicurazioni.

7.3.2 L'aspettativa non retribuita

L'art. 81 TUEL prevede che i Sindaci, i Presidenti delle Province, i Presidenti dei Consigli comunali e provinciali, i Presidenti dei Consigli circoscrizionali dei Comuni, i Presidenti delle Comunità montane e delle Unioni di Comuni, nonché i membri delle Giunte di Comuni e Province, che siano lavoratori dipendenti, possono essere **collocati a richiesta in aspettativa non retribuita per tutto il periodo di espletamento del mandato**.
Il periodo di aspettativa è considerato come servizio effettivamente prestato, nonché come legittimo impedimento per il compimento del periodo di prova.
I consiglieri collocati a domanda in aspettativa non retribuita, per il periodo di espletamento del mandato, assumono a proprio carico l'**intero pagamento degli oneri previdenziali**, **assistenziali e di ogni altra natura** previsti dall'art. 86 TUEL.

Il collocamento in aspettativa per l'esercizio del mandato elettivo comporta per gli amministratori:

- la **cessazione della retribuzione** da parte del datore di lavoro;
- l'**interruzione del versamento a carico del datore di lavoro degli oneri previdenziali, assistenziali ed assicurativi**, che sono assunti a carico dell'ente locale per le cariche elettive di cui all'art. 86 TUEL escluse quelle non comprese nel primo periodo dell'art. 81;
- la **corresponsione dell'indennità di funzione** nella misura intera stabilita dalle disposizioni vigenti per la carica elettiva ricoperta. Per gli amministratori lavoratori dipendenti non *in aspettativa* l'indennità di funzione è dimezzata.

7.3.3 L'indennità di funzione e i gettoni di presenza

L'**indennità di funzione** (importo erogato su base fissa per l'assunzione di una determinata carica, come quella di Sindaco) e i **gettoni di presenza** (importo erogato solo all'effettiva partecipazione ai lavori dell'organo collegiale) sono disciplinati dagli artt. 82 e 83 del TUEL.

Dal 2007 al 2010 molte sono state le norme che hanno modificato il testo dell'art. 82. Le leggi finanziarie annuali e le manovre finanziarie di metà anno sono intervenute per ridurne i destinatari, sopprimere ogni possibile cumulo di indennità per cariche e impegni diversi, sospendere l'obbligo di adeguamento triennale degli importi alle variazioni dell'indice del costo della vita. Negli anni 2011-2012 sono stati adottati interventi per i Comuni e per le Province il cui ordinamento è stato riformato, in particolare con il D.L. 95/2012, affermando il generale divieto di cumulo delle indennità relative a cariche ricoperte in enti diversi dagli stessi titolari.
Anche la legge Delrio (art. 1, co. 136, L. 56/2014) si è posta nell'ottica di contenimento della spesa pubblica specificando che laddove vi fosse stata una rideterminazione (eventualmente in aumento) del numero di consiglieri comunali e assessori sarebbe stato necessario rideterminare in riduzione le indennità di funzione al fine di rispettare il tetto complessivo di spesa previgente.
Gli importi delle indennità di funzione e dei gettoni di presenza sono attualmente stabiliti dal regolamento adottato con il decreto del Ministero dell'Interno, di concerto con quello del Tesoro, del 4 aprile 2000, n. 119.

Le altre disposizioni dell'art. 82 TUEL, prevedono che:

- l'indennità di funzione è dimezzata per i lavoratori dipendenti che non hanno richiesto l'aspettativa non retribuita (co. 1);
- le diverse indennità di funzione previste dalle norme del capo IV del TUEL non sono fra loro cumulabili. L'interessato opta per la percezione di una delle indennità ovvero per la percezione del 50 per cento di ciascuna (co. 5);
- le indennità di funzione ed i gettoni di presenza, ai soli fini dell'applicazione delle norme relative al divieto di cumulo fra pensione e redditi, non sono assimilabili a redditi da lavoro di qualsiasi natura (co. 3);
- agli amministratori che percepiscono l'indennità di funzione non è dovuto alcun gettone per la partecipazione a sedute degli organi collegiali del medesimo ente, né di commissioni che di quell'organo costituiscono articolazioni interne ed esterne (co. 7).

In merito, poi, ai **gettoni di presenza**, l'art. 82 prevede che i consiglieri comunali e provinciali hanno diritto, nei limiti fissati dal testo unico e nella misura stabilita dal decreto 119/2000, ad un gettone di presenza per la partecipazione alle riunioni di Consigli e di commissioni. In nessun caso l'ammontare percepito nell'ambito di un mese da un consigliere può superare l'importo pari ad un quarto dell'indennità massima prevista per il Sindaco o Presidente in base al predetto decreto.
Nessuna indennità è dovuta ai consiglieri circoscrizionali, ad eccezione di quelli delle Città metropolitane per i quali l'ammontare del gettone di presenza non può superare l'importo pari ad un quarto dell'indennità prevista per il rispettivo Presidente.
La corresponsione dei gettoni di presenza è subordinata all'effettiva partecipazione a Consigli e commissioni; il regolamento dell'ente ne stabilisce termini e modalità.
L'art. 83 TUEL stabilisce i **divieti di cumulo dell'indennità e dei gettoni di presenza** spettanti agli amministratori locali con quelli previsti per cariche esterne all'ente.

7.3.4 I rimborsi per viaggi e missioni

Agli amministratori che, in ragione del loro mandato, si rechino fuori del capoluogo del Comune ove ha sede il rispettivo ente, previa autorizzazione del capo dell'amministrazione, nel caso di componenti degli organi esecutivi, ovvero del Presidente del Consiglio, nel caso di consiglieri, è dovuto esclusivamente il **rimborso delle spese di viaggio effettivamente sostenute**; la misura è fissata con decreto del Ministro dell'Interno e del Ministro dell'Economia e delle finanze, d'intesa con la Conferenza Stato-Città ed autonomie locali (art. 84 TUEL).
La **liquidazione del rimborso** è effettuata dal dirigente competente, su richiesta dell'interessato, corredata della documentazione delle spese di viaggio e soggiorno effettivamente sostenute e di una dichiarazione sulla durata e sulle finalità della missione.

7.3.5 L'assicurazione per i rischi di esercizio del mandato

Gli enti locali possono assicurare i propri amministratori contro i rischi conseguenti all'espletamento del loro mandato (art. 86, co. 5, TUEL).

Il **rimborso delle spese legali** per gli amministratori locali è ammissibile nel limite massimo dei parametri stabiliti dal decreto di disciplina dell'ordinamento della professione forense (in particolare l'art. 13, co. 6, della L. 247/2012), nel caso di conclusione del procedimento con sentenza di assoluzione o di emanazione di un provvedimento di archiviazione, in presenza dei seguenti requisiti:

> *assenza di conflitto di interessi* con l'ente amministrato;
> presenza di un *nesso causale fra funzioni esercitate e fatti giuridicamente rilevanti*;
> *assenza di dolo o colpa grave.*

Non ricorrendo le condizioni di amministratori e non discendendo il loro incarico da mandato elettorale, restano fuori dalla copertura assicurativa:

> i rappresentanti nominati dall'ente locale negli organi di amministrazione di altri enti o organismi esterni, per i quali la legge o lo statuto prevedono la partecipazione di tali rappresentanti;
> i componenti esterni nominati nelle commissioni che operano all'interno dell'ente.

7.4 Gli obblighi di trasparenza concernenti gli organi di indirizzo politico

Il D.Lgs. 33/2013 ha posto a carico dello Stato, delle Regioni e degli enti locali l'obbligo di procedere alla **pubblicazione di una serie di documenti e informazioni riguardanti i titolari di incarichi politici** di livello statale, regionale e locale (anche se non di carattere elettivo).
In particolare devono essere resi disponibili (art. 14, co. 1):

> l'atto di *nomina* o di *proclamazione*, con l'indicazione della durata dell'incarico o del mandato elettivo;
> il *curriculum*;
> i *compensi di qualsiasi natura* connessi all'assunzione della carica e gli *importi di viaggi di servizio e missioni* pagati con fondi pubblici;
> i dati relativi all'*assunzione di altre cariche*, presso enti pubblici o privati, e i *relativi compensi* a qualsiasi titolo corrisposti;
> gli *altri eventuali incarichi con oneri a carico della finanza pubblica* e l'indicazione dei compensi spettanti;
> le dichiarazioni relative a *diritti reali su beni immobili e su beni mobili iscritti in pubblici registri*, quelle relative a *redditi soggetti a IRPEF* (nonché le relative variazioni patrimoniali), a *spese sostenute e obbligazioni assunte per la propaganda elettorale* (artt. 2, 3 e 4 L. 441/1982). Tali documenti vanno pubblicati in relazione al soggetto titolare dell'incarico e, laddove vi consentano, al coniuge non separato e ai parenti entro il secondo grado; è in ogni caso data evidenza al mancato consenso.

Quest'obbligo **non si applica ai consiglieri di Comuni con popolazione inferiore a 15.000 abitanti**, stante l'esplicita esclusione riportata nella richiamata L. 441/1982 (art. 1, co. 1, n. 5).
Con il D.Lgs. 97/2016 l'obbligo di pubblicazione di tali dati è stato esteso (art. 14, co. 1-*bis*) anche ai titolari di incarichi o cariche di amministrazione, di direzione o di governo comunque denominati, salvo che siano attribuiti a titolo gratuito, e per i titolari di incarichi dirigenziali, a qualsiasi titolo conferiti, ivi inclusi quelli conferiti discrezionalmente dall'organo di indirizzo politico senza procedure pubbliche di selezione. La portata di tale disposizione, tuttavia, è stata precisata dalla Corte costituzionale con la sent. 20/2019 (vedi Libro IV, cap. 5, par. 5.2.7).

La pubblicazione deve essere effettuata entro 3 mesi dall'elezione, dalla nomina o dal conferimento dell'incarico e per i 3 anni successivi dalla cessazione del mandato o dell'incarico dei soggetti, salve le informazioni concernenti la situazione patrimoniale e, ove consentita, la dichiarazione del coniuge non separato e dei parenti entro il secondo grado (da pubblicarsi fino alla cessazione dell'incarico o del mandato). Decorsi tali termini, i dati e i documenti sono accessibili attraverso l'istituto dell'accesso civico.
Linee guida in materia sono state pubblicate dall'Autorità Nazionale Anticorruzione con la delibera 8-3-2017, n. 241.

7.5 La tutela penale degli amministratori locali (L. 105/2017)

Le sempre più frequenti intimidazioni e aggressioni a carico di amministratori locali hanno indotto il legislatore ad approvare la L. 3-7-2017, n. 105 che reca una specifica normativa di tutela. Fino ad allora tali atti erano stati perseguiti in relazione a fattispecie illecite poste a tutela di beni individuali (es. lesioni personali, ingiuria, violenza privata, minaccia o danneggiamento), senza considerare adeguatamente la plurioffensività di tali condotte che, oltre ad intimidire l'amministratore in relazione all'integrità della sua persona e dei suoi beni, minacciano anche il buon andamento della Pubblica Amministrazione.

La tutela è stata introdotta attraverso una modifica dell'art. 338 c.p., ora rubricato **Violenza o minaccia ad un corpo politico, amministrativo o giudiziario o ai suoi singoli componenti** – che punisce con la reclusione da 1 a 7 anni:

> chiunque usa violenza o minaccia ad un corpo politico, amministrativo o giudiziario, ai singoli componenti o ad una rappresentanza di esso o ad una qualsiasi pubblica autorità costituita in collegio o ai suoi singoli componenti, per impedirne, in tutto o in parte, anche temporaneamente, o per turbarne comunque l'attività (comma 1). Alla stessa pena soggiace chi commette il fatto per ottenere, ostacolare o impedire il rilascio o l'adozione di un qualsiasi provvedimento, anche legislativo, ovvero a causa dell'avvenuto rilascio o adozione dello stesso.

Con questa formulazione sono sanzionate sia le *condotte intimidatorie poste in essere prima dell'adozione di un provvedimento* sia quelle *successive all'adozione dello stesso* (normalmente di natura ritorsiva);

> chi commette il fatto per influire sulle deliberazioni collegiali di imprese che esercitano servizi pubblici o di pubblica necessità, qualora tali deliberazioni abbiano per oggetto l'organizzazione o l'esecuzione dei servizi (comma 2).

La novità rispetto alla previgente normativa è la possibilità di estendere la tutela già prevista dall'art. 338 c.p. anche ai singoli componenti del collegio (es. il consigliere comunale). Tale modifica consente la procedibilità d'ufficio, il ricorso alla custodia in carcere, la possibilità di procedere ad intercettazioni e l'applicabilità di circostanze aggravanti.

La L. 105/2017 prevede anche:

- l'**arresto obbligatorio in flagranza** di reato (in precedenza solo facoltativo);
- l'aggiunta di una **circostanza aggravante** ad effetto speciale di alcuni specifici delitti in danno di componenti di un corpo politico, amministrativo o giudiziario, quando tali delitti costituiscano atti intimidatori ritorsivi commessi a causa del compimento di un atto approvato nell'adempimento del mandato, delle funzioni o del servizio (art. 339-*bis* c.p.). L'aggravante comporta un aumento di pena da un terzo alla metà delle sanzioni previste per i seguenti reati: *lesioni* (art. 582 c.p.), *violenza privata* (art. 610 c.p.), *minaccia* (art. 612 c.p.), *danneggiamento* (art. 635 c.p.);
- una sanzione specifica anche per gli **atti intimidatori nei confronti di aspiranti consiglieri comunali**; si tratta, quindi, di illeciti di cui siano destinatari i **candidati alle elezioni comunali** (e non i già consiglieri).

7.6 Rimozione e sospensione degli amministratori locali

La possibilità di rimozione e sospensione di amministratori locali, con provvedimenti rispettivamente del Ministro dell'Interno e del Prefetto, è prevista dall'art. 142 TUEL. La sospensione è disposta dal Prefetto, qualora sussistano motivi di grave e urgente necessità, in attesa del provvedimento di rimozione.

Le **cause di rimozione** sono di natura analoga a quelle – previste dall'art. 141, co. 1, lettera a) – su cui si fonda lo scioglimento del Consiglio: compimento di atti contrari alla Costituzione, gravi e persistenti violazioni di legge, gravi motivi di ordine pubblico.

A queste cause va aggiunta l'ipotesi di cui al co. 1-*bis*, inserito dall'art. 3, co. 1, D.L. 172/2008 (conv. in L. 210/2008), relativamente ai territori in cui vige lo stato di emergenza nel settore dello **smaltimento dei rifiuti**. La disposizione contempla due fattispecie, rispettivamente a carico delle Province e dei Comuni:

- quella di grave inosservanza degli obblighi posti a carico delle Province inerenti alla programmazione e all'organizzazione del recupero e dello smaltimento dei rifiuti a livello provinciale, e all'individuazione delle zone idonee alla localizzazione degli impianti di recupero e smaltimento dei rifiuti;
- quella di grave inosservanza di specifici obblighi posti a carico dei Comuni inerenti alla disciplina delle modalità del servizio di raccolta e trasporto dei rifiuti urbani, della raccolta differenziata, della promozione del recupero delle diverse frazioni di rifiuti, della raccolta e del trasporto dei rifiuti primari di imballaggio, anche come precisati dalle ordinanze di protezione civile.

Spetta al Sottosegretario di Stato, delegato alla gestione dell'emergenza, assegnare all'ente interessato un congruo termine perentorio per adottare i provvedimenti dovuti o necessari; decorso inutilmente tale termine, su proposta motivata del medesimo Sottosegretario, con decreto del Ministro dell'Interno possono essere rimossi il Sindaco, il Presidente della Provincia o i componenti dei Consigli e delle Giunte.

Gli **effetti del provvedimento di rimozione** sono più contenuti rispetto a quelli di scioglimento del Consiglio, sostanziandosi in cessazione del singolo amministratore dalla carica, sostituzione dell'amministratore cessato (con le procedure previste dalla legge in relazione alla carica ricoperta).
Le conseguenze sono di più ampia portata ove riguardino il Sindaco o il Presidente della Provincia, configurando automaticamente una causa di scioglimento del Consiglio.

Capitolo 8
Le modifiche territoriali

8.1 La disciplina costituzionale

Secondo le indicazioni dell'art. 133 Cost. «il mutamento delle circoscrizioni provinciali e l'istituzione di nuove Province nell'ambito d'una Regione sono stabiliti con leggi della Repubblica, su iniziativa dei Comuni, sentita la stessa Regione. La Regione, sentite le popolazioni interessate, può con sue leggi istituire nel proprio territorio nuovi Comuni e modificare le loro circoscrizioni e denominazioni».
La disciplina costituzionale prende in considerazione diversi eventi accomunati dal fatto di comportare variazioni del territorio dell'ente locale di riferimento. Più in particolare sono individuate le ipotesi:

- di **mutamento del territorio provinciale** e **istituzione di una nuova Provincia**;
- di **mutamento del territorio comunale** e **creazione di un nuovo Comune**.

Altri casi di mutamento territoriale sono disciplinati dalla legislazione ordinaria e riguardano, in particolare, la **fusione di due o più Comuni** confinanti, sia nella tradizionale forma della scomparsa delle entità preesistenti con la creazione di un nuovo ente sia nella forma della fusione per incorporazione (cui fa riferimento la legge Delrio).

8.2 Mutamento territoriale e istituzione di una nuova Provincia

Con il mutamento territoriale della Provincia si provvede al **distacco di parti del territorio** (*ente cedente*) che entrano a far parte di un diverso ente provinciale limitrofo (*ente ricevente*).
Per l'istituzione di una **nuova Provincia**, invece, si procede al distacco di parti del territorio di una o più Province preesistenti per costituire un nuovo ente.
La modifica territoriale deve *rientrare sempre nel perimetro della Regione* di riferimento; in caso contrario si applicherebbe la diversa procedura prevista dall'art. 132, co. 2, Cost. che riguarda il mutamento del territorio regionale.
I passaggi previsti dalla Costituzione per il mutamento territoriale e per l'istituzione della Provincia sono fondamentalmente tre:

- la fase dell'**iniziativa**, che deve necessariamente partire dai Comuni interessati, i quali si attiveranno solo con il consenso delle popolazioni interessate;
- la fase del **parere regionale**. Pur nel silenzio del testo costituzionale si ritiene che il parere della Regione sia obbligatorio ma non vincolante; in caso contrario all'ente regionale verrebbe attribuito un potere di veto che andrebbe ad intaccare una prerogativa che la Costituzione attribuisce solo alla Repubblica;

- la fase dell'**approvazione legislativa**. Spetta ad una legge della Repubblica (da intendersi come legge ordinaria approvata dal Parlamento) il compito di procedere alle modifiche territoriali previste.

Disposizioni di dettaglio sono riportate nell'art. 21, co. 3, TUEL. La norma precisa, che per la revisione delle circoscrizioni provinciali e l'istituzione di nuove Province, i Comuni esercitano l'iniziativa tenendo conto dei seguenti **criteri e indirizzi**:

- ciascun territorio provinciale deve corrispondere alla zona entro la quale si svolge la maggior parte dei rapporti sociali, economici e culturali della popolazione residente;
- ciascun territorio provinciale deve avere dimensione tale, per ampiezza, entità demografica, nonché per le attività produttive esistenti o possibili, da consentire una programmazione dello sviluppo che possa favorire il riequilibrio economico, sociale e culturale del territorio provinciale e regionale;
- l'intero territorio di ogni Comune deve far parte di una sola Provincia;
- l'iniziativa deve conseguire l'adesione della maggioranza dei Comuni dell'area interessata, che rappresentino, comunque, la maggioranza della popolazione complessiva dell'area stessa, con delibera assunta a maggioranza assoluta dei consiglieri assegnati;
- di norma, la popolazione delle Province risultanti dalle modificazioni territoriali non deve essere inferiore a 200.000 abitanti;
- l'istituzione di nuove Province non comporta necessariamente l'istituzione di uffici provinciali delle amministrazioni dello Stato e degli altri enti pubblici;
- le Province preesistenti debbono garantire alle nuove, in proporzione al territorio ed alla popolazione trasferiti, personale, beni, strumenti operativi e risorse finanziarie adeguati.

All'indomani della proclamazione della Repubblica in Italia si contavano 91 Province, numero rimasto sostanzialmente invariato fino agli anni Novanta dello scorso secolo. Dal 1992 si è assistito ad un notevole incremento del loro numero, attraverso la creazione di nuove Province da parte dello Stato e delle Regioni a statuto speciale; nel 2009 si contavano 110 enti provinciali.
Gli ultimi anni sono stati caratterizzati da vari tentativi di "soppressione" delle Province, tutti naufragati per contrasti politici o per la necessità di modificare la Carta costituzionale che contempla questo ente fra quelli che concorrono a costituire la Repubblica, come recita l'art. 114 Cost.
Proposte legislative iniziali prevedevano vari accorpamenti in modo da portare alla creazione di Province con una popolazione minima di un milione di abitanti. Come si è visto le modifiche recenti si sono mosse in due direzioni: il depotenziamento dei compiti e la sostituzione di alcune Province con le Città metropolitane. Le uniche abolizioni hanno riguardato la Regione Sardegna e la Regione Friuli Venezia-Giulia.

8.3 Mutamento territoriale e creazione di nuovi Comuni

Con le *modifiche territoriali* si procede ad una **rideterminazione del territorio comunale con tre possibili esiti**: passaggio di una sua parte ad altro Comune, acquisizione di una porzione da altro Comune oppure distacco di una parte (es. una frazione) che va a costituirsi in Comune autonomo. In tutti i casi la procedura si svolge interamente in ambito regionale.

La disciplina di base è dettata dal testo costituzionale che prevede questi passaggi:

- **consultazione delle popolazioni interessate** da parte della Regione prima di procedere alle modifiche territoriali. La vaga indicazione costituzionale circa la "consultazione della popolazione interessata" ha determinato spesso contrasti su quali siano i soggetti che devono effettivamente essere interpellati: solo quelli del territorio oggetto di modifica territoriale o anche quelli appartenenti al Comune che subisce il distacco? In ogni caso l'esito della consultazione non è vincolante per l'ente regionale, anche se difficilmente potrà discostarsene.

La questione è stata più volte esaminata dalla **Corte costituzionale**. Nella sentenza n. 43/2003, la Corte ha affermato che è sempre costituzionalmente obbligatoria la consultazione delle popolazioni residenti nei territori che sono destinati a passare da un Comune preesistente ad uno di nuova istituzione, ovvero ad un altro Comune preesistente. Anzi, la volontà espressa nel referendum da tali popolazioni direttamente interessate «deve in ogni caso avere autonoma evidenza nel procedimento, così che il legislatore regionale ne debba tenere conto quando adotta la propria finale determinazione, componendo nella propria conclusiva valutazione discrezionale gli interessi sottesi alle valutazioni, eventualmente contrastanti, emersi nella consultazione» per cui i risultati del referendum debbono essere distintamente raccolti e valutati con riguardo all'ambito della frazione di cui si chiede il distacco.
La Corte, però, non ha mancato di precisare che, in linea di principio, «anche le popolazioni della restante parte del Comune che subisce la decurtazione territoriale possono essere interessate alla variazione, così che il legislatore regionale, nello stabilire i criteri per individuare l'ambito della consultazione, non può escludere tali ulteriori popolazioni se non sulla base di elementi idonei a fondare ragionevolmente una valutazione di insussistenza di un loro interesse qualificato in rapporto alla variazione territoriale proposta».
Tali principi erano già stati sottolineati nelle sentenze n. 94/2000 e n. 433/1995;

- **approvazione da parte della Regione di una legge regionale** con la quale disciplina tutti gli aspetti connessi al mutamento territoriale.

L'art. 15 TUEL specifica che, salvo i casi di fusione fra più Comuni, **non possono essere istituiti nuovi Comuni con popolazione inferiore ai 10.000 abitanti** o la cui costituzione comporti, come conseguenza, che altri Comuni scendano sotto tale limite.

8.4 La fusione di Comuni

8.4.1 Disciplina generale

La fusione di Comuni comporta l'estinzione delle realtà preesistenti (almeno come realtà comunali autonome) e la creazione di una nuova entità che assorbe la totalità dei servizi e delle funzioni. In realtà con la legge Delrio (L. 56/2014) è stata operata una distinzione fra:

- **fusione "tradizionale"**, che produce l'estinzione giuridica dei Comuni interessati dal processo aggregativo e la costituzione di un nuovo Comune;
- **fusione per incorporazione**, in cui la soppressione di uno o più Comuni agisce in corrispondenza della sostanziale continuità giuridica del Comune incorporante.

8.4.2 La fusione tradizionale

Si è visto che il riferimento costituzionale in tema di fusione di Comuni è lo stesso relativo ai mutamenti territoriali, vale a dire l'art. 133 Cost. Norme attuative sono contenute negli artt. 15 e 16 TUEL. L'iter è disciplinato dalla legge regionale che nella quasi totalità dei casi prevede i seguenti passaggi:

- **iniziativa**, da parte dei soggetti legittimati a promuoverlo. Trattandosi di un procedimento che si conclude con l'approvazione di una legge regionale i **soggetti che possono promuoverlo** sono gli stessi cui spetta l'iniziativa legislativa regionale, secondo le indicazioni dello statuto (normalmente singoli consiglieri regionali, Giunta regionale, Consigli provinciali, Consigli comunali, elettori associati fra loro). La prassi, però, è quella di un progetto di legge regionale predisposto dai Consigli comunali interessati;
- **esame e valutazione del Consiglio regionale** cui fa seguito l'indizione del referendum da parte della Giunta regionale, con predisposizione del quesito e individuazione della popolazione interessata al referendum;
- svolgimento della **consultazione referendaria** e presa d'atto dei risultati;
- **approvazione della legge regionale** da parte del Consiglio, con la quale si disciplina il processo di fusione;
- **elezione** dei nuovi organi comunali, approvazione del nuovo **statuto** e trasferimento delle risorse umane e materiali da parte dei Comuni preesistenti.

Per quanto riguarda lo statuto l'art. 15, co. 2, TUEL prevede che i Comuni che hanno dato avvio al procedimento di fusione possono, *anche prima dell'istituzione del nuovo ente*, mediante approvazione di un testo conforme da parte di tutti i Consigli comunali, definire lo statuto che entrerà in vigore con l'istituzione del nuovo Comune e rimarrà vigente fino alle modifiche dello stesso da parte degli organi del nuovo Comune istituito. Lo statuto dovrà prevedere che alle comunità dei Comuni oggetto della fusione siano assicurate adeguate forme di partecipazione e di decentramento dei servizi.

Nei **Comuni istituiti mediante fusione di due o più Comuni contigui**, lo statuto comunale può prevedere l'istituzione di **Municipi** nei territori delle comunità di origine o di alcune di esse. Spetta allo statuto e al regolamento il compito di disciplinare l'organizzazione e le funzioni dei Municipi, potendo prevedere anche organi eletti a suffragio universale diretto.
La fusione di Comuni è lo strumento da tempo individuato dal legislatore per favorire l'accorpamento di enti di piccole dimensioni e procedere al contenimento della spesa pubblica. Il legislatore, infatti, ha operato su due fronti: da un lato ha imposto ai Comuni con un numero limitato di abitanti di svolgere una serie di servizi e funzioni in associazione fra loro e dall'altro ha fortemente incentivato, anche e soprattutto economicamente, gli enti comunali ad avviare procedure di fusione.
Già l'art. 15, co. 3, TUEL prevedeva **meccanismi di incentivazione** ancora oggi in vigore. Si stabilisce, infatti, che, oltre ai contributi della Regione, lo Stato può erogare, per i 10 anni decorrenti dalla fusione, appositi contributi straordinari commisurati ad una quota dei trasferimenti spettanti ai singoli Comuni che si fondono.
Ulteriori misure di incentivazione, non solo finanziarie, sono state introdotte da altre disposizioni legislative e, in particolare, dall'art. 1, co. 118-134, L. 56/2014.

8.4.3 La fusione per incorporazione

Accanto alla tradizionale fusione per aggregazione, l'art. 1, co. 130, L. 56/2014 ha esplicitamente disciplinato la procedura di fusione per incorporazione **con la quale non si istituisce un nuovo Comune ma si procede soltanto alla soppressione del Comune incorporato**, che diviene formalmente un Municipio del Comune incorporante. La novità è quella di un'esplicita disciplina statale della materia, anche se è da ricordare che in diverse leggi regionali il procedimento era già previsto.

L'approvazione di una disciplina statale in materia è stata alla base di un ricorso alla **Corte costituzionale** da parte di diverse Regioni, che lamentavano un'invasione da parte dello Stato della competenza regionale nella materia concernente l'istituzione di nuovi enti comunali nell'ambito del loro territorio. Con la sentenza n. 50/2015, la Corte ha ritenuto non fondata la questione di legittimità costituzionale affermando che «la disposizione (*sub* comma 130) relativa alla fusione di Comuni di competenza regionale non ha ad oggetto l'istituzione di un nuovo ente territoriale (che sarebbe senza dubbio di competenza regionale), bensì l'incorporazione in un Comune esistente di un altro Comune, e cioè una vicenda (per un verso aggregativa e, per altro verso, estintiva) relativa, comunque, all'ente territoriale Comune, e, come tale, ricompresa nella competenza statale nella materia "ordinamento degli enti locali", di cui all'art. 117, co. 2, lettera *p*), della Costituzione».

L'art. 1, co. 130, della L. 56/2014 afferma che i Comuni possono promuovere il procedimento di incorporazione in un Comune contiguo. In tal caso, **il Comune incorporante conserva la propria personalità**, succede in tutti i rapporti giuridici al Comune incorporato e gli organi di quest'ultimo decadono alla data di entrata in vigore della legge regionale di incorporazione. Resta fermo il procedimento già esaminato per la fusione per aggregazione (art. 15 TUEL) e, quindi, l'obbligo della **consultazione delle popolazioni interessate**. Su quest'ultimo punto la legge specifica che le popolazioni interessate sono sentite, ai fini dell'art. 133 Cost., mediante *referendum consultivo comunale*, da svolgersi secondo le discipline regionali e prima che i Consigli comunali deliberino l'avvio della procedura di richiesta alla Regione di incorporazione. Con legge regionale sono definite le ulteriori modalità della procedura di fusione per incorporazione.

Lo statuto del Comune incorporante deve necessariamente prevedere che alle comunità del Comune cessato siano assicurate **adeguate forme di partecipazione e di decentramento dei servizi**. A tale scopo si deve procedere, entro 3 mesi dalla data di entrata in vigore della legge regionale di incorporazione, alle opportune modifiche statutarie.

Nel caso di aggregazioni di Comuni mediante incorporazione è data facoltà di **modificare la denominazione del Comune**.

Anche per la fusione per incorporazione si può fruire di misure di incentivazione previste da varie leggi e in primo luogo dall'art. 15, co. 3, TUEL.

Capitolo 9
Le forme di aggregazione e di collaborazione

9.1 Concetti generali

Le ridotte dimensioni demografiche e la scarsa disponibilità di risorse finanziarie di molti Comuni italiani ha indotto il legislatore ad incentivare, e talvolta imporre, l'aggregazione o lo svolgimento in forma associata di una serie di funzioni e servizi.
La forma più intensa di collaborazione è quella che si realizza nell'ambito delle **Unioni di Comuni**, costituite da due o più Comuni, di norma contermini, e sempre finalizzate all'esercizio associato di funzioni e servizi, quando la forma associata è idonea a garantire economie di scala o miglioramenti nell'erogazione dei servizi alle popolazioni di riferimento. Una stretta cooperazione si realizza anche nell'ambito della **Comunità montana (o isolana o di arcipelago)** anche se limitatamente agli enti che presentano specifiche caratteristiche (ubicati in zone di montagna o su isole).
Istituti più mirati alla mera collaborazione sono la **convenzione**, con la quale si conferisce ad uno dei soggetti partecipanti il compito di svolgere in modo coordinato funzioni e servizi determinati, il **consorzio**, forma associativa costituita per gestire in modo associato servizi e funzioni, e l'**accordo di programma**, strumento di semplificazione e di accelerazione di procedure volte all'attuazione di opere, interventi e programmi che richiedono l'azione integrata e coordinata di diversi soggetti.
In alcune ipotesi il legislatore ha introdotto l'**obbligo di esercitare in forma associata determinati servizi o funzioni**, con l'utilizzo degli istituti prima esaminati.

9.2 Le Unioni di Comuni

9.2.1 La disciplina del TUEL con le modifiche della legge Delrio

Secondo la definizione fornita dall'art. 32 TUEL, le Unioni di Comuni sono **enti locali costituiti da due o più Comuni, di norma contermini, finalizzate all'esercizio associato di funzioni e servizi** di loro competenza. Non sussistendo l'obbligo della contiguità geografica (la definizione legislativa parla di Comuni *di norma contermini*) in teoria potrebbero essere create delle Unioni anche fra enti non confinanti; nella pratica si tratta di un'ipotesi alquanto remota.

La definizione delle Unioni di Comuni come *enti locali* (riportata nell'art. 32 TUEL e ripresa nell'art. 1, co. 4, L. 56/2014) è stata considerata *impropria* dalla Corte costituzionale nella sentenza 50/2014. La Corte, infatti, ha sottolineato che tali «unioni – risolvendosi in forme istituzionali di associazione fra Comuni per l'esercizio congiunto di funzioni o servizi di loro competenza» non costituiscono un ente territoriale ulteriore e diverso rispetto all'ente «Comune».

L'Unione, ove costituita in prevalenza da Comuni montani, assume la denominazione di **Unione di Comuni montani** e può esercitare anche le specifiche competenze di tutela e di promozione della montagna. Ogni Comune può far parte di una sola Unione di Comuni.
Le Unioni – ove costituite – possono stipulare apposite convenzioni fra loro o con singoli Comuni. Il loro **limite demografico minimo** è di 10.000 abitanti, ovvero 3.000 abitanti se i Comuni appartengono o sono appartenuti a Comunità montane, fermo restando che, in tal caso, le Unioni devono essere formate da almeno tre Comuni (art. 14, co. 31). La Regione può individuare diversi limiti demografici e introdurre eventuali deroghe in ragione di particolari condizioni territoriali. Il limite non si applica alle Unioni di Comuni costituite prima dell'entrata in vigore del decreto di riforma del 2010 e comunque è valido solo per l'esercizio associato (non più obbligatorio) delle funzioni fondamentali individuate dall'art. 14, co. 27, D.L. 78/2010.
L'Unione ha **potestà statutaria e regolamentare** e ad essa si applicano, in quanto compatibili (e non derogati dalla L. 56/2014), i principi previsti per l'ordinamento dei Comuni, con particolare riguardo allo *status* degli amministratori, all'ordinamento finanziario e contabile, al personale e all'organizzazione.
L'atto costitutivo e lo statuto dell'Unione sono approvati dai Consigli dei Comuni partecipanti con le procedure e la maggioranza richieste per le modifiche statutarie. Le successive modifiche sono approvate dal Consiglio dell'Unione.

9.2.2 L'assetto istituzionale

Uno dei compiti esplicitamente attribuiti dal TUEL allo **statuto dell'Unione è quello di individuare gli organi dell'ente** e le modalità per la loro costituzione, ma anche le funzioni dell'ente medesimo e le corrispondenti risorse. Spetta sempre allo statuto stabilire le modalità di funzionamento degli organi e disciplinarne i rapporti.
L'art. 32, co. 3, del TUEL fornisce le seguenti indicazioni:

- il **Consiglio** è composto da un numero di consiglieri definito nello statuto, eletti dai singoli consigli dei Comuni associati fra i propri componenti, garantendo la rappresentanza delle minoranze e assicurando la rappresentanza di ogni Comune;
- il **Presidente** è scelto fra i Sindaci dei Comuni associati. Deve necessariamente avvalersi del Segretario di un Comune facente parte dell'Unione, senza che ciò comporti l'erogazione di ulteriori indennità;
- la **Giunta** è individuata fra i componenti dell'esecutivo dei Comuni associati.

Gli organi dell'Unione sono formati, senza nuovi o maggiori oneri per la finanza pubblica, da amministratori in carica dei Comuni associati e a essi non possono essere attribuite retribuzioni, gettoni e indennità o emolumenti in qualsiasi forma percepiti.

9.3 La Comunità montana e la Comunità isolana o di arcipelago

9.3.1 I compiti e l'organizzazione

L'art. 27 TUEL afferma che le Comunità montane sono Unioni di Comuni, ovvero **enti locali costituiti fra Comuni montani e parzialmente montani, anche apparte-**

nenti a Province diverse (ma in zone omogenee), per la valorizzazione delle zone montane, per l'esercizio di funzioni proprie, di funzioni conferite e per l'esercizio associato delle funzioni comunali.
Individuazione delle zone adatte, costituzione delle Comunità, eventuale scioglimento e disciplina legislativa delle stesse sono compiti di spettanza della **Regione interessata, che le regolamenta con legge**. Quest'ultima deve stabilire, in particolare, modalità di approvazione dello statuto, procedure di concertazione, disciplina dei piani zonali e dei programmi annuali, criteri di ripartizione fra le Comunità montane dei finanziamenti regionali e di quelli dell'Unione europea, rapporti con gli altri enti operanti nel territorio.

In seguito alla riforma costituzionale del 2001, la disciplina delle Comunità montane è da ritenersi attribuita alla **competenza legislativa residuale delle Regioni**, nel rispetto dell'autonomia normativa e organizzativa degli enti locali. Tale impostazione è stata avallata anche dalla **Corte costituzionale**, che si è più volte espressa in materia. Nelle sentenze nn. 244/2005 e 456/2005, la Corte ha affermato che *«la disciplina delle Comunità montane, pur in presenza della loro qualificazione come enti locali contenuta nel D.Lgs. 267/2000, rientra nella competenza legislativa residuale delle Regioni ai sensi dell'art. 117, co. 4, della Costituzione»*. Concetto ribadito nella successiva sent. 237/2009 laddove si evidenzia che nella *«vigenza del nuovo Titolo V della parte seconda della Costituzione ... la disciplina delle Comunità montane ... rientra nella competenza legislativa residuale delle Regioni ai sensi dell'art. 117, co. 4, della Costituzione, con la conseguenza, fra l'altro, che non può trovare applicazione la disposizione di cui all'art. 117, co. 3, ultima parte, la quale presuppone, invece, che si verta in materie di legislazione concorrente»*.

La legge regionale può escludere dalla Comunità montana i **Comuni parzialmente montani** nei quali la popolazione residente nel territorio montano sia inferiore al 15 per cento della popolazione complessiva, restando sempre esclusi i **capoluoghi di Provincia** e i **Comuni con popolazione complessiva superiore a 40.000 abitanti**. L'esclusione non priva i rispettivi territori montani dei benefici e degli interventi speciali per la montagna stabiliti dall'Unione europea e dalle leggi statali e regionali. La legge regionale può prevedere, altresì, per un più efficace esercizio delle funzioni e dei servizi svolti in forma associata, l'inclusione dei Comuni confinanti, con **popolazione non superiore a 20.000 abitanti**, che siano parte integrante del sistema geografico e socio-economico della Comunità.
La Comunità montana è dotata di un **organo rappresentativo** e di un **organo esecutivo**, composti da Sindaci, assessori o consiglieri dei Comuni partecipanti. I rappresentanti dei Comuni nell'ente sono eletti dai Consigli dei Comuni partecipanti con il sistema del voto limitato, garantendo la rappresentanza delle minoranze.
Corrispondentemente, l'art. 29 TUEL prevede che in ciascuna isola o arcipelago di isole, ad eccezione della Sicilia e della Sardegna, ove esistono più Comuni, può essere istituita, dai Comuni interessati, la **Comunità isolana o dell'arcipelago**, cui si applicano le norme sulle Comunità montane.

9.3.2 Le funzioni

L'art. 28 TUEL disciplina le funzioni attribuite a questi enti, specificando che laddove sia previsto l'**obbligo di esercizio associato** di funzioni proprie o di funzioni con-

ferite dalle Regioni ai Comuni, e questi facciano parte di una Comunità montana, spetta a quest'ultima l'esercizio di tali funzioni.
Ciò non toglie che alle Comunità possano essere **conferite ulteriori funzioni** da parte dei Comuni, delle Province e delle Regioni, cui si aggiungono le **funzioni proprie** attribuiti dalla legge e da *interventi speciali per la montagna* stabiliti dalla Unione europea o dalle leggi statali e regionali. In sintesi, quindi, la Comunità esercita *funzioni proprie, funzioni conferite* da vari enti e *funzioni comunali da svolgere in forma associata.*
Strumenti di particolare rilevanza sono i **piani pluriennali** che le Comunità montane devono adottare. Si tratta di documenti nei quali sono indicate le *opere* e gli *interventi* da avviare e si individuano gli strumenti idonei a perseguire gli obiettivi dello sviluppo socio-economico, ivi compresi quelli previsti dall'Unione europea, dallo Stato e dalla Regione, che possono concorrere alla realizzazione dei programmi annuali operativi di esecuzione del piano.
Attraverso le indicazioni urbanistiche del piano pluriennale di sviluppo, le Comunità montane concorrono alla formazione del **piano territoriale di coordinamento**. Il piano e i suoi aggiornamenti sono adottati dalle Comunità montane e approvati dalla Provincia secondo le procedure previste dalla legge regionale.

9.3.3 Fusione e scissione dei Comuni della Comunità montana

I commi 6 e 8 dell'art. 27 TUEL disciplinano:

- la **fusione dei Comuni il cui territorio coincide con quello di una Comunità montana**, che comporta che al nuovo Comune siano assegnate le funzioni e le risorse attribuite alla preesistente Comunità montana in base a norme europee, nazionali e regionali. Tale disciplina si applica anche nel caso in cui il Comune sorto dalla fusione comprenda Comuni non montani. La legge regionale istitutiva del nuovo Comune deve provvedere allo scioglimento della Comunità montana;
- la **scissione di una preesistente Comunità montana in più Comunità montane**, nel qual caso ai nuovi enti spettano i trasferimenti erariali attribuiti all'ente originario.

9.4 Le convenzioni

L'art. 30 TUEL prevede, quale prima forma associativa, il ricorso a convenzioni fra enti locali, possibili al fine di svolgere in modo **coordinato funzioni e servizi determinati**.
L'elemento di **differenziazione fra l'Unione di Comuni e la convenzione** risiede nella titolarità della funzione o del servizio trasferito. Nel primo caso i singoli Comuni la "cedono" per trasferirla in via definitiva all'Unione, nel secondo la titolarità permane in capo al Comune che ha stipulato la convenzione, delegando semplicemente la temporanea gestione ad un soggetto specificamente individuato (normalmente il Comune capofila).
La convenzione deve essere **stipulata dal Consiglio comunale** (art. 42, co. 2, lett. *c*, TUEL) e deve riportare i seguenti **contenuti minimi**:

- le **finalità**. Non sono ammissibili convenzioni a finalità generale, ma occorre individuare in modo specifico la funzione o il servizio che s'intende esercitare in forma coordinata;

- la **durata temporale**, che chiaramente implica l'impossibilità di stipulare tale atto per un periodo illimitato di tempo. Le convenzioni stipulate per l'esercizio in forma associata delle funzioni fondamentali individuate dall'art. art. 14, co. 27, D.L. 78/2010 devono avere una durata almeno triennale. Se al termine di tale periodo non sia comprovato il conseguimento di significativi livelli di efficacia ed efficienza i Comuni interessati sono obbligati ad esercitare le funzioni fondamentali esclusivamente mediante Unione di Comuni;
- le **forme di consultazione** degli enti contraenti, i loro **rapporti finanziari** e i **reciproci obblighi e garanzie**.

L'art. 30 TUEL, al co. 3, prevede anche la stipula di **convenzioni obbligatorie**. Nelle materie di rispettiva competenza, infatti, lo Stato e le Regioni possono prevedere un obbligo a carico degli enti locali di stipulare convenzioni per la gestione a tempo determinato di specifici servizi o per la realizzazione di opere determinate; in questo caso, l'ente deve procedere in via preliminare all'approvazione di un disciplinare-tipo.
In alcuni casi, la convenzione può prevedere la **costituzione di uffici comuni**, che operano con personale distaccato dagli enti partecipanti. Ad essi è affidato l'esercizio delle funzioni pubbliche in luogo degli enti partecipanti all'accordo, ovvero la delega di funzioni da parte degli enti partecipanti all'accordo a favore di uno di essi, che opera in luogo e per conto degli enti deleganti.
Anche alle convenzioni si applicano i **limiti demografici minimi** già esaminati per le Unioni di Comuni (10.000 abitanti o 3.000 se i Comuni appartengono o sono appartenuti a Comunità montane) con riferimento all'esercizio associato obbligatorio delle funzioni fondamentali.
Sull'incidenza, in materia, della sentenza n. 33/2019 della Corte costituzionale, si rinvia a quanto sarà chiarito al par. 9.7.2.

9.5 I consorzi fra enti locali

9.5.1 La finalità dei consorzi

L'art. 31 TUEL disciplina i consorzi, stabilendo che gli enti locali per la **gestione associata di uno o più servizi** possano costituire un consorzio secondo le norme previste per le aziende speciali di cui all'art. 114, in quanto compatibili. Al consorzio possono partecipare altri enti pubblici, quando siano a ciò autorizzati, secondo le leggi alle quali sono soggetti.
Per la verità, l'art. 32 TUEL prevede ancora oggi la possibilità di creare un consorzio non solo per la gestione in comune di servizi ma anche per *l'esercizio associato di funzioni*. È da ricordare, però, che l'art. 2, co. 186, lett. *e*), L. 191/2009 (legge finanziaria per il 2010) ha imposto ai Comuni di adottare misure volte alla **soppressione dei consorzi di funzioni** (e non, dunque, dei consorzi di servizi), facendo salvi i rapporti di lavoro a tempo indeterminato esistenti, con assunzione delle funzioni già esercitate dai consorzi soppressi e delle relative risorse e con successione dei medesimi consorzi in tutti i rapporti giuridici preesistenti.

La norma ha determinato molti dubbi sull'esatta distinzione fra la nozione di "servizi" e quella di "funzioni". In un parere reso il 15 aprile 2011, la sezione di controllo per il Piemonte della Corte dei conti (delibera n. 47/2011/SRCPIE/PAR), proprio con riferimento ai consorzi, precisava che l'attività di un ente locale «costituisce una funzione quando si esplica mediante atti amministrativi o comportamenti configuranti espressione del potere autoritativo della Pubblica Amministrazione, orientato per legge alla cura degli interessi pubblici e a fronte del quale sussistono situazioni giuridiche di mera soggezione o d'interesse legittimo. Laddove invece l'attività ... realizzi la mera erogazione di un servizio alla collettività, in attuazione di precetti costituzionali riguardanti a diritti soggettivi assoluti, si tratterà ... di servizi».

9.5.2 La costituzione del consorzio

L'art. 31, co. 6, TUEL esplicitamente sottolinea che **fra gli stessi enti locali non può essere costituito più di un consorzio.** Finalità della norma è evitare una duplicazione di enti con conseguente aggravio di costi; allo stesso tempo, la disposizione rappresenta un incentivo alla creazione fra gli stessi soggetti di consorzi che possano provvedere alla gestione di una pluralità di servizi (**consorzi multiservizi**).
Il divieto è applicabile solo nel caso in cui i soggetti partecipanti siano perfettamente coincidenti; nulla esclude che possa istituirsi un ente consortile che preveda l'adesione solo di alcuni degli enti partecipanti ad altro consorzio.
Per la **costituzione del consorzio**, i Consigli degli enti che vi partecipano devono approvare (a maggioranza assoluta dei componenti) due distinti atti:

- la *convenzione*, che disciplina le nomine e le competenze degli organi consortili, i fini, la durata, le quote di partecipazione finanziaria degli enti associati, lo scioglimento e il recesso; nella convenzione, inoltre, è prevista la trasmissione, agli enti aderenti, degli atti fondamentali del consorzio;
- lo *statuto*, che disciplina l'organizzazione, la nomina e le funzioni degli organi consortili, sulla base di quanto stabilito dalla convenzione.

L'art. 31, co. 7, TUEL prevede la costituzione di **consorzi obbligatori**, istituiti con legge dello Stato ed attuati con legge regionale, per l'esercizio sia di funzioni che di servizi, laddove vi sia un rilevante interesse pubblico. Rispetto all'analoga previsione già esaminata con riferimento alle convenzioni, in questo caso è solo lo Stato (*e non anche le Regioni*) a poter imporre la creazione del consorzio e solo mediante approvazione di uno specifico atto legislativo.

9.5.3 Gli organi consortili

L'art. 31, co. 5, TUEL individua quali organi del consorzio:

- l'**assemblea**, composta dal Sindaco o dai Presidenti degli enti partecipanti (o da un loro delegato), ciascuno con responsabilità pari alla quota di partecipazione fissata dalla convenzione e dallo statuto. Spetta a tale organo: l'elezione del consiglio di amministrazione e del Presidente, se previsto; l'adozione degli atti fondamentali (es. regolamenti e bilanci); l'approvazione degli atti fondamentali del consiglio di amministrazione;
- il **consiglio di amministrazione**, con il compito di dare esecuzione alle deliberazioni dell'assemblea.

Se il consorzio fa riferimento al modello dell'**azienda speciale** è necessario prevedere anche il *Presidente* nominato dall'assemblea, con compiti di direzione e di rappresentanza, il *direttore*, al quale spettano compiti gestionali e che può essere scelto attraverso un concorso pubblico o, se previsto dallo statuto, essere nominato dal consiglio di amministrazione, e il *collegio dei revisori*, che effettua controlli contabili e finanziari sul bilancio dell'ente.

9.6 Gli accordi di programma

L'art. 34 TUEL afferma che, per la definizione e l'attuazione di opere, interventi o programmi di intervento che richiedono, per la loro completa realizzazione, l'**azione integrata e coordinata** di Comuni, di Province e Regioni, di Amministrazioni statali e di altri soggetti pubblici, o comunque di due o più fra i soggetti predetti, il Presidente della Regione o il Presidente della Provincia o il Sindaco, in relazione alla competenza primaria o prevalente sull'opera o sugli interventi o sui programmi di intervento, promuove la conclusione di un accordo di programma, anche su richiesta di uno o più dei soggetti interessati, per assicurare il **coordinamento delle azioni** e per determinarne i **tempi**, le **modalità**, il **finanziamento** e ogni altro connesso **adempimento**.
L'accordo può riportare *procedimenti di arbitrato*, nonché *interventi surrogatori di eventuali inadempienze* dei soggetti partecipanti.
Per verificare la possibilità di concordare l'accordo di programma, il soggetto promotore (Presidente regionale o provinciale, Sindaco) convoca una conferenza fra i rappresentanti di tutte le Amministrazioni interessate.
L'accordo, consistente nel **consenso unanime** del promotore e delle altre Amministrazioni interessate, è approvato con **atto formale** ed è pubblicato nel bollettino ufficiale della Regione.
Relativamente all'**approvazione di progetti di opere pubbliche** comprese nei programmi dell'Amministrazione, e per le quali siano immediatamente utilizzabili i relativi finanziamenti, l'approvazione dell'accordo di programma comporta la **dichiarazione di pubblica utilità, indifferibilità e urgenza** delle medesime opere, che cessa di avere efficacia se non hanno avuto inizio entro 3 anni.
Ove l'accordo comporti variazione degli **strumenti urbanistici** e sostituisca le *concessioni edilizie* (oggi *permessi di costruire*), è richiesto l'assenso del Comune interessato, per cui l'adesione del Sindaco all'accordo deve essere ratificata dal Consiglio comunale entro 30 giorni a pena di decadenza.

Dall'accordo di programma si distingue la **conferenza di servizi**, mero *istituto* (di natura amministrativa) *di semplificazione* dell'attività della Pubblica Amministrazione, finalizzato ad *accelerare i tempi di conclusione del procedimento amministrativo* e l'*emanazione del provvedimento finale*. L'art. 34 TUEL, infatti, è considerato **norma speciale** rispetto all'art. 15 della L. 241/1990 a differenza del quale detta una specifica regolamentazione della procedura da seguire per il perfezionamento dell'accordo.

9.7 L'esercizio associato delle funzioni fondamentali dei Comuni

9.7.1 La disciplina legislativa

Negli ultimi anni il legislatore, al fine di razionalizzare la spesa pubblica, ha disposto che i Comuni di minori dimensioni esercitino obbligatoriamente in forma associata alcune tipologie di funzioni loro attribuite.
In particolare, per i **Comuni con popolazione fino a 5.000 abitanti**, l'esercizio in forma associata, attraverso Unioni di Comuni o convenzioni, **è previsto** per le funzioni fondamentali a eccezione dei servizi di stato civile e anagrafe (art. 14, co. 28, D.L. 78/2010, come successivamente modificato dal D.L. 138/2011 e dal D.L. 95/2012). Per i **Comuni facenti parte di Comunità montane con popolazione inferiore a 3.000 abitanti**, il limite demografico è ridotto a 3.000 abitanti. Sono, invece, esclusi gli enti il cui territorio coincide integralmente con quello di una o di più isole e il Comune di Campione d'Italia.
È da sottolineare, tuttavia, che, per effetto della **sentenza n. 33/2019 della Corte costituzionale**, l'obbligo dell'esercizio associato, per questi Comuni, non è più generalizzato ma viene meno – e i Comuni interessati hanno la possibilità di esserne esonerati – quando risulta non idonea ad assicurare economie di scala o miglioramenti nei servizi erogati alle popolazioni di riferimento.
La disciplina normativa contenuta nel D.L. 78/2010 prevede, inoltre, che:

- i Comuni non possono svolgere singolarmente le funzioni fondamentali esercitate in forma associata. La medesima funzione non può essere svolta da più di una forma associativa;
- qualora i Comuni decidano di esercitare tali funzioni attraverso un'Unione di Comuni, la disciplina applicabile è quella dell'art. 32 TUEL. Il limite demografico minimo delle Unioni che si vanno a costituire è fissato in 10.000 abitanti, salvo diversa decisione adottata dalla Regione;
- qualora si opti per l'esercizio associato tramite convenzioni, queste ultime avrebbero una durata almeno triennale e ad esse si applicherebbero le disposizioni dell'art. 30 TUEL.

Anche per i **Comuni di minori dimensioni, ossia quelli che hanno una popolazione inferiore a 1.000 abitanti**, l'art. 16, co. 3, del D.L. 138/2011, inserito dal D.L. 95/2012, aveva previsto l'obbligo dell'esercizio in forma associata di *tutte le funzioni e i servizi comunali* (di fatto svuotando di ogni competenza l'ente comunale). L'attività poteva essere svolta attraverso la stipula di una convenzione, la creazione della tradizionale Unione di Comuni oppure mediante l'istituzione della cosiddetta **Unione di Comuni speciale** (o municipale). Gli elementi di differenziazione erano due: l'obbligo di esercitare in forma associata *tutte le funzioni e i servizi* (e non solo le funzioni fondamentali) e la possibilità di creare l'*Unione di Comuni speciale.*
Queste disposizioni specifiche sono state abrogate dalla legge Delrio (L. 56/2014) e anche ai Comuni con popolazione fino a 1.000 abitanti si applicano le norme valide per tutti i Comuni fino a 5.000 abitanti.

9.7.2 La sentenza della Corte costituzionale n. 33/2019

Nella materia ha fortemente inciso la sentenza 4-3-2019, n. 33 della Corte costituzionale, che ha dichiarato **incostituzionale l'obbligo generalizzato di esercitare in**

forma associata le funzioni fondamentali, previsto dal sopra richiamato art. 14, co. 28, D.L. 78/2010.
In particolare, la disposizione è stata censurata «*nella parte in cui non prevede la possibilità, in un contesto di Comuni obbligati e non, di dimostrare, al fine di ottenere l'esonero dall'obbligo, che a causa della particolare collocazione geografica e dei caratteri demografici e socio-ambientali, del Comune obbligato, non sono realizzabili, con le forme associative imposte, economie di scala e/o miglioramenti, in termini di efficacia ed efficienza, nell'erogazione dei beni pubblici alle popolazioni di riferimento*».
L'effetto della declaratoria d'incostituzionalità *non è*, quello di eliminare, per i Comuni di ridotte dimensioni, l'obbligo dell'esercizio in forma associata delle funzioni fondamentali, bensì di **introdurre la possibilità d'esserne esonerati**; ciò quando gli stessi Comuni dimostrino che, per la loro particolare collocazione geografica e per i caratteri demografici e socio-ambientali, le forme associate di esercizio non sono idonee ad apportare benefici economici (economie di scala), né miglioramenti nell'erogazione dei servizi.

La pronuncia si rifà alla precedente giurisprudenza della Corte, secondo cui gli interventi statali in materia di coordinamento della finanza pubblica, quando incidono sull'autonomia degli enti territoriali, devono conformarsi ai **canoni di proporzionalità e ragionevolezza** dell'intervento normativo rispetto all'obiettivo prefissato (*ex plurimis* sentenza n. 22/2014); invece, la previsione generalizzata contenuta nel co. 28 dell'art. 14 D.L. 78/2010 – secondo la Consulta – ha la pecca di scontare, in ogni caso *un'eccessiva rigidità*, al punto da non permettere di considerare quelle situazioni in cui la convenzione o l'Unione di Comuni, cioè a dire le due vie alternative che la legge lascia all'autonomia degli enti locali per la costituzione di forme associate, non sono idonee a realizzare, mantenendo un adeguato livello di servizi alla popolazione, quei risparmi di spesa che la norma richiama come finalità dell'intera disciplina.

Tre sono i casi individuati dalla Corte a titolo "paradigmatico", in cui il sacrificio imposto all'autonomia comunale non realizza economie di scala:
- quello in cui non esistono Comuni confinanti parimenti obbligati;
- quello in cui esiste solo un Comune confinante obbligato, ma il raggiungimento del limite demografico minimo comporta il coinvolgimento di altri Comuni non in situazione di prossimità;
- quello in cui la collocazione geografica dei confini dei Comuni (per esempio in quanto montani e caratterizzati da particolari fattori antropici, dispersione territoriale e isolamento) non consente di raggiungere gli obiettivi normativi.

Applicata in simili situazioni, l'obbligatorietà dell'esercizio in forma associata «finirebbe per imporre un sacrificio non necessario, non superando quindi il test di proporzionalità» (*ex plurimis* sentenze nn. 137/2018, 10/2016, 272/2015, 156/2015).
Nell'estenuante numero dei rinvii dei termini originariamente previsti per l'adeguamento alla normativa (l'ultimo fissato al 30 giugno 2019 dall'art. 1, co. 2-*bis*, L. 108/2018), pena il commissariamento dei Comuni, la Corte ravvisa un ulteriore ed evidente sintomo di criticità a dimostrazione dell'esistenza di situazioni oggettive che, in non pochi casi, rendono di fatto inapplicabile la previsione di legge.
Spetta naturalmente al legislatore, al quale la Corte rinvia, disciplinare, nel modo più sollecito e opportuno, gli aspetti che richiedono apposita regolamentazione, e in particolare introdurre meccanismi di interlocuzione fra enti locali e Stato diretti a consentire le gestioni in deroga da parte dei Comuni di ridotte dimensioni.

Capitolo 10
Il coinvolgimento dei cittadini

10.1 La partecipazione popolare

Per *partecipazione popolare* s'intende l'**intervento dei cittadini**, come *singoli* o come *associazioni*, **nella gestione degli interessi pubblici**, attraverso strumenti di democrazia diretta. La materia è stata delineata dalla L. 142/1990 e successivamente rimaneggiata in modo consistente dalla L. 265/1999 e dal TUEL, il cui art. 6 prevede che lo statuto locale individui le forme della partecipazione popolare all'amministrazione della collettività locale.
L'art. 8, co. 1, stabilisce che mediante gli statuti, i Comuni, anche su base di quartiere o di frazione, valorizzano le **libere forme associative** e promuovono **organismi di partecipazione popolare** all'Amministrazione locale, nonché forme di partecipazione alla vita pubblica locale dei cittadini dell'Unione europea e degli stranieri regolarmente soggiornanti. La disciplina può nel dettaglio essere posta anche mediante regolamenti.
Nello statuto devono essere previste (art. 8, co. 3, TUEL):

- forme di **consultazione della popolazione**, principalmente attraverso referendum anche se possono essere previsti altri meccanismi;
- procedure per l'**ammissione di istanze**, vale a dire atti di impulso procedimentale per singole questioni;
- procedure per la **presentazione di petizioni**. Si tratta di *atti di impulso politico* per questioni di interesse generale, per chiedere provvedimenti o esporre comuni necessità. Il diritto di petizione va esercitato esponendo le esigenze per iscritto, ma senza formalità particolari;
- procedure per la **formulazione di proposte** (strumenti collaborativi di ampia portata) dirette a promuovere interventi per la migliore tutela di interessi collettivi; nel testo statutario devono essere, altresì, determinate le garanzie per il loro tempestivo esame.

10.2 Il referendum

Il referendum consente alla popolazione di esprimere il proprio orientamento in merito a questioni di interesse generale. I referendum possono essere di diverse tipologie, quindi con effetti giuridici diversi: **consultivi**, **abrogativi di leggi** o **costitutivi**.
La regolamentazione statutaria investe ogni aspetto della consultazione, dalle ipotesi in cui è consentita fino alla verifica dei risultati.
Ai sensi dell'art. 8, co. 4, TUEL, gli unici limiti sono rappresentati dal fatto che consultazioni devono riguardare **materie di esclusiva competenza locale** e non possono avere luogo in coincidenza con operazioni elettorali provinciali, comunali e circoscrizionali (non anche statali).

Pertanto, i referendum locali costituiscono un tipico esempio di partecipazione popolare di natura opzionale, attraverso la quale cioè tutti i cittadini possono esprimere il loro parere su programmi e interventi relativi all'amministrazione e al funzionamento dell'ente locale.

10.3 L'azione popolare

Le azioni popolari sono strumenti di partecipazione che permettono a qualsiasi cittadino di agire a difesa di un interesse collettivo. Un esempio era la facoltà delle **associazioni di protezione ambientale** di proporre le azioni risarcitorie di competenza del giudice ordinario spettanti al Comune e alla Provincia, conseguenti a danno ambientale. Con l'entrata in vigore del *Codice dell'Ambiente* (D.Lgs. 152/2006), l'azione risarcitoria spetta ora al Ministro dell'Ambiente e della Tutela del territorio e del mare, mentre le associazioni hanno facoltà di agire in via suppletiva o sostitutiva.
La **legittimazione ad agire** spetta a tutti gli aventi diritto al voto nel territorio locale, nonché alle (sole) associazioni che si occupano della protezione dell'ambiente, con la particolarità che in qualsiasi grado di giudizio (primo grado, appello ecc.), se un avente diritto intraprende l'azione e poi resta inerte, l'azione può essere proseguita da qualsiasi altro legittimato.
Gli enti locali, invece, sono **legittimati passivi**, ossia subiscono l'azione. Laddove le azioni siano rivolte verso soggetti terzi, cui spetta quindi la legittimazione passiva, esse sono più propriamente chiamate correttive e non sostitutive.
L'azione popolare costituisce uno dei casi in cui può aversi un legittimo fenomeno di *sostituzione processuale*, poiché **conferisce al cittadino elettore dell'ente locale una forma di legittimazione speciale per adire il giudice in sostituzione dell'ente stesso**.
L'elettore, però, non può insorgere, in luogo dell'amministrazione da lui considerata inadempiente, avverso atti adottati dalla stessa, potendo in tali casi quest'ultima, ove sussistano i presupposti, agire in autotutela (*Cons. Stato, sez. IV, sent. 4130 del 9 luglio 2011*).
Le principali azioni popolari riguardano la regolarità delle elezioni amministrative o al Parlamento europeo e le azioni e i ricorsi di competenza degli enti locali.

10.4 La partecipazione procedimentale

Tra le disposizioni volte a coinvolgere direttamente i cittadini nell'attività gestionale dell'ente locale vanno annoverate anche quelle relative alla partecipazione al procedimento amministrativo.
Nell'art. 8, co. 2, TUEL si afferma che "nel procedimento relativo all'adozione di atti che incidono su situazioni giuridiche soggettive devono essere previste forme di partecipazione degli interessati secondo le modalità stabilite dallo statuto". Al successivo art. 10, co. 3, invece, si stabilisce che "al fine di rendere effettiva la partecipazione dei cittadini all'attività dell'amministrazione, gli enti locali assicurano l'accesso alle strutture ed ai servizi degli enti, alle organizzazioni di volontariato e alle associazioni".
Si tratta di due disposizioni che garantiscono la *partecipazione al procedimento*, un **istituto di natura endoprocedimentale**. Va, tuttavia, sottolineata la divergenza tra le

due disposizioni richiamate in quanto il legislatore è come se avesse voluto nella seconda ipotesi *sottolineare la valenza anche politica* della partecipazione alle fasi dei procedimenti amministrativi, come si può desumere anche dall'uso del termine "cittadini", non impiegato nell'art. 8, che si riferisce più genericamente agli interessati alla specifica attività.

La **partecipazione procedimentale va tenuta distinta dalla già esaminata partecipazione popolare** contemplata dal primo comma del TUEL. In quest'ultimo caso, infatti, si tratta di un'attività che si esplica attraverso istituti di democrazia diretta, quindi gravita nell'orbita dei rapporti politici, e si rivolge all'attività dell'amministrazione ma non necessariamente all'attività amministrativa intesa nei suoi singoli procedimenti. È, dunque, un diritto pubblico delle collettività, attribuito a singoli come associati, qualificati non da uno specifico interesse coinvolto nel procedimento e proiettato verso un provvedimento amministrativo, ma semplicemente dall'appartenenza alla comunità locale. Si tratta, ancora, di partecipazione extraprocedimentale, diretta a promuovere interventi per la migliore tutela di interessi collettivi (art. 8, co. 3, TUEL).

Di diversa natura è il già esaminato diritto di **accesso agli atti amministrativi delle amministrazioni locali**, che è il *diritto soggettivo degli interessati* a prendere visione e ad estrarre copia di documenti amministrativi intesi quali rappresentazioni grafiche, fotocinematografiche, elettromagnetiche o di qualunque altra specie del contenuto di atti (art. 10, co. 2, TUEL).

10.5 Il difensore civico

10.5.1 L'istituzione e la trasformazione in difensore civico territoriale

Strettamente connessa alla tematica dei rapporti tra cittadini e amministrazione è la previsione del difensore civico, una figura di natura amministrativa che svolge un ruolo di **garante dell'imparzialità e del buon andamento della Pubblica Amministrazione locale**; a tal fine, ha il potere di *segnalare*, su impulso dei cittadini o anche di propria iniziativa, *abusi, disfunzioni, carenze e ritardi dell'amministrazione.*

L'art. 11 TUEL prevede che ciascun ente, in esercizio della propria autonomia statutaria, ha facoltà di prevedere o meno la figura del difensore civico; ove lo istituisca, nello stesso statuto dovrà disciplinarne modalità di elezione, prerogative, mezzi a disposizione e rapporti con il Consiglio.

La figura era stata istituita con la L. 142/1990 e successivamente disciplinata dal Testo unico. La legge finanziaria 2010 (art. 1, co. 186, L. 191/2009), al fine di contenere la spesa pubblica, ha disposto la *soppressione del difensore civico comunale*, facendone confluire le funzioni nel livello provinciale. La figura, infatti, *è stata ridenominata* **difensore civico territoriale**.

I difensori civici territoriali sono competenti a garantire l'imparzialità e il buon andamento della Pubblica Amministrazione segnalando, anche di propria iniziativa, gli abusi, le disfunzioni, le carenze ed i ritardi dell'amministrazione nei confronti dei cittadini. La loro competenza, in tali ambiti, riguarda le attività dell'amministrazione provinciale e comunale. I Comuni, con apposita convenzione con la Provincia, possono comunque assicurare la difesa civica ai cittadini nei confronti della propria amministrazione. In tal caso, la difesa civica è attribuita ai difensori civici territoriali.

10.5.2 L'attività: poteri e limitazioni

Il difensore civico **può intervenire** perché gli uffici competenti eliminino *disfunzioni, abusi, carenze e ritardi*, può prendere visione e conoscenza di tutti gli atti e documenti amministrativi, chiedere ed ottenere anche verbalmente le informazioni che ritiene necessarie, chiedere copia dei documenti relativi ai casi segnalatigli (senza il limite del segreto d'ufficio), *convocare il responsabile dell'ufficio* competente per l'esame congiunto delle pratiche, esperire tentativi di conciliazione su richiesta scritta dell'istante, suggerire agli organismi, uffici e aziende controllate, eventuali soluzioni ai problemi riscontrati dai cittadini e che si ispirano ai principi di imparzialità, equità e buon andamento, proporre la sostituzione dei responsabili quando riscontri negligenze gravi e reiterate. L'Amministrazione è tenuta a convocare l'istante con la presenza del difensore civico entro 20 giorni dalla richiesta di conciliazione.
Il difensore civico **non può intervenire** nei confronti di un ufficio *prima che l'interessato non l'abbia fatto direttamente* con i mezzi già a sua disposizione, né *assistere il cittadino davanti ai Tribunali*, revocare o *mettere in discussione sentenze della Magistratura*, o *intervenire quando su una determinata questione sono stati interessati gli organi di giustizia* penale, amministrativa, civile o tributaria. Altre limitazioni riguardano l'impossibilità di *sostituirsi agli uffici* nell'emanare o modificare un atto (ma può sollecitarli a riesaminarlo, modificarlo o annullarlo, se lo ritiene illegittimo), la facoltà intervenire in merito a verbali di accertamento di violazioni al codice della strada. Infine non può attivarsi laddove si tratti di rapporti o controversie tra privati, né può sostituirsi o interferire nelle *decisioni politiche* del Consiglio, del Sindaco e della Giunta.

10.6 L'Ufficio relazioni con il pubblico (URP)

Con l'istituzione degli uffici per le relazioni con il pubblico (URP), quali interfacce fra cittadini e Pubblica Amministrazione, il legislatore ha inteso dare attuazione al canone di **pubblicità dell'azione amministrativa**, che impone di rendere accessibili agli interessati notizie e documenti concernenti l'operato della pubblica autorità.
Sino alla codificazione normativa del **diritto di accesso**, l'interlocuzione con l'Amministrazione non era legislativamente garantita e, in difetto di norme che la configurassero come un servizio funzionale alla trasparenza dell'azione amministrativa, soltanto pochissimi enti si erano preoccupati di dotarsi di sportelli informativi.
Seppur non ne imponeva l'istituzione, l'art. 6 dell'abrogato D.P.R. 352/1992, recante il regolamento d'attuazione del diritto d'accesso, stabiliva che le Amministrazioni potessero, all'occorrenza, dotarsi di un ufficio per le relazioni con il pubblico, configurandolo così, per la prima volta, come un vero e proprio **servizio di comunicazione attiva**, finalizzato alla promozione dell'accesso agli atti.
Successivamente previsto dal D.Lgs. 29/1993, per poi confluire nel D.Lgs. 165/2001, quale struttura destinata a favorire l'incontro e quindi lo scambio comunicativo fra l'ente e l'utente, l'URP è stato reso obbligatorio solo dalla L. 7-6-2000, n. 150, la quale ha disposto che le Pubbliche Amministrazioni lo individuino, nell'ambito della propria struttura, al fine di garantire la piena attuazione della L. 241/1990.
Con la L. 150/2000, che per la prima volta disciplina organicamente le attività di comunicazione e informazione della Pubblica Amministrazione, e l'emanazione del D.P.R. 21-9-2001, n. 422, recante il regolamento di attuazione della legge, l'ufficio per

le relazioni con il pubblico vede definitivamente riconosciuta la propria funzione di comunicazione attiva, legittimandosi come strumento privilegiato della **comunicazione istituzionale**, dotato di una sfera di competenze e funzioni ad ampio raggio, che lo caratterizzano non più solo come sportello informativo al servizio dei cittadini, e come strumento di apertura all'esterno, insieme con il portavoce e l'ufficio stampa, ma anche come motore della comunicazione interna fra gli uffici amministrativi e ancor più, nell'era di Internet, dei processi di informatizzazione, modernizzazione, innovazione e semplificazione della Pubblica Amministrazione.

L'ufficio per le relazioni con il pubblico viene così ad assumere autonoma configurazione rispetto all'*ufficio stampa*, che si occupa di filtrare l'informazione destinata all'esterno dell'organizzazione e, in particolare, ai mass media (quotidiani, radio, tv, riviste ecc.), e rispetto al *portavoce*, figura professionale che ha il compito di curare i rapporti di carattere politico-istituzionale del vertice dell'ente con gli organi di informazione.

Queste, nel dettaglio, le **funzioni** che l'art. 8 della legge attribuisce all'URP:

- garantire l'esercizio dei diritti di informazione, di accesso e di partecipazione previsti dalla legge sul procedimento amministrativo;
- agevolare l'utilizzazione dei servizi offerti ai cittadini, la divulgazione delle normative e l'informazione sulle strutture e sui compiti delle Amministrazioni (promuovendo così anche l'immagine dell'ente pubblico);
- promuovere l'adozione di sistemi di interconnessione telematica e coordinare le reti civiche;
- attuare, mediante l'ascolto dei cittadini e la comunicazione interna, i processi di verifica della qualità dei servizi e di gradimento degli stessi da parte degli utenti;
- garantire, all'interno di ciascuna Amministrazione, la reciproca informazione fra l'ufficio per le relazioni con il pubblico e le altre strutture e, all'esterno, quella con gli uffici per le relazioni con il pubblico delle altre Amministrazioni.

Si è osservato come, ragionando per macrocategorie, sia possibile ricondurre queste attribuzioni a quattro **macrofunzioni**:

- garantire il diritto d'accesso di cui alla L. 241/1990, fornendo le informazioni su atti e procedimenti amministrativi;
- provvedere all'analisi dei bisogni del cittadino in qualità di destinatario dei servizi erogati;
- formulare proposte dirette al miglioramento degli aspetti logistici e organizzativi del rapporto con l'utenza;
- promuovere iniziative di comunicazione di pubblica utilità.

Le norme introdotte dal D.Lgs. 33/2013 e, successivamente, dal D.Lgs. 97/2016, volte a garantire la massima trasparenza delle Amministrazioni, obbligandole a fornire, anche via Internet, le informazioni necessarie per garantire un più diffuso controllo del loro operato, non hanno modificato l'impianto originario sulla comunicazione istituzionale delle Pubbliche Amministrazioni. Anche se il legislatore sembra voler fare del web la chiave preferenziale di accesso all'intera informazione pubblica, lascia comunque invariato l'obbligo di comunicare e informare correttamente i cittadini attraverso gli URP, che comunque garantiscono un'interazione diretta, fondamentale soprattutto per quelle fasce di cittadini che non hanno una particolare dimestichezza con strumenti informatici.

Capitolo 11
I servizi pubblici locali

11.1 Le forme di gestione dei servizi pubblici locali

11.1.1 Servizio pubblico e servizio pubblico locale (SPL)

Il servizio pubblico consiste in un'attività volta al soddisfacimento di interessi essenziali della collettività (trasporto, istruzione, salute ecc.) erogata all'utenza con modalità non autoritativa, elemento che la differenzia dalla funzione pubblica (es. la riscossione dei tributi).
Il **servizio pubblico** è, dunque, un'*attività economica esercitata per erogare prestazioni volte a soddisfare bisogni collettivi ritenuti indispensabili in un determinato contesto sociale.*
Il **servizio pubblico locale**, invece, è *qualsiasi attività che si concreta nella produzione di beni e servizi in funzione di un'utilità per la comunità locale, non solo in termini economici ma anche ai fini di promozione sociale.*
Laddove la legge affidi in via esclusiva ad un ente pubblico la titolarità di uno specifico servizio occorre operare delle distinzioni:

- per quanto riguarda i *profili economici connessi all'erogazione* si può distinguere tra **servizi a rilevanza economica**, quando l'attività svolta consiste nell'offrire beni e servizi e potrebbe essere esercitata da un privato a scopo di lucro, e **servizi privi di rilevanza economica** quando si ritiene non remunerativa l'attività e, quindi, possa essere svolta solo grazie all'intervento finanziario del settore pubblico o di un sistema di finanziamento solidaristico;
- per quanto riguarda le *modalità di gestione*, è possibile scegliere tra una **gestione in house (o in house providing)**, quando l'amministrazione realizza l'attività attraverso organismi o aziende direttamente controllati, e **gestione con affidamento a soggetti terzi**, nelle ipotesi in cui ricorre al mercato per procurarsi i lavori, i servizi e le forniture ad esse occorrenti o per erogare il servizio alla collettività;
- per quanto riguarda le *modalità di svolgimento*, questo può essere esercitato in **regime di privativa**, con affidamento ad un unico operatore (si pensi alla raccolta dei *rifiuti urbani*), oppure in **regime di concorrenza** fra vari operatori (si pensi alla raccolta dei *rifiuti speciali*); a carico dei soggetti che gestiscono il servizio sono stabiliti obblighi specifici (cosiddetto *obblighi di servizio pubblico*).

Secondo quanto specificato dall'art. 11 D.Lgs. 286/1999 (come modificato dal D.Lgs. 150/2009), i **servizi pubblici nazionali e locali** devono essere erogati con modalità che promuovono il miglioramento della qualità e devono assicurare la tutela dei cittadini e degli utenti e la loro partecipazione, nelle forme, anche associative, riconosciute dalla legge, alle inerenti procedure di valutazione e definizione degli *standard* qualitativi.

Gli obblighi assunti dal gestore del servizio nei confronti degli utenti sono generalmente indicati nella **Carta dei servizi**, predisposta dall'ente erogatore o dal soggetto (o soggetti) cui è affidato il servizio.

11.1.2 L'evoluzione normativa

Il D.Lgs. 267/2000, recependo gran parte delle disposizioni della L. 142/1990, regolamenta al Titolo V i **servizi** e gli **interventi pubblici locali**. In realtà la normativa attualmente vigente è il risultato di una stratificazione di riforme che ha condotto alla riscrittura della disciplina dei **servizi pubblici locali di rilevanza economica** da parte del D.L. 138/2011 e del D.L. 1/2012 (*cosiddetto decreto liberalizzazioni*).
Quest'ultimo ha introdotto l'art. 3-*bis* nel D.L. 138/2011, per disciplinare gli ambiti territoriali e i criteri di organizzazione dei servizi pubblici locali allo scopo di favorire le economie di scala e forme di differenziazione idonee a massimizzare l'efficienza dei servizi stessi.
Il decreto liberalizzazioni ha anche novellato l'art. 4 dello stesso D.L. 138/2011 con l'obiettivo di limitare le possibilità di ricorrere alle gestioni dirette e di incentivare le gestioni concorrenziali.
Ulteriori novelle, di entrambi gli articoli 3-*bis* e 4, sono state disposte dall'art. 53 D.L. 83/2012 (*decreto crescita*).
Su tale disciplina è intervenuta la Corte costituzionale, che nella sentenza n. 199/2012 ha dichiarato l'illegittimità dell'art. 4 D.L. 138/2011 e delle sue successive modificazioni.
Abrogata la normativa adottata con l'art. 4 predetto, **per la disciplina dei servizi pubblici locali trova ora applicazione quanto stabilito in sede europea** sia nel Trattato sul funzionamento dell'Unione europea (di seguito TFUE) sia dalla giurisprudenza della Corte di giustizia.
Innanzitutto deve farsi riferimento all'art. 14 TFUE, che prevede l'obbligo per gli Stati membri e l'Unione di garantire lo svolgimento dei servizi di interesse economico generale nell'ambito dei valori comuni dell'Unione, prevedendone principi e condizioni, in particolare economiche e finanziarie.
Ai sensi del combinato disposto degli artt. 93 e 106 del TFUE, e secondo la giurisprudenza della Corte di giustizia, la *gestione diretta dei servizi pubblici locali da parte dell'ente pubblico è ammessa se lo Stato membro ritiene che l'applicazione delle regole di concorrenza sia un ostacolo, in diritto o in fatto, alla speciale missione del servizio pubblico*, restando riservato all'ordinamento europeo il sindacato sull'eventuale *errore manifesto* alla base della decisione dello Stato.
Il meccanismo dell'affidamento diretto a soggetti *in house* deve, però, essere strutturato in modo da evitare che esso possa risolversi in una ingiustificata compromissione dei principi che presiedono al funzionamento del mercato e, dunque, in una violazione delle prescrizioni contenute nel trattato a tutela della concorrenza.
Su tale situazione è poi intervenuto l'art. 34, co. 20-25, D.L. 179/2012, che ha imposto l'**obbligo di affidare i servizi pubblici locali di rilevanza economica sulla base di una relazione dell'ente affidante**, da rendere pubblica sul sito internet dell'ente stesso. Nella relazione devono essere indicate le ragioni della forma di affidamento prescelta e deve essere attestata la sussistenza dei requisiti previsti dall'ordinamento europeo. Devono anche risultare gli specifici obblighi di servizio pubblico e di servi-

zio universale. Costituisce, invece, contenuto eventuale della stessa relazione l'indicazione di compensazioni economiche a fronte dei suddetti obblighi.
Importanti novità sono state introdotte nel D.Lgs. 267/2000. L'art. 147 prevede, infatti, che gli enti locali debbano garantire il **controllo della qualità dei servizi erogati**, sia direttamente sia mediante organismi gestionali esterni, con l'impiego di metodologie dirette a misurare la soddisfazione degli utenti esterni e interni dell'ente, con effetto a regime per tutti gli enti locali con popolazione superiore a 15.000 abitanti a decorrere dal 2015.
L'art. 147-*quater*, invece, prevede controlli degli enti locali, con effetto a regime per tutti gli enti locali con popolazione superiore a 15.000 abitanti a decorrere dal 2015, sulle **società partecipate non quotate**. I controlli sono esercitati dalle strutture proprie degli enti stessi sulla base della preventiva definizione degli obiettivi gestionali della società partecipata e di un sistema informativo che rilevi i rapporti finanziari tra l'ente proprietario e la società, la situazione contabile, gestionale e organizzativa della società, i contratti di servizio, la qualità dei servizi, nonché il rispetto delle norme di legge sui vincoli di finanza pubblica.

11.1.3 Il servizio pubblico locale nel decreto legislativo 267/2000

L'art. 112 D.Lgs. 267/2000 dispone che gli enti locali, nell'ambito delle rispettive competenze, provvedono alla gestione dei servizi pubblici che abbiano per oggetto la **produzione di beni e di attività rivolte a realizzare fini sociali e a promuovere lo sviluppo economico e civile delle comunità locali**. Il legislatore non pone limiti alla possibilità degli enti locali di organizzare sotto forma di servizi qualsivoglia tipo di attività a carattere economico e non, purché sia finalizzata allo sviluppo economico e civile della comunità di appartenenza.
L'art. 113 di tale provvedimento disciplina i **servizi di rilevanza economica** mentre al successivo articolo 113-*bis* si occupava dei **servizi privi di rilevanza economica**; quest'ultimo articolo, tuttavia, è da considerarsi abrogato in seguito alla declaratoria di illegittimità costituzionale intervenuta con la sentenza della Corte costituzionale n. 272/2004 e la loro gestione è ora rimessa alla specifica normativa regionale. La normativa di livello statale, pertanto, si applica solo alla gestione dei servizi aventi rilevanza economica.

11.1.4 I servizi a rilevanza economica

L'art. 113 D.Lgs. 267/2000 fa divieto agli enti locali di cedere la proprietà degli impianti, delle reti e delle altre dotazioni destinati all'esercizio dei servizi pubblici a rilevanza economica.
Si distinguono, dunque, due piani: quello dell'erogazione dei *servizi in senso stretto* e quello delle *reti e degli impianti ad essi destinati o serventi*.
Possono essere regolate diversamente solo alcune specifiche materie, tra cui il trasporto pubblico locale, gli impianti di trasporti a fune per la mobilità turistico-sportiva in aree montane, e sempre salve le discipline poste dalle Regioni a statuto speciale e dalle Province autonome.

Alle discipline di settore è attribuito il compito di individuare i casi nei quali l'attività di gestione delle reti e degli impianti destinati alla produzione dei servizi pubblici locali può essere separata da quella di erogazione degli stessi.
L'erogazione del servizio avviene, secondo le discipline di settore e nel rispetto della normativa dell'Unione europea, conferendo la titolarità del servizio:

> a **società di capitali**, individuate attraverso l'espletamento di gare con procedure a evidenza pubblica;
> a **società a capitale misto pubblico privato**, ove il socio privato venga scelto attraverso l'espletamento di gare con procedure a evidenza pubblica che abbiano dato garanzia di rispetto delle norme interne ed europee in materia di concorrenza;
> a **società a capitale interamente pubblico**, ma alla doppia condizione che l'ente o gli enti pubblici titolari del capitale sociale esercitino sulla società un *controllo analogo* a quello esercitato sui propri servizi e che la società realizzi la parte più importante della propria attività con l'ente o gli enti pubblici che la controllano.

Secondo la definizione fornita dall'art. 5, co. 2, D.Lgs. 50/2016 un'amministrazione esercita su una persona giuridica un **controllo analogo** qualora essa eserciti un'influenza determinante sia sugli obiettivi strategici che sulle decisioni significative della persona giuridica controllata. Tale controllo può anche essere esercitato da una persona giuridica diversa, a sua volta controllata allo stesso modo dall'amministrazione aggiudicatrice o dall'ente aggiudicatore.
I rapporti degli enti locali con le società di erogazione del servizio e con le società di gestione delle reti e degli impianti sono regolati da **contratti di servizio**, allegati ai capitolati di gara, che devono prevedere sia i livelli dei servizi da garantire che adeguati strumenti di verifica degli stessi livelli.

11.1.5 I servizi privi di rilevanza economica

L'art. 113-*bis* D.Lgs. 267/2000 stabiliva che, ferme restando le disposizioni previste per i singoli settori, i servizi pubblici locali privi di rilevanza economica fossero gestiti mediante affidamento diretto *a istituzioni, aziende speciali, anche consortili e a società a capitale interamente pubblico*. Il citato articolo è stato, però, dichiarato illegittimo dalla Corte costituzionale, con sentenza n. 272/2004, in quanto limitativo dell'autonomia costituzionalmente riconosciuta a Regioni ed enti locali. Secondo la Corte, infatti, il *titolo di legittimazione* per l'intervento statale in materia di servizi pubblici locali è la *tutela della concorrenza*; ne consegue che l'inderogabilità della disciplina statale in materia è riferibile ai soli servizi pubblici locali classificati come «*di rilevanza economica*», e non già in riferimento ai servizi «*privi di rilevanza economica*». Il titolo di legittimazione per gli interventi del legislatore statale, costituito dalla tutela della concorrenza, non è applicabile a questo tipo di servizi, perché in questa ipotesi non esiste un mercato concorrenziale.
Nella stessa sentenza la Corte ha precisato che per **distinguere tra servizi di rilevanza economica e servizi privi di tale rilevanza** occorre far ricorso ad un **criterio relativistico**, che tenga conto delle peculiarità del caso concreto, quali l'effettiva struttura del servizio, le modalità del suo espletamento, i suoi specifici connotati economico-organizzativi, la natura del soggetto chiamato ad espletarlo, la disciplina normativa del servizio. La dottrina, invece, fa leva principalmente sulla nozione di imprendito-

re di cui all'art. 2082 c.c., individuato in chi esercita professionalmente un'attività economica organizzata al fine della produzione o dello scambio di beni o di servizi, laddove l'economicità dell'attività esercitata deve essere in grado di coprire i costi e remunerare il capitale, cioè deve essere in grado di stare sul mercato.
Anche nel caso di servizi privi di rilevanza economica i rapporti tra gli enti locali e i soggetti erogatori sono regolati da **contratti di servizio**.

11.2 Le singole forme di gestione dei servizi locali: aziende speciali, istituzioni e società miste

L'art. 114 D.Lgs. 267/2000 precisa che:

- l'**azienda speciale** è un ente strumentale dell'ente locale, dotato di personalità giuridica, autonomia imprenditoriale e di un proprio statuto, approvato dal Consiglio;
- l'**istituzione** è un organismo strumentale dell'ente locale per l'esercizio di servizi sociali, dotato di autonomia gestionale.

L'azienda e l'istituzione adeguano la loro attività a criteri di **efficacia, efficienza** ed **economicità** e hanno l'obbligo del pareggio di bilancio da perseguire attraverso l'equilibrio dei costi e dei ricavi, compresi i trasferimenti.
Secondo le disposizioni di legge, l'ordinamento e il funzionamento delle aziende speciali sono disciplinati dal proprio statuto e dai regolamenti. Quelli delle istituzioni sono disciplinati dallo statuto e dai regolamenti dell'ente locale da cui dipendono.
L'ente locale conferisce il capitale di dotazione, determina le finalità e gli indirizzi, approva gli atti fondamentali, esercita la vigilanza, verifica i risultati della gestione, provvede alla copertura degli eventuali costi sociali.
L'art. 115 D.Lgs. 267/2000, come modificato dalla L. 448/2001, stabilisce che i Comuni, le Province e gli altri enti locali possono, per atto unilaterale, trasformare le aziende speciali in **società di capitali**, di cui possono restare azionisti unici per un periodo comunque non superiore a 2 anni dalla trasformazione.
La deliberazione può anche prevedere la scissione dell'azienda speciale e la destinazione a società di nuova costituzione di un ramo aziendale di questa, con applicazione, per quanto compatibili, dello stesso art. 113, commi da 1 a 6, nonché agli artt. 2504-*septies* e 2504-*decies* c.c.:

- per l'esercizio dei servizi pubblici privi di rilevanza economica;
- per la realizzazione delle opere necessarie al corretto svolgimento del servizio;
- per la realizzazione di infrastrutture e altre opere di interesse pubblico, che non rientrino nelle competenze istituzionali di altri enti.

La costituzione di **società miste** con la partecipazione non maggioritaria degli enti locali è disciplinata da apposito regolamento, mentre per la realizzazione delle opere, di qualunque importo, si applicano le norme vigenti di recepimento delle direttive dell'Unione europea in materia di lavori pubblici.

Capitolo 12
I controlli

12.1 I controlli sugli atti: la loro implicita abrogazione

Deve considerarsi implicitamente abrogato – in quanto fondato sull'art. 130 Cost., espressamente abrogato dall'art. 9, co. 1, L. cost. 3/2001 – l'art. 126 TUEL che, anteriormente alla riforma della Parte II, Titolo V, della Costituzione, sottoponeva a controllo preventivo di legittimità gli **statuti degli enti** i **regolamenti di competenza del Consiglio**, esclusi quelli attinenti l'autonomia organizzativa e contabile, e i **bilanci annuali e pluriennali** e loro relative variazioni e rendiconto di gestione.
Il precetto costituzionale cancellato, infatti, prevedeva l'istituzione dei Comitati regionali di controllo (CO.RE.CO.), ai quali tale controllo era affidato.

12.2 I controlli sugli organi

12.2.1 Disciplina generale

Il controllo sugli organi degli enti locali non ha a oggetto la legittimità o il merito di un atto, bensì la condotta di un organo: ciò comporta che ogni eventuale provvedimento incide non sull'atto, ma sull'organo nella sua funzionalità o nella permanenza in carica di chi lo ricopre, pur se a seguito di mandato elettivo. Nell'ambito di tali controlli, vengono in rilievo i **controlli ispettivi e sostitutivi**.
I **controlli ispettivi** consistono in un'attività di vigilanza e di accertamento sull'operato delle amministrazioni assoggettate a controllo, al fine di garantirne la legalità e la conformità ai criteri di opportunità, convenienza e buona amministrazione, in vista del raggiungimento degli scopi di pubblico interesse.
I **controlli sostitutivi** possono essere di due tipi:

- **sostitutivi-semplici**, che si attuano attraverso la sostituzione dell'organo assoggettato a controllo con un altro organo, in caso di sua inerzia o ritardo nel compimento di atti obbligatori per legge, senza che il titolare dell'organo inerte o inadempiente sia sanzionato con misure disciplinari;
- **sostitutivi repressivi**, che si attuano attraverso la sostituzione dell'organo assoggettato a controllo e la contemporanea applicazione di sanzioni disciplinari al titolare di esso.

Si aggiunge a questi controlli il **potere di annullamento straordinario** attribuito al Governo dall'art. 138 TUEL.

12.2.2 I controlli ispettivi

I controlli ispettivi, previsti da leggi speciali, sono di norma affidati a organi dello Stato, in particolare al Prefetto: costui, per esempio, può disporre ispezioni al fine di accertare il regolare funzionamento dei servizi esercitati dal Comune per conto dello Stato, quali quelli di anagrafe, stato civile, leva, elettorale e statistica, così come può acquisire ogni dato o notizia di interesse per altri servizi di carattere generale.

12.2.3 I controlli sostitutivi semplici

Il controllo sostitutivo semplice – attivato sul presupposto dell'inadempimento di un organo che, tenuto ad assumere un atto, ometta di compierlo o eseguirlo – è attribuito, in via ordinaria, al **Difensore civico regionale**. A norma dell'art. 136 TUEL, qualora gli enti locali ritardino o omettano di compiere atti obbligatori per legge, entro un congruo termine loro assegnato, il Difensore procede alla nomina di un commissario *ad acta*, che provvede all'adozione entro 60 giorni dal conferimento dell'incarico.
Una forma di controllo sostitutivo è anche il potere che il novellato art. 120 Cost. attribuisce al **Governo** della Repubblica di sostituirsi a organi delle Regioni, delle Città metropolitane, delle Province e dei Comuni al ricorrere di uno dei seguenti presupposti:

- mancato rispetto di norme e trattati internazionali o della normativa dell'Unione europea;
- grave pericolo per l'incolumità e la sicurezza pubblica;
- necessità di tutelare l'unità giuridica o l'unità economica e in particolare i livelli essenziali delle prestazioni concernenti i diritti civici e sociali, prescindendo dai confini territoriali dei governi locali.

Al legislatore ordinario è demandato il compito di definire le procedure atte a garantire che i poteri sostitutivi siano esercitati nel rispetto del **principio di sussidiarietà e del principio di leale collaborazione**: a ciò ha provveduto l'art. 8 L. 131/2003 il quale, fra l'altro, dispone che i provvedimenti sostitutivi devono essere proporzionati alle finalità perseguite.
Il Governo può così subentrare ogni qualvolta gli enti territoriali si dimostrino gravemente inadempienti; ciò nell'esercizio della sua funzione di mantenimento dell'unitarietà ed uniformità dell'ordinamento, in particolare per quanto riguarda le norme internazionali ed europee, perché ne sia assicurata un'applicazione uniforme su tutto il territorio nazionale.

L'art. 137 TUEL stabilisce che, al verificarsi di una delle ipotesi sopra elencate, il Presidente del Consiglio dei Ministri, su proposta del Ministro competente per materia, anche su iniziativa delle Regioni o degli enti locali, assegna all'ente interessato un congruo termine per adottare i provvedimenti dovuti o necessari.
Decorso inutilmente tale termine, il Consiglio dei Ministri – sentito l'organo interessato, su proposta del Ministro competente o del Presidente del Consiglio – adotta i provvedimenti necessari, anche normativi, ovvero nomina un apposito commissario.
Alla riunione del Consiglio dei Ministri partecipa il presidente della Giunta regionale della Regione interessata al provvedimento.

Nei casi di assoluta urgenza, qualora l'intervento sostitutivo non sia procrastinabile senza mettere in pericolo le finalità tutelate dalla normativa costituzionale, il Consiglio dei ministri – su proposta del ministro competente, anche su iniziativa delle Regioni o degli enti locali – adotta i provvedimenti, che sono immediatamente comunicati alla Conferenza Stato-Regioni o alla Conferenza Stato-Città e autonomie locali, allargata ai rappresentanti delle Comunità montane, che possono chiederne il riesame.

12.2.4 I controlli sostitutivi repressivi

Il controllo sostitutivo si dice **repressivo o sanzionatorio** quando l'effetto è costituito non soltanto dall'emanazione dell'atto omesso dall'organo inadempiente, ma anche dall'adozione di provvedimenti a carattere repressivo o sanzionatorio nei riguardi del medesimo organo.
Il TUEL, in merito agli organi dell'ente locale, prevede le ipotesi precedentemente esaminate di **scioglimento e sospensione dell'organo consiliare**, nonché di **rimozione dei singoli amministratori**.

10.2.5 Il potere governativo di annullamento straordinario

L'art. 138 TUEL attribuisce al Governo il potere di **annullare, d'ufficio o su denunzia, gli atti degli enti locali viziati da illegittimità** al fine di tutelare l'unità dell'ordinamento.
Tale potere è esercitato con l'emanazione di un decreto del Presidente della Repubblica, previa deliberazione del Consiglio dei Ministri e su proposta del Ministro dell'Interno; è richiesto il parere del Consiglio di Stato.
Tale potere, che si sostanzia in una forma di controllo a carattere repressivo, è esercitato in applicazione dell'art. 2, co. 3, lett. *p*), L. 400/1988, e trova il suo diretto antecedente storico nell'art. 6 del Testo unico della legge comunale e provinciale (approvato con R.D. 3-3-1934, n. 383), che attribuiva al Governo la facoltà, in qualunque tempo, di annullare, d'ufficio o su denunzia, sentito il Consiglio di Stato, gli atti viziati da incompetenza, eccesso di potere o violazione di leggi e di regolamenti generali o speciali.

12.3 I controlli interni

12.3.1 Disciplina generale

I controlli interni, come disciplinati dagli artt. 147 ss. TUEL si sviluppano all'interno dello stesso ente.
Essi sono ordinati secondo il principio della distinzione tra funzioni di indirizzo e compiti di gestione, quale risultante dalla disciplina del D.Lgs. 165/2001. Per la loro effettuazione, peraltro, è data facoltà agli enti locali di istituire uffici unici mediante convenzioni che ne regolino le modalità di costituzione e di funzionamento.
Sicché, nell'ambito della loro autonomia normativa e organizzativa, gli enti locali individuano strumenti e metodologie per garantire, attraverso il **controllo di regolarità amministrativa e contabile**, la legittimità, la regolarità e la correttezza dell'azione amministrativa.

Il sistema di controllo interno è diretto a:

> verificare, attraverso il **controllo di gestione**, l'*efficacia*, l'*efficienza* e l'*economicità* dell'azione amministrativa, al fine di ottimizzare, anche mediante tempestivi interventi correttivi, il rapporto tra obiettivi e azioni realizzate, nonché tra risorse impiegate e risultati (verifica del rapporto tra costi e risultati);
> valutare l'adeguatezza delle scelte compiute in sede di attuazione dei piani, dei programmi e degli altri strumenti di determinazione dell'indirizzo politico, in termini di congruenza tra i risultati conseguiti e gli obiettivi predefiniti (verifica della congruità tra risultati e obiettivi: **valutazione e controllo strategico**);
> garantire il costante **controllo degli equilibri finanziari** sulla *gestione di competenza*, sulla *gestione dei residui* e sulla *gestione di cassa*, anche ai fini della realizzazione degli obiettivi di finanza pubblica determinati dal patto di stabilità interno, mediante l'attività di coordinamento e di vigilanza da parte del responsabile del servizio finanziario, nonché l'attività di controllo da parte dei responsabili dei servizi;
> verificare, attraverso l'affidamento e il controllo dello stato di attuazione di indirizzi e obiettivi gestionali, la **redazione del bilancio consolidato**, l'**efficacia,** l'**efficienza** e l'**economicità** degli organismi gestionali esterni dell'ente;
> garantire il **controllo della qualità dei servizi erogati**, sia direttamente, sia mediante organismi gestionali esterni, con l'impiego di metodologie dirette a misurare la soddisfazione degli utenti esterni e interni dell'ente.

L'art. 147-*quater* TUEL, inserito dal D.L. 174/2012 (conv. dalla L. 213/2012), prevede anche che l'ente locale definisca, secondo la propria autonomia organizzativa, un **sistema di controlli sulle società non quotate**, partecipate dallo stesso ente locale. Tali controlli sono esercitati dalle strutture proprie dell'ente locale, che ne sono responsabili.

12.3.2 Il controllo di regolarità amministrativa e contabile

L'art. 147-*bis* TUEL prevede che il controllo di regolarità amministrativa e contabile debba essere assicurato, nella **fase preventiva della formazione dell'atto**, da ogni responsabile di servizio, ed esercitato attraverso il rilascio del parere di regolarità tecnica attestante la regolarità e la correttezza dell'azione amministrativa; nella **fase successiva**, tale controllo è assicurato, secondo **principi generali di revisione aziendale e modalità definite nell'ambito dell'autonomia organizzativa dell'ente**, sotto la direzione del Segretario, in base alla normativa vigente.
Il controllo contabile, effettuato dal responsabile del servizio finanziario, è esercitato attraverso il rilascio del parere di regolarità contabile e del visto attestante la copertura finanziaria.
Le **risultanze** del controllo sono trasmesse periodicamente a cura del Segretario:

> ai responsabili dei servizi, unitamente alle direttive cui conformarsi in caso di riscontrate irregolarità;
> ai revisori dei conti e agli organi di valutazione dei risultati dei dipendenti, come documenti utili per la valutazione;
> al Consiglio comunale.

Sono soggette al controllo le determinazioni di impegno di spesa, i contratti e gli altri atti amministrativi, scelti secondo una selezione casuale effettuata con motivate tecniche di campionamento.

12.3.3 Il controllo strategico

L'art. 147-*ter* TUEL prevede che metodologie di controllo strategico, per verificare lo stato di attuazione dei programmi secondo le linee approvate dal Consiglio, devono essere definite, a partire dal 2015, da ciascun ente con **popolazione non superiore a 15.000 abitanti**, secondo la propria autonomia organizzativa. Gli enti rientranti in queste categorie dimensionali possono esercitate la funzione di controllo anche in **forma associata**.
Le metodologie di controllo strategico sono finalizzate alla rilevazione:

- dei risultati conseguiti rispetto agli obiettivi predefiniti;
- degli aspetti economico-finanziari connessi ai risultati ottenuti;
- dei tempi di realizzazione rispetto alle previsioni;
- delle procedure operative attuate confrontate con i progetti elaborati;
- della qualità dei servizi erogati;
- del grado di soddisfazione della domanda espressa;
- degli aspetti socio-economici.

Rapporti periodici devono essere elaborati dall'unità preposta al controllo strategico, posta sotto la direzione del Direttore generale, ove previsto, o del Segretario negli enti in cui non è prevista la figura del Direttore generale.
I rapporti devono essere sottoposti all'organo esecutivo e al Consiglio per la successiva predisposizione di deliberazioni consiliari di ricognizione dei programmi.

12.4 Il controllo esterno sulla gestione

Gli artt. 148 e 148-*bis* TUEL affidano alla **Corte dei conti** il controllo esterno successivo alla gestione.
Il particolare, le norme precisano che:

- le sezioni regionali della Corte dei conti verificano, con cadenza semestrale, la *legittimità* e la *regolarità* delle gestioni, nonché il *funzionamento* dei controlli interni ai fini del rispetto delle regole contabili e dell'equilibrio di bilancio di ciascun ente locale;
- il Ministero dell'Economia e delle Finanze (Dipartimento della Ragioneria generale dello Stato) può attivare **verifiche sulla regolarità della gestione amministrativo-contabile**, ai sensi dell'art. 14, co. 1, lett. *d*), L. 196/2009, oltre che negli altri casi previsti dalla legge, qualora un ente evidenzi situazioni di squilibrio finanziario riferibili ai seguenti indicatori (si tratta di procedure attivabili anche dalle sezioni regionali di controllo della Corte dei conti):
  - ripetuto utilizzo dell'anticipazione di tesoreria;
  - disequilibrio consolidato della parte corrente del bilancio;
  - anomale modalità di gestione dei servizi per conto di terzi;
  - aumento non giustificato di spesa degli organi politici istituzionali;

> le sezioni regionali di controllo della Corte dei conti **esaminano i bilanci preventivi e i rendiconti consuntivi** degli enti locali per la verifica:
  - del rispetto degli obiettivi annuali posti dal patto di stabilità interno;
  - dell'osservanza del vincolo previsto in materia di indebitamento dall'art. 119, co. 6, co. 6 Cost.;
  - della sostenibilità dell'indebitamento;
  - dell'assenza di irregolarità, suscettibili di pregiudicare, anche in prospettiva, gli equilibri economico-finanziari degli enti.

Nell'ambito di quest'ultima verifica, l'accertamento di squilibri economico-finanziari, della mancata copertura di spese, della violazione di norme finalizzate a garantire la regolarità della gestione finanziaria, o del mancato rispetto degli obiettivi posti con il patto di stabilità interno, comporta per gli enti interessati l'obbligo di adottare, entro i successivi 60 giorni, i provvedimenti idonei a rimuovere le irregolarità e a ripristinare gli equilibri di bilancio.
Tali provvedimenti sono trasmessi alle sezioni regionali di controllo della Corte dei conti che li verificano nel termine di 30 giorni dal ricevimento.
Se l'ente non provvede alla trasmissione dei provvedimenti o la verifica delle sezioni regionali di controllo dà esito negativo, è preclusa l'attuazione dei programmi di spesa per i quali è stata accertata la mancata copertura o l'insussistenza della relativa sostenibilità finanziaria.

12.5 Il controllo politico dell'elettorato e la *customer satisfaction*

Il sistema di programmazione e controllo della qualità dei servizi, già attivo presso molti enti, attribuisce un ruolo centrale alle metodiche di *customer satisfaction*, il cui obiettivo è l'individuazione (in relazione ad un *target* principale rappresentato dalla cittadinanza e un *target* secondario costituito dagli operatori economici sul territorio) della qualità prevista per ogni servizio e lo scostamento tra questa e quella percepita dall'utenza, così da potere individuare il *gap* da colmare.
Il D.Lgs. 150/2009 – come modificato dal D.Lgs. 74/2017 – per promuovere una maggiore efficienza amministrativa, istituisce un articolato sistema di regole, valutazioni, incentivi e sanzioni.
Tra l'altro, in tema di monitoraggio della *performance*, l'art. 6 stabilisce che gli organi di indirizzo politico amministrativo, avvalendosi delle risultanze dei sistemi di **controllo strategico e di gestione** presenti nella Pubblica Amministrazione, verificano l'andamento delle *performance* rispetto agli obiettivi programmati durante il periodo di riferimento e segnalano la necessità o l'opportunità di interventi correttivi in corso di esercizio all'organo di indirizzo politico-amministrativo, anche in relazione al verificarsi di eventi imprevedibili tali da alterare l'assetto dell'organizzazione e delle risorse a disposizione dell'Amministrazione.
Le variazioni, verificatesi durante l'esercizio, degli obiettivi e degli indicatori della *performance* organizzativa e individuale sono inserite nella Relazione sulla performance e vengono valutate dall'OIV ai fini della validazione della Relazione.

QUESITI DI VERIFICA

1) **Secondo le indicazioni dell'art. 5 Cost., la Repubblica riconosce e:**
   A. promuove le autonomie locali
   B. sostiene finanziariamente le autonomie locali
   C. coordina le autonomie locali
   D. disciplina le autonomie locali

2) **Laddove si attua una ripartizione orizzontale delle funzioni amministrative si parla di:**
   A. decentramento autarchico
   B. decentramento istituzionale
   C. deconcentrazione
   D. decentramento burocratico

3) **La potestà normativa degli enti locali consiste:**
   A. nella sola potestà statutaria
   B. nella sola potestà regolamentare
   C. nella potestà statutaria ed in quella regolamentare
   D. gli enti locali non godono di potestà normativa

4) **Lo statuto comunale stabilisce:**
   A. i principi generali di amministrazione
   B. le principali regole di trasparenza
   C. le norme fondamentali dell'organizzazione dell'ente
   D. le sanzioni applicabili ai propri dipendenti

5) **Ai sensi dell'art. 119 Cost., gli enti locali godono di autonomia finanziaria?**
   A. No
   B. Sì, sia dal lato delle entrate che delle spese
   C. Sì, ma solo dal lato delle entrate
   D. Sì, ma solo dal lato delle spese

6) **I Comuni, ai sensi dell'art. 3, co. 5, TUEL, sono titolari di funzioni:**
   A. proprie e conferite
   B. proprie e improprie
   C. ordinarie e straordinarie
   D. originarie e conferite

7) **L'approvazione di quale dei seguenti atti non è di competenza del Consiglio comunale?**
   A. L'adozione del bilancio pluriennale
   B. L'adozione del regolamento sull'ordinamento degli uffici
   C. L'istituzione di forme di decentramento
   D. La costituzione di forme associative

8) **Gli assessori della Giunta comunale sono:**
   A. nominati dal Sindaco
   B. nominati dal Consiglio comunale
   C. eletti dai cittadini
   D. nominati dal Sindaco previo parere favorevole del Consiglio comunale

9) **Le dimissioni del Sindaco, ai sensi dell'art. 53 TUEL, sono irrevocabili?**
   A. No, possono essere ritirate entro 30 giorni dalla loro presentazione al Consiglio
   B. Sì, sono irrevocabili dal momento della loro presentazione al Consiglio
   C. No, possono essere ritirate se il Consiglio non le accoglie
   D. No, possono essere ritirate entro 20 giorni dalla loro presentazione al Consiglio

10) **Il Consiglio provinciale**
   A. adotta lo statuto dell'ente, previo parere dell'Assemblea dei Sindaci
   B. propone lo statuto dell'ente all'Assemblea dei Sindaci
   C. approva lo statuto che viene formalmente adottato dal Presidente della Provincia
   D. fornisce un parere all'Assemblea dei Sindaci sullo statuto

11) **Il Presidente della Provincia è:**
   A. eletto dai cittadini a seguito di elezioni
   B. nominato dal Prefetto
   C. eletto dai Sindaci e dai consiglieri dei Comuni della Provincia
   D. individuato d'ufficio nel Sindaco del Comune più grande della Provincia

12) **Come è definita la Provincia nella legge Delrio?**
   A. Ente di area subregionale
   B. Ente di area sovracomunale
   C. Ente di area intermedia
   D. Ente di area vasta

13) **Il Consiglio metropolitano dura in carica:**
   A. 2 anni
   B. un anno
   C. 5 anni
   D. 10 anni

14) **Nelle Città metropolitane con oltre 3 milioni di abitanti il Consiglio metropolitano è composto dal Sindaco e da:**
   A. 24 consiglieri
   B. 18 consiglieri
   C. 22 consiglieri
   D. 14 consiglieri

15) Il Sindaco metropolitano può:
A. approvare lo schema di bilancio
B. proporre lo schema di bilancio
C. adottare lo schema di bilancio
D. fornire un parere sullo schema di bilancio

16) Quale dei seguenti organi delle amministrazioni locali è l'unico ad essere eletto direttamente dalla popolazione residente avente diritto al voto?
A. Il Sindaco metropolitano
B. Il Presidente della Provincia
C. Il Consiglio comunale
D. La Giunta comunale

17) La carica di deputato o senatore è incompatibile con quella di Sindaco?
A. Sì, esiste incompatibilità assoluta tra le due cariche
B. Sì, ma solo per i Sindaci di Comuni con popolazione superiore a 5.000 abitanti
C. Sì, ma solo per i Sindaci di Comuni con popolazione superiore a 15.000 abitanti
D. Sì, ma solo per i Sindaci di Comuni capoluoghi di Provincia

18) Nei Comuni con popolazione superiore a 15.000 abitanti è sempre necessario procedere al ballottaggio fra i candidati Sindaci più votati al primo turno?
A. Sì, si procede sempre al ballottaggio tra i candidati più votati
B. No, si procede al ballottaggio solo se nessun candidato ha ottenuto almeno il 40 per cento dei voti
C. No, si procede al ballottaggio solo se nessun candidato ha ottenuto almeno il 45 per cento dei voti
D. No, si procede al ballottaggio solo se nessun candidato ha ottenuto la maggioranza assoluta dei voti al primo turno

19) Nelle liste per le elezioni dei Consigli comunali con popolazione superiore a 15.000 abitanti nessuno dei due sessi può essere rappresentato in misura superiore:
A. a due terzi
B. al 60 per cento
C. a tre quinti
D. al 55 per cento

20) Non può essere eletto alla carica di Presidente della Provincia il Sindaco il cui mandato scade:
A. nei 30 mesi dalla data di svolgimento delle elezioni
B. nei 24 mesi dalla data di svolgimento delle elezioni
C. nei 18 mesi dalla data di svolgimento delle elezioni
D. nei 36 mesi dalla data di svolgimento delle elezioni

21) Lo scioglimento del Consiglio comunale per la sussistenza di gravi e persistenti violazioni di legge può essere disposta:
A. dal Prefetto
B. dal Ministro dell'Interno, su proposta del Prefetto
C. dal Presidente della Repubblica, su proposta del Ministro dell'Interno
D. dal Presidente della Repubblica, su proposta del Prefetto

22) Il decreto di scioglimento dei Consigli comunali e provinciali conseguente a fenomeni di infiltrazione di tipo mafioso conserva efficacia per un periodo:
A. non inferiore a 12 mesi
B. da 6 a 18 mesi
C. non inferiore a 18 mesi
D. da 12 a 18 mesi

23) L'obbligo di astensione implica che l'amministratore in conflitto:
A. non deve partecipare alla votazione del provvedimento ma può partecipare alla discussione
B. non deve partecipare né alla discussione né alla votazione e non può in alcun modo collaborare all'iter dell'atto
C. non deve partecipare alla votazione del provvedimento, ma può contribuire a modificarlo per eliminare il conflitto
D. non può partecipare alla discussione e alla votazione dell'atto e deve allontanarsi dall'aula quando è all'esame del collegio

24) Il divieto di trasferimento del lavoratore dipendente che ricopre la carica di amministratore locale:
A. non prevede eccezioni
B. può essere derogato solo con il consenso del dipendente
C. vale anche per i 5 anni successivi alla cessazione del mandato
D. non si applica ai dipendenti pubblici

25) L'indennità di funzione per gli amministratori che non sono in aspettativa:
A. è dimezzata rispetto all'importo ordinario
B. è ridotta di un terzo rispetto all'importo ordinario
C. non è dovuta
D. è ridotta di un quarto rispetto all'importo ordinario

26) Le circoscrizioni di decentramento sono:
A. organismi di controllo
B. organismi elettorali
C. organismi di partecipazione
D. organismi giudiziari

27) I Comuni con popolazione tra i 100.000 e i 250.000 abitanti:
A. possono articolare il territorio per istituire circoscrizioni di decentramento
B. devono articolare il territorio per istituire circoscrizioni di decentramento

C. possono costituire municipi
D. non possono articolare il territorio per istituire circoscrizioni di decentramento

28) Ai sensi dell'art. 30 TUEL le convenzioni tra enti locali devono stabilire:
A. solo le finalità e le risorse disponibili
B. solo la durata
C. i fini, la durata, le forme di consultazione degli enti contraenti, i loro rapporti finanziari ed i reciproci obblighi e garanzie
D. solo le forme di consultazione degli enti contraenti

29) Il difensore civico è presente in tutti i Comuni?
A. No, solo nei Comuni con popolazione superiore a 100 mila abitanti
B. No, è previsto solo a livello provinciale
C. No, solo nei Comuni con popolazione superiore a 500 mila abitanti
D. No, solo nei Comuni con popolazione superiore a 250 mila abitanti

30) A quale organo è attribuito il controllo esterno sulla gestione?
A. Alla Corte dei conti
B. Al Comitato di controllo regionale
C. Alla Ragioneria generale dello Stato
D. Alla Commissione regionale di controllo contabile

Risposte esatte: 1a, 2b, 3c, 4c, 5b, 6a, 7b, 8a, 9d, 10b, 11c, 12d, 13c, 14a, 15b, 16c, 17c, 18d, 19a, 20c, 21c, 22d, 23b, 24b, 25a, 26c, 27d, 28c, 29b, 30a

Libro V

Il lavoro alle dipendenze degli enti locali

SOMMARIO

Capitolo 1
La disciplina generale e l'instaurazione del rapporto di lavoro

1.1 Concetti introduttivi

Il **sistema delle fonti** che disciplina l'attività del personale degli enti locali *è costituito da diverse norme che si intersecano* fra loro. L'art. 88 TUEL, con una disposizione di chiusura del sistema, prevede che all'ordinamento degli uffici e del personale degli enti locali, ivi compresi i dirigenti e i Segretari si applichi il **D.Lgs. 165/2001 (Testo unico sul pubblico impiego)** e le altre disposizioni di legge in materia di organizzazione e lavoro nelle Pubbliche Amministrazioni. Il legislatore ha previsto, in tal modo, un espresso **rinvio alla disciplina generale sul pubblico impiego anche per i dipendenti degli enti locali**, che possono trovare ulteriore specificazione in singole disposizioni del TUEL in relazione alle peculiari caratteristiche delle Amministrazioni locali (in particolare nel Titolo IV, articoli da 88 a 111).
Alle prescrizioni di tipo legislativo si affiancano quelle contenute negli accordi collettivi, in particolare nel **contratto del comparto Funzioni locali**; quest'ultimo è a sua volta completato dalla disciplina riportata nei **contratti integrativi**.

1.2 Il rapporto di lavoro pubblico

1.2.1 Caratteristiche generali

Si definisce rapporto di pubblico impiego o, meglio, di lavoro alle dipendenze delle Pubbliche Amministrazioni, quello in cui il **lavoratore pone le proprie energie, in maniera stabile e continuativa, a disposizione dello Stato o di un ente pubblico non economico**.
Due, dunque, sono i soggetti interessati:

- il **dipendente pubblico**, ovvero la persona fisica impegnata volontariamente e *dietro corrispettivo* a prestare in modo continuativo la propria attività lavorativa alle dipendenze dell'ente, assumendo perciò lo *status* di dipendente pubblico, cui si collegano peculiari e reciproci diritti e doveri con l'Amministrazione datrice di lavoro;
- il **datore di lavoro pubblico**, ovvero la struttura alle cui dipendenze o sotto la cui direzione un lavoratore presta la propria attività lavorativa. Essa dispone di poteri di vigilanza e gerarchico-disciplinare, ma, per converso, ha il dovere non solo di corrispondere la retribuzione ma anche di attuare comportamenti ed azioni di rispetto e tutela dei diritti dei lavoratori, previsti dallo Statuto dei lavoratori o dalla disciplina normativa e contrattuale. Nell'impiego pubblico, il datore di lavoro non è mai una persona fisica ma sempre un ente (es. il Ministero dell'Interno o il Comune di Siena), per il cui interesse operano gli organi di vertice dell'apparato burocratico.

Gli **indici rilevatori** dell'instaurazione di un rapporto di pubblico impiego sono:

- la natura di ente pubblico del soggetto datore di lavoro;
- la pertinenza delle mansioni affidate ai compiti istituzionali dell'ente;
- il carattere continuativo e durevole della prestazione richiesta.

Il **rapporto è volontario**, e come tale si instaura sulla base dell'incontro della volontà del datore e del prestatore di lavoro, ed è caratterizzato dalla rilevanza delle qualità personali del lavoratore, sia in termini di fiducia richiesta per l'assolvimento dell'incarico, sia di necessarie competenze tecniche e intellettive.

1.2.2 La privatizzazione

In passato il rapporto di lavoro presso le Pubbliche Amministrazioni era disciplinato in modo radicalmente diverso rispetto agli altri lavoratori. Gli elementi che maggiormente **differenziavano il pubblico impiego da quello privato** erano:

- la costituzione del rapporto con un provvedimento unilaterale dell'Amministrazione (la denominazione specifica era *decreto di nomina*) e non sulla base di un contratto individuale di lavoro;
- l'irrilevanza della fonte contrattuale collettiva. Al rapporto di lavoro pubblico si applicava una specifica riserva di legge, ragion per cui la disciplina era demandata quasi esclusivamente ad atti normativi e regolamentari e non erano previsti contratti collettivi di settore;
- la competenza giurisdizionale del giudice amministrativo (TAR e, in appello, Consiglio di Stato) in luogo del giudice del lavoro. La costituzione del rapporto attraverso un atto amministrativo e la disciplina dello stesso soprattutto attraverso atti regolamentari, determinava inevitabilmente l'attribuzione al giudice amministrativo delle controversie che fossero insorte.

Soltanto con il D.Lgs. 3-2-1993, n. 29, poi confluito nel vigente D.Lgs. 30-3-2001, n. 165 (Testo unico sul pubblico impiego), questo regime speciale è stato superato, con la cosiddetta **privatizzazione dell'impiego pubblico**. Fatte salve le eccezioni soggettive e oggettive, la **disciplina dei pubblici impiegati è ora sostanzialmente equiparata a quella dei lavoratori del settore privato**; è, infatti, prevista l'assunzione mediante un contratto individuale di lavoro, è stata introdotta una specifica contrattazione collettiva di settore e sono state attribuite alla giurisdizione del giudice ordinario le controversie fra dipendenti e Amministrazione.

Rimangono al di fuori della logica contrattuale, e quindi al di **fuori della detta privatizzazione**, alcune categorie (magistrati, avvocati dello Stato, personale militare e forze della polizia di Stato, personale della carriera diplomatica e prefettizia), per le quali il rapporto di impiego permane di stampo pubblicistico e la giurisdizione sulle controversie resta esclusiva in capo al giudice amministrativo.

Dopo l'entrata in vigore del D.Lgs. 165/2001, il rapporto di lavoro presso la Pubblica Amministrazione è caratterizzato da:

- separazione fra **indirizzo politico**, riservato agli organi di vertice politico delle Pubbliche Amministrazioni, e **attività gestionale**, interamente attribuita alla dirigenza;

- attuazione della piena disciplina del rapporto lavorativo sulla base del **contratto collettivo nazionale di lavoro** e costituzione dei singoli rapporti mediante **contratto individuale**;
- per le Amministrazioni statali, eliminazione dell'appartenenza dei dirigenti ai ruoli delle varie Amministrazioni ministeriali e costituzione del **ruolo unico della dirigenza**;
- definizione del **trattamento economico** agganciato, almeno per una parte, all'efficienza e al raggiungimento degli obiettivi prefissati;
- attribuzione delle controversie relative al rapporto di lavoro (con esclusione delle procedure concorsuali) alla giurisdizione del **giudice ordinario**.

1.3 Il sistema delle fonti

1.3.1 Le fonti pubblicistiche

L'art. 2, co. 2, D.Lgs. 165/2001 afferma che «i rapporti di lavoro dei dipendenti delle Amministrazioni pubbliche sono disciplinati dalle disposizioni del capo I, titolo II, del libro V del codice civile e dalle leggi sui rapporti di lavoro subordinato nell'impresa, fatte salve le diverse disposizioni contenute nel D.Lgs. 165/2001, che costituiscono disposizioni a carattere imperativo».
Quello che disciplina il rapporto di lavoro dei dipendenti pubblici è un sistema in cui, nonostante la spinta alla privatizzazione, convivono **fonti di natura pubblicistica** (Costituzione, legge ordinaria, regolamenti) con **norme di diritto comune** (codice civile e altre leggi) e riconducibili alla **contrattazione collettiva**.

1.3.2 La disciplina costituzionale

A **livello costituzionale** sono da ricordare le seguenti norme:

- l'*art. 28*, in virtù del quale «i funzionari e i dipendenti dello Stato e degli enti pubblici sono direttamente responsabili, secondo le leggi penali, civili e amministrative, degli atti compiuti in violazione di diritti. In tali casi la responsabilità civile si estende allo Stato e agli enti pubblici»;
- l'*art. 51*, in base al quale tutti i cittadini dell'uno o dell'altro sesso possono accedere agli uffici pubblici;
- l'*art. 54*, che impone ai cittadini cui sono affidate funzioni pubbliche il dovere di adempierle con disciplina ed onore;
- l'*art. 97*, laddove si prevede che i pubblici uffici sono organizzati secondo disposizioni di legge, in modo che siano assicurati il buon andamento e l'imparzialità dell'Amministrazione. Lo stesso articolo stabilisce che «nell'ordinamento degli uffici sono determinate le sfere di competenza, le attribuzioni e le responsabilità proprie dei funzionari» e che «agli impieghi nelle Pubbliche Amministrazioni si accede mediante concorso, salvo i casi stabiliti dalla legge».

1.3.3 La disciplina legislativa

A livello legislativo il provvedimento di maggiore rilevanza è indubbiamente il più volte citato **D.Lgs. 30-3-2001, n. 165**, meglio noto come **Testo unico sul pubblico**

impiego; la denominazione ufficiale del provvedimento è «Norme generali sull'ordinamento del lavoro alle dipendenze delle Amministrazioni pubbliche».

Si tratta di un corposo documento che nei suoi 73 articoli (senza calcolare quelli aggiunti negli anni) disciplina gran parte degli aspetti del rapporto di lavoro dei dipendenti pubblici. Il provvedimento è così suddiviso:

- Titolo I - *Principi generali* (artt. 1-9);
- Titolo II - *Organizzazione* (artt. 10-39-*quater*), a sua volta ripartito nel Capo I (relazioni con il pubblico), nel Capo II (Dirigenza) e nel Capo III (Uffici, piante organiche, mobilità e accessi);
- Titolo III - *Contrattazione collettiva e rappresentatività sindacale* (artt. 40-50-*bis*);
- Titolo IV - *Rapporto di lavoro* (artt. 51-57);
- Titolo V - *Controllo della spesa* (artt. 58-62);
- Titolo VI - *Giurisdizione* (artt. 63-66);
- Titolo VII - *Disposizioni diverse e norme transitorie finali* (artt. 67-73).

La **nozione di Pubbliche Amministrazioni**, agli effetti del D.Lgs. 165/2001, è fornita dall'art. 1, co. 2, che vi fa rientrare tutte le Amministrazioni dello Stato, ivi compresi gli istituti e le scuole di ogni ordine e grado e le istituzioni educative, le aziende ed Amministrazioni dello Stato ad ordinamento autonomo, le **Regioni**, le **Province**, i **Comuni**, le **Comunità montane**, **e loro consorzi e associazioni**, le istituzioni universitarie, gli Istituti autonomi case popolari, le Camere di commercio e loro associazioni, tutti gli enti pubblici non economici nazionali, regionali e locali, le Amministrazioni, le aziende e gli enti del Servizio Sanitario Nazionale, l'Agenzia per la rappresentanza negoziale delle Pubbliche Amministrazioni (ARAN) e le altre Agenzie pubbliche (anche se si fa esplicito riferimento alle Agenzia previste dal D.Lgs. 300/1999, in realtà il Testo unico si applica a tutte le Agenzie istituite).

Nell'elenco non sono richiamate le **Città metropolitane**; tuttavia l'art. 1, co. 48, della L. 56/2014 (legge Delrio) stabilisce che al personale delle Città metropolitane si applicano le disposizioni vigenti per il personale delle Province. Il richiamo è, invece, presente nell'accordo che definisce i comparti di contrattazione.

L'enorme sforzo di semplificazione della normativa in materia di pubblico impiego non ha evitato che negli anni lo stesso Testo unico fosse oggetto di incisive e ampie modifiche, che in alcuni casi hanno completamento stravolto l'assetto delineato dal legislatore del 2001. Ciò nonostante, questa disciplina resta ad oggi il principale referente normativo per illustrare la disciplina del lavoro alle dipendenze delle Pubbliche Amministrazioni.
Tra le modifiche di maggiore incisività va sicuramente ricordata la cosiddetta **riforma Brunetta** (L. 4-3-2009, n. 15 e D.Lgs. 27-10-2009, n. 150 di attuazione), che si poneva l'ambizioso obiettivo di avviare una vera e propria azione di riordino del pubblico impiego e tentava di incidere sulla gestione del rapporto individuale di lavoro attraverso l'introduzione di strumenti tipici del settore privato come la *valutazione e la misurazione della performance e la predisposizione di meccanismi premiali* (*vedi Cap. 3*).
Sul solco già tracciato dalla riforma Brunetta hanno preso consistenza gli indirizzi della **riforma Madia**, di cui alla L. 124/2015, che prevedeva un completo riassetto della materia attraverso modifiche radicali dei nodi più critici. In particolare oggetto

di riforma sono stati i *meccanismi di reclutamento del personale* e la *responsabilità disciplinare* (D.Lgs. 25-5-2017 n. 75) nonché il riordino del sistema di *valutazione della performance* (D.Lgs. 25-5-2017, n. 74). Non si è mai concretizzata, invece, la pur prevista revisione della dirigenza pubblica.

1.3.4 La disciplina applicabile agli enti locali

Con specifico riferimento al settore degli enti locali, fra le fonti legislative occorre tener presente quanto disposto dal **Titolo IV del TUEL (organizzazione e personale, articoli dal 88 a 111)**. Il Titolo esordisce con l'art. 88, nel quale si afferma che all'ordinamento degli uffici e del personale degli enti locali, ivi compresi i dirigenti e i Segretari comunali e provinciali, si applicano le disposizioni del D.Lgs. 165/2001 e le altre disposizioni di legge in materia di organizzazione e lavoro nelle Pubbliche Amministrazioni. L'art. 89, co. 1, aggiunge che gli enti locali disciplinano, con propri regolamenti e in conformità allo statuto, l'ordinamento generale degli uffici e dei servizi, in base a criteri di autonomia, funzionalità ed economicità di gestione e secondo principi di professionalità e responsabilità.

La **potestà regolamentare degli enti locali** si esercita, tenendo conto di quanto demandato alla contrattazione collettiva nazionale, nelle seguenti materie (art. 89, co. 2, TUEL):

- responsabilità giuridiche attinenti ai singoli operatori nell'espletamento delle procedure amministrative;
- organi, uffici, modi di conferimento della titolarità dei medesimi;
- principi fondamentali di organizzazione degli uffici;
- procedimenti di selezione per l'accesso al lavoro e di avviamento al lavoro;
- ruoli, dotazioni organiche e loro consistenza complessiva;
- garanzia della libertà di insegnamento ed autonomia professionale nello svolgimento dell'attività didattica, scientifica e di ricerca;
- disciplina della responsabilità e delle incompatibilità fra impiego nelle Pubbliche Amministrazioni ed altre attività e casi di divieto di cumulo di impieghi e incarichi pubblici.

1.3.5 I livelli di contrattazione

Nel pubblico impiego, così come in ambito privato, sono previsti diversi livelli di contrattazione. È, infatti, possibile distinguere fra contratti quadro, di comparto e integrativi.

I **contratti quadro (CCNQ)**, conclusi fra l'Agenzia per la rappresentanza negoziale delle Pubbliche Amministrazioni (ARAN) e le varie confederazioni sindacali, *regolamentano aspetti trasversali* rispetto ai singoli contratti collettivi come la rappresentanza sindacale, le procedure di conciliazione e arbitrato, la definizione dei comparti di contrattazione ecc.

I **contratti collettivi nazionali di lavoro (CCNL) dei comparti** sono accordi che disciplinano l'attività lavorativa di *raggruppamenti di pubblici dipendenti riuniti per settori omogenei ed affini*. Nel pubblico impiego, infatti, non esiste un unico contratto collettivo ma sono stipulati tanti accordi quanti sono i comparti individuati da un apposito accordo quadro. Anche in questo caso sono negoziati dall'ARAN e dai sindacati nazionali.

Fino al 2016 erano contemplati 12 comparti di contrattazione, anche se già dal 2009 era stato modificato l'art. 40 del D.Lgs. 165/2001 (dall'art. 54, D.Lgs. 150/2009), pre-

vedendo una loro riduzione a 4. La novità è divenuta operativa solo con l'Accordo del 13 luglio 2016 che ha distinto i seguenti comparti: delle **Funzioni centrali**, delle **Funzioni locali**, dell'**Istruzione e ricerca** e della **Sanità**. Il primo accordo post-riforma (concernente le Funzioni centrali) è stato firmato il 23 dicembre 2017.
Nell'ambito dei contratti di comparto possono essere stipulati accordi finalizzati ad integrare o specificare aspetti in esso trattati o a definire materie non affrontate e risolte in seno al CCNL, perché particolarmente controverse fra le parti (cd. *code contrattuali*). Inoltre, per ciascun comparto, sono stipulati distinti contratti per il *personale dirigente* e per il *personale non dirigente*.
I **contratti collettivi integrativi (CCI)** sono stipulati dalle singole Amministrazioni (un ministero, una Regione, un Comune ecc.) e i sindacati di comparto (o dalle rappresentanze sindacali unitarie). Integrano le disposizioni riportate nei contratti nazionali e riportano la disciplina di dettaglio che, nel rispetto delle linee del CCNL, regola aspetti particolari quali le mansioni specifiche, le progressioni di carriera ecc.

L'art. 40, co. 3, D.Lgs. 165/2001 (nel testo modificato dal D.Lgs. 150/2009) prevede che la contrattazione collettiva disciplini la struttura contrattuale, i rapporti fra i diversi livelli e la durata dei contratti collettivi nazionali e integrativi, e che la durata venga stabilita in modo che vi sia coincidenza fra la vigenza della disciplina giuridica e di quella economica (in ragione di **trienni**).
Il contratto collettivo, una volta sottoscritto, vincola sia le Pubbliche Amministrazioni che tutti i lavoratori interessati; esso acquista efficacia immediata, svincolata dalla pubblicazione (in *Gazzetta Ufficiale*, per i contratti nazionali, o sul *Bollettino Ufficiale* dell'ente di riferimento, per i contratti integrativi), che ha funzione di pubblicità-notizia e non incide sull'efficacia del contratto stesso.

1.3.6 Il contratto del comparto Funzioni locali

Il contratto che attualmente disciplina l'attività dei dipendenti non dirigenti degli enti locali (**comparto Funzioni locali**) è stato firmato il **21 maggio 2018**, e sostituisce una disciplina che era risalente al 2009; è da sottolineare, comunque, che lo stesso testo del 2018 specifica che, per quanto non previsto dal nuovo contratto, continuano a trovare applicazione, in quanto compatibili o non disapplicate, le disposizioni dei precedenti CCNL. Il contratto ha una validità per il periodo 2016-2018 sia per la parte giuridica che per quella economica e si rinnova tacitamente di anno in anno se non viene data disdetta; anche in questo caso, però, continua ad applicarsi fino al successivo rinnovo contrattuale.
Il **campo di applicazione** del contratto è indicato nell'art. 4 del CCNQ sui comparti di contrattazione del 2016. Il citato articolo afferma che il comparto delle Funzioni locali comprende il personale non dirigente dipendente da Regioni a statuto ordinario e dagli enti pubblici non economici dalle stesse dipendenti, Province, Città metropolitane, enti di area vasta, liberi consorzi comunali (L. 15/2015 della Regione Sicilia), Comuni, Comunità montane, ex Istituti autonomi per le case popolari comunque denominati, Consorzi e associazioni (incluse le Unioni di Comuni), Aziende pubbliche di servizi alla persona (ex IPAB) che svolgono prevalentemente funzioni assistenziali, Università agrarie ed associazioni agrarie dipendenti dagli enti locali, Camere di commercio e Autorità di bacino.

Il contratto del 2018 è suddiviso nelle sezioni riportate nello schema, alle quali vanno aggiunte varie tabelle e dichiarazioni congiunte.

La struttura del contratto collettivo comparto «Funzioni locali» 2018	
Titolo I Disposizioni generali	Art. 1 *Campo di applicazione* Art. 2 *Durata, decorrenza, tempi e procedure di applicazione del contratto*
Titolo II Relazioni sindacali	Art. 3 *Obiettivi e strumenti* Art. 4 *Informazione* Art. 5 *Confronto* Art. 6 *Organismo paritetico per l'innovazione* Art. 7 *Contrattazione collettiva integrativa: soggetti e materie* Art. 8 *Contrattazione collettiva integrativa: tempi e procedure* Art. 9 *Contrattazione collettiva integrativa di livello territoriale* Art. 10 *Clausole di raffreddamento*
Titolo III Ordinamento professionale	Art. 11 *Commissione paritetica sui sistemi di classificazione professionale* Art. 12 *Conferma del sistema di Classificazione* Art. 13 *Area delle posizioni organizzative* Art. 14 *Conferimento e revoca degli incarichi per le posizioni organizzative* Art. 15 *Retribuzione di posizione e retribuzione di risultato* Art. 16 *Progressione economica all'interno della categoria* Art. 17 *Disposizioni particolari sulle posizioni organizzative* Art. 18 *Compensi aggiuntivi ai titolari di posizione organizzativa* Art. 18-*bis Istituzione nuovi profili per le attività di comunicazione e informazione*
Titolo IV Rapporto di lavoro	**Capo I Costituzione del rapporto di lavoro** Art. 19 *Contratto individuale di lavoro* Art. 20 *Periodo di prova* Art. 21 *Fascicolo personale* **Capo II Istituti dell'orario di lavoro** Art. 22 *Orario di lavoro* Art. 23 *Turnazioni* Art. 24 *Reperibilità* Art. 25 *Orario multiperiodale* Art. 26 *Pausa* **Capo III Conciliazione vita-lavoro** Art. 27 *Orario di lavoro flessibile* **Capo IV Ferie e festività** Art. 28 *Ferie, recupero festività soppresse e festività del santo patrono* Art. 29 *Disciplina sperimentale delle ferie fruibili ad ore* Art. 30 *Ferie e riposi solidali*

Titolo IV Rapporto di lavoro	**Capo V Permessi, assenze e congedi** Art. 31 *Permessi retribuiti* Art. 32 *Permessi orari retribuiti per particolari motivi personali o familiari* Art. 33 *Permessi e congedi previsti da particolari disposizioni di legge* Art. 33-*bis Permessi brevi* Art. 34 *Congedi per le donne vittime di violenza* Art. 35 *Assenze per l'espletamento di visite, terapie, prestazioni specialistiche od esami diagnostici* Art. 36 *Assenze per malattia* Art. 37 *Assenze per malattia in caso di gravi patologie richiedenti terapie salvavita* Art. 38 *Infortuni sul lavoro e malattie dovute a causa di servizio* Art. 39 *Aspettativa per motivi familiari e personali* Art. 40 *Altre aspettative previste da disposizioni di legge* Art. 41 *Aspettativa per ricongiungimento con il coniuge che presti servizi all'estero* Art. 42 *Norme comuni sulle aspettative* Art. 43 *Congedi dei genitori* Art. 44 *Tutela dei dipendenti in particolari condizioni psicofisiche* Art. 45 *Diritto allo studio* Art. 46 *Congedi per la formazione* Art. 47 *Servizio militare* Art. 48 *Unioni civili* Art. 49 *Disapplicazioni* **Capo VI Formazione del personale** Art. 49-*bis Principi generali e finalità della formazione* Art. 49-*ter Destinatari e processi della formazione*
Titolo V Tipologie flessibili del rapporto di lavoro	**Capo I Lavoro a tempo determinato** Art. 50 *Contratto di lavoro a tempo determinato* Art. 51 *Trattamento economico-normativo del personale con contratto a tempo determinato* **Capo II Somministrazione di lavoro a tempo determinato** Art. 52 *Contratto di somministrazione* **Capo III Lavoro a tempo parziale** Art. 53 *Rapporto di lavoro a tempo parziale* Art. 54 *Orario di lavoro del personale con rapporto di lavoro a tempo parziale* Art. 55 *Trattamento economico-normativo del personale con rapporto di lavoro a tempo parziale* Art. 56 *Disapplicazioni*
Titolo VI Sezione per la polizia locale	Art. 56-*bis Personale destinatario delle disposizioni della presente Sezione* Art. 56-*ter Prestazioni del personale in occasione di svolgimento di attività ed iniziative di carattere privato* Art. 56-*quater Utilizzo dei proventi delle violazioni del codice della strada* Art. 56-*quinquies Indennità di servizio esterno* Art. 56-*sexies Indennità di funzione*

Titolo VII Responsabilità disciplinare	Art. 57 *Obblighi del dipendente* Art. 58 *Sanzioni disciplinari* Art. 59 *Codice disciplinare* Art. 60 *Sospensione cautelare in corso di procedimento disciplinare* Art. 61 *Sospensione cautelare in caso di procedimento penale* Art. 62 *Rapporto fra procedimento disciplinare e procedimento penale* Art. 63 *Determinazione concordata della sanzione*
Titolo VIII Trattamento economico	Art. 64 *Incrementi degli stipendi tabellari* Art. 65 *Effetti dei nuovi stipendi* Art. 66 *Elemento perequativo* Art. 67 *Fondo risorse decentrate: costituzione* Art. 68 *Fondo risorse decentrate: utilizzo* Art. 69 *Differenziazione del premio individuale* Art. 70 *Misure per disincentivare elevati tassi di assenza del personale* Art. 70-*bis Indennità condizioni di lavoro* Art. 70-*ter Compensi ISTAT* Art. 70-*quater Indennità per il personale addetto alle case da gioco* Art. 70-*quinquies Indennità per specifiche responsabilità* Art. 70-*sexies Fondo risorse decentrate presso le Unioni di Comuni* Art. 70-*septies Disposizioni per il personale delle categorie A e B* Art. 70-*octies Integrazione della disciplina della trasferta* Art. 71 *Disapplicazioni* Art. 72 *Welfare integrativo* Art. 73 *Previdenza complementare*

1.3.7 Il riparto fra i vari livelli di contrattazione

La presenza di vari livelli di contrattazione, cui si aggiunge la specifica disciplina del rapporto derivante da fonti legislative, ha reso indispensabile definire la **ripartizione degli aspetti che ogni fonte può disciplinare**. Anche se la contrattazione collettiva ha assunto in questi anni un ruolo di assoluta preminenza nell'ambito del sistema delle fonti, avendo il legislatore demandato ad essa il compito di regolamentare i più rilevanti aspetti del rapporto di lavoro, restano comunque delle limitazioni esplicitamente contemplate dal Testo unico sul pubblico impiego.

Nell'art. 40, co. 1, D.Lgs. 165/2001 si afferma, infatti, che sono **escluse dalla contrattazione collettiva** le materie attinenti all'*organizzazione degli uffici*, quelle oggetto di *partecipazione sindacale*, quelle afferenti alle *prerogative dirigenziali* e concernenti il *conferimento* e la *revoca* degli *incarichi dirigenziali*.

Di converso **spetta alla contrattazione collettiva** il compito di *disciplinare il rapporto di lavoro e le relazioni sindacali*. Nelle materie relative alle *sanzioni disciplinari*, alla *valutazione delle prestazioni* ai fini della corresponsione del trattamento accessorio, della mobilità e delle progressioni economiche, la contrattazione collettiva è consentita negli esclusivi limiti previsti dalle norme di legge.

Fino alla riforma del 2017 i contratti collettivi potevano **derogare a disposizioni legislative** solo nell'ipotesi in cui ciò fosse previsto "espressamente" da una legge. Con le modifiche all'art. 2, co. 2, del D.Lgs. 165/2001, previste dal D.Lgs. 75/2017, tale vincolo è stato eliminato e si è introdotto il **principio per cui i contratti collettivi possono sempre derogare**

a disposizioni di legge, **regolamento o statuto** (che già abbiano introdotto una disciplina del rapporto di lavoro) purché rispettino i limiti imposti dal nuovo testo legislativo. In base a quest'ultimo, la derogabilità è consentita esclusivamente nelle materie affidate alla contrattazione collettiva (delimitando in tal modo il perimetro entro il quale può operare), deve muoversi sempre nel rispetto dei principi posti dal D.Lgs. 165/2001 ed è ammessa soltanto per i contratti o accordi collettivi nazionali (escludendo quelli integrativi).

Il **contratto integrativo può disciplinare** solo ed esclusivamente le materie rimesse dal contratto nazionale e incontra dei limiti nel fatto che *non può contrastare con i vincoli di cui al contratto collettivo nazionale né comportare oneri non previsti da quest'ultimo atto.* Le clausole del contratto decentrato eventualmente stipulate in violazione di tali limiti sono nulle e non potranno essere applicate.

Materie demandate alla contrattazione integrativa (art. 7, co. 4, CCNL Funzioni Locali)	
• Criteri di ripartizione delle risorse disponibili per la contrattazione integrativa fra le diverse modalità di utilizzo • Criteri per l'attribuzione dei premi correlati alla performance • Criteri per la definizione delle procedure per le progressioni economiche • Individuazione delle misure dell'indennità correlata alle condizioni di lavoro, entro i valori minimi e massimi e nel rispetto dei criteri previsti, nonché definizione dei criteri generali per la sua attribuzione • Individuazione delle misure dell'indennità di servizio esterno, entro i valori minimi e massimi e nel rispetto dei criteri previsti, nonché definizione dei criteri generali per la sua attribuzione • Criteri generali per l'attribuzione dell'indennità per specifiche responsabilità • Criteri generali per l'attribuzione di trattamenti accessori per i quali specifiche leggi operino un rinvio alla contrattazione collettiva • Criteri generali per l'attivazione di piani di welfare integrativo • Elevazione della misura dell'indennità di reperibilità • Correlazione fra i compensi aggiuntivi e la retribuzione di risultato dei titolari di posizione organizzativa • Elevazione dei limiti per il numero dei turni di reperibilità nel mese anche attraverso modalità che consentano la determinazione di tali limiti con riferimento ad un arco temporale plurimensile • Elevazione dei limiti previsti in merito, rispettivamente, all'arco temporale preso in considerazione per l'equilibrata distribuzione dei turni, nonché ai turni notturni effettuabili nel mese	• Linee di indirizzo e i criteri generali per l'individuazione delle misure concernenti la salute e sicurezza sul lavoro • Elevazione del contingente dei rapporti di lavoro a tempo parziale • Limite individuale annuo delle ore che possono confluire nella banca delle ore • Criteri per l'individuazione di fasce temporali di flessibilità oraria in entrata e in uscita, al fine di conseguire una maggiore conciliazione fra vita lavorativa e vita familiare • Elevazione del periodo di 13 settimane di maggiore e minore concentrazione dell'orario multi periodale • Individuazione delle ragioni che permettono di elevare, fino ad ulteriori sei mesi, l'arco temporale su cui è calcolato il limite delle 48 ore settimanali medie • Elevazione del limite massimo individuale di lavoro straordinario • Riflessi sulla qualità del lavoro e sulla professionalità delle innovazioni tecnologiche inerenti l'organizzazione di servizi • Incremento delle risorse destinate alla corresponsione della retribuzione di posizione e di risultato delle posizioni organizzative • Criteri generali per la determinazione della retribuzione di risultato dei titolari di posizione organizzativa • Valore dell'indennità di funzione, nonché criteri per la sua erogazione • Integrazione delle situazioni personali e familiari in materia di turni di lavoro notturni

1.4 L'instaurazione del rapporto di lavoro e le modalità di reclutamento

1.4.1 Il Piano dei fabbisogni

Fino alle modifiche introdotte con il D.Lgs. 75/2017, il numero dei dipendenti pubblici era determinato dalla cosiddetta **dotazione organica**, che costituiva la previsione della consistenza numerica del personale dipendente della Pubblica Amministrazione. Ad ogni ente era attribuita una specifica dotazione organica (un certo numero di dipendenti per svolgere le attività di sua competenza) che, in pratica, si traduceva nell'assegnazione di un certo numero di dipendenti suddivisi per categoria e per profilo professionale. La dotazione poteva essere modificata in occasione dell'assegnazione di nuovi funzioni o della sottrazione di compiti.
Con le modifiche introdotte dal decreto del 2017 si opera un'inversione di tendenza dal momento che l'organizzazione e la disciplina degli uffici e dei rapporti di lavoro non sono più collegati alla dotazione organica ma ad uno specifico **Piano triennale dei fabbisogni di personale (PTFP)**, documento con il quale, tenendo conto anche delle risorse finanziarie a disposizione, si individuano le attività che l'ente deve svolgere nel successivo triennio e, sulla base di questo atto, si individuano le risorse umane di cui necessita.
Il fabbisogno di personale dell'ente non è individuato una volta e per sempre sulla base della dotazione organica, ma è quest'ultima che viene determinata di volta in volta sulla base del Piano triennale, a sua volta elaborato tenendo conto delle attività da svolgere.
Le Pubbliche Amministrazioni sono obbligate ad adottare il PTFP in coerenza con la **pianificazione pluriennale delle attività e della *performance***, nonché in aderenza alle linee di indirizzo stabilite con decreto della Presidenza del Consiglio dei Ministri (*vedi* il D.M. 8 maggio 2018). Lo scopo è quello di ottimizzare l'impiego delle risorse pubbliche disponibili e perseguire obiettivi di *performance* organizzativa, efficienza, economicità e qualità dei servizi ai cittadini.
In sede di definizione del Piano, ciascuna Amministrazione ha l'obbligo di indicare la **consistenza della dotazione organica e la sua eventuale rimodulazione** in base ai fabbisogni programmati, sempre nell'ambito del limite finanziario stabilito. Vengono definite specifiche **procedure per l'adozione del Piano**, disponendo la sua approvazione con decreto del Presidente del Consiglio dei Ministri nelle Amministrazioni statali, e secondo le modalità previste dalla disciplina dei propri ordinamenti, per le altre Amministrazioni pubbliche. È, in ogni caso, assicurata la **preventiva informazione sindacale**, ove prevista nei contratti collettivi nazionali.
Il D.Lgs. 75/2017 pone il **divieto di assumere personale per le Pubbliche Amministrazioni che non adempiano alle disposizioni relative al Piano dei fabbisogni**; tale limitazione non opera nei confronti del personale delle categorie protette.

1.4.2 Le procedure di assunzione

Secondo quanto stabilito dall'art. 97, co. 4, Cost. «*agli impieghi nelle Pubbliche Amministrazioni si accede mediante concorso, salvo i casi stabiliti dalla legge*». Il **concorso pubblico per esami e titoli** – finalizzato alla formazione di una graduatoria di merito con l'indicazione del punteggio per ciascun candidato – è quello che garantisce al massimo grado non soltanto l'effettività della selezione, di guisa che soltanto i più capaci e meritevoli siano assunti, ma anche pari opportunità a tutti i concorrenti, nel rispetto del principio di imparzialità ed efficienza dall'azione amministrativa. Come conseguenza della privatizzazione, il procedimento non si conclude più con un atto di nomina, ma con un **contratto di assunzione individuale**.

In materia di selezione pubblica e reclutamento del personale, l'art. 35 del D.Lgs. 165/2001, nel testo modificato dal D.Lgs. 75/2017, dispone:

- la possibilità di richiedere, fra i requisiti previsti per specifici profili o livelli di inquadramento, il possesso del **titolo di dottore di ricerca**;
- che le determinazioni relative all'avvio di procedure di reclutamento siano adottate da ciascuna Amministrazione sulla base non più della programmazione triennale del fabbisogno di personale, ma del **Piano triennale dei fabbisogni** adottato annualmente dall'organo di vertice.

Costituiscono modalità ulteriori la procedura di **avviamento degli iscritti** negli elenchi anagrafici (che hanno sostituito le liste di collocamento) e le **assunzioni obbligatorie** (di cui all'art. 1 L. 68/1999) dei soggetti appartenenti a categorie protette (es. invalidi), previa verifica della compatibilità con le mansioni da svolgere.
Secondo le indicazioni contenute nell'art. 35 D.Lgs. 165/2001, l'assunzione avviene con **contratto individuale di lavoro**.

L'art. 19 del CCNL comparto Funzioni locali afferma che nel contratto di lavoro individuale, per il quale è richiesta la **forma scritta**, sono comunque indicati: tipologia e data di inizio del rapporto di lavoro, categoria e profilo professionale di inquadramento, posizione economica iniziale, durata del periodo di prova, sede di lavoro e termine finale in caso di rapporto di lavoro a tempo determinato.
Il contratto individuale specifica che il rapporto di lavoro è regolato dai contratti collettivi nel tempo vigenti anche per le cause di **risoluzione del contratto** di lavoro e per i termini di **preavviso**. È, in ogni modo, condizione risolutiva del contratto, senza obbligo di preavviso, l'annullamento della procedura di reclutamento che ne costituisce il presupposto.
Il **periodo di prova** – a norma dell'art. 20 CCNL comparto Funzioni locali – ha una durata di 2 mesi per i dipendenti inquadrati nelle categorie A e B e di 6 mesi per il personale inquadrato nelle restanti categorie.

L'assunzione in servizio comporta, per il pubblico dipendente, diritti e doveri. Questi sono stabiliti da norme di legge e dai contratti collettivi.

1.5 Il lavoro dipendente e l'utilizzo del lavoro flessibile

Nell'ambito delle Pubbliche Amministrazioni si possono individuare diverse tipologie di rapporti di lavoro.
Il **lavoro dipendente ordinario**, a tempo indeterminato, è la tipologia principale (art. 36 D.Lgs. 165/2001) ed è accessibile mediante selezione pubblica con successiva stipula di un contratto individuale di lavoro a tempo indeterminato. L'assunzione può avvenire con **rapporto di lavoro a tempo pieno o a tempo parziale**. In quest'ul-

timo caso, il contratto individuale indica anche l'articolazione dell'orario di lavoro assegnato, nell'ambito delle tipologie possibili.

L'**art. 54 del CCNL comparto Funzioni locali** afferma che il rapporto di lavoro a tempo parziale può essere:

- *orizzontale*, con **orario normale giornaliero di lavoro in misura ridotta** rispetto al tempo pieno e con articolazione della prestazione di servizio ridotta in tutti i giorni lavorativi (5 o 6 giorni);
- *verticale*, con **prestazione lavorativa svolta a tempo pieno**, ma limitatamente a periodi predeterminati nel corso della settimana, del mese, dell'anno e con articolazione della prestazione su alcuni giorni della settimana, del mese, o di determinati periodi dell'anno, in misura tale da rispettare la media della durata del lavoro settimanale prevista per il tempo parziale nell'arco temporale preso in considerazione (settimana, mese o anno);
- *misto*, ossia con **combinazione delle due** modalità in precedenza indicate.

La prestazione lavorativa a tempo parziale non può essere inferiore al 30 per cento di quella a tempo pieno.
L'art. 53 del CCNL stabilisce che gli enti possono costituire rapporti di lavoro a tempo parziale, mediante assunzione, per la copertura dei posti delle categorie e dei profili individuati nel Piano dei fabbisogni di personale e attraverso la **trasformazione di rapporti di lavoro da tempo pieno a tempo parziale**, su richiesta dei dipendenti interessati. I successivi commi dello stesso articolo stabiliscono l'ordine delle priorità nel caso in cui vi fossero più richieste rispetto alla percentuale di rapporti part-time consentiti.
Il numero dei rapporti a tempo parziale, infatti, non può superare il 25 per cento della dotazione organica complessiva di ciascuna categoria, rilevata al 31 dicembre di ogni anno, con esclusione delle posizioni organizzative.

Il **lavoro flessibile** è un sottotipo di lavoro dipendente, con particolarità connesse al tempo o alle modalità di svolgimento dell'attività lavorativa, di cui le Pubbliche Amministrazioni possono avvalersi per **esigenze di carattere esclusivamente temporaneo ed eccezionale**, nelle forme contrattuali di assunzione e di impiego del personale previste dal codice civile e dalle leggi sui rapporti di lavoro subordinato nell'impresa (art. 36 D.Lgs. 165/2001, più volte modificato).

Una delle ultime modifiche dell'art. 36 D.Lgs. 165/2001 è quella operata dal D.Lgs. 75/2017. Quest'ultimo, nel confermare che le Pubbliche Amministrazioni possono ricorrere a forme contrattuali flessibili soltanto per **comprovate esigenze di carattere esclusivamente temporaneo o eccezionale** (sempre nel rispetto delle modalità di reclutamento stabilite dall'art. 35 D.Lgs. 165/2001), specifica che le forme contrattuali flessibili a cui si può ricorrere sono il *lavoro subordinato a tempo determinato* (**contratto a termine**), la *somministrazione di lavoro a tempo determinato* (**contratto di somministrazione**) e le altre forme di lavoro previste dal codice civile e dalle altre leggi sui rapporti di lavoro nell'impresa, *nei limiti e con le modalità in cui se ne preveda l'applicazione nelle Amministrazioni pubbliche.*
Il D.Lgs. 75/2017 dispone, altresì, che il **rapporto informativo sulle tipologie di lavoro flessibile utilizzate** (che deve essere redatto annualmente dalle Amministrazioni sulla base di apposite istruzioni fornite con direttiva del Ministro per la Semplificazione e la Pubblica Amministrazione) sia portato a conoscenza delle organizzazioni sindacali e contenga l'indicazione dei dati identificativi dei titolari del rapporto (nel rispetto della normativa vigente in tema di protezione dei dati personali). Inoltre, il medesimo rapporto deve essere trasmesso, entro il 31 gennaio di ciascun anno, ai nuclei di valutazione e agli organismi indipendenti di valutazione (OIV), nonché alla Presidenza del Consiglio dei

ministri – Dipartimento della funzione pubblica – che redige una **relazione annuale al Parlamento**.
Tutti i contratti di lavoro (non più solo quelli a tempo determinato) posti in essere in violazione dell'art. 36 D.Lgs. 165/2001 sono nulli.

Nell'utilizzo del lavoro flessibile, le Pubbliche Amministrazioni devono rispettare i **principi di imparzialità e trasparenza** e non possono ricorrere all'impiego del medesimo lavoratore con più tipologie contrattuali per periodi di servizio superiori al triennio nell'arco dell'ultimo quinquennio.
Nel CCNL comparto Funzioni locali, la disciplina è riportata agli artt. 50 e seguenti Di particolare rilevanza sono gli artt. 50 e 52, che individuano nel dettaglio le ipotesi per le quali è possibile ricorrere a queste forme di flessibilità. L'art. 50, co. 3, poi, stabilisce che il numero massimo di contratti a tempo determinato e di contratti di somministrazione a tempo determinato stipulati da ciascun ente complessivamente **non può superare il tetto annuale del 20 per cento del personale a tempo indeterminato**, in servizio al 1° gennaio dell'anno di assunzione, con arrotondamento dei decimali all'unità superiore qualora esso sia uguale o superiore a 0,5. Per gli enti che occupano fino a 5 dipendenti è sempre possibile la stipulazione di un contratto a tempo determinato.
Il **lavoro autonomo** si sostanzia, invece, nell'attribuzione di *incarichi individuali ad alto contenuto di professionalità*, a norma dell'art. 7, co. 6, D.Lgs. 165/2001 (e, per gli enti locali, dell'art. 110, co. 6, D.Lgs. 267/2000). Tali incarichi sono conferiti dalle Amministrazioni a esperti di «provata esperienza» per esigenze cui le stesse «non possono far fronte con personale in servizio», per obiettivi determinati e con convenzioni a termine, determinando preventivamente durata, luogo, oggetto e compenso della collaborazione.

1.6 Inquadramento del personale

1.6.1 La declaratoria delle categorie

Il personale assunto è inquadrato nel **sistema di classificazione professionale** in funzione delle esigenze dell'Amministrazione, secondo quanto indicato nel bando di concorso che ha indetto la procedura selettiva.
Il sistema di classificazione professionale è stato introdotto dal **contratto collettivo *ad hoc* sottoscritto in via definitiva il 31 marzo 1999**, articolato in quattro categorie definite con lettere dell'alfabeto, all'interno delle quali si distinguono diverse posizioni economiche, individuate con numeri. Il CCNL del 1999 è ancora oggi in vigore non essendo stato sostituito dal CCNL comparto Funzioni locali 2018; quest'ultimo apporta diverse modifiche e stabilisce varie disapplicazioni, ma all'art. 12 conferma il sistema di classificazione del 1999, pur prevedendo l'istituzione di un'apposita Commissione finalizzata a proporre una revisione complessiva.
Le categorie sono individuate mediante le declaratorie riportate dal CCNL, che descrivono l'insieme dei requisiti professionali necessari per lo svolgimento delle mansioni pertinenti a ciascuna di esse, mentre i profili professionali descrivono il contenuto professionale delle attribuzioni proprie della categoria.

Gli enti, in relazione al proprio modello organizzativo, identificano i profili professionali loro occorrenti e li collocano nelle corrispondenti categorie nel rispetto delle relative declaratorie.

La declaratoria delle categorie	
Categoria A posizioni economiche da 1 a 5	Lavoratori che svolgono attività caratterizzate da: conoscenze di tipo operativo generale (la cui base teorica si sviluppa con la scuola dell'obbligo) acquisibile attraverso esperienza diretta sulla mansione; contenuti di tipo ausiliario rispetto a più ampi processi produttivi/amministrativi; problematiche lavorative di tipo semplice; relazioni organizzative di tipo prevalentemente interno basate su interazione fra pochi soggetti
Categoria B posizioni economiche da 1 a 7	Lavoratori che svolgono attività caratterizzate da: buone conoscenze specialistiche (la base teorica di conoscenze è acquisibile con la scuola dell'obbligo e generalmente accompagnata da corsi di formazione specialistici) e un grado di esperienza discreto; contenuto di tipo operativo con responsabilità di risultati parziali rispetto a più ampi processi produttivi/amministrativi; discreta complessità dei problemi da affrontare e discreta ampiezza delle soluzioni possibili; relazioni organizzative interne di tipo semplice anche fra più soggetti interagenti, relazioni esterne (con altre istituzioni) di tipo indiretto e formale. Relazioni con gli utenti di natura diretta
Categoria C posizioni economiche da 1 a 5	Lavoratori che svolgono attività caratterizzate da: approfondite conoscenze monospecialistiche (la base teorica di conoscenze è acquisibile con la scuola superiore) e un grado di esperienza pluriennale, con necessità di aggiornamento; contenuto di concetto con responsabilità di risultati relativi a specifici processi produttivi/amministrativi; media complessità dei problemi da affrontare basata su modelli esterni predefiniti e significativa ampiezza delle soluzioni possibili; relazioni organizzative interne anche di natura negoziale e anche con posizioni organizzative al di fuori delle unità organizzative di appartenenza, relazioni esterne (con altre istituzioni) anche di tipo diretto; relazioni con gli utenti di natura diretta, anche complesse, e negoziali
Categoria D posizioni economiche da 1 a 6	Lavoratori che svolgono attività caratterizzate da: elevate conoscenze plurispecialistiche (la base teorica di conoscenze è acquisibile con la laurea breve o il diploma di laurea) e un grado di esperienza pluriennale, con frequente necessità di aggiornamento; contenuto di tipo tecnico, gestionale o direttivo con responsabilità di risultati relativi ad importanti e diversi processi produttivi/amministrativi; elevata complessità dei problemi da affrontare basata su modelli teorici non immediatamente utilizzabili ed elevata ampiezza delle soluzioni possibili; relazioni organizzative interne di natura negoziale e complessa, gestite anche fra unità organizzative diverse da quella di appartenenza, relazioni esterne (con altre istituzioni) di tipo diretto anche con rappresentanza istituzionale. Relazioni con gli utenti di natura diretta, anche complesse, e negoziale

1.6.2 Le progressioni orizzontali e verticali

Il dipendente assunto con determinato un profilo professionale può maturare nel corso del tempo **modifiche retributive e funzionali** attraverso gli istituti della:

- **progressione orizzontale** (o *economica*), con la quale si opera il *passaggio da una posizione economica iniziale ad un'altra superiore*, restando il lavoratore sempre all'interno di una stessa categoria (es. nell'ambito della categoria C un passaggio da C1 a C3).
  Secondo le indicazioni dell'art. 52, co. 1-*bis*, D.Lgs. 165/2001, le progressioni orizzontali sono gestite dalla stessa Amministrazione e avvengono secondo **principi di selettività**, in funzione delle qualità culturali e professionali, dell'attività svolta e dei risultati conseguiti, attraverso l'attribuzione di fasce di merito.
  Per gli enti locali la disciplina è riportata all'art. 16 del CCNL comparto Funzioni locali.
  I primi due commi affermano che all'interno di ciascuna categoria è prevista una progressione economica che si realizza mediante l'acquisizione, in sequenza, dopo il trattamento tabellare iniziale, di successivi incrementi retributivi, corrispondenti ai valori delle diverse posizioni economiche. La progressione economica è riconosciuta, in modo selettivo, ad una quota limitata di dipendenti.
  Al co. 3 si specifica che le progressioni sono attribuite in relazione alle *risultanze della valutazione della performance individuale del triennio che precede l'anno in cui è adottata la decisione di attivazione dell'istituto*; si tiene conto eventualmente anche dell'esperienza maturata negli ambiti professionali di riferimento, nonché delle competenze acquisite e certificate a seguito di processi formativi. Il lavoratore deve comunque avere maturato un periodo minimo di permanenza nella posizione economica in godimento pari a 24 mesi (art. 16, co. 6, CCNL comparto Funzioni locali);
- **progressione verticale** (o *di carriera*), quando il *passaggio avviene fra categorie diverse* (es. un dipendente della categoria C che accede ad un profilo della categoria D).
  Le progressioni verticali avvengono **per concorso pubblico**, ferma restando la possibilità per l'Amministrazione di destinare al personale interno, in possesso dei titoli di studio richiesti per l'accesso dall'esterno, una riserva di posti comunque non superiore al 50 per cento di quelli messi a concorso.

La valutazione positiva conseguita dal dipendente per almeno 3 anni costituisce titolo rilevante ai fini della progressione economica e dell'attribuzione dei posti riservati nei concorsi per l'accesso all'area superiore.

1.6.3 Le posizioni organizzative

La posizione organizzativa è un ruolo che prevede lo svolgimento dì funzioni di direzione, con elevato grado di autonomia gestionale, di unità operative caratterizzate da rilevante complessità organizzativa in ragione delle risorse umane e strumentali assegnate; si tratta di **figure intermedie fra il dirigente e la struttura di riferimento (per molti aspetti assimilabile al ruolo del vicedirigente)**, cui poter delegare funzioni dirigenziali che comprendono il potere di impegnare l'ente verso l'esterno.

Nel CCNL comparto Funzioni locali la loro disciplina è riportata negli artt. 13 ss., ove si specifica, in particolare, che è possibile istituire posizioni di lavoro che richiedono, con assunzione diretta di elevata responsabilità di prodotto e di risultato:

- lo svolgimento di funzioni di **direzione di unità organizzative di particolare complessità**, caratterizzate da elevato grado di autonomia gestionale e organizzativa;
- lo svolgimento di **attività con contenuti di alta professionalità**, comprese quelle comportanti l'iscrizione ad albi professionali, richiedenti elevata competenza specialistica acquisita attraverso titoli formali di livello universitario del sistema educativo e di istruzione oppure attraverso consolidate e rilevanti esperienze lavorative in posizioni ad elevata qualificazione professionale o di responsabilità, risultanti dal curriculum.

Si tratta di incarichi che possono essere conferiti dai dirigenti, con atto scritto, solo a **dipendenti classificati nella categoria D** e per un **periodo massimo di 3 anni** (con possibilità di rinnovo). L'ente deve comunque definire prioritariamente i criteri generali di assegnazione.

Gli incarichi **possono essere revocati** prima della scadenza con atto scritto e motivato, in relazione a intervenuti mutamenti organizzativi o in conseguenza di valutazione negativa della *performance* individuale.

Disposizioni particolari sono previste per gli enti privi di posizioni dirigenziali, per quelli privi di dipendenti di categoria D (in questi casi è possibile attribuire la posizione organizzativa a dipendenti delle categorie C e B) e per quelli che, pur prevedendo posti di categoria D, non hanno effettivamente in organico dipendenti appartenenti a quella categoria.

Capitolo 2
Diritti, doveri e mobilità dei dipendenti

2.1 Concetti introduttivi

L'instaurazione di un rapporto di lavoro con una Pubblica Amministrazione comporta l'attribuzione al dipendente di una serie di **diritti di natura patrimoniale e no**, cui si associano però anche specifici **doveri lavorativi e comportamentali**.
Il rispetto o meno di tali obblighi può comportare l'attribuzione di **premi** (al termine di un processo di valutazione della *performance*) oppure l'irrogazione di **sanzioni** che, nelle ipotesi di maggiore gravità, può determinare il licenziamento senza preavviso.
L'attività lavorativa, inoltre, può essere modificata nel corso del tempo con uno **spostamento temporaneo** (comando e distacco) **o definitivo** (mobilità volontaria o obbligatoria) del dipendente presso altra Amministrazione.

2.2 Lo svolgimento del rapporto di lavoro

2.2.1 I diritti patrimoniali dei dipendenti

Il principale diritto di natura patrimoniale del lavoratore è la **retribuzione**, cioè a dire il **corrispettivo riconosciuto a fronte dell'attività svolta**. Il termine ha un'accezione più ampia di quella di **stipendio**, in quanto la retribuzione è composta da un complesso di voci: il *trattamento fondamentale*, comprensivo degli emolumenti a carattere fisso e continuativo corrisposti mensilmente, e il *trattamento accessorio*, costituito da *emolumenti occasionali ed eventuali*, che possono essere corrisposti anche periodicamente. Il trattamento economico dei lavoratori è definito, fatte salve talune eccezioni, dai contratti collettivi (art. 45, co. 1, D.Lgs. 165/2001).

Il **trattamento fondamentale** si compone di *stipendio tabellare* (cui si aggiunge la *tredicesima mensilità*), *retribuzione individuale di anzianità*, comprensiva di maggiorazione per esperienza professionale (se prevista), *indennità integrativa speciale*, *sviluppo economico interno all'area funzionale* (eventuali posizioni *super*).
Il **trattamento accessorio** si compone di *indennità di amministrazione*, compensi eventualmente spettanti dall'utilizzo del *fondo unico di amministrazione*, compensi per lavoro straordinario, ove spettanti, altre indennità previste da specifiche disposizioni di legge e assegno per il nucleo familiare, laddove se ne ha diritto.

2.2.2 I diritti non patrimoniali dei dipendenti

In tema di diritti del lavoratore non emergono solo gli aspetti patrimoniali, ma anche una serie di situazioni correlate alle concrete modalità di svolgimento della prestazione lavorativa.

Il diritto allo svolgimento delle mansioni proprie

Il lavoratore può normalmente essere adibito solo alle **mansioni per le quali è stato assunto o considerate equivalenti** nell'ambito della classificazione professionale prevista dai contratti collettivi. L'esercizio di fatto di mansioni non corrispondenti alla qualifica di appartenenza non ha effetto ai fini dell'inquadramento del lavoratore o dell'assegnazione di incarichi di direzione (art. 52 D.Lgs. 165/2001).

Il conferimento delle **mansioni superiori** avviene per obiettive esigenze di servizio nei seguenti casi:

- **vacanza di posto in organico**, per non più di 6 mesi, prorogabili fino a 12 qualora siano state avviate le procedure per la copertura del posto vacante;
- **sostituzione di altro dipendente assente** con diritto alla conservazione del posto, con esclusione dell'assenza per ferie, per la durata dell'assenza.

Il conferimento delle mansioni superiori, anche attraverso rotazione fra più dipendenti, è disposto dal dirigente o, per gli enti privi di dirigenza, dal responsabile del servizio. Il dipendente assegnato alle mansioni superiori ha *diritto alla differenza fra il trattamento economico iniziale previsto per l'assunzione nel profilo rivestito e quello iniziale corrispondente alle mansioni superiori di temporanea assegnazione*, fermo rimanendo la posizione economica di appartenenza e quanto percepito a titolo di retribuzione individuale di anzianità, e fermo restando che non si applica l'art. 2103 c.c. (che, con riferimento al settore privato, prevede l'automatico inquadramento nel profilo superiore ricoperto).

In mancanza dei presupposti citati l'assegnazione è nulla e chi l'ha disposta con *dolo* o *colpa grave* risponde del conseguente maggior onere.

La contrattazione collettiva e la legge prevedono, in certi casi, la possibilità di essere destinato a **mansioni inferiori (demansionamento)**. Ciò accade, ad esempio, per i lavoratori riconosciuti non idonei in via permanente allo svolgimento delle mansioni del proprio profilo professionale, o per coloro che, previo consenso, sono collocati in mobilità. Si applicano le procedure previste dal D.P.R. 171/2011.

L'art. 26, co. 3-*bis*, D.Lgs. 198/2006 (aggiunto dalla L. 205/2017) prevede il **divieto di demansionamento**, licenziamento, trasferimento o sottoposizione ad altra struttura, con effetti negativi sulle condizioni di lavoro, per le lavoratrici e i lavoratori che agiscano in giudizio per la dichiarazione delle **discriminazioni per molestie o molestie sessuali**. È nullo il licenziamento ritorsivo o discriminatorio del soggetto denunciante, nonché il mutamento di mansioni e qualsiasi altra misura ritorsiva o discriminatoria adottata nei confronti del denunciante. Queste tutele non sono garantite in caso sia accertata (anche con sentenza di primo grado) la responsabilità penale del denunciante per *calunnia*, *diffamazione* o *infondatezza della denuncia*.

Qualora il lavoratore dimostri che la destinazione a mansioni inferiori possa causare la lesione del suo diritto fondamentale alla libera esplicazione della personalità nel luogo di lavoro, o che si tratti di una modalità di manifestazione di un atteggiamento persecutorio messo sistematicamente in atto nei suoi confronti (cosiddetto ***mobbing***), gli potrà essere riconosciuto il diritto al *risarcimento dei danni patrimoniali e morali subiti*.

Il termine ***mobbing*** (dall'inglese *to mob*, che significa "attaccare, assaltare, aggredire") individua una condotta del datore di lavoro o di altri lavoratori, sistematica e protratta nel tempo, tenuta nei confronti del lavoratore nell'ambiente di lavoro e consistente in **sistema-**

tici e reiterati comportamenti ostili, che finiscono per assumere forme di **prevaricazione e persecuzione psicologica**, da cui può conseguire la mortificazione morale e l'emarginazione del dipendente, con effetto lesivo del suo equilibrio fisiopsichico e del complesso della sua personalità.
Si parla, invece, di ***straining*** nelle ipotesi in cui il danno consegue anche ad una singola azione ma con effetti duraturi nel tempo (grave demansionamento, marginalizzazione o svuotamento di mansioni), in ciò differenziandosi dal *mobbing* che richiede comportamenti ostili "sistematici e reiterati".
Nell'ambito del *mobbing* è possibile distinguere fra:

- ***mobbing* verticale** (anche detto *bossing*) quando il comportamento lesivo è prodotto dal datore di lavoro o da altro lavoratore gerarchicamente sovraordinato alla vittima;
- ***mobbing* orizzontale** quando il comportamento mobbizzante viene prodotto da altri lavoratori non aventi uno specifico potere gerarchico nei confronti della vittima.

Gli elementi della fattispecie sono:

- la molteplicità di comportamenti di carattere persecutorio, illeciti o anche leciti se considerati singolarmente, che siano stati posti in essere in modo miratamente sistematico e prolungato contro il dipendente con intento vessatorio;
- l'evento lesivo della salute e della personalità del dipendente;
- il nesso eziologico e il pregiudizio dell'integrità psico-fisica del lavoratore;
- la prova dell'elemento soggettivo, cioè dell'intento persecutorio (Cass. 17-2-2009, n. 3785).

È onere della vittima, a fini della tutela, risarcitoria provare tanto il danno subito, tanto i fatti a fondamento di tale danno, tanto il nesso causale fra l'uno e gli altri (Cass. SS.UU. 24-03-2006, n. 6572). Il **danno da *mobbing*** nasce proprio in quanto si produce una violazione dell'art. 2087 c.c. sia nella componente di tutela dell'integrità psichica sia nella componente di tutela dell'integrità morale e della dignità della persona lavoratrice.

Il diritto all'ufficio o al posto di lavoro

Solo alcune categorie di dipendenti pubblici sono **inamovibili** (es. magistrati, professori universitari); per tutte le altre il diritto all'ufficio o al posto di lavoro va inteso come interesse legittimo alla permanenza nel rapporto di lavoro, quindi la pretesa del lavoratore di non essere rimosso dall'impiego, se non nei casi e con le garanzie previste dalla legge e dalla contrattazione collettiva.

I diritti sindacali

A tutte le Pubbliche Amministrazioni, indipendentemente dal numero dei dipendenti, si applica lo **Statuto dei lavoratori** (L. 300/1970) e fra le sue norme anche quelle che assicurano il **rispetto della libertà** (artt. 14-18) e dell'**attività sindacale** (artt. 19-27). Sono perciò riconosciuti i diritti di assemblea, di costituire organismi di rappresentanza unitaria del personale (RSU), ai cui componenti sono riconosciute le stesse garanzie previste per le organizzazioni sindacali. L'art. 7 del CCNL comparto Funzioni locali attribuisce alle RSU la titolarità della contrattazione integrativa.
Tra le cosiddetta *prerogative sindacali*, importanti sono i **diritti di informazione**, **concertazione** e **consultazione**, anche con riferimento agli atti interni di organizzazione con riflessi sul rapporto di lavoro (mansioni, carichi di lavoro ecc.). Infine, sono consentiti **distacchi** (con conservazione della retribuzione per tutto il periodo di durata del mandato sindacale), aspettative (non retribuite) e **permessi** (retribuiti e non) **sindacali**.

Il diritto alla salute e sicurezza nel luogo di lavoro

Sul piano della tutela della salute e della sicurezza nel luogo di lavoro (vedi cap. 7), la disciplina è la stessa per l'impiego privato e per quello pubblico, e fa parte della regolamentazione normativa del rapporto di lavoro recata da testi normativi *ad hoc* (attualmente il D.Lgs. 81/2008 recante il *Testo unico in materia di sicurezza sul lavoro*).
Il lavoratore che lamenti **particolari patologie**, a propria tutela può chiedere di esser sottoposto ad indagini mediche volte ad accertare la sua infermità/invalidità e di poter essere adibito a differenti mansioni. Inoltre, i lavoratori devono essere sottoposti a **visita medica periodica** di controllo in relazione allo specifico rischio al quale sono esposti (es. movimentazione di carichi, videoterminali ecc.).

Il diritto al riposo

Si tratta di un diritto che può essere esercitato sia individualmente che collettivamente mediante la fruizione di:

- **ferie**: in virtù dell'art. 36 Cost. e dell'art. 2109 c.c., il lavoratore ha diritto a ferie annuali retribuite irrinunciabili. In caso di distribuzione dell'orario settimanale di lavoro su 5 giorni, la durata delle ferie è di 28 giorni lavorativi; se l'orario di lavoro è distribuito su 6 giorni, la durata è di 32 giorni (art. 28 CCNL comparto Funzioni locali). Per i neo-assunti (e per i primi 3 anni di servizio) il periodo di ferie è, rispettivamente, di 26 e di 30 giorni lavorativi, a seconda che l'articolazione oraria sia su 5 o su 6 giorni. I dipendenti hanno diritto anche a 4 giornate di riposo, da fruire nell'anno solare, per le festività soppresse dalla L. 937/1977. Le ferie si riducono proporzionalmente all'orario di lavoro in caso di part-time verticale;
- **festività**: giorni festivi sono le **domeniche** (il giorno di riposo settimanale cade normalmente di domenica e non può essere inferiore a 24 ore) e gli altri giorni riconosciuti come tali dallo Stato a tutti gli effetti civili;
- **permessi giornalieri retribuiti**: concessi a richiesta del dipendente, anche cumulativamente, nell'anno solare per specifiche ipotesi;
- **permessi orari**: si tratta di permessi brevi accordati per esigenze di tipo personale, nei limiti della metà dell'orario giornaliero di lavoro e per un tetto massimo nell'arco di ciascun anno solare.

Il diritto allo studio

La disciplina è prevista dall'art. 10 L. 300/1970 (Statuto dei Lavoratori) laddove si stabilisce che i lavoratori dipendenti, sia privati che pubblici, possano usufruire di **permessi o di particolari agevolazioni per la realizzazione del diritto allo studio**.
Possono godere di tali permessi tutti i lavoratori studenti iscritti e frequentanti regolari corsi di studio in scuole di istruzione primaria, secondaria e di qualificazione professionale, statali, parificate, legalmente riconosciute o comunque abilitate al rilascio di titoli di studio legali. La disposizione si applica anche a coloro che frequentano **corsi di formazione professionale**. Le ore di permesso concesse possono essere utilizzate esclusivamente per "frequentare" i suddetti corsi e non per la preparazione di eventuali esami. Il datore di lavoro può richiedere idonea documentazione della partecipazione alle attività didattiche.
La determinazione dell'ammontare delle ore a disposizione è rimessa alla contrattazione collettiva, ma la prassi è quella di prevedere un limite di **150 ore annue**, tetto riportato anche nel CCNL comparto Funzioni locali (art. 45); quest'ultimo però

specifica che va rispettato l'ulteriore limite del 3 per cento del personale in servizio a tempo indeterminato presso ciascuna Amministrazione, all'inizio di ogni anno. Gli stessi lavoratori-studenti hanno diritto ad essere inseriti in turni di lavoro che agevolino la frequenza ai corsi e la preparazione agli esami. Non sono obbligati a prestare *lavoro straordinario* o durante i riposi settimanali. Sono previsti anche **permessi giornalieri per sostenere i singoli esami** (massimo 8 giorni: art. 31 CCNL comparto Funzioni locali).

Il diritto alle assenze

Il dipendente ha diritto ad assentarsi dal lavoro in specifiche ipotesi:

> **assenze per malattia**: il lavoratore che si assenta per malattia ha diritto alla **conservazione del posto**, purché la malattia non superi cumulativamente i 18 mesi nell'arco degli ultimi 3 anni (cosiddetto **periodo di comporto**), ricalcolati di giorno in giorno; in casi particolarmente gravi, tale periodo si può raddoppiare, senza retribuzione, previo accertamento da parte dell'ASL competente di eventuali cause di assoluta e permanente inidoneità fisica a svolgere qualsiasi proficuo lavoro.

Al diritto del lavoratore di assentarsi corrisponde un dovere dello stesso lavoratore di **darne tempestiva comunicazione**, salvo comprovato impedimento, all'ufficio di appartenenza e comunque all'inizio dell'orario di lavoro del giorno in cui si verifica, anche nel caso di eventuale prosecuzione dell'assenza.
La prosecuzione deve comunque essere giustificata attraverso l'invio del certificato di malattia da parte del medico curante, che provvede a trasmetterlo per via telematica. L'ente di appartenenza ha diritto di richiedere **visite fiscali di controllo** nelle specifiche **fasce di reperibilità** (per il settore pubblico vanno dalle ore 9.00 alle 13.00 e dalle ore 15.00 alle 18.00, tutti i giorni della settimana, festivi inclusi). Nel pubblico impiego, la visita fiscale deve essere *richiesta obbligatoriamente* se l'assenza si verifica nelle giornate precedenti o successive a quelle non lavorative; *discrezionalmente* può essere disposta anche più volte durante il periodo di prognosi.
Il D.Lgs. 75/2017 ha istituito un **polo unico in capo all'INPS per la gestione delle visite fiscali**, sia nel pubblico che nel privato, attraverso il trasferimento all'Istituto medesimo delle competenze e delle risorse sulle visite fiscali dei dipendenti pubblici in precedenza affidate anche alle ASL. Più nel dettaglio, si dispone l'attribuzione in via esclusiva all'INPS, sull'intero territorio nazionale, del compito di effettuare gli accertamenti medico-legali sui dipendenti assenti dal servizio per malattia, procedendo d'ufficio o su richiesta, con oneri a carico dello stesso Istituto, che provvede nei limiti delle risorse trasferite dalle Amministrazioni interessate;

> **assenze per infortuni sul lavoro o per malattia dovuta a causa di servizio**: in tal caso, il lavoratore ha diritto all'intera retribuzione, comprensiva del trattamento accessorio, oltre che alla conservazione del posto fino alla guarigione clinica, certificata dall'ente istituzionalmente preposto;
> **assenze collegate alla maternità**: i contratti collettivi nazionali di lavoro fanno richiamo alla disciplina legislativa contenuta nel D.Lgs. 151/2001 (*Testo unico sulla maternità e sulla paternità*), per cui le lavoratrici madri (e quelle che abbiano adottato bambini od ottenuto in affidamento preadottivo) hanno diritto di astenersi dal lavoro. Spetta comunque l'intera retribuzione fissa mensile nonché tutte le voci del trattamento accessorio, fisse e ricorrenti. Il Testo unico prevede altri periodi di con-

gedo e aspettativa che possono essere fruiti dal padre o da entrambi i genitori, con o senza diritto alla retribuzione oppure con diritto ad una retribuzione parziale;

- **assenze per assistenza ai familiari**: la legge riconosce 3 giorni di permesso mensile (continuativi o ripartiti, anche a frazioni di ore, *ex* art. 33 L. 104/1992) a chi assiste una persona (coniuge, parente o affine) con handicap in situazione di gravità, nonché un congedo non superiore a 2 anni, continuativi o frazionati, da fruire nell'arco dell'intera vita lavorativa, per gravi e documentati motivi riguardanti il lavoratore e la sua famiglia anagrafica.

Il lavoratore dipendente ha diritto di prestare assistenza al coniuge, al parente o all'affine entro il primo grado o entro il secondo grado qualora i genitori o il coniuge della persona con handicap in situazione di gravità abbiano compiuto i 65 anni di età oppure siano anch'essi affetti da patologie invalidanti o siano deceduti o mancanti.
Il diritto ai permessi mensili spetta al **convivente di fatto** e alla **parte dell'unione civile**. Con sentenza n. 213 del 2016 la Corte costituzionale aveva dichiarato l'illegittimità costituzionale dell'art. 33, co. 3, L. 104/1992 *nella parte in cui non include il convivente fra i soggetti legittimati a fruire del permesso mensile retribuito*. Prendendo atto di tale pronuncia, e dell'intervenuta approvazione della L. 76/2016, che disciplina le unioni civili e le convivenze di fatto, l'INPS (con circolare n. 38/2017) ha esteso anche a tali soggetti il diritto a utilizzare i permessi, ovviamente in alternativa ai parenti e agli affini.
Il diritto non può essere riconosciuto a più di un lavoratore dipendente per l'assistenza alla stessa persona; nell'ipotesi del figlio è attribuito ad entrambi i genitori, anche adottivi, che possono fruirne alternativamente.

La L. 56/2019, poi, attraverso alcune modifiche all'art. 23-*bis* D.Lgs. 165/2001, ha disposto che tutto il personale delle Pubbliche Amministrazioni, e non solo quello dirigenziale come in precedenza previsto, **è collocato in aspettativa senza assegni** per lo svolgimento di attività presso soggetti e organismi, pubblici o privati. Conseguentemente il suddetto personale non può, nei successivi 2 anni, ricoprire incarichi che comportino l'esercizio di determinate funzioni. Nel caso di svolgimento di attività presso soggetti diversi dalle amministrazioni pubbliche, il periodo di collocamento in aspettativa, che non può superare i 5 anni, è rinnovabile una sola volta.

Il diritto a fruire dell'aspettativa

L'aspettativa costituisce una **causa di sospensione del rapporto di lavoro**, che riprende regolarmente al termine del periodo di fruizione. Può essere concessa, a richiesta del dipendente con rapporto di lavoro a tempo indeterminato, per varie cause:

- comprovati **motivi personali o di famiglia**. Compatibilmente con le esigenze organizzative o di servizio, può essere attribuito un periodo massimo, aspettativa per 12 mesi nell'arco di un triennio, da fruire anche in modo frazionato. È senza retribuzione e non concorre alla formazione dell'anzianità di servizio;
- per **gravi e documentati motivi familiari**. Si tratta di un'aspettativa che ha un fondamento diverso da quella in precedenza illustrata (in questo caso la disciplina è dettata dall'art. 4, co. 2, della L. 53/2000), anche se i due periodi possono cumularsi. Può avere una durata massima non superiore a 2 anni durante il quale il dipendente conserva il posto di lavoro, non ha diritto alla retribuzione e non può svolgere alcun tipo di attività lavorativa. I gravi motivi indicati dalla legge sono stati meglio specificati dal D.M. 278/2000;

- per **cariche pubbliche elettive,** per la **cooperazione con i Paesi in via di sviluppo** o per **volontariato** ipotesi che trovano una specifica disciplina nelle leggi che le prevedono.

Diritto all'integrazione nell'ambiente di lavoro
Il D.Lgs. 75/2017 ha introdotto apposite misure a sostegno della disabilità, attraverso l'istituzione della **Consulta nazionale per l'integrazione in ambiente di lavoro delle persone con disabilità** e l'individuazione del **responsabile dei relativi processi di inserimento**, nominato dalle Pubbliche Amministrazioni che hanno più di 200 dipendenti.
Essa ha funzioni di monitoraggio sul rispetto degli obblighi delle Amministrazioni Pubbliche in materia di collocamento obbligatorio; di elaborazione di piani, programmi e linee di indirizzo per ottemperare agli obblighi di cui alla L. 68/1999 sul diritto al lavoro dei disabili; di proposta di misure tese al miglioramento dei livelli occupazionali e alla valorizzazione dei lavoratori disabili; di disporre di interventi straordinari per l'adozione di accomodamenti ragionevoli (come definiti dalla Convenzione delle Nazioni Unite sui diritti delle persone con disabilità) nei luoghi di lavoro, per garantire alle persone con disabilità la piena eguaglianza con gli altri lavoratori.

2.2.3 Doveri dei dipendenti

Disciplina generale
Attualmente, il rapporto di lavoro dei dipendenti pubblici, in quanto privatizzato, è disciplinato dalle norme del codice civile dedicate al lavoro nell'impresa, che fra l'altro definiscono la **diligenza** richiesta al lavoratore nell'esecuzione della prestazione lavorativa (art. 2104 c.c.), individuano in capo al dipendente un **obbligo di fedeltà** (art. 2105 c.c.) e contemplano la **possibilità per il datore di lavoro di applicare sanzioni disciplinari** per l'inosservanza delle disposizioni contenute nei precedenti articoli (art. 2106 c.c.).
Trattandosi, inoltre, del contenuto del rapporto di lavoro, la materia dei doveri del dipendente rientra nella regolamentazione recata dalla contrattazione collettiva, le cui previsioni possono essere distinte in due tipologie:

- **doveri che si ispirano a principi di stampo pubblicistico**, quali il *principio del servizio esclusivo alla nazione* (art. 98 Cost.), i *principi di imparzialità e buon andamento della Pubblica Amministrazione* (art. 97 Cost.), il *principio di democraticità* (art. 1 Cost.);
- **doveri che si collegano a prescrizioni di stampo privatistico** riconducibili alle norme del codice civile sopra enunciate.

I **principali doveri** del lavoratore sono:

- la *fedeltà*, che implica l'obbligo di astenersi da comportamenti pregiudizievoli all'Amministrazione di appartenenza, come per esempio abusare delle proprie funzioni a fini personali o utilizzare beni e servizi pubblici al di fuori dei fini istituzionali;

- la *diligenza*, che implica l'obbligo di agire sempre con esattezza, attenzione e cura scrupolosa;
- l'*esclusività*, che implica il divieto di assumere impieghi alle dipendenze di privati e di esercitare attività incompatibili con il rapporto di pubblico impiego (es. commercio, industria);
- l'*imparzialità* e la *collaborazione* nei confronti della pubblica utenza;
- l'*adeguatezza della condotta* al decoro della funzione esercitata;
- il *segreto d'ufficio*, che implica il divieto di trasmettere a chi non ne abbia diritto informazioni riguardanti provvedimenti od operazioni amministrative, in corso o concluse, ovvero notizie di cui si abbia conoscenza a causa delle funzioni esercitate, al di fuori delle ipotesi e delle modalità previste dalle norme sul diritto di accesso;
- l'*obbedienza*, che implica l'obbligo di rispettare le direttive e gli ordini impartiti dai superiori gerarchici.

Prescrizioni di maggior dettaglio sono poi contenute nei **codici di comportamento** e in altre disposizioni normative, come in materia di sicurezza sul lavoro nonché nelle carte dei servizi (stilate, per iniziativa unilaterale della Pubblica Amministrazione e per rispondere ai principi di trasparenza, per creare un sistema di garanzie e legittime pretese in capo all'utente, autonomo rispetto alla tutela amministrativa o giurisdizionale e sussistente a prescindere dalla partecipazione agli aspetti amministrativi dell'attività dell'ente).
Sull'applicazione dei codici sono chiamati a vigilare i dirigenti responsabili di ciascuna struttura, le strutture di controllo interno e gli uffici di disciplina, ferme restando, da parte delle Pubbliche Amministrazioni, le attività di verifica annuale dello stato di applicazione e l'organizzazione di attività di formazione del personale per la conoscenza e la corretta applicazione dei codici.

Il Codice di comportamento dei dipendenti pubblici
Con D.P.R. 16-4-2013, n. 62, è stato adottato il «Codice di comportamento dei dipendenti pubblici» a norma dell'art. 54 D.Lgs. 165/2001.
Il provvedimento definisce i **doveri minimi di diligenza, lealtà, imparzialità e buona condotta** che i pubblici dipendenti sono tenuti a osservare. Le sue previsioni sono integrate e specificate dai codici di comportamento adottati dalle singole Amministrazioni.
Secondo l'art. 3, il dipendente è tenuto ad osservare la Costituzione, servendo la Nazione con disciplina e onore e conformando la propria condotta ai principi di buon andamento e imparzialità dell'azione amministrativa. Egli svolge i propri compiti nel rispetto della legge, perseguendo l'interesse pubblico senza abusare della posizione o dei poteri di cui è titolare; rispetta altresì i principi di integrità, correttezza, buona fede, proporzionalità, obiettività, trasparenza, equità e ragionevolezza e agisce in posizione di indipendenza e imparzialità, astenendosi in caso di conflitto di interessi. Si astiene, inoltre, dall'usare a fini privati le informazioni di cui dispone per ragioni di ufficio e si adopera al fine di evitare situazioni e comportamenti che possano ostacolare il corretto adempimento dei compiti o nuocere agli interessi o all'immagine della Pubblica Amministrazione. Prerogative e poteri pubblici sono esercitati unicamente per le finalità di interesse generale per le quali sono stati conferiti.

Ai sensi dell'art. 4 del Codice, il dipendente non accetta, per sé o per altri, regali o altre utilità, salvo quelli d'uso di modico valore (massimo 150 euro) effettuati occasionalmente nell'ambito delle normali relazioni di cortesia e nell'ambito delle consuetudini internazionali.
In ragione dell'art. 5 del Codice, nel rispetto della disciplina vigente del diritto di associazione, il dipendente comunica tempestivamente al responsabile dell'ufficio di appartenenza la propria adesione o appartenenza ad associazioni od organizzazioni (salvo sindacati e partiti politici), a prescindere dal loro carattere riservato o meno, i cui ambiti di interessi possano interferire con lo svolgimento dell'attività dell'ufficio.
Sono numerosi gli altri specifici doveri e divieti a cui tenuti i dipendenti pubblici, iscritti all'interno del Codice.

Gli obblighi di condotta si estendono, per quanto possibile, a tutti i **collaboratori o consulenti**, con qualsiasi tipologia di contratto o incarico e a qualsiasi titolo, ai titolari di organi e di incarichi negli uffici di diretta collaborazione delle autorità politiche, nonché nei confronti dei collaboratori a qualsiasi titolo di imprese fornitrici di beni o servizi e che realizzano opere in favore dell'Amministrazione (art. 2).
La **violazione dei doveri contenuti nel Codice** è fonte di responsabilità disciplinare. La violazione dei doveri è altresì rilevante ai fini della responsabilità civile, amministrativa e contabile ogni volta che le stesse responsabilità siano collegate alla violazione di doveri, obblighi, leggi o regolamenti. Violazioni gravi o reiterate comportano il licenziamento disciplinare.

Gli obblighi del dipendente nel CCNL comparto Funzioni locali
L'art. 57 del CCNL comparto Funzioni locali individua nel dettaglio gli obblighi cui è assoggettato il dipendente del comparto. Egli deve conformare la sua condotta al **dovere costituzionale di servire la Repubblica con impegno e responsabilità e rispettare i principi di buon andamento e imparzialità** dell'attività amministrativa, anteponendo il rispetto della legge e l'interesse pubblico agli interessi privati propri e altrui. Deve, inoltre, **adeguare il proprio comportamento ai principi riguardanti il rapporto di lavoro**, contenuti nel Codice di comportamento nazionale e valido per tutti i dipendenti pubblici (il già citato D.P.R. 62/2013), nonché nel codice di comportamento adottato da ciascuna Amministrazione. Deve comportarsi in modo tale da favorire l'instaurazione di rapporti di fiducia e collaborazione fra l'ente e i cittadini.

In particolare, il dipendente deve:
- collaborare con diligenza, osservando le norme del CCNL, le disposizioni per l'esecuzione e la disciplina del lavoro impartite dall'ente anche in relazione alle norme vigenti in materia di sicurezza e di ambiente di lavoro;
- rispettare il segreto d'ufficio e non utilizzare a fini privati le informazioni di cui disponga per ragioni d'ufficio;
- nei rapporti con il cittadino, fornire tutte le informazioni cui abbia titolo, nel rispetto delle disposizioni in materia di trasparenza e di accesso all'attività amministrativa (L. 241/1990, regolamenti attuativi vigenti nell'Amministrazione, D.Lgs. 33/2013), nonché di autocertificazione (D.P.R. 445/2000);
- rispettare l'orario di lavoro, adempiere alle formalità previste per la rilevazione delle presenze e non assentarsi dal luogo di lavoro senza l'autorizzazione del dirigente. La L. 56/2019 (legge concretezza) ai fini della corretta osservanza dell'orario di lavoro e

come misura di contrasto all'assenteismo, ha previsto l'adozione di sistemi di **verifica biometrica dell'identità e di videosorveglianza degli accessi**, previo parere del Garante per la protezione dei dati personali sulle modalità di trattamento dei dati biometrici. Da tale previsione resta escluso il personale docente ed educativo degli istituti e delle scuole di ogni ordine e grado e delle istituzioni educative. Tuttavia, i dirigenti dei medesimi istituti, scuole e istituzioni sono soggetti ad accertamento **esclusivamente ai fini della verifica dell'accesso**.

- durante l'orario di lavoro, mantenere nei rapporti interpersonali e con gli utenti, una condotta adeguata ai principi di correttezza e astenersi da comportamenti lesivi della dignità della persona;
- nel periodo di malattia o infortunio non dedicarsi ad attività estranee al servizio e che ritardino il recupero psicofisico;
- eseguire le disposizioni inerenti all'espletamento delle proprie funzioni o mansioni che gli siano impartite dai superiori. Se ritiene che l'ordine sia palesemente illegittimo, il dipendente deve farne rimostranza a chi lo ha impartito, dichiarandone le ragioni; se l'ordine è rinnovato per iscritto ha il dovere di darvi esecuzione. Il dipendente non deve, comunque, eseguire l'ordine quando l'atto sia vietato dalla legge penale o costituisca illecito amministrativo;
- vigilare sul corretto espletamento dell'attività del personale sottordinato ove tale compito rientri nelle proprie responsabilità;
- avere cura di locali, mobili, oggetti, macchinari, attrezzi, strumenti e automezzi a lui affidati. Non deve avvalersi di quanto è di proprietà dell'Amministrazione per ragioni che non siano di servizio;
- astenersi dal chiedere o accettare, a qualsiasi titolo, compensi, regali o altre utilità in connessione con la prestazione lavorativa (salvo quelli di modico valore);
- osservare scrupolosamente le disposizioni che regolano l'accesso ai locali dell'Amministrazione da parte del personale e non introdurre, salvo che non siano debitamente autorizzate, persone estranee in locali non aperti al pubblico;
- comunicare all'Amministrazione la propria residenza e, ove non coincidente, la dimora temporanea, nonché ogni successivo mutamento delle stesse;
- in caso di malattia, dare tempestivo avviso all'ufficio di appartenenza, salvo comprovato impedimento;
- astenersi dal partecipare all'adozione di decisioni o ad attività che possano coinvolgere direttamente o indirettamente interessi finanziari o non finanziari propri, del coniuge, di conviventi, di parenti, di affini entro il secondo grado;
- comunicare all'Amministrazione la sussistenza di provvedimenti di rinvio a giudizio in procedimenti penali.

La tutela del dipendente che segnala reati o irregolarità (whistleblower)

Con la L. 190/2012 è stato introdotto nel Testo unico sul pubblico impiego l'art. 54-*bis* che tutela i dipendenti autori di segnalazioni di reati o irregolarità di cui siano venuti a conoscenza nell'ambito del rapporto di lavoro. L'iniziale disciplina riguardava solo il settore pubblico, ma la L. 179/2017 l'ha estesa anche al settore privato.

L'istituto – detto *whistleblowing* – proprio degli ordinamenti anglosassoni, mira a favorire l'emersione della fattispecie di illecito nella Pubblica Amministrazione.

Secondo quanto stabilito dal citato articolo, il **dipendente che denuncia** all'autorità giudiziaria, alla Corte dei conti, all'Autorità Nazionale Anticorruzione (ANAC) o riferisce al proprio superiore gerarchico **condotte illecite di cui sia venuto a conoscenza in ragione del rapporto di lavoro** (cosiddetto *whistleblowing*), **non può essere sanzionato, licenziato o sottoposto ad una misura discriminatoria**, diretta o indiret-

ta, avente effetti sulle condizioni di lavoro per motivi collegati direttamente o indirettamente alla denuncia.
Qualora, in violazione di tale divieto, il segnalante sia fatto oggetto di misure ritenute ritorsive, queste possono essere comunicate all'(ANAC) dallo stesso interessato o dalle organizzazioni sindacali maggiormente rappresentative nell'Amministrazione nella quale le stesse sono state poste in essere.
L'ANAC, ricevuta la comunicazione, informa il Dipartimento della funzione pubblica della Presidenza del Consiglio dei Ministri o gli altri organismi di garanzia o di disciplina per le attività e gli eventuali provvedimenti di competenza.
Nell'ambito del procedimento disciplinare, l'**identità del segnalante non può essere rivelata**, senza il suo consenso, sempre che la contestazione dell'addebito disciplinare sia fondata su accertamenti distinti e ulteriori rispetto alla segnalazione. Qualora la contestazione sia fondata, in tutto o in parte, sulla segnalazione, l'identità può essere rivelata ove la sua conoscenza sia assolutamente indispensabile per la difesa dell'incolpato.
La denuncia è sottratta al diritto di accesso ai documenti previsto dagli artt. 22 ss. della L. 241/1990.

La legge demanda all'ANAC il compito di adottare, sentito il Garante per la protezione dei dati personali, apposite **linee guida** per le procedure di presentazione e gestione delle segnalazioni (si veda la determinazione ANAC n. 6 del 28 aprile 2015). Le linee guida devono prevedere l'utilizzo di modalità anche informatiche e promuovere il ricorso a strumenti di crittografia per garantire la riservatezza dell'identità del segnalante e per il contenuto delle segnalazioni e della relativa documentazione.
Spetta inoltre all'ANAC l'esercizio del **potere sanzionatorio amministrativo** conseguente all'accertata adozione di misure discriminatorie in danno del segnalante, ovvero all'accertata assenza di procedure per l'inoltro e la gestione delle segnalazioni, ovvero conseguente all'adozione di procedure non conformi a quelle descritte dalla legge. Analogo potere sanzionatorio spetta all'ANAC ogni qualvolta venga accertato il mancato svolgimento da parte del responsabile di attività di verifica e analisi delle segnalazioni ricevute.
L'ANAC determina l'entità della sanzione tenuto conto delle dimensioni dell'Amministrazione o dell'ente cui si riferisce la segnalazione.
Spetta all'Amministrazione o all'ente interessato dimostrare che le misure discriminatorie o ritorsive, adottate nei confronti del segnalante, sono motivate da ragioni estranee alla segnalazione.
Gli atti discriminatori o ritorsivi adottati dall'Amministrazione o dall'ente, in conseguenza della segnalazione, sono comunque colpiti da nullità.
Il segnalante che sia licenziato a motivo della segnalazione ha **diritto a essere reintegrato nel posto di lavoro**. Nessuna tutela è per converso garantita al segnalante del quale sia accertata, anche con sentenza di primo grado, la responsabilità penale per i reati di **calunnia o diffamazione** o comunque per reati commessi con la denuncia all'autorità giudiziaria o alla Corte dei conti, ovvero la responsabilità civile, per lo stesso titolo, nei casi di *dolo* o *colpa grave*.

2.2.4 Le responsabilità

La **disciplina normativa**, i **contratti collettivi** (in particolare le norme ed i codici disciplinari ivi contenute), le **carte dei servizi**, i **codici di comportamento**, compongono il corpo normativo che contiene sia prescrizioni comportamentali, sia indicazioni procedurali, sia tipizzazioni di sanzioni.

Il fondamento normativo della responsabilità dei dipendenti pubblici risiede nella Costituzione della Repubblica, in particolare nell'art. 28, secondo il quale i funzionari e i dipendenti dello Stato e degli enti pubblici «*sono direttamente responsabili, secondo le leggi penali, civili e amministrative, degli atti compiuti in violazione di diritti*» (e ormai anche interessi legittimi). In tali casi la *responsabilità civile* si estende allo Stato e agli enti pubblici.
La responsabilità del lavoratore pubblico, pertanto, può essere – alternativamente o cumulativamente – civile, penale, amministrativa, disciplinare.
Le **responsabilità amministrativa e disciplinare** riguardano il rapporto fra il lavoratore e il proprio datore di lavoro pubblico. Le altre forme di responsabilità, invece, presentano connotazioni diverse In particolare, la **responsabilità civile** può configurarsi come responsabilità da atto lecito o da atto illecito, cui consegue l'obbligo del risarcimento del danno a beneficio del soggetto che viene danneggiato.
L'azione del lavoratore può poi recare un danno al patrimonio materiale o virtuale (danaro) dell'ente presso cui lavora, per cui si tratterà di **responsabilità contabile**, sicché in tal caso la giurisdizione sarà di spettanza non del giudice ordinario ma di quello contabile. Di competenza del giudice amministrativo o di quello ordinario è invece la materia disciplinare.

Responsabilità penale
Il codice penale (articoli da 314 a 335-*bis*) disciplina i **delitti dei pubblici ufficiali contro la Pubblica Amministrazione**, ovvero le varie tipologie di comportamenti criminosi di cui possono essere autori gli appartenenti all'Amministrazione e che si qualificano come reati cossiddetti propri (perché i loro autori sono in possesso di uno specifico *status*).
Si tratta di reati per lo più dolosi e il danno da essi provocato si dirige sia nei confronti dell'utenza di volta in volta interessata sia nei riguardi dell'Amministrazione, dal punto di vista del servizio e anche sotto l'aspetto dell'immagine (compromessa) dell'ente.
In tale ambito rientrano poi anche le violazioni di norme previste a tutela dell'igiene e sicurezza dei lavoratori e i comportamenti commissivi od omissivi, anche discriminatori, del capo ufficio contro la libera esplicazione dell'attività sindacale nel luogo di lavoro.

Responsabilità disciplinare
Con l'assunzione della prestazione lavorativa, i lavoratori pubblici dipendenti assumono l'obbligo di prestare la propria attività a favore della Pubblica Amministrazione.
La responsabilità disciplinare è quella specifica forma di responsabilità – aggiuntiva rispetto a quella penale, civile, amministrativo-contabile e dirigenziale – in cui incorre il lavoratore (pubblico o privato) che con dolo o colpa non osservi obblighi contrattualmente assunti, fissati nel CCNL e recepiti nel contratto individuale.
L'accertamento di tale responsabilità implica l'applicazione, da parte del datore di lavoro, di sanzioni che a seconda della gravità del fatto accertato sono di tipo conservativo (richiamo, multa, sospensione dal servizio e dalla retribuzione) oppure espulsivo (licenziamento con o senza preavviso).

Responsabilità dirigenziale
Il mancato raggiungimento degli obiettivi accertato attraverso le risultanze del **sistema di valutazione della dirigenza** ovvero l'inosservanza delle direttive imputabili al dirigente comportano, previa contestazione e ferma restando l'eventuale responsabi-

lità disciplinare secondo la disciplina contenuta nel contratto collettivo, l'impossibilità di rinnovo dello stesso incarico dirigenziale.
In relazione alla gravità dei casi, l'Amministrazione può inoltre – previa contestazione e nel rispetto del principio del contraddittorio – **revocare l'incarico** collocando il dirigente a disposizione dei ruoli dirigenziali istituiti presso ciascuna Amministrazione, ovvero recedere dal rapporto di lavoro secondo le disposizioni del contratto collettivo.

Responsabilità amministrativo-contabile
È la responsabilità che attiene ai **danni direttamente o indirettamente cagionati dal dipendente pubblico all'ente di appartenenza**, **nell'espletamento delle proprie funzioni**, e trae origine dalla violazione dolosa o gravemente colposa degli obblighi di servizio.
In passato, il nucleo di questa responsabilità derivava dalla rendicontazione da parte dei pubblici agenti, ai quali veniva affidata la gestione dei beni appartenenti allo Stato. Oggi la responsabilità amministrativo-contabile deriva dall'esigenza di fronteggiare gli eventuali danni causati da coloro che agiscono per la Pubblica Amministrazione: non solo gli agenti contabili, ma quanti, incardinati nei settori statali e pubblici come soggetti politici o persone fisiche, sono, in ogni caso, posti in condizione di procurare nocumento al pubblico patrimonio.
Dal *lato soggettivo*, la responsabilità amministrativa interessa impiegati, funzionari, dirigenti, concessionari di servizi pubblici, nonché membri del governo.
Dal *lato oggettivo*, essa riguarda ogni danno arrecato al patrimonio e alle finanze pubbliche.
Dal momento che il presupposto della responsabilità amministrativa è il rapporto interno di natura patrimoniale, concernente il rapporto di servizio, essa ha natura contrattuale, e la relativa azione è del tutto autonoma rispetto a quella civile del danno, che ha carattere extracontrattuale.
Il giudice competente a conoscere della responsabilità amministrativa e della relativa obbligazione risarcitoria nei confronti dello Stato è la **Corte dei conti**.

Responsabilità civile verso terzi
Nello svolgimento della propria attività istituzionale, la Pubblica Amministrazione entra in contatto con cittadini-utenti, nei confronti dei quali assume degli obblighi che possono comportare l'insorgere di profili di responsabilità. Al riguardo, tuttavia, occorre ricordare che la Pubblica Amministrazione opera attraverso i propri dipendenti, per cui in virtù del rapporto di immedesimazione organica il lavoratore che arrechi un danno a terzi ne risponderà **in via diretta**, anche se dal punto di vista procedurale l'Amministrazione è legata al proprio dipendente da un vincolo di **solidarietà passiva**.

2.3 Mutamenti nel rapporto di lavoro

2.3.1 Nozione di mobilità

Il rapporto di lavoro del dipendente pubblico può subire delle modifiche che determinano il passaggio ad un'Amministrazione diversa da quella di iniziale appartenenza. Si parla in questi casi di **mobilità (esterna)**, da intendersi come **trasferimento del lavoratore da un'Amministrazione all'altra, ciò che comporta un cambiamento del datore di lavoro di riferimento** (sempre nell'ambito della Pubblica Amministrazione). Non rappresenta, invece, una vera e propria procedura di mobilità il *trasferimento del dipendente nell'ambito della stessa Amministrazione*; solo impropriamente, in questi, casi, si parla di **mobilità interna** dal momento che non v'è mutamento del datore di lavoro di riferimento ma solo uno spostamento della sede di lavoro. Si utilizza, poi, l'espressione **mobilità intercompartimentale** quando il trasferimento avviene fra Amministrazioni appartenenti allo stesso comparto, mentre la **mobilità extracompartimentale** si ha quando le Amministrazioni appartengono a due comparti differenti.

Di maggiore rilevanza è la distinzione fra **mobilità temporanea e permanente**. Nella prima ipotesi il dipendente è assegnato *provvisoriamente* ad altra Amministrazione, ma il suo rapporto di lavoro continua con l'istituzione di provenienza. Si tratta generalmente di una modifica di breve periodo e viene effettuata utilizzando gli istituti del comando, del distacco o del collocamento fuori ruolo (*vedi* più avanti). La seconda ipotesi, invece, prevede il trasferimento *permanente* del lavoratore nei ruoli di una diversa Amministrazione. In questo ambito è possibile operare la fondamentale distinzione fra:

- **mobilità volontaria** (**o individuale**), indicata anche come passaggio diretto di personale fra Amministrazioni diverse. La disciplina è riportata nell'art. 30 D.Lgs. 165/2001 e si caratterizza per la presenza di una specifica richiesta del dipendente che, di sua spontanea volontà, chiede di essere trasferito presso un'altra Amministrazione. Il trasferimento può anche realizzarsi sotto forma di *mobilità compensativa o di interscambio* quando due dipendenti di Amministrazioni diverse chiedono contestualmente di scambiarsi il proprio posto di lavoro;
- **mobilità obbligatoria**, che può essere *collettiva* (o per *ricollocazione*) oppure *individuale*. Sono accomunate dal fatto di prevedere il trasferimento del dipendente attraverso un atto unilaterale dell'Amministrazione, nel primo caso in seguito ad una procedura che individua lavoratori in soprannumero o in eccedenza (art. 33, D.Lgs. 165/2001).

2.3.2 La mobilità volontaria (o individuale)

La procedura di mobilità volontaria è disciplinata dall'art. 30 D.Lgs. 165/2001. Il citato articolo prevede che le Amministrazioni possano ricoprire posti vacanti in organico mediante **passaggio diretto di dipendenti da altre Amministrazioni**, purché appartenenti ad una qualifica corrispondente e pienamente in servizio. Requisiti essenziali affinché si realizzi tale passaggio è che il dipendente presenti **domanda di trasferimento** e vi sia l'**assenso dell'Amministrazione di appartenenza**.

Per il **trasferimento fra le sedi centrali di differenti Ministeri, Agenzie ed enti pubblici non economici nazionali** non è richiesto l'assenso dell'Amministrazione di appartenenza, la quale dispone il trasferimento entro 2 mesi dalla richiesta dell'Amministrazione di destinazione, fatti salvi i termini per il preavviso e a condizione che l'Amministrazione di destinazione abbia una percentuale di posti vacanti superiore all'Amministrazione di appartenenza.

Le Amministrazioni che intendono assumere il personale devono fissare preventivamente i requisiti e le competenze professionali richieste. Successivamente devono pubblicare sul proprio sito istituzionale, per un periodo pari almeno a 30 giorni, un bando in cui sono indicati i posti che intendono ricoprire attraverso passaggio diretto di personale di altre Amministrazioni.
Una disciplina specifica è prevista per le **dipendenti vittime di violenza di genere**, inserite in specifici percorsi di protezione, debitamente certificati dai servizi sociali del Comune di residenza. In questi casi, le lavoratrici interessate possono presentare domanda di trasferimento ad altra Amministrazione pubblica ubicata in un Comune diverso da quello di residenza, previa comunicazione all'Amministrazione di appartenenza. Entro 15 giorni dalla suddetta comunicazione l'Amministrazione di appartenenza dispone il trasferimento presso l'Amministrazione indicata dalla dipendente, ove vi siano posti vacanti corrispondenti alla sua qualifica professionale.

Il D.Lgs. 75/2017 interviene sul rapporto fra legge e contrattazione collettiva nella disciplina del passaggio diretto di personale fra Amministrazioni diverse, attraverso la modifica dell'art. 30 del D.Lgs. 165/2001. In particolare, si prevede che, ferma restando la nullità di accordi o clausole contrattuali in contrasto con la disciplina legislativa, *i contratti collettivi nazionali possano integrare le procedure e i criteri generali* per l'attuazione della disciplina legislativa medesima.

Accanto alla procedura del passaggio diretto, un'altra modalità di trasferimento volontario è quella della **mobilità di compensazione o di interscambio**. L'art. 7 D.P.C.M. 5-8-1988, n. 325, afferma che «*è consentita in ogni momento ... la mobilità dei singoli dipendenti presso la stessa od altre Amministrazioni, anche di diverso comparto, nei casi di domanda congiunta di compensazione con altri dipendenti di corrispondente profilo professionale, previo nulla osta dell'Amministrazione di provenienza e di quella di destinazione*».
Per poter avviare la procedura è il singolo dipendente che deve attivarsi per trovare un collega disposto a "scambiare" il posto di lavoro. Superata questa prima fase entrambi dovranno presentare domanda alla propria Amministrazione e a quella del collega al fine di ricevere i rispettivi nulla osta, ottenuti i quali si può procedere al trasferimento dei lavoratori interessati.

2.3.3 La mobilità obbligatoria (individuale o collettiva)

L'art. 30, co. 2 D.Lgs. 165/2001 (nel testo modificato dal D.L. 90/2014) disciplina la **mobilità obbligatoria individuale**. Il provvedimento afferma che i dipendenti possono essere trasferiti all'interno della stessa Amministrazione o, previo accordo fra le Amministrazioni interessate, in altra Amministrazione, in sedi collocate nel territorio dello stesso Comune ovvero a distanza non superiore a 50 chilometri dalla sede cui sono adibiti. Il trasferimento può essere operato *indipendentemente dalla volontà del lavoratore interessato* e a prescindere dall'esistenza o meno di dichiarazioni di eccedenza di personale.
A rafforzare l'*unilateralità della decisione* concorre il secondo periodo dell'art. 30, co. 2, ove si afferma che "non si applica il terzo periodo del primo comma dell'articolo 2103 del codice civile" vale a dire che non sono necessarie "comprovate ragioni tecniche, organizzative e produttive" per poter trasferire un lavoratore (si fa riferimento

al testo codicistico vigente prima delle modifiche del D.Lgs. 81/2015; attualmente la disposizione è riportata al comma 8 dell'art. 2103 c.c.).

Una limitazione è, invece, prevista dall'ultimo periodo del comma laddove stabilisce che le disposizioni in materia di mobilità obbligatoria possano applicarsi solo con il consenso dei dipendenti nel caso in cui questi ultimi abbiano figli di età inferiore a 3 anni, che hanno diritto al congedo parentale o a giorni di permesso mensile per assistere familiari disabili in situazione di gravità.

La preventiva dichiarazione di eccedenza di personale è, invece, una condizione essenziale per avviare procedure di **mobilità collettiva (o per ricollocazione)**, disciplinate dagli artt. 33 e 34.
Il primo passaggio è quello di effettuare annualmente una ricognizione del personale a disposizione e individuare eventuali situazioni di soprannumero o di eccedenze. Dopo aver informato le rappresentanze del personale e le organizzazioni sindacali, il dirigente può porre in essere tutte le attività volte a ridurre il numero di dipendenti in esubero (accordi di prepensionamento, ricorso a forme flessibili di lavoro o contratti di solidarietà, ricollocazione presso la stessa o altre Amministrazioni). Trascorsi 90 giorni dalla comunicazione ai sindacati, e dopo aver espletato le attività volte alla ricollocazione, i dipendenti possono essere collocati "in disponibilità"; ciò implica la sospensione di tutte le obbligazioni inerenti al rapporto di lavoro con il diritto del lavoratore a percepire un'**indennità pari all'80 per cento dello stipendio per la durata massima di 24 mesi** (48 mesi laddove il personale collocato in disponibilità maturi entro il predetto arco temporale i requisiti per il trattamento pensionistico: art. 2, co. 12, D.L. 95/2012).
Il personale in disponibilità confluisce in appositi elenchi dai quali le Amministrazioni che devono procedere ad assunzioni possono (e in alcuni casi devono) attingere.

2.3.4 L'equiparazione dei livelli di inquadramento

Le maggiori difficoltà che si riscontrano nell'attivazione delle procedure di mobilità, in particolare in quella extracompartimentale, è il diverso livello di inquadramento del personale, che rende difficilmente comparabili le varie posizioni lavorative. Per superare tale ostacolo l'art. 29-*bis* del D.Lgs. 165/2001 prevede che sia approvato uno specifico decreto del Presidente del Consiglio dei Ministri riportante una tabella di equiparazione fra i livelli di inquadramento previsti dai contratti collettivi relativi ai diversi comparti di contrattazione. Il provvedimento attuativo di tale disposizione è il D.P.C.M. 26 giugno 2015.

2.3.5 Il comando, il distacco e il collocamento fuori ruolo

Di carattere temporaneo, invece, sono le modificazioni che intervengono in seguito a comando o distacco. Si configura, infatti, l'ipotesi di **distacco** di personale quando un datore di lavoro, *per soddisfare* (anche o soltanto) *un proprio interesse*, pone temporaneamente uno o più lavoratori a disposizione di un altro soggetto per l'esecuzione di una determinata attività lavorativa. Qualora, invece, il lavoratore sia assegnato ad altro ente o Amministrazione sulla base di un *interesse proprio del soggetto ricevente*, si deve parlare di **comando**. In entrambi i casi, però, si tratta di un uno spostamento non definitivo.

Il **collocamento fuori ruolo** comporta la destinazione del dipendente pubblico a un'Amministrazione o a un ente diverso da quello di appartenenza, presso il quale egli è chiamato a svolgere temporaneamente la sua prestazione.

Capitolo 3
Il sistema di gestione delle *performance*

3.1 Il Sistema di misurazione e di valutazione

Nel *management* pubblico, il concetto di *performance* è assimilato a quello di *risultato*, anche se la *performance* include non solo l'esito finale dell'azione (il *risultato*, per l'appunto), ma anche le condizioni e le modalità con le quali si è realizzato tale esito (e, dunque, ponendo attenzione all'*efficacia* e all'*efficienza*).

La tematica della *performance* e degli strumenti attraverso i quali misurarla, gestirla e valutarla ha assunto una posizione di centralità nell'ambito dei processi culturali di riforma della Pubblica Amministrazione già a partire dagli anni Novanta dello scorso secolo ma, sul piano positivo, l'introduzione di una disciplina dedicata è avvenuta solamente con il D.Lgs. 150/2009 (il **decreto Brunetta**), un provvedimento che avvicina cultura giuridica e cultura economico-aziendale al fine di ottimizzare la produttività del lavoro pubblico (svolto da tutti i dipendenti, personale dirigenziale e non).

Nel decreto citato sono previste le seguenti *strategie di base*:

- il perseguimento dell'**interesse del destinatario dei servizi e degli interventi**;
- la **qualità dell'organizzazione**, che deve sviluppare metodi e strumenti idonei a misurare, valutare e premiare la *performance* individuale e quella organizzativa, secondo criteri strettamente connessi al soddisfacimento di detto interesse;
- il **miglioramento continuo**, secondo il ciclo della gestione della *performance*.

In maniera innovativa, il tema della gestione della *performance* è trattato in **ottica di sistema**, implementando l'integrazione in un quadro unico e consolidato delle funzioni di pianificazione, misurazione, controllo e valutazione.

Il Sistema di misurazione introdotto dal D.Lgs. 150/2009 (e rivisitato dal D.Lgs. 74/2017) è concepito quale sistema di valutazione della prestazione, indirizzato al miglioramento della qualità dei servizi offerti dalle Pubbliche Amministrazioni, da raggiungere attraverso la crescita delle competenze professionali, la valorizzazione del merito e l'erogazione dei premi per i risultati perseguiti dai singoli e dalle unità organizzative (il tutto nella massima trasparenza delle informazioni). A tale fine le Amministrazioni, ogni anno, devono adottare e aggiornare, previo parere vincolante dell'Organismo indipendente di valutazione (OIV), il *Sistema di misurazione e valutazione della performance* (art. 7 D.Lgs. 150/2009).

In particolare, il Sistema ha il compito di **individuare le fasi, i tempi, le modalità, i soggetti e le responsabilità del processo di misurazione e valutazione**, e costituisce la base per le procedure di conciliazione, le modalità di raccordo e di integrazione con i sistemi di controllo esistenti e i documenti di programmazione finanziaria e di bilancio.

Il rispetto delle disposizioni relative alla misurazione, valutazione e trasparenza della *performance* costituiscono condizione necessaria (ai sensi dell'art. 3, co. 5, D.Lgs.

150/2009) ai fini dell'erogazione di premi e componenti del trattamento retributivo legati alla *performance* e rileva ai fini del riconoscimento delle progressioni economiche, dell'attribuzione di incarichi di responsabilità al personale, nonché del conferimento degli incarichi dirigenziali.
La valutazione negativa rileva ai fini dell'accertamento della responsabilità dirigenziale e ai fini dell'irrogazione del licenziamento disciplinare ai sensi dell'art. 55-*quater* D.Lgs. 165/2001.

3.2 Le strutture e i soggetti coinvolti

3.2.1 Quadro d'insieme

Nel processo di misurazione e valutazione della *performance*, i soggetti che provvedono alle varie fasi del ciclo di gestione sono quelli individuati dall'art. 12 D.Lgs. 150/2009:

> gli **Organismi indipendenti di valutazione della *performance*** (di seguito **OIV**), cui spetta la misurazione e valutazione della *performance* organizzativa e la proposta annuale di valutazione dei dirigenti di vertice. Gli OIV, di cui ogni Amministrazione, singolarmente o in forma associata, si deve dotare, hanno *sostituito i servizi di controllo interno*, comunque denominati, istituiti sulla base della precedente normativa, e sono disciplinati dall'art. 14 D.Lgs. 150/2009;
> un **organismo centrale** (attualmente il **Dipartimento per la funzione pubblica - DFP**) che ha il compito di indirizzare, coordinare e sovrintendere l'esercizio delle funzioni degli OIV, di garantire la trasparenza dei sistemi di valutazione e di assicurare la comparabilità degli indici di andamento gestionale (art. 13 D.Lgs. 150/2009).

L'organismo centrale era stato inizialmente individuato nella CiVIT (Commissione per la valutazione, la trasparenza e l'integrità delle amministrazioni pubbliche), successivamente trasformata in Autorità Nazionale Anticorruzione e per la valutazione e la trasparenza nelle amministrazioni pubbliche (L. 190/2012). Quest'ultima, nel 2014, fu fatta confluire nella nuova Autorità Nazionale Anticorruzione (ANAC), struttura che assorbiva anche le competenze dell'Autorità per la vigilanza sui contratti pubblici (D.L. 90/2014, conv. dalla L. 114/2014). In quella sede fu deciso di "sgravare" l'ANAC dei compiti in materia di misurazione e valutazione della *performance* che aveva ereditato dalla CiVIT e trasferire tali funzioni al Dipartimento per la funzione pubblica; in questo modo si consentiva all'ANAC di concentrarsi sulla gestione delle misure di contrasto alla corruzione;

> l'**organo di indirizzo politico-amministrativo** di ciascuna Amministrazione, che emana le direttive generali contenenti gli indirizzi strategici e ne verifica il conseguimento effettivo;
> i **dirigenti di ciascuna Amministrazione**, che effettuano la valutazione del personale assegnato ai loro uffici, ai fini del riconoscimento dei benefici previsti dalla contrattazione collettiva (artt. 16 e 17, comma 1, lettera e-*bis*), D.Lgs. 165/2001).

Ai sensi dell'art. 19-*bis* D.Lgs. 150/009 (introdotto dal D.Lgs. 74/2017) è previsto che i **cittadini**, anche in forma associata, partecipino al processo di misurazione delle *performance* organizzative, con la possibilità di comunicare direttamente all'OIV il proprio grado di soddisfazione per le attività e i servizi erogati, secondo le modalità stabilite dallo stesso organismo. A tale fine, è necessario che le Amministrazioni

adottino sistemi di rilevazione del grado di soddisfazione degli utenti e dei cittadini, favorendo forme di partecipazione.
Anche gli **utenti interni** alle Amministrazioni (dunque, in primo luogo, i dipendenti) partecipano al processo di misurazione delle *performance* organizzative in relazione ai servizi strumentali e di supporto, secondo le modalità individuate dall'OIV. Va assicurata la pubblicazione dei risultati della rilevazione del grado di soddisfazione dei soggetti, con cadenza annuale, sul sito dell'Amministrazione e l'OIV deve tenere conto di tali rilievi ai fini della validazione della Relazione sulla *performance.*

L'art. 4 D.P.R. 105/2016, peraltro, ha introdotto un nuovo soggetto nel processo di misurazione e valutazione della *performance*, prevedendo l'istituzione – presso il Dipartimento della funzione pubblica – di apposita **Commissione tecnica per la *performance*.** Si tratta di un organo consultivo del Dipartimento per l'indirizzo tecnico e metodologico necessario allo sviluppo delle attività di misurazione e valutazione della *performance*, che, secondo la relazione illustrativa, si rende necessario per assicurare al DFP la disponibilità di conoscenze tecniche (commi 1-2).

3.2.2 Gli organismi indipendenti di valutazione (OIV)

La valutazione indipendente della *performance* è assicurata, in ogni Amministrazione, dall'organismo indipendente di valutazione (OIV) previsto dall'art. 14 D.Lgs. 150/2009.
Ai sensi di questa norma, l'OIV:

- monitora il funzionamento complessivo del sistema della valutazione, della trasparenza e dell'integrità dei controlli interni ed elabora una relazione annuale sullo stato dello stesso, anche formulando proposte e raccomandazioni ai vertici amministrativi;
- comunica tempestivamente le criticità riscontrate ai competenti organi interni di governo ed amministrazione, nonché alla Corte dei conti e al Dipartimento della funzione pubblica;
- valida la Relazione sulla *performance*, a condizione che la stessa sia redatta in forma sintetica, chiara e di immediata comprensione ai cittadini e agli altri utenti finali e ne assicura la visibilità attraverso la pubblicazione sul sito istituzionale dell'Amministrazione;
- garantisce la correttezza dei processi di misurazione e valutazione nonché dell'utilizzo dei premi nel rispetto del principio di valorizzazione del merito e della professionalità;
- propone all'organo di indirizzo politico-amministrativo, la valutazione annuale dei dirigenti di vertice e la loro premiazione;
- è responsabile della corretta applicazione delle linee guida, delle metodologie e degli strumenti predisposti dal DFP;
- promuove e attesta l'assolvimento degli obblighi relativi alla trasparenza e all'integrità;
- verifica i risultati e le buone pratiche di promozione delle pari opportunità.

Nell'esercizio delle funzioni suddette, l'OIV ha **accesso a tutti gli atti e documenti** in possesso dell'Amministrazione, utili all'espletamento dei propri compiti, nel rispetto della disciplina in materia di protezione dei dati personali. Tale accesso è garantito senza ritardo. L'OIV ha altresì **accesso diretto a tutti i sistemi informativi** dell'Amministrazione, ivi incluso il sistema di controllo di gestione, e può accedere a tutti i luoghi all'interno dell'Amministrazione, al fine di svolgere le verifiche necessarie all'espletamento delle proprie funzioni, potendo agire anche in collaborazione con gli organismi di controllo di regolarità amministrativa e contabile dell'Amministrazione. Nel caso di riscontro di **gravi irregolarità**, l'organismo indipendente di valutazione effettua ogni opportuna segnalazione agli organi competenti.

L'OIV verifica, inoltre, che sia stata realizzata la sostanziale integrazione fra programmazione economico-finanziaria e pianificazione strategico-funzionale (art. 6 D.P.R. 105/2006).

Il DFP assicura la **corretta istituzione e composizione** degli OIV, i cui componenti non possono essere nominati fra i dipendenti dell'Amministrazione interessata o tra soggetti che rivestano incarichi pubblici elettivi o cariche in partiti politici o in organizzazioni sindacali ovvero che abbiano rapporti continuativi di collaborazione o di consulenza con le predette organizzazioni, ovvero che abbiano rivestito simili incarichi o cariche o che abbiano avuto simili rapporti nei 3 anni precedenti la designazione.

3.2.3 Le funzioni del Dipartimento della funzione pubblica (DFP)

Il D.P.R. 105/2016, in attuazione di quanto previsto dall'art. 19 D.L. 90/2014, ha trasferito al Dipartimento della funzione pubblica le **funzioni di promozione e coordinamento** delle attività di valutazione e misurazione della *performance* (già assegnate a CIVIT-ANAC) in conformità ai seguenti nuovi criteri:

- ridurre gli oneri informativi a carico delle Pubbliche Amministrazioni;
- introdurre progressivamente elementi di valutazione anche su di un orizzonte pluriennale e promuovere il progressivo avvicinamento dei sistemi di misurazione per Amministrazioni operanti nei medesimi settori;
- differenziare i requisiti relativi al ciclo della *performance* in ragione della dimensione, del tipo di Amministrazione e della natura delle attività delle diverse Amministrazioni ed introdurre regimi semplificati;
- migliorare il raccordo tra il ciclo della *performance* e il sistema dei controlli interni e gli indirizzi espressi dall'ANAC in materia di trasparenza e prevenzione della corruzione;
- promuovere l'integrazione fra ciclo della *performance* e ciclo della programmazione economico- finanziaria. A tal fine il DFP assicura il raccordo con il Ministero dell'Economia e della Finanze per l'allineamento delle indicazioni metodologiche in tema di ciclo della *performance* con quelle relative alla predisposizione dei documenti di programmazione e rendicontazione economico-finanziaria.

3.3 Il ciclo della *performance*

Secondo quanto prescritto all'art. 4 D.Lgs. 150/2009 le Pubbliche Amministrazioni devono sviluppare, in maniera coerente con i contenuti e con il ciclo della programmazione finanziaria e del bilancio, un ciclo di gestione della *performance*, articolato nelle seguenti fasi:

- definizione e assegnazione degli **obiettivi** che si intendono raggiungere, dei valori attesi di risultato e dei rispettivi indicatori, tenendo conto anche dei risultati conseguiti nell'anno precedente;
- collegamento tra gli obiettivi e l'**allocazione delle risorse**;
- **monitoraggio** in corso di esercizio e attivazione di eventuali interventi correttivi;
- **misurazione e valutazione** della *performance*, organizzativa e individuale;
- utilizzo dei **sistemi premianti**, secondo criteri di valorizzazione del merito;
- **rendicontazione** dei risultati agli organi di indirizzo politico-amministrativo, ai vertici delle Amministrazioni, nonché ai competenti organi di controllo interni ed esterni, ai cittadini, ai soggetti interessati, agli utenti e ai destinatari dei servizi.

3.4 Gli obiettivi di *performance*

Gli obiettivi di *performance* sono individuati dal legislatore in due categorie (art. 5, co. 1, D.Lgs. 150/2009):

- **obiettivi generali**, che identificano le priorità strategiche delle Pubbliche Amministrazioni. Tali obiettivi sono determinati con apposite linee guida, adottate su base triennale con decreto del Presidente del Consiglio dei Ministri. La previsione di tale categoria intende rafforzare l'attività di indirizzo a livello nazionale nella definizione degli obiettivi strategici e operativi delle Amministrazioni, che saranno tenute, dunque, a formulare parte dei loro obiettivi specifici in armonia con quelli generali;
- **obiettivi specifici** di ogni Pubblica Amministrazione, individuati, in coerenza con la direttiva annuale adottata ai sensi dell'art. 8 D.Lgs. 286/1999, nel Piano della *performance*.

Gli obiettivi individuati dovranno essere:

- rilevanti e pertinenti rispetto ai bisogni della collettività, alla missione istituzionale, alle priorità politiche ed alle strategie dell'Amministrazione;
- specifici e misurabili in termini concreti e chiari;
- tali da determinare un significativo miglioramento della qualità dei servizi erogati e degli interventi;
- riferibili ad un arco temporale determinato, di norma corrispondente ad un anno;
- commisurati ai valori di riferimento derivanti da standard definiti a livello nazionale e internazionale, nonché da comparazioni con Amministrazioni omologhe;
- confrontabili con le tendenze della produttività dell'Amministrazione con riferimento, ove possibile, almeno al triennio precedente;
- correlati alla quantità e alla qualità delle risorse disponibili.

3.5 Il Piano triennale della *performance* e la Relazione annuale

Al fine di assicurare la qualità, comprensibilità ed attendibilità dei documenti di rappresentazione della *performance*, le Amministrazioni pubbliche:

- redigono annualmente, entro il 31 gennaio, un documento programmatico denominato **Piano triennale della performance (PTP)**, che individua gli indirizzi e gli obiettivi strategici ed operativi e definisce gli indicatori per la misurazione e la valutazione della *performance* dell'Amministrazione, nonché gli obiettivi individuali assegnati al *personale dirigenziale e non* ed i relativi indicatori.

Il Piano è definito dall'organo di indirizzo politico-amministrativo in collaborazione con i vertici dell'Amministrazione e secondo gli indirizzi impartiti dal Dipartimento della funzione pubblica. La mancata adozione è sanzionata con il **divieto di erogazione della retribuzione di risultato** ai dirigenti colpevoli di omissione o inerzia nell'adempimento dei propri compiti, oltre che con il divieto per le Amministrazioni di procedere ad assunzioni di personale o al conferimento di incarichi di consulenza o di collaborazione;

- elaborano un documento, da adottare entro il 30 giugno, denominato **Relazione sulla *performance***, che evidenzia, a consuntivo, con riferimento all'anno precedente, i risultati organizzativi e individuali raggiunti rispetto ai singoli obiettivi programmati ed alle risorse, con rilevazione degli eventuali scostamenti, e il bilancio di genere realizzato. La relazione deve essere validata dall'OIV ed è condizione necessaria per l'utilizzo degli strumenti posti a premiare il merito, ai sensi del Titolo III, D.Lgs. 150/2009.

Qualora la **mancata adozione del Piano o della Relazione** sulla *performance* dipenda da omissione o inerzia dell'organo di indirizzo, l'erogazione dei trattamenti e delle premialità di cui è fonte di responsabilità amministrativa del titolare dell'organo il quale ne abbia dato disposizione e abbia concorso alla mancata adozione del Piano. In caso di **ritardo nell'adozione del Piano**, l'Amministrazione deve comunicare tempestivamente le ragioni del mancato rispetto dei termini al DFP.

3.6 Il trattamento accessorio collegato alla *performance*

Il D.Lgs. 150/2009 ha provveduto ad articolare anche gli strumenti con i quali premiare il merito e la professionalità, attraverso il riconoscimento:

- del ***bonus* annuale delle eccellenze**, assegnato al personale, dirigenziale e non, cui è attribuita una valutazione di eccellenza (art. 21);
- del **premio annuale per l'innovazione**, attribuito dall'OIV della *performance* al miglior progetto realizzato nell'anno che produca un significativo cambiamento dei servizi offerti e dei processi interni di lavoro (art. 22);
- delle **progressioni economiche**, conferite selettivamente dalle Amministrazioni sulla base della contrattazione collettiva (nazionale e integrativa) e nei limiti delle risorse disponibili, ad una quota limitata di dipendenti in relazione allo sviluppo delle competenze professionali ed ai risultati individuali e collettivi rilevati dal sistema di valutazione (art. 23);
- delle **progressioni di carriera**, per cui i posti nella dotazione organica vengono coperti attraverso concorsi pubblici con riserva non superiore al 50% a favore del personale interno, finalizzata al riconoscimento e alla valorizzazione delle competenze professionali sviluppate (art. 24);
- dell'**attribuzione di incarichi e responsabilità**, attuata attraverso il sistema di misurazione e valutazione (art. 25);

> di un accesso privilegiato a **percorsi di alta formazione e di crescita professionale** e a periodi di lavoro presso istituzioni pubbliche private, nazionali e internazionali (art. 26).

È, inoltre, previsto il **premio di efficienza**, per cui una quota fino al 30% dei risparmi sui costi di funzionamento derivanti da processi di ristrutturazione, riorganizzazione e innovazione viene destinata, fino a due terzi e secondo criteri definiti dalla contrattazione collettiva integrativa, al personale coinvolto, mentre la parte residua serve a incrementare le somme disponibili per la contrattazione stessa (art. 27). Tali risorse possono essere utilizzate se i risparmi sono documentati nella Relazione sulla *performance*; il principio si applica anche alle Regioni, alle Amministrazioni del Servizio Sanitario Nazionale e agli enti locali.
All'art. 29 del D.Lgs. 150/2009 si afferma il carattere imperativo delle disposizioni del titolo III, che non sono derogabili dalla contrattazione collettiva e vengono inserite di diritto nei contratti.

Capitolo 4
Il sistema sanzionatorio e la cessazione del rapporto di lavoro

4.1 Le sanzioni disciplinari senza licenziamento

4.1.1 I criteri di determinazione delle sanzioni

Le sanzioni vanno applicate nel **rispetto del principio di gradualità e di proporzionalità**, in relazione alla gravità dell'infrazione, al tipo e all'entità e tenendo conto dei seguenti criteri generali:

- *intenzionalità* del comportamento, *grado di negligenza, imprudenza o imperizia dimostrate,* tenuto conto anche della prevedibilità dell'evento;
- *rilevanza degli obblighi violati*;
- *responsabilità connesse alla posizione di lavoro* occupata dal dipendente;
- *grado di danno o di pericolo* causato all'Amministrazione, agli utenti o a terzi ovvero al disservizio determinatosi;
- sussistenza di *circostanze aggravanti o attenuanti*, con particolare riguardo al comportamento del lavoratore, ai precedenti disciplinari nell'ambito del biennio previsto dalla legge, al comportamento verso gli utenti;
- *concorso nella violazione di più lavoratori* in accordo fra di loro.

4.1.2 Le sanzioni applicabili

Le sanzioni disciplinari previste dal CCNL comparto Funzioni locali (ma che sostanzialmente riprendono analoghe disposizioni previste per tutti i comparti del pubblico impiego) sono indicate all'art. 58. Secondo il citato articolo, le violazioni degli obblighi a carico dei dipendenti danno luogo, secondo la gravità dell'infrazione, all'applicazione delle seguenti sanzioni disciplinari (previo procedimento disciplinare):

- **rimprovero verbale**. È irrogata dal responsabile della struttura presso cui presta servizio il dipendente, previa audizione dello stesso a difesa sui fatti addebitati, e deve risultare nel fascicolo personale;
- **rimprovero scritto (censura)**;
- **multa** di importo variabile fino ad un **massimo di 4 ore di retribuzione**.

Queste sanzioni si applicano per le seguenti condotte:

- inosservanza delle disposizioni di servizio, anche in tema di assenze per malattia, nonché dell'orario di lavoro, ove non ricorrano le fattispecie della certificazione medica falsa o che attesta falsamente uno stato di malattia;

- condotta non conforme a principi di correttezza verso superiori o altri dipendenti o nei confronti degli utenti o terzi;
- negligenza nell'esecuzione dei compiti assegnati, nella cura dei locali e dei beni mobili o strumenti affidati al dipendente o sui quali, in relazione alle sue responsabilità, debba espletare attività di custodia o vigilanza;
- inosservanza degli obblighi in materia di prevenzione degli infortuni e di sicurezza sul lavoro ove non ne sia derivato danno o pregiudizio al servizio o agli interessi dell'Amministrazione o di terzi;
- rifiuto di assoggettarsi a visite personali disposte a tutela del patrimonio dell'Amministrazione;
- insufficiente rendimento nell'assolvimento dei compiti assegnati, ove non ricorrano le fattispecie più gravi previste dal Testo unico sul pubblico impiego (art. 55-*quater* D.Lgs. 165/2001);
- violazione dell'obbligo di identificarsi al pubblico (art. 55-*novies* D.Lgs. 165/2001);
- violazione di doveri ed obblighi di comportamento, non ricompresi nei punti precedenti, da cui sia derivato disservizio ovvero danno o pericolo all'Amministrazione, agli utenti o ai terzi.

L'importo delle ritenute per multa è introitato dal bilancio dell'Amministrazione ed è destinato ad attività sociali a favore dei dipendenti;

> **sospensione** dal servizio con **privazione della retribuzione fino a 10 giorni**.

Questa sanzione si applica per le seguenti condotte:

- recidiva o particolare gravità delle mancanze per le quali si applicano le sanzioni prima indicate;
- assenza ingiustificata dal servizio o arbitrario abbandono dello stesso. L'entità della sanzione è determinata in relazione alla durata dell'assenza o dell'abbandono del servizio, al disservizio determinatosi, alla gravità della violazione dei doveri del dipendente, agli eventuali danni causati all'Amministrazione, agli utenti o ai terzi. Se l'assenza è prolungata e non giustificata può comportare il licenziamento del dipendente (art. 55-*quater*, co. 1, lett. *b*, D.Lgs. 165/2001);
- ingiustificato ritardo, non superiore a 5 giorni, a trasferirsi nella sede assegnata dai superiori;
- svolgimento di attività che ritardino il recupero psico-fisico durante lo stato di malattia o di infortunio;
- manifestazioni ingiuriose nei confronti dell'ente, salvo che siano espressione della libertà di pensiero;
- atti, comportamenti o molestie, lesivi della dignità della persona. Nel caso di gravità e di reiterazione può applicarsi anche la sanzione del licenziamento;
- atti o comportamenti aggressivi ostili e denigratori che assumano forme di violenza morale nei confronti di un altro dipendente, comportamenti minacciosi, ingiuriosi, calunniosi o diffamatori nei confronti di altri dipendenti o degli utenti o di terzi. Anche in questo caso la reiterazione e la gravità possono prevedere l'applicazione della sanzione del licenziamento;
- violazione di doveri ed obblighi di comportamento, non ricompresi nei punti precedenti, da cui sia comunque derivato grave danno all'ente e agli utenti o ai terzi;

> **sospensione** dal servizio con **privazione della retribuzione da 11 giorni fino ad un massimo di 6 mesi**.

Questa sanzione si applica per le seguenti condotte:
- recidiva nel biennio delle mancanze previste nel precedente punto (*privazione della retribuzione fino a 10 giorni*);
- occultamento, da parte del responsabile della custodia, del controllo o della vigilanza, di fatti e circostanze relativi ad illecito uso, manomissione, distrazione o sottrazione di somme o beni di pertinenza dell'ente o ad esso affidati;
- atti, comportamenti o molestie a carattere sessuale ove non sussista la gravità e la reiterazione;
- alterchi con vie di fatto negli ambienti di lavoro, anche con gli utenti;
- violazione di doveri ed obblighi di comportamento, non ricompresi nelle lettere precedenti, da cui sia, comunque, derivato grave danno all'ente agli utenti o a terzi.
- fino a due assenze ingiustificate dal servizio in continuità con le giornate festive e di riposo settimanale;
- ingiustificate assenze collettive nei periodi in cui è necessario assicurare continuità nell'erogazione di servizi all'utenza.

> **licenziamento, con preavviso e senza preavviso**. Queste ipotesi saranno esaminate nel dettaglio nei prossimi paragrafi.

Il Testo unico sul pubblico impiego (D.Lgs. 165/2001), poi, prevede specifiche sanzioni nelle seguenti ipotesi:

> **sospensione dal servizio con privazione della retribuzione fino ad un massimo di 15 giorni** nel caso di mancata collaborazione (rifiuto di fornire informazioni rilevanti o resa di dichiarazioni false o reticenti), senza un giustificato motivo, nell'ambito di un procedimento disciplinare da parte di dirigenti o dipendenti appartenenti alla stessa o a una diversa Amministrazione dell'incolpato (art. 55-*bis*, co. 7, D.Lgs. 165/2001);

> **sospensione dal servizio con privazione della retribuzione da un minimo di 3 giorni fino ad un massimo di 3 mesi** per violazione di obblighi concernenti la prestazione lavorativa, che abbia determinato la condanna dell'Amministrazione al risarcimento del danno (art. 55-*sexies*, co. 1, D.Lgs. 165/2001);

> **sospensione dal servizio con privazione della retribuzione fino ad un massimo di 3 mesi**, per il mancato esercizio o la decadenza dall'azione disciplinare, dovuti all'omissione o al ritardo, senza giustificato motivo, degli atti del procedimento disciplinare, ovvero a valutazioni manifestamente irragionevoli di insussistenza dell'illecito in relazione a condotte aventi oggettiva e palese rilevanza disciplinare (art. 55-*sexies*, co. 3, D.Lgs. 165/2001).

Al dipendente responsabile di più mancanze compiute con unica azione od omissione o con più azioni od omissioni fra loro collegate ed accertate con un unico procedimento, è applicabile la sanzione prevista per la mancanza più grave, se le infrazioni sono punite con sanzioni di diversa gravità.

4.1.3 Determinazione concordata della sanzione

L'art. 63 del CCNL comparto Funzioni locali disciplina una **procedura di tipo conciliativo** (*non obbligatoria*) fra l'autorità disciplinare competente e il dipendente volta a **concordare la sanzione disciplinare da applicare**. Si tratta di una procedura che prevede diverse limitazioni:

- non è applicabile nelle ipotesi in cui la legge o il contratto collettivo prevedano il licenziamento, con o senza preavviso;
- può riguardare solo l'entità ma non può decidere di sostituire una tipologia di sanzione con una diversa da quella prevista dalla legge o dal contratto collettivo (ad esempio una multa in luogo della privazione della retribuzione);
- l'accordo raggiunto non può essere impugnato.

Il **procedimento conciliativo** si articola nei seguenti passaggi:

- la proposta può essere avanzata da entrambe le parti (autorità disciplinare e dipendente) entro 5 giorni dall'audizione del dipendente per il contraddittorio a sua difesa; deve contenere una sommaria prospettazione dei fatti, delle risultanze del contraddittorio e l'indicazione della misura della sanzione ritenuta applicabile. La mancata formulazione della proposta entro il termine indicato comporta la decadenza delle parti dalla facoltà di attivare ulteriormente la procedura conciliativa;
- la controparte deve comunicare la propria disponibilità entro 5 giorni dal ricevimento della proposta. La mancata accettazione impedisce la successiva possibilità di attivare ulteriormente la procedura conciliativa;
- se la proposta è accettata le parti si incontrano entro i successivi 3 giorni. Al termine dell'incontro è redatto un verbale nel quale è indicata la sanzione concordata (in caso di esito positivo) oppure è indicato il mancato accordo (in caso di esito negativo).

La procedura conciliativa deve concludersi entro 30 giorni dalla contestazione e comunque prima dell'irrogazione della sanzione. La scadenza di tale termine comporta l'estinzione della procedura conciliativa eventualmente già avviata e ancora in corso di svolgimento e la decadenza delle parti dalla facoltà di avvalersi ulteriormente della stessa.

4.2 La cessazione del rapporto di lavoro e il licenziamento

4.2.1 Cause generali di cessazione del rapporto di lavoro

Per potersi parlare di cessazione del rapporto di lavoro del dipendente di un'Amministrazione si deve verificare **uno dei seguenti eventi**:

- raggiungimento del *limite massimo di età* lavorativa o contributiva;
- *dimissioni*, nel rispetto dei termini di preavviso prescritti;
- *decesso*;
- *impossibilità di rinnovo* dell'incarico dirigenziale per mancato raggiungimento degli obiettivi o per inosservanza imputabile delle direttive impartite;
- *perdita della cittadinanza* italiana o europea, secondo quanto previsto dalla disciplina nazionale e dell'Unione europea, laddove tale requisito sia essenziale per svolgere l'attività prevista;
- *superamento del periodo di comporto* previsto per le *assenze per malattia*, eventualmente anche dovute a causa di servizio;
- *licenziamento disciplinare*, con o senza preavviso (fondato su presupposti che assorbono gran parte delle cause di licenziamento previste dalla disciplina pubblicistica o civilistica);
- *annullamento della procedura di reclutamento*;
- *dispensa dal servizio* per inidoneità fisica e psichica;

- decadenza dall'impiego per mancata cessazione della situazione di *incompatibilità fra obblighi di servizio e attività svolte dal dipendente*, nonostante la diffida effettuata dall'ente datore di lavoro;
- decadenza dall'impiego per *superamento del periodo di 24 mesi di collocamento in disponibilità* senza che sia stato possibile ricollocare altrimenti il lavoratore;
- decadenza dall'impiego per avvenuta *accettazione di una missione o altro incarico da un'autorità straniera* senza autorizzazione del Ministro competente.

4.2.2 Il licenziamento con preavviso

Ferma la disciplina in tema di licenziamento per giusta causa o giustificato motivo, si applica la sanzione disciplinare del **licenziamento con preavviso** per le seguenti ipotesi:

- **assenza priva di valida giustificazione** per un numero di giorni, anche non continuativi, superiore a 3 nell'arco di un biennio o comunque per più di 7 giorni nel corso degli ultimi 10 anni ovvero mancata ripresa del servizio, in caso di assenza ingiustificata, entro il termine fissato dall'Amministrazione (art. 55-*quater*, co. 1, lett. *b*, D.Lgs. 165/ 2001);
- ingiustificato **rifiuto del trasferimento** disposto dall'Amministrazione per motivate esigenze di servizio (art. 55-*quater*, co. 1, lett. *c*, D.Lgs. 165/ 2001);
- gravi o reiterate **violazioni dei codici di comportamento** (art. 55-*quater*, co. 1, lett. f-*bis*, D.Lgs. 165/ 2001);
- **commissione dolosa**, **o gravemente colposa**, **dell'infrazione di cui all'art. 55-*sexies*, co. 3**, ossia il mancato esercizio o la decadenza dall'azione disciplinare, dovuti all'omissione o al ritardo, senza giustificato motivo, degli atti del procedimento disciplinare (art. 55-*quater*, co. 1, lett. f-*ter*, D.Lgs. 165/ 2001);
- reiterata **violazione di obblighi concernenti la prestazione lavorativa**, che abbia determinato l'applicazione, in sede disciplinare, della sospensione dal servizio per un periodo complessivo superiore a un anno nell'arco di un biennio (art. 55-*quater*, co. 1, lett. f-*quater*, D.Lgs. 165/ 2001);
- **insufficiente rendimento**, dovuto alla reiterata violazione degli obblighi concernenti la prestazione lavorativa, stabiliti da norme legislative o regolamentari, dal contratto collettivo o individuale, da atti e provvedimenti dell'Amministrazione di appartenenza, e rilevato dalla costante reiterata valutazione negativa della *performance* del dipendente per ciascun anno nell'arco dell'ultimo triennio, resa a tali specifici fini (art. 55-*quater*, co. 1, lett. f-*quinquies*, D.Lgs. 165/ 2001);
- l'**omessa attivazione del procedimento disciplinare** e l'**omessa adozione del provvedimento di sospensione cautelare**, senza giustificato motivo, per i dirigenti e, negli enti privi di qualifica dirigenziale, per i responsabili di servizio competenti, che abbiano acquisito conoscenza di una falsa attestazione della presenza in servizio (art. 55-*quater*, co. 3-*quinquies*, D.Lgs. 165/ 2001);
- **recidiva nel biennio** nelle violazioni per le quali in prima istanza non si applica la sanzione del licenziamento (art. 59, co. 5, 6, 7 e 8, CCNL comparto «Funzioni locali»);

- **recidiva plurima**, in una delle mancanze sanzionabili senza il licenziamento, anche se di diversa natura, o recidiva, nel biennio, in una mancanza che abbia già comportato l'applicazione della sanzione di sospensione dal servizio e dalla retribuzione;
- recidiva nel biennio di **atti, comportamenti o molestie a carattere sessuale** o quando l'atto, il comportamento o la molestia rivestano carattere di particolare gravità;
- **condanna passata in giudicato**, per un delitto che, commesso fuori del servizio e non attinente in via diretta al rapporto di lavoro, non ne consenta la prosecuzione per la sua specifica gravità;
- violazione degli obblighi di comportamento in tema di **accettazione di regali o altre utilità** e compimento dei doveri d'ufficio (art. 16, co. 2, secondo e terzo periodo, D.P.R. 62/2013);
- violazione dei doveri e degli obblighi di comportamento non ricompresi nei punti precedenti ma di gravità tale da non consentire la prosecuzione del rapporto di lavoro;
- **mancata ripresa del servizio**, salvo casi di comprovato impedimento, dopo periodi di interruzione dell'attività previsti dalle disposizioni legislative e contrattuali vigenti, alla conclusione del periodo di sospensione o alla scadenza del termine fissato dall'Amministrazione.

4.2.3 Il licenziamento senza preavviso

Si applica la massima sanzione del licenziamento **senza preavviso** per:

- le ipotesi di **falsa attestazione della presenza in servizio** (mediante l'alterazione dei sistemi di rilevamento della presenza o con altre modalità fraudolente) ovvero giustificazione dell'assenza dal servizio mediante una certificazione medica falsa o che attesta falsamente uno stato di malattia (art. 55-*quater*, co. 1, lett. *a*, D.Lgs. 165/2001).

In merito alle false attestazioni o certificazioni, il D.Lgs. 75/2017, modificando l'art. 55-*quinquies*, co. 3-*bis*, del D.Lgs. 165/2001, dispone che i **contratti collettivi nazionali** individuino le condotte e fissino le corrispondenti sanzioni disciplinari con riferimento alle ipotesi di *ripetute e ingiustificate assenze dal servizio in continuità con le giornate festive e di riposo settimanale*, nonché con riferimento ai casi di ingiustificate *assenze collettive in determinati periodi* nei quali è necessario assicurare continuità dell'erogazione dei servizi all'utenza;

- le **falsità documentali o dichiarative** commesse ai fini o in occasione dell'instaurazione del rapporto di lavoro ovvero di progressioni di carriera (art. 55-*quater*, co. 1, lett. *d*, D.Lgs. 165/ 2001);
- la reiterazione nell'ambiente di lavoro di **gravi condotte aggressive o moleste o minacciose o ingiuriose** o comunque lesive dell'onore e della dignità personale altrui (art. 55-*quater*, co. 1, lett. *e*, D.Lgs. 165/ 2001);
- la **condanna penale definitiva**, in relazione alla quale è prevista l'interdizione perpetua dai pubblici uffici ovvero l'estinzione, comunque denominata, del rapporto di lavoro (art. 55-*quater*, co. 1, lett. *f*), D.Lgs. 165/2001).

Si aggiungono a queste ipotesi, richiamate anche nel CCNL comparto Funzioni locali, quelle oggetto di specifica previsione nello stesso contratto collettivo, cioè a dire:

- la commissione di **gravi fatti illeciti di rilevanza penale**, ivi compresi quelli che possono dare luogo alla sospensione cautelare;
- la condanna passata in giudicato per un **delitto commesso in servizio o fuori servizio** che, pur non attenendo in via diretta al rapporto di lavoro, non ne consenta neanche provvisoriamente la prosecuzione per la sua specifica gravità;
- la **commissione in genere (anche nei confronti di terzi) di fatti o atti dolosi**, che, pur non costituendo illeciti di rilevanza penale, sono di gravità tale da non consentire la prosecuzione neppure provvisoria del rapporto di lavoro;
- la condanna, anche non passata in giudicato, per i delitti indicati dall'art. 7, co. 1, e 8, co. 1, D.Lgs. 235/2012 (*Testo unico sull'incandidabilità*), quando alla condanna consegua comunque l'**interdizione perpetua dai pubblici uffici**, per i delitti previsti dall'art. 3, co. 1, L. 97/2001 e per gravi delitti commessi in servizio;
- le **violazioni intenzionali degli obblighi**, non ricompresi specificatamente nei punti precedenti, anche nei confronti di terzi, di gravità tale da non consentire la prosecuzione neppure provvisoria del rapporto di lavoro.

4.3 Il procedimento disciplinare

4.3.1 Titolarità del potere disciplinare

La contestazione dell'addebito al dipendente e lo sviluppo della procedura disciplinare sono regolamentati nel D.Lgs. 165/2001 (nel testo modificato dal D.Lgs. 75/2017) e nei contratti collettivi di lavoro di comparto.
Per quanto riguarda i **soggetti titolari del potere disciplinare:**

- per le *infrazioni di minore gravità* (quelle per le quali è prevista la sanzione del rimprovero verbale), la competenza spetta al **responsabile della struttura** presso cui il dipendente presta servizio e secondo le procedure stabilite dal contratto collettivo. Per il CCNL comparto Funzioni locali si fa riferimento all'art. 58, co. 4, il quale prevede che il responsabile, previa audizione del dipendente a difesa sui fatti addebitati, procede all'irrogazione della sanzione;
- per le *restanti infrazioni* (quelle punite con sanzioni diverse dal mero rimprovero verbale) la competenza spetta all'**Ufficio per i procedimenti disciplinari (UPD)**, che ciascuna Amministrazione deve individuare secondo il proprio ordinamento. Resta ferma la possibilità, previa convenzione, di provvedere alla gestione unificata delle funzioni dell'ufficio da parte di più Amministrazioni.

Alla ripartizione sopra riportata fa eccezione il *personale docente, educativo e amministrativo, tecnico e ausiliario* (ATA), presso le istituzioni scolastiche ed educative statali. In questo caso è attribuito al dirigente della struttura (in sostanza il Dirigente scolastico) il potere di irrogare sanzioni fino alla sospensione dal servizio con privazione della retribuzione per 10 giorni (art. 55-*bis*, co. 9-*quater*, D.Lgs. 165/2001).

È da sottolineare che, secondo le indicazioni dell'art. 55 D.Lgs. 165/2001, le norme in materia di responsabilità disciplinare e quelle che ne disciplinano il procedimento sono di carattere imperativo e la loro violazione, *dolosa o colposa*, costituisce a sua volta illecito disciplinare in capo ai dipendenti preposti alla loro applicazione.

4.3.2 Fasi del procedimento disciplinare dinanzi all'UPD

Il procedimento disciplinare dinanzi all'UDP è regolamentato dall'art. 55-*bis*, commi 4 e seguenti, D.Lgs. 165/2001, nel testo modificato dal D.Lgs. 75/2017. L'iter può essere suddiviso in quattro fasi:

> **fase preistruttoria** nella quale si ha conoscenza del fatto e si provvede alla *segnalazione*. Al di fuori dei casi di licenziamento senza preavviso, il responsabile della struttura presso cui presta servizio il dipendente, segnala "immediatamente", e comunque entro 10 giorni, all'UPD i fatti ritenuti di rilevanza disciplinare di cui abbia avuto conoscenza.

Sanzioni particolarmente severe sono contemplate per il *mancato esercizio o la decadenza dell'azione disciplinare*, dovuti all'omissione o al ritardo, senza giustificato motivo, degli atti del procedimento disciplinare o a valutazioni sull'insussistenza dell'illecito disciplinare irragionevoli o manifestamente infondate, in relazione a condotte aventi oggettiva e palese rilevanza disciplinare. Per i soggetti responsabili di tali azioni (quindi anche non dirigenti) si applica la sanzione della sospensione dal servizio fino a un massimo di 3 mesi, salva la maggiore sanzione del licenziamento nel caso in cui questa sia prevista (art. 55-*sexies*, co. 3, D.Lgs. 165/2001);

> **fase contestatoria**, nella quale si provvede a contestare formalmente e a comunicare al dipendente l'addebito che gli viene mosso. L'UPD provvede con immediatezza, e comunque non oltre 30 giorni (decorrenti dalla segnalazione del responsabile della struttura o dal momento in cui ha comunque avuto conoscenza dei fatti di rilevanza disciplinare), alla **contestazione scritta dell'addebito**, secondo le modalità indicate nell'art. 55-*bis*, co. 5, D.Lgs. 165/2001. Con un preavviso di almeno 20 giorni, si procede, poi, alla convocazione dell'interessato per l'audizione in contraddittorio a sua difesa.

La comunicazione di contestazione dell'addebito al dipendente, nell'ambito del procedimento disciplinare, è effettuata a mezzo *posta elettronica certificata*, qualora il dipendente disponga di idonea casella di posta, ovvero a mezzo *consegna a mano*.
In alternativa, le comunicazioni sono effettuate a mezzo *raccomandata postale con ricevuta di ritorno*. Per le comunicazioni successive alla contestazione dell'addebito, è consentita la comunicazione fra l'Amministrazione e i propri dipendenti a mezzo posta elettronica o altri strumenti informatici di comunicazione, ovvero anche al numero di fax o altro indirizzo di posta elettronica, previamente comunicati dal dipendente o dal suo procuratore.

Nel corso dell'**istruttoria**, l'UPD può acquisire da altre Amministrazioni pubbliche informazioni o documenti rilevanti per la definizione del procedimento, attività che non determina la sospensione del procedimento, né il differimento dei relativi termini.

Una disposizione specifica riguarda i *dipendenti* o i *dirigenti*, appartenenti alla stessa o a una diversa Amministrazione dell'incolpato, che, essendo a conoscenza per ragioni di ufficio o di servizio di informazioni rilevanti per un procedimento disciplinare in corso, rifiutano, senza giustificato motivo, la collaborazione richiesta dall'UPD procedente ovvero rendono dichiarazioni false o reticenti. A tali soggetti è applicabile, da parte dell'Amministrazione di appartenenza, la sanzione disciplinare della sospensione dal servizio con privazione della retribuzione, commisurata alla gravità dell'illecito contestato al dipendente, fino ad un massimo di 15 giorni (art. 55-*bis*, co. 7, D.Lgs. 165/2001);

- **fase difensiva**, nella quale si consente al dipendente di *opporre le proprie ragioni* alle contestazioni ricevute. Il dipendente può farsi assistere da un procuratore ovvero da un rappresentante dell'associazione sindacale cui aderisce o conferisce mandato. In caso di grave ed oggettivo impedimento, ferma la possibilità di depositare memorie scritte, può richiedere che l'audizione a sua difesa sia differita, per una sola volta, con proroga del termine per la conclusione del procedimento in misura corrispondente. Il dipendente ha diritto di accesso agli atti istruttori del procedimento, fatta eccezione per la speciale tutela accordata alla segnalazione effettuata dal cd. *whistleblower* (art. 54, co. 4, D.Lgs. 165/2001);
- **fase decisoria**, nella quale si conclude il procedimento con l'archiviazione o con l'applicazione della sanzione. L'UPD deve concludere il procedimento, con l'atto di *archiviazione* o di *irrogazione della sanzione*, **entro 120 giorni dalla contestazione dell'addebito**. Gli atti di avvio e conclusione del procedimento, nonché l'eventuale provvedimento di sospensione cautelare, sono comunicati all'Ispettorato per la funzione pubblica, entro 20 giorni dalla loro adozione. Al fine di tutelare la riservatezza del dipendente, il nominativo dello stesso è sostituito da un codice identificativo.

La sanzione è **impugnabile in sede giurisdizionale o arbitrale**, secondo le norme contenute nel codice di procedura civile. Con il consenso del dipendente la sanzione applicabile può anche essere ridotta, ma in tal caso non è più suscettibile di impugnazione.

Di particolare rilievo sono le disposizioni introdotte dal D.Lgs. 75/2017 volte a garantire l'**effettività** del procedimento disciplinare, significativamente innovative rispetto alla precedente normativa.

Si prevede, in particolare, che i **vizi del procedimento disciplinare** (ossia la violazione dei *termini* e delle *disposizioni* che lo disciplinano), ferma l'eventuale responsabilità del dipendente cui essi siano imputabili, **non determinano la decadenza dell'azione disciplinare né l'invalidità degli atti e della sanzione irrogata**, purché non risulti *irrimediabilmente compromesso il diritto di difesa del dipendente* e le modalità di esercizio dell'azione disciplinare, anche in ragione della natura degli accertamenti svolti nel caso concreto, siano comunque compatibili con il *principio di tempestività* (art. 55-*bis*, co. 9-*ter*, D.Lgs. 165/2001).

La previgente normativa (art. 55-*bis*, co. 4, ultimo periodo) prevedeva, a garanzia della durata certa del procedimento disciplinare, che "la violazione dei termini [...] comporta, per l'Amministrazione, la decadenza dall'azione disciplinare ovvero, per il dipendente, dall'esercizio del diritto di difesa". Le modifiche comportano, quindi, la *trasformazione dei termini del procedimento disciplinare da perentori a meramente ordinatori*.

Altre disposizioni innovative, introdotte dal D.Lgs. 75/2017, rispetto alla normativa vigente dispongono la nullità delle disposizioni di regolamento o interne, nonché delle clausole contrattuali, che prevedono per l'irrogazione di sanzioni disciplinari *requisiti formali o procedurali ulteriori* rispetto a quelli indicati per legge o che comunque aggravino il procedimento disciplinare.

4.3.3 Il procedimento disciplinare accelerato

In tutti i casi in cui le **condotte punibili con il licenziamento siano accertate in flagranza** non trova applicazione la procedura prima indicata bensì quella prevista dall'art. 55-*quater*, co. 3-*bis* e seguenti, D.Lgs. 165/2001, **caratterizzata da termini più brevi** per le varie fasi e perciò definita "accelerata".

Introdotta inizialmente dal D.Lgs. 116/2016 per reprimere più efficacemente il fenomeno delle false attestazioni della presenza in servizio (i cosiddetti *furbetti del cartellino*) è stata successivamente estesa (con il D.Lgs. 75/2017) a tutte le ipotesi in cui sia previsto il licenziamento e le condotte siano accertate in flagranza.

La procedura prevede che:

> si debba procedere all'**immediata sospensione cautelare** del dipendente, senza stipendio (fatto salvo il diritto all'assegno alimentare nella misura stabilita dalle disposizioni normative e contrattuali vigenti) e senza obbligo di preventiva audizione;

> la sospensione sia disposta dal responsabile della struttura in cui il dipendente lavora o dal competente UPD, con provvedimento motivato, in via immediata e comunque **entro 48 ore** dal momento in cui ne sono venuti a conoscenza. La violazione di tale termine non determina la decadenza dall'azione disciplinare né l'inefficacia della sospensione cautelare, fatta salva l'eventuale responsabilità del dipendente cui essa sia imputabile;

> laddove sia accertata l'effettiva violazione, con il provvedimento di sospensione cautelare si procede anche alla **contestuale contestazione per iscritto dell'addebito** e alla convocazione del dipendente dinanzi all'UPD;

> il **dipendente sia convocato**, per il contraddittorio a sua difesa, con un preavviso di almeno 15 giorni (20 giorni nella procedura ordinaria). Fino alla data dell'audizione, può inviare una memoria scritta o, in caso di grave, oggettivo e assoluto impedimento, chiedere un rinvio per un periodo non superiore a 5 giorni e che comunque può essere disposto una sola volta;

> l'UPD **concluda il procedimento entro 30 giorni** (120 nella procedura ordinaria) dalla ricezione, da parte del dipendente, della contestazione dell'addebito.

Come già visto per il procedimento ordinario, anche in questo caso la **violazione dei termini**, fatta salva l'eventuale responsabilità del dipendente cui essa sia imputabile, non determina la decadenza dall'azione disciplinare né l'invalidità della sanzione irrogata. Ciò a patto che non risulti irrimediabilmente compromesso il diritto di difesa del dipendente e non sia superato il termine per la conclusione del procedimento ordinario (120 giorni: art. 55-*bis*, co. 4, D.Lgs. 165/2001).

4.3.4 Il rapporto fra procedimento disciplinare e procedimento penale

Sotto il profilo procedurale va sottolineata la piena **autonomia del procedimento disciplinare rispetto al processo penale**. Il procedimento disciplinare che abbia a oggetto in tutto o in parte fatti in relazione ai quali procede l'autorità giudiziaria è proseguito e concluso anche in pendenza del procedimento penale e non comporta la sospensione del procedimento. Per le infrazioni per le quali è applicabile una sanzione superiore alla sospensione del servizio con privazione della retribuzione fino a 10 giorni, l'UPD – nei casi di particolare complessità dell'accertamento del fatto addebitato al dipendente e quando all'esito dell'istruttoria non dispone di elementi sufficienti a motivare l'irrogazione della sanzione – **può sospendere il procedimento disciplinare fino al termine di quello penale**.

- Il procedimento disciplinare è **ripreso** o **riaperto** (se si conclude con l'archiviazione e il processo penale con una sentenza irrevocabile di condanna, o se emergono elementi per una sanzione più grave) entro 60 giorni dalla comunicazione della sentenza all'Amministrazione di appartenenza del lavoratore, ovvero dalla presentazione dell'istanza di riapertura. Il procedimento ripreso o riaperto si svolge secondo quanto previsto nell'art. 55-*bis* con integrale nuova decorrenza dei termini ivi previsti per la sua conclusione.
- Il procedimento disciplinare sospeso può essere **riattivato** qualora l'Amministrazione giunga in possesso di elementi sufficienti per concluderlo, anche sulla base di un provvedimento giurisdizionale non definitivo; inoltre, per quanto riguarda i tempi del procedimento ripreso o riaperto successivamente alla sentenza del giudice penale, trovano applicazione i termini generali, che decorrono nuovamente ed integralmente.

L'art. 62 del CCNL comparto Funzioni locali, dopo aver richiamato la disciplina sopra illustrata riportata negli artt. 55-*ter* e 55-*quater* del D.Lgs. 165/2001, definisce gli effetti sul procedimento disciplinare della sentenza penale. Le ipotesi contemplate sono:

- **procedimento disciplinare sospeso e successiva sentenza penale irrevocabile di assoluzione** nella quale si riconosca che il "fatto non sussiste" o che "l'imputato non lo ha commesso" oppure "non costituisce illecito penale" o altra formulazione analoga. In questo caso, l'autorità disciplinare procedente riprende il procedimento disciplinare e adotta le determinazioni conclusive. Se nel procedimento disciplinare sospeso, oltre ai fatti oggetto del giudizio penale per i quali vi sia stata assoluzione, erano state contestate altre violazioni, oppure i fatti contestati, pur prescritti o non costituenti illecito penale, rivestano comunque rilevanza disciplinare, il procedimento riprende e prosegue per dette infrazioni;
- **procedimento disciplinare non sospeso concluso con il licenziamento e successiva sentenza penale irrevocabile di assoluzione**, nella quale si riconosca che il "fatto non sussiste" o che "l'imputato non lo ha commesso" oppure "non costituisce illecito penale" o altra formulazione analoga. In questo caso, il procedimento è riaperto e si conclude con un atto di archiviazione; il dipendente ha diritto, dalla data della sentenza di assoluzione, alla riammissione in servizio presso l'ente, anche in soprannumero nella medesima sede o in altra, nella medesima qualifica e con decorrenza dell'anzianità posseduta all'atto del licenziamento. Analoga disciplina trova applicazione nel caso in cui l'assoluzione del dipendente consegua a **sentenza pronunciata a seguito di processo di revisione**. Qualora, oltre ai fatti che hanno determinato il licenziamento, siano state contestate al dipendente altre violazioni, ovvero nel caso in cui le violazioni siano rilevanti sotto profili diversi da quelli che hanno portato al licenziamento, il procedimento disciplinare viene riaperto.

4.4 La sospensione cautelare del dipendente

Qualora il dipendente sia sottoposto a procedimento disciplinare o penale, l'ordinamento appresta una misura cautelare (non una sanzione) che può essere applicata onde evitare che il soggetto accusato di un illecito di particolare gravità continui a prestare servizio, pregiudicando la regolarità del funzionamento degli uffici e il prestigio dell'Amministrazione: la **sospensione cautelare**.
La misura è disciplinata diversamente secondo che *intervenga nel corso di un procedimento disciplinare* oppure sia adottata in attesa dello *svolgimento di un procedimento penale*.

La **sospensione cautelare in corso di procedimento disciplinare** *può* essere disposta (ed è, dunque, *facoltativa*) in quelle ipotesi in cui l'ente riscontri la necessità di espletare accertamenti su fatti addebitati al dipendente a titolo di infrazione disciplinare punibili con sanzione non inferiore alla sospensione dal servizio e dalla retribuzione. Deve *necessariamente essere disposta* (e dunque *non è facoltativa*) nelle ipotesi in cui si applichi il procedimento disciplinare accelerato (art. 55-*quater*, co. 3-*bis*, D.Lgs. 165/2001).

Non può avere una durata superiore a 30 giorni, con conservazione della retribuzione. Se il procedimento si conclude con una sanzione che prevede la sospensione dal servizio con privazione della retribuzione, il periodo di sospensione è computato nella sanzione, recuperando la parte relativa alla decurtazione della retribuzione.

Invece la **sospensione cautelare in seguito a procedimento penale**:

> è *obbligatoria* quando il dipendente è sottoposto a misura restrittiva della libertà personale. La sospensione è disposta d'ufficio con privazione della retribuzione per la durata dello stato di detenzione o, comunque, dello stato restrittivo della libertà;
> anche se non v'è restrizione della libertà personale, la sospensione è *obbligatoria* e si estende fino al termine del procedimento penale nelle specifiche ipotesi previste dalla legge e dal contratto collettivo; vi rientrano, in particolare, tutti i reati che impediscono la candidabilità di un soggetto (art. 7, co. 1, e 8, co. 1, D.Lgs. 235/2012) e in tutti gli altri casi legislativamente previsti;
> *facoltativa* quando non vi è restrizione della libertà personale o questa sia cessata (con l'esclusione delle ipotesi prima citate).

Capitolo 5
Le figure dirigenziali

5.1 Le figure apicali negli enti locali

Anche per la specifica disciplina delle figure apicali degli enti locali, il TUEL (D.Lgs. 267/2000) opera un rinvio alla normativa generale sul pubblico impiego.
L'art. 111 TUEL, a chiusura del Capo III (dirigenza e incarichi) del Titolo IV (organizzazione e personale), prevede che gli enti locali, tenendo conto delle proprie peculiarità, adeguano lo statuto e il regolamento ai principi del D.Lgs. 165/2001.
Le figure apicali delle strutture in cui è articolato l'ente locale possano avere diversa qualificazione, con naturale riferimento, da un lato, alla dimensione della specifica struttura cui il soggetto è preposto e, d'altro, alla dimensione complessiva dell'ente stesso.

5.2 I dirigenti

5.2.1 La dirigenza pubblica

I dirigenti pubblici sono dei **dipendenti reclutati con una procedura *ad hoc* e posti in posizione direttiva di un ufficio pubblico**. La materia della dirigenza pubblica è stata oggetto di numerosi interventi legislativi nel corso degli anni, a conferma del ruolo cruciale di tale settore, in relazione alla concreta attuazione degli obiettivi costituzionali del buon andamento e dell'imparzialità della Pubblica Amministrazione, di cui all'art. 97 Cost.
Il modello napoleonico, centrale e rigidamente gerarchizzato, adottato dal Regno Sabaudo e mantenuto dalla Repubblica nonostante vari tentativi di riforma, è stato accantonato solo con l'istituzione della dirigenza statale, ad opera del D.P.R. 30-6-1972, n. 748.
Dopo vari parziali interventi, nel quadro del processo di "contrattualizzazione" del rapporto di pubblico impiego, è solo con il D.Lgs. 29/1993 e con i successivi decreti correttivi, che la **riforma della dirigenza** vede una fase nuova.

Il D.Lgs. 29/1993 (ora confluito nel D.Lgs. 165/2001) valorizzava la distinzione all'interno dell'organizzazione della Pubblica Amministrazione, fra organi politici e burocrazia, affidando agli organi di governo delle Amministrazioni, essenzialmente, compiti di indirizzo e controllo. Allo stesso tempo, si accentuava la tendenza a trasformare la dirigenza pubblica in *management*, abbandonando il **modello burocratico tradizionale** (i dirigenti come custodi della legittima esecuzione amministrativa), a vantaggio di una **dirigenza più imprenditoriale** (i dirigenti diventano gestori delle risorse materiali e umane dell'Amministrazione e responsabili dei risultati, in un contesto di lavoro pubblico complessivamente privatizzato).

Altra grande novità della riforma era il suo carattere tendenzialmente generale, non più contenuto in specifici settori dell'Amministrazione; successivamente il D.Lgs. 80/1998 ha completato il **processo di privatizzazione**, estendendolo anche al rapporto di lavoro dei dirigenti generali delle Pubbliche Amministrazioni.

L'assetto della dirigenza pubblica disegnato dal D.Lgs. 29/1993 e nei successivi provvedimenti è stato sostanzialmente recepito dal Testo unico sul pubblico impiego (D.Lgs. 165/2001).
Attualmente, per la nomina di un dirigente sono previste due fasi e due atti retti da diverse discipline:

- il provvedimento di **affidamento dell'incarico**, atto amministrativo che implica tutela amministrativa;
- il **contratto di lavoro**, nel quale si stabiliscono gli obiettivi e il compenso, atto privato con tutela davanti al giudice del lavoro.

La stessa legge delinea un meccanismo – il cosiddetto *spoils system* – per la revisione delle nomine di competenza del Governo o dei singoli Ministri negli organi amministrativi (di enti pubblici, società controllate o partecipate dallo Stato, agenzie), in base al quale le nomine predette, effettuate nei 6 mesi antecedenti la scadenza naturale della legislatura o nel mese antecedente lo scioglimento anticipato di entrambe le Camere, possano essere confermate, revocate, modificate o rinnovate entro 6 mesi dal voto sulla fiducia al Governo. Decorso tale termine, in assenza di interventi, gli incarichi si intendono confermati.

La **valutazione della dirigenza** è il punto centrale della riforma del *management* pubblico. L'incapacità di controllare gli obiettivi assegnati ai dirigenti, difatti, è stato uno dei principali problemi che hanno sostanzialmente ostacolato il vero lancio della Pubblica Amministrazione verso l'effettiva privatizzazione e verso la vera gestione di stampo privatistico. In tutti i testi di legge successivi al D.Lgs. 165/2001 si riscontrano interventi normativi che, da un lato, introducono o incrementano meccanismi di maggiore economicità o efficienza e, dall'altro, riconducono la mancata realizzazione di questi risultati o la mancata adozione degli strumenti a ciò necessari come un elemento per la valutazione della responsabilità dirigenziale.
In argomento, disposizione di rilevo è l'art. 25 del D.L. 112/2008 (conv. in L. 133/2008), la cui *ratio* è stata successivamente confermata dal D.Lgs. 150/2009; il provvedimento, infatti, stabilisce che nella valutazione dei dirigenti responsabili si tiene conto del raggiungimento dei risultati indicati nei piani di semplificazione approvati dall'ente di appartenenza e finalizzati a ridurre gli oneri di spesa a carico delle procedure amministrative.

Con D.Lgs. 150/2009 (artt. 37-47) sono state apportate al D.Lgs. 165/2001 innovazioni mirate a fare dei dirigenti i veri **responsabili dell'attribuzione dei trattamenti economici accessori**, affidando loro la *valutazione della performance individuale di ciascun dipendente*, secondo criteri certificati dal sistema generale di valutazione; il tutto per conseguire la migliore organizzazione del lavoro e assicurare il progressivo miglioramento della qualità delle prestazioni erogate al pubblico.
La normativa valorizza enormemente la figura del dirigente, il quale ha a disposizione reali e concreti **strumenti per operare e per sanzionare il personale**, ma è a

propria volta sanzionato, anche economicamente, qualora non svolga efficacemente la propria attività.

5.2.2 La dirigenza locale e la separazione governo-amministrazione

Mentre gli organi politici sono deputati alla determinazione dell'indirizzo politico dell'ente, gli apparati amministrativi sono preposti allo svolgimento delle attività e all'erogazioni dei servizi alla collettività. La direzione delle attività amministrative locali è, di regola, affidata al potere organizzativo di una figura di livello dirigenziale, che si avvale di dipendenti di varie professionalità per attendere alle funzioni istituzionali.

Il **dirigente è titolare non solo della gestione amministrativa, ma anche di quella finanziaria e tecnica**, attraverso degli autonomi poteri di spesa, di organizzazione delle risorse umane, strumentali e di controllo. In enti di grandi dimensioni è facile che, in relazione alla complessità della attività da svolgere possano anche essere presenti diverse figure dirigenziali.

Una **deroga parziale al principio della separazione fra attività di indirizzo e controllo politico e attività di gestione** può essere rinvenuta nell'art. 53, co. 23, L. 388/2000 (Finanziaria per il 2001). Questa disposizione, infatti, prevede che gli **enti locali con popolazione inferiore a 5.000 abitanti** possono adottare disposizioni regolamentari e organizzative finalizzate ad *attribuire ai componenti dell'organo esecutivo* (in pratica la Giunta) la responsabilità degli uffici e dei servizi ed il potere di adottare atti anche di natura tecnica gestionale.
Si tratta di una deroga applicabile solo al ricorrere di determinate condizioni:

- deve essere specificamente contemplata attraverso l'adozione di disposizioni regolamentari, in particolare con modifiche al regolamento sull'organizzazione degli uffici e dei servizi;
- deve essere un'operazione finalizzata al contenimento della spesa dell'ente, si presume quella per il personale pur nel silenzio della norma sul punto. Il risparmio di spesa conseguito deve essere documentato ogni anno, con apposita deliberazione, in sede di approvazione del bilancio;
- l'ente non deve aver incaricato il Segretario comunale delle funzioni di responsabile degli uffici e dei servizi.

5.2.3 Le funzioni e le responsabilità dei dirigenti

L'art. 107 TUEL, nello stabilire le funzioni e le responsabilità della dirigenza, specifica che **spetta ai dirigenti la direzione degli uffici e dei servizi** secondo i criteri e le norme dettati dagli statuti e dai regolamenti. Questi si uniformano al *principio per cui i poteri di indirizzo e di controllo politico-amministrativo spettano agli organi di governo, mentre la gestione amministrativa, finanziaria e tecnica* è attribuita ai dirigenti.

Il comma 2 precisa, inoltre, che **spettano ai dirigenti tutti i compiti, compresa l'adozione degli atti e dei provvedimenti amministrativi che impegnano l'Amministrazione verso l'esterno** (es. le concessioni amministrative, quali il permesso di costruire), non ricompresi espressamente dalla legge o dallo statuto fra le funzioni di indirizzo e controllo politico-amministrativo degli organi di governo dell'ente o non rientranti fra le funzioni del Segretario o del Direttore generale.

Il comma 3 del medesimo art. 107 riporta un'**elencazione delle competenze dirigenziali**, meramente esemplificativa e non tassativa. Sono attribuiti ai dirigenti tutti i compiti di attuazione degli obiettivi e dei programmi definiti con gli atti di indirizzo adottati dagli organi di governo dell'ente, fra cui:

- la presidenza delle commissioni di gara e di concorso;
- la responsabilità delle procedure d'appalto e di concorso;
- la stipulazione dei contratti, gli atti di gestione finanziaria, gli atti di amministrazione e gestione del personale;
- i provvedimenti di autorizzazione, concessione o analoghi, il cui rilascio presupponga accertamenti e valutazioni, anche di natura discrezionale, comprese le autorizzazioni e le concessioni edilizie;
- tutti i provvedimenti di sospensione dei lavori, di abbattimento e di riduzione in pristino di competenza comunale, nonché i poteri di vigilanza edilizia e di irrogazione delle sanzioni amministrative previste dalla vigente legislazione statale e regionale in materia di prevenzione e repressione dell'abusivismo edilizio e paesaggistico-ambientale, le attestazioni, le certificazioni, le comunicazioni, le diffide, i verbali, le autenticazioni;
- le legalizzazioni e ogni altro atto costituente manifestazione di giudizio e di conoscenza;
- gli atti ad essi attribuiti dallo statuto e dai regolamenti o, in base a questi, delegati dal Sindaco.

Il comma 4 stabilisce che le **attribuzioni dei dirigenti possano essere derogate soltanto espressamente e ad opera di specifiche disposizioni legislative**.
I successivi commi 5, 6 e 7 affermano che la figura del dirigente ha un **autonomo ruolo decisionale** all'interno dell'ente territoriale. Infatti, il dirigente è responsabile nei confronti dell'ente presso cui egli presta la propria attività lavorativa secondo le leggi civili, penali, amministrative e disciplinari che riguardano tutti i pubblici dipendenti. Più in particolare, la **responsabilità del dirigente** è collegata anche al conseguimento dei risultati, al raggiungimento degli obiettivi dell'ente, all'efficienza della gestione. In sostanza, trattasi di una responsabilità di tipo manageriale che mira, in particolare, alla qualità degli obiettivi raggiunti.
A tale indirizzo, reso più concreto dal D.Lgs. 150/2009, che ha anche definito specifiche ipotesi di responsabilità collegate all'obiettivo del perseguimento contemporaneo della massima efficienza e della massima soddisfazione dell'utenza, risponde anche il CCNL 2006-2009 dell'area II dirigenziale (corrispondente alla dirigenza degli enti locali), firmato il 22-2-2010 e tuttora applicabile in attesa della stipula dei nuovi accordi.

5.2.4 Il reclutamento, il conferimento e la revoca dell'incarico dirigenziale

Per inquadrare il complesso ordinamento del personale dirigenziale negli enti locali occorre distinguere tra:

- dirigenti **previsti dalla dotazione organica** dell'ente e incarico attribuito a soggetti con rapporto di lavoro **a tempo indeterminato**. La qualifica di dirigente si acquisisce a seguito di concorso pubblico al quale possono partecipare i funzionari in possesso del diploma di laurea e con un esperienza nella carriera direttiva di almeno 5 anni. Il vincitore è incardinato con contratto a tempo indeterminato nell'ente;

> dirigenti **previsti dalla dotazione organica** dell'ente ma incarico attribuito a soggetti con **contratto a tempo determinato** (art. 110, co. 1, TUEL). Spetta al regolamento sull'ordinamento degli uffici e dei servizi definire la quota attribuibile mediante contratti a tempo determinato, comunque in misura non superiore al 30% dei posti istituiti nella dotazione organica della medesima qualifica e, comunque, per almeno una unità. Gli incarichi a contratto sono conferiti previa selezione pubblica volta ad accertare il possesso di comprovata esperienza pluriennale e specifica professionalità nelle materie oggetto dell'incarico. Resta ferma la previsione del necessario possesso dei requisiti richiesti per la qualifica da ricoprire (in particolare il *titolo di studio*);

> dirigenti **non previsti dalla dotazione organica** e incarico attribuito a soggetti con **contratto a tempo determinato** (art. 110, co. 2, TUEL); In questo caso occorre distinguere tra *enti in cui sono contemplate figure dirigenziali* ed *enti che ne sono privi.*
Nella prima ipotesi (*presenza di dirigenti in organico*) il regolamento sull'ordinamento degli uffici e dei servizi deve stabilire i limiti, i criteri e le modalità con cui possono essere stipulati contratti a tempo determinato; il numero complessivo non può comunque superare il 5% del totale della dotazione organica della dirigenza e dell'area direttiva e comunque per almeno 1 unità.
Nella seconda ipotesi (*assenza di dirigenti*) il regolamento sull'ordinamento degli uffici e dei servizi può prevedere tali figure *solo in assenza di professionalità analoghe presenti all'interno dell'ente.* I contratti sono comunque stipulati in misura complessivamente non superiore al 5% della dotazione organica (*complessiva e non solo della dirigenza o dell'area direttiva*) dell'ente arrotondando il prodotto all'unità superiore, o ad una unità negli enti con una dotazione organica inferiore alle 20 unità.

Se con il reclutamento si instaura un *rapporto di servizio* tra il dirigente e l'ente di appartenenza (quantomeno per quelli previsti dalla pianta organica), il rapporto organico si instaura solo in seguito al **conferimento dell'incarico** da parte del Sindaco (e del Presidente della Provincia), secondo le previsione dell'art. 50, co. 10, D.Lgs. 267/2000; questi ultimi, infatti, "*nominano* i responsabili degli uffici e dei servizi, attribuiscono e definiscono gli incarichi dirigenziali e quelli di collaborazione esterna secondo le modalità ed i criteri stabiliti dagli articoli 109 e 110, nonché dai rispettivi statuti e regolamenti comunali e provinciali".
Solo con questo atto il dirigente viene preposto alla direzione di un settore in cui si articola la struttura organizzativa dell'ente; la cessazione del mandato del Sindaco e del Presidente comporta la cessazione dell'incarico, pur lasciando impregiudicato il rapporto di lavoro con l'ente (per i dirigenti assunti a tempo indeterminato).
L'art. 109 TUEL, infatti, stabilisce che gli **incarichi dirigenziali sono conferiti a tempo determinato**, con *provvedimento motivato* e con le modalità fissate dal regolamento sull'ordinamento degli uffici e dei servizi, secondo criteri di competenza professionale, in relazione agli obiettivi indicati nel programma amministrativo del Sindaco o del Presidente della Provincia.
Tali **incarichi sono revocati** in caso di inosservanza delle direttive degli organi politici o in caso di mancato raggiungimento, al termine di ciascun anno finanziario,

degli obiettivi assegnati nel Piano esecutivo di gestione (PEG) o per responsabilità particolarmente grave o reiterata e ove altro previsto dai CCNL.

5.2.5 L'inconferibilità degli incarichi dirigenziali

Si intende per inconferibilità la **preclusione, permanente o temporanea, a conferire determinati incarichi** a soggetti che presentano specifiche condizioni ostative. Con il D.Lgs. 39/2013 sono stati individuati tre ordini di cause di inconferibilità degli incarichi dirigenziali e degli incarichi amministrativi di vertice:

- le condanne penali (anche non definitive) per reati contro la Pubblica Amministrazione;
- la provenienza da incarichi e cariche in enti privati finanziati o diretti da Pubbliche Amministrazioni;
- la provenienza da organi di indirizzo politico.

È contemplata anche una causa di incompatibilità con cariche in organi di indirizzo politico.
Per le ipotesi di **violazione delle disposizioni in materia di inconferibilità e incompatibilità** sono previste sia *sanzioni di carattere obiettivo*, volte a stabilire la nullità dell'atto adottato in violazione di legge, sia *sanzioni di carattere soggettivo*, volte a far valere la responsabilità degli autori della violazione.

È prevista, inoltre, la decadenza dagli incarichi svolti in situazione di incompatibilità e la risoluzione dei relativi contratti, decorso il termine perentorio di 15 giorni dalla contestazione della causa di incompatibilità da parte del responsabile del piano anticorruzione istituito presso ciascuna Amministrazione.
Si stabilisce, infine, che i componenti degli organi che abbiano conferito incarichi dichiarati nulli sono responsabili per le conseguenze economiche degli atti adottati e non possono, per tre mesi, conferire gli incarichi di loro competenza; il relativo potere è esercitato dal Presidente del Consiglio dei ministri (*per i Ministeri*), dall'Amministrazione vigilante (*per gli enti pubblici*), da un *commissario ad acta* nominato dal Ministro dell'Interno (*per le Regioni e gli altri enti locali*).

5.2.6 La rotazione del personale dirigenziale

La rotazione del personale addetto alle aree a più elevato rischio di corruzione costituisce una **misura rilevante per la prevenzione della corruzione** (art. 1, co. 5, lett. *b*, L. 190/2012). È necessario, pertanto, individuare criteri che permettano la rotazione in particolare del personale dirigenziale e di quello con funzioni di responsabilità (e cioè i responsabili di servizio, cui sono attribuiti incarichi di posizione, e i responsabili del procedimento) operante nelle aree a più elevato rischio di corruzione. Per il personale dirigenziale, la rotazione integra, altresì, i criteri di conferimento degli incarichi dirigenziali ed è attuata alla scadenza dell'incarico (e, quindi, secondo la cadenza fisiologica legata alla quinquennale elezione del Sindaco).
L'alternanza fra più soggetti competenti nell'assunzione delle decisioni e nella gestione delle procedure, infatti, **riduce il rischio che possano crearsi relazioni particolari fra Amministrazione e utenti**, con il conseguente consolidarsi di situazioni di privilegio e l'aspettativa a risposte illegali improntate a collusione.

La rotazione deve riguardare non solo i dirigenti, ma anche i funzionari titolari di posizioni organizzative, i responsabili dei procedimenti e i dipendenti, rispetto ai quali appaia evidente il consolidamento di ruoli di potere nel proprio ambito di servizio. Ovviamente i criteri di rotazione non possono ignorare l'esigenza di *assicurare continuità all'azione amministrativa*. La rotazione, pertanto, allontana il privilegio o la consuetudine e la prassi, che possono finire per favorire coloro che sono capaci di intessere relazioni con i dipendenti e dirigenti consolidati in un certo ruolo.

5.2.7 Gli obblighi di trasparenza

Gli obblighi in materia di trasparenza a carico degli organi di indirizzo politico degli enti locali si applicano anche ai "titolari di incarichi dirigenziali, a qualsiasi titolo conferiti, ivi inclusi quelli conferiti discrezionalmente dall'organo di indirizzo politico senza procedure pubbliche di selezione". Si tratta di un'estensione introdotta dal D.Lgs. 97/2016 che ha aggiunto il co. 1-*bis* all'art. 14 del D.Lgs. 33/2013.
Con questa modifica, quindi, **anche ai dirigenti è imposto l'obbligo di pubblicare gli atti che originariamente dovevano essere diffusi solo dai titolari di incarichi politici.**
Si tratta, in particolare, dei seguenti documenti ed informazioni (art. 14, co. 1):

- l'atto di nomina, con l'indicazione della durata dellincarico;
- il curriculum;
- i compensi di qualsiasi natura connessi all'assunzione della carica; gli importi di viaggi di servizio e missioni pagati con fondi pubblici;
- i dati relativi all'assunzione di altre cariche, presso enti pubblici o privati, ed i relativi compensi a qualsiasi titolo corrisposti;
- gli altri eventuali incarichi con oneri a carico della finanza pubblica e l'indicazione dei compensi spettanti.

In conseguenza della **sentenza 23-1-2019, n. 20** della Corte costituzionale, è venuto meno, per i **dirigenti che non ricoprono posizioni apicali**, l'obbligo (precedentemente imposto dall'art. 14, co. 1, lett. *f*) di pubblicare *on line* i dati personali sul reddito e sul patrimonio.

La declaratoria d'incostituzionalità ha eliminato l'estensione – a tutti i dirigenti pubblici – degli stessi obblighi di pubblicazione previsti per i titolari di posizioni apicali. La pubblicazione riguarda, in particolare, i compensi percepiti per lo svolgimento dell'incarico e i dati patrimoniali ricavabili dalla dichiarazione dei redditi e da apposite attestazioni sui diritti reali relativi a beni immobili e mobili iscritti in pubblici registri, sulle azioni di società e sulle quote di partecipazione azionaria.
Solo per i **dirigenti con funzioni apicali**, il mantenimento degli obblighi di trasparenza, nei termini censurati per tutti gli altri, non appare irragionevole in considerazione dei compiti di elevatissimo rilievo – propositivi, organizzativi, di gestione (di risorse umane e strumentali) e di spesa – al cui espletamento essi sono chiamati.

L'art. 14, co. 1-*ter*, infine, impone ai dirigenti di comunicare all'Amministrazione presso la quale prestano servizio gli **emolumenti complessivi percepiti a carico della finanza pubblica**, obbligando l'Amministrazione a pubblicare sul proprio sito istituzionale l'ammontare complessivo dei suddetti emolumenti per ciascun dirigente.

L'Amministrazione è tenuta a pubblicare anche gli atti di conferimento di incarichi dirigenziali e i relativi contratti al cui interno siano contenuti gli obiettivi di trasparenza, finalizzati a rendere i dati pubblicati di immediata comprensione e consultazione per il cittadino, con particolare riferimento ai dati di bilancio sulle spese e ai costi del personale, da indicare sia in modo aggregato che analitico. Il mancato raggiungimento di tali obiettivi determina responsabilità dirigenziale e si tiene conto di esso ai fini del conferimento di successivi incarichi.

La disciplina prevede che le Pubbliche Amministrazioni pubblichino tali dati entro 3 mesi dall'elezione, dalla nomina o dal conferimento dell'incarico e per i 3 anni successivi dalla cessazione del mandato o dell'incarico dei soggetti (fanno eccezione le informazioni concernenti la situazione patrimoniale che vengono pubblicate fino alla cessazione dell'incarico o del mandato).

5.3 Le funzioni direttive svolte da personale non dirigenziale

5.3.1 Incaricati di posizione organizzativa

Come si è già avuto modo di sottolineare, si tratta di personale che trova collocazione all'interno della categoria D, cui **vengono attribuite posizioni di lavoro che corrispondono ad incarichi normalmente attribuiti ai dirigenti**.

Il conferimento di posizione organizzativa non comporta l'inquadramento in una nuova categoria contrattuale, ma unicamente l'attribuzione di una posizione di responsabilità senza mutamento di posizione funzionale, con correlato riconoscimento di un particolare beneficio economico. L'istituto attiene più alla disciplina della retribuzione che a quella dell'inquadramento, con la conseguenza che non può verificarsi demansionamento per effetto della revoca di una posizione organizzativa (Cass. 6367/2015).

Dal momento che implicano l'assunzione diretta di una elevata responsabilità di prodotto e risultato, sono normalmente istituite per lo svolgimento di funzioni di **direzione di unità organizzative di particolare complessità** oppure per lo svolgimento di **attività con contenuti di alta professionalità**, comprese quelle comportanti l'iscrizione ad albi professionali. Le procedure per il conferimento e la revoca degli incarichi relativi all'area delle posizioni organizzative sono indicate dall'art. 14 del CCNL comparto Funzioni locali.

In tale articolo si specifica che gli incarichi possono essere **conferiti** dai dirigenti per un **periodo massimo non superiore a 3 anni**, previa determinazione di criteri generali da parte degli enti, con atto scritto e motivato, e possono essere rinnovati con le medesime formalità. Per il conferimento gli enti tengono conto – rispetto alle funzioni ed attività da svolgere – della natura e delle caratteristiche dei programmi da realizzare, dei requisiti culturali posseduti, delle attitudini, della capacità professionale e dell'esperienza acquisiti.

Gli incarichi possono essere **revocati**, prima della scadenza, con atto scritto e motivato del dirigente, in relazione a intervenuti mutamenti organizzativi o in conseguenza di valutazione negativa della *performance* individuale.

I risultati delle attività svolte dai dipendenti cui siano stati attribuiti gli incarichi di posizioni organizzative sono soggetti a **valutazione annuale** in base al sistema a tal fine adottato dall'ente. La valutazione positiva dà anche titolo alla corresponsione della retribuzione di risultato. Gli enti, prima di procedere alla definitiva formalizzazione di una valutazione non positiva, acquisiscono in contraddittorio, le valutazioni del dipendente interessato, anche assistito dalla organizzazione sindacale cui aderisce o conferisce mandato o da persona di sua fiducia; la stessa procedura di contraddittorio vale anche per la revoca anticipata dell'incarico. Quest'ultima comporta la perdita della retribuzione di risultato e il dipendente resta inquadrato nel profilo e nella categoria di appartenenza.
Gli **obblighi di trasparenza** prima indicati per i dirigenti devono essere rispettati anche dai titolari di posizioni organizzative a cui sono affidate deleghe e in ogni altro caso in cui sono svolte funzioni dirigenziali. Per gli altri titolari di posizioni organizzative è pubblicato il solo *curriculum vitae.*

5.3.2 I responsabili di ufficio o servizio

Si tratta di **personale con funzioni amministrativo/direttive**; ai sensi dell'art. 109, co. 2, TUEL, nei Comuni privi di personale con qualifica dirigenziale, le relative funzioni, fatta salva l'attribuzione al Segretario dell'ente, possono essere attribuite, a seguito di provvedimento motivato del Sindaco, indipendentemente dalla qualifica funzionale, anche in deroga a ogni diversa disposizione.
I **responsabili di servizio** sono chiamati in causa per rendere i pareri in ordine alla regolarità tecnica delle delibere della Giunta e del Consiglio che non siano meri atti di indirizzo; qualora gli atti comportano riflessi diretti o indiretti sulla situazione economico-finanziaria o sul patrimonio dell'ente è richiesto anche il parere del responsabile di ragioneria in ordine alla regolarità contabile.
Come indicato nell'art. 147-*bis* TUEL, i responsabili *de quo* assumono un ruolo centrale nella **fase preventiva del controllo di regolarità amministrativa**, in sede di formazione dell'atto, attraverso il rilascio del parere di regolarità tecnica attestante la legittimità, la regolarità e la correttezza dell'azione amministrativa.

Capitolo 6
Il Segretario e il Direttore generale

6.1 Evoluzione storica e iscrizione all'Albo

6.1.1 Evoluzione storica della figura del Segretario

Il Segretario era previsto dagli ordinamenti di diversi Stati preunitari, ivi incluso quello del Regno di Sardegna. In seguito alla riunificazione, la disciplina fu dettata dalla L. 20-3-1865, n. 2248 che recava la "legge per l'unificazione amministrativa del Regno d'Italia" (cosiddetta legge Lanza). Nell'art. 10 dell'allegato A (*Organizzazione amministrativa dello Stato*) la figura del Segretario comunale era prevista come obbligatoria ed avente la qualifica di impiegato dell'ente comunale; la **nomina e la revoca spettava al Consiglio comunale** e si accedeva alla posizione solo in seguito al rilascio da parte del Prefetto di una specifica patente di idoneità.
La più importante modifica nello *status* del Segretario è stata introdotta durante il periodo fascista. Il R.D.L. 17-8-1928, n. 1953, infatti, stabiliva che, dal 1° gennaio dell'anno successivo, gli sarebbe stata attribuita la **qualifica di funzionario dello Stato**, assumendo in tal modo la connotazione di organo "imposto" dalle autorità centrali dello Stato, in linea con la visione centralistica dell'epoca, e per questo motivo spesso considerato un "controllore" dell'attività svolta dagli enti. La procedura concorsuale, la nomina (che spettava al Prefetto), l'assegnazione della sede, i trasferimenti, la progressione in carriera, i provvedimenti disciplinari e tutto quanto concerneva il rapporto di servizio erano demandati alla competenza di organi statali.
La statalizzazione della figura proseguì anche in seguito all'approvazione della Costituzione repubblicana, che pure faceva della promozione dell'autonomia uno dei suoi principi cardine. La prima legge Bassanini (L. 127/1997) è tornata ad una sostanziale "municipalizzazione" della figura, attribuendo al Sindaco e al Presidente della Provincia il compito di "sceglierſi" il proprio Segretario fra i soggetti iscritti in un apposito Albo, inizialmente tenuto dall'Agenzia nazionale per l'albo dei Segretari (AGES) e ora, in seguito alla sua abolizione, gestito dal Ministero dell'Interno (D.L. 78/2010). Veniva così, dunque, ripristinato il **rapporto fiduciario tra organi di vertice dell'amministrazione locale e Segretario**, pur continuando quest'ultimo ad essere inquadrato come funzionario dello Stato.

6.1.2 Il reclutamento, la formazione, l'iscrizione all'Albo e le fasce professionali

L'Albo dei Segretari è suddiviso in sezioni regionali e vi si accede dopo aver superato una specifica **procedura di corso-concorso** (anche se *la fase concorsuale precede quella formativa*).

La prima fase (**concorso**) prevede un concorso bandito periodicamente dal Ministero dell'Interno al quale possono partecipare coloro che posseggono un diploma di laurea in giurisprudenza, scienze politiche, economia e commercio o lauree equipollenti/equiparate. In genere sono ammessi a partecipare al corso di formazione un numero di candidati superiore a quello che può conseguire l'abilitazione per l'iscrizione all'Albo.
Dopo aver superato il concorso si accede ad un **corso di formazione**, della durata di 9 mesi, seguito da un periodo di tirocinio pratico di 3 mesi presso uno o più Comuni. Per l'intera durata, ai corsisti è corrisposta una borsa di studio. Il periodo formativo è gestito dalla Scuola nazionale dell'amministrazione (SNA).
Al termine del corso è prevista una verifica finale dell'apprendimento, in base alla quale viene predisposta la graduatoria dei partecipanti cui fa seguito l'**iscrizione all'Albo Nazionale** nella fascia iniziale della carriera, nei limiti dei posti messi a concorso. L'approvazione della graduatoria finale e le conseguenti iscrizioni all'Albo sono di competenza del Prefetto responsabile della gestione dell'Albo dei Segretari.
L'iscrizione all'Albo non dà diritto ad alcuna retribuzione, in quanto il rapporto di lavoro si instaura solo all'atto della prima nomina nell'ente locale e alla conseguente presa di servizio.
I **Segretari sono classificati in 3 fasce professionali (A, B e C)** con una differenziazione nell'ambito delle fasce A e B.
I vincitori del concorso sono iscritti nella fascia iniziale (**fascia C**) e possono ricoprire la funzione nei Comuni di classe IV (fino a 3.000 abitanti). Dopo 2 anni dalla prima assunzione in servizio, possono partecipare ad uno specifico corso-concorso indetto dal Ministero dell'Interno per accedere alla **fascia B** e operare in Comuni con popolazione fino a 10.000 abitanti (Comuni di classe III). Con questo passaggio conseguono anche la **qualifica di Segretario generale**. Dopo un biennio di servizio in questa fascia possono essere nominati in Comuni di classe II (popolazione fino a 65.000 abitanti).
Dopo 2 anni di servizio in questi enti possono partecipare ad un altro corso-concorso interno per l'accesso alla **fascia A** e consente di ricoprire l'incarico presso Comuni di classe IB (fino a 250.000 abitanti *non capoluoghi di Provincia*). Sono richiesti 2 anni di servizio per poter passare al livello superiore (ultimo), vale a dire la reggenza di incarichi in enti di qualsiasi tipologia (Comuni oltre 250.000 abitanti, capoluoghi di Provincia e Province).

Classe della sede	Popolazione residente	Fascia del Segretario
IV	fino a 3.000 abitanti	C
III	da 3.001 a 10.000	B (corso-concorso interno)
II	da 10.001 a 65.000	B (dopo 2 anni in Comuni di classe III)
I B	da 65.001 a 250.000	A (corso-concorso interno)
I A	oltre 250.000, capoluoghi di Provincia e Province	A (dopo 2 anni in Comuni di classe IB)

6.2 La procedura di nomina e di revoca

Secondo l'art. 97 TUEL, il **Comune** e la **Provincia** hanno un Segretario titolare dipendente dal Ministero dell'Interno (art. 7, co. 31-*ter*, D.L. 78/2010), e non dal Comune o dalla Provincia, che svolge **compiti di collaborazione e funzioni di assistenza giuridico-amministrativa** nei confronti degli organi dell'ente in ordine alla conformità dell'azione amministrativa alle leggi, allo statuto ed ai regolamenti (art. 99 TUEL). Analoga figura è prevista per le Città metropolitane e per le Unioni di Comuni.
L'art. 99 TUEL afferma che **il Sindaco e il Presidente della Provincia nominano il Segretario**, scegliendolo fra gli iscritti all'*Albo nazionale*.
Si tratta, quindi, di una figura molto particolare, retribuita dall'ente presso il quale svolge le sue funzioni e con un rapporto fiduciario con l'esponente di vertice di tale ente (Sindaco o Presidente della Provincia), ma formalmente inserita nell'organico del Ministero dell'Interno, struttura alla quale fa capo nei periodi in cui non svolge la sua attività, non avendo ricevuto nomine.
Per il conferimento dell'incarico i Comuni possono stipulare **convenzioni** fra loro. Analoga facoltà è attribuita ai Comuni e alle Province oppure fra le stesse Province. Nell'Unione di Comuni la carica è ricoperta da un Segretario di un Comune facente parte dell'Unione
La nomina ha durata corrispondente a quella del mandato dell'organo politico che l'ha effettuata. Il Segretario **cessa automaticamente dall'incarico** con la fine del mandato del Sindaco e del Presidente della Provincia, continuando ad esercitare le funzioni sino alla nomina del nuovo Segretario. La nomina è disposta non prima di 60 giorni e non oltre 120 giorni dalla data di insediamento del Sindaco e del Presidente della Provincia, decorsi i quali il Segretario è confermato.
Il Segretario può essere **revocato** con provvedimento motivato del Sindaco o del Presidente della Provincia, previa deliberazione della Giunta, per violazione dei doveri d'ufficio (art. 100 TUEL).
Il Sindaco e il Presidente della Provincia possono conferire al Segretario le funzioni di Direttore generale.

Per la Corte costituzionale le disposizioni che disciplinano la procedura di nomina del Segretario **non si pongono in contrasto**, in considerazione delle funzioni peculiari e multiformi del Segretario comunale, **con l'art. 97 Cost. sotto il profilo della compromissione dell'azione amministrativa**, né per quel che concerne il canone dell'imparzialità, né per quel che concerne la continuità dell'azione medesima.
In particolare, con la sentenza 22-2-2019, n. 23, la Consulta ha dichiarato non fondata la questione di legittimità costituzionale sollevata dal Tribunale di Brescia, che dubitava del meccanismo descritto, per supposta violazione dei canoni costituzionali succitati.
Il Segretario comunale, infatti, appartiene al novero delle **figure apicali** per le quali risulta decisiva la personale **adesione agli orientamenti politici dell'organo nominante**; cosa che rende inapplicabili nei suoi confronti i principi restrittivi elaborati dalla giurisprudenza costituzionale sullo *spoils system* dei titolari di incarichi dirigenziali comportanti funzioni tecniche di mera attuazione dell'indirizzo politico (sentenze nn. 269/2016, 246/2011, 81/2010 e161/2008).
Soltanto rispetto a questi ultimi, le disposizioni di legge (statale o regionale) che prevedessero «*meccanismi di revocabilità* ad nutum *o di decadenza automatica dalla carica, dovuti a cause estranee alle vicende del rapporto instaurato con il titolare, né correlati a valutazioni concernenti i*

risultati conseguiti da quest'ultimo nel quadro di adeguate garanzie procedimentali» (cioè a dire meccanismi di *spoils system*), risulterebbero incompatibili con l'art. 97 Cost.; il Segretario comunale, invece, ha compiti di controllo e di certificazione e, al contempo, di gestione "quasi manageriale", oltre che di supporto propositivo all'azione degli organi comunali, compiti idonei a orientare le scelte dell'ente nella fase preliminare di determinazione dell'indirizzo politico-amministrativo.

6.3 Il Segretario privo di incarico, non confermato o revocato

Il Segretario non confermato, revocato o comunque privo di incarico è collocato in **posizione di disponibilità per la durata massima di 2 anni**.
Durante tale periodo, rimane iscritto all'Albo ed è posto a disposizione del Ministero dell'interno per le attività dello stesso Ministero o per l'attività di consulenza, nonché per incarichi presso altre amministrazioni che lo richiedano, con oneri a carico dell'ente presso cui presta servizio.
Il Segretario in disponibilità deve essere inviato con priorità a svolgere la supplenza o la reggenza nelle sedi in cui tale figura sia assente o nelle sedi vacanti, purché non vi sia un vice Segretario incaricato di svolgere dette funzioni.
Decorsi 2 anni senza che abbia preso servizio in qualità di titolare in altra sede, il Segretario viene collocato d'ufficio in mobilità, secondo la procedura di **mobilità obbligatoria** prevista dal D.Lgs. 165/2001 per la generalità dei dipendenti pubblici (art. 19 D.P.R. 465/1997 e art. 101 TUEL).
Ai Segretari collocati in disponibilità spetta il trattamento economico in godimento nell'ultima sede di servizio.

6.4 L'attività

Il Segretario **sovrintende allo svolgimento delle funzioni dei dirigenti e ne coordina l'attività**, salvo quando il Sindaco o il Presidente della Provincia abbiano nominato il Direttore generale (art. 97, co. 4, TUEL). Il Segretario inoltre:

- partecipa con funzioni consultive, referenti e di assistenza alle riunioni del Consiglio e della Giunta e ne cura la verbalizzazione;
- esprime il parere di regolarità, in relazione alle sue competenze, su ogni proposta di deliberazione sottoposta alla Giunta ed al Consiglio, nel caso in cui l'ente non abbia responsabili dei servizi;
- può rogare tutti i contratti nei quali l'ente è parte ed autenticare scritture private ed atti unilaterali nell'interesse dell'ente;
- esercita ogni altra funzione attribuitagli dallo statuto o dai regolamenti, o conferitagli dal Sindaco o dal Presidente della Provincia. In particolare, nei Comuni privi di dirigenti possono essere demandate al Segretario le funzioni dirigenziali, se non sono attribuite ai responsabili degli uffici o dei servizi (art. 109 TUEL).

6.5 I compiti assegnati dalla legge anticorruzione

Negli enti locali, ai sensi dell'art. 1, co. 7, L. 190/2012 (nel testo modificato dal D.Lgs. 97/2016), il **Responsabile della prevenzione della corruzione e delle trasparenza**

(RPCT) è individuato dall'organo di indirizzo, di norma, nel Segretario o in un dirigente apicale, salvo diversa e motivata determinazione; è stato chiarito (circolare del Dipartimento della funzione pubblica n. 1/2013), infatti, che, laddove ricorrano effettivamente valide ragioni, da indicare analiticamente nel provvedimento di nomina, l'incarico può essere conferito ad altro funzionario dal momento che la legge non contiene una regola rigida, ma un criterio di preferenza (*di norma*).

Nelle **Unioni di Comuni e nei Comuni di ridotte dimensioni** può essere nominato un unico RPCT; atteso, infatti, che la funzione di Segretario può essere svolta in più Comuni di ridotte dimensioni (facciano parte o meno di un'Unione), allo stesso modo il medesimo Segretario può rivestire anche l'incarico di Responsabile anticorruzione negli stessi Comuni.

Il compito principale di tale figura è quello di redigere il **Piano triennale di prevenzione della corruzione e della trasparenza (PTPCT)**, sulla base delle indicazioni fornite dall'organo di indirizzo (nei Comuni e nelle Province è il Consiglio). Questo deve definire gli obiettivi strategici in materia di prevenzione della corruzione e trasparenza da inserire nel Piano che poi sarà approvato, relativamente agli enti locali, dalla Giunta e non può essere elaborato da soggetti estranei all'Amministrazione.

Il PTPC deve soddisfare le seguenti esigenze (art. 1, co. 9, L. 190/2012):

- individuare le attività che presentano il più *elevato rischio di corruzione*;
- prevedere meccanismi di formazione, attuazione e controllo delle decisioni idonei a *prevenire il rischio di corruzione*;
- prevedere *obblighi di informazione* nei confronti del responsabile chiamato a vigilare sul funzionamento e sull'osservanza del piano;
- *monitorare* il rispetto dei termini, previsti dalla legge o dai regolamenti, per la conclusione dei procedimenti;
- monitorare i *rapporti fra l'Amministrazione e i soggetti* che con la stessa stipulano contratti o che sono interessati a procedimenti di autorizzazione, concessione o erogazione di vantaggi economici di qualunque genere, anche verificando eventuali relazioni di parentela o affinità sussistenti fra i titolari, gli amministratori, i soci e i dipendenti degli stessi soggetti e i dirigenti e i dipendenti dell'Amministrazione;
- individuare specifici *obblighi di trasparenza* ulteriori rispetto a quelli previsti da disposizioni di legge.

6.6 Il Vice Segretario

Il regolamento sull'ordinamento degli uffici e dei servizi può prevedere un Vice segretario per **coadiuvare il titolare e sostituirlo nei casi di vacanza, assenza o impedimento** (art. 97, co. 5, D.Lgs. 267/2000). Per le sedi vacanti la reggenza non può comunque superare i 120 giorni, termine ultimo per avviare la procedura di nomina di un nuovo Segretario (art. 15, co. 3, D.P.R. 465/1997).

Il Vice Segretario è, in genere, un **dipendente dello stesso Comune o della Provincia** che, soprattutto negli enti meno grandi, ha il profilo professionale di funzionario amministrativo (categoria D3), mentre nei Comuni di maggiori dimensioni riveste una qualifica dirigenziale.

La previsione della figura del viceSegretario costituisce una scelta discrezionale dell'ente che, nell'ambito delle proprie disposizioni regolamentari, deve individuare il posto nella pianta organica, deve specificare i requisiti richiesti e le funzioni

da esercitare. Trattandosi dell'attribuzione di un incarico di livello dirigenziale, la procedura di nomina deve comunque rispettare i criteri previsti dall'art. 109, co. 1, D.lgs. 267/2000.
Laddove la figura del Segretario sia esercitata in **convenzione tra più Comuni**, la previsione del viceSegretario deve essere disciplinata nel regolamento degli uffici e dei servizi di ciascun Comune aderente; spetta al Sindaco del Comune capofila la specifica nomina.
Il dipendente nominato viceSegretario deve comunque essere in possesso del titolo di studio richiesto per l'accesso alla qualifica di Segretario (laurea).

6.7 Il Direttore generale

Mentre il dirigente è il capo di un'unità organizzativa, preposto al coordinamento della stessa e, quindi, del personale e delle attività affidatele, il Direttore generale (comunemente noto anche come *city manager*) è una figura di coordinamento. Come si è espressa la Corte di Cassazione (ord. 12-6-2006, n. 13538) «la disciplina legislativa configura il Direttore generale come **funzionario di vertice destinato a fare da tramite fra organi di governo** (*competenti alla determinazione degli indirizzi e degli obiettivi*) **e organi burocratici dell'ente** (*competenti per la gestione*); nondimeno, deve sicuramente escludersi che il Direttore generale possa ascriversi alla prima delle categorie di organi. (...) Pertanto, il Direttore generale, pur essendo investito di compiti e funzioni che valgono a conferirgli una posizione differenziata rispetto a quella degli altri dirigenti, è esso stesso un dirigente».
L'art. 2, co. 186, lett. *d*) della legge finanziaria per il 2010 (L. 191/2009, nel testo modificato dal D.L. 2/2010 conv. in L. 42/2010) ha imposto la **soppressione della figura del Direttore generale nei Comuni con popolazione inferiore a 100.000 abitanti**. Soltanto negli enti che superano tale soglia è possibile procedere alla nomina del *city manager*.

Nella precedente disciplina dell'art. 108 TUEL (non esplicitamente abrogata ma di fatto non più applicabile), il Direttore poteva essere nominato nei Comuni con popolazione superiore a 15.000 abitanti mentre in quelli con popolazione inferiore poteva essere nominato previa stipula di convenzione fra Comuni le cui popolazioni assommate raggiungessero i 15.000 abitanti.

Al Direttore generale compete provvedere ad **attuare gli indirizzi e gli obiettivi stabiliti dagli organi di governo dell'ente**, secondo le direttive impartite dal Sindaco e sovrintendere alla gestione dell'ente, perseguendo livelli ottimali di efficacia ed efficienza (art. 108 TUEL).
Al Direttore generale è affidata la **direzione del processo di pianificazione e controllo di gestione** dell'ente; gli compete, in particolare, la predisposizione del piano dettagliato di obiettivi, nonché la proposta di Piano esecutivo di gestione (PEG) previsto dall'art. 169 TUEL. A tali fini, al Direttore generale rispondono, nell'esercizio delle funzioni loro assegnate, i dirigenti dell'ente, ad eccezione del Segretario comunale. Le sue funzioni sono specificate nel regolamento di organizzazione degli uffici e dei servizi.

L'**incarico è attribuito dal Sindaco**, previa deliberazione della Giunta comunale, a tempo determinato e non può eccedere la durata del mandato del Sindaco; il Direttore generale è nominato secondo criteri stabiliti dal regolamento di organizzazione degli uffici e dei servizi. Quando non sia stato nominato, le relative funzioni possono essere conferite al Segretario.

Capitolo 7
La sicurezza sui luoghi di lavoro

7.1 Il quadro normativo

7.1.1 La Costituzione

Tra le fonti normative alle quali occorre far riferimento in materia di salute e sicurezza sul lavoro in primo piano vanno poste quelle disposizioni della **Costituzione** che legittimano e anzi auspicano un intervento del legislatore ordinario in questo campo. A tal fine vanno citati, in particolare:

- l'**art. 32** laddove si afferma che "La Repubblica tutela la salute come fondamentale diritto dell'individuo e interesse della collettività e garantisce cure gratuite agli indigenti";
- l'**art. 35** con il quale si stabilisce che "La Repubblica tutela il lavoro in tutte le sue forme ed applicazioni. Cura la formazione e l'elevazione professionale dei lavoratori. Promuove e favorisce gli accordi e le organizzazioni internazionali intesi ad affermare e regolare i diritti del lavoratore";
- l'**art. 41** che, dopo aver sottolineato l'assoluta libertà di cui gode l'iniziativa economica privata, specifica che essa "non può svolgersi in contrasto con la utilità sociale o in modo da recare danno alla sicurezza, alla libertà, alla dignità umana. La legge determina i programmi e i controlli opportuni perché l'attività economica pubblica e privata possa essere indirizzata e coordinata a fini sociali".

7.1.2 Il codice civile

Un'altra norma di fondamentale importanza è l'**art. 2087 c.c.**, che rappresenta uno strumento di integrazione di eventuali lacune e di adeguamento della normativa al caso concreto, in modo tale da fissare, a carico del datore di lavoro, delle regole di comune prudenza, diligenza e accortezza che sono immanenti all'esercizio di ogni attività che rechi, in sé, un margine di pericolo.
Secondo il citato articolo l'imprenditore è tenuto ad adottare nell'esercizio dell'impresa le misure che, secondo la particolarità del lavoro, l'esperienza e la tecnica, sono necessarie a tutelare l'integrità fisica e la personalità morale dei prestatori di lavoro.
Si tratta di una norma che, pur se ha valore integrativo rispetto alla legislazione specifica, scongiura, grazie alla sua costante vigenza, la possibilità che con l'emergere di nuove situazioni di rischio possa determinarsi una mancanza di tutela per il lavoratore. Essa, infatti, **impone un preciso onere a carico del datore di lavoro di adoperarsi affinché siano sempre garantiti elevati livelli di tutela** con azioni come l'obbligo di tenersi aggiornato, di acquisire le esperienze di aziende simili, di individuare, caso

per caso e secondo le particolarità del lavoro, l'esperienza e la tecnica, le misure da adottare in concreto ecc.

7.1.3 La legislazione ordinaria e il Testo Unico (D.Lgs. 81/2008)

Per quanto riguarda la legislazione ordinaria, invece, è da premettere che il quadro normativo in materia di tutela della sicurezza e della salute nei luoghi di lavoro, che era di scarso spessore fino alla metà del Novecento, è stato caratterizzato da una produzione legislativa a singhiozzo che ha i suoi momenti di massimo vigore nella metà degli anni Cinquanta (in particolare con i decreti presidenziali n. 547/1955, 303/1956 e 164/1956).

Tuttavia, tra la fine degli anni '80 e i primi anni '90, si è assistito a un graduale evolversi della normativa di settore anche grazie a una forte spinta dell'Unione europea che, attraverso l'adozione di numerose direttive, ha gestito il tema della sicurezza con orientamenti tesi ad affrontare tale questione come un vero e proprio sistema di lavoro, anche per il mezzo di modalità come una forte prevenzione e responsabilizzazione sia del datore di lavoro sia del lavoratore. Esempio di tale nuova politica fu la creazione, in ogni azienda, di un sistema per la valutazione del rischio e per il calcolo dell'esposizione dei lavoratori ad eventuali pericoli presenti sui luoghi di lavoro.

Grande balzo in avanti fu fatto con il **D.Lgs. 19-9-1994, n. 626**, il quale, attuando molte direttive europee, introduceva misure e prescrizioni in merito ai miglioramenti della sicurezza e della salute dei lavoratori durante il lavoro (dir. 89/391/CEE), all'uso delle attrezzature di lavoro (dir. 89/655/CEE), alle attrezzature munite di videoterminali (dir. 90/270/CEE), alla sicurezza e alla salute nei luoghi di lavoro (dir. 89/654/CEE), alle attrezzature di protezione individuale (dir. 89/656/CEE), alla movimentazione manuale dei carichi (dir. 90/269/CEE), all'esposizione ad agenti cancerogeni (dir. 90/394/CEE) e all'esposizione ad agenti biologici (dir. 90/679/CEE).

Con il D.Lgs. 626/1994, venne imposto, a tutte le aziende sia pubbliche che private, qualunque fosse il numero dei dipendenti e qualunque fosse il rapporto di lavoro, l'*obbligo d'individuazione e di valutazione dei rischi* negli ambienti di lavoro per garantire il massimo grado di sicurezza. Con questa normativa sono state definite nuove figure e servizi che concorrono alla realizzazione di un sistema di sicurezza modificando il ruolo delle figure tradizionali e individuando nuove responsabilità aziendali. Ad esempio è stato definito il *Servizio di Prevenzione e Protezione*, nasce la figura del Rappresentante dei lavoratori per la Sicurezza (RSL) e del *medico competente*, vengono stabiliti i doveri dei datori di lavoro e dei lavoratori.

Con il trascorrere del tempo, il D.Lgs. 626/1994 ha subito moltissime modifiche e integrazioni e comunque non disciplinava del tutto la materia dovendosi ancora fare riferimento ai decreti degli anni '50 per diverse tematiche. Per questo motivo, sulla base della delega contenuta nella L. 3-8-2007, n. 123, si è proceduto all'approvazione del **D.Lgs. 9-4-2008, n. 81**, meglio noto come **Testo Unico delle norme a tutela della sicurezza e della salute dei lavoratori**, che ha abrogato il D.Lgs. 626/1994 e ha ulteriormente specificato e perfezionato la normativa del settore.

7.2 L'attività di vigilanza

L'art. 13 D.Lgs. 81/2008 (nel testo modificato dal D.Lgs. 106/2009) definisce il riparto di competenze in tema di vigilanza sull'applicazione della normativa relativa alla salute e sicurezza nei luoghi di lavoro. Quest'ultima è svolta in via prioritaria dalle **Aziende sanitarie locali** responsabili per territorio e, per quanto di specifica competenza, dal **Corpo nazionale dei vigili del fuoco** (norme particolari valgono per il settore minerario). Nei luoghi di lavoro delle Forze armate, delle Forze di polizia e dei Vigili del fuoco la vigilanza sull'applicazione della legislazione in materia di salute e sicurezza sul lavoro è svolta esclusivamente dai **servizi sanitari e tecnici istituiti presso le predette amministrazioni**. Specifiche attività, infine, possono essere svolte dal **personale ispettivo del Ministero del lavoro** e delle politiche sociali (ispezioni sui cantieri, per lavorazioni mediante cassoni in aria compressa e lavori subacquei e altre attività lavorative comportanti rischi particolarmente elevati).

Nel caso in cui un organo di vigilanza venga a conoscenza di irregolarità commesse sui luoghi di lavoro in tema di sicurezza ed igiene, rileverà la contravvenzione con il contestuale obbligo per il datore di lavoro di restaurare una situazione conforme alle disposizioni normative entro un dato termine. Passato l'arco temporale intercorrente tra l'accertamento e l'elevazione della contravvenzione e lo spirare del termine prescritto, l'ispettore verificherà che sia avvenuta la regolarizzazione e di conseguenza, se sarà riscontrata una positiva ottemperanza, il contravventore non incorrerà in alcuna azione penale a suo carico.

7.3 La prevenzione sui luoghi di lavoro

7.3.1 Nozione di sicurezza sul lavoro

Nella trattazione che segue sarà meglio chiarito il concetto di sicurezza sui luoghi di lavoro e saranno esaminate tutte quelle figure, previste dalla normativa vigente, che hanno il dovere di partecipare al miglioramento delle condizioni di lavoro e far sì che i **rischi** presenti all'interno di un'organizzazione aziendale non si tramutino in un reale **pericolo** per l'incolumità dei lavoratori che vi prestano la propria attività lavorativa. Per raggiungere tale scopo gli addetti alla sicurezza devono necessariamente compiere delle azioni, ed in particolare procedere ad una specifica individuazione delle attività lavorative svolte, individuare i rischi presenti e i lavoratori esposti, valutare tali rischi e attivare le necessarie misure di **prevenzione** e **protezione**.
Al fine di poter meglio comprendere cosa voglia dire compiere delle valutazioni circa i compiti sopra descritti e portarli a termine conformemente a quanto disposto dal Testo unico (D.Lgs. 81/2008) è di fondamentale importanza chiarire i seguenti concetti:

- il **rischio** è rappresentato dalla probabilità che si verifichino eventi che producano danni a persone o cose, per effetto di una fonte (pericolo). Esso è misurato dal prodotto della frequenza (o probabilità) di accadimento e della gravità delle conseguenze (magnitudo). Il Testo Unico (art. 2, co. 1, lett. *s*), lo definisce come *probabilità di raggiungimento del livello potenziale di danno nelle condizioni di impiego o di esposizione ad un determinato fattore o agente oppure alla loro combinazione*;
- il **pericolo** è definito dal Testo Unico (art. 2, co. 1, lett. *r*), come *proprietà o qualità intrinseca di un determinato fattore avente il potenziale di causare danni*; è, quindi, con-

siderato come fattore capace di dar luogo anche a gravi conseguenze per la salute dei lavoratori;

- la nozione di **salute** è riportata all'art. 2, co. 1, lett. *o*), del Testo Unico laddove afferma che consiste in uno *stato di completo benessere fisico, mentale e sociale, non consistente solo in un'assenza di malattia o d'infermità*. Questa definizione riprende quella elaborata già nel 1946 dall'Organizzazione mondiale della sanità;
- la **prevenzione** è considerata come l'insieme di azioni (interventi) finalizzate ad impedire o ridurre la probabilità che si verifichino eventi non desiderati. Tali azioni hanno l'obiettivo di ridurre il rischio diminuendo il fattore frequenza. La nozione di prevenzione riportata dall'art. 2, lett. *n*), ci dice che consiste nel *complesso delle disposizioni o misure necessarie anche secondo la particolarità del lavoro, l'esperienza e la tecnica, per evitare o diminuire i rischi professionali* nel rispetto della salute della popolazione e dell'integrità dell'ambiente esterno;
- la **protezione** riguarda tutte quelle misure che servono a ridurre le conseguenze di un incidente nel momento in cui si verifica. A differenza delle misure di prevenzione che riducono la probabilità di accadimento di un evento, esse non riducono le occasioni di incidente ma ne contengono esclusivamente le conseguenze e ne limitano i danni (magnitudo).

In definitiva, il datore di lavoro, per far sì che ai lavoratori sia garantita la salute e la sicurezza, dovrà preliminarmente conoscere tutti i rischi presenti nell'ambiente di lavoro, e di conseguenza redigere una valutazione dei rischi per provare che sia stato fatto il possibile per evitare il verificarsi di incidenti.

7.3.2 I soggetti che devono garantire la sicurezza dei luoghi di lavoro

Il datore di lavoro, per porre in essere tutte queste attività, ha necessariamente bisogno dell'ausilio di un gruppo di soggetti in grado di gestire situazioni, che dal punto di vista tecnico risultano molto complesse. Proprio per queste ragioni c'è la necessità di dar vita al **Servizio di prevenzione e protezione (SPP)**, composto da soggetti già dipendenti dell'azienda ovvero da tecnici esterni altamente specializzati nel campo della sicurezza. Accanto al personale componente il Servizio di prevenzione e protezione dai rischi il datore deve essere coadiuvato, nello svolgimento dei suoi obblighi, da una serie di soggetti specializzati in diversi settori, come il **medico competente** e i **responsabili antincendio, evacuazione e primo soccorso**. Nello svolgimento di tutte queste attività, importante ruolo è svolto dalla partecipazione dei lavoratori attraverso il **rappresentante dei lavoratori per la sicurezza (RSL)**, soggetto che deve costantemente essere messo al corrente delle decisioni assunte dal datore di lavoro e dai vari soggetti addetti.

7.4 Il datore di lavoro

7.4.1 Nozione di datore di lavoro

L'attuale disciplina in materia di tutela della salute e della sicurezza sui luoghi di lavoro individua, in primo luogo, come figura responsabile dell'organizzazione il **datore di lavoro**.

La nozione di tale figura è data dall'art. 2, co. 1 lett. *b*) del D.Lgs. 81/2008 laddove precisa che si tratta di colui il quale è "titolare del rapporto di lavoro con il lavoratore o, comunque, il soggetto che, secondo il tipo e l'assetto dell'organizzazione nel cui ambito il lavoratore presta la propria attività, ha la responsabilità dell'organizzazione stessa o dell'unità produttiva in quanto esercita i poteri decisionali e di spesa".
Nelle **pubbliche amministrazioni**, invece, "per datore di lavoro si intende il dirigente al quale spettano i poteri di gestione, ovvero il funzionario non avente qualifica dirigenziale, nei soli casi in cui quest'ultimo sia preposto ad un ufficio avente autonomia gestionale, individuato dall'organo di vertice delle singole amministrazioni tenendo conto dell'ubicazione e dell'ambito funzionale degli uffici nei quali viene svolta l'attività, e dotato di autonomi poteri decisionali e di spesa. In caso di omessa individuazione, o di individuazione non conforme ai criteri sopra indicati, il datore di lavoro coincide con l'organo di vertice medesimo".

In particolare, nella sentenza 9-2-2017, n. 8119 la Corte di Cassazione ha analizzato la figura del datore di lavoro nelle Pubbliche Amministrazioni rilevante per gli oneri in materia di sicurezza sul lavoro. Dalla corretta interpretazione della definizione contenuta nel D.Lgs. 81/2008, la Corte ha modo di affermare come l'atto di individuazione del dirigente o del funzionario da parte dell'organo di vertice dell'amministrazione non sia assimilabile ad una delega di funzioni. Con tale nomina, infatti, il *dirigente/funzionario viene investito di tutte le funzioni datoriali, comprese quelle non delegabili.* Da ciò deriva che tale soggetto è, *ope legis,* datore di lavoro ai fini della sicurezza. Solo nel caso in cui gli organi politici omettano tale individuazione, o procedano in modo non conforme ai criteri imposti dalla legge, il datore di lavoro coinciderà con l'organo di vertice medesimo.

7.4.2 Obblighi

Il datore di lavoro ha a proprio carico una serie di obblighi che deve, necessariamente, porre in essere in prima persona ovvero, in altri casi, delegarli ad altri soggetti da lui individuati. Innanzitutto è opportuno definire quelli che sono i doveri indelegabili, e cioè quelli che debbono essere compiuti dal datore in prima persona.
L'art. 17 individua due **obblighi non delegabili** del datore di lavoro: la valutazione di tutti i rischi con la conseguente elaborazione del documento di valutazione dei rischi (DVR) e la designazione del responsabile del servizio di prevenzione e protezione dai rischi.
Vi sono poi una serie di obblighi che debbono essere assolti o dal datore di lavoro ovvero da dirigenti delegati, a seconda delle competenze attribuite loro all'interno dell'azienda. L'art. 18 del Testo Unico individua numerosi **obblighi delegabili**.

Gli obblighi delegabili corrispondono alle seguenti attività: nominare il medico competente; designare preventivamente i lavoratori incaricati dell'attuazione delle misure di prevenzione incendi; fornire ai lavoratori i necessari e idonei dispositivi di protezione individuale; limitare l'accesso alle aree a grave rischio solo ai lavoratori che hanno ricevuto adeguate istruzioni e specifico addestramento; richiedere l'osservanza da parte dei singoli lavoratori delle norme e delle disposizioni aziendali; inviare i lavoratori alla visita medica; comunicare al medico competente la cessazione del rapporto di lavoro nei casi di sorveglianza sanitaria; adottare le misure per il controllo delle situazioni di rischio in caso di emergenza; richiedere al medico competente l'osservanza degli obblighi; informare il più presto possibile i lavoratori esposti al rischio di un pericolo grave e immediato; adempiere agli obblighi di informazione, formazione ed addestramento; astenersi, salvo eccezione debitamente motivata da esigenze di tutela della salute e sicurezza, dal richiedere ai lavoratori di riprendere la loro attività in una situazione di lavoro in cui persiste un pericolo grave e immediato; consentire ai lavoratori di verificare, mediante il loro rappresentante, l'applicazione delle misure di sicurezza; consegnare tempestivamente al rappresentante dei lavoratori per la sicurezza copia del documento di valutazione dei rischi; elaborare il documento unico di valutazione in caso di appalti; prendere opportuni provvedimenti per evitare che le misure tecniche adottate possano causare rischi; comunicare all'INAIL i dati relativi agli infortuni sul lavoro; consultare il rappresentante dei lavoratori per la sicurezza nei casi richiesti, nell'ambito dello svolgimento di attività in regime di appalto e di subappalto; munire i lavoratori di apposita tessera di riconoscimento, corredata di fotografia, con le generalità del lavoratore e l'indicazione del datore; convocare la riunione periodica nelle unità con più di 15 dipendenti; aggiornare le misure di prevenzione; comunicare annualmente all'INAIL i nominativi dei rappresentanti dei lavoratori per la sicurezza; vigilare affinché i lavoratori per i quali vige l'obbligo di sorveglianza sanitaria non siano adibiti alla mansione lavorativa specifica senza il prescritto giudizio di idoneità.

7.5 I dirigenti e i preposti

La definizione di **dirigente** la ritroviamo all'art. 2 del Testo Unico, il quale afferma che è la "persona che, in ragione delle competenze professionali e di poteri gerarchici e funzionali adeguati alla natura dell'incarico conferitogli, attua le direttive del datore di lavoro organizzando l'attività lavorativa e vigilando su di essa". Nell'ambito della realtà aziendale, svolge, secondo quanto disposto dall'articolo 16, una serie di funzioni delegate di elevato livello, tali da collocarlo in una posizione di responsabilità simile a quella del datore di lavoro.
La figura del **preposto** è, invece, posta in una posizione secondaria in quanto gli sono affidati soprattutto compiti di controllo e sorveglianza. Il Testo Unico lo definisce come la persona che "in ragione delle competenze professionali e nei limiti di poteri gerarchici e funzionali adeguati alla natura dell'incarico conferitogli, sovrintende alla attività lavorativa e garantisce l'attuazione delle direttive ricevute, controllandone la corretta esecuzione da parte dei lavoratori ed esercitando un funzionale potere di iniziativa".

7.6 Il lavoratore

7.6.1 Nozione

Il lavoratore è definito dall'articolo 2, comma 1, lett. *a*) come "persona che, indipendentemente dalla tipologia contrattuale, svolge un'attività lavorativa nell'ambito dell'organizzazione di un datore di lavoro pubblico o privato, con o senza retribuzione, anche al solo fine di apprendere un mestiere, un'arte o una professione, esclusi gli addetti ai servizi domestici e familiari".
Si tratta di una nozione che ha una valenza generale e che prescinde dalla specifica qualificazione del rapporto di lavoro; non è, infatti, la tipologia contrattuale a definire il lavoratore, e nemmeno l'essere retribuito o meno, quanto l'**operare con la**

propria attività lavorativa "nell'ambito dell'organizzazione di un datore di lavoro pubblico o privato". Ciò in quanto la finalità principale della norma è quella di tutelare la sicurezza e la salute di quanti si trovano nelle strutture aziendali per cui è irrilevante, in questo contesto, il tipo di rapporto che è stato instaurato.

7.6.2 Diritti

Ogni lavoratore ha il diritto di esercitare le proprie mansioni in un ambiente sano e sicuro senza correre rischi di incidenti. Affinché ciò sia reso possibile è necessario che ogni soggetto che presta la propria opera all'interno di una realtà lavorativa sia messo al corrente dei possibili rischi esistenti e sia adeguatamente formato e addestrato, da un punto di vista professionale, a sapersi muovere e agire nell'ambiente di lavoro.
L'art. 36 D.Lgs. 81/2008 prevede che il datore di lavoro abbia il **dovere**, nei confronti di ciascun lavoratore, **di dare un'adeguata formazione**: sui rischi per la salute e sicurezza sul lavoro connessi alla attività della impresa in generale; sulle procedure che riguardano il primo soccorso, la lotta antincendio, l'evacuazione dei luoghi di lavoro; sui nominativi dei lavoratori incaricati di applicare le misure di primo soccorso e prevenzione incendi e sui nominativi del responsabile e degli addetti del servizio di prevenzione e protezione e del medico competente.
Inoltre, il datore di lavoro ha l'obbligo di porre in essere una serie di attività di informazione che pongano il lavoratore nella possibilità di essere messo a conoscenza circa:

- i rischi specifici cui è esposto in relazione all'attività svolta, le normative di sicurezza e le disposizioni aziendali in materia;
- i pericoli connessi all'uso delle sostanze e delle miscele pericolose sulla base delle schede dei dati di sicurezza previste dalla normativa vigente e dalle norme di buona tecnica;
- le misure e le attività di protezione e prevenzione adottate.

Il contenuto di tali informazioni deve essere facilmente comprensibile per i lavoratori e deve consentire loro di acquisire le relative conoscenze. Ove l'informazione riguardi lavoratori immigrati, essa avviene previa verifica della comprensione della lingua utilizzata nel percorso informativo.

7.6.3 Obblighi

Per rendere un ambiente di lavoro sempre più sicuro **anche i lavoratori hanno dei doveri** e devono conoscere una serie di misure atte a scongiurare il verificarsi degli infortuni.
In particolare, l'articolo 20 del Testo Unico stabilisce che ogni lavoratore è tenuto a:

- contribuire, insieme al datore di lavoro, ai dirigenti e ai preposti, all'adempimento degli obblighi previsti a tutela della salute e sicurezza sui luoghi di lavoro;
- osservare le disposizioni e le istruzioni impartite dal datore di lavoro, dai dirigenti e dai preposti, ai fini della protezione collettiva ed individuale;
- utilizzare correttamente le attrezzature di lavoro, le sostanze e le miscele pericolose, i mezzi di trasporto, nonché i dispositivi di sicurezza;

- utilizzare in modo appropriato i dispositivi di protezione messi a loro disposizione;
- segnalare immediatamente al datore di lavoro, al dirigente o al preposto le deficienze dei mezzi e dei dispositivi di protezione nonché qualsiasi eventuale condizione di pericolo di cui vengano a conoscenza, adoperandosi direttamente, in caso di urgenza, nell'ambito delle proprie competenze e possibilità;
- non rimuovere o modificare senza autorizzazione i dispositivi di sicurezza o di segnalazione o di controllo;
- non compiere di propria iniziativa operazioni o manovre che non sono di loro competenza ovvero che possono compromettere la sicurezza propria o di altri lavoratori;
- partecipare ai programmi di formazione e di addestramento organizzati dal datore di lavoro;
- sottoporsi ai controlli sanitari previsti dal Testo Unico o comunque disposti dal medico competente.

7.7 Il servizio di prevenzione e protezione (SPP) e il suo responsabile

7.7.1 Nozione

Il datore di lavoro deve costituire il **servizio di prevenzione e protezione (SPP)** al fine di essere coadiuvato nella valutazione dei rischi e nella creazione e attuazione delle misure di prevenzione.
L'articolo 31 e seguenti del D.Lgs. 81/2008 disciplinano e definiscono la composizione e le funzioni di questo servizio, il cui responsabile è nominato dal datore di lavoro, atto che viene considerato come non delegabile a nessun altro soggetto operante all'interno dell'azienda.
Tra le molte definizioni che sono state date al servizio di prevenzione e protezione quella che rende meglio l'idea, su quale sia la realtà del SPP, si può riassumere nel concetto di **insieme delle persone, sistemi e mezzi interni o esterni all'azienda finalizzati all'attività di prevenzione e protezione dai rischi professionali per i lavoratori**.
I compiti affidati al SPP sono di particolare rilievo e delicatezza e il legislatore ha deciso di definirli specificatamente all'interno dell'articolo 33, il quale dispone che il servizio provvede:

- all'individuazione dei fattori di rischio, alla valutazione dei rischi e all'individuazione delle misure per la sicurezza e la salubrità degli ambienti di lavoro, nel rispetto della normativa vigente sulla base della specifica conoscenza dell'organizzazione aziendale;
- ad elaborare, per quanto di competenza, le misure preventive e protettive di cui all'*articolo 28*, comma 2, e i sistemi di controllo di tali misure;
- ad elaborare le procedure di sicurezza per le varie attività aziendali;
- a proporre i programmi di informazione e formazione dei lavoratori;
- a partecipare alle consultazioni in materia di tutela della salute e sicurezza sul lavoro, nonché alla riunione periodica di cui all'articolo 35;
- a fornire ai lavoratori le informazioni di cui all'articolo 36.

7.7.2 Il responsabile del servizio (RSPP)

Il SSP deve avere un proprio responsabile (RSPP) nominato direttamente dal datore di lavoro previa consultazione del rappresentante dei lavoratori per la sicurezza. Questo rappresentante, nello svolgimento delle proprie mansioni, è accompagnato da una serie di addetti alla sicurezza che lo aiutano nell'attuare tutte le misure atte a prevenire l'insorgenza di infortuni sui luoghi di lavoro. Naturalmente il Testo Unico prevede, all'articolo 32, che questi addetti alla sicurezza, sia di nomina interna che esterna all'azienda, siano in possesso di requisiti professionali adeguati alla natura dei rischi presenti sul luogo di lavoro e relativi alle attività lavorative.
Il RSPP può essere lo stesso datore di lavoro, un soggetto interno all'azienda oppure esterno alla stessa. Tuttavia la scelta sulla natura del responsabile e dei componenti del servizio è disciplinata dall'articolo 31, il quale stabilisce che deve essere obbligatoriamente interno in tutte le aziende soggette all'obbligo di notifica, nelle centrali termoelettriche, nelle industrie estrattive e nelle strutture di ricovero e cura con più di 50 lavoratori, nelle industrie classificate come soggette a grandi rischi e nelle industrie con più di 200 lavoratori. Invece, la legge prevede che sia esterno all'azienda quando nell'ambito lavorativo non ci sia nessuno in possesso dei requisiti previsti per ricoprire tale funzione.

7.8 Il medico competente

7.8.1 Nomina e funzioni

Il medico competente svolge un ruolo cruciale nella gestione delle problematiche di salute e sicurezza nelle aziende, anche attraverso una concreta collaborazione con le altre figure della prevenzione. Deve essere un professionista in possesso di specifica ed adeguata formazione per la tutela della salute del lavoratore nel luogo di lavoro.
Nominato dal datore di lavoro, può essere un dipendente dell'azienda, un libero professionista ovvero un dipendente di un'azienda pubblica o privata. L'art. 25 D.Lgs. 81/2008 definisce analiticamente quelli che sono gli **obblighi del medico competente**; in questa sede si ritiene opportuno evidenziarne solamente i più importanti:

- collaborare con il datore di lavoro e con il servizio di prevenzione e protezione alla valutazione dei rischi, anche ai fini della programmazione, ove necessario, della sorveglianza sanitaria, alla predisposizione della attuazione delle misure per la tutela della salute e della integrità psico-fisica dei lavoratori, all'attività di formazione e informazione nei confronti dei lavoratori, per la parte di competenza, e all'organizzazione del servizio di primo soccorso considerando i particolari tipi di lavorazione ed esposizione e le peculiari modalità organizzative del lavoro;
- programmare ed effettuare la sorveglianza sanitaria;
- istituire, aggiornare e custodire una cartella sanitaria e di rischio per ogni lavoratore sottoposto a sorveglianza sanitaria;
- fornire informazioni ai lavoratori sul significato della sorveglianza sanitaria cui sono sottoposti e, nel caso di esposizione ad agenti con effetti a lungo termine, sulla necessità di sottoporsi ad accertamenti sanitari anche dopo la cessazione della

attività che comporta l'esposizione a tali agenti. Fornire altresì, a richiesta, informazioni analoghe ai rappresentanti dei lavoratori per la sicurezza;

- comunicare per iscritto, in occasione della riunione periodica (art. 35), al datore di lavoro, al responsabile del servizio di prevenzione e protezione dai rischi, ai rappresentanti dei lavoratori per la sicurezza, i risultati anonimi collettivi della sorveglianza sanitaria effettuata e fornire indicazioni sul significato di detti risultati ai fini della attuazione delle misure per la tutela della salute e della integrità psico-fisica dei lavoratori;
- visitare gli ambienti di lavoro almeno una volta all'anno o a cadenza diversa che si stabilisce in base alla valutazione dei rischi; l'indicazione di una periodicità diversa dall'annuale deve essere comunicata al datore di lavoro ai fini della sua annotazione nel documento di valutazione dei rischi.

7.8.2 La sorveglianza sanitaria

Di particolare rilevanza è la competenza in materia di **sorveglianza sanitaria**, la quale, a norma dell'art. 2 D.Lgs. 81/2008, consiste nell'**insieme degli atti medici, finalizzati alla tutela dello stato di salute e sicurezza dei lavoratori**, in relazione all'ambiente di lavoro, ai fattori di rischio professionali e alle modalità di svolgimento dell'attività lavorativa.
Gli obiettivi di tale sorveglianza sono rivolti a tutelare lo stato di salute e sicurezza dei lavoratori attraverso valutazioni della compatibilità tra condizioni di salute e compiti lavorativi, con l'individuazione degli stati di ipersuscettibilità individuale dei rischi lavorativi e infine l'attuazione di una verifica dell'efficacia delle misure di prevenzione dei rischi adottate in azienda.

Gli **strumenti a disposizione per poter effettuare la sorveglianza** sono elencati nell'articolo 41, che prevede: visita medica preventiva intesa a constatare l'assenza di controindicazioni al lavoro cui il lavoratore è destinato al fine di valutare la sua idoneità alla mansione specifica; visita medica periodica per controllare lo stato di salute dei lavoratori ed esprimere il giudizio di idoneità alla mansione specifica; visita medica su richiesta del lavoratore; visita medica in occasione del cambio della mansione; visita medica alla cessazione del rapporto di lavoro; visita medica preventiva in fase preassuntiva e visita medica precedente alla ripresa del lavoro.

7.9 Il rappresentante dei lavoratori per la sicurezza (RSL)

7.9.1 Nomina

Il Testo Unico dispone che in ogni azienda o unità produttiva deve essere garantita la rappresentanza dei lavoratori per la sicurezza (art. 47, comma 2); tutto ciò indipendentemente dalle dimensioni e dalla composizione di riferimento e, quindi, anche ove l'azienda o l'unità produttiva abbia un solo lavoratore. Il decreto definisce il rappresentante dei lavoratori per la sicurezza (RLS) come un **soggetto eletto o designato per rappresentare i lavoratori per quanto concerne gli aspetti della salute e della sicurezza durante il lavoro.**

Nelle aziende o unità produttive che occupano fino a 15 lavoratori il rappresentante dei lavoratori per la sicurezza è di norma eletto direttamente dai lavoratori al loro interno oppure è individuato per più aziende nell'ambito territoriale o del comparto produttivo. Invece, nelle aziende o unità produttive con più di 15 lavoratori il rappresentante dei lavoratori per la sicurezza è eletto o designato dai lavoratori nell'ambito delle rappresentanze sindacali in azienda. In assenza di tali rappresentanze, è eletto dai lavoratori dell'azienda al loro interno.

La nomina del RLS, se non diversamente stabilito in sede di contrattazione collettiva, avviene di norma in corrispondenza della giornata nazionale per la salute e sicurezza sul lavoro, con comunicazione dell'avvenuta nomina all'INAIL.
In ogni caso il numero minimo dei rappresentanti è di 1 nelle aziende ovvero unità produttive sino a 200 lavoratori, 3 nelle aziende ovvero unità produttive da 201 a 1.000 lavoratori e 6 in tutte le altre aziende o unità produttive oltre i 1.000 lavoratori.

7.9.2 Funzioni

L'articolo 50 prevede che il RLS svolga molte funzioni, tra cui, in particolare:

- deve **essere consultato** in merito alla valutazione dei rischi, all'individuazione, programmazione, realizzazione e verifica della prevenzione nella azienda o nell'unità produttiva, alla designazione del responsabile e degli addetti al servizio di prevenzione, all'attività di prevenzione incendi, al primo soccorso, all'evacuazione dei luoghi di lavoro e del medico competente, all'organizzazione della formazione dei lavoratori e dei loro rappresentanti;
- deve **ricevere** le informazioni e la documentazione aziendale inerente alla valutazione dei rischi e le misure di prevenzione relative, nonché quelle inerenti alle sostanze ed ai preparati pericolosi, alle macchine, agli impianti, alla organizzazione e agli ambienti di lavoro, agli infortuni e alle malattie professionali, le informazioni provenienti dai servizi di vigilanza e una formazione adeguata;
- deve **partecipare** alle riunioni periodiche di prevenzione e protezione;
- può **fare ricorso** alle autorità competenti qualora ritenga che le misure di prevenzione e protezione dai rischi adottate dal datore di lavoro o dai dirigenti e i mezzi impiegati per attuarle non siano idonei a garantire la sicurezza e la salute durante il lavoro.

Infine, per ciò che concerne la formazione, il RLS ha diritto ad una formazione particolare in materia di salute e sicurezza concernente i rischi specifici esistenti negli ambiti in cui esercita la propria rappresentanza, tale da assicurargli adeguate competenze sulle principali tecniche di controllo e prevenzione dei rischi stessi. Le modalità, la durata e i contenuti specifici della formazione del rappresentante dei lavoratori per la sicurezza territoriale sono stabiliti in sede di contrattazione collettiva, secondo un percorso formativo di almeno 32 ore iniziali, da effettuarsi entro 3 mesi dalla data di elezione o designazione, e 4 (per imprese da 15 a 50 dipendenti) o 8 (per imprese con più di 50 dipendenti) ore di aggiornamento annuale.

7.10 L'informazione, la formazione e l'addestramento

Si tratta dei tre pilastri sui quali si regge la complessa struttura deputata a garantire una corretta gestione di tutte le fasi della gestione della sicurezza in ambito aziendale. Secondo le definizioni riportate dall'art. 2 del Testo Unico per:

> **informazione** s'intende il complesso delle attività dirette a fornire conoscenze utili alla identificazione, alla riduzione e alla gestione dei rischi in ambiente di lavoro;
> **formazione** si fa riferimento al processo educativo attraverso il quale si trasferiscono ai lavoratori ed agli altri soggetti del sistema di prevenzione e protezione aziendale, conoscenze e procedure utili all'acquisizione di competenze per lo svolgimento in sicurezza dei rispettivi compiti in azienda e alla identificazione, alla riduzione e alla gestione dei rischi;
> **addestramento** si indica il complesso delle attività dirette a fare apprendere ai lavoratori l'uso corretto di attrezzature, macchine, impianti, sostanze, dispositivi, anche di protezione individuale, e le procedure di lavoro.

A questo punto è necessario mettere in luce quelle che sono le figure che il Testo Unico sulla sicurezza elegge a destinatari della formazione, anche se il provvedimento tenta di far sì che la conoscenza sulla sicurezza sia patrimonio dell'intera realtà aziendale, facendo in modo che non sia rimessa ad un solo soggetto ma che sia patrimonio comune di una serie di figure aziendali.
In particolare queste figure sono:

- il **dirigente**: che deve ricevere un'adeguata formazione;
- il **preposto**: che deve ricevere un'adeguata e specifica formazione e un aggiornamento periodico in relazione ai propri compiti in materia di salute e sicurezza del lavoro. I contenuti della formazione dovranno comprendere chi sono i principali soggetti coinvolti e i relativi obblighi, la definizione e l'individuazione dei fattori di rischio; la valutazione dei rischi ed infine l'individuazione delle misure tecniche, organizzative e procedurali di prevenzione e protezione;
- il **medico competente**: per lo svolgimento delle cui funzioni è necessario partecipare al programma di educazione continua in medicina;
- il **lavoratore**: al quale si possono affidare dei compiti che siano alla portata delle sue conoscenze attraverso l'individuazione delle sue capacità professionali, la sua esperienza e la sua formazione e addestramento;
- il **rappresentante dei lavoratori per la sicurezza**: che ha diritto ad una formazione particolare in materia di salute e sicurezza concernente i rischi specifici esistenti negli ambiti in cui esercita la propria rappresentanza, tale da assicurargli adeguate competenze sulle principali tecniche di controllo e prevenzione dei rischi stessi;
- i **responsabili dei servizi di prevenzione e protezione**: dovranno partecipare a specifici corsi di formazione adeguati alla natura dei rischi presenti sul luogo di lavoro e relativi alle attività lavorative.

Infine, è importante ricordare come la formazione non possa mai essere finanziariamente a carico del lavoratore e, inoltre, non debba essere un momento isolato e relegato a qualche ora durante l'intera attività lavorativa di un soggetto. Anzi, essa, al contrario, deve avere un carattere di ripetitività ogni qualvolta il mutare delle condizioni lavorative lo rendano necessario; in pratica deve avvenire ogni qualvolta vengano introdotte, nel ciclo lavorativo, nuove tecniche o mezzi di lavoro, o anche quando il lavoratore viene adibito a nuove mansioni.

7.11 Documento di valutazione del rischio (DVR)

Il documento di valutazione del rischio (DVR) è uno strumento teso a far sì che il datore di lavoro sia consapevole delle caratteristiche relative sia alla tipologia di lavoro svolta all'interno della propria azienda sia degli impianti tecnici e meccanici presenti e utilizzati nell'ambiente di lavoro, fattori determinanti l'esistenza di rischi e quindi, di conseguenza, possibili fonti di infortuni sul lavoro.
Il Testo Unico sulla Sicurezza (all'art. 3) definisce la valutazione dei rischi come **valutazione globale e documentata di tutti i rischi per la salute e sicurezza dei lavoratori presenti nell'ambito dell'organizzazione** in cui essi prestano la propria attività, finalizzata ad individuare le adeguate misure di prevenzione e di protezione e ad elaborare il programma delle misure atte a garantire il miglioramento nel tempo dei livelli di salute e sicurezza. Il DVR è uno degli obblighi indelegabili per il datore di lavoro (art. 18 Testo Unico).
Il contenuto di tale atto è stabilito dettagliatamente dall'articolo 28, il quale prevede come nel DVR debbano essere **rigorosamente descritti tutti i rischi esistenti per la sicurezza e la salute dei dipendenti**, tra cui quelli relativi a tutti coloro che sono esposti a rischi particolari, quelli per le donne in stato di gravidanza, quelli collegati allo stress lavoro-correlato, all'età e molti altri.
Naturalmente la valutazione che il datore di lavoro deve porre in essere sarà più o meno complessa in relazione alla grandezza dell'azienda e delle attività svolte all'interno di questa. Il datore di lavoro, nel valutare le varie fattispecie di rischi presenti nella propria azienda e nel redigere il DVR, agisce in collaborazione con il RSPP e il medico competente, se nominato, previa consultazione del RLS. L'interagire fra più soggetti responsabili delle varie attività aziendali rende possibile che tale documento, ogni qualvolta se ne presenti la necessità, sia aggiornato sulla base delle "modifiche significative apportate al processo produttivo o all'organizzazione del lavoro, in relazione al grado di evoluzione della tecnica, a seguito di infortuni significativi e se i risultati della sorveglianza sanitaria ne evidenziano la necessità".
Il DVR è considerato dalla normativa in tema di sicurezza il principale onere per il datore di lavoro, il quale ha l'obbligo di effettuarlo in prima persona, senza la possibilità di delegare tale mansione ad un soggetto terzo, entro e non oltre il novantesimo giorno dalla data di inizio dell'attività produttiva. L'articolo 28 impone anche al datore di lavoro di dar luogo ad un **sistema di programmazione e gestione delle migliorie** che dovranno essere apportate all'interno dell'azienda per far sì che la sicurezza raggiunga standard sempre più elevati al fine di ridurre la presenza di rischi per la salute dei lavoratori.

7.12 La gestione delle emergenze

Secondo quanto disposto dall'articolo 18 del Testo unico, il datore di lavoro è tenuto a "designare preventivamente i lavoratori incaricati dell'attuazione delle misure di prevenzione incendi e lotta antincendio, di evacuazione dei luoghi di lavoro in caso di pericolo grave e immediato, di salvataggio, di primo soccorso e, comunque, di gestione dell'emergenza".
Pertanto, nei luoghi di lavoro, il D.Lgs. 81/2008 prescrive l'adozione di tutte le misure necessarie per evitare l'insorgenza di un incendio e limitarne le conseguenze

qualora esso si verifichi, anche mediante la preventiva designazione dei lavoratori incaricati dell'attuazione delle misure di prevenzione incendi e lotta antincendio, di evacuazione dei lavoratori in caso di pericolo grave e immediato, di salvataggio, di primo soccorso e, comunque, di gestione dell'emergenza; soggetti che devono essere adeguatamente formati.

Tra le varie misure che sono previste dalla normativa, risulta obbligatorio che negli ambienti di lavoro, dove è obbligatorio redigere un **piano di emergenza**, debba tenersi, almeno una volta l'anno, un **piano di esercitazioni antincendio**, per far sì che i lavoratori mettano in pratica tutte le procedure di intervento ed esodo. Di conseguenza, è previsto che i soggetti chiamati ad espletare le funzioni di gestori delle emergenze debbano effettuare dei corsi di preparazione la cui durata varierà sulla base dei possibili rischi che potrebbero insorgere all'interno dei luoghi di lavoro presso cui ognuno presta servizio.

7.13 La riunione periodica

La riunione periodica, prevista dall'articolo 35 D.Lgs. 81/2008, è indetta obbligatoriamente dal datore di lavoro **almeno una volta l'anno**, ovvero ogniqualvolta che si verifichino significative variazioni di esposizione al rischio, in tutte le aziende o unità produttive che occupano più di 15 dipendenti, per **discutere dei problemi inerenti la sicurezza aziendale**. Coloro che devono necessariamente partecipare a tale riunione sono il datore di lavoro, il responsabile del servizio di prevenzione e protezione dai rischi, il medico competente, ove nominato, e infine il rappresentante dei lavoratori per la sicurezza.

Durante questo incontro i soggetti interessati dovranno discutere in merito a varie esigenze aziendali e, in particolare, dovranno trattare temi relativi al documento di valutazione dei rischi (DVR), all'andamento degli infortuni e delle malattie professionali e alla sorveglianza sanitaria, ai criteri di scelta, alle caratteristiche tecniche e all'efficacia dei dispositivi di protezione individuale, ai programmi di informazione e formazione dei dirigenti, dei preposti e dei lavoratori ai fini della sicurezza e della protezione della loro salute. In occasione della riunione annuale, il medico competente comunica per iscritto al datore di lavoro, al responsabile del servizio di prevenzione protezione dai rischi, ai rappresentanti dei lavoratori per la sicurezza, i risultati anonimi collettivi della sorveglianza sanitaria effettuata e fornisce indicazioni sul significato di detti risultati ai fini della attuazione delle misure per la tutela della salute e della integrità psico-fisica dei lavoratori (art. 25, co. 1, lettera *i*), D.Lgs. 81/2008).

Al termine della riunione bisogna, con chiarezza, mettere in luce le conclusioni raggiunte redigendo, così, un piano d'azione, attraverso la distribuzione di responsabilità, attività e tempi.

A tal fine il datore di lavoro, direttamente o tramite il responsabile del servizio di prevenzione e protezione, redige il **verbale**, attraverso la collaborazione e condivisione dei contenuti con tutti i presenti, tenendolo poi a disposizione per le eventuali consultazioni.

QUESITI DI VERIFICA

1) Cosa stabilisce l'art. 97 della Costituzione in materia di accesso agli impieghi nelle Pubbliche Amministrazioni?

A. L'accesso è consentito solo mediante richiesta ai servizi per l'impiego pubblici
B. L'accesso è consentito solo mediante concorso pubblico, salvo le eccezioni stabilite dalla legge
C. L'accesso è consentito solo ai cittadini italiani
D. L'accesso è consentito solo ai cittadini italiani e ai cittadini di Stati membri dell'Unione europea

2) A quale soggetto è delegato il compito di sottoscrivere i contratti collettivi del pubblico impiego?

A. Al MEF (Ministero dell'economia e delle finanze)
B. All'ANAC (Agenzia per la negoziazione degli accordi collettivi)
C. All'ARPA (Agenzia per le relazioni sindacali nelle Pubbliche Amministrazioni)
D. All'ARAN (Agenzia per la rappresentanza negoziale delle Pubbliche Amministrazioni)

3) Come è definito il comparto di contrattazione al quale afferisce il personale degli enti locali?

A. Comparto Enti Locali
B. Comparto Autonomie territoriali
C. Comparto Funzioni locali
D. Comparto Regioni ed Enti locali

4) Quale fra le seguenti materie è disciplinata dalla contrattazione collettiva?

A. I principi fondamentali di organizzazione degli uffici
B. I procedimenti di selezione e di accesso al lavoro
C. I modi di conferimento della titolarità degli uffici
D. Le relazioni sindacali

5) I contratti collettivi possono derogare a disposizioni di legge?

A. Sì, purché la deroga rivesta caratteri di urgenza e necessità
B. Assolutamente no
C. Sì, purché siano contratti collettivi nazionali e solo nelle materie di esclusiva competenza
D. Sì, in ogni caso

6) Nel reclutare i propri dipendenti, le Pubbliche Amministrazioni devono tener conto:

A. del personale che andrà in pensione nel successivo quinquennio
B. dei risultati conseguiti nell'ultimo triennio

C. esclusivamente della propria dotazione organica
D. del Piano triennale dei fabbisogni del personale

7) **Un rapporto di lavoro presso le Pubbliche Amministrazioni si instaura:**
A. con la sottoscrizione da parte del delegato dell'Amministrazione e del dipendente del contratto collettivo di lavoro
B. con la sottoscrizione da parte del delegato dell'Amministrazione e del dipendente del contratto integrativo di lavoro
C. con un decreto di nomina approvato dal delegato dell'Amministrazione
D. con un contratto individuale di lavoro, sottoscritto dalle parti

8) **Le Pubbliche Amministrazioni possono ricorrere a forme contrattuali flessibili?**
A. No, in nessun caso
B. Sì, ma solo per comprovate esigenze di carattere esclusivamente temporaneo o eccezionale
C. Sì, in ogni caso a discrezione della Pubblica Amministrazione
D. Sì, ma solo nei confronti di soggetti che non risiedono stabilmente nel territorio italiano

9) **Qual è la percentuale massima di contratti a tempo determinato e di somministrazione che possono essere stipulati dagli enti locali?**
A. Tetto annuale del 20% del personale a tempo indeterminato in servizio al 1° gennaio dell'anno di assunzione
B. Tetto annuale del 25% del personale a tempo indeterminato in servizio al 1° gennaio dell'anno di assunzione
C. Tetto annuale del 15% del personale a tempo indeterminato in servizio al 1° gennaio dell'anno di assunzione
D. Tetto annuale del 10% del personale a tempo indeterminato in servizio al 1° gennaio dell'anno di assunzione

10) **Quante sono le posizioni economiche di inquadramento del personale degli enti locali secondo il CCNL del 1999?**
A. Le posizioni economiche sono sempre quattro
B. Le posizioni economiche sono definite ogni anno
C. Le posizioni economiche variano in base alle categorie
D. Le posizioni economiche sono sempre sette

11) **Le posizioni organizzative possono essere attribuite:**
A. solo a dipendenti di categoria D
B. a dipendenti delle categorie C e D
C. a dipendenti delle categorie C (se in possesso di laurea) e D
D. a dipendenti della categoria D, salvo specifiche eccezioni

12) **Per quanti anni al neo-assunto spetta un periodo di ferie differenziato rispetto alla generalità dei dipendenti?**
A. Due anni dall'assunzione
B. Solo per il primo anno di lavoro

C. Tre anni dall'assunzione
D. Quattro anni dall'assunzione

13) Qual è la durata ordinaria del periodo di comporto nel pubblico impiego?
A. 24 mesi
B. 16 mesi
C. 20 mesi
D. 18 mesi

14) In caso di assenze dal lavoro per malattia, per le visite medico-fiscali è competente:
A. il dirigente della struttura
B. l'ASL territorialmente competente
C. il polo unico in capo all'INPS per la gestione delle visite fiscali
D. il medico di base del lavoratore

15) Attraverso l'istituto della mobilità volontaria si consente ai dipendenti:
A. il passaggio diretto fra Amministrazioni previo assenso dell'Amministrazione di appartenenza
B. il passaggio diretto fra Amministrazioni diverse senza necessità di assenso dell'Amministrazione di appartenenza
C. di essere collocati in aspettativa per lo svolgimento di attività presso organismi pubblici o privati operanti in sede internazionale
D. lo scambio di postazione con altri dipendenti della Pubblica Amministrazione, che abbiano lo stesso profilo professionale e purché esista l'accordo fra le Amministrazioni di appartenenza

16) Quali sono i termini per la predisposizione del Piano triennale della performance (PTP) e del Rendiconto sulla performance?
A. Rispettivamente il 31 marzo e il 30 giugno di ciascun anno
B. Rispettivamente il 31 gennaio e il 30 giugno di ciascun anno
C. Rispettivamente il 31 gennaio e il 15 giugno di ciascun anno
D. Rispettivamente il 15 febbraio e il 30 giugno di ciascun anno

17) In merito alle false attestazioni o certificazioni, i contratti collettivi nazionali possono determinare sanzioni disciplinari?
A. Assolutamente no
B. Sì, ma solo con riferimento alle ipotesi di ripetute e ingiustificate assenze dal servizio in continuità con le giornate festive di riposo settimanale
C. Sì, ma solo con riferimento ai casi di ingiustificate assenze collettive in determinati periodi
D. Sì, con riferimento alle ipotesi di ripetute e ingiustificate assenze dal servizio in continuità con le giornate festive di riposo settimanale, e con riferimento ai casi di ingiustificate assenze collettive in determinati periodi

18) Il mancato esercizio o la decadenza dell'azione disciplinare, dovuti all'omissione o al ritardo, senza giustificato motivo, degli atti del procedimento disciplinare, comporta:
A. la sospensione dal servizio fino a un massimo di 3 mesi solo per i dirigenti
B. la sospensione dal servizio fino a un massimo di 3 mesi per i soggetti responsabili
C. il licenziamento disciplinare
D. la sospensione dal servizio fino a un massimo di 2 mesi per i soggetti responsabili

19) Le gravi o reiterate violazioni dei codici di comportamento comportano:
A. licenziamento con preavviso
B. licenziamento senza preavviso
C. allontanamento dal posto di lavoro per 12 mesi
D. decurtazione dello stipendio di un quinto

20) La sospensione cautelare del dipendente:
A. è facoltativa quando sia stata pronunciata condanna, anche non definitiva, per un delitto contro la Pubblica Amministrazione
B. è obbligatoria quando si ha notizia di una falsa attestazione della presenza in servizio
C. è facoltativa quando l'impiegato è sottoposto a procedimento penale e ad una misura restrittiva della libertà personale
D. è obbligatoria quando l'impiegato è sottoposto a procedimento disciplinare per un'infrazione che comporta la sospensione dalla retribuzione e dal servizio

21) L'adozione degli atti che impegnano l'Amministrazione verso l'esterno spetta:
A. ai dirigenti
B. al Presidente del Consiglio comunale
C. al Segretario comunale
D. al Presidente della Giunta

22) In quali enti è possibile derogare all'applicazione del principio della separazione fra attività di indirizzo e controllo politico e attività di gestione, attribuendo agli organi politici anche compiti gestionali?
A. Nei Comuni con meno di 1.000 abitanti
B. Nei Comuni con meno di 2.000 abitanti
C. Nei Comuni con meno di 3.000 abitanti
D. Nei Comuni con meno di 5.000 abitanti

23) In quale delle seguenti ipotesi non è prevista l'inconferibilità dell'incarico direttivo secondo le indicazioni del D.Lgs. 39/2013?
A. Se il soggetto ha subito condanne penali per reati contro la Pubblica Amministrazione
B. Se il soggetto proviene da incarichi e cariche in enti privati finanziati o diretti dalle Amministrazioni pubbliche

C. Se il soggetto ha rapporti di parentela con membri degli organi politici dell'ente
D. Se il soggetto proviene da organi di indirizzo politico

24) Secondo la sentenza n. 20/2019 della Corte costituzionale, l'obbligo di pubblicare nel sito web dell'Amministrazione di appartenenza i dati relativi al reddito e al patrimonio posseduti:
A. si applica a tutti i dipendenti
B. si applica a tutti i dirigenti
C. si applica solo ai dirigenti che ricoprono posizioni apicali
D. non si applica a nessun dipendente

25) Il Direttore generale può essere nominato solo nei Comuni:
A. con più di 500.000 abitanti
B. con più di 100.000 abitanti
C. con più di 200.000 abitanti
D. con più di 350.000 abitanti

26) L'incarico di Direttore Generale:
A. è a tempo indeterminato
B. non può avere una durata superiore a tre anni, rinnovabili per altri tre
C. non può eccedere la durata del mandato del Sindaco
D. ha una durata massima di due anni

27) Il Segretario è:
A. un dipendente del Ministero dell'Interno nominato dal Sindaco
B. un dipendente del Comune nominato dal Ministero dell'Interno
C. un libero professionista iscritto all'Albo nominato dal Sindaco
D. un dipendente dell'Agenzia dei Segretari generali nominato dal Ministro dell'Interno

28) Il Segretario comunale cessa automaticamente dall'incarico:
A. trascorsi tre anni dalla nomina
B. con la fine del mandato del Sindaco
C. trascorso un anno dalla nomina
D. entro 4 mesi dalla nomina del nuovo Sindaco, se non esplicitamente rinnovato

29) Quali delle seguenti funzioni non è di competenza del Segretario
A. Sovraintendere allo svolgimento delle funzioni dei dirigenti e coordinarne l'attività
B. Svolgere le funzioni di Responsabile della prevenzione della corruzione e della trasparenza
C. Approvare il regolamento sull'organizzazione degli uffici e dei servizi
D. Dirimere i conflitti di competenza fra i responsabili dei servizi

30) Quali sono i soggetti che obbligatoriamente prendono parte alla riunione periodica di prevenzione e protezione?

A. Datore di lavoro, RSSP, medico competente e RLS
B. Datore di lavoro, rappresentante sindacale, medico competente e RLS
C. Dirigente, RSSP, medico competente e RLS
D. Datore di lavoro, preposto, medico competente e RLS

Risposte esatte: 1b, 2d, 3c, 4d, 5c, 6d, 7d, 8b, 9a, 10c, 11d, 12c, 13d, 14c, 15a, 16b, 17d, 18b, 19a, 20b, 21a, 22d, 23c, 24c, 25b, 26c, 27a, 28b, 29c, 30a

Libro VI

Trasparenza e misure anticorruzione

SOMMARIO

Capitolo 1
Gli obblighi di trasparenza e le misure per prevenire la corruzione

1.1 Quadro normativo e definizione del concetto di corruzione

Nel corso dell'ultimo decennio si è imposto sempre più nello scenario internazionale il tema della corruzione, fenomeno avvertito, anche da parte dei cittadini, nella sua gravità per gli effetti negativi che determina sul tessuto sociale. Del problema si sono fatte carico le principali organizzazioni internazionali (l'ONU e il Consiglio d'Europa in particolare), che hanno prodotto importanti strumenti convenzionali multilaterali, con l'indicazione della necessità di approntare strumenti di contrasto.
In Italia, al termine di un tormentato *iter* parlamentare (durato circa due anni), nel 2012 è stata approvata la legge per la prevenzione e la repressione della corruzione e dell'illegalità nella Pubblica Amministrazione (**L. 6-11-2012, n. 190,** cosiddetta **legge Severino**).
L'elemento di maggiore novità della legge è la forza che viene posta sulle azioni di **prevenzione della corruzione** rispetto alla mera risposta repressiva. Nel quadro delineato dalla legge tale attività deve essere svolta:

- a **livello nazionale** attraverso l'operato dell'ANAC (Autorità Nazionale Anticorruzione) cui spetta il compito di approvare e pubblicare il Piano Nazionale Anticorruzione (PNA) con validità triennale;
- a **livello di singola amministrazione** che deve individuare tra i soggetti che esercitano funzioni dirigenziali un Responsabile della Prevenzione della Corruzione e della Trasparenza (RPCT), al quale spetta la redazione del Piano specifico.

La finalità della L. 190/2012 è quella di introdurre nell'ordinamento italiano un sistema organico di disposizioni finalizzate alla prevenzione del fenomeno corruttivo. In attuazione delle disposizioni contenute nella citata legge, infatti, sono stati approvati i seguenti atti:

- il **D.Lgs. 14-3-2013, n. 33** (*decreto trasparenza*) che impone misure volte a garantire la massima *trasparenza delle amministrazioni*, obbligate a fornire, anche soltanto via Internet, una serie di informazioni in grado di garantire un più diffuso controllo del suo operato;
- il **D.Lgs. 8-4-2013, n. 39**, che ha introdotto una disciplina in materia di incarichi negli organi politici e nelle strutture amministrative, con una puntuale definizione delle ipotesi di *inconferibilità e incompatibilità*;
- il **D.P.R. 16-4-2013, n. 62** con il quale è stato approvato il nuovo *Codice di comportamento dei dipendenti pubblici* (in sostituzione di quello del 2001) e che riporta misure specifiche volte a prevenire possibili attività corruttive.

A questi provvedimenti occorre aggiungere il **D.Lgs. 25-5-2016, n. 97**, intervenuto come *correttivo* sia della L. 190/2012 che del D.Lgs. 33/2013.
Ai fini dell'applicazione della disciplina in esame il **concetto di corruzione** è inteso nella sua accezione più ampia: comprende, cioè, tutte le situazioni in cui, nel corso dell'attività amministrativa, si riscontri l'**abuso da parte di un soggetto del potere a lui affidato al fine di ottenere vantaggi privati**.
Le situazioni rilevanti sono, quindi, evidentemente più ampie delle diverse fattispecie penalistiche disciplinate negli artt. 318 ss. c.p., e sono tali da comprendere non solo l'intera gamma dei delitti contro la Pubblica Amministrazione disciplinati nel Titolo II, Capo I, del codice penale, ma anche le situazioni in cui, indipendentemente dalla rilevanza penale, venga in evidenza un malfunzionamento dell'amministrazione a causa dell'uso a fini privati delle funzioni attribuite.
La definizione del fenomeno è, pertanto, più ampia dello specifico reato di corruzione e del complesso dei reati contro la Pubblica Amministrazione e coincidente con la "*maladministration*", intesa come *assunzione di decisioni (di assetto di interessi a conclusione di procedimenti, di determinazioni di fasi interne a singoli procedimenti, di gestione di risorse pubbliche) devianti rispetto alla cura dell'interesse generale a causa del condizionamento improprio da parte di interessi particolari*. Occorre, cioè, avere riguardo ad atti e comportamenti che, anche se non consistenti in specifici reati, contrastano con la necessaria cura dell'interesse pubblico e pregiudicano l'affidamento dei cittadini nell'imparzialità delle amministrazioni e dei soggetti che svolgono attività di pubblico interesse (*cfr. circ. Funzione pubblica n. 1 del 25-1-2013*).

1.2 Soggetti e ruoli della strategia di prevenzione

1.2.1 Soggetti della strategia di prevenzione a livello nazionale

La strategia di prevenzione della corruzione si esplica in tre direzioni: *creare un contesto sfavorevole* ai fenomeni corruttivi, *aumentare la capacità di scoprire* casi di corruzione e *ridurre le opportunità* che si manifestino.
Con la L. 190/2012, lo Stato ha individuato gli organi incaricati di svolgere, con modalità tali da assicurare una azione coordinata, attività di controllo, di prevenzione e di contrasto della corruzione e dell'illegalità nella Pubblica Amministrazione. La strategia nazionale di prevenzione della corruzione, infatti, è attuata mediante l'**azione sinergica delle seguenti istituzioni**:

- l'*Autorità Nazionale Anticorruzione* (ANAC), che svolge funzioni di raccordo con le altre autorità ed esercita poteri di vigilanza e controllo dell'efficacia delle misure di prevenzione (vedi *infra*);
- la *Corte dei Conti*, che partecipa ordinariamente all'attività di prevenzione attraverso le sue funzioni di controllo;
- il *Comitato interministeriale* che elabora linee di indirizzo/direttive (art. 1, co. 4, L. 190/2012), effettivamente istituito e disciplinato con D.P.C.M. 16-1-2013;
- la *Conferenza unificata Stato/Regioni e autonomie locali*, chiamata ad individuare adempimenti e termini per l'attuazione della legge e dei decreti attuativi da parte di regioni, province autonome, enti locali enti pubblici e soggetti di diritto privato sottoposti al loro controllo (art. 1, co. 60 e 61, L. 190/2012);

> il *Dipartimento della funzione pubblica* (DFP), quale soggetto promotore delle strategie di prevenzione e coordinatore della loro attuazione (art. 1, co. 4, L. 190/2012);
> i *Prefetti*, che forniscono supporto tecnico-informativo, facoltativo, agli enti locali (art. 1, co. 6, L. 190/2012);
> la *Scuola Nazionale dell'Amministrazione* (SNA), che predispone percorsi, anche specifici e settoriali, di formazione di dipendenti delle amministrazioni statali (art. 1, co. 11, L. 190/2012);
> le *Pubbliche Amministrazioni* che attuano ed implementano le misure previste dalla legge e dal Piano Nazionale Anticorruzione (art. 1 L. 190/2012), anche attraverso l'azione del proprio RPCT;
> gli *enti pubblici economici e soggetti di diritto privato in controllo pubblico*, responsabili anche essi dell'introduzione ed implementazione delle misure previste dalla legge e dal Piano Nazionale Anticorruzione (art. 1 L. 190/2012).

1.2.2 Soggetti della strategia di prevenzione a livello decentrato

I soggetti che concorrono alla prevenzione della corruzione all'interno di ciascuna amministrazione e i relativi compiti e funzioni sono:

> l'**Autorità di indirizzo politico**:
- designa il responsabile (art. 1, co. 7, L. 190/2012);
- adotta, su proposta del RPCT ed entro il 31 gennaio di ogni anno, il Piano Triennale di Prevenzione della Corruzione e della Trasparenza (PTPCT) e i suoi aggiornamenti, comunicandoli all'ANAC (art. 1, co. 8, L. 190/2012);
- definisce gli obiettivi strategici in materia di prevenzione della corruzione e trasparenza, che costituiscono contenuto necessario dei documenti di programmazione strategico-gestionale e del Piano triennale;

> il **Responsabile della Prevenzione della Corruzione e della Trasparenza (RPCT):**
- svolge i compiti indicati nella circolare del Dipartimento della funzione pubblica 1/2013 e quelli di vigilanza sul rispetto delle norme in materia di inconferibilità e incompatibilità;
- elabora la relazione annuale sull'attività svolta e ne assicura la pubblicazione;
- coincide con il Responsabile della trasparenza e ne svolge conseguentemente le funzioni (art. 43 D.Lgs. 33/2013);

> i **referenti per la prevenzione** per l'area di rispettiva competenza: possono essere individuati nel PTPCT (secondo quanto previsto nella circolare Dipartimento della funzione pubblica 1/2013), svolgono attività informativa nei confronti del RPCT, affinché questi abbia elementi e riscontri sull'intera organizzazione ed attività dell'amministrazione, e di costante monitoraggio sull'attività svolta dai dirigenti assegnati agli uffici di riferimento, anche in merito agli obblighi di rotazione del personale;

> tutti **i dirigenti**, per l'area di rispettiva competenza:
- concorrono alla definizione di misure idonee a prevenire e contrastare i fenomeni di corruzione e a controllarne il rispetto da parte dei dipendenti dell'ufficio cui sono preposti;
- forniscono le informazioni richieste dal soggetto competente per l'individuazione delle attività nell'ambito delle quali è più elevato il rischio corruzione e

formulano specifiche proposte volte alla prevenzione del rischio medesimo e propongono le misure di prevenzione;
- provvedono al monitoraggio delle attività nell'ambito delle quali è più elevato il rischio corruzione svolte nell'ufficio a cui sono preposti, disponendo, con provvedimento motivato, la rotazione del personale nei casi di avvio di procedimenti penali o disciplinari per condotte di natura corruttiva (art. 16, co. 1, lett. l-*bis*, l-*ter* e l-*quater*, D.Lgs. 165/2001);
- assicurano l'osservanza del Codice di comportamento e verificano le ipotesi di violazione;

> gli **Organismi Indipendenti di Valutazione (OIV) e gli altri organismi di controllo interno:**
- partecipano al processo di gestione del rischio;
- considerano i rischi e le azioni inerenti la prevenzione della corruzione nello svolgimento dei compiti ad essi attribuiti;
- svolgono compiti propri connessi all'attività anticorruzione nel settore della trasparenza amministrativa (artt. 43 e 44 D.Lgs. 33/2013);
- esprimono parere obbligatorio sul Codice di comportamento adottato da ciascuna amministrazione (art. 54, co. 5, D.Lgs. 165/2001);

> l'**Ufficio per i Procedimenti Disciplinari (UPD):**
- svolge i procedimenti disciplinari nell'ambito della propria competenza (art. 55-*bis* D.Lgs. 165/2001);
- provvede alle comunicazioni obbligatorie nei confronti dell'autorità giudiziaria (art. 331 c.p.p.);
- propone l'aggiornamento del Codice di comportamento;

> tutti **i dipendenti dell'amministrazione:**
- partecipano al processo di gestione del rischio;
- osservano le misure contenute nel PTPCT, per non incorrere in illecito disciplinare (art. 1, co. 14, L. 190/2012);
- segnalano le situazioni di illecito al proprio dirigente o all'UPD (art. 54-*bis* D.Lgs. 165/2001);
- segnalano casi di personale conflitto di interessi (art. 6-*bis* L. 241/1990; artt. 6 e 7 Codice di comportamento);

> i **collaboratori a qualsiasi titolo dell'amministrazione,** tenuti ad osservare le misure contenute nel PTPCT e segnalare le situazioni di illecito (art. 8 Codice di comportamento).

1.3 L'Autorità Nazionale Anticorruzione (ANAC): composizione e attribuzioni

L'Autorità Nazionale Anticorruzione (ANAC) è un organo collegiale composto dal Presidente e da quattro componenti scelti tra esperti di elevata professionalità, anche estranei all'amministrazione, con comprovate competenze in Italia e all'estero, sia nel settore pubblico che in quello privato, di notoria indipendenza e comprovata esperienza in materia di contrasto alla corruzione, di management e misurazione della performance, nonché di gestione e valutazione del personale.

Non possono essere scelti tra persone che rivestono incarichi pubblici elettivi o cariche in partiti politici o in organizzazioni sindacali o che abbiano rivestito tali incarichi e cariche nei 3 anni precedenti la nomina e, in ogni caso, non devono avere interessi di qualsiasi natura in conflitto con le funzioni dell'Autorità. I componenti sono nominati per un periodo di 6 anni e non possono essere confermati nella carica.

Con la L. 3/2003 era stato istituito un organismo, alle dipendenze del Presidente del Consiglio dei Ministri, denominato *Alto Commissario per la prevenzione e il contrasto alla corruzione e delle altre forme di illecito all'interno della Pubblica Amministrazione*. Tale struttura è stata soppressa nel 2012 e le sue competenze trasferite al *Dipartimento della funzione pubblica*.
Con l'approvazione della legge anticorruzione (art. 1, co. 2, L. 190/2012) le competenze in materia furono attribuite alla *Commissione per la valutazione, la trasparenza e l'integrità delle amministrazioni pubbliche (CIVIT)*, un organismo che aveva il compito di misurare la performance delle amministrazioni pubbliche. Con l'attribuzione alla CIVIT anche dei compiti per il contrasto della corruzione si intendeva ricondurre a un unico soggetto istituzionale la regolazione di tre ambiti (*performance, trasparenza, integrità*), la cui efficace gestione presuppone il riconoscimento della stretta interconnessione tra il funzionamento dei sistemi di misurazione, valutazione e controllo delle amministrazioni, l'adozione di misure di trasparenza, la promozione di modelli di integrità. Successivamente, con l'art. 5 D.L. 101/2013, la CIVIT ha assunto la denominazione di Autorità Nazionale Anticorruzione (ANAC).
Con la soppressione dell'Autorità per la vigilanza sui contratti pubblici (AVCP) e il trasferimento delle sue competenze all'ANAC, le funzioni dell'Autorità sono state nuovamente ridisegnate. Lo stesso provvedimento che attribuiva all'ANAC le funzioni in materia di vigilanza sui contratti pubblici provvedeva a "ritrasferire" al Dipartimento della funzione pubblica quelle in materia di *misurazione e valutazione della performance delle amministrazioni pubbliche*; l'attuazione di tale riordino è stata disciplinata dal D.P.R. 105/2016.

La missione istituzionale dell'ANAC può essere individuata nella prevenzione (anche mediante l'attuazione della trasparenza in tutti gli aspetti gestionali) della corruzione nell'ambito delle amministrazioni pubbliche, delle società partecipate e di quelle controllate e comunque in ogni settore della Pubblica Amministrazione che potenzialmente possa sviluppare fenomeni corruttivi. Tale attività implica soprattutto una vigilanza nell'ambito dell'assegnazione dei contratti pubblici e degli incarichi professionali e un'azione di orientamento dei comportamenti e delle attività degli impiegati pubblici, con interventi in sede consultiva e di regolazione.
La chiave dell'attività dell'ANAC, nella visione attualmente espressa, è quella di **vigilare per prevenire la corruzione creando una rete di collaborazione nell'ambito delle amministrazioni pubbliche** e al contempo aumentare l'efficienza nell'utilizzo delle risorse, riducendo i controlli formali, che comportano appesantimenti procedurali e aumento dei costi senza creare valore per i cittadini e per le imprese.
In materia di contrasto al fenomeno della corruzione l'**ANAC svolge le seguenti attività:**

- collabora con i paritetici organismi stranieri, con le organizzazioni regionali ed internazionali competenti;
- approva il Piano Nazionale Anticorruzione (PNA);
- analizza le cause e i fattori della corruzione e individua gli interventi che ne possono favorire la prevenzione e il contrasto;

- esprime pareri facoltativi agli organi dello Stato e a tutte le amministrazioni pubbliche in materia di conformità di *atti e comportamenti dei funzionari pubblici* alla legge, ai Codici di comportamento e ai contratti, collettivi e individuali, regolanti il rapporto di lavoro pubblico;
- esprime pareri facoltativi in materia di *autorizzazioni allo svolgimento di incarichi esterni da parte dei dirigenti amministrativi* dello Stato e degli enti pubblici nazionali (art. 53 D.Lgs. 165/2001);
- esercita la vigilanza e il controllo sull'effettiva applicazione e sull'efficacia delle misure adottate dalle Pubbliche Amministrazioni per il contrasto al fenomeno della corruzione e sul rispetto delle regole sulla trasparenza dell'attività amministrativa;
- riferisce al Parlamento, presentando una relazione entro il 31 dicembre di ciascun anno, sull'attività di contrasto della corruzione e dell'illegalità nella Pubblica Amministrazione e sull'efficacia delle disposizioni vigenti in materia.

Ai sensi dell'art. 1, co. 4, L. 190/2012 (a seguito dell'art. 19 D.L. 90/2014) l'ANAC inoltre:

- coordina l'attuazione delle strategie di prevenzione e contrasto della corruzione e dell'illegalità nella Pubblica Amministrazione elaborate a livello nazionale e internazionale;
- promuove e definisce norme e metodologie comuni per la prevenzione della corruzione, coerenti con gli indirizzi, i programmi e i progetti internazionali;
- definisce modelli standard delle informazioni e dei dati occorrenti per il conseguimento degli obiettivi previsti dalla presente legge, secondo modalità che consentano la loro gestione ed analisi informatizzata;
- definisce criteri per assicurare la rotazione dei dirigenti nei settori particolarmente esposti alla corruzione e misure per evitare sovrapposizioni di funzioni e cumuli di incarichi nominativi in capo ai dirigenti pubblici, anche esterni.

Tutte le Pubbliche Amministrazioni, invece, devono **elaborare e trasmettere all'ANAC**:

- un Piano di Prevenzione della Corruzione e della Trasparenza che fornisce una valutazione del diverso livello di esposizione degli uffici al rischio di corruzione e indica gli interventi organizzativi volti a prevenire il medesimo rischio;
- procedure appropriate per selezionare e formare, in collaborazione con la SNA, i dipendenti chiamati ad operare in settori particolarmente esposti alla corruzione, prevedendo, negli stessi settori, la rotazione di dirigenti e funzionari.

1.4 Il Responsabile della Prevenzione della Corruzione e della Trasparenza (RPCT)

Il RPCT è una persona fisica, individuata dagli organi di governo delle amministrazioni pubbliche, a cui viene affidato il compito di **gestire, coordinare e vigilare sulle "misure" di prevenzione del rischio corruttivo, con capacità proprie di intervento, anche sanzionatorio**, allo scopo di garantire un modello di tutela anticipata in grado di ridurre i fenomeni di cattiva amministrazione, non necessariamente rilevanti sotto il profilo penale.

Il RPCT è considerato un punto di riferimento delle politiche di **prevenzione della corruzione, nella fase antecedente all'evento criminoso**; tale figura istituzionale è stata delineata per la prima volta dalla L. 190/2012, creando un riferimento interno ad ogni amministrazione responsabile dell'attuazione delle politiche di gestione del rischio corruttivo, interfaccia per le diverse attività organizzative sia degli organi elettivi che del personale, nonché riferimento diretto dell'ANAC per i presidi di legalità e degli OIV.
Questa figura apicale dell'ente, ai sensi dell'art. 1, co. 7, L. 190/2012, è **individuata di norma tra i dirigenti di ruolo in servizio**, mentre negli **enti locali è individuato, di norma, nel Segretario o nel dirigente apicale**.
Il RPCT provvede a:

- definire eventuali modifiche organizzative per garantire funzioni e poteri idonei per lo svolgimento dell'incarico (che è a termine) con piena "autonomia ed effettività";
- predisporre, a livello decentrato e in via esclusiva (essendo vietato l'ausilio esterno), il PTPCT e il calendario della formazione per tutto il personale e settoriale per i soggetti maggiormente esposti al rischio corruttivo;
- segnalare all'organo di indirizzo e all'OIV (o ai Nuclei di valutazione) le disfunzioni inerenti all'attuazione delle misure previste nei PTPCT;
- indicare agli UPD i nominativi dei dipendenti che non hanno attuato correttamente le misure in materia di prevenzione della corruzione e di trasparenza, rilevando che l'art. 8 del Codice di comportamento (D.P.R. 62/2013) impone che "il dipendente rispetta le prescrizioni contenute nel piano per la prevenzione della corruzione, presta la sua collaborazione al Responsabile della prevenzione della corruzione";
- verificare l'efficace attuazione del PTPCT e della sua idoneità, nonché proporre la modifica dello stesso quando sono accertate significative violazioni delle prescrizioni, ovvero quando intervengono mutamenti nell'organizzazione o nell'attività dell'amministrazione;
- verificare d'intesa con il dirigente competente, l'effettiva rotazione degli incarichi negli uffici maggiormente esposti ai reati di corruzione;
- redigere la relazione annuale di rendiconto sull'efficacia delle misure di prevenzione definite dai PTPCT, entro il 15 dicembre di ogni anno.

Lo stesso, poi, assolve anche le funzioni di Responsabile per la Trasparenza di cui all'art. 43 D.Lgs. 33/2013 e in particolare svolge stabilmente un'attività di monitoraggio sull'adempimento da parte dell'amministrazione degli obblighi di pubblicazione previsti dalla normativa vigente.
In caso di commissione, all'interno dell'ente, di un reato di corruzione accertato con sentenza passata in giudicato, il RPCT risponde sotto il profilo della **responsabilità dirigenziale** (*ex* art. 21 D.Lgs. 165/2001), anche giungendo alla rimozione dell'incarico, su quello della **responsabilità disciplinare** (la sanzione viene codificata dal legislatore non inferiore alla sospensione dal servizio con privazione della retribuzione da un minimo di 1 mese ad un massimo di 6 mesi), oltre che per **danno erariale** e di immagine della Pubblica Amministrazione. Per andare esente da responsabilità deve provare di avere predisposto e osservato le prescrizioni del PTPCT, prima della commissione del fatto, e di aver vigilato sul funzionamento e sull'osservanza di tale Piano.

Il Responsabile può esercitare la funzione solo in presenza di un elevato grado di autonomia e indipendenza, garantito da un periodo minimo di durata dell'incarico e dall'attivazione di una **tutela rafforzata in caso di revoca**. Non vi è dubbio che nell'attività ordinaria il RPCT non sempre gode di effettiva autonomia nei confronti dell'organo di indirizzo dell'ente, specie quando l'attività si riversa nel segnalare comportamenti anomali e pregiudizievoli; e queste sono le ragioni per cui l'ANAC, nell'esercizio del potere di vigilanza sull'apporto del RPCT, si riserva di verificare non solo che l'esercizio del potere sanzionatorio avvenga nel rigoroso rispetto delle norme, ma anche che sia garantita al Responsabile la massima autonomia e indipendenza e che lo stesso non sia sottoposto ad atti diretti e/o indiretti di influenza e/o ritorsivi. A tale scopo, il **provvedimento di revoca dell'incarico va motivato e comunicato all'ANAC** che, entro 30 giorni, può formulare una richiesta di riesame, qualora rilevi che la revoca sia correlata alle attività svolte dal responsabile in materia di prevenzione della corruzione, stabilendo che decorso il termine la revoca diventi efficace (art. 15, co. 3, D.Lgs. 39/2013).

1.5 Gli strumenti operativi per la lotta alla corruzione

1.5.1 Il Piano Nazionale Anticorruzione (PNA)

Il sistema di prevenzione della corruzione introdotto nel nostro ordinamento con la L. 190/2012 si caratterizza per l'articolazione dell'attuazione delle strategie di prevenzione della corruzione su due livelli:

- **nazionale**, attraverso il Piano Nazionale Anticorruzione (PNA), che ha la finalità di garantire la coerenza complessiva del sistema di prevenzione della corruzione;
- **decentrato**, attraverso il PTPCT, con la finalità di garantire l'autonomia delle singole amministrazioni e l'efficacia di soluzioni personalizzate.

Tra i compiti che la L. 190/2012 assegna all'ANAC è essenziale quello di approvazione del **Piano Nazionale Anticorruzione (PNA)**, predisposto dal DFP presso la Presidenza del Consiglio dei Ministri.

Il Piano, elaborato sulla base delle direttive contenute nelle Linee di indirizzo del Comitato interministeriale, sentita la Conferenza Unificata, **contiene degli obiettivi strategici governativi per lo sviluppo della strategia di prevenzione a livello centrale** e fornisce indirizzi e supporto alle amministrazioni pubbliche per l'attuazione della prevenzione della corruzione e per la stesura del PTPCT.

Si tratta, dunque, di **un atto di indirizzo** per le amministrazioni e per gli altri soggetti che, in applicazione della normativa, sono tenuti ad adottare o ad aggiornare concrete e effettive misure di prevenzione di fenomeni corruttivi. Esso, inoltre, anche in relazione alla dimensione e ai diversi settori di attività degli enti, individua i principali rischi di corruzione e i relativi rimedi e contiene l'indicazione di obiettivi, tempi e modalità di adozione e attuazione delle misure di contrasto alla corruzione.

Il PNA ha durata triennale ed è aggiornato annualmente (l'approvazione definitiva dell'aggiornamento 2018 è avvenuta con delibera dell'ANAC n. 1074 del 21 novembre 2018).

Il PNA si **articola generalmente in tre sezioni**:

- la *prima* evidenzia gli obiettivi strategici e le azioni previste, da implementare a livello nazionale nel triennio di riferimento;
- la *seconda* illustra la strategia di prevenzione a livello di ciascuna Pubblica Amministrazione, e contiene le direttive alle Pubblica Amministrazione per l'applicazione delle misure di prevenzione, tra cui quelle obbligatorie per legge;
- la *terza* contiene indicazioni relative alle comunicazioni dei dati e delle informazioni al Dipartimento della funzione pubblica.

Il PNA fornisce, altresì, indirizzi e supporto alle amministrazioni pubbliche per l'attuazione della prevenzione della corruzione e per la stesura del Piano triennale.

1.5.2 Il Piano Triennale di Prevenzione della Corruzione e della Trasparenza (PTPCT)

L'adozione e il contenuto del Piano

A livello periferico, l'art. 1, co. 8, L. 190/2012 prevede che, su proposta del RPCT, ogni amministrazione pubblica, o ad essa equiparata, adotti un Piano Triennale di Prevenzione della Corruzione e della Trasparenza (PTPCT) e ne curi la trasmissione all'ANAC. Negli **enti locali il Piano è approvato dalla Giunta** e la sua elaborazione non può essere affidata a soggetti estranei all'amministrazione.

Il Piano deve essere approvato, e successivamente aggiornato, entro il 31 gennaio di ogni anno. L'aggiornamento consente di adeguare la strategia di prevenzione della corruzione ai mutamenti del contesto interno ed esterno di riferimento, tenendo conto dei risultati ottenuti o delle criticità riscontrate durante la prima fase attuativa.

I piani delle singole amministrazioni devono individuare le attività a maggior rischio corruttivo e tutti gli interventi utili a prevenire tale fenomeno. Oltre a ciò, i PTPCT definiscono le misure per l'attuazione effettiva degli obblighi di trasparenza, ossia le soluzioni organizzative più idonee ad assicurare l'adempimento degli obblighi di pubblicazione di dati e informazioni previsti dalla normativa vigente (D.Lgs. 33/2013).

In definitiva, nel PTPCT si delinea un **programma di attività** derivante da una preliminare fase di analisi che, in sintesi, consiste nell'esaminare l'organizzazione, le sue regole e le sue prassi di funzionamento in termini di "possibile esposizione" al fenomeno corruttivo. Ciò deve avvenire analizzando il sistema dei processi organizzativi, con particolare attenzione alla struttura dei controlli ed alle aree sensibili nel cui ambito possono verificarsi episodi di corruzione.

Attraverso la predisposizione del PTPCT, in sostanza, l'amministrazione è tenuta ad attivare azioni ponderate e coerenti tra loro capaci di ridurre significativamente il rischio di comportamenti corrotti: ciò implica necessariamente una valutazione probabilistica di tale rischiosità e l'adozione di un sistema di gestione del rischio medesimo.

Si tratta, dunque, di un programma di attività, con indicazione delle aree di rischio e dei rischi specifici, delle misure da implementare per la prevenzione in relazione al livello di pericolosità dei rischi specifici, dei responsabili per l'applicazione di ciascuna misura e dei tempi.

La mancata adozione del Piano e il procedimento sanzionatorio

La mancata adozione del Piano comporta l'attivazione da parte dell'ANAC di un procedimento sanzionatorio a carico del soggetto obbligato ad adottarlo. Innanzitutto va sottolineato che **equivale ad omessa adozione:**

- l'approvazione di un provvedimento puramente ricognitivo di misure, in materia di anticorruzione, in materia di adempimento degli obblighi di pubblicità ovvero in materia di Codice di comportamento di amministrazione;
- l'approvazione di un provvedimento il cui contenuto riproduca in modo integrale analoghi provvedimenti adottati da altre amministrazioni, privo di misure specifiche introdotte in relazione alle esigenze dell'amministrazione interessata;
- l'approvazione di un provvedimento privo di misure per la prevenzione del rischio nei settori più esposti, privo di misure concrete di attuazione degli obblighi di pubblicazione di cui alla disciplina vigente, meramente riproduttivo del Codice di comportamento (D.P.R. 62/2013).

Il **procedimento sanzionatorio**, per espressa previsione legislativa, segue i principi generali sanciti dalla L. 689/1981. Fra questi particolare considerazione merita l'elemento soggettivo e il concorso di persone, in base al quale qualora più persone concorrano ad una omissione o violazione, ciascuna di questa sia soggetto alla sanzione per questa disposta. In ossequio a tale principio, ad esempio, nei diversi provvedimenti sanzionatori finora adottati l'ANAC ha spesso sanzionato sia il Segretario comunale che il Sindaco e i componenti della Giunta per la mancata predisposizione e approvazione del Piano.

L'importo della sanzione pecuniaria è definito entro i limiti minimi e massimi previsti dall'art. 19, co. 5, lett. *b*), D.L. 90/2014, secondo cui, salvo che il fatto costituisca reato, l'ANAC applica una sanzione amministrativa non inferiore nel minimo a 1.000 e non superiore nel massimo a 10.000 euro.

L'**importo specifico della sanzione** *è definito in rapporto:*

- alla gravità dell'infrazione, anche tenuto conto del grado di partecipazione dell'interessato al comportamento omissivo;
- alla rilevanza degli adempimenti omessi, anche in relazione alla dimensione organizzativa dell'amministrazione e al grado di esposizione dell'amministrazione, o di sue attività, al rischio di corruzione;
- alla contestuale omissione di più di uno dei provvedimenti obbligatori;
- all'eventuale reiterazione di comportamenti analoghi a quelli contestati;
- all'opera svolta dall'agente per l'eliminazione o l'attenuazione delle conseguenze dell'infrazione contestata.

Le fasi del procedimento sanzionatorio sono regolamentate dalla Delibera ANAC 233/2014.

L'individuazione delle aree di rischio

L'individuazione delle aree di rischio ha la finalità di consentire l'emersione delle aree nell'ambito dell'attività dell'intera amministrazione che **devono essere presidiate più di altre mediante l'implementazione di misure di prevenzione**. Rispetto a tali aree il PTPCT deve identificare le loro caratteristiche, le azioni e gli strumenti per prevenire il rischio, stabilendo le priorità di trattazione.

L'individuazione delle aree di rischio è il risultato di un processo complesso, che presuppone la valutazione del rischio da realizzarsi attraverso la verifica dell'impatto del fenomeno corruttivo in rapporto alle singole attività svolte nell'ente.
La metodologia utilizzata dall'amministrazione per effettuare la valutazione del rischio deve essere indicata e risultare in maniera chiara nel PTCPT.

Per "rischio" s'intende l'effetto dell'incertezza sul corretto perseguimento dell'interesse pubblico e, quindi, sull'obiettivo istituzionale dell'ente, dovuto alla possibilità che si verifichi un dato evento.
Per "evento" s'intende il verificarsi o il modificarsi di un insieme di circostanze che si frappongono o si oppongono al perseguimento dell'obiettivo istituzionale dell'ente.

Le aree di rischio variano a seconda del contesto esterno ed interno e della tipologia di attività istituzionale svolta dalla specifica amministrazione. Tuttavia, l'esperienza internazionale e nazionale mostrano che vi sono delle aree di rischio ricorrenti, rispetto alle quali potenzialmente tutte le pubbliche amministrazioni sono esposte.
La L. 190/2012, infatti, ha individuato **quattro macro aree di rischio**, ritenendole comuni a tutte le amministrazioni, elencate nell'art. 1, co. 16, L. 190/2012:

> provvedimenti ampliativi della sfera giuridica dei destinatari privi di effetto economico diretto ed immediato per il destinatario (**autorizzazione e concessione**);
> procedure connesse alla **scelta del contraente nei contratti pubblici** (requisiti di qualificazione, requisiti di aggiudicazione, valutazione delle offerte, procedure negoziate, affidamenti diretti);
> provvedimenti ampliativi della sfera giuridica dei destinatari con effetto economico diretto ed immediato per il destinatario (erogazione di sovvenzioni, contributi, sussidi, ausili finanziari, nonché **attribuzione di vantaggi economici di qualunque genere** a persone ed enti pubblici e privati);
> **acquisizione e gestione del personale** (reclutamento, progressioni di carriera, conferimento di incarichi di collaborazione).

Nell'ambito del PTPCT per ciascuna area di rischio debbono essere indicate le misure di prevenzione da implementare per ridurre la probabilità che il rischio si verifichi.
Le **misure** possono essere **obbligatorie** (la loro applicazione discende obbligatoriamente dalla legge o da altre fonti normative) **oppure ulteriori** (pur non essendo obbligatorie per legge, sono rese obbligatorie dal loro inserimento nel PTPCT).

1.6 La trasparenza dell'attività amministrativa

1.6.1 La trasparenza in funzione di prevenzione della corruzione

La trasparenza rappresenta uno strumento fondamentale per la prevenzione della corruzione e per l'efficienza e l'efficacia dell'azione amministrativa. Essa, ai sensi dell'art. 1, co. 15, L. 190/2012, costituisce livello essenziale delle prestazioni concernenti i diritti sociali e civili ai sensi dell'art. 117, co. 2, lett. *m*), della Costituzione.
Viene assicurata mediante la pubblicazione, nei siti web istituzionali delle amministrazioni, delle informazioni relative ai procedimenti amministrativi, secondo criteri di facile accessibilità, completezza e semplicità di consultazione.

Per adempiere agli obblighi di trasparenza, le amministrazioni devono predisporre sulla home page del proprio sito istituzionale la sezione "**Amministrazione Trasparente**" (art. 9 D.Lgs. 33/2013): si tratta di un applicativo web di facile attivazione, che consente l'organizzazione e la gestione delle pubblicazioni per tutto il periodo previsto dalla normativa, nonché l'archiviazione elettronica dei documenti versati, con possibilità, per il personale autorizzato, di poter consultare gli stessi in ogni momento e la consultazione, da parte dei cittadini, dei dati e dei relativi allegati.

Ai sensi dell'art. 1, co. 35, L. 190/2012, il Governo ha adottato il D.Lgs. 14-3-2013, n. 33, che ha riordinato la normativa esistente, anche innovandola, fornendo così una disciplina unitaria della trasparenza amministrativa.
Nell'art. 1 D.Lgs. 33/2013 la trasparenza è intesa **come accessibilità totale dei dati e documenti detenuti dalle Pubbliche Amministrazioni**, allo scopo di tutelare i diritti dei cittadini, promuovere la partecipazione degli interessati all'attività amministrativa e favorire forme diffuse di controllo sul perseguimento delle funzioni istituzionali e sull'utilizzo delle risorse pubbliche.
Nel rispetto delle disposizioni in materia di segreto di Stato, di segreto d'ufficio, di segreto statistico e di protezione dei dati personali, concorre ad attuare il principio democratico e i principi costituzionali di eguaglianza, di imparzialità, buon andamento, responsabilità, efficacia ed efficienza nell'utilizzo di risorse pubbliche, integrità e lealtà nel servizio alla Nazione.

1.6.2 Ambito soggettivo del decreto trasparenza

L'art. 2-*bis* D.Lgs. 33/2013, introdotto dal D.Lgs. 97/2016, ridisegna l'ambito soggettivo di applicazione della disciplina sulla trasparenza rispetto alla precedente indicazione normativa contenuta nell'abrogato art. 11 del D.Lgs. 33/2013.
I destinatari degli obblighi di trasparenza sono ora ricondotti a tre categorie di soggetti:

- **Pubbliche Amministrazioni** di cui all'art. 1, co. 2, D.Lgs. 165/2000, ivi comprese le autorità portuali nonché le autorità amministrative indipendenti di garanzia, vigilanza e regolazione, destinatarie dirette della disciplina contenuta nel decreto (art. 2-*bis*, co. 1);
- **enti pubblici economici**, ordini professionali, società in controllo pubblico, associazioni, fondazioni ed enti di diritto privato, sottoposti alla medesima disciplina prevista per le Pubbliche Amministrazioni *in quanto compatibile* (art. 2-*bis*, co. 2);
- **società a partecipazione pubblica**, associazioni, fondazioni ed enti di diritto privato soggetti alla medesima disciplina in materia di trasparenza prevista per le Pubbliche Amministrazioni *in quanto compatibile* e *limitatamente ai dati e ai documenti inerenti all'attività di pubblico interesse disciplinata dal diritto nazionale o dell'Unione europea* (art. 2-*bis*, co. 3).

Il *criterio della compatibilità* va inteso come necessità di trovare adattamenti agli obblighi di pubblicazione in ragione delle peculiarità organizzative e funzionali delle diverse tipologie di enti, e non in relazione alle peculiarità di ogni singolo ente.

1.6.3 Ambito oggettivo: gli obblighi di pubblicazione per finalità di trasparenza

Il decreto trasparenza indica gli obblighi di pubblicazione posti a carico delle amministrazioni: queste, tuttavia, possono pubblicare **dati ulteriori** rispetto a quelli espressamente indicati e richiesti da specifiche norme di legge.
Gli obblighi di pubblicazione esplicitamente previsti dal D.Lgs. 33/2013 riguardano:

> gli **atti di carattere normativo e amministrativo generale** (art. 12): sono da pubblicare tutti gli atti, sia espressamente previsti da una norma di legge sia che vengano adottati nell'esercizio di un autonomo potere amministrativo o gestionale che riguardino l'organizzazione, le funzioni, gli obiettivi, i procedimenti, l'interpretazione di disposizioni di legge che incidono sull'attività dell'amministrazione/ente e i codici di condotta. Il D.Lgs. 97/2016 ha esteso l'obbligo di pubblicazione anche *ai PTPCT* (nonché alle misure integrative di prevenzione della corruzione), ai *documenti di programmazione strategico-gestionale propri di ogni ente* (atti di indirizzo generali quali, ad esempio, le direttive sull'azione amministrativa adottate dai Ministri) e agli *atti degli OIV;*

> gli **atti riguardanti l'organizzazione e l'attività:** vanno pubblicati i dati relativi agli *incarichi di collaborazione e di consulenza* conferiti e affidati a soggetti esterni a qualsiasi titolo, sia oneroso che gratuito titolari di incarichi di collaborazione o consulenza (art. 15); amministratori ed esperti nominati da organi giurisdizionali o amministrativi (nominati, in particolare, dall'Autorità, dall'Agenzia nazionale per l'amministrazione e la destinazione dei beni sequestrati e confiscati alla criminalità organizzata e dalle Prefetture) (art. 15-*ter*); bandi di concorso per il reclutamento, a qualsiasi titolo, di personale presso l'amministrazione, nonché i criteri di valutazione della commissione (art. 19); dati relativi agli enti pubblici vigilati, e agli enti di diritto privato in controllo pubblico, nonché alle partecipazioni in società di diritto privato; atti di concessione di sovvenzioni, contributi, sussidi e attribuzione di vantaggi economici a persone fisiche ed enti pubblici e privati (art. 22) ed elenco dei soggetti beneficiari (art. 27);

> l'**uso delle risorse pubbliche:** al fine di promuovere l'accesso e migliorare la comprensione dei dati sulla spesa delle pubbliche amministrazioni, l'AgID gestisce, d'intesa con il Ministero dell'economia e delle finanze, il sito internet denominato "Soldi pubblici", tramite il quale è possibile accedere ai dati degli incassi e dei pagamenti delle pubbliche amministrazioni e consultarli in relazione alla tipologia di spesa sostenuta, alle amministrazioni che l'hanno effettuata, nonché all'ambito temporale di riferimento;

> il **bilancio, preventivo e consuntivo**, che deve essere pubblicato, completo di allegati, entro 30 giorni dalla sua adozione;

> i **beni immobili posseduti, detenuti, canoni di locazione e gestione del patrimonio;**

> le **prestazioni offerte e i servizi erogati:** tale obbligo di pubblicazione è esteso ai gestori di pubblico servizio (va pubblicata, ad esempio, la Carta dei servizi o documenti analoghi, ove sono indicati livelli minimi di qualità e impegni assunti verso gli utenti).

L'obbligo di pubblicazione sussiste, poi, nei confronti di atti, dati e documenti relativi a **settori speciali**, quali *contratti pubblici di lavori, servizi e forniture,* dati su *processi di* *pianificazione, realizzazione e valutazione delle opere pubbliche* (in particolare tempi e costi in relazione ad opere pubbliche da costruire o in corso di costruzione), *attività di pianificazione e governo del territorio* (piani territoriali, piani paesistici, strumenti urbanistici generali e attuativi) e, infine, *attività e servizi del SSN.*

1.6.4 La qualità dei dati, decorrenza e durata dell'obbligo di pubblicazione

I dati e le informazioni oggetto dell'obbligo di pubblicazione, ai sensi dell'art. 6 D.Lgs. 33/2013, devono avere le seguenti qualità: integrità, costante aggiornamento, completezza, tempestività, semplicità di consultazione, comprensibilità, omogeneità, facile accessibilità, conformità ai documenti originali, indicazione della provenienza e riutilizzabilità (quest'ultima qualità anche nel rispetto dei principi sul trattamento dei dati personali).

In merito, poi, alla decorrenza e alla durata degli obblighi di pubblicazione, il provvedimento dispone che la **durata ordinaria della pubblicazione è fissata in 5 anni**, decorrenti dal 1° gennaio dell'anno successivo a quello da cui decorre l'obbligo di pubblicazione.

Le uniche *eccezioni* riguardano:

> gli atti che producono ancora i loro effetti alla scadenza dei 5 anni, che devono rimanere pubblicati fino al termine della produzione degli effetti stessi (es. le informazioni riferite ai vertici e ai dirigenti della Pubblica Amministrazione, che vengono aggiornati e possono restare online oltre i 5 anni, fino alla scadenza del mandato di tali soggetti);
> i dati riguardanti i titolari di incarichi politici, i dirigenti, i consulenti e i collaboratori (che devono rimanere pubblicati per i 3 anni successivi alla scadenza dell'incarico);
> i dati per i quali è previsto un termine diverso dalla normativa in materia di privacy.

L'ANAC, anche su proposta del Garante per la protezione dei dati personali, può fissare una durata di pubblicazione inferiore al quinquennio basandosi su una valutazione del rischio corruttivo, nonché delle esigenze di semplificazione.

Trascorso il quinquennio o i diversi termini sopra richiamati, gli atti, i dati e le informazioni non devono essere conservati nella sezione archivio del sito che quindi viene meno.

1.6.5 Trasparenza dell'attività di pianificazione e governo del territorio e del Servizio Sanitario Nazionale

Ai sensi dell'art. 39 D.Lgs. 33/2013, le amministrazioni hanno l'obbligo di pubblicare gli atti di governo del territorio, quali, tra gli altri, piani territoriali, piani di coordinamento, piani paesistici, strumenti urbanistici, generali e di attuazione, nonché le loro varianti.

Non sono più oggetto di pubblicazione obbligatoria gli schemi di provvedimento, le delibere di adozione o approvazione e i relativi allegati tecnici.

In una sezione apposita nel sito del Comune interessato deve essere, poi, pubblicata e continuamente aggiornata la documentazione relativa a ciascun procedimento relativo a proposte di trasformazione urbanistica d'iniziativa privata o pubblica, sia in variante allo strumento urbanistico generale che in attuazione dello stesso, che comportino premialità edificatorie a fronte dell'impegno dei privati alla realizzazione di opere di urbanizzazione extra oneri o della cessione di aree o volumetrie per finalità di pubblico interesse. La pubblicità di tali atti è condizione per l'acquisizione dell'efficacia degli atti stessi.
Anche le amministrazioni e gli enti del Servizio Sanitario Nazionale, dei servizi sanitari regionali, ivi comprese le aziende sanitarie territoriali ed ospedaliere, le agenzie e gli altri enti ed organismi pubblici che svolgono attività di programmazione e fornitura dei servizi sanitari, sono tenute all'adempimento di tutti gli obblighi di pubblicazione previsti dalla normativa in materia.
L'art. 41 D.Lgs. 33/2013 (*Trasparenza del SSN*) individua, a tal fine, gli obblighi di trasparenza cui è tenuto, nelle sue varie articolazioni, il Servizio Sanitario Nazionale in relazione alla pubblicità dei dati concernenti le procedure di conferimento di determinati incarichi.

Le suddette amministrazioni hanno l'obbligo di pubblicare, nei loro siti istituzionali, i dati relativi a tutte le spese e a tutti i pagamenti effettuati, distinti per tipologia di lavoro, bene o servizio, e ne devono consentire la consultazione, in forma sintetica e aggregata, in relazione alla tipologia di spesa sostenuta, all'ambito temporale di riferimento e ai beneficiari.
Le aziende sanitarie e ospedaliere pubblicano tutte le informazioni e i dati concernenti le procedure di conferimento degli incarichi di direttore generale, direttore sanitario e direttore amministrativo, nonché degli incarichi di responsabile di dipartimento e di strutture semplici e complesse, ivi compresi i bandi e gli avvisi di selezione, lo svolgimento delle relative procedure, gli atti di conferimento.
Viene richiesta, altresì, anche la pubblicazione dei criteri di formazione delle liste di attesa.

1.6.6 Gli obblighi di pubblicazione: vigilanza e procedimento sanzionatorio

I soggetti deputati all'attività di vigilanza sugli obblighi di pubblicazione ed i relativi compiti sono indicati dagli articoli 43, 44 e 45 D.Lgs. 33/2013.
Il **RPCT**, all'interno di ogni amministrazione, **svolge stabilmente un'attività di controllo** sull'adempimento da parte dell'amministrazione degli obblighi di pubblicazione previsti dalla normativa vigente, assicurando la completezza, la chiarezza e l'aggiornamento delle informazioni pubblicate. In particolare, egli deve segnalare i casi di mancato o ritardato adempimento degli obblighi di pubblicazione all'ufficio di disciplina (per eventuale attivazione del procedimento disciplinare), nei casi più gravi, e all'organo di indirizzo politico, all'OIV e all'ANAC ai fini dell'attivazione di altre forme di responsabilità.

Il tempestivo e regolare flusso delle informazioni da pubblicare ai fini del rispetto dei termini stabiliti dalla legge deve essere sempre garantito dai dirigenti responsabili degli uffici dell'amministrazione.

Il **ruolo degli OIV**, ai fini della verifica degli obiettivi connessi alla trasparenza, oltre che a quelli inerenti in generale alla prevenzione della corruzione, è stato valorizzato dal D.Lgs. 97/2016, il quale ha previsto che tali Organismi possano chiedere al RPCT le informazioni e i documenti necessari per lo svolgimento del controllo.
In particolare agli OIV (o ad altri soggetti con funzioni analoghe) è richiesto di **attestare l'assolvimento di alcuni obblighi di pubblicazione**, concentrando l'attività di monitoraggio su quelli ritenuti particolarmente rilevanti sotto il profilo dell'uso delle risorse pubbliche.
Ai fini dello svolgimento dell'attività di vigilanza in materia di trasparenza, l'ANAC, con delibera del 29-3-2017, ha approvato il nuovo Regolamento sull'esercizio dell'attività di vigilanza sul rispetto degli obblighi di pubblicazione di cui al D.Lgs. 33/2013. Il Regolamento disciplina, sulla base dei principi generali stabiliti dalla L. 241/1990, le modalità di svolgimento del procedimento di vigilanza, dalla fase di attivazione (di ufficio o su segnalazione) alla fase di conclusione dell'istruttoria.
L'Autorità, specificamente, deve controllare l'esatto adempimento degli obblighi di pubblicazione, esercitando **poteri ispettivi** mediante richiesta di notizie, informazioni, atti e documenti alle Pubbliche Amministrazioni e ordinando di procedere, entro un termine non superiore a 30 giorni, alla pubblicazione di dati, documenti e informazioni, all'adozione di atti o provvedimenti richiesti dalla normativa vigente ovvero alla rimozione di comportamenti o atti contrastanti con i piani e le regole sulla trasparenza.
Inoltre, l'ANAC:

- controlla l'operato dei Responsabili per la trasparenza a cui può chiedere il rendiconto sui risultati del controllo svolto all'interno delle amministrazioni;
- può chiedere all'OIV ulteriori informazioni sul controllo dell'esatto adempimento degli obblighi di trasparenza;
- può avvalersi delle banche dati istituite presso il DFP per il monitoraggio degli adempimenti degli obblighi di pubblicazione;
- segnala eventuali illeciti all'ufficio competente per i procedimenti disciplinari dell'amministrazione interessata, ai fini dell'attivazione del procedimento disciplinare a carico del responsabile della pubblicazione o del dirigente tenuto alla trasmissione delle informazioni;
- segnala gli inadempimenti ai vertici politici delle amministrazioni, agli OIV e, se del caso, alla Corte dei conti, ai fini dell'attivazione delle altre forme di responsabilità;
- controlla e rende noti i casi di mancata attuazione degli obblighi di pubblicazione previsti dall'art. 14 D.Lgs. 33/2013 (quelli concernenti i *titolari di incarichi politici, di amministrazione, di direzione o di governo e i titolari di incarichi dirigenziali*); l'Autorità, infatti, procede alla pubblicazione dei nominativi dei soggetti i cui dati siano stati omessi.

Il mancato rispetto degli obblighi di pubblicazione costituisce illecito disciplinare: l'ANAC, in tali casi, segnala l'illecito all'UPD dell'amministrazione interessata (art. 55-*bis*, co. 4, D.Lgs. 165/2001), ai fini dell'attivazione del procedimento disciplinare a carico del responsabile della pubblicazione o del dirigente tenuto alla trasmissione delle informazioni. L'ANAC segnala, altresì, gli inadempimenti ai vertici politici delle amministrazioni, agli OIV e, se del caso, alla Corte dei conti, ai fini dell'attivazione delle altre forme di responsabilità.

Per la violazione degli obblighi di trasparenza per casi specifici (art. 47 D.Lgs. 33/2013) il **procedimento sanzionatorio per l'irrogazione delle sanzioni è di competenza dell'**ANAC.

La norma prevede sanzioni amministrative pecuniarie (da 500 a 10.000 euro) conseguenti alla violazione dell'art. 14 D.Lgs. 33/20113 (mancata o incompleta comunicazione delle informazioni e dei dati, concernenti la situazione patrimoniale complessiva del titolare dell'incarico al momento dell'assunzione in carica, la titolarità di imprese, le partecipazioni azionarie proprie, del coniuge e dei parenti entro il secondo grado, nonché tutti i compensi derivanti dall'assunzione della carica) e dell'art. 22, co. 2 (mancata pubblicazione, da parte di enti pubblici vigilati, enti di diritto privato in controllo pubblico e società partecipate, di dati importanti come la ragione sociale, gli oneri gravanti sul bilancio ecc.).

Qualora nello svolgimento dei compiti di vigilanza sul rispetto degli obblighi di pubblicazione, l'Autorità (d'ufficio o su segnalazione di parte) rilevi l'esistenza di fattispecie sanzionabili, chiede al RPCT dell'amministrazione o dell'ente interessato di fornire, entro 30 giorni, le motivazioni del mancato adempimento; nel caso di mancata comunicazione da parte dei soggetti obbligati, deve trasmettere i dati identificativi completi del soggetto inadempiente. La richiesta è inviata anche all'OIV (o all'organismo con funzioni analoghe) dell'Amministrazione o dell'ente interessato, affinché lo stesso attesti lo stato di pubblicazione dei dati riferiti alle fattispecie sanzionabili, con atto in data successiva alla richiesta.
Il RPCT e l'OIV danno riscontro alla richiesta dell'Autorità, indicando i motivi della mancata pubblicazione e, qualora la stessa dipenda da omessa comunicazione del soggetto obbligato, trasmettono all'Autorità tutti i dati identificativi dello stesso.
Nel caso emerga, invece, l'insussistenza dei presupposti per l'applicazione della sanzione, l'ANAC dispone l'archiviazione.
Qualora, sulla base delle indicazioni fornite dal RPCT, dell'attestazione dell'OIV, l'ANAC rilevi la sussistenza dei presupposti di fatto e di diritto per l'applicazione della sanzione, provvede, entro 90 giorni, alla trasmissione della comunicazione di avvio del procedimento nei confronti del soggetto obbligato alla comunicazione, dandone notizia anche al RPCT e all'OIV. Il pagamento in misura ridotta della sanzione determina la conclusione del procedimento.
Al termine della fase istruttoria, qualora non sia stato effettuato il pagamento in misura ridotta, il **procedimento può concludersi** con l'*archiviazione* (in assenza dei presupposti di fatto o di diritto per la comminazione della sanzione) oppure con l'*irrogazione di una sanzione amministrativa pecuniaria.*
L'eventuale adozione del provvedimento di irrogazione della sanzione deve contenere l'indicazione dei presupposti di fatto e le ragioni giuridiche che hanno determinato la decisione, nonché le modalità e il termine entro il quale effettuare il pagamento.

1.7 Il sistema di vigilanza delle norme anticorruzione

In materia di anticorruzione, i **poteri di vigilanza** sono attribuiti essenzialmente all'**ANAC** (a livello nazionale) e al **RPCT** (a livello decentrato).
Va precisato che la legge non delinea espressamente i contenuti dei poteri di vigilanza e controllo del RPCT, assegnando allo stesso il generale obiettivo consistente nella predisposizione e nella verifica della tenuta complessiva del sistema di prevenzione della

corruzione di un'amministrazione o ente. E proprio a tale obiettivo sono correlate le specifiche responsabilità che gravano sul Responsabile e che si sostanziano laddove vi siano casi di omessa predisposizione di un Piano Triennale adeguato e di omesso controllo sull'attuazione delle misure (art. 1, co. 12 e 14, L. 190/2012). Da qui si rileva, quindi, che il cardine dei poteri del Responsabile è centrato sul prevenire la corruzione, ossia sull'adeguata predisposizione degli strumenti interni all'amministrazione (PTPCT e relative misure di prevenzione ivi compresa la trasparenza) per il contrasto dell'insorgenza di fenomeni corruttivi, e sulla verifica che ad essi sia stata data attuazione effettiva. I poteri di controllo e di verifica di quanto avviene nell'amministrazione sono, dunque, funzionali a tale obiettivo: d'altronde è lo stesso legislatore ad indicare che, in caso di mancata attuazione delle misure, il Responsabile debba riferire ad altri soggetti per l'adozione delle iniziative conseguenti di loro competenza.
Più dettagliato, invece, è il compito di vigilare sul rispetto delle disposizioni in materia di inconferibilità e incompatibilità degli incarichi affidato al Responsabile dall'art. 15 D.Lgs. 39/2013, che gli attribuisce capacità proprie di intervento, anche sanzionatorio, e di segnalazione delle violazioni all'ANAC.

A tale proposito è utile ricordare che l'Autorità con le "Linee guida in materia di accertamento delle inconferibilità e delle incompatibilità degli incarichi amministrativi da parte del Responsabile della Prevenzione della Corruzione", adottate con Delibera ANAC n. 833 del 3-8-2016 ha precisato che gli spetta "avviare il procedimento sanzionatorio, ai fini dell'accertamento delle responsabilità soggettive e dell'applicazione della misura interdittiva prevista dall'art. 18 (per le sole inconferibilità). Il procedimento avviato dal Responsabile è un distinto e autonomo procedimento, che si svolge nel rispetto del contraddittorio e che è volto ad accertare la sussistenza dell'elemento psicologico del dolo o della colpa, anche lieve, in capo all'organo conferente.

Per quanto, invece, riguarda le attività di vigilanza dell'Autorità in materia di **imparzialità dei pubblici funzionari**, esse si possono ricondurre sostanzialmente a due macro-categorie: le ipotesi di conflitto di interesse e le ipotesi di incompatibilità e inconferibilità, specificamente disciplinate dal D.Lgs. 39/2013.
Con riguardo alla prima ipotesi (**conflitti di interesse**) l'Autorità non dispone di specifici poteri di intervento e sanzionatori, trattandosi di fattispecie spesso atipiche ossia non previamente tipizzate da disposizioni normative, fatta eccezione per il generale riferimento contenuto nella L. 241/1990, il cui art. 6-*bis* (introdotto dalla L. 190/2012) è dedicato al "Conflitto di interessi".
Dunque, l'intervento dell'Autorità si svolge soprattutto in forma di ausilio e indicazione alle singole amministrazioni di fronte a casi di particolare rilevanza la cui specifica definizione rimane comunque nell'ambito di competenza dell'amministrazione stessa.
Ben più definiti e penetranti poteri di vigilanza, invece, competono all'ANAC in materia di **incompatibilità ed inconferibilità**. Come espressamente stabilito dall'art. 16 D.Lgs. 39/2013, l'Autorità vigila sul rispetto, da parte delle amministrazioni pubbliche, degli enti pubblici e degli enti di diritto privato in controllo pubblico, delle disposizioni di cui al citato decreto, anche con l'esercizio di poteri ispettivi e di accertamento di singole fattispecie di conferimento degli incarichi. Detto potere può attivarsi su segnalazione di terzi, in occasione della richiesta di pareri da parte delle amministrazioni, su segnalazione dello stesso Responsabile (ai sensi dell'art. 15, co. 2), ovvero d'ufficio.

L'*attività di vigilanza dell'ANAC può essere attivata d'ufficio o su segnalazione*. Essa si esplica su un duplice fronte: da un lato, la **verifica dell'adozione degli strumenti di prevenzione** indicati, dall'altro la **vigilanza sull'adozione in concreto delle azioni e misure previste** in questi atti di natura programmatica. Specificamente, l'Autorità verifica i seguenti aspetti:

- correttezza del processo di formazione del PTPCT;
- connessione tra analisi conoscitive e individuazione delle misure di prevenzione;
- rilevanza delle misure di prevenzione nel contesto amministrativo;
- modo di articolazione delle misure e responsabilità degli uffici;
- predisposizione di adeguate forme di monitoraggio sull'effettiva attuazione delle misure.

Il Regolamento sull'esercizio dell'attività di vigilanza in materia di prevenzione della corruzione è contenuto nella Delibera ANAC n. 330 del 29-3-2017.

1.8 Il Segretario dell'ente locale quale Responsabile per la prevenzione della corruzione e della trasparenza

Nelle pubbliche amministrazioni statali il RPCT è individuato, di norma, tra i dirigenti di ruolo in servizio; negli enti locali (art. 1, co. 7, L. 190/2012) la funzione è, di norma, ricoperta dal **Segretario**, salvo diversa e motivata determinazione dell'organo di indirizzo. Tale criterio va ricollegato alle funzioni riconosciute al Segretario dal D.Lgs. 267/2000 (TUEL), ritenendo che la funzione di RPCT sia "naturalmente integrativa" della competenza generale allo stesso spettante.
La suddetta norma precisa che nelle Unioni di Comuni può essere nominato un unico RPCT.
Nell'ente locale, quindi, **spetta al Sindaco adottare il provvedimento di nomina** del Segretario comunale come RPCT del Comune. Può nominare anche un altro soggetto, ma in questo caso nel decreto di nomina va indicata la motivazione di questa scelta.
La nomina del Segretario comunale ha la stessa **durata** del Sindaco; tuttavia, il Segretario può essere revocato anche prima della sua scadenza naturale, per gravi inadempienze.
Il **provvedimento di revoca** (art. 100 D.Lgs. 267/2000) deve essere tempestivamente comunicato dal Prefetto all'ANAC, che si esprime entro 30 giorni: entro tale termine, l'efficacia del provvedimento di revoca è sospesa. Decorso tale termine, la revoca diventa efficace, salvo che l'ANAC rilevi che la stessa sia correlata alle attività svolte dal Segretario in materia di prevenzione della corruzione.
È proprio la peculiare posizione del Segretario all'interno dell'ente locale a renderlo il soggetto maggiormente in grado di assicurare, in concreto, l'efficacia delle misure di prevenzione della corruzione, ciò in quanto tale figura assicura la necessaria autonomia ed indipendenza.
Detta autonomia e indipendenza deve accompagnarsi all'assenza di qualsiasi possibile incompatibilità e di conflitto d'interessi, in quanto al RPCT è richiesto di vigilare e monitorare sul rispetto delle misure di prevenzione della corruzione e dei precetti inseriti nel PTPCT da parte dei dirigenti/responsabili e dei dipendenti.

Capitolo 2
La gestione delle risorse umane e le misure anticorruzione

2.1 Le risorse umane e le misure di prevenzione della corruzione

Con la L. 190/2012 il legislatore ha inteso individuare un ruolo diretto delle amministrazioni nella fase di prevenzione della corruzione, con particolare riferimento ai propri dipendenti. Ha così costruito un sistema complesso caratterizzato, oltre che dall'individuazione del RPCT e dall'adozione del Piano triennale, dalla revisione della normativa in materia di responsabilità dei pubblici dipendenti, con riferimento alla responsabilità penale, disciplinare e di risultato dei dirigenti nonché della disciplina delle incompatibilità, e dalla previsione del Codice di comportamento per i dipendenti pubblici.
Più in particolare, ai fini della prevenzione, la L. 190/2012 ha previsto l'adozione obbligatoria di:

- misure volte alla **formazione del personale** (individuazione dei soggetti destinatari, dei contenuti da impartire e quantificazione delle ore necessarie per tali attività);
- meccanismi di **attuazione delle misure adottate per contrastare la corruzione** (integrazioni al Codice di comportamento dei dipendenti pubblici, misure volte al recepimento della tutela offerta ai *whistleblower* e per il recepimento della clausola di *pantouflage*);
- meccanismi di **controllo sull'efficacia delle misure intraprese** per contrastare la corruzione.

Oltre a quelle obbligatoriamente imposte, il PTPCT deve contenere ogni altra misura idonea alla prevenzione e al contrasto della corruzione adottabile all'esito dell'attività di mappatura dei rischi.

2.2 Il Codice di comportamento

2.2.1 Finalità e destinatari

Il già citato Codice di comportamento dei dipendenti pubblici (D.P.R. 62/2013) e i codici specifici delle varie amministrazioni costituiscono fondamentali misure di prevenzione della corruzione, in quanto le norme contenuti in tali documenti regolano, in senso legale ed eticamente corretto, il comportamento dei dipendenti e, in tal senso, indirizzano l'azione amministrativa.
Ai sensi dell'art. 54, co. 5, D.Lgs. 165/2001 e dell'art. 1, co. 2, D.P.R. 62/2013, ciascuna amministrazione deve definire, con procedura aperta alla partecipazione e previo parere obbligatorio del proprio OIV, un proprio Codice di comportamento. A tal fine, l'ANAC definisce criteri, linee guida e modelli uniformi per singoli settori o

tipologie di amministrazione (cfr. delibera 75/2013). In ogni caso, i Codici settoriali devono individuare *regole comportamentali differenziate a seconda delle specificità professionali, delle aree di competenza e delle aree di rischio.*
Il Codice **si applica ai dipendenti delle Pubbliche Amministrazioni** di cui all'art. 1, co. 2, D.Lgs. 165/2001, il cui rapporto di lavoro è disciplinato contrattualmente. In maniera del tutto innovativa, però, l'art. 2, co. 3, del Codice prevede l'estensione degli obblighi di condotta anche nei confronti di **tutti i collaboratori dell'amministrazione**, dei titolari di organi e di incarichi negli uffici di diretta collaborazione delle autorità, nonché nei confronti di collaboratori a qualsiasi titolo di imprese fornitrici di beni o servizi o che realizzano opere in favore dell'amministrazione.
Il Codice contiene una *specifica disciplina per i dirigenti*, compresi quelli a contratto e il personale che svolge una funzione equiparata a quella dirigenziale nell'ambito degli uffici di diretta collaborazione.

Per il personale in regime di diritto pubblico le disposizioni del Codice assumono la valenza "di principi di comportamento", in quanto compatibili con le disposizioni speciali. Per ciascuna magistratura e per l'Avvocatura dello Stato i Codici saranno adottati dalle associazioni di categoria o, in caso di inerzia, dall'organo di autogoverno.

2.2.2 Obblighi a carico dei dipendenti

Il Codice indica i doveri di comportamento dei dipendenti delle Pubbliche Amministrazioni e sancisce espressamente che la loro violazione, al pari delle prescrizioni contenute nel Piano per la prevenzione della corruzione, è fonte di **responsabilità disciplinare**, rilevante anche ai fini della responsabilità penale, civile, amministrativa e contabile.
Tra i **principali obblighi del dipendente**, soprattutto in funzione di prevenzione di fenomeni corruttivi, si segnalano:

- il divieto *di chiedere, sollecitare o di accettare, per sé o per altri e a qualsiasi titolo (quindi, anche sotto forma di sconto), compensi, regali o altre utilità*, fatti salvi quelli d'uso e di modico valore «non superiore, in via orientativa, a 150 euro». I regali e le altre utilità comunque ricevuti sono immediatamente messi a disposizione dell'Amministrazione per essere devoluti a fini istituzionali;
- la tempestiva comunicazione al responsabile dell'ufficio di appartenenza della propria adesione o *appartenenza ad associazioni od organizzazioni* (esclusi partiti politici e sindacati) i cui ambiti di interesse possano interferire con lo svolgimento delle attività dell'ufficio;
- la *comunicazione, all'atto dell'assegnazione all'ufficio, di tutti i rapporti, diretti o indiretti, di collaborazione avuti con soggetti privati* negli ultimi 3 anni e in qualunque modo retribuiti, oltre al contestuale obbligo di precisare se con gli stessi i rapporti finanziari sussistano ancora;
- l'obbligo di astenersi dal prendere decisioni o svolgere attività inerenti le proprie mansioni in *situazioni di conflitto, anche potenziale, di interessi* di qualsiasi natura, anche non patrimoniali;
- l'obbligo di assicurare la *trasparenza e la tracciabilità dei processi decisionali* adottati;
- gli obblighi di comportamento nei rapporti privati e in servizio e all'interno dell'organizzazione amministrativa (in particolare, l'obbligo di rispettare, salvo diverse

esigenze di servizio o diversa disposizione di priorità stabilita dall'amministrazione di appartenenza, l'ordine cronologico delle pratiche e di non rifiutare, con motivazioni generiche, le prestazioni a cui sia tenuto).

Il Codice contiene, come detto, una specifica **disciplina per i dirigenti e per il personale che svolge una funzione equiparata a quella dirigenziale** nell'ambito degli uffici di diretta collaborazione. Per essi il Codice pone:

> l'obbligo, prima di assumere le loro funzioni, di comunicare all'amministrazione *le partecipazioni azionarie e gli altri interessi finanziari* che possano porli in conflitto d'interesse con le funzioni pubbliche che svolgono;
> l'obbligo di fornire le informazioni sulla propria situazione patrimoniale e le dichiarazioni annuali dei redditi soggetti all'imposta sui redditi delle persone fisiche previste dalla legge;
> il dovere, nei limiti delle loro possibilità, di evitare che si diffondano notizie non rispondenti al vero sull'organizzazione, sull'attività e sugli altri dipendenti.

Quanto al tipo e all'entità della sanzione disciplinare concretamente applicabile è previsto che si debba tener conto della gravità del comportamento e del pregiudizio, anche morale, cagionato al decoro o al prestigio dell'amministrazione di appartenenza.

2.3 La segnalazione di illeciti e la tutela del dipendente (il cosiddetto whistleblower)

2.3.1 La gestione della segnalazione e l'obbligo di anonimato

Con la L. 190/2012 è stato introdotto nel Testo unico sul pubblico impiego l'art. 54-*bis* che tutela i dipendenti autori di segnalazioni di reati o irregolarità di cui siano venuti a conoscenza nell'ambito del rapporto di lavoro. L'iniziale disciplina riguardava solo il settore pubblico, ma la L. 179/2017 l'ha estesa anche al settore privato.
L'istituto – detto *whistleblowing* – mira a favorire l'emersione della fattispecie di illecito nella Pubblica Amministrazione.
Secondo quanto stabilito dal citato articolo, il **dipendente che denuncia** all'autorità giudiziaria, alla Corte dei conti, all'ANAC o riferisce al proprio superiore gerarchico **condotte illecite di cui sia venuto a conoscenza in ragione del rapporto di lavoro** (*whistleblowing*), **non può essere sanzionato, licenziato o sottoposto ad una misura discriminatoria**, diretta o indiretta, avente effetti sulle condizioni di lavoro per motivi collegati direttamente o indirettamente alla denuncia.
Qualora, in violazione di tale divieto, il segnalante sia fatto oggetto di misure ritenute ritorsive, queste possono essere comunicate all'ANAC dallo stesso interessato o dalle organizzazioni sindacali maggiormente rappresentative nell'Amministrazione nella quale le stesse sono state poste in essere.
L'ANAC, ricevuta la comunicazione, informa il DFP della Presidenza del Consiglio dei Ministri o gli altri organismi di garanzia o di disciplina per le attività e gli eventuali provvedimenti di competenza.
Nell'ambito del procedimento disciplinare, l'**identità del segnalante non può essere rivelata**. Anche se la norma tutela l'anonimato facendo *specifico riferimento al procedi-*

mento disciplinare, l'identità deve essere comunque protetta in ogni fase successiva alla segnalazione.
Per quanto riguarda lo specifico contesto del procedimento disciplinare, l'identità del segnalante **può essere rivelata all'autorità disciplinare e all'incolpato nei seguenti casi**:

- quando vi è lo specifico consenso del segnalante;
- quando la contestazione è fondata, in tutto o in parte, sulla segnalazione e la conoscenza dell'identità è assolutamente indispensabile per la difesa dell'incolpato: tale circostanza può emergere solo a seguito dell'audizione dell'incolpato ovvero dalle memorie difensive che lo stesso produce nel procedimento.

La denuncia non può essere oggetto di visione né di estrazione di copia da parte di richiedenti, ricadendo nell'ambito delle ipotesi di esclusione di cui all'art. 24, co. 1, lett. *a*), L. 241/1990.
La legge demanda all'ANAC il compito di adottare, sentito il Garante per la protezione dei dati personali, apposite **linee guida per le procedure di presentazione e gestione delle segnalazioni** (cfr. determinazione n. 6 del 28-4-2015). Le linee guida devono prevedere l'utilizzo di modalità anche informatiche e promuovere il ricorso a strumenti di crittografia per garantire la riservatezza dell'identità del segnalante e per il contenuto delle segnalazioni e della relativa documentazione.

2.3.2 Le misure di tutela del whistleblower

Spetta sempre all'ANAC l'esercizio del **potere sanzionatorio amministrativo** conseguente all'accertata adozione di misure discriminatorie in danno del segnalante, ovvero all'accertata assenza di procedure per l'inoltro e la gestione delle segnalazioni, ovvero conseguente all'adozione di procedure non conformi a quelle descritte dalla legge. Analogo potere sanzionatorio spetta all'ANAC ogni qualvolta venga accertato il mancato svolgimento da parte del responsabile di attività di verifica e analisi delle segnalazioni ricevute.
L'Autorità determina l'entità della sanzione tenuto conto delle dimensioni dell'Amministrazione o dell'ente cui si riferisce la segnalazione.
Spetta all'Amministrazione o all'ente interessato dimostrare che le misure discriminatorie o ritorsive, adottate nei confronti del segnalante, sono motivate da ragioni estranee alla segnalazione.
Il regolamento sull'esercizio del potere sanzionatorio in caso di *whistleblowing* (delibera ANAC 1033/2018) è stato modificato dalla delibera ANAC n. 312/2019 che ha riscritto completamente l'art. 13 del regolamento, inserendo **casi specifici di archiviazione delle segnalazioni/comunicazioni**.
In base all'art. 13, infatti, l'Ufficio procede all'archiviazione delle segnalazioni/comunicazioni nelle ipotesi di:

- manifesta mancanza di interesse all'integrità della Pubblica Amministrazione;
- manifesta incompetenza dell'Autorità sulle questioni segnalate;
- manifesta infondatezza per l'assenza di elementi di fatto idonei a giustificare accertamenti;
- manifesta insussistenza dei presupposti di legge per l'applicazione della sanzione;
- intervento dell'Autorità non più attuale;

- finalità palesemente emulativa;
- accertato contenuto generico della segnalazione/comunicazione o tale da non consentire la comprensione dei fatti, ovvero segnalazione/comunicazione corredata da documentazione non appropriata o inconferente;
- produzione di sola documentazione in assenza della segnalazione di condotte illecite o irregolarità;
- mancanza dei dati che costituiscono elementi essenziali della segnalazione/comunicazione.

Al di fuori di questi casi l'Ufficio deve sempre trasmettere agli uffici di vigilanza competenti per materia la segnalazione di illeciti.
Gli atti discriminatori o ritorsivi adottati dall'Amministrazione o dall'ente, in conseguenza della segnalazione, sono comunque colpiti da nullità.
Il segnalante che sia licenziato a motivo della segnalazione ha **diritto a essere reintegrato nel posto di lavoro**. Nessuna tutela è per converso garantita al segnalante del quale sia accertata, anche con sentenza di primo grado, la responsabilità penale per i reati di **calunnia o diffamazione** o comunque per reati commessi con la denuncia all'autorità giudiziaria o alla Corte dei conti, ovvero la responsabilità civile, per lo stesso titolo, nei casi di *dolo* o *colpa grave*.

2.4 Le ulteriori misure di contrasto alla corruzione nel pubblico impiego

2.4.1 La rotazione del personale addetto alle aree a rischio di corruzione

La rotazione del personale addetto alle aree a più elevato rischio di corruzione rappresenta una misura di importanza cruciale tra gli strumenti di prevenzione della corruzione.
In argomento occorre, in primo luogo distinguere due tipi di rotazione: quella "straordinaria" e quella "ordinaria".
La **rotazione straordinaria** è stata introdotta dall'art. 16, co. 1, lett. l-*quater*), D.Lgs. 165/2001, che prevede, come misura conseguente alla manifestazione di fenomeni di corruzione, la rotazione del personale nei casi di avvio di procedimenti penali o disciplinari per condotte di natura corruttiva. Con le Linee guida dell'ANAC (delibera 29-3-2019, n. 215) sono stati chiariti aspetti e criticità dell'istituto.
La **rotazione ordinaria**, invece, è prefigurata come strumento precauzionale contro il possibile manifestarsi di fenomeni corruttivi da alcune norme della L. 190/2012. Costituisce, infatti, una rilevante *misura organizzativa preventiva*, finalizzata a limitare il consolidarsi di relazioni che possano alimentare dinamiche improprie nella gestione amministrativa, conseguenti alla permanenza nel tempo di determinati dipendenti nel medesimo ruolo o funzione.

L'alternanza riduce il rischio che un dipendente pubblico, occupandosi per lungo tempo dello stesso tipo di attività, servizi, procedimenti e instaurando relazioni sempre con gli stessi utenti, possa essere sottoposto a pressioni esterne o possa instaurare rapporti potenzialmente in grado di attivare dinamiche inadeguate.

L'alternanza tra più professionisti nell'assunzione delle decisioni e nella gestione delle procedure, infatti, riduce il rischio che possano crearsi relazioni particolari tra amministrazioni ed utenti, con il conseguente consolidarsi di situazioni di privilegio e l'aspettativa a risposte illegali improntate a collusione. L'applicazione della misura va valutata anche se l'effetto indiretto della rotazione comporta un temporaneo rallentamento dell'attività ordinaria dovuto al tempo necessario per acquisire la diversa professionalità.

L'**attuazione della misura** richiede:

> la *preventiva identificazione degli uffici* e servizi che svolgono attività nelle aree a più elevato rischio di corruzione;
> l'*individuazione*, con la partecipazione sindacale, delle *modalità di attuazione della rotazione*, mediante adozione di criteri generali;
> la definizione dei *tempi di rotazione*;
> per il conferimento degli incarichi dirigenziali, il criterio di rotazione deve essere previsto nell'atto generale contenente i *criteri di conferimento degli incarichi dirigenziali* approvato dall'autorità di indirizzo politico;
> il coinvolgimento del personale in *percorsi di formazione* e aggiornamento continuo, per creare competenze e professionalità utilizzabili in più settori;
> lo svolgimento di *formazione ad hoc per il dirigente neo-incaricato* e per i collaboratori addetti, affinché questi acquisiscano le conoscenze necessarie per lo svolgimento della nuova attività considerata area a rischio.

Per il *personale dirigenziale* addetto alle aree a più elevato rischio di corruzione, la durata dell'incarico deve essere fissata al limite minimo legale; per *il personale non dirigenziale*, la durata di permanenza nel settore deve essere, invece, prefissata da ciascuna amministrazione secondo criteri di ragionevolezza, preferibilmente non superiore a 5 anni, tenuto conto anche delle esigenze organizzative.
Per il personale dirigenziale, alla scadenza dell'incarico, la responsabilità dell'ufficio o del servizio deve essere di regola affidata ad altro dirigente, a prescindere dall'esito della valutazione riportata dal dirigente uscente.
Nel caso di impossibilità di applicare la misura della rotazione per il personale dirigenziale, a causa di motivati fattori organizzativi, l'Amministrazione applica la misura al personale non dirigenziale, con riguardo innanzi tutto ai responsabili del procedimento.

2.4.2 L'astensione in caso di conflitto di interesse

La L. 190/2012 ha posto particolare attenzione sui responsabili del procedimento in situazioni di conflitto di interesse; tale attenzione si è concretizzata nell'inserimento di una nuova disposizione nella L. 241/1990, l'art. 6-*bis* (rubricato *Conflitto di interessi*).
La norma contiene due prescrizioni:

> l'**obbligo di astensione** per il responsabile del procedimento, il titolare dell'ufficio competente ad adottare il provvedimento finale ed i titolari degli uffici competenti ad adottare atti endoprocedimentali nel caso di conflitto di interesse anche solo potenziale;
> la previsione del **dovere di segnalazione** a carico dei medesimi soggetti.

La norma persegue una finalità di prevenzione che si realizza mediante l'astensione dalla partecipazione alla decisione del titolare dell'interesse, che potrebbe porsi in conflitto con l'interesse perseguito mediante l'esercizio della funzione e/o con l'interesse di cui sono portatori il destinatario del provvedimento, gli altri interessati e controinteressati.

Essa va letta in maniera coordinata con l'art. 6 del Codice di comportamento, che prevede: "*Il dipendente si astiene dal partecipare all'adozione di decisioni o ad attività che possano coinvolgere interessi propri, ovvero di suoi parenti affini entro il secondo grado, del coniuge o di conviventi oppure di persone con le quali abbia rapporti di frequentazione abituale, ovvero, di soggetti od organizzazioni con cui egli o il coniuge abbia causa pendente o grave inimicizia o rapporti di credito o debito significativi, ovvero di soggetti od organizzazioni di cui sia tutore, curatore, procuratore o agente, ovvero di enti, associazioni anche non riconosciute, comitati, società o stabilimenti di cui egli sia amministratore o gerente o dirigente. Il dipendente si astiene in ogni altro caso in cui esistano gravi ragioni di convenienza. Sull'astensione decide il responsabile dell'ufficio di appartenenza.*".

La suddetta disposizione contiene dunque una **clausola di carattere generale** in riferimento a tutte le ipotesi in cui si manifestino **gravi ragioni di convenienza**.

La segnalazione deve essere indirizzata al dirigente, il quale, esaminate le circostanze, valuta se la situazione realizza un conflitto di interesse idoneo a ledere l'imparzialità dell'agire amministrativo. Il dirigente destinatario della segnalazione deve rispondere per iscritto al dipendente medesimo sollevandolo dall'incarico oppure motivando espressamente le ragioni che consentono comunque l'espletamento dell'attività da parte di quel dipendente. Nella prima ipotesi l'incarico deve essere affidato dal dirigente ad altro dipendente ovvero, in carenza di dipendenti professionalmente idonei, il dirigente dovrà avocare a sé ogni compito relativo a quel procedimento. Qualora il conflitto riguardi il dirigente a valutare le iniziative da assumere sarà il responsabile per la prevenzione.

La violazione della norma, che si realizza con il compimento di un atto illegittimo, dà luogo a responsabilità disciplinare del dipendente suscettibile di essere sanzionata con l'irrogazione di sanzioni all'esito del relativo procedimento, oltre a poter costituire fonte di illegittimità del procedimento e del provvedimento conclusivo dello stesso, quale sintomo di eccesso di potere.

2.4.3 Formazione in tema di anticorruzione

La L. 190/2012 assegna alla formazione dei dipendenti destinati ad operare in settori particolarmente esposti alla corruzione un'importanza cruciale nella strategia di prevenzione della corruzione e pone a carico del RPCT l'onere di predisporre un'idonea programmazione, in collaborazione con la SNA. Una formazione adeguata favorisce, da un lato, una **maggior consapevolezza nell'assunzione di decisioni** (in quanto una più ampia ed approfondita conoscenza riduce il rischio che l'azione illecita possa essere compiuta in maniera inconsapevole) e, dall'altro, consente l'**acquisizione di competenze specifiche** per lo svolgimento delle attività nelle aree individuate a più elevato rischio di corruzione.

Una formazione adeguata consente di raggiungere i seguenti obiettivi:

- l'attività amministrativa è svolta da soggetti consapevoli, previsione che riduce il rischio che l'azione illecita sia compiuta inconsapevolmente;

- la conoscenza e la condivisione degli strumenti di prevenzione (politiche, programmi, misure) da parte dei diversi soggetti che a vario titolo operano nell'ambito del processo di prevenzione;
- la creazione di una base omogenea minima di conoscenza, che rappresenta l'indispensabile presupposto per programmare la rotazione del personale;
- la creazione di competenza specifica per lo svolgimento dell'attività nelle aree a più elevato rischio di corruzione;
- il confronto tra prassi amministrative distinte da ufficio ad ufficio, reso possibile dalla compresenza di personale "in formazione" proveniente da esperienze professionali diversificate; ciò consente di coordinare ed omogeneizzare all'interno dell'ente le modalità di conduzione dei processi da parte degli uffici, garantendo la costruzione di "buone pratiche amministrative" con sensibile riduzione del rischio di corruzione;
- la diffusione degli orientamenti giurisprudenziali sui vari aspetti dell'esercizio della funzione amministrativa, indispensabili per orientare il percorso degli uffici, orientamenti spesso non conosciuti dai dipendenti e dai dirigenti anche per ridotta disponibilità di tempo da dedicare all'approfondimento;
- evitare l'insorgere di prassi contrarie alla corretta interpretazione della norma di volta in volta applicabile;
- la diffusione di valori etici, mediante l'insegnamento di principi di comportamento eticamente e giuridicamente adeguati.

In generale il PNA stabilisce che l'ente deve programmare adeguati percorsi di aggiornamento e di formazione articolati su due livelli:

> *livello generale*, rivolto a tutti i dipendenti, con riguardo all'aggiornamento delle competenze (approccio contenutistico) e alle tematiche dell'etica e della legalità (approccio valoriale);

> *livello specifico*, rivolto ai referenti del RPCT, ai componenti degli organismi di controllo, ai dirigenti e ai funzionari addetti alle aree a rischio: riguarda le politiche, i programmi e i vari strumenti utilizzati per la prevenzione e tematiche settoriali, in relazione al ruolo svolto da ciascun soggetto dell'amministrazione.

2.5 Le misure di contrasto alla corruzione nelle varie fasi del rapporto di lavoro

2.5.1 Trasparenza e anticorruzione nei concorsi pubblici e nelle procedure di selezione

Il principio di trasparenza dell'accesso mediante concorso agli impieghi nelle Pubbliche Amministrazioni (salvo i casi stabiliti dalla legge) è contenuto principalmente nell'art. 97, ult. co., Cost. Gli artt. 35 e 35-*bis* D.Lgs. 165/2001 contengono poi, rispettivamente, i principi generali sul reclutamento del personale e norme per prevenire il fenomeno della corruzione nella formazione di commissioni e nell'assegnazioni degli uffici.
Nelle procedure concorsuali la **scelta dei componenti della Commissione esaminatrice** assume una valenza determinante, in considerazione del ruolo che sono chiamati a svolgere in ragione della loro competenza, ai fini della valutazione e della posizione di terzietà in cui dovrebbero operare.

Oltre ai principi generali su richiamati, l'art. 35-*bis* D.Lgs. 165/2001, in materia di prevenzione del fenomeno della corruzione nella formazione di commissioni, stabilisce che coloro che sono stati condannati, anche con sentenza non passata in giudicato, per i reati previsti nel capo I del titolo II del libro secondo del codice penale (*delitti contro la personalità dello Stato*) non possono far parte, anche con compiti di segreteria, di commissioni per l'accesso o la selezione a pubblici impieghi.
Tale disposizione rappresenta una nuova fattispecie di inconferibilità, atta a prevenire il discredito, altrimenti derivante all'Amministrazione, dovuto all'affidamento di funzioni sensibili a dipendenti che, a vario titolo, abbiano commesso o siano sospettati di infedeltà.
La disposizione preclude, pertanto, ai condannati per reati contro la Pubblica Amministrazione, anche in via non definitiva, di ricoprire alcuni uffici o di svolgere alcune attività ed incarichi particolarmente esposti al rischio corruzione e si applica nei confronti non solo di coloro che esercitano funzioni dirigenziali, ma anche nei confronti di coloro che hanno solo compiti di segreteria ovvero che hanno solo funzioni direttive e non dirigenziali.
In particolare, la norma vieta di:

> fare parte, anche con compiti di segreteria, di commissioni per l'accesso o la selezione a pubblici impieghi;
> essere assegnati, anche con funzioni direttive, agli uffici preposti alla gestione delle risorse finanziarie, all'acquisizione di beni, servizi e forniture, nonché alla concessione o all'erogazione di sovvenzioni, contributi, sussidi, ausili finanziari o attribuzioni di vantaggi economici a soggetti pubblici e privati;
> fare parte delle commissioni per la scelta del contraente per l'affidamento di lavori, forniture e servizi, per la concessione o l'erogazione di sovvenzioni, contributi, sussidi, ausili finanziari, nonché per l'attribuzione di vantaggi economici di qualunque genere".

L'esatta portata dei singoli ambiti dovrà, poi, essere interpretata anche alla luce di quelle attività in cui è più elevato il rischio di corruzione, attività individuate dai singoli piani di prevenzione della corruzione.

2.5.2 Il dovere di esclusività del dipendente: la disciplina in tema di incompatibilità, cumulo di impieghi e incarichi (art. 53 D.Lgs. 165/2001)

Il pubblico dipendente ha un dovere di esclusività nell'esercizio della prestazione lavorativa nei confronti dell'amministrazione di appartenenza, stabilito direttamente dalla Costituzione: l'art. 98 della Carta costituzionale statuisce, infatti, che *"i pubblici impiegati sono al servizio esclusivo della Nazione"*. Il dovere di esclusività del pubblico funzionario, ossia il dovere di eseguire la propria prestazione lavorativa retribuita solo in favore dell'amministrazione, risponde ai principi di imparzialità e buon andamento dell'azione amministrativa di cui all'art. 97 della Costituzione.
In materia di *incompatibilità, cumulo di impieghi e incarichi* la norma generale è rappresentata dall'art. 53 D.Lgs. 165/2001: tale articolo si applica sia *ai dipendenti privatizzati* che *a quelli in regime di diritto pubblico.*
Secondo tale disposizione, **il pubblico impiegato non può svolgere attività commerciali, imprenditoriali, industriali, artigiane e professionali in costanza di rapporto**

di lavoro. Tale dovere viene meno solo in caso di *impiego part-time* non superiore al 50% dell'orario ordinario.

Il dipendente, inoltre, può svolgere solo gli incarichi previamente conferiti o approvati dall'amministrazione di appartenenza o che siano comunque previsti o disciplinati dalla legge o da altre fonti normative; senza autorizzazione non possono essere conferiti incarichi, né da parte delle Pubbliche Amministrazioni, né da parte di enti pubblici economici e soggetti privati.

L'*autorizzazione* va chiesta, dai soggetti pubblici o privati che intendano conferire l'incarico al dipendente, all'amministrazione di appartenenza di quest'ultimo, la quale deve pronunciarsi in merito nei successivi 30 giorni (decorso il termine per provvedere l'autorizzazione si intende accordata se richiesta per incarichi da conferirsi da pubbliche amministrazioni; negli altri casi, si intende definitivamente negata).

La *ratio* di tale disposizione risiede nel fatto che il cumulo in capo ad un medesimo dirigente o funzionario di incarichi può comportare un'eccessiva concentrazione di potere su un unico centro decisionale, che aumenta il rischio che l'attività amministrativa possa essere indirizzata verso fini privati o impropri. Inoltre, lo svolgimento di incarichi, soprattutto se extra-istituzionali, da parte del dirigente o del funzionario può realizzare situazioni di conflitto di interesse che possono compromettere il buon andamento dell'azione amministrativa, ponendosi altresì come sintomo dell'evenienza di fatti corruttivi.

Per questi motivi, la L. 190/2012, delineando un **generico divieto di conferimento degli incarichi atipici**, ossia non correlati a compiti e doveri d'ufficio previsti dalla legge, è intervenuta sull'art. 53 del D.Lgs. 165/2001, in particolare prevedendo che:

- gli incarichi vietati ai dipendenti delle amministrazioni pubbliche devono essere **individuati da appositi regolamenti** (adottati su proposta del Ministro per la Pubblica Amministrazione e la semplificazione, di concerto con i Ministri interessati);
- le amministrazioni devono **adottare criteri generali** per disciplinare i criteri di conferimento e di autorizzazione degli incarichi extra-istituzionali;
- in sede di autorizzazione allo svolgimento di incarichi extra-istituzionali, le amministrazioni devono **valutare tutti i profili di conflitto di interesse**, anche quelli potenziali;
- il dipendente deve **comunicare anche l'attribuzione di incarichi gratuiti**, sui quali l'amministrazione deve valutare tempestivamente (entro 5 giorni dalla comunicazione, salvo motivate esigenze istruttorie) l'eventuale sussistenza di situazioni di conflitto di interesse anche potenziale e, nel caso, comunicare al dipendente il diniego allo svolgimento dell'incarico. Gli *incarichi a titolo gratuito* da comunicare all'amministrazione sono solo quelli che il dipendente svolge in considerazione della professionalità che lo caratterizza all'interno dell'amministrazione di appartenenza (non va comunicato, ad esempio, lo svolgimento di un incarico gratuito di docenza in una scuola di danza da parte di un funzionario amministrativo di un ministero, poiché tale attività non è connessa con la sua professionalità di funzionario).

Gli incarichi retribuiti, *ex* art. 53, sono tutti gli incarichi, anche occasionali, non compresi nei compiti e nei doveri di ufficio, per i quali è previsto, sotto qualsiasi forma, un **compenso**.

Sono **esclusi** da tale ambito i **compensi derivanti**:
- dalla collaborazione a giornali, riviste, enciclopedie e simili;
- dalla utilizzazione economica da parte dell'autore o inventore di opere dell'ingegno e di invenzioni industriali;
- dalla partecipazione a convegni e seminari;
- da incarichi per i quali è corrisposto solo il rimborso delle spese documentate;
- da incarichi per lo svolgimento dei quali il dipendente è posto in posizione di aspettativa, di comando o di fuori ruolo;
- da incarichi conferiti dalle organizzazioni sindacali a dipendenti presso le stesse distaccati o in aspettativa non retribuita;
- da attività di formazione diretta ai dipendenti della Pubblica Amministrazione, nonché di docenza e ricerca scientifica.

La normativa anticorruzione ha disposto, poi, nell'ottica di una più marcata separazione tra politica e amministrazione, il divieto per chi abbia avuto compiti in organizzazioni politiche e sindacali di essere destinatario di incarichi di direzione di strutture deputate alla gestione del personale.

2.5.3 Le disposizioni sull'inconferibilità degli incarichi e sulle incompatibilità (D.Lgs. 39/2013)

Il D.Lgs. 39/2013, attuativo della delega contenuta nella L. 190/2012, ha disposto un articolato sistema di norme volte a disciplinare la materia della inconferibilità e della incompatibilità degli incarichi presso le pubbliche amministrazioni e presso gli enti di diritto privato in controllo pubblico. Le disposizioni in esso contenute rappresentano, altresì, espressa attuazione dei precetti costituzionali di cui agli articoli 54 (dovere di fedeltà alla Repubblica e di adempimento degli incarichi pubblici con disciplina ed onore) e 97 (assicurare il buon andamento della Pubblica Amministrazione) della Costituzione.
Tale disciplina ha l'obiettivo di prevenire e contrastare fenomeni corruttivi e conflitti di interesse tutelando l'esercizio imparziale delle funzioni pubbliche attraverso la previsione di regimi di inconferibilità ed incompatibilità.
In particolare, con dette **misure generali di carattere preventivo**, la finalità perseguita dal legislatore è stata quella di evitare che lo svolgimento di determinati incarichi e/o funzioni possa agevolare la precostituzione di situazioni favorevoli in vista del successivo conferimento di incarichi dirigenziali e assimilati e, di conseguenza, possa comportare il rischio di un "accordo corruttivo" per conseguire il vantaggio in maniera illecita (si prescrive, cioè, un periodo di raffreddamento per coloro che vengono dal mondo della politica e che siano strettamente legati all'ente che conferisce l'incarico). Da qui anche il divieto di cumulo di più cariche politiche e/o coesercizio di funzioni di indirizzo politico e di funzioni di amministrazione che possa ripercuotersi negativamente sulla efficienza e l'imparzialità delle funzioni.
L'art. 1, lett. *g*) D.Lgs. 39/2013 definisce l'**inconferibilità** come la situazione soggettiva, permanente o temporanea, che impedisce il conferimento dell'incarico ad un soggetto che abbia assunto condotte penalmente sanzionate o abbia ricoperto determinati incarichi gestionali e/o politici. Più specificatamente l'incarico non può essere conferito:

- a coloro che abbiano riportato condanne penali (anche non definitive) per i reati previsti dal capo I del titolo II del libro II del codice penale (reati contro la Pubblica Amministrazione);
- a coloro che abbiano svolto incarichi o ricoperto cariche in enti di diritto privato regolati o finanziati da pubbliche amministrazioni o svolto attività professionali a favore di questi ultimi;
- a coloro che siano stati componenti di organi di indirizzo politico.

L'istituto dell'inconferibilità è, pertanto, un rimedio preventivo, volto ad evitare l'insorgere di fenomeni di contiguità e corruzione a salvaguardia di beni primari per la collettività, quali sono la trasparenza, l'efficienza e il buon andamento delle amministrazioni pubbliche, ai sensi dell'art. 97 Cost.

Diversamente, l'**incompatibilità** impedisce di ricoprire contemporaneamente due ruoli potenzialmente in conflitto di interesse.

L'incompatibilità fa sorgere, nel soggetto nominato, l'*obbligo di optare*, a pena di decadenza, entro il termine perentorio di 15 giorni, tra la permanenza nell'incarico ricoperto e l'assunzione del nuovo incarico: una scelta tra due condizioni assunte, quella precedente alla nomina e "l'assunzione e lo svolgimento di incarichi e cariche in enti di diritto privato regolati o finanziati dalla Pubblica Amministrazione che conferisce l'incarico, lo svolgimento di attività professionali ovvero l'assunzione della carica di componente di organi di indirizzo politico".

Le disposizioni del D.Lgs. 39/2013 sono applicabili integralmente alle Regioni, ancorché a statuto speciale, in virtù dell'art. 22 del decreto stesso, che dispone la prevalenza della disciplina sulle diverse disposizioni di legge regionale: il legislatore nazionale ha stabilito, cioè, una *clausola di prevalenza* delle diverse e contrastanti disposizioni previste dalle normative regionali in materia di inconferibilità e incompatibilità di incarichi.

In merito alle conseguenze giuridiche derivanti dalla **violazione di tali disposizioni**:

- per quanto riguarda la disciplina dell'**inconferibilità**, posto che la situazione non può essere sanata, gli atti di conferimento di incarichi adottati in violazione delle disposizioni del decreto e i relativi contratti sono nulli (art. 17) e a carico dei componenti di organi che abbiano conferito incarichi dichiarati nulli sono applicate le specifiche sanzioni previste dall'art. 18;
- con riferimento, invece, ai casi di **incompatibilità**, l'art. 19 prevede la *decadenza dall'incarico e la risoluzione del relativo contratto*, di lavoro subordinato o autonomo, decorso il termine perentorio di 15 giorni dalla contestazione all'interessato, da parte del RPCT, dell'insorgere della causa di incompatibilità.

La vigilanza sull'osservanza delle norme in materia di inconferibilità e incompatibilità è demandata al RPCT e all'ANAC. Può parlarsi, pertanto, di una *vigilanza interna*, che è quella affidata al RPCT di ciascuna amministrazione pubblica, ente pubblico e ente di diritto privato in controllo pubblico, e di una *vigilanza esterna*, condotta, invece, dall'ANAC.

2.5.4 La cessazione del rapporto di lavoro e il divieto di pantouflage (cosiddette *revolving doors*)

La L. 190/2012 ha introdotto il comma 16-*ter* nell'ambito dell'art. 53 D.Lgs. 165/2001, volto a contenere il rischio di situazioni di corruzione connesse all'impiego del dipendente successivo alla cessazione del rapporto di lavoro. Il rischio valutato dalla norma è che durante il periodo di servizio il dipendente possa artatamente precostituirsi delle situazioni lavorative vantaggiose e così sfruttare a proprio fine la sua posizione e il suo potere all'interno dell'amministrazione per ottenere successivamente un lavoro per lui allettante presso l'impresa o il soggetto privato con cui entra in contatto. La norma prevede, quindi, una **limitazione della libertà negoziale del dipendente per un determinato periodo successivo alla cessazione del rapporto di lavoro con l'Amministrazione**, per eliminare la "convenienza" di accordi fraudolenti.
L'ambito della norma è riferito a quei dipendenti che, nel corso degli **ultimi 3 anni di servizio**, hanno esercitato poteri autoritativi o negoziali per conto dell'amministrazione con riferimento allo svolgimento di attività presso i soggetti privati che sono stati destinatari di provvedimenti, contratti o accordi.
I dipendenti interessati sono coloro che per il ruolo e la posizione ricoperti nell'amministrazione hanno avuto il potere di incidere in maniera determinante sulla decisione oggetto dell'atto e, quindi, coloro che **hanno esercitato la potestà o il potere negoziale** con riguardo allo specifico procedimento o procedura (dirigenti, funzionari titolari di funzioni dirigenziali).
I predetti soggetti nel triennio successivo alla cessazione del rapporto con l'amministrazione, qualunque sia la causa di cessazione (anche in caso di collocamento in quiescenza per raggiungimento dei requisiti di accesso alla pensione), non possono avere alcun rapporto di lavoro autonomo o subordinato con i soggetti privati che sono stati destinatari di provvedimenti, contratti o accordi.
La norma prevede delle sanzioni per il caso di violazione del divieto, che consistono in:

- **sanzioni sull'atto**: i contratti di lavoro conclusi e gli incarichi conferiti in violazione del divieto sono nulli;
- **sanzioni sui soggetti**: i soggetti privati che hanno concluso contratti o conferito incarichi in violazione del divieto non possono contrattare con la Pubblica Amministrazione di provenienza dell'*ex* dipendente per i successivi 3 anni ed hanno l'obbligo di restituire eventuali compensi percepiti ed accertati in esecuzione dell'affidamento illegittimo; pertanto, la sanzione opera come requisito soggettivo legale per la partecipazione a procedure di affidamento con la conseguente illegittimità dell'affidamento stesso per il caso di violazione.

2.6 L'affidamento di incarichi di collaborazione autonoma a personale esterno

Il conferimento di incarichi di collaborazione autonoma a personale esterno alla Pubblica Amministrazione rientra tra le attività a più elevato rischio corruttivo: i Piani triennali anticorruzione, a tal fine, prevedono quale contromisura la **definizio-**

ne di protocolli operativi volti ad adeguare le procedure interne e a conformare la condotta del personale dipendente agli obblighi di legge.
La disciplina del conferimento di incarichi di consulenza e collaborazione è contenuta nell'art. 7, co. 6 ss., D.Lgs. 165/2001.
La norma prescrive che le Amministrazioni, solo per esigenze cui non possono far fronte con personale in servizio, possono conferire incarichi, con contratti di lavoro autonomo, di natura occasionale (artt. 2222 e 2229 c.c.) ad esperti di particolare e comprovata specializzazione anche universitaria.
In particolare, la norma richiede l'accertamento preliminare di predeterminati **presupposti**:

> **oggetto della prestazione**. Il contenuto dell'incarico deve essere sempre dettagliato e riguardare la soluzione di una particolare e *specifica questione da risolvere* (o progetto da realizzare), già individuata al momento del suo conferimento, avente caratteri di *obiettiva complessità*. Non sono ammissibili incarichi generici o indeterminati o che possano essere confusi con le attività ordinarie;
> **impossibilità oggettiva di utilizzare le risorse umane interne**. L'affidamento di un incarico esterno si giustifica solo se l'ente non può far fronte con il personale in servizio ad una determinata esigenza; è necessario, dunque, verificare l'assenza di strutture organizzative o professionalità in grado di assicurare i medesimi servizi nell'ambito di tutta la propria organizzazione;
> **eccezionalità, straordinarietà e temporaneità della prestazione**. È possibile ricorrere ad incarichi solo per esigenze di carattere straordinario ed è necessario che sia predeterminato un termine, non eccessivamente lungo, in quanto in caso di esigenze durature, l'ente pubblico deve provvedere mediante assunzioni o riqualificando il personale. La durata deve intendersi strettamente connessa all'obiettivo o progetto da realizzare. È espressamente esclusa la possibilità di rinnovo;
> **natura altamente qualificata della prestazione**. Il ricorso all'esterno deve essere limitato ai casi nei quali sia necessario l'apporto di prestazioni professionali di elevato contenuto qualitativo. Tale specializzazione deve formare oggetto di concreto accertamento da compiersi all'atto del conferimento dell'incarico. È espressamente stabilito che il ricorso a contratti di collaborazione per lo svolgimento di funzioni ordinarie o l'utilizzo dei collaboratori come lavoratori subordinati è causa di responsabilità amministrativa a carico del dirigente. Non è, dunque, possibile ricorrere a contratti di lavoro autonomo per soddisfare esigenze ordinarie dell'amministrazione, che richiedano un contenuto professionale medio/basso. Le deroghe, previste dall'art. 7, co. 6, nei casi nei quali è possibile prescindere dalla comprovata specializzazione universitaria, hanno carattere tassativo;
> **affidamento con procedura comparativa adeguatamente pubblicizzata**. La selezione del soggetto da incaricare deve avvenire con procedura comparativa, adeguatamente pubblicizzata, secondo criteri predeterminati, obiettivi e trasparenti (art. 7, co. 6-*bis*, D.Lgs. 165/2001). Da essa può prescindersi solo in circostanze del tutto particolari (procedura concorsuale andata deserta, unicità della prestazione sotto il profilo soggettivo, urgenza determinata dalla imprevedibile necessità della consulenza in relazione ad un termine prefissato o ad un evento eccezionale);
> **pubblicità sul sito web dell'amministrazione conferente**. L'art. 15 D.Lgs. 33/2013 prevede la pubblicazione, nella sezione «Amministrazione trasparente» del sito isti-

tuzionale, di tutte le informazioni riguardanti gli incarichi di collaborazione conferiti (atto di conferimento dell'incarico, completo dell'indicazione dei soggetti percettori, della ragione dell'incarico e dell'ammontare erogato; compensi; attestazione di avvenuta verifica dell'insussistenza di situazioni, anche potenziali, di conflitto di interessi ecc.).

I contratti di consulenza e collaborazione, posti in essere in violazione dell'art. 7, co. 6 e seguenti, D.Lgs. 165/2001, sono nulli e determinano responsabilità erariale. Inoltre, per i dirigenti conferenti, scattano le responsabilità dirigenziali previste dall'art. 21 del medesimo D.Lgs. 165/2001.

QUESITI DI VERIFICA

1) **L'Autorità Nazionale Anticorruzione (ANAC) nasce:**
   A. dall'attribuzione del nome di Autorità Nazionale Anticorruzione all'allora Commissione per la Valutazione, la Trasparenza e l'Integrità delle amministrazioni pubbliche (CIVIT) con la L. 190/2012
   B. nasce dalla fusione tra la CIVIT e l'Autorità di vigilanza sui contratti pubblici (AVCP) con il D.L. 90/2014
   C. nasce dall'attribuzione della denominazione di Autorità Nazionale Anticorruzione alla CIVIT con la L. 33/2013
   D. dall'attribuzione del nome di Autorità Nazionale Anticorruzione all'allora Autorità di vigilanza sui contratti pubblici (AVCP) con la L. 190/2012

2) **Il Piano triennale per la Prevenzione della Corruzione e per la Trasparenza (PTPCT) è adottato:**
   A. dall'Autorità di indirizzo politico su proposta del Responsabile della Prevenzione della Corruzione e della Trasparenza
   B. dall'Autorità Nazionale Anticorruzione (ANAC)
   C. dal Dipartimento della funzione pubblica (DFP) presso la Presidenza del Consiglio dei ministri
   D. dal dirigente o funzionario con maggiore anzianità di servizio all'interno di ciascuna amministrazione o ente

3) **L'ANAC esercita i propri poteri di vigilanza in materia di prevenzione della corruzione:**
   A. sulla base di segnalazioni di eventi corruttivi, acquisendo notizie tramite il RPCT dell'amministrazione interessata, al fine di valutare se il Piano triennale ha considerato eventi del tipo segnalato e se ha adottato misure concrete
   B. sulla base delle segnalazioni, acquisendo notizie utili per l'avvio dell'azione penale
   C. sulla base delle segnalazioni, acquisendo notizie utili per l'avvio dell'azione di responsabilità amministrativa
   D. l'ANAC non esercita i propri poteri di vigilanza in materia di prevenzione della corruzione

4) **Il Piano Triennale di Prevenzione della Corruzione e della Trasparenza (PTPCT):**
   A. consiste nella elencazione di possibili misure, da precisare con distinti atti amministrativi nel successivo triennio
   B. consiste nell'individuazione delle misure oggettive, organizzative, di prevenzione della corruzione e di trasparenza che l'amministrazione interessata si propone di attuare nel successivo triennio
   C. consiste nella valutazione del rischio di corruzione, rinviando al successivo triennio l'individuazione delle misure di prevenzione

D. consiste nella raccolta di tutti le linee guida emanate dall'ANAC con specifiche integrazioni volte ad adattarle alla specifica realtà locale

5) L'ANAC esercita i propri poteri di vigilanza in materia di prevenzione della corruzione:
A. vigilando sull'effettiva adozione dei Piani, ma senza poteri sanzionatori
B. vigilando sull'effettiva adozione dei Piani e segnalando alla magistratura i casi di mancata adozione
C. vigilando sull'effettiva adozione dei Piani triennali, con potere sanzionatorio in caso di mancata adozione
D. vigilando sull'effettiva adozione dei Piani e demandando all'organo di indirizzo il potere sanzionatorio

6) Il Piano Triennale di Prevenzione della Corruzione e della Trasparenza (PTPCT) è adottato:
A. entro il 31 gennaio di ogni anno
B. ogni tre anni, entro il 31 dicembre
C. entro il 30 giugno di ogni anno
D. ogni tre anni, entro il 30 giugno

7) La mancata adozione del Piano Triennale di Prevenzione della Corruzione e della Trasparenza (PTPCT) dà luogo ad un:
A. nuovo termine perentorio per l'adozione del Piano
B. procedimento sanzionatorio
C. procedimento sostitutivo del responsabile
D. rimprovero verbale da parte della Autorità Nazionale Anticorruzione (ANAC)

8) Il Piano Nazionale Anticorruzione (PNA), dal punto di vista formale, è un:
A. atto normativo
B. programma di attività
C. atto di indirizzo
D. regolamento

9) L'individuazione delle aree di rischio ha la finalità di:
A. isolare particolari settori amministrativi più esposti al rischio di corruzione
B. uniformare i settori dell'attività amministrativa alle misure di prevenzione della corruzione
C. determinare in quali aree e settori dell'amministrazione vige l'obbligo di pubblicazione dei documenti amministrativi
D. consentire l'emersione delle aree che devono essere presidiate più di altre mediante l'implementazione di misure di prevenzione

10) Ai sensi del D.Lgs. 33/2013, la durata ordinaria della pubblicazione dei dati è fissata:
A. in 1 anno, decorrente dal 1° gennaio dell'anno successivo a quello da cui decorre l'obbligo di pubblicazione

B. in 5 anni, decorrenti dal 1° gennaio dell'anno successivo a quello da cui decorre l'obbligo di pubblicazione
C. in 3 anni, decorrenti dal 1° gennaio dell'anno successivo a quello da cui decorre l'obbligo di pubblicazione
D. in 10 anni, decorrenti dal 1° gennaio dell'anno successivo a quello da cui decorre l'obbligo di pubblicazione

11) Ai fini del D.Lgs. 33/2913, per "Pubbliche Amministrazioni" s'intendono:
A. tutte le amministrazioni di cui all'art. 1, co. 2, D.Lgs. 165/2001, escluse le autorità portuali e autorità amministrative indipendenti di garanzia, vigilanza e regolazione
B. tutte le amministrazioni di cui all'art. 1, co. 2, D.Lgs. 165/2001, ivi comprese le autorità portuali, nonché le autorità amministrative indipendenti di garanzia, vigilanza e regolazione
C. tutte le amministrazioni di cui all'art. 1, co. 2, D.Lgs. 165/2001, ivi comprese le autorità portuali, escluse le autorità amministrative indipendenti di garanzia, vigilanza e regolazione
D. esclusivamente le amministrazioni centrali dello Stato

12) Vige l'obbligo di pubblicazione, ai sensi del D.Lgs. 33/2013, dei Piani Triennali di Prevenzione della Corruzione e della Trasparenza (PTPCT) e delle misure di prevenzione della corruzione integrative?
A. No, salvo esplicita richiesta dell'ANAC
B. La decisione è rimessa alla discrezione del Responsabile per la Prevenzione della Corruzione e della Trasparenza (RPCT)
C. Sì, sempre
D. La decisione è rimessa alla discrezione dell'ANAC

13) Ai sensi dell'art. 39 D.Lgs. 33/2013, le Pubbliche Amministrazioni hanno l'obbligo di pubblicare gli strumenti urbanistici?
A. Sì, sia quelli generali che quelli di attuazione ed anche le loro varianti
B. Sì, ma solo quelli generali
C. Sì, ma l'obbligo si applica solo ai Comuni con popolazione superiore a 1.000 abitanti
D. Sì, ma solo quelli di attuazione

14) Ai sensi dell'art. 41, co. 2, D.Lgs. 33/2013, le amministrazioni e gli enti del Servizio Sanitario Nazionale:
A. non sono tenute a pubblicare i dati relativi alle spese ed ai pagamenti effettuati
B. pubblicano, nei loro siti istituzionali, i dati relativi a tutte le spese e a tutti i pagamenti effettuati, distinti per tipologia di lavoro, bene o servizio, ma non permettono alcun tipo di consultazione
C. pubblicano, nei loro siti istituzionali, i dati relativi a tutte le spese e a tutti i pagamenti effettuati, distinti per tipologia di lavoro, bene o servizio, e ne permettono la consultazione, in forma sintetica e aggregata

D. sono tenute alla pubblicazione esclusivamente dei dati sanitari di interesse scientifico, ma non di quelli relativi a spese e pagamenti

15) Il Responsabile per la Prevenzione della Corruzione e della Trasparenza (RPCT) è tenuto a segnalare i casi di mancato o ritardato adempimento degli obblighi di pubblicazione all'Autorità Nazionale Anticorruzione (ANAC)?

A. No, mai
B. Sì, rientra nei compiti di vigilanza del Responsabile
C. Si, ma unicamente nei casi in cui sia la stessa Autorità a richiederlo
D. Sì, ma esclusivamente nei casi tassativamente indicati dalla legge

16) L'Autorità Nazionale Anticorruzione (ANAC), nel verificare l'esatto adempimento degli obblighi di pubblicazione, ha poteri ispettivi?

A. Esclusivamente nelle ipotesi previste tassativamente dalla legge
B. No
C. Sì, può far richiesta di notizie, informazioni, atti e documenti alle Pubbliche Amministrazioni
D. Solo nei casi urgenti

17) Cosa s'intende, ai sensi dell'art. 9 D.Lgs. 33/2013, per Amministrazione Trasparente?

A. Un'apposita sezione, collocata nella home page dei siti istituzionali, al cui interno sono contenuti i dati, le informazioni e i documenti pubblicati ai sensi della normativa in materia
B. Un'apposita sezione, collocata nella home page dell'ANAC, al cui interno sono contenuti i procedimenti sanzionatori attivati in caso di violazione delle norme anticorruzione
C. Le Linee Guida dell'ANAC dettate in materia di trasparenza
D. L'insieme delle norme in materia di trasparenza nella pubblica amministrazione

18) La durata in carica del Segretario comunale, quale Responsabile per la Prevenzione della corruzione e della Trasparenza (RPCT) è:

A. la stessa del Sindaco, ma può essere revocato prima per gravi inadempienze
B. sempre di 3 anni
C. sempre di 1 anno
D. la stessa del Sindaco e non può essere revocato prima per nessun motivo

19) Il Codice di comportamento, approvato con il D.P.R. 62/2013, si applica:

A. ai dipendenti delle pubbliche amministrazioni di cui all'art. 1, co. 2, D.Lgs. 165/2001, nonché ai privati cittadini che entrano in contatto con la Pubblica Amministrazione
B. ai dipendenti di aziende private che entrano in contatto con la Pubblica Amministrazione
C. ai soli dipendenti delle Pubbliche Amministrazioni di cui all'art. 1, co. 2, D.Lgs. 165/2001, mentre ne sono esclusi i dirigenti ed il personale con fun-

zioni equiparate a quella dirigenziale nell'ambito degli uffici di diretta collaborazione
D. ai dipendenti delle Pubbliche Amministrazioni di cui all'art. 1, co. 2, D.Lgs. 165/2001, nonché nei confronti dei collaboratori dell'amministrazione, dei titolari di organi e di incarichi negli uffici di diretta collaborazione delle autorità, e nei confronti di collaboratori a qualsiasi titolo di imprese fornitrici di beni o servizi o che realizzano opere in favore dell'amministrazione

20) Rientra tra i principali obblighi del dipendente il divieto di chiedere, sollecitare o di accettare, per sé o per altri e a qualsiasi titolo, compensi, regali o altre utilità:
A. fatti salvi quelli d'uso e di modico valore non superiore, in via orientativa, a 150 euro
B. fatti salvi quelli d'uso e di modico valore non superiore, in via orientativa, a 100 euro
C. fatti salvi quelli ricevuti in seguito a particolare diligenza e celerità del dipendente
D. fatti salvi quelli d'uso e di modico valore non superiore, in via orientativa, a 1500 euro

21) In materia di tutela del dipendente pubblico che segnala illeciti (*whistleblower*), le condotte illecite segnalate devono riguardare situazioni di cui il soggetto sia venuto direttamente a conoscenza:
A. esclusivamente in virtù dell'ufficio rivestito e quindi limitatamente a quanto appreso in via ufficiale nel corso dello svolgimento delle mansioni lavorative
B. in ragione del rapporto di lavoro e, quindi, in virtù dell'ufficio rivestito ma anche quelle notizie che siano state acquisite in occasione e/o a causa dello svolgimento delle mansioni lavorative, seppure in modo casuale
C. in qualunque modo, e sono meritevoli di tutela anche le segnalazioni fondate su meri sospetti o voci
D. esclusivamente da persone fidate nell'ambito lavorativo

22) Ai sensi dell'art. 54-*bis* D.Lgs. 165/2001, il dipendente che denuncia condotte illecite di cui sia venuto a conoscenza:
A. non può essere licenziato, ma può essere sanzionato se ha denunciato, in un anno, più di 3 illeciti e non siano stati trovati riscontri oggettivi alle segnalazioni
B. non può essere sanzionato, licenziato o sottoposto ad una misura discriminatoria, diretta o indiretta, avente effetti sulle condizioni di lavoro per motivi collegati direttamente o indirettamente alla denuncia
C. può essere licenziato per motivi collegati direttamente o indirettamente alla denuncia se la stessa ha riguardato un dirigente
D. può essere sanzionato o licenziato per motivi collegati direttamente o indirettamente alla denuncia se la stessa ha riguardato almeno 5 dipendenti dello stesso ufficio

23) Ai sensi dell'art. 54-*bis*, co. 3, D.Lgs. 165/2001, in materia di tutela del dipendente pubblico che segnala illeciti (whistleblower), l'identità del segnalante può essere rivelata:

A. quando la contestazione è fondata, in tutto o in parte, sulla segnalazione e la conoscenza dell'identità è assolutamente indispensabile per la difesa dell'incolpato e il segnalante dia il consenso
B. quando l'incolpato lo richiede in forma scritta e vi è una specifica autorizzazione dell'ANAC
C. quando lo richiede l'autorità giudiziaria o per ragioni di sicurezza nazionale
D. quando il segnalante è prossimo al pensionamento

24) Gli atti discriminatori o ritorsivi adottati dall'Amministrazione o dall'ente nei confronti del dipendente che segnala illeciti (whistleblower) sono:

A. annullabili ma solo a discrezione del Responsabile per la corruzione e trasparenza (RPCT)
B. annullabili solo su richiesta dell'incolpato
C. in ogni caso legittimi e validi
D. assolutamente nulli

25) L'istituto della rotazione ordinaria, previsto dalla legge anticorruzione (art. 1 L. 190/2012), è:

A. una misura sanzionatoria nei confronti del dipendente pubblico che segnala illeciti
B. uno strumento precauzionale contro il possibile manifestarsi di fenomeni corruttivi all'interno della pubblica amministrazione
C. uno strumento volto a migliorare l'efficienza e la celerità dei dipendenti della pubblica amministrazione
D. una misura conseguente alla manifestazione di fenomeni di corruzione, in casi di avvio di procedimenti penali o disciplinari per condotte di natura corruttiva

26) Ai sensi dell'art. 35-*bis* D.Lgs. 165/2001, non possono fare parte di commissioni per l'accesso o la selezione a pubblici impieghi, neanche con compiti di segreteria:

A. coloro che sono stati condannati per i reati previsti nel capo I del titolo II del libro secondo del codice penale (delitti contro la personalità dello Stato), purché la sentenza sia passata in giudicato
B. coloro che svolgano incarichi dirigenziali da più di tre anni
C. coloro che sono stati condannati, anche con sentenza non passata in giudicato, per i reati previsti nel capo I del titolo II del libro secondo del codice penale (delitti contro la personalità dello Stato)
D. possono fare parte di commissioni per l'accesso o la selezione a pubblici impieghi tutti i funzionari e dipendenti, purché non ricevano alcun compenso per l'attività svolta in commissione

27) **Ai sensi dell'art. 53 D.Lgs. 165/2001, in materia di incompatibilità, cumulo di impieghi e incarichi, il dipendente è tenuto a comunicare all'amministrazione di appartenenza l'attribuzione di eventuali incarichi gratuiti?**
A. Sì, ma solo se si tratta di un dipendente neo assunto
B. Sì, il dipendente deve comunicare all'amministrazione l'attribuzione di tutti gli incarichi gratuiti, anche di quelli che prescindono dalla professionalità che lo caratterizza all'interno dell'amministrazione di appartenenza
C. Assolutamente no, in quanto l'obbligo di comunicazione sussiste unicamente in riferimento ad incarichi per i quali è previsto compenso
D. Sì, il dipendente deve comunicare all'amministrazione l'attribuzione di incarichi gratuiti, ma solo di quelli che svolge in considerazione della professionalità che lo caratterizza all'interno dell'amministrazione di appartenenza

28) **Ai sensi del D.Lgs. 39/2013, in caso di incompatibilità tra due incarichi in potenziale conflitto di interesse:**
A. il soggetto nominato ha obbligo di rifiutare il nuovo incarico per effetto del dovere di fedeltà verso l'amministrazione di appartenenza
B. il soggetto nominato ha l'obbligo di scegliere il nuovo incarico se più prestigioso per l'amministrazione di appartenenza
C. il soggetto nominato ha l'obbligo di optare, a pena di decadenza, entro il termine perentorio di 10 giorni, tra la permanenza nell'incarico ricoperto e l'assunzione del nuovo incarico
D. il soggetto nominato ha l'obbligo di optare, a pena di decadenza, entro il termine perentorio di un anno, tra la permanenza nell'incarico ricoperto e l'assunzione del nuovo incarico

29) **Ai sensi dell'art. 16-ter D.Lgs. 165/2001 i dipendenti che, negli ultimi 3 anni di servizio, hanno esercitato poteri autoritativi o negoziali per conto delle pubbliche amministrazioni:**
A. non possono svolgere, nei 3 anni successivi alla cessazione del rapporto di pubblico impiego, attività lavorativa o professionale presso i soggetti privati destinatari dell'attività della pubblica amministrazione svolta attraverso i medesimi poteri
B. non possono svolgere mai più attività lavorativa o professionale presso i soggetti privati destinatari dell'attività della pubblica amministrazione svolta attraverso i medesimi poteri
C. possono svolgere attività lavorativa o professionale presso i soggetti privati destinatari dell'attività della pubblica amministrazione svolta attraverso i medesimi poteri, previa liberatoria dell'amministrazione presso la quale si è prestato servizio
D. possono svolgere liberamente attività lavorativa o professionale presso i soggetti privati destinatari dell'attività della pubblica amministrazione svolta attraverso i medesimi poteri

30) **Quale, tra i seguenti, non costituisce presupposto di legittimità, ai sensi dell'art. 7, co. 6, D.Lgs. 165/2001, per il conferimento, da parte delle Pubbli-**

che Amministrazioni, di incarichi con contratti di lavoro autonomo ad esperti di particolare e comprovata specializzazione?

A. L'impossibilità per l'ente pubblico di far fronte ad una determinata esigenza con il personale in servizio
B. La complessità dell'oggetto dell'incarico
C. Il carattere duraturo e non straordinario dell'esigenza da soddisfare
D. La natura altamente qualificata della prestazione

Risposte esatte: 1a; 2a; 3a; 4b; 5c; 6a; 7b; 8c; 9d; 10b; 11b; 12c; 13a; 14c; 15b; 16c; 17a; 18a; 19d; 20a; 21b; 22b; 23a; 24d; 25b; 26c; 27d; 28c; 29a; 30c.

Appendice

La Regione Campania

SOMMARIO

Capitolo 1
Geografia politica ed economica della Campania

1.1 Cenni di geografia fisica della Regione Campania

La Regione Campania si estende per 13.595 Km² tra il Lazio a NORD-OVEST, il Molise a NORD, la Puglia a NORD-EST, la Basilicata ad EST ed il Mar Tirreno ad ovest. Il territorio è in prevalenza collinare (51%); la restante parte è montuosa al 34% e pianeggiante al 15%. La cima più elevata è il Monte Miletto (2.050 metri) al confine con il Molise. Lungo la costa tirrenica sorgono numerose isole di natura calcarea, come Capri, o di origine vulcanica, come Ischia, entrambe molto note a livello turistico. Il Volturno è l'unico fiume oltre i 100 Km di lunghezza.

1.1.1 Le caratteristiche fisiche del territorio

È possibile individuare, nel territorio campano, due distinte aree:

> una *sezione litoranea*, per lo più pianeggiante, con pochi rilievi montuosi d'origine vulcanica (Campi Flegrei e Somma-Vesuvio) o d'origine sedimentaria (Massico e Lattari), la cui area di maggior importanza è il bassopiano campano, fertile e ben popolato, solcato a nord dal Volturno e a sud dal Sarno. Le altre due pianure litoranee, quella del Garigliano a nord e quella del Sele a sud, hanno, invece, estensione minore. La costa, poi, è caratterizzata dalla presenza di varie isole, alcune vulcaniche (Ischia, Procida, Nisida), altre calcaree (Capri);

> una *sezione interna*, alquanto irregolare, affastellata da molti rilievi sebbene di scarsa elevazione, che comprende il tratto dell'Appennino in cui la catena perde la sua unità e si fraziona in una serie di massicci calcarei allineati da nord-ovest a sud-est (quota maggiore è del Matese con 2050 m); si susseguono, quindi, il Taburno, l'Avella, i Monti Picentini, l'Alburno e il Cervati, fino alle valli (valle del Tammaro, conca di Benevento, alta valle del Calore) oltre le quali si estendono i rilievi argillosi più bassi posti a est (Monti della Daunia).

Dal punto di vista geofisico, per l'incidenza, in parte concomitante, di fenomeni vulcanici e sismici la Campania appare molto instabile. Il bradisismo interessa l'area flegrea (Pozzuoli), mentre numerosi terremoti hanno colpito, nel tempo, le aree interne (Sannio, Irpinia, Vallo di Diano) e la stessa area napoletana.

1.1.2 Idrografia campana

La Campania è solcata da pochi corsi d'acqua che risultano, però, relativamente importanti. Il Volturno è il fiume maggiore, è lungo all'incirca 170 Km.
Il bacino idrografico regionale comprende un'area di circa 5600 Km² (quasi il 40% dell'intero territorio regionale) ed è costituito dall'unione di due importanti bacini:

quello dell'alto Volturno e quello del Calore irpino. Il secondo fiume della Campania è il Sele che nasce dal Monte Cervialto dalla sorgente di Caposele ed ha una lunghezza di circa 65 Km mentre il suo bacino ha un'estensione areale di circa 3200 Km^2.
I principali affluenti del Sele sono il Tanagro (100 Km di estensione con un bacino idrografico di circa 1700 Km^2) ed il Calore lucano. Ad esclusione dell'Ofanto, che nasce dal versante orientale dell'Appennino campano e sfocia nell'Adriatico, tutti gli altri principali corsi d'acqua sfociano nel Tirreno.
Altri importanti fiumi della Campania sono il Sarno, l'Alento, il Bussento, il Mingardo, il Picentino, il Lambro, il Tammaro, ed il canale dei Regi Lagni che ha un bacino idrografico di 1133 Km^2.
Si può dire, quindi, che più della metà del territorio campano è riconducibile ai bacini idrografici del Volturno e del Sele.

1.1.3 Aspetti bioclimatici

Il clima, così come il territorio, risulta molto vario. Difatti, la presenza dei rilievi e la distanza dal mare influiscono sulle piogge, sulle temperature e sugli altri elementi del clima: la zona litoranea ha temperature medie annue intorno a 16 °C, mentre quella appenninica ha medie più basse, che vanno da 8 °C a Montevergine (1270 m), a circa 13 °C ad Avellino (350 m), a 14 °C a Benevento (135 m); le piogge più abbondanti (oltre 2000 mm annui) si verificano nelle zone più alte, i valori minimi (800-1000 mm), invece, nelle zone costiere (Campi Flegrei) e nella conca di Benevento.
La vegetazione, nonostante l'azione modificatrice dell'uomo sia stata sempre molto intensa, sia con l'eliminazione di specie originarie sia con l'introduzione di nuove (ad esempio palme, banani, agavi ecc., presenti in molti giardini costieri) varia dal mare verso le cime più alte dell'Appennino.
Le pianure litoranee e le zone più basse dei rilievi rivolti al mare, grazie al clima caldo e il lungo periodo asciutto, sono ideali per lo sviluppo della macchia mediterranea, molto rigogliosa, caratterizzata sia da arbusti sia da alberi (leccio, olivastro, carrubo, lentisco, mirto, ginestra, erica, timo, oleandro ecc.). La macchia mediterranea nella sua conformazione originaria è presente, ancora fitta, nel Cilento, dove persistono alcune pinete originarie, mentre altrove è stata per lo più sostituita con colture. Sui rilievi collinari, soprattutto su quelli vulcanici dell'Antiappenino, si hanno associazioni di castagno e quercia; alle quote più elevate, infine, la specie prevalente è il faggio. Il bosco occupa solo il 20% della superficie regionale.
La fauna naturale riesce a trovare maggiore protezione nella zona del Cilento dove qualche specie è stata introdotta o reintrodotta (cinghiale, daino, lepre) e si ritrovano inoltre la volpe e, più raro, il lupo. Le pianure, un tempo acquitrinose, ospitavano numerosi uccelli palustri, come la folaga e l'airone; alcuni colonizzano ancor oggi i piccoli laghi costieri (come il lago di Patria, nella piana del Volturno).

1.2 Breve storia della Regione

La Campania presenta testimonianze della presenza dell'uomo sin dalla preistoria. Gli insediamenti più antichi risultano da reperti individuati nell'isola di Capri e in alcuni punti del territorio di Marina di Camerota; reperti isolati sono noti anche

dal Beneventano e dall'Avellinese, dove però la cultura appenninica è ampiamente riscontrabile nel Bronzo medio.
In età antica, sulla fascia costiera del golfo di Napoli, a partire dall'8° sec. si stanziarono colonie greche (fondazioni di Pithecusa, cioè Ischia, e di Cuma, che a sua volta fonda Napoli). Dal 7° secolo fra il golfo di Salerno e il retroterra campano si espansero gli Etruschi (Capua, Nola, Nocera, Pompei). Nel resto del territorio erano insediate le popolazioni indigene, variamente denominate Ausoni, Opici, Osci, Sanniti, Campani. L'espansione romana iniziò nella seconda metà del 4° sec. e si concretizzò dopo le guerre sannitiche con la fondazione di colonie (Cales, Suessa, Sinuessa; Volturno, Literno, Pozzuoli). La sola Napoli conservò ancora a lungo caratteri ellenici.
Dopo la caduta dell'Impero Romano, la Campania conservò la propria unità sotto gli Ostrogoti e i Bizantini, fino alla venuta dei Longobardi che la divisero in principati. Così divisa, fu facile conquista dei Normanni, i quali da Aversa estesero il loro dominio a Capua (1062) e al nord, mentre il principato di Salerno fu conquistato da Roberto il Guiscardo (1077). Con Ruggero II anche Napoli si arrese (1139) ai Normanni unendo la storia campana a quella del Regno di Sicilia, poi di Napoli e infine delle Due Sicilie con i Borbone, cacciati da Garibaldi (1860).
Nel quadro politico del Regno d'Italia, la Campania ebbe difficoltà ad adattarsi alla posizione di periferia soffrendo una decrescita politica, economica e finanziaria, aggravata da ricorrenti epidemie (soprattutto grave quella colerica del 1884).
Durante la Seconda guerra mondiale fu sede strategica per le truppe prima tedesche poi anglo-americane che vi insediarono la loro massima base logistica in Italia.

1.3 Demografia ed urbanizzazione

1.3.1 Popolazione

La popolazione della Campania è di circa 5.870.000 abitanti risultando di conseguenza la terza Regione più abitata d'Italia (dopo Lombardia e Lazio), nonché la più popolata del Mezzogiorno. La densità abitativa risulta pari a 429,4 abitanti per Km/q., dato per il quale la Campania risulta essere la prima Regione nella relativa graduatoria a livello nazionale. Mantiene poi il primato in graduatoria per il numero di componenti per famiglia (2,72). Ben il 63,1% della popolazione risiede nei 65 centri con più di 20.000 abitanti, un dato che risulta essere il terzo in Italia ed il secondo nel Mezzogiorno. La Regione Campania è l'area nazionale in cui la popolazione risulta essere più giovane, circostanza che viene confortata dalla presenza della maggiore percentuale in Italia di under 14 (15,7%) e dalla più bassa percentuale di incidenza degli ultrasessantacinquenni (17,2%). Infine il numero di residenti stranieri colloca la provincia al 7° posto nella graduatoria nazionale.
Napoli è il capoluogo di Regione e terza città italiana, con quasi 1 milione di abitanti, che diventano 3 milioni abbondanti nei soli 1.171 Km^2 della sua provincia; nella zona attorno a Napoli vi sono perciò altri grossi centri, vicini ai 100.000 abitanti, come Giugliano in Campania, Torre del Greco, Pozzuoli. Le altre province sono Salerno, Caserta, Benevento ed Avellino.

TERRITORIO	
Regione	Campania
Comune capoluogo	Napoli
Province in Regione	5
Superficie (Kmq)	13.670,55
Densità abitativa (Abitanti/ Kmq)	429,4

DATI DEMOGRAFICI (Anno 2017)	
Popolazione (n.)	5.826.860
Famiglie (n.)	2.179.279
Maschi (%)	48,8
Femmine (%)	51,2
Stranieri (%)	4,4
Età Media (Anni)	41,8
Variazione % Media Annua (2012/2017)	+0,27

La Campania è stata caratterizzata per molto tempo da un tasso di natalità fra i più elevati dell'intero paese, ma nell'ultimo decennio del 20° secolo c'è stato un rallentamento dell'incremento demografico, dovuto sia alla riduzione dei tassi di natalità e, quindi, del saldo naturale, sia alla ripresa dei flussi migratori. Si ha ora una crescita dell'indice di invecchiamento degli abitanti. L'andamento demografico si differenzia nell'ambito del territorio regionale, mantenendo un considerevole incremento nelle province di Caserta e Salerno, a fronte di ritmi di crescita molto più deboli nel beneventano e nell'avellinese.

Statistiche delle province della Campania

Popolazione residente nelle province della Campania degli ultimi anni (valori in migliaia)*

Provincia	2018	2017	2016	2015	2014	2013	2012	2011
Avellino	418	422	424	425	428	430	429	429
Benevento	277	279	280	281	282	284	284	285
Caserta	923	923	924	924	925	923	909	905
Napoli	3.085	3.101	3.107	3.114	3.118	3.127	3.055	3.053
Salerno	1.099	1.102	1.105	1.107	1.109	1.105	1.093	1.093
Totale Regione	5.802	5.827	5.839	5.851	5.862	5.870	5.770	5.764

* tratto dal sito www.tuttitalia.it

Popolazione residente al 1 gennaio 2019*			
	Maschi	Femmine	Totale
Campania	2.841.049	2.985.811	5.826.860
Caserta	451.954	471.491	923.445
Benevento	136.973	142.154	279.127
Napoli	1.505.974	1.595.028	3.101.002
Avellino	207.186	214.337	421.523
Salerno	538.962	562.801	1.101.763

* elaborazione da dati ISTAT

Di seguito i dati anagrafici elaborati tenendo conto dei dati Istat e saldo migratorio dal 2002 al 2018.

Anno 1 gen-31 dic**	Iscritti			Cancellati			Saldo Migratorio con l'estero	Saldo Migratorio totale
	DA altri Comuni	DA estero	per altri motivi (*)	PER altri comuni	PER estero	per altri motivi (*)		
2011	119.306	23.905	4.397	141.939	4.070	6.461	+19.835	-4.862
2012	137.282	21.417	16.608	158.706	4.830	8.975	+16.587	+2.796
2013	122.656	20.874	131.278	143.836	6.753	24.555	+14.121	+99.664
2014	115.080	20.195	16.363	132.449	8.032	18.959	+12.163	-7.802
2015	109.792	21.161	7.037	128.621	7.961	6.296	+13.200	-4.888
2016	113.101	19.894	6.850	131.772	8.823	8.356	+11.071	-9.106
2017	110.169	24.220	6.579	128.533	8.731	9.583	+15.489	-5.879
2018	107.378	20.655	7.220	132.829	8.878	13.040	+11.777	-19.494

(*) sono le iscrizioni/cancellazioni nelle Anagrafi comunali dovute a rettifiche amministrative
** tratto dal sito www.tuttitalia.it

Movimento naturale della popolazione

Il movimento naturale di una popolazione in un anno è determinato dalla differenza fra le nascite ed i decessi ed è detto anche *saldo naturale*. Le due linee del grafico in basso riportano l'andamento delle nascite e dei decessi negli ultimi anni. L'andamento del saldo naturale è visualizzato dall'area compresa fra le due linee.

Di seguito l'elaborazione dei dati del movimento naturale della popolazione in Campania dal 2002 al 2018, tenuto conto dei dati Istat.

Anno*	Bilancio demografico	Nascite	Variazioni	Decessi	Variazioni	Saldo Naturale
2002	1 gennaio -31 dicembre	65.068	-	46.705	-	+18.363
2003	1 gennaio -31 dicembre	65.194	+126	49.148	+2.443	+16.046
2004	1 gennaio -31 dicembre	65.102	-92	46.001	-3.147	+19.101
2005	1 gennaio -31 dicembre	62.599	-2.503	48.685	+2.684	+13.914
2006	1 gennaio -31 dicembre	62.279	-320	47.177	-1.508	+15.102
2007	1 gennaio -31 dicembre	61.800	-479	49.043	+1.866	+12.757
2008	1 gennaio -31 dicembre	60.742	-1.058	49.561	+518	+11.181

Anno*	Bilancio demografico	Nascite	Variazioni	Decessi	Variazioni	Saldo Naturale
2009	1 gennaio -31 dicembre	59.646	-1.096	50.234	+673	+9.412
2010	1 gennaio -31 dicembre	58.212	-1.434	50.467	+233	+7.745
2011	1 gennaio -31 dicembre	56.520	-1.692	51.783	+1.316	+4.737
2012	1 gennaio -31 dicembre	54.839	-1.681	52.309	+526	+2.530
2013	1 gennaio -31 dicembre	52.785	-2.054	52.234	-75	+551
2014	1 gennaio -31 dicembre	51.243	-1.542	51.877	-357	-634
2015	1 gennaio -31 dicembre	51.005	-238	56.796	+4.919	-5.791
2016	1 gennaio -31 dicembre	50.384	-621	53.044	-3.752	-2.660
2017	1 gennaio -31 dicembre	49.949	-435	56.294	+3.250	-6.345
2018	1 gennaio -31 dicembre	48.066	-1.883	53.740	-2.554	-5.674

* tratto dal sito www.tuttitalia.it

1.3.2 Insediamenti e distribuzione della popolazione

La popolazione campana si distribuisce in modo disomogeneo su tutto il territorio regionale. Il principale problema alla base del sistema geografico-economico campano è proprio la disomogeneità dei processi di assetto urbano fra le aree interne della Regione e l'agglomerazione napoletana. Quest'ultima, cresciuta senza regole, appare ormai congiunta alle più periferiche ramificazioni urbane del Salernitano e del Casertano, costituendo così un continuum residenziale che ricopre la costa e la porzione meridionale del bassopiano campano. L'agglomerazione napoletana ha ingurgitato i centri di un'ampia fascia (Giugliano, Aversa, Frattamaggiore, Afragola, oltre a tutta la costa del golfo fino a Castellammare di Stabia), trasformando la parte meridionale del bassopiano campano in un'unica periferia, spesso degradata. Gli ambiti urbani di Caserta e Salerno organizzano autonomamente i propri spazi, mentre Avellino e Benevento svolgono funzioni prevalentemente amministrative. Nelle piane del Volturno e del Sele, zone di più recente bonifica, si trovano attività agricole specializzate ad alta intensità e sopravvive l'insediamento rurale. Nella fascia appenninica orientale, invece, i piccoli paesi montani, ormai quasi del tutto abbandonati sono l'emblema di una asfissiante marginalità. Alla confluenza del Calore irpino nel Volturno l'abbondanza d'acqua e la fertilità dei terreni favoriscono un popolamento più intenso.

Le città medie campane: rapporti tra centri e periferie

Il modello insediativo campano può dirsi vicino ad una forma organizzativa di *monocentrismo intergrato* in quanto nelle città medie è riscontrabile una specializzazione funzionale organizzata localmente ma, comunque, dipendente dal centro principale. In particolar modo nella conurbazione napoletana sono ricompresi aggregati insediativi che, pur essendo realtà densamente popolate, con livelli elevati di concentrazione di servizi e attività di tipo terziario ed in forte espansione urbana, non riescono a raggiungere quelle condizioni di benessere sociale ed economico tale da renderle dei poli urbani di riferimento per il sistema regionale. Spesso, inoltre, gli stessi indici di competitività, di concentrazione di attività economiche, di disponibilità di lavoro e di benessere economico e sociale che identificano i sistemi di città medie che si è soliti indicare come "città dormitorio" appaiono caratterizzate da pendolarismo giornaliero e da forme di degrado sociale (ad esempio alcune città della provincia di Napoli e Caserta). I comuni capoluogo di Avellino e Benevento operano come poli di irradiazione di flussi di relazioni unidirezionali che vanno dalle corone più prossime al nucleo fino ai piccoli e piccolissimi centri provinciali che, raramente, superano la soglia dei 10.000 abitanti.

1.4 La rete delle infrastrutture

1.4.1 Il sistema ferroviario campano

La rete ferroviaria in Campania si estende per circa 1.400 Km e appare, quindi, nel panorama nazionale abbastanza competitiva, soprattutto se paragonata a quella dell'intero meridione. Questo tenendo conto sia dell'estensione della rete ferroviaria (che in Italia è seconda alla sola Liguria) sia della capacità di servire la popolazione residente negli spostamenti interni.

Chilometri di rete ferroviaria totale per 100 km²

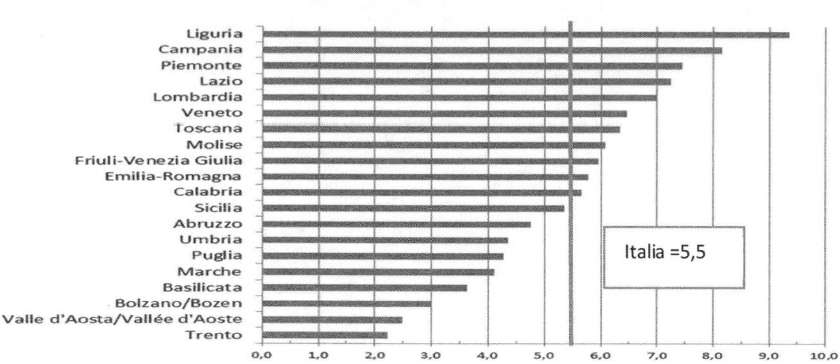

Fonte: Rapporto Acam 2015

L'impianto ferroviario regionale riesce a servire, infatti, le principali zone popolate della Regione, in particolar modo lungo l'asse Caserta-Napoli-Salerno, mentre l'avellinese e il beneventano sono collegate con Napoli soprattutto in direzione est.
Si può dire, in conclusione, che la rete ferroviaria è quantitativamente ben dotata, avendo una densità territoriale più alta della media, ma se rapportata alla popolazio-

ne è sottodimensionata; l'asse fondamentale è la Roma-Napoli e la Napoli-Salerno-Reggio Calabria, affiancate dalle linee interne oltre a quella di collegamento con l'Abruzzo e il Molise.

1.4.2 Le infrastrutture stradali

La rete autostradale e stradale (25.409 km di strade, di cui 443 di autostrada) è discretamente sviluppata in rapporto alla superficie (più di 1200 km per km^2). La rete autostradale è formata da due assi, Nord-Sud e Ovest-Est, che hanno il punto d'incontro a Napoli, da dove si dipartono autostrade per Caserta-Roma (A1), Salerno (A3), che si innesta sull'autostrada per Reggio Calabria (A2), e Avellino-Canosa (A16) che si innesta poi sull'autostrada A14 in direzione Bari (verso sud) e Bologna (verso nord). Dall'area napoletana fuoriesce soltanto il tronco che unisce direttamente Caserta e Salerno.

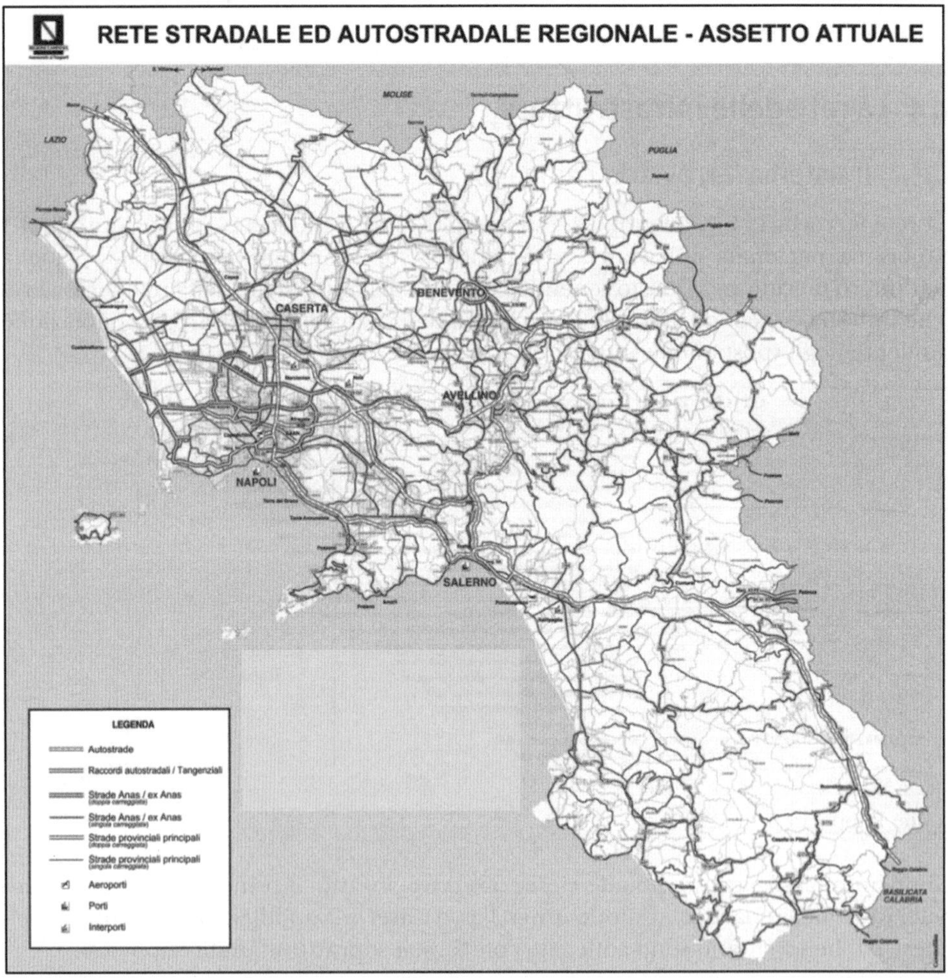

Fonte: Rapporto Acam 2015

Dal rapporto Acam 2015 emerge che tutti i capoluoghi di Provincia della Regione Campania sono tra loro collegati direttamente da assi autostradali, ad eccezione di Caserta e Benevento, che sono collegate tra loro dalla strada statale "SS7 Appia". Singolare importanza ha il tratto autostradale a pagamento della A3 "Napoli-Pompei-Salerno" che funge da raccordo tra l'autostrada A1 "Milano-Roma-Napoli" e il tratto dell'autostrada A2 "Salerno-Reggio Calabria" (Autostrada del Mediterraneo) in gestione ANAS. L'A3 è, inoltre, un fondamentale asse viario di collegamento tra Napoli e la sua periferia orientale e si estende verso la costiera Sorrentina e Amalfitana. L'autostrada A3 Napoli-Salerno costituisce, inoltre, una delle arterie portanti a servizio dell'area Vesuviana, anche nel caso dell'eventuale necessità di esodo connesso al rischio Vesuvio.
La viabilità statale, regionale e provinciale presenta, poi, criticità di varia natura, relative, in particolare, a problematiche di incidentalità, all'inadeguato livello di servizio su parte della rete e all'insufficiente grado di connessione della rete stessa. A queste si aggiungono criticità locali, quali la presenza di collegamenti interrotti da dissesti o ad alto rischio di instabilità per inadeguatezza del corpo stradale. La rete stradale regionale presenta, dunque, diverse problematiche, che necessitano sia di interventi infrastrutturali in sede che di interventi di completamento, ma anche di applicazione di tecnologie ITS per migliorare la gestione della rete stessa sotto diversi profili, sia economici, che ambientali, che di sicurezza, che – più in generale – di miglioramento della sostenibilità del trasporto regionale.

1.4.3 Il sistema portuale

I circa 500 km di costa al centro del Mediterraneo fanno della Regione Campania, sebbene morfologicamente eterogenea, una realtà in cui il "sistema mare" diviene elemento fondante del sistema di infrastrutture strategicamente volto allo sviluppo economico e sociale di tutto il territorio regionale.

Napoli

L'Autorità Portuale di Napoli ha una circoscrizione territoriale che si sviluppa dalla località La Pietra di Bagnoli alla località Pietrarsa e comprende anche il porto di Castellammare di Stabia, dal molo Quartuccio al molo Borbonico.
Il porto commerciale di Napoli comprende, quindi, il tratto di costa al centro della città ed è servito direttamente dalle direttrici, stradale e ferroviaria, di interesse nazionale. È collegato, infatti, con l'A1 verso Caserta e, quindi, Roma e Milano; con l'A3 verso Salerno e, quindi, l'A2 verso Reggio Calabria; con l'A16 per Candela e Bari mediante un raccordo autostradale riservato. Inoltre, un raccordo ferroviario, esclusivamente a servizio merci, in sede propria con la rete nazionale di RFI inserendosi nel nodo di Napoli al "Bivio Marittima", collega il porto alla direttrice tirrenica, con la linea per Benevento, Foggia e Bari (per Caserta), con la linea per Potenza e Taranto (da Battipaglia) e, infine, con il nodo di Cancello e, quindi, con la linea merci Roma-Cassino-Caserta-Cancello-Salerno e con i due interporti di Nola e di Marcianise da essa alimentati.
Il porto commerciale di Napoli è interessato da un cospicuo movimento sia di passeggeri che di merci.

Salerno

L'Autorità portuale di Salerno ha competenza su una circoscrizione che comprende il porto commerciale, il porto turistico "Masuccio Salernitano" e il tratto di costa esterno al Molo Manfredi e prospiciente la spiaggia di S. Teresa; estendendosi nella parte occidentale della città, ha la possibilità di essere connnesso sia con la rete stradale sia con quella ferroviaria. Tre varchi stradali consentono a chi proviene dal porto di immettersi nella viabilità urbana o di accedere, attraverso un raccordo autostradale comune al traffico urbano, al casello di Salerno del tratto dell'autostrada A3 "Napoli-Salerno". Dal porto è immediatamente raggiungibile anche la statale 18 "Tirrena inferiore", che collega Salerno a nord con Nocera, Pompei, Napoli ed a sud con Battipaglia, Paestum, Sapri proseguendo, poi, verso Reggio Calabria. Un raccordo ferroviario collega il porto direttamente alla stazione di Salerno e, quindi, alle tre linee per Napoli, per Reggio Calabria e per Nola-Cancello-Caserta. Quest'ultima consente il collegamento del porto con gli interporti di Nola e Marcianise. Dalla stazione ferroviaria di Salerno vi è anche la possibilità di immettersi sulla linea Salerno-Mercato San Severino-Avellino-Benevento.

1.4.4 Il sistema aeroportuale

L'aeroporto di Capodichino "Ugo Niutta"

L'aeroporto di Capodichino "Ugo Niutta" è situato a circa 7 km dal centro della città di Napoli e, a meno di una piccola porzione che ricade nel comune di Casoria, il resto dei suoi 275 *ha* di superficie si trova nel comune di Napoli. Inserito tra il tessuto urbano dei quartieri di Secondigliano, San Pietro a Patierno e Capodichino, confina ad ovest con la viabilità di accesso all'aeroporto, a nord con i citati quartieri, a est con alcune aree libere e con la viabilità di raccordo alle autostrade A16 ed A1 ed a sud con la Tangenziale di Napoli.

L'aeroporto di Capodichino svolge servizio per l'aviazione generale ed ospita la scuola di volo. È iscritto al "Demanio pubblico dello Stato – ramo difesa aeronautica" ed ha lo status di "aeroporto militare aperto al traffico aereo civile autorizzato" con qualifica di "aeroporto comunitario di carattere internazionale e di aviazione generale".

L'accessibilità al terminal dalla città è sviluppata lungo due assi principali: la tangenziale e Corso Umberto Maddalena. Dalla Tangenziale, connessa alle autostrade A1 per Roma, A16 per Bari e A3 per Salerno, attraverso l'uscita dedicata, è possibile immettersi direttamente nella strada di accesso all'aeroporto. Provenendo, invece, dal centro della città si raggiunge l'aeroporto attraverso la viabilità urbana. Lo scalo è collegato alla città con autobus di linea o taxi.

L'aeroporto ha una sola pista di volo con orientamento 06-24 di 2628 m di lunghezza e 45 m di larghezza con due banchine di 7,5 m ciascuna. Una pista di rullaggio larga 23 m è situata a sud della pista principale, con andamento leggermente convergente verso la testata 24, e quattro bretelle di collegamento. Sono disponibili 15 piazzole di sosta per aeromobili.

La capacità della pista è valutata dall'Ente nazionale per l'aviazione civile (ENAC) in 28 movimenti/ora (eccezionalmente 29-30) corrispondenti a 78.000 movimenti/anno ed a 8,2 milioni di pax/anno tra arrivi e partenze.

Le principali criticità dell'aeroporto di Capodichino sono legate alla compatibilità aeronautica con il contesto urbano ed alla possibile saturazione della capacità disponibile nell'attuale sedime, anche in vista dell'evoluzione dimensionale in corso dei futuri aeroplani.

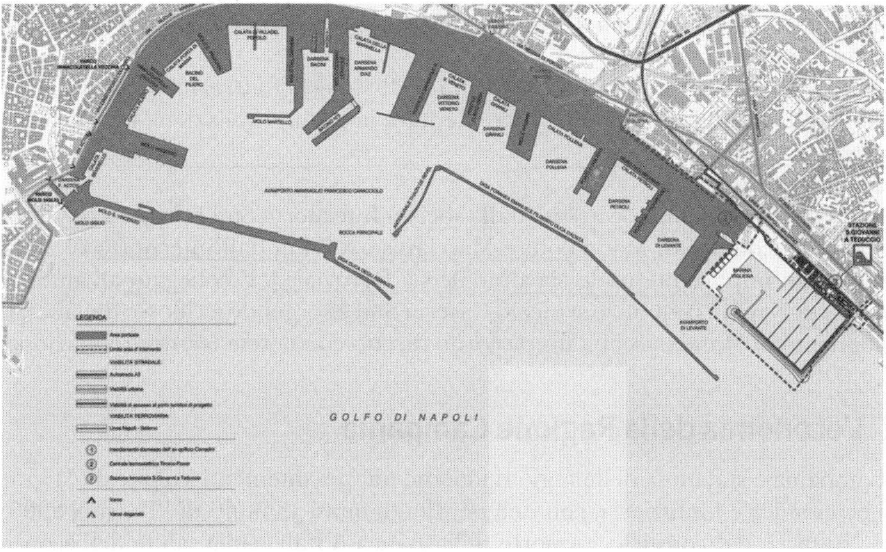

Altri aeroporti regionali:
aeroporto di Pontecagnano
aeroporto di Grazzanise
aeroporto di Capua "Oreste Salomone"

Aviosuperfici e Elisuperfici riconosciute da ENAC:
Ditellandia, presso Mondragone
Olivola, presso Benevento
Alivallo, presso Teggiano
Volturno Fly presso Limatola (BN)
Area 69 presso Pontelatone (CE)
Aviosuperfice del Sole presso Pontecagnano Faiano (SA)

1.4.5 Gli interporti

Il polo di Nola
L'interporto di Nola è in una posizione estremamente favorevole rispetto alle reti stradale e ferroviaria. È direttamente collegato con la rete autostradale nazionale e regionale, al casello di Nola dell'A30 Caserta-Salerno da dove, dopo un percorso di circa 1 km, ci si può immettere sull'A16 Napoli-Bari. Queste due autostrade consentono poi di raggiungere l'A1 Napoli-Roma-Milano e l'A3 Napoli-Salerno. Inoltre, l'impianto ha al proprio interno una stazione RFI gestita dall'Area Rete Ferroviaria Italiana-Trenitalia, con la denominazione di: "Nola-Interporto", che è la stazione di testa di una linea che si distacca, con un bivio, dalla linea Cancello-Salerno. L'interporto sorge a ridosso del CIS6 di Nola, un'iniziativa che ha raccolto tutti i maggiori

grossisti dell'area napoletana e che rifornisce i commercianti al dettaglio di gran parte dell'Italia meridionale.
Il sistema è stato progettato per movimentare a regime fino a 8,5 milioni di tonnellate di merce all'anno (somma dei flussi in ingresso ed uscita), di cui 5,5 con tecniche intermodali e 3 su strada.
Nola ha una grande potenzialità in termini di superfici attrezzate disponibili e di possibilità di espandersi, ma deve incrementare la propria vocazione logistica.

Il polo di Marcianise
L'interporto di Marcianise è gestito dalla società Interporto Sud Europa S.p.A. e sorge a cavallo dei comuni di Maddaloni e Marcianise, a 7 km dall'interporto di Nola, al centro di un importante nodo sia stradale sia ferroviario. È collegato all'autostrada A1, Caserta-Napoli, tramite lo svincolo Caserta Sud e sorgendo a ridosso della stazione smistamento di Marcianise, ha un raccordo diretto con la rete ferroviaria nazionale.

1.5 L'economia della Regione Campania

La Campania è stata una delle regioni italiane più pesantemente colpite dalla grande crisi economica e finanziaria, con una perdita di quasi 15 punti di PIL tra il 2008 e il 2013. Tuttavia, dal consueto rapporto della Banca d'Italia sulla salute dell'economia italiana la Campania risulta essere tra le regioni ad aver mostrato il maggior dinamismo nella fase di ripresa, recuperando nel triennio 2014-16 oltre 4 punti percentuali di PIL rispetto ai livelli pre-crisi. Sempre nel rapporto presentato da Banca d'Italia si evince che l'attività economica della Campania nel 2017, secondo vari indicatori, mostra ancora segni di ripresa anche se in lieve attenuazione rispetto al triennio precedente.
Le meno favorevoli condizioni reddituali e di ricchezza delle famiglie campane, le maggiori difficoltà di accesso dei giovani al mercato del lavoro, la minore produttività delle imprese risultano, però, ancora demarcanti il divario con il sistema dell'intero Paese.

Provincia e classe demografica	% Comuni specializzati per settore economico			
	Primario	Secondario	Terziario	Totale
Avellino	82%	11%	7%	100%
Benevento	90%	5%	5%	100%
Caserta	66%	19%	14%	100%
Napoli (Città metropolitana)	12%	21%	67%	100%
Salerno	72%	4%	25%	100%
Campania	65%	11%	23%	100%
0 - 1.000	96%	0%	4%	100%
1.001 - 3.000	87%	8%	6%	100%
3.001 - 5.000	84%	4%	11%	100%
5.001 - 10.000	51%	16%	33%	100%
10.001 - 20.000	25%	33%	42%	100%
20.001 - 50.000	11%	17%	72%	100%
>50.000	5%	5%	89%	100%

Provincia e classe demografica	% Comuni specializzati per settore economico			
	Primario	Secondario	Terziario	Totale
Piccoli comuni	88%	5%	7%	100%
Comuni > 5.000	30%	20%	49%	100%

Fonte: elaborazione IFEL-Dipartimento Studi Economia Territoriale su dati Infocamere, 2016

1.5.1 Il settore primario

La Campania si colloca tra le regioni d'Italia che maggiormente partecipano alla produzione del reddito agricolo Nazionale. Nel territorio regionale coesistono due realtà territoriali molto diverse. La fascia pianeggiante e collinare volta al Tirreno, fertile e ben irrigata, è adibita a un'intensa ortofrutticoltura specializzata, anche se sfavorita dall'eccessiva frammentazione dei terreni che abbassa la produttività. I principali prodotti sono: patate, melanzane, fagioli, pomodori, ma anche albicocche, pesche, fichi, cui si aggiungono olivo e vite. Nell'interno, invece, prevale, la cerealicoltura estensiva (che fornisce grano duro di alta qualità). Un certo sviluppo ha l'allevamento di caprini e ancora più di bufali.
Relativamente ridotta rispetto al passato è infine un'altra attività tradizionale delle popolazioni costiere, cioè la pesca, sia per la diminuita pescosità delle acque sia per la mancata dotazione di moderne attrezzature.
Nella Terra di Lavoro (l'antica *Campania Felix*, oggi suddivisa tra Campania, Lazio e Molise) una delle aree più fertili d'Italia, hanno sede aziende agricole molto produttive. Diffuse sono le colture di cereali, ortaggi (soprattutto pomodori), alberi da frutto, tabacco (nell'entroterra), canapa (nella fascia costiera), agrumi, vite, olivo, fiori in serra. La pastorizia ovina, un tempo fiorente nelle zone appenniniche, è oggi in declino. Sviluppato è, invece, l'allevamento di caprini e di bufali (piana del Sele).

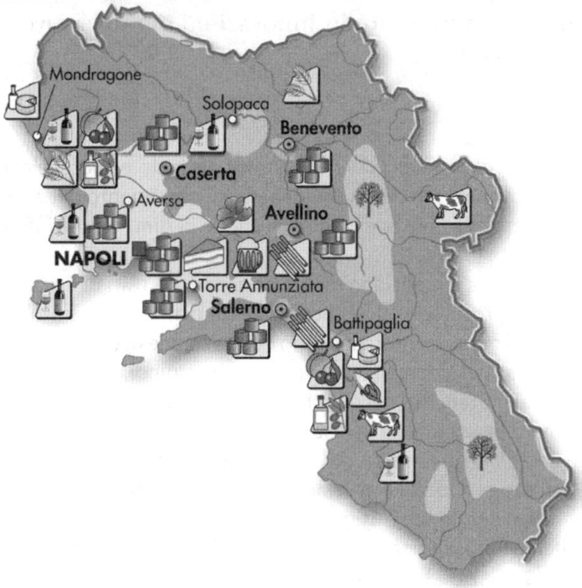

Fonte: Regione Campania

I dati definitivi del 6° Censimento generale dell'agricoltura danno l'immagine di un profondo processo di ristrutturazione del tessuto produttivo basato su una marcata contrazione del numero delle aziende agricole associato a un aumento della loro dimensione media. Così come l'andamento del comparto agricolo nazionale, si registra la concentrazione e il consolidamento dell'agricoltura regionale, in un periodo di tendenza al ribasso dei prezzi agricoli e di progressiva attenuazione dell'intervento pubblico sui mercati. Si è avuta, quindi, una forte selezione delle aziende: le strutture con minore dotazione fattoriale hanno registrato una marcata contrazione, mentre le imprese più grandi si sono, in media, rafforzate. Il processo selettivo ha determinato nel suo complesso una diminuzione della dotazione fondiaria regionale, sia in termini di Sat (superficie agricola totale) che di Sau (superficie agricola utilizzata), evidenziando come le aziende superstiti non siano riuscite a riassorbire totalmente i fattori produttivi rilasciati dalle unità cessate.
Questa evoluzione dell'agricoltura regionale si riscontra anche nella scelta degli ordinamenti produttivi e, seppur in minor misura, nell'organizzazione aziendale. Infatti, gli ordinamenti produttivi si sono orientati a produzioni finalizzate da un lato a rispondere ad una domanda dei consumatori in continua evoluzione (come nel caso delle produzioni bufaline) e dall'altro al ridimensionamento di comparti caratterizzati da marcati svantaggi competitivi (ad esempio i bovini). La forma organizzativa più diffusa permane l'azienda-famiglia, caratterizzata da conduzione diretta del coltivatore e apporto prevalente del lavoro dei familiari. Tuttavia, dai dati censuari emerge, da un lato, un'attenuazione del legame fra famiglia e azienda per una significativa presenza di membri che prestano lavoro al di fuori dell'impresa e, dall'altro, un rilevante incremento di forme organizzative diverse quali, ad esempio, le società. Si può concludere che il dato censuario mostra un'agricoltura regionale che reagisce ai mutamenti negli scenari sociali ed economici. Le modalità di questo adattamento, tuttavia, si concretizzano prevalentemente in forme legate alla riorganizzazione produttiva e solo in misura inferiore in innovazioni organizzative e incremento del capitale umano e relazionale.

Aziende agricole e zootecniche

Dal 6° censimento dell'agricoltura dell'ISTAT le aziende agricole e zootecniche attive in Campania sono 136.872 al 2010, con un calo del 41,6% rispetto al censimento del 2000. La riduzione del numero di aziende ha interessato prevalentemente quelle di dimensione inferiore a due ettari di Superficie Agricola Utilizzata (Sau).
Si ha, quindi, un aumento della dimensione media da 2,5 a 4,0 ettari di Sau per azienda (+60,5%). Emerge, in conclusione, un processo di ricomposizione fondiaria basato su due fattori principali: il marcato tasso di caduta nel periodo intercensuario delle aziende di dimensioni minori e il rafforzamento delle aziende superstiti. La ricomposizione fondiaria, quindi, appare come una conseguenza della selezione indotta dai mutamenti nel quadro economico di riferimento.
La contrazione del numero di aziende ha investito tutte le province della Regione, seppur con specificità territoriali, ad eccezione di Caserta, dove si riscontra una sostanziale stabilità nell'estensione della Sau (+0,5% rispetto al 2000). La provincia di Napoli registra il maggior calo intercensuario percentuale sia nel numero di aziende (-65,9%), sia nel capitale fondiario (-33,9% di Sau e -37,4% di Sat). La provincia di Benevento riporta la contrazione minore in termini di numerosità aziendale (che comunque si attesta al -22,8%) e di Sat (-6%).

Prodotti agroalimentari tipici campani	
Carni, insaccati e prodotti trasformati	• Vitellone Bianco dell'Appennino Centrale IGP
Formaggi	• Caciocavallo Silano DOP • Mozzarella di Bufala Campana DOP • Provolone del Monaco DOP • Ricotta di Bufala Campana DOP
Olio	• Olio Extravergine di Oliva Cilento DOP • Olio Extravergine di Oliva Colline dell'Ufita DOP • Olio Extravergine di Oliva Colline Salernitane DOP • Olio Extravergine di Oliva Penisola Sorrentina DOP
Ortofrutta e cereali	• Carciofo di Paestum IGP • Castagna di Montella IGP • Fico Bianco del Cilento IGP • Limone Costa d'Amalfi IGP • Limone di Sorrento IGP • Marrone di Roccadaspide IGP • Melannurca Campana IGP • Nocciola di Giffoni IGP • Pomodorino del Piennolo del Vesuvio DOP • Pomodoro San Marzano dell'Agro Sarnese-Nocerino DOP
Paste alimentari	• Pasta di Gragnano IGP

1.5.2 Il settore secondario

La Campania è una delle regioni più industrializzate del Sud. Quasi tutte le maggiori fabbriche (siderurgiche, metallurgiche, meccaniche) sorte nel Napoletano negli anni Sessanta e Settanta con il sostegno dello stato, entrarono in crisi negli anni Ottanta: molti stabilimenti chiusero e i lavoratori licenziati. Nuovi nuclei industriali sono sorti nell'Avellinese.

L'industria manifatturiera (calzature, abbigliamento, elettronica) si concentra nel triangolo Napoli-Salerno-Caserta, dove lavora quasi il 90% degli occupati nel settore. L'attività di concia delle pelli conta un dinamico distretto a Solofra (Avellino). L'industria agroalimentare ha un ruolo di rilievo (caseifici, pastifici, aziende del «distretto del pomodoro» di Salerno, produttori di conserve vegetali e liquori). L'artigianato è rinomato e produce cornici, oggetti in corallo, statuine per presepi.

Nel settore le attività prevalenti restano quelle commerciali che pesano per il 35%, seguono i servizi con un peso relativo del 25%, quindi le costruzioni con il 10%; l'industria in senso stretto rappresenta il 9% del totale, al pari delle attività di alloggio e ristorazione il 9%, seguono trasporto e magazzinaggio (7%), sanità e assistenza (5%), altri servizi (4%) e istruzione (1%).

Il dato che maggiormente colpisce è che se a livello nazionale il numero di addetti che opera nell'industria in senso stretto è pari al 26%, a livello regionale tale dato si attesta al 19%. Anche per i servizi privati a livello nazionale si registra un maggior peso relativo sia per imprese che per addetti, a testimonianza di una struttura economica più sbilanciata sui servizi e, dunque, complessivamente più matura. Al contrario, le attività commerciali registrano in Campania un peso relativo maggiore sia per unità locali che per addetti.

Fonte: Regione Campania

La struttura produttiva delle province campane presenta una forte concentrazione territoriale delle imprese nella provincia di Napoli, dove si addensa il 51% delle imprese, seguono la provincia di Salerno (21%), la provincia di Caserta (14%) e le province di Avellino e Benevento rispettivamente per l'8% e il 5%.
I dati per settore di attività economica a livello provinciale confermano la vocazione manifatturiera (industria in senso stretto) del territorio della provincia di Napoli, dove si addensano il 50% delle imprese e il 50% degli addetti dell'intera Regione, nonché la concentrazione di attività commerciali e di trasporto (il peso relativo delle imprese localizzate nella provincia di Napoli è rispettivamente pari al 54% e al 55%), oltre che la maggior presenza, in ragione dell'elevata densità abitativa, di servizi pubblici e privati.
La provincia di Salerno è sede di un quinto delle imprese campane e con riferimento agli addetti il peso è solo lievemente inferiore; il manifatturiero pesa per il 22% e le costruzioni per il 23%; si segnala, in linea con la nota vocazione turistica, il peso relativo dei servizi di alloggio e ristorazione pari al 26% per numero di imprese e al 23% per addetti.
Nella provincia di Caserta è localizzato il 14% delle imprese che danno occupazione al 13% degli addetti della Regione. Con riferimento alla distribuzione per settori di attività economica i dati registrano un peso relativo maggiore per le attività delle costruzioni, sia in termini di imprese (19%) che in termini di addetti (18%), nonché un peso relativo più significativo delle attività di istruzione sia per numero di unità che per numero di addetti (18%).
Per la provincia di Avellino che rappresenta l'8% delle imprese e degli addetti complessivamente presenti al 2010 sul territorio regionale, si segnala che il comparto industria in senso stretto pesa per il 10% rispetto al dato regionale in termini di imprese e per l'11% in termini di addetti.
Infine, la provincia di Benevento rappresenta il 5% del tessuto di imprese regionali e non presenta particolari addensamenti settoriali.

Imprenditoria femminile in Campania

Secondo i dati elaborati dall'Osservatorio dell'imprenditoria femminile di Unioncamere, la Campania mostra al 31 dicembre 2017 134.840 imprese femminili su 586.821 imprese totali. Risulta essere, quindi, la terza Regione italiana sia per numero di imprese femminili sia per numero di attività produttive, dopo la Lombardia, che possiede 178.019 imprese femminili, e il Lazio (143.258 imprese femminili) e prima della Sicilia (112.470). Da sola la Campania rappresenta il 10,1% delle imprese femminili registrate sul territorio nazionale. In confronto al 2016, si nota un saldo positivo considerevole (il terzo in Italia dopo Sicilia e Lazio), pari a 1.990 nuove imprese femminili, contribuendo a portare il tasso di femminilizzazione campano al 22,98% (Fig. 1.28). Un dato, quindi, superiore alla media nazionale e il settimo in Italia, dopo la Calabria (23,51%) e prima delle Marche (22,82%).

1.5.3 Il settore terziario

Il settore terziario, molto sviluppato, si basa in buona parte sulla grande diffusione delle attività turistiche. Il turismo campano può sfruttare molteplici risorse. Le bellezze naturali e ambientali della costiera amalfitana, delle isole del golfo di Napoli (Ischia e Capri, già nell' antichità ricercati luoghi di villeggiatura), dell'aria vesuviana e dei campi Flegrei attirano ogni anno parecchie migliaia di turisti da ogni parte del mondo. Si tratta di un turismo d'elitè, dati i costi elevati dei servizi. Più compromesso è, invece, il turismo marino a causa dell' inquinamento e del degrado ambientale del mare e delle coste; fanno in parte eccezione le coste a sud della provincia di Salerno, le cui condizioni ambientali sono abbastanza buone, anche se le strutture alberghiere non sono ancora sufficientemente adeguate.
La Campania è molto ricca di attrattive turistiche: alle bellezze naturali della costa fra Napoli e Salerno si uniscono i tesori artistici di Napoli e delle zone archeologiche di Pompei (oltre 2 500 000 visitatori all'anno), Ercolano e Paestum.

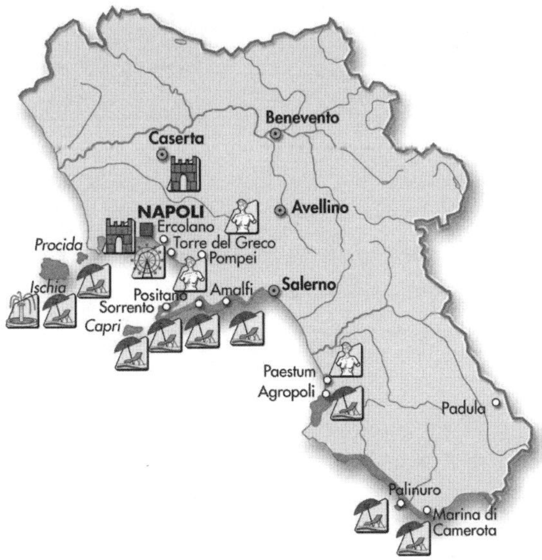

Fonte: Regione Campania

Il turismo in Campania

I flussi turistici in Campania si concentrano nei mesi estivi superiore all'Italia: nel periodo maggio-settembre si registra il 63,8% degli arrivi di tutto l'anno; in Italia è del 60,4%. Tale trend è in crescita rispetto agli anni precedenti: i valori del 2005, infatti, erano del 58,5% per la Campania e del 57,8% per l'Italia.

In riferimento alle tipologie di località visitate, la Campania si caratterizza per una domanda prevalentemente interessata al balneare (40,1% degli arrivi), alle città (26,2%) e alle località storico-artistiche (25,9%).

Dato interessante è la dimensione media degli alberghi sia passata da 64,8 posti letto nel 2005 a 70,1 nel 2015 mantenendosi su livelli maggiori rispetto al dato nazionale (67,8). Aumentano, inoltre, le strutture di maggiore stellaggio, segno che l'offerta si sta muovendo nella direzione giusta per soddisfare le preferenze della clientela. Il peso delle strutture a 4/5 stelle in Campania dal 23% del 2005 sale al 32,1% del 2015 (in Italia dall'11,6% al 18,2%), mentre in termini di posti letto si è giunti alla situazione in cui oltre la metà dell'offerta alberghiera (50,9%) è di elevato standing (36,7% in Italia).

Dall'analisi delle caratteristiche della domanda e dell'offerta turistica viene fuori una Campania caratterizzata da una propria attrattività nell'ambito della competizione globale – Mare, Ambiente, Cultura, Identità, Socialità, Stile di Vita, Accoglienza sono i punti di forza – alla luce anche dei principali cambiamenti nazionali e internazionali che stanno interessando il settore, con risvolti economici rilevanti.

Nel triennio 2016-2018 la Campania è risultata prima Regione del Mezzogiorno per flussi turistici. Nel 2018 gli arrivi e le presenze sono aumentati del 7,7% e del 3,3%.

Capitolo 2
Statuto e ordinamento della Regione Campania

2.1 Lo Statuto

Le norme concernenti il funzionamento e l'organizzazione della Regione Campania sono dettate dallo Statuto, legge regionale su cui dunque è necessario porre l'accento per comprendere in che modo la Regione abbia disciplinato le proprie competenze, i propri poteri nonché i rapporti con gli altri enti e con i cittadini.
Frutto di un lungo processo di riforma (avviato già nel 2004 – il precedente statuto era stato adottato circa 40 anni prima, con L. 22-5-1971, n. 348), lo Statuto, approvato dal Consiglio a larga maggioranza dei presenti il 20 febbraio 2009 e divenuto **Legge regionale del 28 maggio 2009**, ha subito sinora solo due modifiche, ad opera della **L. reg. 31-1-2014, n. 6** (intervenuta sugli artt. 27, 50 e 63), e della **L. reg. 8-8-2016, n. 28** (intervenuta invece sugli artt. 49 e 54).
Tanto brevemente ricordato, il nuovo statuto della Campania è diviso in nove titoli aventi ad oggetto le dichiarazioni identitarie (Titolo I), i rapporti con l'Unione europea e la comunità internazionale (Titolo II), la partecipazione e agli istituti di democrazia diretta (Titolo III), i rapporti tra Regione ed enti locali (Titolo IV), gli organi istituzionali regionali (Titolo V), i procedimenti di formazione delle leggi e dei regolamenti (Titolo VI), la Consulta di garanzia statutaria (Titolo VII), le finanze, al bilancio e alla programmazione (Titolo VII) e, infine, l'ordinamento amministrativo (Titolo IX).

2.2 Dichiarazioni indennitarie

Il **Titolo primo** dello Statuto detta disposizioni dal contenuto generale (artt. 1-8), il cui compito è quello di riportare nella normativa regionale i valori ed i principi costituzionali, al contempo calandoli nella realtà campana, nella quale si trovano a dover operare.

2.2.1 I principi fondamentali. Il territorio

L'art. 1 dello Statuto si occupa di cristallizzare i **principi fondamentali della Campania**, avendo cura di precisare innanzitutto che la medesima è Regione autonoma nell'unità ed indivisibilità della Repubblica, secondo le norme della Costituzione, dell'Unione europea e, appunto, dello Statuto ed esercita i suoi poteri e le sue funzioni nel rispetto della Carta fondamentale, dello Statuto e dell'ordinamento comunitario ed internazionale. Non a caso, l'art. 3 ha cura di precisare che la Regione, nel rispetto dell'unità nazionale, orienta la propria azione sulla scorta dei **principi costituzionali di autonomia, sussidiarietà, differenziazione, adeguatezza e leale collaborazione**. Si tratta di affermazioni che non possono che comportare la conformazione dell'azione amministrativa come modellata sui principi della democrazia, dello stato di diritto e della centralità della persona umana, volta a garantire e tutelare i principi di uguaglianza, solidarietà, libertà, giustizia sociale e pari opportunità tra donne e uomini, nel rispetto e con il contributo delle diversità e delle minoranze. L'art. 2 specifica poi che la Regione comprende i **territori** delle Province di Avellino, Benevento, Caserta, Napoli e Salerno e che la città di Napoli è il capoluogo. Dal 2015 la Provincia di Napoli è stata assorbita dalla Città metropolitana di Napoli.

2.2.2 La tutela del principio di eguaglianza

Peculiari sono gli artt. 4 e 5, aventi il merito, rispettivamente, di affermare il principio di uguaglianza e di riconoscere e valorizzare la differenza di genere nel rispetto della libertà e della dignità umana. Così, in particolare, mentre l'art. 4 si fa carico di **rimuovere gli ostacoli** di ordine economico, sociale, culturale, sessuale, etnico e religioso che limitano l'uguaglianza e la libertà dei cittadini, l'art. 5, da par sua, afferma l'obbligo gravante sulla Regione non solo di rimuovere ogni ostacolo che impedisce la piena parità delle donne e degli uomini nella vita sociale, culturale, economica, politica e, in materia di lavoro, di formazione e di attività, ma anche di assicurare le azioni di **promozione della parità** anche nelle fasi di pianificazione, attuazione, monitoraggio e valutazione.
In quest'ottica, la Regione adotta programmi, azioni ed ogni altra iniziativa tesa ad assicurare il pieno rispetto dei principi di parità, di pari opportunità e di non discriminazione ed il riequilibrio della rappresentanza tra donne e uomini nelle cariche elettive nonché a promuovere condizioni di parità per l'accesso alle consultazioni elettorali e la presenza equilibrata dei due generi in tutti gli uffici e le cariche pubbliche.

2.2.3 Il diritto al lavoro e alla libertà di impresa

L'art. 6 sancisce il diritto al lavoro, tutelando il diritto di uomini e donne ad un lavoro libero e capace di garantire una vita dignitosa ad ogni persona ed opera per rimuovere gli ostacoli di ogni tipo che possono limitarlo o impedirlo. Non solo: la norma si premura di precisare che la Regione deve operare anche per garantire ai giovani in età lavorativa idonee condizioni di occupazione e la protezione contro ogni lavoro che ne può minare la salute e lo sviluppo psicofisico o metterne a rischio il processo formativo. Emblematico risulta il comma di chiusura dell'articolo *de quo*, che cristallizza il compito della Campania di tutelare la **dignità delle lavoratrici e dei lavoratori soprattutto contro le molestie sessuali e la violenza psicologica sul luogo del lavoro**. Ancora, l'art. 7, in conformità con quanto previsto dalla Costituzione, **afferma la garanzia e la tutela della libertà e dell'attività di impresa** secondo le regole dello sviluppo ecologicamente sostenibile, come definito nei protocolli internazionali, avendo cura però di precisare che l'iniziativa economica privata non può svolgersi in contrasto con l'utilità sociale o in modo da recare danno alla sicurezza, alla libertà e alla dignità umana.

2.2.4 Gli obiettivi della Regione Campania

Chiosa del primo Titolo è l'art. 8, che fissa gli **obiettivi** per la cui realizzazione la Regione deve operare. Particolarmente innovativo risulta essere, a titolo esemplificativo, l'impegno a promuovere ogni iniziativa utile nello svolgimento della sua attività politico-istituzionale per favorire la lotta contro fenomeni come la pena di morte e il terrorismo, la tutela di diritti e valori fondamentali, il riconoscimento ed il sostegno alla famiglia fondata sul matrimonio ed alle unioni familiari.

2.3 Regione, Unione europea e rapporti internazionali

Il **secondo Titolo** in esame comprende gli artt. 9 e 10, che disciplinano, per un verso, l'integrazione europea e, per altro verso, i rapporti con la disciplina comunitaria ed internazionale.
Orbene, la prima norma richiamata stabilisce che la Regione si riconosce parte del **processo di integrazione europea**, motivo per cui partecipa, ove previsto, alla formazione degli atti normativi comunitari utilizzando gli strumenti previsti dai trattati comunitari, dalla Costituzione, dallo Statuto e dalle leggi dello Stato.
Il successivo art. 10 prevede invece che la Regione, nel rispetto dei principi costituzionali, nelle materie di sua competenza: a) partecipa alla definizione degli indirizzi sostenuti in sede di Unione europea dall'Italia nonché alla formazione degli atti normativi comunitari e alla loro attuazione ed esecuzione; b) realizza forme di collegamento con le istituzioni dell'Unione europea per l'esercizio delle proprie funzioni; c) provvede all'attuazione e all'esecuzione di accordi e convenzioni internazionali; d) conclude accordi con Stati ed intese con enti territoriali interni ad altro Stato, nei casi e con le forme disciplinati dalle leggi dello Stato, la cui sottoscrizione è autorizzata o ratificata dal Consiglio, *ex* art. 26, co. 4, lett. i); e) promuove iniziative di cooperazione internazionale ed in particolare con i popoli colpiti da eventi bellici o calamità naturali ed in ritardo di sviluppo.

2.4 Partecipazione, trasparenza e referendum

2.4.1 Principi generali

Gli artt. 11-18 compongono il **terzo Titolo** dello Statuto ed hanno assolto il compito di disciplinare le **forme di democrazia diretta**, rafforzando la partecipazione popolare nell'esercizio delle funzioni regionali.
L'art. 11 ha fissato i **principi delle attività legislative e amministrative**, informandole ai *canoni della trasparenza e della partecipazione dei cittadini, delle formazioni sociali, delle autonomie funzionali, degli enti e delle associazioni*; naturalmente, affinché ciò sia possibile, è necessario che i poteri e le attività regionali siano esercitati con la più ampia pubblicità per consentire la massima diffusione delle informazioni, degli atti e dei documenti.

2.4.2 L'iniziativa legislativa

L'art. 12 ha riformulato il quadro dell'iniziativa legislativa dei cittadini, degli enti locali, del Consiglio delle autonomie locali e del Consiglio regionale dell'economia e del lavoro. Nella specie, l'iniziativa legislativa, che appartiene ai **singoli Consigli provinciali e comunali dei capoluoghi di Provincia**, nonché a non meno di **tre Consigli comunali la cui popolazione sia complessivamente superiore a cinquantamila abitanti**, è esercitata mediante una proposta sottoscritta da almeno diecimila elettori iscritti nelle liste elettorali dei comuni della Regione e presentata nella forma di un progetto redatto in articoli ed illustrato da una relazione descrittiva. Non mancano **limitazioni**: l'iniziativa legislativa non è infatti ammessa per la modifica o la revisione dello Statuto regionale, per le leggi tributarie e di bilancio e per la legge finanziaria regionale e non è esercitabile nel semestre antecedente la scadenza naturale del Consiglio.

2.4.3 Il referendum abrogativo

Il referendum abrogativo (il cui oggetto naturalmente è l'abrogazione totale o parziale di una legge regionale e le cui modalità di indizione e di svolgimento sono disciplinate da legge regionale), di cui all'art. 13, è indetto dal Presidente della Giunta regionale qualora lo richiedano **centomila elettori della Regione** o **cinque Consigli comunali che rappresentino una popolazione di almeno centocinquantamila abitanti**, o **due Consigli provinciali** o **quindici Consigli comunali** a prescindere dalla popolazione rappresentata o tre consigli di Comunità montane. Hanno diritto a partecipare al referendum tutti i cittadini iscritti nelle liste elettorali dei Comuni della Regione. Nel caso in cui l'esito del referendum non abbia determinato l'abrogazione della legge, la proposta abrogativa non può essere ripresentata nella stessa legislatura e comunque prima che siano trascorsi tre anni.
Ad ogni modo, il referendum abrogativo **non è ammesso** per le leggi di bilancio, tributarie, finanziarie, di governo del territorio, di tutela ambientale e sullo stato giuridico dei consiglieri regionali, per le leggi relative ai rapporti internazionali e con l'Unione europea nonché sullo Statuto e sulle leggi di revisione statutaria; ulteriore limitazione è prevista anche ove il probabile esito positivo della consultazione possa determinare una riduzione del principio di pari opportunità. Infine, nei sei mesi antecedenti le elezioni per il rinnovo del Consiglio regionale non possono svolgersi votazioni referendarie.

2.4.4 Il referendum consultivo

L'art. 14 disciplina, poi, il referendum consultivo, la cui indizione può essere deliberata dal Consiglio regionale **su tutte le iniziative ed i provvedimenti di competenza della Regione** (nel rispetto della legge regionale che statuisce le modalità di indizione e di svolgimento). Per altro, sono obbligatoriamente sottoposte a referendum consultivo delle popolazioni interessate le proposte di legge concernenti la istituzione di nuovi comuni e i mutamenti delle circoscrizioni e delle denominazioni comunali. Anche in tal caso sono previste due **limitazioni**: la norma ha infatti specificato che se la votazione sul referendum ha avuto esito negativo, la stessa richiesta non può essere ripresentata nella stessa legislatura; non solo: nei sei mesi antecedenti le elezioni per il rinnovo del Consiglio regionale non possono svolgersi votazioni referendarie.

2.4.5 Il referendum approvativo

Infine, per quanto riguarda il referendum approvativo (anche in tal caso, modalità di indizione e di svolgimento sono disciplinate dalla legge regionale), l'art. 15 prevede che **cinquantamila elettori** possono presentare una proposta di legge o di regolamento della Regione affinché sia sottoposta per l'approvazione al referendum popolare. La proposta non può essere presentata nei sei mesi antecedenti alla scadenza del Consiglio regionale e nei sei mesi successivi alla convocazione dei comizi elettorali per la formazione dei nuovi organi regionali. La proposta è previamente presentata al Consiglio o alla Giunta e, se nel termine di sei mesi dalla presentazione, la medesima non sia approvata, o sia approvata ma con modifiche sostanziali, è sottoposta al voto popolare. La proposta è approvata se alla votazione referendaria partecipa la maggioranza degli aventi diritto e sia raggiunta la maggioranza dei voti validamente espressi.
La norma afferma però che il referendum approvativo non è ammesso per le leggi di bilancio, tributarie, finanziarie, di governo del territorio, di tutela ambientale e sullo stato giuridico dei consiglieri regionali, per le leggi relative ai rapporti internazionali e con l'Unione europea nonché sullo Statuto e sulle leggi di revisione statutaria.

2.4.6 Il diritto di petizione

Peculiare l'art. 16 che regola il diritto di petizione, ammettendo che tutti i cittadini possono rivolgere petizioni agli organi regionali **per richiederne l'intervento o per sollecitare l'adozione di provvedimenti** su materie di competenza regionale. Le Province, i Comuni ed altri enti locali nonché enti, organizzazioni e associazioni rappresentative a livello regionale possono rivolgere al Consiglio voti, istanze e richieste di intervento su questioni di interesse generale o collettivo secondo le modalità previste dal Regolamento consiliare. Per altro, viene previsto l'obbligo gravante sugli organi regionali di prendere in esame le petizioni e di fornire risposta scritta ai richiedenti.

2.4.7 Il Difensore Civico regionale e gli Organismi di pari opportunità e Consulta degli immigrati

Infine, gli artt. 17 e 18, che chiudono il Titolo in esame, sono volti a dettare, rispettivamente, la disciplina del Difensore Civico regionale e degli Organismi di pari opportunità e Consulta degli immigrati. In particolare, l'art. 18 ha istituito la **Commissione regionale per la realizzazione della parità dei diritti e delle opportunità tra uomo e donna**, la **Consulta regionale femminile**, organo consultivo che svolge anche indagini conoscitive sulla condizione della donna ed infine la **Consulta degli immigrati**, per favorire la loro integrazione nella comunità campana. Tali organi devono presentare una relazione annuale sull'attività svolta al Consiglio regionale, che ne discute in apposita seduta.

Per quel che concerne il difensore civico regionale, l'art. 17 afferma che presso la Regione Campania è istituito il Difensore civico regionale, organo onorario di cui è garantita l'indipendenza, il quale deve presentare annualmente una relazione al Consiglio regionale sull'attività svolta.

2.5 Rapporti Regione-enti locali. Il Consiglio delle autonomie locali ed il Consiglio regionale

2.5.1 Quadro generale

Il **Titolo quarto** comprende gli artt. 19-24: il suo principale merito è quello di aver introdotto il Consiglio delle autonomie locali, organismo di partecipazione e consultazione dei Comuni, delle Province, delle Città metropolitane e delle Comunità montane, cui sono affidate importanti funzioni consultive sulle proposte di modifica dello statuto e su significativi atti di indirizzo della Regione.

2.5.2 I rapporti tra la Regione e gli enti locali

L'art. 19 regola i rapporti tra la Regione e gli enti locali, asserendo che i Comuni, in forma singola o associata, le Province, le Città metropolitane e le Comunità montane per quanto di loro competenza concorrono alla determinazione della politica regionale ed alla programmazione economica e territoriale, esercitando le funzioni amministrative ed il potere regolamentare nel rispetto della Costituzione, della legge e del presente Statuto. In ossequio a quanto previsto dall'art. 118 Cost., le funzioni amministrative che non richiedono un esercizio unitario a livello regionale sono conferite con legge regionale ai Comuni, alle Province, alle Città metropolitane e alle Comunità montane per quanto di loro competenza, sulla base dei principi di autonomia, sussidiarietà, adeguatezza e differenziazione; non solo: la Regione, in applicazione del medesimo **principio di sussidiarietà**, riconosce il ruolo delle autonomie funzionali, le valorizza e ne assicura la partecipazione e la consultazione.
Il principio di sussidiarietà riveste dunque un ruolo fondamentale, come del resto viene confermato anche dal successivo art. 20 che, concernendo le **attività di interesse generale**, ha previsto che la Regione, i Comuni, le Province, le Città metropolitane e le Comunità montane, in attuazione appunto del principio di sussidiarietà, favoriscono l'autonoma iniziativa dei cittadini, singoli e associati, per lo svolgimento di attività di interesse generale. Tali disposizioni fanno il paio con l'art. 21, per il quale il riparto delle **risorse finalizzate allo sviluppo** della Regione deve tener conto degli squilibri economici e sociali presenti fra le diverse aree territoriali e delle esigenze dei piccoli Comuni.

2.5.3 Il Consiglio delle autonomie locali (CAL)

Gli artt. 22 e 23, rispettivamente, hanno introdotto e disciplinato le funzioni del Consiglio delle autonomie locali. Si tratta di un Consiglio composto da quaranta membri, compresi i presidenti delle Province e i sindaci delle città capoluogo, che ne fanno parte di diritto. La legge regionale determina i criteri per l'elezione dei rimanenti

componenti del Consiglio delle autonomie locali, che devono ricoprire la carica di sindaco, di consigliere provinciale o di consigliere comunale, garantendo che siano rappresentati proporzionalmente anche i piccoli Comuni, nel rispetto di una presenza equilibrata di donne e uomini. Il Consiglio delle autonomie locali, a maggioranza assoluta dei suoi componenti, elegge il Presidente ed il vicepresidente e, se in prima convocazione nessun candidato ottiene la maggioranza assoluta, si procede a votazione di ballottaggio cui concorrono i due candidati più votati. Il Consiglio è dotato anche di autonomia: se per un verso, infatti, determina annualmente, sulla base delle somme stanziate in bilancio, le dotazioni di mezzi e di personale necessari per il funzionamento del Consiglio delle autonomie locali, per altro verso approva a maggioranza assoluta dei suoi componenti il regolamento del Consiglio delle autonomie locali, che viene poi pubblicato nel Bollettino ufficiale della Regione Campania.
In relazione alle funzioni svolte dal Consiglio, sono fissate dall'art. 23, a mente del quale il medesimo, secondo il **principio di leale collaborazione**, esprime parere:

- sulle proposte di modifica dello Statuto;
- sulle proposte di legge attinenti agli enti locali ed al conferimento agli stessi di funzioni e relative risorse.

Entrambi i pareri sono espressi entro trenta giorni dalla ricezione degli atti, decorsi i quali, se non è stato espresso alcun parere, lo stesso è dato per acquisito in forma favorevole. In caso di parere contrario, invece, la proposta può essere approvata dal Consiglio regionale a maggioranza assoluta dei suoi componenti;

- sulle proposte di regolamento e di atti di carattere generale concernenti gli enti locali;
- sulle proposte di programma regionale di sviluppo, di documento di programmazione economica e finanziaria e di bilancio.

Tali pareri sono espressi entro venti giorni dalla ricezione degli atti, decorsi i quali, il parere si ha per acquisito in senso favorevole.

Il Consiglio delle autonomie locali esprime pareri sulle questioni che gli sono sottoposte dagli enti locali e promuove la cooperazione istituzionale tra gli enti locali e tra la Regione e gli enti locali e, per altro, esprime pareri se il Consiglio o la Giunta regionale ne fanno richiesta.
Infine, l'art. 24 delinea **composizione, compiti e funzionamento del Consiglio regionale dell'economia e del lavoro**: tale consiglio è composto, nei modi previsti dalla legge regionale, da rappresentanti del sistema camerale regionale e da esperti e rappresentanti delle forze sindacali e imprenditoriali, avendo cura di garantire la presenza di rappresentanti di tutte le Province. Il Consiglio regionale dell'economia e del lavoro ha iniziativa legislativa e regolamentare in materia economica e sociale ed esprime pareri alla Giunta ed al Consiglio regionale su loro richiesta.

2.6 Organi della Regione

2.6.1 Quadro generale

Il **quinto Titolo**, che disciplina gli organi della Regione (elencati dall'art. 25), si presenta diviso in **due capi**, l'uno (artt. 25-45) dedicato al Consiglio regionale e l'altro (art. 46-52) al Presidente della Giunta regionale e alla Giunta regionale. Lo Statuto non solo ha parzialmente innovato i rapporti intercorrenti fra tali organi, ma ha altresì introdotto una **novità** di notevole rilievo: l'**elezione diretta del Presidente della Giunta**.

2.6.2 Il Consiglio regionale

Per quel che concerne il Consiglio (che, *ex* art. 27 – come riformulato dalla L. reg. 6/2014 – è costituito, oltre che dal Presidente della Giunta, da cinquanta consiglieri eletti a suffragio universale e diretto), esso **rappresenta le comunità della Regione e determina l'indirizzo politico generale** esercitando le funzioni legislative e di controllo sull'attività dell'amministrazione regionale, nonché di programmazione secondo quanto stabilito dallo Statuto e dalle leggi. Il Consiglio regionale ha **autonomia organizzativa** e, nell'ambito dello stanziamento assegnatogli dal bilancio, **autonomia amministrativa e contabile**.

Compiti

Il Consiglio regionale esercita la **potestà legislativa**, delibera sui regolamenti della Giunta ed esercita le altre funzioni ad esso attribuite dalla Costituzione, dallo Statuto e dalle leggi.

Il Consiglio, inoltre:

- approva il documento di programmazione economico-finanziaria presentato dalla Giunta regionale;
- disciplina con legge il proprio ordinamento contabile;
- approva la legge finanziaria, il bilancio di previsione annuale e pluriennale della Regione e il rendiconto generale presentati dalla Giunta regionale; approva, con legge, il conto consuntivo al quale sono allegati i conti consuntivi degli enti, agenzie, aziende, società e consorzi, anche interregionali, comunque dipendenti o partecipati in forma maggioritaria dalla Regione; autorizza con legge l'esercizio provvisorio;
- disciplina, in armonia con la Costituzione e nel rispetto dei principi fondamentali stabiliti con legge statale, i casi di ineleggibilità, incompatibilità e conflitto di interessi anche sopravvenuti dei consiglieri regionali, del Presidente della Giunta regionale e di componenti la Giunta regionale;
- decide sulle nomine attribuite espressamente alla sua competenza dalle leggi ed esprime parere su quelle di competenza della Giunta regionale, nei casi e nelle forme previsti dalla legge regionale;
- valuta gli effetti delle politiche regionali con particolare riferimento ai programmi di intervento deliberati con legge;
- propone e vota mozioni di non gradimento e di censura nei confronti degli assessori nei modi previsti dall'art. 52;

- delibera l'istituzione di enti, agenzie, aziende, società e consorzi, anche interregionali, comunque dipendenti o partecipati in forma maggioritaria dalla Regione, la loro fusione o soppressione e approva i relativi bilanci;
- autorizza, in conformità alle previsioni costituzionali, la sottoscrizione delle intese e degli accordi conclusi con stati esteri e con enti territoriali interni ad altri stati; ratifica le intese con altre regioni;
- elegge i delegati della Regione per l'elezione del Presidente della Repubblica assicurando la rappresentanza delle minoranze;
- delibera sulle richieste di referendum di cui agli artt. 75 e 138 della Costituzione e formula i pareri previsti dagli artt. 132 e 133 della Costituzione;
- può presentare proposte di legge anche costituzionale alle Camere;
- decide sulla mozione di sfiducia nei confronti del Presidente della Giunta regionale nei modi previsti dall'art. 52;
- vigila su tutti i servizi regionali prestati sul territorio.

Composizione

Il Consiglio regionale è costituito (art. 27), oltre che dal **Presidente della Giunta, da cinquanta consiglieri eletti a suffragio universale e diretto**, secondo quanto dispone la legge elettorale regionale. I consiglieri regionali (art. 28) rappresentano l'intera Regione ed esercitano le loro funzioni senza vincolo di mandato ed entrano nell'esercizio delle loro funzioni con il completamento delle operazioni di proclamazione. Fino a tale momento sono prorogati i poteri del precedente Consiglio regionale. La prima seduta del nuovo Consiglio regionale ha luogo non oltre il ventesimo giorno dalla data della proclamazione degli eletti. Il Consiglio procede alla convalida delle elezioni dei suoi componenti. Ciascun consigliere regionale è titolare del potere di iniziativa legislativa. I consiglieri regionali non possono essere chiamati a rispondere delle opinioni espresse e dei voti dati nell'esercizio delle loro funzioni.

I consiglieri regionali

I consiglieri regionali, come previsto dall'art. 30, possono presentare mozioni, interpellanze ed interrogazioni alle quali la Giunta regionale ha l'obbligo di rispondere nei termini previsti dal regolamento consiliare. Hanno diritto a ricevere dall'Ufficio di presidenza, dalla Giunta, dagli uffici regionali e da quelli degli enti dipendenti o delegati dalla Regione, tutte le informazioni e i documenti utili all'espletamento del loro mandato. Sono tenuti al rispetto della riservatezza sulle informazioni acquisite nei casi previsti dalla legge. È previsto l'istituto dell'interrogazione a risposta immediata.

Sedute ed elezione del Presidente

Ai sensi dell'art. 34, il Consiglio regionale si riunisce, in prima seduta, su convocazione del consigliere più anziano d'età che ne assume provvisoriamente la presidenza. Fungono da segretari i due consiglieri più giovani di età. Il successivo art. 35 prevede poi che nella prima seduta il Consiglio elegge il Presidente, due vicepresidenti, due segretari e due questori che costituiscono l'Ufficio di presidenza. Nella composizione dell'Ufficio di presidenza è assicurata la rappresentanza dell'opposizione ed il rispetto del principio di una equilibrata presenza di donne e uomini. Ove possibile, ciascun sesso deve essere rappresentato da almeno due consiglieri, uno di maggioranza ed

uno di opposizione. Il Presidente è eletto a scrutinio segreto e a maggioranza dei due terzi dei componenti l'assemblea nella prima votazione, a maggioranza assoluta dei componenti nella seconda votazione. Se nella seconda votazione nessun candidato ha riportato la maggioranza richiesta, si procede nello stesso giorno al ballottaggio fra i due candidati che hanno ottenuto nel precedente scrutinio il maggior numero di voti. È proclamato eletto il consigliere che consegue il maggior numero dei voti. Alla elezione dei due vicepresidenti, dei due segretari e dei due questori si procede con tre votazioni separate a scrutinio segreto. Ogni consigliere vota un solo nome. Risultano eletti, in ciascuna votazione, i due consiglieri, uno della maggioranza ed uno dell'opposizione, che abbiano ottenuto il maggior numero di voti. Il Consiglio regionale può revocare il Presidente del Consiglio, i vicepresidenti, i segretari ed i questori, collegialmente o individualmente, a seguito dell'approvazione di una mozione di sfiducia secondo le modalità previste dal Regolamento.
A norma dell'art. 39, il Consiglio regionale si riunisce in via ordinaria su convocazione del Presidente, secondo il calendario definito a norma dell'art. 36, co. 1; si riunisce altresì in via straordinaria su richiesta della Giunta regionale o di un quinto dei consiglieri in carica. Il Presidente del Consiglio procede alla convocazione entro cinque giorni dalla richiesta.
Le sedute del Consiglio regionale sono pubbliche, salvo i casi previsti dal Regolamento consiliare. Le deliberazioni del Consiglio non sono valide se non è presente la metà più uno dei suoi componenti e se non sono adottate a maggioranza dei presenti, salvo che lo Statuto preveda una maggioranza qualificata.

Attribuzioni del Presidente
L'art. 36 disciplina le attribuzioni del Presidente: egli **rappresenta il Consiglio e ne tutela le funzioni e la dignità, lo convoca secondo le modalità previste dallo Statuto e dal Regolamento consiliare e lo presiede**; fissa l'ordine del giorno delle sedute, sentita la conferenza dei presidenti dei gruppi consiliari, assicura la regolarità delle sedute e il buon andamento dei lavori; garantisce altresì ai consiglieri il libero esercizio del proprio mandato e provvede alla costituzione e all'insediamento delle commissioni consiliari di cui coordina l'attività, nonché convoca e presiede l'Ufficio di presidenza.

I gruppi consiliari
Il regolamento (art. 40) disciplina per altro le modalità di costituzione dei gruppi consiliari, che devono essere composti da almeno cinque consiglieri. Possono essere costituiti anche gruppi con almeno due consiglieri, purché siano eletti nella medesima lista elettorale e abbiano rappresentanza nel Parlamento nazionale o in quello europeo. I consiglieri regionali che, per mancanza del numero minimo necessario, non possono costituire un gruppo consiliare formano un unico gruppo misto, per l'organizzazione ed il funzionamento del quale il Regolamento consiliare assicura la garanzia delle componenti che sono emanazione di liste presenti alle elezioni regionali o espressione di gruppi parlamentari nazionali.

Le commissioni permanenti e speciali
Il Consiglio regionale si articola in commissioni permanenti e speciali (art. 41), composte in modo da rispecchiare la proporzione numerica tra i gruppi consiliari ed in numero massimo complessivo non superiore a dodici.

Orbene, il Regolamento consiliare, così come sancito dall'art. 42, stabilisce: a) le modalità con cui le commissioni permanenti definiscono e approvano il testo delle proposte di legge e lo trasmettono al Consiglio per l'approvazione finale con sole dichiarazioni di voto; b) i casi e le forme in cui l'esame e l'approvazione dei provvedimenti legislativi sono deferiti integralmente alle commissioni permanenti. Nei casi in cui la Commissione opera in sede deliberante, l'approvazione della proposta di legge è valida qualora voti a favore della stessa la maggioranza assoluta dei suoi componenti. Nelle ipotesi di cui al presente articolo il provvedimento è comunque rimesso alla procedura normale di esame e di approvazione del Consiglio, o sottoposto alla sua approvazione finale con sole dichiarazioni di voto, qualora ne facciano richiesta la Giunta regionale, un decimo dei componenti il Consiglio o un quinto dei componenti la commissione. La procedura normale di esame e di approvazione da parte del Consiglio è sempre adottata per i progetti di legge relativi alla modifica dello Statuto, alla legge elettorale regionale, alla legge di approvazione del bilancio e del rendiconto.

Le commissioni (art. 43), ognuna nell'ambito delle proprie competenze, **svolgono funzioni di controllo, di indagine conoscitiva e di sindacato ispettivo** sull'attività amministrativa della Regione e degli enti da essa dipendenti, secondo le modalità stabilite dal Regolamento consiliare e riferendone al Consiglio.

Le commissioni di inchiesta

Il Consiglio (art. 44), su richiesta motivata di almeno un quinto dei componenti, può istituire commissioni con il compito di svolgere **inchieste di pubblico interesse sull'attività amministrativa della Regione**, degli enti, agenzie, aziende, società e consorzi, anche interregionali, comunque dipendenti o partecipati in forma maggioritaria dalla Regione, e su ogni altra questione di interesse regionale. Le commissioni d'inchiesta sono formate in modo da rispecchiare la proporzione dei vari gruppi consiliari garantendo comunque la partecipazione di almeno un rappresentante per ogni gruppo. La presidenza delle commissioni d'inchiesta compete ad un consigliere regionale appartenente all'opposizione. L'atto istitutivo della commissione determina l'oggetto dell'inchiesta, il termine per la sua conclusione, non superiore a sei mesi, e le altre norme necessarie al suo funzionamento. Non possono funzionare, contemporaneamente, più di due commissioni d'inchiesta.

2.6.3 Il Presidente della Giunta e della Regione

Il **Capo II del Titolo V** dello Statuto ha ad oggetto il Presidente della Giunta regionale e la Giunta regionale.

Il Presidente della Giunta e della Regione

L'**art. 46** ha introdotto una prima notevole novità: il Presidente della Giunta regionale **è eletto a suffragio universale e diretto contestualmente alla elezione del Consiglio regionale**, di cui è componente. Se nella seduta di insediamento il Presidente della Giunta regionale espone il programma di governo al Consiglio, che ne discute, nei dieci giorni successivi nomina, nel pieno rispetto del principio di una equilibrata presenza di donne e uomini, i componenti la Giunta, tra i quali un vicepresidente, e ne dà comunicazione al Consiglio regionale nella prima seduta successiva alla nomina.

V'è da ricordare che la sfiducia, la rimozione, l'impedimento permanente, la morte o le dimissioni volontarie del Presidente della Giunta regionale comportano le **dimissioni** della Giunta e lo **scioglimento** del Consiglio. Gli stessi effetti conseguono alle dimissioni contestuali della maggioranza dei componenti il Consiglio. In caso di morte, di impedimento permanente o di dimissioni volontarie del Presidente della Giunta regionale, il vicepresidente, la Giunta regionale e il Consiglio regionale rimangono in carica per l'esercizio dell'ordinaria amministrazione fino all'insediamento dei nuovi organi. In caso di votazione di sfiducia o di dimissioni contestuali della maggioranza dei componenti del Consiglio, il Presidente della Giunta regionale, la Giunta e il Consiglio rimangono in carica per l'esercizio dell'ordinaria amministrazione fino all'insediamento dei nuovi organi.

Compiti del Presidente della Giunta e della Regione

In relazione ai compiti (art. 47) attribuiti al Presidente della Giunta regionale, egli:

- rappresenta la Regione;
- dirige la politica della Giunta e ne è responsabile, mantiene l'unità di indirizzo politico-amministrativo e coordina l'attività degli assessori;
- nomina e revoca i componenti la Giunta regionale;
- attribuisce e revoca gli incarichi all'interno della Giunta;
- effettua le nomine di sua competenza e quelle di competenza della Giunta, previa deliberazione della stessa, nel pieno rispetto del principio di una equilibrata presenza di donne e uomini;
- presenta al Consiglio, previa delibera della Giunta regionale, i disegni di legge e ogni altro provvedimento d'iniziativa della Giunta;
- promulga le leggi regionali ed indice i referendum previsti dallo Statuto;
- presenta al Consiglio la relazione annuale sullo stato della Regione come previsto dall'art. 31;
- emana i regolamenti;
- sovrintende all'amministrazione regionale;
- adotta i provvedimenti contingibili e urgenti previsti dalla legge ed i provvedimenti nell'esercizio dei poteri sostitutivi di competenza della Regione;
- nomina, dopo l'approvazione della Giunta, gli organi di gestione delle agenzie regionali.

Il Presidente della Giunta regionale (o un assessore delegato) partecipa ai lavori degli organi di coordinamento per i rapporti tra Stato e Regioni e ne informa il Consiglio ed esercita altresì le altre funzioni attribuitegli dalla Costituzione, dallo Statuto e dalle leggi.

La questione di fiducia

L'art. 49, modificato dalla L. reg. 28/2016, disciplina la **questione di fiducia** che può porre il Presidente della Giunta, disponendo che tale questione può essere posta sulla legge finanziaria, sulla legge di bilancio annuale e pluriennale, sugli atti ad essa collegati, sulle leggi relative all'istituzione di tributi ed imposte regionali, nonché sugli atti di adempimento di obblighi comunitari o da adottare in ottemperanza di

termini perentori previsti da leggi dello Stato. Essa può essere posta, altresì, su materie di particolare rilevanza definite strategiche nella risoluzione di approvazione del documento di programmazione economico e finanziaria regionale.
La questione di fiducia, approvata con voto palese per appello nominale, comporta l'approvazione del provvedimento sul quale è posta. Se la questione di fiducia è posta sul mantenimento di un articolo, si vota sull'articolo dopo che gli emendamenti presentati siano stati illustrati. Se il voto del Consiglio è favorevole, l'articolo è approvato e tutti gli emendamenti si intendono respinti. Nello stesso modo si procede se sia posta la questione di fiducia su un ordine del giorno, una mozione o una risoluzione. Se il disegno o il progetto di legge consiste in un solo articolo, il Presidente della Giunta può porre la questione di fiducia sull'articolo medesimo, salva la votazione finale del progetto. Sulla questione di fiducia si vota per appello nominale non prima di ventiquattro ore, salvo diverso accordo fra i Gruppi. Ha facoltà di rendere dichiarazione di voto un consigliere per ciascun Gruppo per un tempo massimo di quindici minuti ciascuno, nonché, per cinque minuti, i consiglieri che esprimono una posizione in dissenso rispetto al gruppo consiliare di appartenenza. Il voto contrario della maggioranza assoluta dei Consiglieri regionali sulla questione di fiducia determina l'obbligo di dimissioni del Presidente della Giunta regionale, della Giunta e lo scioglimento del Consiglio regionale.

2.6.4 La Giunta regionale

Gli artt. 50-52 (l'art. 50 è stato per altro oggetto di modifica da parte della L. reg. 6/2014) del **Capo II del Titolo V** si occupano della Giunta: si tratta dell'**organo esecutivo della Regione**, che esercita le sue funzioni nel rispetto delle direttive del Presidente della Giunta e dell'indirizzo politico determinato dal Consiglio regionale. La Giunta regionale, che **opera collegialmente**, **è composta dal Presidente e da dieci assessori, compreso il vicepresidente**. I componenti la Giunta regionale possono essere nominati anche al di fuori dei componenti il Consiglio fra cittadini in possesso dei requisiti di eleggibilità e di compatibilità alla carica di consigliere regionale. La Giunta regionale adotta, su proposta del Presidente della Giunta, un regolamento interno per disciplinare le modalità relative al proprio funzionamento. Le deliberazioni della Giunta regionale non sono valide se non è presente la maggioranza dei suoi componenti e se non sono assunte a maggioranza dei presenti. In caso di parità di voto, prevale il voto del Presidente.
Le sedute della Giunta regionale non sono pubbliche, salvo diversa decisione della Giunta stessa.

Le attribuzioni della Giunta

Le attribuzioni della Giunta sono definite dall'art. 51 a mente del quale l'organo esecutivo:

> provvede all'attuazione del programma di governo, esercitando tutte le competenze diverse non attribuite al Consiglio e al Presidente della Giunta;
> predispone il documento di programmazione economica e finanziaria, il progetto di bilancio di previsione, il rendiconto generale della Regione e gli altri atti di programmazione finanziaria;

- amministra il patrimonio ed il demanio regionale;
- nel rispetto degli obiettivi generali e degli indirizzi deliberati dal Consiglio, rende esecutivo il piano regionale di sviluppo economico-sociale;
- sovrintende, nel rispetto dei principi generali deliberati dal Consiglio, all'ordinamento ed alla gestione di enti, agenzie, aziende, società e consorzi, anche interregionali, comunque dipendenti o partecipati in forma maggioritaria dalla Regione e verifica la rispondenza dei risultati dell'attività amministrativa e della gestione agli indirizzi impartiti;
- delibera sulla impugnazione di leggi e sulla promozione dei conflitti di attribuzione dinanzi alla Corte costituzionale, dandone comunicazione al Consiglio regionale nella prima seduta;
- adotta gli atti di organizzazione generale.

Le questioni di sfiducia e il non gradimento

Per quanto riguarda le **eventuali questioni di sfiducia**, l'**art. 52** precisa che il voto del Consiglio regionale contrario ad una proposta della Giunta regionale non comporta obbligo di dimissioni, salvo quanto previsto dall'art. 49. Il Consiglio regionale può esprimere la sfiducia nei confronti del Presidente della Giunta mediante l'approvazione di una mozione motivata sottoscritta da almeno un quinto dei suoi componenti. La mozione non può essere messa in discussione prima di tre giorni ed è posta in discussione non oltre venti giorni dalla presentazione ed è approvata per appello nominale con voto palese a maggioranza assoluta dei componenti del Consiglio regionale. L'approvazione della mozione di sfiducia nei confronti del Presidente della Giunta regionale comporta l'obbligo di dimissioni della Giunta e lo scioglimento del Consiglio. Il Consiglio regionale può esprimere in qualsiasi momento il non gradimento nei confronti di un assessore mediante mozione motivata, sottoscritta da almeno un quinto dei suoi componenti e approvata per appello nominale con voto palese a maggioranza assoluta dei suoi componenti. Il non gradimento del Consiglio nei confronti di un assessore non comporta l'obbligo di dimissioni. Qualora il Presidente della Giunta non intenda revocare l'assessore, deve motivare tale scelta in aula. Il Consiglio regionale, a maggioranza assoluta dei suoi componenti, può esprimere la censura nei confronti di un assessore in relazione a singoli atti.

2.7 Procedimenti di formazione delle leggi e dei regolamenti

2.7.1 Disciplina generale

Il **sesto Titolo** dello Statuto disciplina il procedimento di formazione delle leggi e dei regolamenti e, nel far ciò, innanzitutto ricorda **chi è dotato di iniziativa legislativa** (art. 53): **la Giunta, ciascun consigliere regionale e ai soggetti di cui all'art. 12**. Tale iniziativa è esercitata mediante presentazione al Presidente del Consiglio di progetti di legge redatti in articoli e illustrati da una relazione descrittiva nonché, se comportano spese a carico del bilancio regionale, da una relazione tecnico-finanziaria. Le proposte di legge presentate al Consiglio regionale decadono con la fine della legislatura, salvo quelle di iniziativa popolare e di iniziativa dei consigli comunali e provinciali. È riservato, per altro, alla Giunta regionale il potere di iniziativa legislativa in materia di leggi di bilancio e di legge finanziaria regionale.

2.7.2 Il procedimento di formazione delle leggi

A norma dell'art. 54, i progetti di legge, previo esame della commissione consiliare competente per materia, sono discussi e votati dal Consiglio articolo per articolo e con votazione finale, fatto salvo quanto previsto dall'art. 42. Il Regolamento consiliare stabilisce procedimenti abbreviati per i progetti di legge dei quali il Consiglio dichiara l'urgenza. Nei casi di esercizio dell'iniziativa legislativa previsti dall'art. 12, il progetto di legge è portato all'esame del Consiglio regionale entro tre mesi dalla data di presentazione. Scaduto il termine, il progetto è iscritto all'ordine del giorno della prima seduta del Consiglio regionale e discusso con precedenza su ogni altro argomento.
Il Presidente della Giunta regionale può richiedere, all'atto della presentazione di un disegno o di una proposta di legge ritenuta dalla Giunta di particolare rilevanza per l'attuazione dell'indirizzo politico ovvero attuativa degli impegni definiti strategici nella risoluzione di approvazione del documento di programmazione economico e finanziaria, che sia esaminata in via d'urgenza. In tali ipotesi, trascorsi venti giorni dalla presentazione del progetto senza che l'esame dello stesso sia stato concluso in Commissione, il Consiglio è convocato per l'esame e l'approvazione del testo.
Una volta approvata, la legge regionale è promulgata entro un mese (art. 55).

2.7.3 I regolamenti

Per quanto riguarda, infine, i regolamenti (art. 56), questi sono **emanati dal Presidente della Giunta regionale**, previa deliberazione della Giunta e sono sottoposti all'approvazione del Consiglio che deve provvedere entro sessanta giorni dalla loro trasmissione al Presidente del Consiglio. Se, decorso tale termine, il Consiglio non si è pronunciato, i regolamenti sono emanati e pubblicati.
Nelle materie di competenza esclusiva della Regione la legge regionale può autorizzare la Giunta ad emanare regolamenti in materie già disciplinate con legge. In tal caso la legge regionale di autorizzazione determina le norme generali regolatrici della materia e dispone l'abrogazione delle norme legislative vigenti, con effetto dalla data dell'entrata in vigore delle norme regolamentari.

2.8 Consulta di garanzia statutaria

L'art. 57, unica norma componente il **Titolo VII**, ha introdotto la Consulta di garanzia statutaria.
Tale organo esprime **pareri sulla legittimità delle leggi, dei regolamenti regionali, degli atti preparatori** con i quali la Regione partecipa alle decisioni dirette alla formazione degli atti normativi comunitari, degli schemi di accordo con Stati esteri e degli schemi di intese con enti territoriali interni ad altro Stato. Qualsiasi organo dell'amministrazione regionale e locale della Campania può rivolgere alla Consulta di garanzia statutaria motivate richieste di parere non vincolante sulla interpretazione dello Statuto, delle leggi e degli atti amministrativi generali della Regione Campania. La Consulta di garanzia statutaria decide, altresì, sull'**ammissibilità dei referendum regionali**.

La Consulta di garanzia statutaria è composta da un massimo di cinque membri eletti dal Consiglio regionale. Essi sono scelti tra i professori universitari in materie giuridiche, fra i magistrati anche a riposo delle giurisdizioni ordinaria e amministrativa, fra gli avvocati dopo venti anni di esercizio.

2.9 Finanze, bilancio e programmazione

2.9.1 Principi generali

Gli artt. 58-63 compongono l'**ottavo Titolo** dello Statuto, il cui compito è quello di disciplinare gli aspetti attinenti alla finanza, al bilancio e alla programmazione.
L'art. 58, in particolare, ricorda che la Regione, nell'ambito della propria autonomia finanziaria, in armonia con la Costituzione e secondo i principi di coordinamento della finanza pubblica e del sistema tributario, stabilisce ed applica con legge **tributi ed entrate propri**. Il sistema tributario regionale è informato a **criteri di progressività**. Le imposte regionali e le aliquote regionali di imposte statali possono essere aumentate per finalità espressamente indicate. La Regione ha un proprio demanio ed un proprio patrimonio.
Per quel che concerne l'**indebitamento**, la Regione può ricorrervi solo per finanziare spese di investimento. I limiti quantitativi dell'indebitamento e le modalità delle garanzie prestate dalla Regione sono stabiliti dalla legge regionale, nel rispetto dei principi costituzionali e della legislazione dello Stato.
Anche la Regione, così come lo Stato, ha i suoi **strumenti finanziari**.

2.9.2 Il Documento di programmazione economica e finanziaria

Il Documento di programmazione economica e finanziaria (art. 59), improntato ai **principi della partecipazione**, è un **atto di indirizzo per l'attività di governo** della Regione, degli enti, delle aziende e delle agenzie regionali; si tratta di un atto che definisce su base annuale, con previsioni triennali, i programmi e gli interventi nelle diverse materie e le relative grandezze finanziarie e che viene approvato dal Consiglio regionale, entro il **15 luglio** di ciascun anno, il documento di programmazione economica e finanziaria presentato dalla Giunta regionale almeno trenta giorni prima.

2.9.3 La legge finanziaria e l'esercizio finanziario

La legge finanziaria, a norma dell'art. 60, approvata dalla Regione, nei modi previsti dalla legge di contabilità, deve contenere esclusivamente norme di natura finanziaria e tiene conto delle grandezze individuate dal documento di programmazione economica e finanziaria. Il Presidente del Consiglio regionale e i presidenti delle commissioni consiliari dichiarano inammissibili gli emendamenti in contrasto con i commi precedenti o privi delle indicazioni di copertura finanziaria.
Secondo l'art. 61, l'**esercizio finanziario della Regione ha la durata di un anno e coincide con l'anno solare**. La Giunta regionale ogni anno predispone e presenta al Consiglio regionale, nei termini previsti dalla legge di contabilità, il progetto di bilancio di previsione. Il Consiglio regionale approva con legge il bilancio di previsione

annuale ed il bilancio pluriennale della Regione, le loro variazioni ed il rendiconto generale presentati dalla Giunta regionale. Il bilancio tiene conto degli obiettivi e delle grandezze finanziarie definiti nel documento di programmazione economica e finanziaria. Ogni legge che importa nuove o maggiori spese deve indicare i mezzi per farvi fronte. L'esercizio provvisorio del bilancio, autorizzato dal Consiglio regionale, può essere concesso con legge per periodi non superiori complessivamente a quattro mesi.

2.9.4 Il conto consuntivo

Infine, il conto consuntivo (art. 62) è presentato dalla Giunta regionale entro i termini previsti dalla legge di contabilità. Ad esso sono allegati i conti consuntivi degli enti, agenzie, aziende, società e consorzi, anche interregionali, comunque dipendenti o partecipati in forma maggioritaria dalla Regione. La Giunta regionale presenta con il conto consuntivo una relazione al Consiglio sullo stato di attuazione del piano regionale di sviluppo, dei piani settoriali e dei relativi progetti attuativi con l'indicazione dei costi e dei risultati finanziari operativi. Il conto consuntivo è approvato dal Consiglio regionale con legge.

2.9.5 Il collegio dei revisori dei conti

Lo Statuto ha previsto naturalmente un Collegio dei revisori dei conti (art. 63), composto da tre membri non consiglieri scelti mediante estrazione da un elenco nel quale sono inseriti i soggetti in possesso di specifica qualificazione professionale in materia di contabilità pubblica e gestione economica e finanziaria degli enti territoriali, nel rispetto dei principi di coordinamento della finanza pubblica. I revisori durano in carica per l'intera legislatura (anche tale norma è stata oggetto di modifica da parte della L. reg. 6/2014).

2.10 Ordinamento amministrativo

Il **nono Titolo** dello Statuto ha ad oggetto l'ordinamento amministrativo ed è anch'esso suddiviso in due capi, l'uno relativo ai principi dell'attività amministrativa e l'altro ai principi dell'organizzazione.

2.10.1 I principi dell'attività amministrativa

Il primo capo (artt. 64-66) dispone che, ai sensi dell'art. 118 Cost., la Regione esercita le funzioni amministrative, nei casi in cui ne ritiene necessario l'esercizio unitario a livello regionale, nel rispetto dei **principi di sussidiarietà, adeguatezza e differenziazione**. L'attività amministrativa si conforma ai principi di legalità, buon andamento e imparzialità. La legge regionale attua la **semplificazione dei procedimenti amministrativi**. L'attività amministrativa della Regione è soggetta al controllo di gestione. La legge regionale determina strumenti e procedure per la valutazione del rendimento e dei risultati dell'attività amministrativa regionale, consentendo ai destinatari della stessa di conoscere l'esito delle valutazioni (art. 64).

Non solo. La legge regionale disciplina il procedimento amministrativo nel rispetto dei principi generali dell'ordinamento. Gli atti dell'amministrazione regionale sono pubblici. I cittadini, singoli o associati, hanno diritto di prendere visione e di estrarre copia degli atti amministrativi e dei documenti della Regione, secondo le modalità previste dalla legge. Gli atti e i provvedimenti amministrativi regionali devono essere motivati (art. 65).
Per altro, lo Statuto ha sancito anche la **separazione tra politica e amministrazione** (art. 66), precisando che agli organi di direzione politica dell'amministrazione regionale spettano le funzioni di indirizzo politico e amministrativo. Ai dirigenti spetta l'adozione degli atti e dei provvedimenti amministrativi non rientranti nell'esercizio delle funzioni di indirizzo politico-amministrativo, compresi quelli che impegnano l'amministrazione verso l'esterno. Essi sono responsabili in via esclusiva dell'attività amministrativa, della gestione e dei relativi risultati.

2.10.2 I principi di organizzazione

Il **secondo capo** del Titolo *de quo* detta **i principi di organizzazione**.
L'art. 67 statuisce che agli uffici della Regione si accede per **pubblico concorso**, salvi i casi previsti dalla legge.
I dirigenti della Giunta regionale appartengono a un ruolo unico; ad essi sono attribuiti, in relazione agli incarichi affidati, differenti competenze e responsabilità. Il personale del Consiglio regionale è inquadrato in un ruolo organico distinto.
L'art. 68, infine, quale **norma di chiusura**, ha avuto il compito di disciplinare la fase di passaggio dalla precedente normativa a quella attualmente vigente.